D1749478

Die moderne Bibliothek

Ein Kompendium der Bibliotheksverwaltung

Herausgegeben
von
Rudolf Frankenberger und Klaus Haller

K · G · Saur München 2004

Bibliografische Information Der Deutschen Bibliothek
Die Deutsche Bibliothek verzeichnet diese Publikation in der
Deutschen Nationalbibliografie; detaillierte bibliografische
Daten sind im Internet unter http://dnb.ddb.de abrufbar.

∞

Gedruckt auf säurefreiem Papier

© 2004 by K. G. Saur Verlag GmbH, München
Printed in Germany

Alle Rechte vorbehalten.
Das Werk ist in allen seinen Teilen urheberrechtlich geschützt.
Jede Verwertung ist ohne Zustimmung des Verlages unzulässig.
Das gilt insbesondere für Vervielfältigungen, Übersetzungen, Mikroverfilmungen
und die Einspeicherung in und Verarbeitung durch elektronische Systeme.

Satz: Dr. Rainer Ostermann, München
Druck / Bindung: Strauss Offsetdruck GmbH, Mörlenbach

ISBN 3-598-11447-8 (Broschur)
ISBN 3-598-11448-6 (Gebundene Ausgabe)

Vorwort der Herausgeber

Die Bibliothek ist ein auf Dienstleistung hin orientierter Betrieb, der sich ständig weiterentwickelt und auf Änderungen im Umfeld reagiert. Jede nachhaltige Änderung im Umsystem erfordert von der Bibliothek Anpassungsleistungen. Neue Medien, Datenautobahn, internationale Netze, zunehmende finanzielle Probleme bei den Unterhaltsträgern, neue Organisationsformen, Leistungsmessung, Qualitätsmanagement usw. machen deutlich, wie stark die Änderungen sind, auf die die Bibliotheken eine passende Antwort finden müssen. Begriffe wie „Virtuelle Bibliothek" oder „Hybride Bibliothek" zeigen, dass der gesamte Bibliotheksbetrieb betroffen ist.

Das vorliegende „Kompendium der Bibliotheksverwaltung" soll bei diesen Anpassungsprozessen helfen und dazu beitragen, den zunehmend komplizierter werdenden Betrieb Bibliothek optimal zu verwalten. Bibliotheksmanagement ist deshalb neben den Kernbereichen Bestandsaufbau, Bestandserschließung und Bestandsvermittlung ein wichtiger Bestandteil dieses Lehrbuches. Nicht einbezogen wurden jedoch Bibliotheksgeschichte und Spezialgebiete wie Handschriftenkunde, Buchgeschichte und Sonderbestände. Auch wenn die wissenschaftliche Bibliothek im Mittelpunkt steht, ist das Kompendium ebenso für den Betrieb öffentlicher Bibliotheken von Nutzen.

Der Verlag K. G. Saur hat die Notwendigkeit einer neuen Zusammenfassung des bibliothekarischen Wissens erkannt und das Kompendium angeregt. Schon 1976, zu einer Zeit, als in den deutschen Bibliotheken die elektronische Datenverarbeitung Einzug hielt, brachte er mit „Theorie und Praxis des modernen Bibliothekswesens" ein dreibändiges Handbuch auf den Markt, das auch heute noch mit Gewinn gelesen werden kann. Jetzt sind wir ins digitale Zeitalter eingestiegen und es ist wieder an der Zeit für Ausbildung, Fortbildung und Selbststudium eine aktuelle Zusammenfassung für die Arbeit in Bibliotheken zu erstellen.

27 auf ihrem jeweiligen Gebiet ausgewiesene Fachleute konnten als Autoren aus dem wissenschaftlichen und dem öffentlichen Bibliothekswesen gewonnen werden. Mit ihren Beiträgen decken sie alle Aspekte der Verwaltung von Bibliotheken ab. Jeder Autor ist für seinen Beitrag selbst verantwortlich. Auftretende Wiederholungen sind gewollt. So kann jedes Kapitel gelesen und studiert werden, ohne immer wieder auf andere Teile des Kompendiums zu verweisen. Die Literaturzitate sind nach den Vorgaben der Autoren übernommen. Leider ändern sich Daten im Informationszeitalter manchmal sehr schnell. Deshalb wird um Verständnis gebeten, wenn sich zum Beispiel die eine oder andere zitierte Internetadresse geändert hat.

In der Regel wurde darauf verzichtet männliche und weibliche Form nebeneinander zu stellen, gleichwohl sind stets männliche und weibliche Personen gemeint. 27 Autorinnen und Autoren unter einen Hut zu bringen war nicht immer leicht. Die einzelnen Texte vermitteln nicht nur Information, sondern weisen auch auf Probleme hin und stellen mitunter abweichende Lehrmeinungen dar. Das Lehrbuch wendet sich in erster Linie an Studenten der bibliothekarischen Ausbildungsstätten und an Bibliothekare im Beruf. Aber auch „Seiteneinsteiger" werden das Buch bei der Bewältigung ihrer Arbeit mit Gewinn in die Hand nehmen.

Die Herausgeber sind den Autorinnen und Autoren zu großem Dank verpflichtet, haben sie doch diese Beiträge neben einem gerade in unserer Zeit sehr harten Tagesgeschäft erstellt. Dank gebührt auch dem Verlag, der die Arbeit der Herausgeber jederzeit unterstützte.

Rudolf Frankenberger   Klaus Haller

Inhalt

1 Engelbert Plassmann, Ludger Syré: Die Bibliothek und ihre Aufgaben
 1.1 Der Begriff Bibliothek 11
 1.2 Zur Geschichte des mitteleuropäischen Bibliothekswesens 13
 1.3 Kultur- und bildungspolitischer Hintergrund 19
 1.4 Träger von Bibliotheken 20
 1.5 Die verschiedenen Bibliothekstypen 22
 1.6 Zusammenarbeit der Bibliotheken 27
 1.7 Planung im Bibliothekswesen 31
 1.8 Vereine und Verbände des Bibliothekswesens 33
 1.9 Die Bibliothek im Zeitalter der digitalen Medien 38

2 Rudolf Frankenberger: Das Bibliotheksumfeld
 2.1 Wissenschaftsrat 42
 2.2 Deutsche Forschungsgemeinschaft (DFG) 46
 2.3 Ständige Konferenz der Kultusminister der Länder der Bundesrepublik Deutschland 49
 2.4 Bund-Länder-Kommission für Bildungsplanung und Forschungsförderung 51
 2.5 Hochschulrektorenkonferenz 52
 2.6 Stifterverband für die Deutsche Wissenschaft 53
 2.7 Stiftungen 54
 2.8 Sonstige Institutionen 57
 2.9 Das Bibliotheksprogramm der Europäischen Union 57

3 Ingo Kolasa: Bibliotheksbau
 3.1 Einleitung 61
 3.2 Historische Entwicklung 62
 3.3 Neuzeit und aktuelle Tendenzen im Bibliotheksbau 68
 3.4 Planung von wissenschaftlichen Bibliotheken 73

4 Roswitha Poll: Bibliotheksmanagement
 4.1 Strategische Planung 93
 4.2 Evaluierung 98
 4.3 Bibliotheksorganisation 111

5 Wolfram Neubauer: Bibliotheksleitung: Aufgaben, Methoden und Strategien
 5.1 Definition der Begriffe 117
 5.2 Was ist „Bibliotheksleitung"? 119
 5.3 Wichtige und notwendige Führungseigenschaften 123
 5.4 Führungsstile 128
 5.5 Die Realisierung von Veränderung als Leitungsaufgabe 128
 5.6 Führen durch Zielvereinbarungen 130

6 Marlene Nagelsmeier-Linke: Personalführung
 6.1 Definition 134
 6.2 Eigenschaftstheorien der Führung 135

	6.3 Verhaltenstheorien der Führung	136
	6.4 Situationstheorien	137
	6.5 Die Auseinandersetzung mit Führungsfragen im Bibliotheksbereich	140
	6.6 Grenzen personaler Führung und Führungssubstitution	141
	6.7 Das neue Führungsparadigma der Selbstverantwortung	142
7	Rudolf Frankenberger: Personalbeurteilung – Ein Bild vom Mitarbeiter	
	7.1 Beamtenrechtliche Vorgaben	147
	7.2 Das Beurteilungsverfahren	150
	7.3 Auswertung der Beurteilungsergebnisse	151
	7.4 Urteilsbildung	152
	7.5 Die Beurteilerpersönlichkeit	152
	7.6 Mitarbeitergespräch	154
	7.7 Mitarbeiterbesprechungen	155
8	Rudolf Frankenberger: Strategien zur Einführung organisatorischer Neuerungen	
	8.1 Die Bibliothek. Definition	158
	8.2 Das Bibliotheksumfeld	158
	8.3 Der Innovationsprozess	160
9	Margot Wiesner, Andreas Werner, Hildegard Schäffler: Bestandsaufbau	
	9.1 Erwerbungspolitische Rahmenbedingungen	166
	9.2 Der Markt	169
	9.3 Literaturauswahl	183
	9.4 Grundlagen des Geschäftsverkehrs mit den Handelspartnern	193
	9.5 Kooperative Erwerbungsformen	201
	9.6 Der Geschäftsgang von der Bestellung bis zur Aussonderung	206
	9.7 Einbandstellenverwaltung	217
10	Klaus Haller, Claudia Fabian: Bestandserschließung	
	10.1 Erschließung als bibliothekarische Aufgabe	222
	10.2 Erschließung durch Metadaten	223
	10.3 Erschließung in Katalogen	234
	10.4 Erschließung durch Aufstellung der Medien	239
	10.5 Regelwerke für die Erschließung	240
	10.6 Normdateien	246
	10.7 Konversion konventioneller Katalogdaten (Retrokonversion)	253
11	Günter Heischmann, Uwe Rosemann: Bestandsvermittlung. Benutzungsdienste	
	11.1 Benutzerforschung	262
	11.2 Benutzerschulung	266
	11.3 Auskunftsdienste	268
	11.4 Präsentation der Medien	270
	11.5 Regeln für die Nutzung	274
	11.6 Von der Ausleihe bis zur Rückgabe	275

Inhalt 9

    11.7 Leihverkehr.. 279
    11.8 Direktlieferdienste..................................... 284

12   Wolfgang Frühauf, Helga Unger, Gerd Brinkhus: Bestandserhaltung
    12.1 Zur Genese der Bestandserhaltung........................ 301
    12.2 Bestandserhaltung auf internationaler, nationaler und regionaler Ebene... 302
    12.3 Bestandserhaltung als Fach- und Führungsaufgabe................ 304
    12.4 Bestandsschäden und ihre Ursachen......................... 309
    12.5 Bestandserhaltung und Bewahrungsformen.................... 311

13   Claudia Lux, Hans Herbert Lemke, Rainer Diederichs, Ulla Wimmer:
    Öffentlichkeitsarbeit
    13.1 Presse- und Medienarbeit................................ 322
    13.2 Veranstaltungsarbeit.................................... 327
    13.3 Ausstellungen.. 331
    13.4 Fundraising.. 335
    13.5 Die Bibliothek im politischen Gefüge........................ 337
    13.6 Kundenorientierung.................................... 340
    13.7 Interne Öffentlichkeitsarbeit.............................. 341

14   Engelbert Plassmann: Studium und Ausbildung des Bibliothekars
    14.1 Theorie und Praxis, Studium und Ausbildung: Wege zum Beruf des
        Bibliothekars.. 344
    14.2 Widersprüchliche Entwicklungen.......................... 345
    14.3 Die Strukturen bis zur Zeit der Vereinigung Deutschlands........... 348
    14.4 Inhalte.. 352
    14.5 Kritische Würdigung................................... 353
    14.6 Neue Entwicklungen nach der Vereinigung Deutschlands............ 355
    14.7 Der Umsturz zur Jahrtausendwende......................... 359

15   Gabriele Beger: Bibliotheksrecht
    15.1 Haushaltsrecht.. 365
    15.2 Personalrecht... 368
    15.3 Urheberrecht... 370
    15.4 Pflichtexemplarrecht................................... 377

16   Marianne Dörr, Wilfried Enderle, Heinz Hauffe: Elektronische Publikationen
    und Informationsdienstleistungen
    16.1 Arten elektronischer Publikationen nach Zugriffsart und Trägermedium.. 381
    16.2 Arten elektronischer Informationsmittel nach Typ................ 386
    16.3 Elektronisches Publizieren am Beispiel der Hochschulschriften....... 389
    16.4 Universitätsverlage.................................... 390
    16.5 Retrospektive Digitalisierung............................. 391
    16.6 Nachweis und Erschließung elektronischer Publikationen........... 398
    16.7 Integrierte Zugangssysteme für verteilte Informationsquellen......... 408
    16.8 Speicherung und Archivierung elektronischer Publikationen......... 410

17 Heinz-Werner Hoffmann, Reiner Diedrichs: Elektronische Datenverarbeitung
17.1 Benutzung. 419
17.2 Erster technischer Exkurs. 424
17.3 Buchbearbeitung 427
17.4 Zweiter technischer Exkurs 438
17.5 Wirtschaftlichkeitsfragen. 442
17.6 Verbundsysteme. 443
17.7 Normdateien 448
17.8 Fernleihe und Dokumentlieferdienste. 450
17.9 Elektronische Publikationen und Portale 452

Verzeichnis der Autoren und Herausgeber 457

Engelbert Plassmann · Ludger Syré

1 Die Bibliothek und ihre Aufgabe

1.1 Der Begriff Bibliothek

1.1.1 Das Wort Bibliothek

Das Wort *Bibliothek* stammt aus dem Griechischen (biblos, biblion = Buch; theke = Behälter) und bezeichnet ursprünglich das Behältnis (Kasten, Regal, Schrank), in dem Papyrusblätter, Rollen oder Codices aufbewahrt wurden. Doch schon in der Antike wurde es auf den Raum oder das Gebäude, in dem solche Behältnisse gelagert wurden, und schließlich auf die Büchersammlung selbst übertragen. Das lateinische Wort *bibliotheca* lebt in der Spätantike und im Mittelalter für die Sammlung heiliger Schriften und speziell für die Bibel (bibliotheca sacra) fort, während der Schrank, in dem die Bücher aufbewahrt werden, armarium genannt wurde (italienisch: armadio, französisch: l'armoire).

Eine neuere Bezeichnung für die Bibliothek, *librarey,* leitet sich vom lateinischen Wort *liber* = Buch ab und findet sich in Deutschland bis in die Reformationszeit; berühmt ist Luthers Appell zur Errichtung „guter librareyen odder buecher heuser". Bei den Büchersammlungen, die an den Fürstenhöfen und in den größeren, vornehmlich den politisch unabhängigen Städten entstanden, begegnen bis in das 17. Jahrhundert beide Bezeichnungen. Während sich in den anglophonen Ländern die Bezeichnung *library* für Bibliothek erhalten hat, setzte sich in den romanischen Ländern die ursprüngliche Bezeichnung durch (biblioteca, bibliothèque); im Italienischen versteht man heute unter *libreria* eine Buchhandlung, desgleichen im Französischen unter *librairie.*

In die gleiche Richtung wie *librarey* weist das Wort *Bücherei,* das im 17. Jahrhundert als Lehnübersetzung des niederländischen *boekerij* entstand und im deutschen Sprachgebrauch neben der Bezeichnung Bibliothek üblich geworden und dem Grunde nach gleichbedeutend mit dieser ist; der Name der im Jahre 1912 gegründeten Deutschen Bücherei in Leipzig ist hierfür ein überzeugendes Beispiel.

Im Übrigen verbindet sich mit dem Wort Bücherei aber meist die Vorstellung von einer kleinen, eher auf Unterhaltung zielenden Büchersammlung, während mit dem Begriff Bibliothek eine größere, vor allem wissenschaftliche Literatur sammelnde Einrichtung assoziiert wird. Mittlerweile haben jedoch zahlreiche kommunale Einrichtungen, die sich früher Volksbücherei, öffentliche Bücherei, Stadtbücherei usw. nannten, ihren Namen in Bibliothek geändert; doch haben gerade einige große kommunale Bibliotheken an dem Namen Bücherei festgehalten (Augsburg, Bochum, Düsseldorf, Frankfurt am Main, Stuttgart). Auch Spezialbibliotheken haben sich im Laufe der Zeit neu benannt; so heißt die frühere Weltkriegsbücherei in Stuttgart heute Bibliothek für Zeitgeschichte, während die frühere Gewerbebücherei in Karlsruhe gar zum Europäischen Referenzzentrum des Landesgewerbeamtes geworden ist. Die kirchlichen Einrichtungen beider Konfessionen auf Gemeindeebene nennen sich allerdings weiterhin konsequent Bücherei: Katholische öffentliche Bücherei (KÖB); das Gleiche gilt von ihren Zusammenschlüssen: Deutscher Verband Evangelischer Büchereien. Auch in Verlegerserien lebt der Name fort: Insel-Bücherei. Die Bezeichnung Bibliothek ist heute der umfassende, alle Arten von Büchersammlungen einschließende Begriff, weshalb sich z.B. der Deutsche Büchereiverband im Jahre 1973 in Deutscher Bibliotheksverband umbenannt hat.

Aufgrund privater Initiative entstanden im 18. Jahrhundert in vielen Städten *Lesehallen,* in denen sich interessierte Bürger Wissen und Bildung aneignen konnten. Der Name ist heute ebenso verschwunden wie die Bezeichnung *Bücherhalle* (Ausnahme: Hamburger öffentliche Bücherhallen). Nach dem anglo-amerikanischen Vorbild der *public libraries* entstanden um 1900 in einigen deutschen Großstädten Bücherhallen, die sich programmatisch und deshalb auch im Namen von den älteren *Volksbüchereien* abgrenzten und bereits den Typ der modernen kommunalen *öffentlichen Bibliothek* verkörperten. In Anlehnung an die englische Bezeichnung spricht man seitdem von der öffentlichen Bibliothek und unterscheidet davon die wissenschaftliche Bibliothek.

Die Eigenschaften „öffentlich" und „wissenschaftlich" treffen bis zu einem gewissen Grad auf beide Typen zu, insofern viele wissenschaftliche Bibliotheken auch der allgemeinen Öffentlichkeit zugänglich sind, in der Regel auch aus Mitteln der öffentlichen Hand finanziert werden, und die öffentlichen Bibliotheken beim Aufbau ihrer Bestände gleichwohl auch wissenschaftliche Literatur berücksichtigen. Während jedoch für die öffentlichen Bibliotheken ein alle Gruppen der Gesellschaft ansprechender Buchbestand und uneingeschränkte Nutzung charakteristisch sind (libraries for the public), überwiegt in den wissenschaftlichen Bibliotheken der Anteil der wissenschaftlichen Literatur und die Nutzung zu Zwecken der Forschung und Lehre.

Bei beiden Bibliothekstypen dominiert heute die *Gebrauchsfunktion,* d.h. beide stellen ihre Bestände für die Benutzung zur Verfügung. Von Ausnahmen abgesehen, wird die *Archivfunktion* aber eher von den wissenschaftlichen Bibliotheken ausgeübt, zumal von denjenigen, die das nationale oder regionale *Pflichtexemplarrecht* haben. Auf weitere Strukturunterschiede ist noch einzugehen.

1.1.2 Definition der Bibliothek

An berühmten Aussprüchen, literarischen Umschreibungen und geistreichen Formulierungen von Inhalt und Aufgabe einer Bibliothek mangelt es nicht. Als Beispiel dafür mag der Philosoph und Bibliothekar Gottfried Wilhelm Leibniz (1646–1716) zitiert werden, der die Bibliothek als „Schatzkammer des menschlichen Geistes" titulierte und von ihr erwartete, alle originalen Gedanken, die jemals schriftlich fixiert wurden, zu beherbergen. Aber gerade wegen der vielen still angehäuften, doch leider unberührt schlummernden Schätze nannte Franz Liszt (1811–1886) die Bibliotheken „Leichenkammern des Wissens". Beiden Bestimmungen liegt als Gemeinsamkeit die Einschätzung zugrunde, Bibliotheken seien „das sichere und bleibende Gedächtnis des menschlichen Geschlechts", wie Arthur Schopenhauer (1788–1860) von der Bibliothek sagte.

Ganz allgemein betrachtet, bezeichnet Bibliothek jede planmäßig angelegte, zum Zwecke öffentlicher oder privater Nutzung aufgestellte Sammlung von Büchern sowie das Gebäude oder den Raum, in dem diese untergebracht ist. Für die Begriffsbestimmung wichtig sind die zentralen Aufgaben und hauptsächlichen Tätigkeiten. Definiert man also Bibliothek als eine geordnete und benutzbare Büchersammlung, dann sind diese das *Sammeln, Erschließen* und *Vermitteln* von *Büchern.* Da Bibliotheken jedoch nicht nur publizierte Literatur erwerben, sondern zum Beispiel auch Handschriften, Autographe und Nachlässe, besteht ihre Aufgabe generell im Sammeln, Erschließen und Vermitteln von Textträgern oder noch allgemeiner:

von *Informationen*. Zum Sammelgut einer Bibliothek gehörten schon immer Karten und Globen, Noten, Graphiken und anderes. In der zweiten Hälfte des 20. Jahrhunderts, teilweise bereits früher, kamen weitere Informationsträger hinzu: die Mikroformen, die visuellen, auditiven und audio-visuellen sowie die elektronischen Medien. *Die Bibliothek erweiterte sich von der Büchersammlung zur Mediensammlung.*

Bibliotheken sammeln, erschließen und vermitteln Informationen, indem sie Bücher und andere Medien erwerben und für einen breiten Personenkreis nutzbar machen. Im Rahmen der Fernleihe und Dokumentlieferung bieten sie auch Bücher und andere Bibliotheksmaterialien an, die sie nicht selber besitzen. Darüber hinaus vermitteln sie Informationen, seien es bibliographische Daten über eigene oder fremde Bücher und sonstige Medien, seien es Daten und Fakten aus öffentlich zugänglichen Datenbanken, seien es in elektronischen Netzen verfügbare Publikationen. Unter Einbeziehung der genannten Gesichtspunkte lässt sich Bibliothek definieren als eine Einrichtung, die veröffentlichte, in geringerem Umfang auch unveröffentlichte *Informationen für Benutzer sammelt, ordnet und verfügbar macht*. Diese Definition lehnt sich an Gisela Ewert und Walther Umstätter (1999) an: „Die Bibliothek ist eine Einrichtung, die unter archivarischen, ökonomischen und synoptischen Gesichtspunkten publizierte Information für die Benutzer sammelt, ordnet und verfügbar macht."

Die moderne Gebrauchsbibliothek ist eine Informationseinrichtung, die neben Archiven, Museen, Informations- und Dokumentationsstellen integraler Bestandteil des öffentlichen Informationswesens ist. Sie ist nicht mehr die Schatzkammer, die wenigen Privilegierten oder einem eingeschränkten Nutzerkreis offen steht, sondern ein Service-Unternehmen, das im Interesse der Allgemeinheit seine qualitativ und quantitativ messbaren Dienstleistungen erbringt und dabei als Betrieb mit begrenzten Sach- und Personalmitteln rationell zu arbeiten und ökonomisch zu wirtschaften hat. Nicht zu vergessen ist ihr Beitrag zur Förderung der Bildung, Wissenschaft und Kultur eines Landes.

1.2 Zur Geschichte des mitteleuropäischen Bibliothekswesens

1.2.1 Mittelalter

Auch wenn es bereits in den großen Städten der römischen Provinz Germanien Bibliotheken gegeben haben mag – für Trier scheint dies belegt, für Köln, Mainz, Augsburg und andere Orte wird es angenommen –, so beginnt die Geschichte des deutschen Bibliothekswesens nicht in der Antike, sondern im Mittelalter. Ausgehend von der Klostergründung Cassiodors († 580) in Italien, der Mönchsregel Isidors von Sevilla († 633) und der Bildungspflege im Orden Benedikts von Nursia († 547) entwickelten sich seit dem 6. Jahrhundert die Klöster durch die Einrichtung von Bibliothek (armarium) und Schreibstube (scriptorium) zu Orten der Buchkultur und damit zu Mittlern antiker Traditionen. Unter dem Einfluss der irischen und angelsächsischen Mission entstanden in der Karolingerzeit auch in Mitteleuropa erste Dombibliotheken (u.a. in Köln, Mainz, Würzburg, Freising, Salzburg) und Klosterbibliotheken, unter denen Fulda, Lorsch, St. Gallen, Reichenau und Murbach die größten waren, d.h. einige hundert Bände besaßen.

Bis zum Ende des Mittelalters vermehrte sich vor allem durch die neuen Orden (Kartäuser, Zisterzienser, Augustinerchorherren, Prämonstratenser) die Zahl der Klosterbibliotheken stark. Insbesondere die den Städten zugewandten Bettelorden (Dominikaner und Franziskaner) fühlten sich der Wissenschaft und der Lehrtätigkeit verpflichtet und sahen deshalb in Bibliotheken unentbehrliche Arbeitsinstrumente.

Neben die bisherigen Träger wissenschaftlichen Lebens traten seit dem Hochmittelalter neue Stätten der Vermittlung und Lehre, die Schulgemeinschaften, aus denen allmählich die selbständige Institution der *universitas magistrorum et scholarium (universitas docentium et studentium)* entstand, die Keimzelle der heutigen Universität. Die gegenüber Italien (Salerno, Bologna, Padua), England (Oxford), Spanien (Salamanca) und Frankreich (Paris) in Deutschland mit Verspätung einsetzende Gründung von Universitäten führte auch zu neuen Büchersammlungen, die allerdings bescheiden blieben, da die Professoren die wichtigen Werke in ihrer Privatbibliothek hielten und die Studenten die Texte der Professoren in deren Vorlesungen mit- oder abschrieben. In Mitteleuropa wurde als eine der ersten Universitäten Krakau 1364 gegründet. Im damaligen Deutschen Reich ist die älteste Gründung Prag (1348); ihr folgten Wien (1365), Heidelberg (1386), Köln (1388) und Erfurt (1392).

Da im Mittelalter das Bildungswesen in den Händen des Klerus lag, waren Buchbestände im Besitz von Laien sehr selten. Besaß Karl der Große noch eine bemerkenswerte Hofbibliothek, begnügten sich die nachkarolingischen Herrscher häufig damit, Klöster und Dome mit prachtvollen Handschriften zu beschenken. Erst als sich das Bildungsideal des Adels wandelte und Schriftkenntnis und Gelehrsamkeit Fuß fassten, entstanden auch an den Adelssitzen, vor allem den Fürstenhöfen Büchersammlungen. Seit dem 13. Jahrhundert setzte sich die Schriftkultur auch in den Städten durch, doch blieb die Zahl bürgerlicher Privatbibliotheken gering und erlebte erst in der Zeit des Humanismus mit dem Typ der *Gelehrtenbibliothek* eine erste Blüte: Die Bibliothek des Beatus Rhenanus in Schlettstatt im Elsass mag als Beispiel dienen. Einen neuen Bibliothekstyp bildeten seit dem 14. Jahrhundert die *Ratsbüchereien,* die der städtischen Verwaltung dienten. Ein frühes Beispiel ist die im Jahre 1370 erstmals bezeugte Ratsbibliothek Nürnberg

1.2.2 Neuzeit

Mit der *Erfindung des Buchdrucks* durch Johannes Gutenberg Mitte des 15. Jahrhunderts und der rund hundert Jahre älteren Umstellung des Beschreibstoffes vom Pergament auf das Papier waren die Grundlagen für ein weiteres, schnelleres Anwachsen der Bibliotheksbestände gegeben. Der sich rasch und nachhaltig ausbreitende Buchdruck beflügelte die Verbreitung der Gedanken der *Reformation,* in deren Gefolge wiederum viele Bibliotheken in Schulen, bei Kirchen und in den Städten entstanden. Andererseits führte die Reformation in weiten Gebieten Deutschlands durch die Aufhebung vieler Klöster zum Ende von Klosterbibliotheken und mitunter zur Vernichtung der als „unnütz" angesehenen Literatur der mittelalterlichen Philosophie und Theologie. Zu einer Reihe von Hochschul- und Bibliotheksgründungen führte die *Gegenreformation* (Dillingen 1549, Würzburg 1582); die Jesuiten schrieben für ihre Kollegien die Einrichtung von Bibliotheken vor und vollzogen offenbar als erster Orden den Übergang von der Pultbibliothek zur Saalbibliothek.

In das 15. und 16. Jahrhundert fielen die Anfänge der *Hofbibliotheken,* die teils auf humanistisches Bildungsstreben, teils auf fürstliches Repräsentationsbedürfnis zurückgehen und deren Entwicklung eng an die bibliophile Neigung und das Interesse des Herrschers gebunden blieb. Neben der Kaiserlichen Hofbibliothek zu Wien (erste Anfänge um 1386) sind hier vor allem die Hofbibliothek zu München (gegründet 1558) und die Sammlungen der Heidelberger Kurfürsten zu nennen, die 1558 zur Bibliotheca Palatina vereinigt wurden.

1.2 Zur Geschichte des mitteleuropäischen Bibliothekswesens

Nach dem allgemeinen Niedergang Deutschlands in der Zeit des Dreißigjährigen Krieges setzte erst im 18. Jahrhundert nach ausländischem Vorbild ein Aufschwung des Bibliotheksbaus ein. Die sowohl in den Klöstern als auch den Schlössern eingerichteten und prunkvoll ausgestatteten *barocken Saalbibliotheken* folgten teils praktischen Bedürfnissen, teils ästhetischen Gesichtspunkten (Ottobeuren, Regensburg, Sankt Gallen, Melk, Wien und viele andere).

Kennzeichnend für das 17. und 18. Jahrhundert wurde aber vor allem der Aufstieg der *Hofbibliotheken,* die sich nach und nach fast alle deutschen Fürsten schufen. Eine der wichtigsten fürstlichen Sammlungen entstand in der kleinen Residenzstadt Wolfenbüttel (Herzogtum Braunschweig-Lüneburg); zur bedeutendsten deutschen Bibliothek bis in die Zeit vor dem Zweiten Weltkrieg entwickelte sich die 1661 gegründete Kurfürstliche Hofbibliothek zu Berlin, seit 1701 Königliche Bibliothek, nach dem Untergang der Monarchie 1918 Preußische Staatsbibliothek. Seit der Epoche des Humanismus nahm die Zahl der *Privatbibliotheken* in der Hand von Dichtern und Gelehrten kontinuierlich zu. Bedeutendste neu gegründete Universität in der Zeit der Aufklärung wurde Göttingen, deren Bibliothek eine sorgfältige Buchauswahl betrieb und die Bücher grob-systematisch nach Fachgruppen aufstellte.

Die größte Umverteilung von Bücherbeständen, die es jemals in der Geschichte gegeben hat, erfolgte durch die im Jahre 1803 durchgeführte *Säkularisation* des kirchlichen Buchbesitzes. Sie vollzog in Süd- und Westdeutschland gewissermaßen jenen Vorgang nach, den die protestantischen Fürsten in den übrigen Teilen Deutschlands im Zuge der Reformation durchgeführt hatten. In den habsburgischen Ländern hatte es schon zwanzig Jahre vorher Klosteraufhebungen und Bücherverlagerungen gegeben, allerdings bei weitem nicht in dem Umfang wie 1803 im übrigen Deutschland.

Die Buchbestände der aufgehobenen Klöster gelangten in staatliche Bibliotheken, vor allem in die Hof- und die Universitätsbibliotheken und begründeten dort den wertvollsten Besitz an Handschriften und Inkunabeln. Um das umfangreiche Säkularisationsgut wenigstens teilweise ordentlich unterbringen zu können, schuf man speziell in Bayern nach französischem Vorbild auf Ebene der Regierungsbezirke einen neuen Bibliothekstyp, die *Staatliche Bibliothek.*

Die napoleonische Ära brachte zudem mit dem Ende zahlreicher Kleinstaaten in Deutschland auch das Ende vieler kleiner, nicht lebensfähiger Universitäten (Helmstedt, Rinteln, Altdorf). Beispielgebend für die neue Universitätslandschaft wurde Preußen, wo im Zuge weit reichender staatlicher Reformen auch das Hochschulwesen erneuert wurde und die Idee der *modernen Gebrauchsbibliothek* Fuß fasste, welche die Entwicklung der wissenschaftlichen Bibliothek im 19. Jahrhundert prägen sollte.

Wichtiger als die Gründung einiger neuer Universitäten zu Beginn des 19. Jahrhunderts (Berlin, Bonn, Breslau) wurde die nach 1871 einsetzende Erneuerung des deutschen Bibliothekswesens, zunächst wiederum in Preußen. Damals begann auch eine rege *Neubautätigkeit*. Für die Aufbewahrung der immer schneller wachsenden Büchermengen (Blüte der Schönen Literatur, Entwicklung aller Wissenschaften, Entstehung neuer Wissenschaftszweige) setzte sich das *Magazin* durch. Frühe, bis heute erhaltene Beispiele der neuen Bauweise, welche konsequent die Möglichkeiten der Gusseisenkonstruktion zur Errichtung selbsttragender Regalsysteme nutzten, sind die Universitätsbibliothek Halle an der Saale (1880) und die Staats- und Stadtbibliothek Augsburg (1893). Das von Robert Lipman erfundene und nach ihm benannte Regalsystem (Straßburg 1889) fand weitere Verbreitung. Umso wichtiger wurden die Kataloge, wobei der *Zettelkatalog* langsam den Bandkatalog ablöste. Die Öffnungszeiten wurden erweitert, die Ausleihbedingungen liberalisiert.

Um den Nutzern der Bibliotheken an den einzelnen Hochschulorten die Bestände aller Bibliotheken zu erschließen, ergriff man Initiativen zur *Zusammenarbeit* und *Koordinierung:* Preußischer Gesamtkatalog, Berliner Titeldrucke, Instruktionen für die alphabetischen Kataloge, Auskunftsbüro, auswärtiger Leihverkehr. Die rapide Steigerung der Literaturproduktion erzwang in den Bibliotheken eine auf strenger Auswahl beruhende Erwerbungspolitik und führte später zur Einrichtung von Sammelschwerpunkten und zur gegenseitigen Nutzung der Bestände im Rahmen des Leihverkehrs. Auch die Steigerung der Auflagenhöhe dank der technischen Fortschritte in der Papier- und Buchherstellung (Schnellpresse, billigeres holzhaltiges Papier) und die daraus folgende Verbilligung der Bücher seit etwa 1840 wirkte sich nachhaltig auf die Bibliotheken aus.

Seit Mitte des 19. Jahrhunderts führte die immer stärkere Differenzierung der Disziplinen an den Universitäten zur Entstehung besonderer Handbibliotheken, die sich im Laufe der Zeit zu eigenständigen, neben der Zentralbibliothek bestehenden *Institutsbibliotheken* auswuchsen und damit zu dem heute so genannten zweischichtigen (auch: mehrgliedrigen oder dualen) Bibliothekssystem führten.

Die Spezialisierung der Forschung und die steigende Zahl der Publikationen ließ innerhalb und außerhalb der Hochschulen einen neuen Bibliothekstyp entstehen: die *Spezialbibliothek;* die Zeiten, in denen alle Bibliotheken sich wenigstens tendenziell als universale Sammlungen verstanden, waren vorüber. Für den zukunftsträchtigen Bereich der Technik entstanden im 19. Jahrhundert eigene Hochschulen mit entsprechend speziell ausgerichteten Bibliotheken (Aachen, Charlottenburg, Dresden, Karlsruhe 1825). Kennzeichnend für die weitere Geschichte der *Landesbibliotheken* wurde der Übergang vom Privateigentum des Fürsten in das Eigentum des Staates infolge der Revolution von 1918/1919.

Der nach der Französischen Revolution in vielen europäischen Staaten sich durchsetzende Gedanke einer *Nationalbibliothek* blieb in Deutschland sowohl 1848 als auch nach der Reichsgründung von 1871 ohne nachhaltige Wirkung. Die Gründung der Deutschen Bücherei in Leipzig 1912 blieb privater Initiative, nämlich der des Börsenvereins der Deutschen Buchhändler, vorbehalten, der damit eine Sammelstelle wenigstens für das gesamte deutschsprachige Schrifttum schuf, das seit dem Jahr 1913 vollständig gesammelt und in der *Deutschen Nationalbibliographie* verzeichnet wird.

Nachdem bereits in der zweiten Hälfte des 18. Jahrhunderts mit Lesezirkeln und Lesegesellschaften sowie kommerziellen Leihbibliotheken Vorläufer eines *öffentlichen Bibliothekswesens* entstanden waren, die das Interesse des gehobenen Bürgertums an Bildungs-, Fach- und Unterhaltungsliteratur befriedigten, wurde 1828 in Großenhain in Sachsen eine Bibliothek eröffnet, die man als die erste Schul- bzw. Stadtbibliothek im heutigen Sinne bezeichnen kann. Getragen vom Gedanken der Volksbildung und durch Initiative der Kirchen, liberaler Vereine und der Arbeiterbewegung erlebte Deutschland seit der Mitte des 19. Jahrhunderts eine Welle derartiger Bibliotheksgründungen für eine bestimmte Klientel. Doch erst unter dem Einfluss der amerikanischen *public libraries* setzte sich auch in Deutschland die Idee einer Bibliothek für alle durch und führte in vielen Orten zur Zusammenlegung der bisherigen wissenschaftlichen Stadtbibliothek mit der neuen Volksbücherei zur *Einheitsbücherei.* Zur *Bücherhallenbewegung,* an deren Anfang Städte wie Freiburg, (Berlin-)Charlottenburg, Essen, und Hamburg standen, entwickelte sich Anfang des 20. Jahrhunderts im Rahmen des Richtungsstreits eine Gegenbewegung, die auf die Lenkung des Lesers zielte und deshalb an die Stelle des in der Einheitsbücherei üblichen freien Zugangs zur Literatur das Beratungsgespräch an der Theke setzte (Walter Hofmanns „Leipziger Richtung" gegen Erwin Ackerknechts „Stettiner Richtung").

Nachdem sich in der Zeit der Weimarer Republik vor allem die *Kommunalisierung der Volksbüchereien* vollzogen hatte, da die bislang vielfach als Träger aufgetretenen Vereine diese Aufgabe wegen der ungünstigen wirtschaftlichen Entwicklung nicht mehr wahrnehmen konnten, geriet das öffentliche Bibliothekswesen – in weitaus stärkerem Maß als das wissenschaftliche – nach 1933 unter Kontrolle und Lenkung durch den nationalsozialistischen Staat. Vollständig unterdrückt wurde das kirchliche Volksbüchereiwesen, das sich seit dem 19. Jahrhundert entwickelt hatte, in der Katholischen Kirche von Borromäusverein und Sankt-Michaelsbund getragen, in der Evangelischen Kirche maßgeblich bestimmt durch die Innere Mission.

1.2.3 Die Entwicklung der Bibliotheken nach 1945

Der Zweite Weltkrieg hatte beträchtliche Schäden an Beständen und Gebäuden der Bibliotheken verursacht. Von etwa 75 Millionen Bänden im Besitz der öffentlichen Hand wurden etwa 25 Millionen vernichtet oder gingen auf andere Weise verloren; durch den Verlust ihrer Kataloge waren viele Bibliotheken kaum noch benutzbar. Etwa 20 Jahre vergingen, bis – jedenfalls in den westlichen Bundesländern – die schlimmsten Schäden beseitigt waren.

Die Entwicklung der Nachkriegszeit führte im Übrigen mit der *deutschen Teilung* zu tief greifenden Veränderungen der Bibliothekslandschaft. Die Bibliotheken in den beiden Staaten, die von entgegen gesetzten Wirtschafts- und Gesellschaftssystemen bestimmt waren, mussten unter gänzlich verschiedenen Bedingungen arbeiten und entwickelten sich im Lauf der vierzig Jahre weit auseinander. Die politische Teilung Deutschlands spiegelte sich vor allem im Schicksal der alten Preußischen Staatsbibliothek, deren im Kriege ausgelagerte Bestände zwar teilweise nach Berlin zurück kamen, aber geteilt blieben und erst ein halbes Jahrhundert später wieder vereinigt werden konnten. Auch die Sammlung der deutschen Literatur und die Nationalbibliographie wurden zum Symbol der politischen Teilung: Neben die Deutsche Bücherei in Leipzig trat als westdeutsche Paralleleinrichtung die erneut auf Initiative des Buchhandels gegründete Deutsche Bibliothek in Frankfurt am Main als Sammelstelle für die deutsche Literaturproduktion und als nationalbibliographisches Zentrum; 45 Jahre lang erschienen zwei nahezu gleich lautende deutsche Nationalbibliographien.

Das Bibliothekswesen der westdeutschen Hochschulen nahm seit den sechziger Jahren einen stürmischen Aufschwung, der von der damals einsetzenden *Bildungsexpansion* getragen wurde. Die Bundesrepublik Deutschland erlebte eine Welle von Universitätsneugründungen, den Ausbau bestehender Universitäten, die Etablierung neuer Hochschultypen (Gesamthochschule, Fachhochschule), die Erweiterung der Technischen Hochschulen zu vollen Universitäten.

Eine weitere Antwort auf die Expansion und Differenzierung von Wissenschaft und Forschung waren die Gründung der *Zentralen Fachbibliotheken* für die angewandten Wissenschaften Technik, Wirtschaft, Medizin und Landbau sowie die Einrichtung weiterer Spezialbibliotheken, die Förderung des Bibliothekswesens durch die Deutsche Forschungsgemeinschaft, namentlich auf dem Sektor der *kooperativen Erwerbung* (Sondersammelgebietsplan), der *Bau neuer Hochschulbibliotheken* mit großen, systematisch aufgestellten *Freihandbeständen,* der Aufbau von *Lehrbuchsammlungen* und *IuD-Einrichtungen,* die *Automatisierung* der bibliothekarischen Arbeitsabläufe und die *Vernetzung* aller Bibliotheksfunktionen. Demgegenüber entwickelten sich die einzelnen Regionalbibliotheken sehr unterschiedlich; nur die größeren Landesbibliotheken konnten mit der Entwicklung der Hochschulbibliotheken Schritt halten (Hannover, Karlsruhe, Stuttgart).

Das öffentliche Bibliothekswesen vollzog nach dem Zweiten Weltkrieg allmählich den Übergang von der Literaturpädagogik der Thekenbücherei zur *Angebotsbibliothek mit Freihandaufstellung*. Bei den Beständen trat die früher dominierende Belletristik zugunsten der Literatur für Ausbildung, Beruf und Freizeit zurück; im Übrigen wurden neben Sachbüchern auch wissenschaftliche Werke angeschafft und der Bestand um weitere Medienarten ergänzt. Für bestimmte Benutzergruppen entstanden Spezialabteilungen, insbesondere für Kinder und Jugendliche als wichtige Zielgruppe der öffentlichen Bibliothek. In den Großstädten wurde die Literaturversorgung zum System aus Zentralbibliothek, Zweigstellen und Fahrbibliotheken ausgebaut.

Auch die öffentlichen Bibliotheken entwickelten Formen der Kooperation, die aber – wegen der Autonomie der einzelnen kommunalen Träger – nicht das Ausmaß und die Intensität erlangen konnten, die für das wissenschaftliche Bibliothekswesen in dieser Zeit typisch geworden sind. Zwischen beiden Sparten nahm, beginnend mit der Einbeziehung der öffentlichen Bibliotheken in den Leihverkehr, die Zusammenarbeit zu. Seit dem Bibliotheksplan '73 werden die gemeinsamen Aufgaben beider Sparten stärker betont als die Unterschiede und das Bibliothekswesen wird insgesamt zunehmend als Einheit begriffen.

In der DDR behielten sowohl die Staatsbibliothek in Berlin als auch die Deutsche Bücherei in Leipzig ihre zentralen Funktionen bei. Nach der Beseitigung der föderalen Strukturen 1952 wurden die noch bestehenden Regionalbibliotheken später zu wissenschaftlichen Allgemeinbibliotheken der Bezirke umgestaltet; lediglich die Sächsische Landesbibliothek in Dresden behielt ihren alten Namen. Neben den Bibliotheken der alten Universitäten (Berlin, Greifswald, Halle, Jena, Leipzig, Rostock) und der Technischen Hochschule (später: Technische Universität) Dresden gab es bis zur Auflösung der DDR über 50 weitere Hoch-, Fach- und Ingenieurschulbibliotheken, darunter zahlreiche Neugründungen. Großen Anteil an der wissenschaftlichen Literaturversorgung hatten die Bibliotheken der Forschungsinstitute der Akademie der Wissenschaften und die Zentralen Fachbibliotheken.

1.2.4 Das Bibliothekswesen im vereinigten Deutschland

Die deutsche Vereinigung im Jahre 1990 bedeutete für das Bibliothekswesen im östlichen Teil Deutschlands einen tief greifenden Strukturwandel, in mancher Hinsicht sogar einen Neuanfang, blieb aber auch für das Bibliothekswesen der westlichen Länder nicht ohne Konsequenzen. Die Staatsbibliothek Preußischer Kulturbesitz und die Deutsche Staatsbibliothek wurden vereinigt und arbeiten seit 1992 unter dem neuen Namen Staatsbibliothek zu Berlin / Preußischer Kulturbesitz als „Eine Bibliothek in zwei Häusern" (Unter den Linden und Potsdamer Straße). Die Amerika-Gedenk-Bibliothek (Berlin West) und die Berliner Stadtbibliothek (Berlin Ost), die erste eine typische öffentliche Bibliothek amerikanischer Prägung, die zweite eine typische wissenschaftliche Stadtbibliothek älterer deutscher Provenienz, wurden unter einem Dach zur Zentral- und Landesbibliothek fusioniert, blieben bislang aber ebenfalls auf zwei Häuser verteilt. Mit der Deutschen Bibliothek in Frankfurt am Main und der Deutschen Bücherei in Leipzig waren zwei Institutionen mit gleicher Aufgabenstellung zusammenzuführen. Dies geschah unter dem Namen Die Deutsche Bibliothek, die nun arbeitsteilig an den drei Standorten Frankfurt, Leipzig und Berlin (Deutsches Musikarchiv) die Aufgaben einer deutschen Nationalbibliothek wahrnimmt. Sowohl im öffentlichen als auch im wissenschaftlichen Bibliothekswesen galt es nach 1990, die aus der DDR stammenden Defizite zu beheben. Diese betrafen vor allem den Zustand der Bibliotheksgebäude, die Zusammensetzung der Buchbestände und die technische Ausstattung.

1.2 Zur Geschichte des mitteleuropäischen Bibliothekswesens

Wegen Devisenmangels konnte die DDR Literatur aus dem so genannten nicht sozialistischen Wirtschaftsgebiet nur in sehr begrenztem Umfang erwerben. Die politisch-idcologische Ausrichtung aller staatlichen Aktivitäten spiegelte sich auch in den Bibliotheksbeständen wider, von denen viele nach der Wende wertlos und uninteressant wurden. Auf der anderen Seite fehlten für viele Fachgebiete die grundlegenden Monographien und Zeitschriften, im Bereich der Belletristik aber auch die Werke unerwünschter Autoren; selbst solche Autoren der Bundesrepublik, die dem westdeutschen Staat besonders kritisch gegenüber standen, gab es nur in wenigen Titeln und Exemplaren. Die wissenschaftlichen Bibliotheken erhielten schon bald nach der Wende aus verschiedenen Programmen Fördermittel zur Ergänzung ihrer Buchbestände, während die öffentlichen Bibliotheken im Wesentlichen auf die bescheidenen Eigenmittel ihrer kommunalen Träger angewiesen waren.

Schließlich galt es, die DDR-Bibliotheken in möglichst kurzer Zeit auf den technischen Stand der Zeit zu bringen, die bislang nirgendwo vorhandenen Fotokopiergeräte aufzustellen, die Datenverarbeitung einzuführen und die bibliothekarischen Arbeitsabläufe und Geschäftsgänge zu automatisieren. Erst dadurch wurde den Bibliotheken beispielsweise die Teilnahme an Verbundsystemen und überregionalen bibliothekarischen Unternehmen (Zeitschriftendatenbank) ermöglicht. Die Integration in das gesamtdeutsche Bibliothekswesen durch Einbeziehung in den Leihverkehr erfolgte schon unmittelbar nach der Wende, später folgte die Beteiligung an DFG-Programmen wie den Sammelschwerpunkten (derzeit acht ostdeutsche Bibliotheken).

Viele wissenschaftliche Bibliotheken wurden umgestaltet und neu strukturiert, teilweise auch neu benannt. Neben die alten Universitäten traten *Neu- bzw. Wiedergründungen,* so in Erfurt, Frankfurt/Oder, Magdeburg, Potsdam. Der Typus *Fachhochschule* war in der DDR nicht vertreten, wurde jedoch nach 1991 von allen östlichen Bundesländern eingeführt. Die Zentralen Fachbibliotheken wurden, nicht zuletzt wegen des freien Zugangs zu den ungleich besser ausgestatteten westdeutschen Paralleleinrichtungen, weitgehend funktionslos. Die *Landesbibliotheken* trennten sich nach Auflösung der wissenschaftlichen Allgemeinbibliotheken wieder von den Stadtbibliotheken und übernahmen die regionalen Funktionen in den wieder erstandenen Ländern; in Bundesländern ohne eigene Landesbibliothek fielen die regionalen Aufgaben an Bibliotheken, die ihre Doppelfunktion auch im Namen kenntlich machen (Halle, Jena, Potsdam). Die Landesbibliothek in Dresden wurde 1996 mit der Bibliothek der Technischen Universität zusammengeschlossen und 2002 mit ihr in einem gemeinsamen Neubau vereinigt.

Stärker als die wissenschaftlichen Bibliotheken gerieten die in kommunale Trägerschaft entlassenen *öffentlichen Bibliotheken* nach 1990 in eine Krisensituation. Vor allem die kleinen Bibliotheken auf dem Lande und die fast 3.000 haupt- oder nebenberuflich geleiteten Gewerkschaftsbibliotheken (Betriebsbüchereien) mussten schließen. Ein gewisser Ausgleich entstand allerdings durch die Einrichtung zahlreicher neuer Bücherbusdienste in den ländlichen Gebieten. In den Bibliotheken setzte, wie auch sonst in Behörden und Betrieben, ein rigoroser Personalabbau ein. Die Nachfrage nach „anderer" Literatur und nach neuen Medien konnte zunächst nur schwer gedeckt werden. Die Staatlichen Fachstellen für das öffentliche Bibliothekswesen, die es in der DDR nicht mehr gab, waren neu einzurichten.

1.3 Kultur- und bildungspolitischer Hintergrund

Wie für alle anderen kulturellen und Bildungseinrichtungen ist für das Bibliothekswesen die vom Grundgesetz vorgeschriebene *dezentrale und föderative Struktur* des Gemeinwesens maßgebend. Staat und Verwaltung bauen sich über die Gebietskörperschaften Gemeinden,

Länder und Bund von unten nach oben auf und verfügen über je eigene Hoheitsrechte und Haushaltsmittel. Das Grundgesetz garantiert diese Struktur vor allem durch die Artikel 20, 30, 70 ff und 83 ff, ferner durch Artikel 28. Die Verfassungen der 16 Länder regeln die Verteilung der staatlichen Befugnisse und die Erfüllung der staatlichen Aufgaben für das jeweilige Land. In den von den Ländern erlassenen Gemeindeordnungen ist der rechtliche Rahmen abgesteckt, in dem sich die Kommunen und Kommunalverbände politisch entfalten und ihre Verwaltungsaufgaben erfüllen.

Die Zuständigkeit für kulturelle Angelegenheiten, für Wissenschaft, Kunst, Kultur und das gesamte Unterrichtswesen ist nahezu ausschließlich den Ländern vorbehalten (Kulturhoheit der Länder); dies ist der Grund dafür, dass fast alle größeren wissenschaftlichen Bibliotheken (Hochschulbibliotheken, Landesbibliotheken) Einrichtungen der Länder sind. An dieser Kulturhoheit der Länder haben auch die Gemeinden Anteil; im Rahmen der kommunalen Selbstverwaltung (Gemeindeautonomie) nehmen sie eigene Kompetenzen wahr. Zu diesen freiwilligen Aufgaben der Gemeinden zählt z.B. die Unterhaltung von Theatern, Orchestern, Museen und Bibliotheken.

Da jedoch bestimmte Unternehmen im Bereich von Bildung, Wissenschaft und Forschung gesamtstaatliche Bedeutung haben, fördert und finanziert der Bund die *Gemeinschaftsaufgaben*. Diese wurden im Jahre 1969 durch eine Ergänzung des Grundgesetzes (Art. 91a und 91b) verfassungsrechtlich verankert und sind auch für das Bibliothekswesen bedeutsam. So ist auf der Grundlage dieser Regelung aus dem Jahre 1969 das Hochschulbauförderungsgesetz erlassen worden, das eine 50-prozentige Beteiligung des Bundes am Aus- und Neubau von Hochschulen festlegt und daher auch dem Aus- und Neubau der Hochschulbibliotheken zu gute kommt. Auch die *Rahmenvereinbarung Forschungsförderung* (die Wissenschaftsgemeinschaft Gottfried Wilhelm Leibniz, die frühere „Blaue Liste") hat sich für das Bibliothekswesen segensreich ausgewirkt.

Das Grundgesetz wird ergänzt durch den *Einigungsvertrag* zwischen der DDR und der Bundesrepublik vom 31. August 1990, der Verfassungsrang hat und ebenfalls für das Bibliothekswesen von Belang ist.

1.4 Träger von Bibliotheken

1.4.1 Öffentliche Träger

Den skizzierten Strukturen entsprechend sind die Gemeinden, die Länder und der Bund, außerdem die öffentlichrechtlichen Stiftungen die Bibliotheksträger der öffentlichen Hand. Unter den Gebietskörperschaften (Bund, Länder, Gemeinden) tritt der *Bund* als Bibliotheksträger nur in wenigen Fällen in Erscheinung. An erster Stelle ist hier Die Deutsche Bibliothek zu nennen, die im vereinigten Deutschland die Aufgaben einer Nationalbibliothek wahrnimmt. Zu den Einrichtungen des Bundes gehören außerdem die Bibliothek des Deutschen Bundestages, die Bibliotheken der Bundesministerien, der übrigen obersten Bundesbehörden, der Bundesgerichte und der Bundesforschungsanstalten. Die Bundeswehr unterhält zwei eigene Universitäten in Hamburg und München (Neubiberg), so dass hier auch zwei Universitätsbibliotheken sowie weitere, bei einzelnen Wehrbereichskommandos angesiedelte militärische Fachbibliotheken zu nennen sind (Hannover, Mainz). Des Weiteren ist der Bund an der Finanzierung einer ganzen Reihe von Bibliotheken und anderen Einrichtungen beteiligt, die

# 1.4 Träger von Bibliotheken

nicht in seiner Trägerschaft stehen. Institutionen mit überregionaler Funktion werden nämlich aufgrund der erwähnten Rahmenvereinbarung Forschungsförderung gemäß Artikel 91 b des Grundgesetzes von Bund und Ländern gemeinsam finanziert. Dazu zählen z.B. die bereits genannten drei Zentralen Fachbibliotheken. Finanziell beteiligt ist der Bund an der Unterhaltung der Stiftung Preußischer Kulturbesitz mit der Staatsbibliothek zu Berlin und an der Stiftung Weimarer Klassik mit der Herzogin-Anna-Amalia-Bibliothek in Weimar. Eine Mischfinanzierung liegt auch bei den Bibliotheken der Forschungseinrichtungen wie der Max-Planck-Gesellschaft und der Fraunhofer-Gesellschaft vor.

Wegen ihrer grundgesetzlich verankerten Kulturhoheit sind die *Länder* die wichtigsten Träger wissenschaftlicher Bibliotheken. In ihre Zuständigkeit fallen fast alle Hochschulen und damit die Hochschulbibliotheken, außerdem die Staats- und Landesbibliotheken. Zu erwähnen sind zudem die Bibliotheken der Länderparlamente, der staatlichen Museen und Archive, der Landesbehörden und Landesforschungsanstalten. Von den Ländern getragen werden auch die Staatlichen Fachstellen für das öffentliche Bibliothekswesen, die in den meisten Bundesländern bestehen (nicht in den Stadtstaaten).

Bedeutendste Träger der öffentlichen Bibliotheken sind die *Gemeinden,* die zum ganz überwiegenden Teil im Rahmen der kommunalen Selbstverwaltung von ihrem Recht Gebrauch machen, eine öffentliche Bibliothek zu unterhalten. Einige wenige Städte führen darüber hinaus aus älterer Zeit noch eine (selbständige) wissenschaftliche Stadtbibliothek fort (Augsburg, Braunschweig, Mainz, Trier). Die *Landkreise* unterhalten in manchen Ländern zentrale Kreisbibliotheken, die gelegentlich auch als Fahrbibliotheken organisiert sind; in vielen Fällen geben die Kreise einzelnen Gemeindebibliotheken finanzielle Zuschüsse. Auch die *Höheren Kommunalverbände* können in Einzelfällen als Bibliotheksträger auftreten, so beispielsweise der Landesverband Lippe, der die Lippische Landesbibliothek in Detmold unterhält, der Bezirksverband Pfalz (Pfalzbibliothek Kaiserslautern) und die Ostfriesische Landschaft (Landschaftsbibliothek Aurich).

1.4.2 Öffentlich-rechtliche Stiftungen

Neben den beiden bereits erwähnten *öffentlich-rechtlichen Stiftungen* in Berlin und Weimar gehören in diese Gruppe die Franckeschen Stiftungen in Halle an der Saale, die seit ihrer Wiederbegründung im Jahre 1991 die Hauptbibliothek der Franckeschen Stiftungen unterhalten. Seit 1995 besteht in Berlin die schon erwähnte Stiftung Zentral- und Landesbibliothek, unter deren Dach Amerika-Gedenk-Bibliothek und Berliner Stadtbibliothek vereinigt sind. Die Stiftung Germanisches Nationalmuseum in Nürnberg ist Trägerin des Museums und der diesem angegliederten Spezialbibliothek. Die genannten Stiftungen sind zwar rechtsfähige juristische Personen und können insoweit durch ihre Organe ihre Angelegenheiten selbständig regeln, sind aber auf die Finanzzuwendungen durch die Stifter, also die beteiligten Gebietskörperschaften angewiesen.

1.4.3 Kirchliche Körperschaften

Die *Katholische* und die *Evangelische Kirche* unterhalten auf der Ebene ihrer Gebietskörperschaften Bibliotheken. Die Dom-, Diözesan- bzw. Bistumsbibliotheken und die Landeskirchlichen Bibliotheken sind als geisteswissenschaftliche Spezialbibliotheken integrale Teile des wissenschaftlichen Bibliothekswesens in Deutschland; dies gilt auch für die Bibliotheken der Ordensgemeinschaften. Sowohl die Kirche als auch einzelne ihrer Orden sind darüber hinaus Träger von Hochschulen und damit entsprechender Hochschulbibliotheken (Katholische Universität Eichstätt, Philosophisch-Theologische Hochschule St. Georgen in Frankfurt u.a.). Auch Priesterseminare können große Sammlungen besitzen (Trier). Zu den wissenschaftlichen Bibliotheken zählen auch die Einrichtungen kirchlicher Verbände (Caritas-Bibliothek in Freiburg).

Viele Pfarreien (Pfarrgemeinden, Kirchengemeinden) sind Träger kleiner öffentlicher Bibliotheken, die meist ehrenamtlich geführt werden und begrenzte Öffnungszeiten haben, aber besonders für die Leseförderung bei Kindern und Jugendlichen eine wichtige Rolle spielen. Sie arbeiten je nach Zugehörigkeit mit dem Borromäusverein bzw. Sankt-Michaelsbund oder dem Deutschen Verband Evangelischer Büchereien zusammen. Sie werden außerdem durch die auf Bistums- oder Landeskirchenebene operierenden Fachstellen der Kirchen unterstützt.

1.4.4 Privatrechtliche Träger

Private Träger von Bibliotheken können sowohl Firmen oder Vereine als auch Privatpersonen sein. Viele große *Wirtschaftsunternehmen* unterhalten für Zwecke der Forschung und Entwicklung eigene Bibliotheks- und Informationseinrichtungen, die in erster Linie oder gar ausschließlich für die Mitarbeiter dieser Unternehmen zugänglich sind, aber oft auch am Leihverkehr teilnehmen.

Eingetragene Vereine als Bibliotheksträger gibt es sowohl unter den Vereinen mit wirtschaftlichen oder berufsständischen Interessen (Bibliothek des Vereins Deutscher Eisenhüttenleute in Düsseldorf) als auch mit ideeller (Bibliothek des Deutschen Alpenvereins in München) oder wissenschaftlicher Zielsetzung (Deutsche Schillergesellschaft, Trägerin des Schiller-Nationalmuseums und Deutschen Literaturarchivs in Marbach). Als Rechtsform begegnet hier auch die Stiftung privaten Rechts für eine Reihe sehr heterogener Einrichtungen, wie die Bibliothek des Ruhrgebiets in Bochum, in der die Bergbau-Bücherei Essen aufgegangen ist, ferner die Bibliothek der Friedrich-Ebert-Stiftung in Bonn oder die Hamburger Öffentlichen Bücherhallen.

Einzelpersonen als Träger von größeren Bibliotheken, die zumindest teilweise der Öffentlichkeit zugänglich sind, sind selten geworden. In Einzelfällen haben sich private Hofbibliotheken in der Hand des Adels erhalten (Hofbibliothek in Regensburg, Hohenzollernsche Hofbibliothek in Sigmaringen, Fürstenbergische Hofbibliothek in Donaueschingen bis zum Verkauf ihrer Bestände im Jahr 2000).

1.5 Die verschiedenen Bibliothekstypen

1.5.1 Bibliotheken von nationaler Bedeutung

In Deutschland ist es aufgrund der territorialen Zersplitterung und innerer politischer Gegensätze nicht zur Bildung einer *Nationalbibliothek* wie in vielen anderen europäischen Staaten gekommen. Die im Jahre 1912 durch den damaligen Börsenverein der Deutschen Buchhändler mit Unterstützung der Stadt Leipzig und des Königreichs Sachsen in Leipzig gegründete Deutsche Bücherei konnte nach der deutschen Teilung ihre nationalbibliothekarische und nationalbibliographische Aufgabe für die Westzonen nicht mehr erfüllen. Auf verlegeri-

1.5 Die verschiedenen Bibliothekstypen

sche und bibliothekarische Initiative entstand daher 1946 mit Unterstützung der Stadt Frankfurt am Main und mit Zustimmung der Amerikanischen Militärregierung die Deutsche Bibliothek in Frankfurt. Mit der Vereinigung Deutschlands sind die beiden Institutionen rechtsverbindlich vereinigt worden; die neu entstandene Einrichtung trägt den Namen *Die Deutsche Bibliothek*.

An den Standorten Leipzig und Frankfurt sowie Berlin, wo sich das 1970 errichtete Deutsche Musikarchiv befindet, nimmt die Deutsche Bibliothek die Aufgaben einer Nationalbibliothek wahr. Ihr gesetzlich verankerter Auftrag ist die Sammlung, Archivierung und bibliographische Verzeichnung der ab 1913 in Deutschland verlegten gedruckten und elektronischen Veröffentlichungen, der im Ausland verlegten deutschsprachigen Veröffentlichungen, der im Ausland verlegten Übersetzungen deutschsprachiger Veröffentlichungen in andere Sprachen, der im Ausland verlegten Veröffentlichungen über Deutschland (Germanica) sowie der zwischen 1933 und 1945 von deutschsprachigen Emigranten verfassten Druckwerke. Um diesen Auftrag erfüllen zu können, besitzt die Deutsche Bibliothek das *Pflichtexemplarrecht* für die Bundesrepublik Deutschland und gibt die in mehrere Reihen gegliederte *Deutsche Nationalbibliographie* heraus.

Aufgaben einer Nationalbibliothek erfüllen in Deutschland auch die Staatsbibliothek zu Berlin – Preußischer Kulturbesitz (gegründet 1661) und die Bayerische Staatsbibliothek in München (gegründet 1558). Beide sind aus fürstlichen Hofbibliotheken hervorgegangen, üben aber aufgrund ihrer herausragenden Bestände und ihrer zahlreichen Dienstleistungen überregionale Funktionen aus. Mit ihren umfassenden deutschen und internationalen Altbeständen, ihren zahlreichen Sonderbeständen und ihrer Teilnahme sowohl am Sondersammelgebietsprogramm der DFG als auch an der Sammlung Deutscher Drucke können sie als die zentralen oder nationalen Universalbibliotheken bezeichnet werden. Für die angewandten Wissenschaften werden sie durch die Zentralen Fachbibliotheken ebenso ergänzt wie auf dem Gebiet der deutschen Nationalliteratur durch die übrigen Bibliotheken der Arbeitsgemeinschaft Sammlung Deutscher Drucke.

1.5.2 Landes- und Regionalbibliotheken

Wie die Staatsbibliotheken in Berlin und München dienen auch die *Landes- und Regionalbibliotheken* einer Region, die entweder ein Bundesland oder ein Teil eines Bundeslandes, ein Regierungsbezirk oder eine Stadt mit ihrem Umland sein kann. Hinsichtlich ihres Ursprungs, ihrer weiteren Entwicklung, ihrer Größe, ihrer Bestandszusammensetzung, ihrer Trägerschaft und besonders auch hinsichtlich ihres Namens unterscheiden sich die Regionalbibliotheken untereinander und bilden so eine heterogene Gruppe. Von wenigen Ausnahmen abgesehen handelt es sich jedoch um Bibliotheken, die im Wesentlichen gleiche Aufgaben erfüllen: die Sammlung und Archivierung der regionalen Literatur, meist in Verbindung mit dem Pflichtexemplarrecht für die betreffende Region, die Sammlung der Literatur über die jeweilige Region und deren Erschließung in einer Bibliographie. Darüber hinaus sammeln sie aber auch Literatur aller Wissensgebiete für die Nutzer in ihrer Region, in einigen Fällen auch für die Angehörigen der örtlichen Hochschulen (Bamberg, Hannover, Karlsruhe, Stuttgart).

Die meisten Landesbibliotheken sind aus Hofbibliotheken hervorgegangen, einige verdanken ihre Entstehung der Funktion als Depotbibliothek für Säkularisationsgut, einige sind erst im 20. Jahrhundert gegründet worden (Koblenz, Speyer). Die zahlenmäßig stark geschrumpften wissenschaftlichen Stadtbibliotheken sind aus Ratsbüchereien oder historischen Stadtbibliotheken hervorgegangen. Aus territorialgeschichtlichen Gründen gibt es in manchen Bundesländern mehrere, in anderen keine älteren, gewachsenen Landesbibliotheken. In diesen Fällen nehmen Universitätsbibliotheken die regionalen Aufgaben zusätzlich zu ihrer eigentlichen Zweckbestimmung wahr und bringen diese Doppelfunktion auch in ihrem Namen zum Ausdruck: Staats- und Universitätsbibliothek bzw. Landes- und Universitätsbibliothek.

Einige ehemalige Hofbibliotheken mit wertvollem historischen Buchbestand haben sich auf ausgewählte Gebiete der Geistes- und Kulturgeschichte spezialisiert und verstehen sich heute als *Forschungsbibliotheken* mit einem ganz eigenen Profil. Dazu zählen etwa die Herzog-August-Bibliothek in Wolfenbüttel (Frühe Neuzeit) und die Herzogin-Anna-Amalia Bibliothek in Weimar (Deutsche Klassik), aber auch die erst 1999 mit der Universitätsbibliothek Erfurt verbundene Forschungsbibliothek in Gotha.

1.5.3 Hochschulbibliotheken

Die Bibliotheken der Universitäten und der ihnen gleichgestellten Hochschulen dienen in erster Linie der Literaturversorgung der *Hochschulangehörigen* vom Studenten bis zum Professor bei Studium, Forschung und Lehre und bilden damit funktional eine homogene Gruppe, auch wenn sie sich aufgrund ihres Alters und ihrer geschichtlichen Entwicklung, in der Größe des Bestandes, der Zahl ihrer Benutzer, der Höhe ihres Etats usw. teilweise erheblich von einander unterscheiden. Alle Universitätsbibliotheken können aber auch für wissenschaftliche Zwecke von *Nicht-Hochschulangehörigen* benutzt werden; einige haben ausdrücklich darüber hinaus regionale Funktionen übernommen (Universitäts- und Landesbibliotheken).

In der *Struktur der Universitätsbibliotheken* lassen sich zwei Grundformen unterscheiden, die meist als einschichtiges und zweischichtiges Bibliothekssystem bezeichnet werden. An den älteren Universitäten in den westlichen Bundesländern besteht neben der zentralen Universitätsbibliothek, die Magazin- und Ausleihbibliothek ist, die Lehrbuchsammlung unterhält und Benutzungsdienste wie die Fernleihe und Informationsvermittlung anbietet, eine mehr oder minder große Zahl selbständiger Seminar-, Instituts- und Fakultätsbibliotheken, die Präsenzbibliotheken mit systematischer Freihandaufstellung sind. Während die Universitätsbibliothek die allgemeine, fächerübergreifende Literatur erwirbt, konzentrieren sich die Institutsbibliotheken auf die Literatur ihres Faches, insbesondere die hochspezielle Forschungsliteratur. Die institutionelle und organisatorische Trennung von Universitäts- und Institutsbibliotheken wirkt sich nicht allein auf die Buchauswahl aus, sondern auf alle Felder bibliothekarischer Arbeit und hat weitreichende Konsequenzen für jeden Nutzer. Um die Nachteile dieses Dualismus zu mildern, um die seit den DFG-Empfehlungen zur Zusammenarbeit (1970) ergriffenen Maßnahmen zu verstärken, sind an vielen älteren Universitäten kooperative Bibliothekssysteme entstanden. Doch auch dort, wo die Neufassungen der Universitätsgesetze den Direktor zum Vorgesetzten aller Mitarbeiter des Bibliothekssystems bestimmen und ein einheitliches Bibliothekssystem vorschreiben, das durch diesen Direktor nach einheitlichen bibliotheksfachlichen Grundsätzen geleitet wird, bleibt die praktische Umsetzung der funktionalen Einschichtigkeit eine schwierige Aufgabe.

An den neueren, seit den späten sechziger Jahren gegründeten Universitäten in den westlichen Bundesländern gibt es nur noch *eine* Bibliothek, die beide Funktionen, die der zentralen Universitätsbibliothek und die der dezentralen Institutsbibliotheken erfüllt. Die einheitliche Bibliotheksstruktur war auch an den Universitäten der DDR eingeführt worden und wurde im östlichen Teil Deutschlands nach der Wende fortgeführt, konnte aber aufgrund der anhaltenden baulichen Probleme und der Dislozierung der Bibliotheksstandorte nicht überall optimal realisiert werden. In den einschichtigen Bibliothekssystemen sind alle bibliothekarischen Arbeitsgänge zentralisiert. Die teils ausleihbaren, teils präsent gehaltenen Bestände sind meist auf mehrere Teilbibliotheken verteilt, gelegentlich aber auch an einem Ort konzentriert, doch stets in feinsystematischer Ordnung in Freihandbereichen aufgestellt.

Im Unterschied zu den Universitätsbibliotheken sind die ca. 130 *Fachhochschulbibliotheken* keine Universal-, sondern Spezialbibliotheken, die sich auf die an ihren Einrichtungen gelehrten Fächer beschränken. Gemäß dem Auftrag der Fachhochschulen, durch praxisbezogene Lehre eine auf wissenschaftlicher Basis beruhende Bildung zu vermitteln, die zur selbständigen Tätigkeit im Beruf befähigt, enthalten die Bibliotheken insbesondere Grundlagenliteratur und Lehrbücher, häufig in großer Exemplarzahl. Nur noch in Baden-Württemberg gibt es eigenständige *Pädagogische Hochschulen* mit entsprechenden Bibliotheken. In den übrigen Bundesländern ist die Lehrerbildung schon seit Langem in die Universitäten integriert. Bibliotheken unterhalten außerdem die *Kunst- und Musikhochschulen*, die *Verwaltungshochschulen*, die in einigen Bundesländern etablierten *Berufsakademien* und die Hochschulen in privater Trägerschaft.

1.5.4 Spezial- und Fachbibliotheken

Die größte Gruppe im Kreis der wissenschaftlichen Bibliotheken bilden die rund 2.700 Spezialbibliotheken, die von öffentlichen, kirchlichen und privaten Trägern unterhalten werden. Gemeinsam ist ihnen die Beschränkung auf bestimmte Fachgebiete und die enge Bindung an eine Institution, für deren Literaturversorgung sie ausschließlich oder überwiegend zuständig sind.

Die zweite genannte Eigenschaft trifft allerdings nicht auf die *Zentralen Fachbibliotheken* zu: die Deutsche Zentralbibliothek für Medizin in Köln, die Technische Informationsbibliothek in Hannover und die Bibliothek des Instituts für Weltwirtschaft / Deutsche Zentralbibliothek für Wirtschaftswissenschaften in Kiel. Diese Einrichtungen dienen ausdrücklich der überregionalen Literaturversorgung in den angewandten Wissenschaften und stehen jedermann zur Benutzung frei.

Aus der Gruppe der Spezialbibliotheken ragen außerdem die über 500 Parlaments-, Behörden- und Gerichtsbibliotheken heraus. Diese meist nach 1945 entstandenen Einrichtungen dienen vor allem der Verwaltung und Rechtsprechung und sind deshalb spezialisiert auf die Erwerbung juristischer und politischer Literatur, berücksichtigen aber auch die Wirtschaftswissenschaften, Sozialwissenschaften und Technik.

Zu den Spezialbibliotheken im engeren Sinn gehören sowohl die Bibliotheken der Forschungsinstitute des Bundes und der Länder, der wissenschaftlichen Gesellschaften, der Archive, Museen und Kliniken als auch der kirchlichen Körperschaften und Einrichtungen einschließlich der Klöster sowie Bibliotheken der Firmen, Verbände, Vereine und Gesellschaften. Bei aller Unterschiedlichkeit im Einzelfall lässt sich sagen: Sie konzentrieren sich bei der Literaturauswahl auf ihren speziellen Sammelauftrag, erwerben meist einen hohen Anteil an grauer bzw. unkonventioneller Literatur, betreiben eine intensive Erschließung gerade auch von bibliographisch unselbständig erschienenen Werken, halten ihre Bestände präsent und verzichten auf die dauerhafte Archivierung veralteter, nicht mehr genutzter Titel.

1.5.5 Öffentliche Bibliotheken

Die *öffentliche Bibliothek* ist der am häufigsten vertretene Bibliothekstyp. Über 6.100 kommunale Bibliotheken gewährleisten die *Grundversorgung* aller Schichten der Bevölkerung mit Literatur und anderen Medien und bilden ein dichtes, in ländlichen Regionen allerdings teilweise lückenhaftes Bibliotheksnetz. Aufgabe der öffentlichen Bibliothek ist es, den Bürgern die grundgesetzlich verankerte Möglichkeit zu bieten, „sich aus allgemein zugänglichen Quellen ungehindert zu unterrichten" (Grundgesetz, Artikel 5,1); sie dienen nicht nur der Information der allgemeinen wie der speziell beruflichen Aus-, Fort- und Weiterbildung, sondern auch der sinnvollen Gestaltung der Freizeit und nicht zuletzt der Leseförderung.

So führen die öffentlichen Bibliotheken in ihrem Bestand Sachbücher, zum Teil auch wissenschaftliche Werke aus allen Bereichen des Wissens, Fachbücher für die berufliche Bildung, Nachschlagewerke aller Art, Zeitschriften und Zeitungen, belletristische und der Unterhaltung dienende Literatur, Kinder- und Jugendbücher sowie weitere, auf besondere Benutzergruppen zielende Bestände wie Bücher in den Sprachen der großen in Deutschland lebenden Ausländergruppen. Das Angebot an gedruckten Werken ist seit den 1970er Jahren laufend erweitert worden, zunächst um audiovisuelle Medien und Spiele, dann um elektronische Medien und den Zugang zu Computernetzen, in einzelnen Fällen auch um Werke der Bildenden Kunst. Die Bestandsgröße ist sehr unterschiedlich und reicht von 5.000 Medien bis zu ein bis drei Millionen in einzelnen großstädtischen Bibliothekssystemen. Die in den Bibliotheksplänen empfohlene Richtgröße von zwei Medieneinheiten je Einwohner wird von den wenigsten Bibliotheken erreicht. Da manche öffentliche Bibliotheken auf frühere wissenschaftliche Stadtbibliotheken zurückgehen, besitzen sie mitunter einen ansehnlichen Altbestand (Bautzen, Gera, Leipzig).

Charakteristisch für die öffentliche Bibliothek ist die Darbietung der Bestände in *Freihandaufstellung*. Nur Großstadtbibliotheken erfüllen namentlich für Alt- und Sonderbestände eine Archivfunktion und verfügen über Magazine. Die meisten Bibliotheken orientieren sich bei der Erwerbungsauswahl an der aktuellen Nachfrage und sondern nicht mehr benutzte Titel, insbesondere Mehrfachexemplare, später wieder aus. Die öffentlichen Bibliotheken großer Städte bilden heute meist ein System mit einer *Zentralbibliothek* und mehreren *Zweigstellen* in den Stadtteilen. Dazu können Einrichtungen kommen für besondere Nutzergruppen (Kinder- und Jugendbibliotheken, Schulbibliotheken) oder bestimmte Sonderbestände (Musikbibliotheken, Mediotheken, Artotheken) sowie Fahrbibliotheken, die die bevölkerungsärmeren Stadtteile und Randgebiete versorgen. Bücherbusse werden auch in den dünn besiedelten ländlichen Regionen, in denen es keine ortsfesten Bibliotheken gibt, eingesetzt, häufig in Trägerschaft der Landkreise. Wenn von den 14.895 Gemeinden der Bundesrepublik Deutschland zu Ende des Jahres 1997 genau 12.442 über eine öffentliche Bibliothek verfügten, dann hatten daran neben den 6.118 Kommunalen auch die 4.026 Katholischen, 1.045 Evangelischen und 1.253 Bibliotheken in sonstiger Trägerschaft Anteil, wobei die kirchlichen Einrichtungen fast ausnahmslos in den westlichen Bundesländern zu finden sind. Weit über die Hälfte der deutschen Gemeinden besitzt keine Bibliothek in Trägerschaft der kommunalen Gebietskörperschaften. Die hohe Zahl nicht-kommunaler Bibliotheken darf freilich nicht darüber hinwegtäuschen, dass diese hinsichtlich des Bestandes, der Erwerbungsetats und der Entleihungen ganz weit hinter den kommunalen Einrichtungen liegen, von den Öffnungszeiten und den Personalaufwendungen ganz zu schweigen.

1.6 Zusammenarbeit der Bibliotheken

1.6.1 Institutionen und Formen der Kooperation

Angesichts der dezentralen Struktur des deutschen Bibliothekswesens, der unterschiedlichen Unterhaltsträger und Typen von Bibliotheken, der politisch-administrativen Rahmenbedingungen, des Fehlens einer gesamtstaatlichen Steuerungs- und Planungsinstanz usw. ist der Zwang zur Zusammenarbeit groß. Die Einsicht, dass in den zentralen bibliothekarischen Aufgabenbereichen autonomes Handeln unzweckmäßig, kooperatives Vorgehen hingegen gewinnbringend ist, hat sich schon im 19. Jahrhundert durchgesetzt und namentlich unter den preußischen Bibliotheken zu ersten Formen der Zusammenarbeit geführt. Verstärkt durch die Folgen der beiden Weltkriege, die sprunghaft gestiegenen Anforderungen an die Leistungsfähigkeit der Literaturversorgung und Informationsvermittlung seit den Jahren der „Bildungsexplosion", bei gleichzeitig einsetzenden, periodisch wiederkehrenden Etatkrisen und zugleich exorbitanten Preissteigerungen auf dem internationalen Buch- und Zeitschriftenmarkt ist „Kooperation" zum konstitutiven Merkmal des deutschen Bibliothekswesens geworden. Die große Zahl der *Gemeinschaftsunternehmen* beweist dies ebenso wie die Menge der bibliothekarischen *Zusammenschlüsse* und *Zusammenkünfte*. Dass die dezentrale Struktur des deutschen Bibliothekswesens kein Nachteil ist, vielmehr als heilsamer Zwang angesehen werden kann, der positive Wirkungen hervorbringt, soll an ausgewählten Beispielen unten aufgezeigt werden.

Die Ende des 19. Jahrhunderts einsetzende *Professionalisierung* des deutschen wissenschaftlichen Bibliothekswesens führte u.a. zur Gründung des *Vereins Deutscher Bibliothekare,* der als privater und nicht an die Ländergrenzen gebundener Verein Themen und Probleme von übergreifendem Interesse aufnehmen konnte und sich besonders über seine zahlreichen Kommissionen und Fachgruppen der bibliothekarischen Sacharbeit widmete. Der gewaltige Anstieg dieser Aufgaben nach dem Zweiten Weltkrieg konnte von einem Personalverein aus finanziellen und grundsätzlichen Erwägungen nicht länger bewältigt werden und führte schließlich zur Gründung des *Deutschen Bibliotheksinstituts*. Die Förderung der bibliothekarischen Kooperation im föderalen Staat ist eine Verpflichtung der öffentlichen Hand und infolgedessen staatlich zu finanzieren.

1.6.2 Das Deutsche Bibliotheksinstitut und sein Erbe

Entstanden aus zwei Vorgängereinrichtungen, der 1957 gegründeten Arbeitsstelle für das Büchereiwesen und der 1969 geschaffenen Arbeitsstelle für Bibliothekstechnik, wurde zum 1.6.1978 das Deutsche Bibliotheksinstitut (DBI) als rechtsfähige Anstalt des öffentlichen Rechts mit Sitz in Berlin gegründet. Das DBI wurde in die „Blaue Liste" der gemeinsam von Bund und Ländern zu finanzierenden Institutionen als Einrichtung mit Servicefunktion für die Forschung aufgenommen. Das Institut, so sein gesetzlicher Auftrag, „erforscht, entwickelt und vermittelt bibliothekarische Methoden und Techniken mit dem Ziel der Analyse, Entwicklung, Normierung und Einführung bibliothekarischer Systeme und Verfahren. Es erfüllt diese Aufgabe in engem Zusammenwirken mit bibliothekarischen und dem Bibliothekswesen verwandten Einrichtungen." Nach der Vereinigung Deutschlands gingen die in der DDR existierenden Paralleleinrichtungen mit gleicher Zielsetzung, das Zentralinstitut für Bibliothekswesen (1950) und das Methodische Zentrum für Wissenschaftliche Bibliotheken (1964), im DBI auf. Diese Fusion wurde 1992 abgeschlossen.

Mit Wirkung zum 1.1.2000 wurde das DBI ebenfalls per Gesetz wieder aufgelöst, nachdem zuvor das einstige Gründungsmotiv („Servicefunktion für die Wissenschaft") bestritten und das DBI vom Wissenschaftsrat als nicht mehr förderungswürdig befunden worden war. Das Institut wurde zugleich als „Ehemaliges Deutsches Bibliotheksinstitut" (EDBI) in Form einer nichtrechtsfähigen Anstalt für einen Abwicklungszeitraum von drei Jahren neu konstituiert, damit Abschlussarbeiten erledigt und rechtliche Verpflichtungen erfüllt werden könnten. Einige der bislang vom DBI wahrgenommenen Aufgaben gingen an andere Institutionen über, andere wurden gänzlich eingestellt.

Über zwanzig Jahre galt das DBI als eine unerlässliche Instanz für das gesamte deutsche Bibliothekswesen. In das breite Dienstleistungsangebot des DBI fielen u.a. *überregionale Nachweisinstrumente* wie die Zeitschriftendatenbank (ZDB), der Verbundkatalog maschinenlesbarer Katalogdaten deutscher Bibliotheken (VK), das (bereits 1997 eingestellte) Gesamtverzeichnis der Kongressschriften, die Erstellung der Deutschen Bibliotheksstatistik (DBS), die Herausgabe von Publikationen wie etwa der Zeitschrift „Bibliotheksdienst" und der Reihe „dbi-materialien", die Bibliographien „Dokumentationsdienst Bibliothekswesen" und „Zeitschriftendienst" sowie der Betrieb des auf eigenen und fremden Nachweisdatenbanken aufsetzenden Dokumentlieferdienstes DBI-LINK, der erst im Jahre 1995 eingeführt worden war.

1.6.3 Beispiele für die Kooperation

Die alle Bereiche bibliothekarischer Tätigkeit umfassende Zusammenarbeit spielt sich auf lokaler, regionaler wie auch überregionaler Ebene ab, findet zunehmend auch auf europäischer bzw. internationaler Ebene statt. Die Initiativen und Förderprogramme der EU sind hier ebenso zu nennen wie diejenigen der UNESCO; von Bedeutung ist die internationale Bibliotheksarbeit von IFLA (International Federation of Library Associations and Institutions) und EBLIDA (European beureau of library, information, and documentation associations). Viele deutsche Bibliotheken sind an grenzüberschreitenden Projekten oder Zusammenschlüssen beteiligt, beispielsweise im Ostseeraum (Bibliotheca Baltica) oder am Oberrhein (EUCOR = Confédération Européenne des universités du Rhin supérieur). Im Folgenden soll es um Beispiele aus dem wissenschaftlichen und öffentlichen Bibliothekswesen gehen, die innerhalb Deutschlands von überregionaler und zugleich herausragender Bedeutung sind.

Auf dem Gebiet der Erwerbung

Anknüpfend an ältere Unternehmen konzipierte 1949 die Deutsche Forschungsgemeinschaft (DFG) für die wissenschaftlichen Bibliotheken der Bundesrepublik einen *Sondersammelgebietsplan*. Er wurde entworfen, um in den Jahren des Wiederaufbaus nach dem Zweiten Weltkrieg sicherzustellen, dass die ausländischen wissenschaftlichen Publikationen wenigstens in einem Exemplar in der Bundesrepublik Deutschland verfügbar sind. Im Laufe der Zeit entwickelte sich dieser Plan zu einem echten *System der überregionalen Literaturversorgung* im Dienst von Wissenschaft und Forschung. Das System umfasst heute rund 120 überregionale bibliothekarische *Sammelschwerpunkte* unterschiedlichen Typs, die an 40 Bibliotheken (Staats-, Universitäts- und Spezialbibliotheken) gepflegt werden. Durch die Neuschaffung von zwei und die Verlagerung von 14 Sammelgebieten nach der Vereinigung Deutschlands sind bis heute acht ostdeutsche Bibliotheken in das System einbezogen. Voraussetzung einer Förderung durch die DFG ist die Bereitschaft der betreffenden Bibliothek, die erworbene Literatur im auswärtigen Leihverkehr zur Verfügung zu stellen. Mit finanzieller

1.6 Zusammenarbeit der Bibliotheken

Hilfe der DFG werden die Sammelschwerpunkte zu „Virtuellen Fachbibliotheken" weiterentwickelt und sollen dann zu einer „Verteilten Digitalen Forschungsbibliothek" zusammengefasst werden.

Während sich in den Nationalbibliotheken der europäischen Länder durchweg umfassende Sammlungen der jeweiligen Nationalliteratur befinden, gibt es eine solche zentrale Archivbibliothek für die deutsche Literatur erst seit 1913 (Gründung der Deutschen Bücherei in Leipzig). Das in den Jahrhunderten davor im deutschsprachigen Raum erschienene, in den Bibliotheken aber nur lückenhaft überlieferte Schrifttum systematisch zu ergänzen, unternimmt seit 1990 das Projekt *Sammlung Deutscher Drucke*. An dem Ziel, ein verteiltes, zeitlich segmentiertes Nationalarchiv gedruckter Texte zu schaffen, arbeiten mit: Bayerische Staatsbibliothek München (1450–1600), Herzog-August-Bibliothek Wolfenbüttel (1601–1700), Staats- und Universitätsbibliothek Göttingen (1701–1800), Stadt- und Universitätsbibliothek Frankfurt/Main (1801–1870), Staatsbibliothek zu Berlin – Preußischer Kulturbesitz (1871–1912), Die Deutsche Bibliothek (1913 ff). Trotz des Erwerbs von fast 70.000 Originalausgaben und über 35.000 Mikroformen im vergangenen Jahrzehnt bleibt das angestrebte Ziel, die möglichst vollständige „verteilte", die „virtuelle" Nationalbibliothek, in weiter Ferne.

Eine für die öffentlichen Bibliotheken mittlerweile unentbehrlich gewordene Hilfe bei der Literaturauswahl bietet die 1976 ins Leben gerufene *Lektoratskooperation*. An ihr sind der Deutsche Bibliotheksverband (DBV), der Berufsverband Information Bibliothek (BIB) und die Ekz-Bibliotheksservice-GmbH beteiligt. Die Lektoratskooperation filtert aus den etwa 80.000 deutschsprachigen Neuerscheinungen die für öffentliche Bibliotheken relevanten Titel heraus, stellt in einer Annotation oder Rezension ihre Eignung fest und schlägt sie für die unterschiedlichen Bibliothekssparten und -größen zur Anschaffung vor. Die von der Ekz herausgegebenen Besprechungsdienste erscheinen in quantitativ abgestuften Ausgaben: Es sind dies der wöchentlich erscheinende Informationsdienst (ID) in einer großen (jährlich 13.000 Besprechungen) und einer kleinen Ausgabe (9.000), die monatlich erscheinende Zeitschrift „Besprechungen und Annotationen" (9.000), der Auswahl-ID (5.000) sowie die Fachstellenliste „Neue Bücher" (1.500). Nach diesen Informationen, die konventionell oder maschinenlesbar bezogen werden können, bestellen die Bibliotheken ihre Bücher bei der Ekz, die viele der angezeigten Titel in ihrem Lagerbestand hält.

Längst nicht mehr alle Kooperationsprojekte zielen auf den realen Bestandsaufbau. Zahlreiche Bibliotheken haben sich zu Konsortien zusammengeschlossen, um durch den kooperativen Einkauf von Nutzungsrechten für elektronische Medien, von der Datenbank bis zur Zeitschrift, die begrenzten Mittel der Erwerbungsetats wirtschaftlich einzusetzen. Der gemeinsame Erwerb von Einzel-, Mehrfach- und Campuslizenzen erlaubt es, das Angebot an digitalen Publikationen breit zu halten und auch sehr teure Produkte zu kaufen.

Auf dem Gebiet der Erschließung

Kooperation im Bereich der Katalogisierung und inhaltlichen Erschließung setzt voraus, dass die beteiligten Bibliotheken ihre Kataloge nach den gleichen Regelwerken führen. Mit den *Regeln für die alphabetische Katalogisierung (RAK)* und den *Regeln für den Schlagwortkatalog (RSWK)* liegen entsprechende Regelwerke vor, deren Anwendung durch verschiedene *Normdateien (GKD, PND, SWD)* unterstützt wird. Auch wenn die Nutzung von Fremdleistungen bei konventioneller Arbeitsweise grundsätzlich ebenfalls möglich war und praktiziert wurde, entfaltete sie doch erst mit dem Übergang zur EDV-Anwendung bei der Formal- wie bei der Sacherschließung ihre volle Wirkung.

Wichtigster Lieferant bibliographischer Dienstleistungen ist die Deutsche Bibliothek, die nach RAK-WB erstellte Titelaufnahmen für alle in den Reihen der Deutschen Nationalbibliographie angezeigten Titel in konventioneller oder elektronischer Form liefert. Seit 1986 enthalten die Datensätze der sachlich erschlossenen Neuerscheinungen auch die nach RSWK angesetzten Schlagwörter bzw. Schlagwortketten. Geplant ist die Anwendung der Dewey Decimal Classification (DDC) als zusätzliche Erschließung.

Ausgehend von dem Grundgedanken, die von anderen Bibliotheken erzeugten Titelaufnahmen für die Katalogisierung der eigenen Neuerwerbungen zu verwenden, entstanden seit den 1970er Jahren die *regionalen Verbundsysteme*. Die wissenschaftlichen Bibliotheken der östlichen Bundesländer haben sich diesen, mittlerweile länderübergreifend organisierten Verbünden ebenfalls angeschlossen. Die öffentlichen Bibliotheken sind in der Regel keine aktiven Verbundteilnehmer, nutzen die Datenbanken aber im lesenden Zugriff für Zwecke der Auskunft. Die kooperative Katalogisierung bewirkte einerseits einen beachtlichen Rationalisierungseffekt bei der Buchbearbeitung, ließ andererseits gewaltige Nachweisdatenbanken entstehen, die für die Recherche und für die Steuerung des Leihverkehrs unersetzlich wurden.

In der Bundesrepublik existieren derzeit sechs regionale Verbundsysteme: Bibliotheksverbund Bayern (BVB); Bibliotheksservice-Zentrum Baden-Württemberg (BSZ) für Baden-Württemberg, südliches Rheinland-Pfalz, Saarland und Sachsen; Hochschulbibliothekszentrum des Landes Nordrhein-Westfalen (HBZ) für Nordrhein-Westfalen und nördliches Rheinland-Pfalz; Hessisches Bibliotheks-Informationssystem (HEBIS) für Hessen und östliches Rheinland-Pfalz; Gemeinsamer Bibliotheksverbund (GBV) für Bremen, Hamburg, Mecklenburg-Vorpommern, Niedersachsen, Sachsen-Anhalt, Schleswig-Holstein und Thüringen; Kooperativer Bibliotheksverbund Berlin-Brandenburg (KOBV).

Die Entwicklung einheitlicher Regelwerke für die Formal- und Sacherschließung sowie der Aufbau umfangreicher Normdateien ist ebenso wie der Entwurf von Datenformaten und Kommunikationsschnittstellen Voraussetzung für die erfolgreiche Kooperation. Seit der Auflösung des DBI trägt die Deutsche Bibliothek die Standardisierungsarbeit und wird hierbei von einigen großen Bibliotheken und den Verbünden unterstützt. Maßgeblich beteiligt war die Deutsche Bibliothek an der Entwicklung des Maschinellen Austauschformats für Bibliotheken (MAB); ebenso wichtig ist ihre Rolle auf internationaler Ebene für die Pflege internationaler Austauschformate (UNIMARC), bei Projekten wie UBCIM (Universal Bibliographic Control and International MARC) und in Standardisierungsgremien wie ISO (International Standardization Organization) und ANSI (American National Standards Institute). In dem Projekt „Umstieg auf internationale Formate und Regelwerke" lässt der Standardisierungsausschuss die Möglichkeiten eines solchen Umstiegs untersuchen.

Auf dem Gebiet der Benutzung

Die wichtigste Form der Zusammenarbeit auf dem Sektor der Benutzung oder Vermittlung ist der *Leihverkehr*. Er gliedert sich in den regionalen, überregionalen und internationalen Leihverkehr, für den jeweils eigene Bestimmungen gelten. Der überregionale Leihverkehr, dessen Ordnung zuletzt 1993 neu gefasst wurde, hat sich in den vergangenen Jahrzehnten stark gewandelt. An die Stelle des Regionalprinzips ist die Bevorzugung der Direktbestellung getreten. Zur passiven (nehmenden) Teilnahme am Leihverkehr, dessen Volumen stetig und mittlerweile auf über 3 Millionen Bestellungen pro Jahr gewachsen ist, sind circa 1.100 Bibliotheken zugelassen; circa 750 beteiligen sich gemäß dem Prinzip der Gegenseitigkeit auch am aktiven (gebenden) Leihverkehr.

Neben den traditionellen Leihverkehr, der sich trotz aller Reformbemühungen als ein eher schwerfälliges System erwiesen hat, tritt zunehmend eine neue Form der Fernleihe, die sich eine beschleunigte *Dokumentlieferung* zum Ziel gesetzt hat. Sie bedient sich der Möglichkeiten der modernen Informationstechnologie bei der Bestellung und Belieferung und spielt sich nicht mehr zwischen zwei Bibliotheken, sondern zwischen Bibliothek und Benutzer ab. Neben zahlreichen anderen Projekten ist hier vor allem das staatlich geförderte, 1997 gestartete Dokumentliefersystem SUBITO zu nennen. SUBITO, seit dem Jahr 2000 ein Konsortium in der Rechtsform einer Gesellschaft bürgerlichen Rechts mit einer eigenen Geschäftsstelle in Berlin, versteht sich als ein kundenorientiertes Dienstleistungsunternehmen, das marktwirtschaftlich operiert und so gesehen nicht mehr so recht unter die Rubrik „Kooperation" passt.

1.7 Planung im Bibliothekswesen

Der Versuch, die Zukunft des deutschen Bibliothekswesens mit rationalen Methoden zu gestalten, also zu planen, wurde in Deutschland vor allem durch die Bildungsexpansion in den 1960er und die Bildungsreform in den 70er Jahren ausgelöst. Die Empfehlungen des Wissenschaftsrates (1964) gaben den entscheidenden Anstoß, planerische Konzepte und einzelne Instrumente wie Etatmodelle, Personalmodelle, Flächenbedarfsmodelle zu entwickeln und sowohl für das gesamte Bibliothekswesen als auch für einzelne Institute Empfehlungen zu formulieren. Dabei sollten die zunächst auf gesamtstaatlicher Ebene entworfenen Vorstellungen in regionalen Planungen fortgeführt werden, was aber nur in einzelnen Bundesländern geschah. Von erheblicher bibliothekspraktischer Relevanz wurden die Planungen auf Bundesebene im IuD-Bereich: das Programm der Bundesregierung zur Förderung von Information und Dokumentation 1974–1977, auf das die Begründung der Fachinformationssysteme (FIS) an den Fachinformationszentren (FIZ) und die Einrichtung von Informationsvermittlungsstellen (IVS) zurückgeht. Es wurde aber nur teilweise verwirklicht und deshalb in späteren Jahren von deutlich revidierten bzw. reduzierten Neuauflagen des Programms abgelöst.

1.7.1 Der Bibliotheksplan '73 und seine Fortschreibung '93

Trotz des Fehlens einer für das gesamte Bibliothekswesen zuständigen zentralen Instanz sind Ansätze zu einer planmäßigen Zusammenarbeit der deutschen Bibliotheken erst spät und auf privater Basis entwickelt worden. Die 1963 als Dachorganisation des öffentlichen und wissenschaftlichen Bibliothekswesens gegründete *Deutsche Bibliothekskonferenz* legte auf dem ersten von den öffentlichen und den wissenschaftlichen Bibliotheken gemeinsam veranstalteten Bibliothekskongress 1973 in Hamburg einen Strukturplan vor, der nicht nur allgemein akzeptiert wurde, sondern auch das Bewusstsein für die Notwendigkeit bibliothekarischer Kooperation nachhaltig stärkte. Nach seinem Untertitel sollte der „Bibliotheksplan '73" der „Entwurf eines umfassenden Bibliotheksnetzes für die Bundesrepublik Deutschland" sein. Seine Grundidee besagte, dass die „ständig steigenden Anforderungen auf allen Gebieten der allgemeinen Bildung, der beruflichen Aus- und Fortbildung, der Forschung und Lehre" nur erfüllt werden könnten, „wenn Literatur aller Art, die auch in Zukunft Grundlage des Lernens sein wird, und Informationsmittel für jedermann an jedem Ort erreichbar sind." Dieses Ziel könne nur durch ein einheitliches, alle Bibliothekstypen einbeziehendes Bibliothekssystem erreicht werden. Der Bibliotheksplan '73 unterschied zwischen institutionsbezogener und allgemeiner Literatur- und Informationsversorgung, letztere gekennzeichnet durch ein abgestuftes System von Funktionen auf vier Ebenen; außerdem benannte er die übergreifenden Aufgaben und ihre organisatorische Umsetzung.

Wegen der allgemeinen bibliothekarischen und informationstechnischen Entwicklung, vor allem aber wegen der Integration des ostdeutschen Bibliothekswesens bedurfte der Bibliotheksplan Anfang der 1990er Jahre einer Überarbeitung. Das Positionspapier „Bibliotheken '93" bildet die aktuelle Grundlage bibliothekarischer Zusammenarbeit. Es benennt die Ziele und Grundsätze der Bibliotheksplanung und beschreibt die Aufgaben der den vier Funktionsstufen zugeordneten Bibliotheken.

1.7.2 Wichtige andere Planungs- und Strategiepapiere

Während es speziell für die kommunalen öffentlichen Bibliotheken länderübergreifend kaum Planungs- und Strategiepapiere gegeben hat, die eine dem Bibliotheksplan vergleichbare Wirkung gehabt hätten – allenfalls sind hier die Gutachten der Kommunalen Gemeinschaftsstelle für Verwaltungsvereinfachung (KGSt) von 1964 und 1973 zu nennen –, haben im wissenschaftlichen Bibliothekswesen einzelne Stellungnahmen eine erhebliche Rolle gespielt und praktische Konsequenzen gehabt. Den ersten Plan für den Ausbau der wissenschaftlichen Bibliotheken in den alten Bundesländern bildeten die Empfehlungen des Wissenschaftsrates aus dem Jahre 1964. Sie lieferten auf Jahre hinaus eine nützliche Argumentationshilfe und stießen wichtige Projekte an (z.B. den Aufbau von Lehrbuchsammlungen und von universitären Gesamtkatalogen). Eher zurückhaltend wurden die 1986 veröffentlichten Empfehlungen zum Magazinbedarf aufgenommen, und die Empfehlungen zur retrospektiven Katalogisierung (1988) erreichten wegen der prekären Etatsituation das angestrebte Ergebnis nicht. 1992 gab der Wissenschaftsrat Empfehlungen zur Sicherung der Literaturversorgung an den Hochschulbibliotheken der neuen Länder und im Ostteil von Berlin.

Ausgehend von der Einschätzung, dass sich die Bibliotheken zu „Hybridbibliotheken" entwickeln werden, die gedruckte und digitale Publikationen und Informationsquellen bereitstellen, verabschiedete der Wissenschaftsrat 2001 „Empfehlungen zur digitalen Informationsversorgung durch Hochschulbibliotheken".

Von erheblicher praktischer Bedeutung waren seit jeher die Denkschriften und Positionspapiere der *Deutschen Forschungsgemeinschaft,* die das wissenschaftliche Bibliothekswesen als eine wichtige Infrastruktureinrichtung von Wissenschaft und Forschung finanziell fördert. Hier sind beispielsweise zu nennen die Empfehlungen für die Zusammenarbeit zwischen Hochschulbibliothek und Institutsbibliotheken (1970), das Papier Überregionale Literaturversorgung von Wissenschaft und Forschung in der Bundesrepublik Deutschland (1975), die Empfehlungen zum Aufbau regionaler Verbundsysteme und zur Einrichtung Regionaler Bibliothekszentren (1979), Vorschläge zur Weiterentwicklung der Verbundsysteme unter Einbeziehung lokaler Netze (1986), EDV-gestützte Bibliotheksdienstleistungen (1991), überregionale bibliothekarische Sammelschwerpunkte in den neuen Bundesländern (1993), Richtlinien zur Abgrenzung der Sondersammelgebiete und zur Beschaffung von Literatur (1997).

Dass auch Anstöße von Privatpersonen erfolgreich, ja sogar erheblich wirkungsvoller sein können als die Empfehlungen legitimierter Gremien – zumal wenn sie einen Sponsor für ihre Ideen begeistern können (in diesem Fall die Stiftung Volkswagenwerk) – ist sicherlich ein seltener Glücksfall. Auf Bernhard Fabian und seine Studie „Buch, Bibliothek und geisteswissenschaftliche Forschung" (1983) gehen die Anregungen zum *Handbuch der historischen Buchbestände in Deutschland* und zur *Sammlung Deutscher Drucke* zurück. Die DFG griff Fabians Forderung nach einer Verbesserung der geisteswissenschaftlichen Literaturversorgung ebenfalls auf und dehnte die Förderung der *Altbestandserschließung,* insbesondere in der Form der *retrospektiven Katalogkonversion,* zeitweise aus.

1.8 Vereine und Verbände des Bibliothekswesens

Die bibliothekarische Zusammenarbeit vollzieht sich zu einem nicht geringen Teil in den zahlreichen Vereinen und Verbänden, Arbeitsgemeinschaften und sonstigen Gremien, die wichtige Aufgaben für das Bibliothekswesen insgesamt übernommen haben. Der Zusammenschluss in Vereinen, Kennzeichen der Professionalisierung und Spezialisierung des bibliothekarischen Berufsstandes, erfolgte in Deutschland später als in den angelsächsischen Ländern. Bereits 1876 wurde die American Library Association (ALA) gegründet, ein Jahr später die englische Library Association (LA). Die ALA ist nicht nur der älteste, sondern mit ca. 3.000 institutionellen und 52.000 persönlichen Mitgliedern auch der größte nationale Bibliotheksverband der Welt. Er versteht sich als Anwalt des amerikanischen Volkes bei dessen Suche nach der höchstmöglichen Qualität bibliothekarischer Dienstleistungen. Die ALA umfaßt alle Arten von Bibliotheken, unterhält Beziehungen zu über 70 Bibliotheksverbänden in den USA und anderen Ländern, kümmert sich um alle Aspekte der Bibliothekspolitik und -praxis einschließlich der Ausbildung, gliedert sich entsprechend breit in zahlreiche Unterstrukturen, finanziert hauptamtliches Personal und Büros sowie ein eigenes Library and Research Center mit entsprechender Fachbibliothek und entfaltet große publizistische und kulturelle Aktivitäten.

Ein ähnliches Unternehmen ist die LA. Sie zählt 25.000 Mitglieder, darunter 600 Institutionen, unterscheidet aber verschiedene Stufen der Mitgliedschaft je nach Stand der Ausbildung und aufgrund besonderer Verdienste: „Chartered Member" kann nur werden, wer seine Berufskompetenz unter Beweis gestellt hat; um dann noch vom Associate (ALA) zum Fellow (FLA) aufzusteigen, bedarf es weiterer Leistungen und Beiträge zum Bibliothekswesen. Rund 16.000 Mitglieder sind „Chartered Librarians", die übrigen verteilen sich auf sieben weitere Kategorien der Mitgliedschaft.

Noch vor dem ältesten Verein in Deutschland (VDB, gegründet 1900) entstanden in den Nachbarländern Österreich (1896) und Schweiz (1897) bibliothekarische Zusammenschlüsse, die heute unter den Namen Vereinigung Österreichischer Bibliothekarinnen und Bibliothekare (VÖB) und Verband der Bibliotheken und Bibliothekarinnen/Bibliothekare der Schweiz (BBS) firmieren. Die VÖB mit ihren über 1.000 Mitgliedern repräsentiert die Bediensteten an wissenschaftlichen Bibliotheken, Dokumentations- und Informationseinrichtungen. Der BBS, 1992 aus der Vereinigung Schweizerischer Bibliothekare (VSB) hervorgegangen, vereint seit jenem Datum Personen und Institutionen in einer Berufsorganisation. Spartenübergreifend wirkt auch die auf das Jahr 1906 zurückgehende Association des Bibliothécaires Français (ABF), der 3.500 persönliche und 1.000 institutionelle Mitglieder angehören, die sich auf zwei Sektionen, eine für öffentliche, eine für wissenschaftliche Bibliotheken, verteilen.

1.8.1 Die Bundesvereinigung Deutscher Bibliotheksverbände (BDB)

In der Absicht, die öffentliche Vertretung des Bibliothekswesens zu verbessern, auf europäischer Ebene mit einer Stimme für das deutsche Bibliothekswesen zu sprechen, die Öffentlichkeitsarbeit wirkungsvoller zu gestalten und die Zusammenarbeit zwischen den Verbänden zu stärken, wurde 1989 die *Bundesvereinigung Deutscher Bibliotheksverbände (BDB)* gegründet. Sie sollte gegenüber dem bisherigen Zusammenschluss der Verbände in der Deutschen Bibliothekskonferenz (DBK, gegründet 1963) eine effektivere Form spartenübergreifender bibliothekarischer Interessenvertretung ermöglichen. In der BDB, die seit 1997 den Charakter eines eingetragenen und damit rechtsfähigen Vereins besitzt, schlossen sich die Personalvereine (im Gründungsjahr BBA, VBB, VdDB und VDB) und der Institutionenverband (DBV) zusammen. Gegenwärtig gehören der BDB die Personalvereine BIB und VDB, der DBV, die Ekz, die Bertelsmann-Stiftung und das Goethe-Institut Inter Nationes an. Publikationsorgan ist die monatlich erscheinende Zeitschrift „Bibliotheksdienst".

Die Tradition der DBK fortsetzend veranstaltet die BDB jeweils im Abstand mehrerer Jahre den *Deutschen Bibliothekskongress* als die zentrale Tagung des öffentlichen und des wissenschaftlichen Bibliothekswesens. Die im Jahre 2000 in Leipzig begonnene Zusammenarbeit von BDB und DGI (Deutsche Gesellschaft für Informationswissenschaft und Informationspraxis) in Form gemeinsamer Kongresse soll ab dem Jahr 2004 in dreijährigem Rhythmus und in zeitlicher Nähe zur Buchmesse in Leipzig fortgesetzt werden. Von besonderer Bedeutung ist die *Auslandsarbeit*. Die einstige Bibliothekarische Auslandsstelle, die jahrelang ihre Geschäftsstelle im DBI hatte und von diesem sowie den BDB-Mitgliedern getragen wurde, ist seit 1997 eine Einrichtung der BDB und nennt sich seit 2001 Bibliothek und Information International. Sie fördert den internationalen Erfahrungsaustausch u.a. durch die Organisation von Studienreisen und Arbeitsaufenthalten für ausländische und deutsche Bibliothekare, die von der Kulturstiftung der Länder bzw. dem Auswärtigen Amt finanziert werden.

1.8.2 Die Personalvereine VDB und BIB

Ältester Personalverein und Interessenvertretung der Bibliothekare mit wissenschaftlicher Vorbildung ist der *Verein Deutscher Bibliothekare (VDB)*, der auf dem ersten *Deutschen Bibliothekartag* im Jahre 1900 in Marburg gegründet wurde und auf dem Bibliothekskongress in Leipzig 2000 sein hundertstes Jubiläum beging. Zweck des Vereins, der heute ungefähr 1.600 Mitglieder zählt, ist es laut Satzung, „den Zusammenhang unter den deutschen Bibliothekaren zu pflegen und ihre Berufsinteressen wahrzunehmen, dem Austausch und der Erweiterung ihrer Fachkenntnisse zu dienen und das wissenschaftliche Bibliothekswesen zu fördern."

Der VDB nahm sich seit seiner Gründung spezieller Fragen und übergreifender Themen des wissenschaftlichen Bibliothekswesens an, die vor allem in den zahlreichen Kommissionen dieses Vereins beraten und bearbeitet wurden. Erst 1973 beschloss der VDB, diese Sacharbeit an den Deutschen Bibliotheksverband abzugeben, von dem sie dann auf das 1978 gegründete DBI und dessen Kommissionen überging. Seitdem beschränkt sich der VDB auf die Vertretung der berufsständischen Interessen seiner Mitglieder und unterhält derzeit nur noch drei eigene Kommissionen (für Berufliche Qualifizierung, Fachreferatsarbeit und Rechtsfragen) sowie eine mit dem BIB gemeinsame Kommission für Management und betriebliche Steuerung. *Vereinsorgan* ist die „Zeitschrift für Bibliothekswesen und Bibliographie". Seine wichtigste Publikation ist das alle zwei Jahre erscheinende „Jahrbuch der Deutschen Bibliotheken", das einen Bibliothekenteil mit statistischen Daten zu den wissenschaftlichen Bibliotheken und

1.8 Vereine und Verbände des Bibliothekswesens

einen Personenteil enthält und damit zugleich die Funktion eines Mitgliederverzeichnisses erfüllt. Seit Anfang des Jahrhunderts richtet der VDB den Deutschen Bibliothekartag aus als zentrale Fachtagung und Fortbildungsveranstaltung des wissenschaftlichen Bibliothekswesens, seit 1952 gemeinsam mit dem VdDB, ab 2001 mit dem BIB.

Neben dem VDB gibt es seit dem Herbst 2000 nur noch einen weiteren Personalverein, den *Berufsverband Information Bibliothek (BIB)*. Er ist das Ergebnis der seit den achtziger Jahren intensivierten Bemühungen um die Konzentration der bibliothekarischen Verbandsarbeit. Erstes Ergebnis dieser Bemühungen war 1997 die Fusion des Vereins der Bibliothekare an öffentlichen Bibliotheken (VBB) mit dem Verein der Assistentinnen und Assistenten und anderen Angestellten an Bibliotheken (BBA) zum Verein der Bibliothekare und Assistenten (VBA). Drei Jahre später schlossen sich der VBA und der Verein der Diplombibliothekare an wissenschaftlichen Bibliotheken (VdDB) zum BIB zusammen. Damit entstand ein sparten- und laufbahnüberschreitender Personalverein, der rund 7.500 Mitglieder repräsentiert. Er dient, wie die Satzung formuliert, „der beruflichen Förderung und Wahrnehmung der Interessen seiner Mitglieder, der Förderung des bibliothekarischen Nachwuchses und der Entwicklung des Bibliotheks- und Informationswesens in der Bundesrepublik Deutschland". Der Verein unterhält zur Behandlung von Sach- und berufsständischen Fragen Kommissionen und gliedert sich auf regionaler Ebene in Landesgruppen. Er führt die Zeitschrift „Buch und Bibliothek" mit dem Untertitel „Forum für Bibliothek und Information" fort.

Der VBB wurde 1949 als Verein Deutscher Volksbibliothekare gegründet und später umbenannt. Seine Tradition reicht zurück in das Jahr 1922, in dem sich die Volksbibliothekare erstmals zusammenschlossen. Er war sowohl auf Bundes- als auch auf Landesebene aktiv. Sein *Vereinsorgan* „Buch und Bibliothek" brachte er zunächst in den VBA und anschließend in den BIB ein. Gleiches gilt für die Rolle, die der VBB durch die Bestellung fachkundiger Rezensenten im Rahmen der Lektoratskooperation spielte.

Der VdDB, 1949 gegründet hatte laut Satzung die Aufgabe, die beruflichen Interessen seiner Mitglieder wahrzunehmen und befasste sich vornehmlich mit der Aus- und Fortbildung, mit Tarif- und Besoldungsfragen, mit Planungs- und Strukturfragen des Bibliothekswesens und mit der Kontaktpflege zu anderen Verbänden des eigenen Berufsfeldes. Der zuletzt genannte Punkt betraf vor allem die Zusammenarbeit mit dem VDB, mit der der VdDB 1975 ein Kooperationsabkommen schloss. Dieses benannte die beide Vereine interessierenden Themen, fixierte die gemeinsame Ausrichtung der Bibliothekartage und verabredete die Herausgabe eines gemeinsamen Rundschreibens an die Mitglieder. Der VdDB entfaltete seine Vereinsarbeit auf Bundes- und Länderebene und setzte Kommissionen zur Behandlung spezifischer Fragen ein. Als *Vereinsorgan* fungierte die „Zeitschrift für Bibliothekswesen und Bibliographie".

Erst 1987 war der BBA entstanden, der zum Zeitpunkt der Fusion mit dem VBB rund 540 Mitglieder zählte. Der BBA organisierte diejenigen Fachkräfte, die kein Studium, sondern eine fachliche Berufsausbildung auf der Ebene des Mittleren Bibliotheksdienstes hatten oder für die Bibliotheksarbeit angelernt worden waren. Er verstand sich von Anfang an als spartenübergreifender Verein, auch wenn die meisten Mitglieder an wissenschaftlichen Bibliotheken tätig waren. Er setzte sich auf Bundes- und Länderebene für eine verbesserte Ausbildung und eine angemessene Eingruppierung ein und erstellte ein aktuelles Berufsbild. Um auch weiterhin die Interessen der Bibliotheksassistenten vertreten zu können, bildeten die ehemaligen BBA-Mitglieder im VBA eine Fachgruppe und genossen einen umfassenden, in der Satzung fixierten Minderheitenschutz insbesondere im Hinblick auf Satzungsänderungen.

Im BIB, dessen Satzung keine Fachgruppen mehr vorsieht, gibt es eine Kommission zur Information von Fachangestellten und Assistenten.

1.8.3 Der Institutionenverband DBV

Bis zum Jahre 1973 gab es in Deutschland keinen alle Bibliothekssparten und -typen umfassenden *Institutionenverband.* Erst die Erweiterung des 1949 gegründeten Deutschen Büchereiverbandes zum *Deutschen Bibliotheksverband* schuf eine Gesamtorganisation für alle Bibliotheken und ihre Träger und folgte damit der Einsicht, das Bibliothekswesen als ein einheitliches Ganzes zu begreifen. 1991 fusionierte der 1964 gegründete, danach zweimal umbenannte Bibliotheksverband der DDR mit dem DBV. Der DBV hat laut Satzung den Zweck, das Bibliothekswesen, die Kooperation aller Bibliotheken und die Bibliotheks- und Informationswissenschaft zu fördern und sich der gemeinsamen Sachfragen des Bibliothekswesens und der Information anzunehmen. Dies geschieht u.a. durch die gutachterliche Publikationstätigkeit, durch die Vertretung der Interessen des Bibliothekswesens in wichtigen Gremien und durch die Vergabe des 1987 gestifteten Helmut-Sontag-Preises an Publizisten, die das Bibliothekswesen durch sachgerechte Berichterstattung gefördert haben. Erstmals im Jahre 2000 verliehen wurde die Auszeichnung „Bibliothek des Jahres".

Um seine Aufgaben erfüllen zu können, unterhält der DBV in allen Bundesländern *Landesverbände,* die sich eine eigene Satzung geben und sich in das Vereinsregister eintragen lassen können. Zudem gliedert sich der DBV in Sektionen, deren Arbeit dem Erfahrungsaustausch von Institutionen gleicher Größenordnung oder gleicher Arbeitsweise dient. Die Sektionen sind sehr unterschiedlich groß. In den Sektionen 1, 2, 3A und 3B, die im Jahre 2000 jeweils 19, 94, 99 bzw. 1010 Mitglieder hatten, sind – getrennt nach der Größe des jeweiligen Versorgungsbereiches – die öffentlichen Bibliotheken organisiert. Die wissenschaftlichen Universalbibliotheken bilden die Sektion 4 (170 Mitglieder). Der Sektion 5 gehören die wissenschaftlichen Spezialbibliotheken (313 Mitglieder) und außerdem die Arbeitsgemeinschaft der Spezialbibliotheken (675 Mitglieder) als korporative Mitglieder an. Die Sektion 6 (69 Mitglieder) vereint die regionalen und überregionalen Institutionen des Bibliothekswesens, die Landkreise ohne bibliothekarische Einrichtungen, staatliche und kirchliche Fachstellen, Büchereiverbände, die Ekz. Sektion 7 (12 Mitglieder) dient der Konferenz der Informatorischen und Bibliothekarischen Ausbildungseinrichtungen als Plattform und Sektion 8 (19 Mitglieder) schließlich umfasst Sonderformen des öffentlichen Bibliothekswesens wie Werkbibliotheken, Patientenbibliotheken und Gefangenenbüchereien.

Die *Arbeitsgemeinschaft der Spezialbibliotheken (ASpB),* 1946 als Zusammenschluss der technisch-wissenschaftlichen Bibliotheken gegründet, erwarb 1987 ungeachtet ihres Rechtsstatus als eingetragener Verein die institutionelle Mitgliedschaft im DBV. Im Unterschied zu DBV und VdBNW können in der ASpB auch natürliche Personen Mitglieder werden. Der Verein hat aufgrund seiner Satzung den Zweck, „die Zusammenarbeit zwischen den Spezialbibliotheken sowie den Austausch von Berufserfahrungen zu fördern und zur Vertiefung von Fachkenntnissen beizutragen. Zur Erreichung dieses Zweckes werden bibliothekarische und dokumentarische Vorhaben angeregt und/oder durchgeführt sowie Arbeitstagungen und sonstige Fachveranstaltungen abgehalten."

1.8.4 Die EKZ-Bibliotheksservice-GmbH

In der Tradition des 1922 in Leipzig gegründeten Einkaufshauses für Büchereien entstand 1947 in Reutlingen die *Einkaufszentrale für Öffentliche Büchereien,* die nach mehrmaligem Namenswechsel seit 1999 „ekz. bibliotheksservice GmbH" heißt und durch diesen neuen Namen zum Ausdruck bringt, dass sie nicht mehr nur für öffentliche Bibliotheken und nicht mehr nur als Versandhaus tätig sein will. Die Ekz wird in der Rechtsform einer Gesellschaft mit beschränkter Haftung nach wirtschaftlichen Grundsätzen geführt; Gesellschafter sind rund 60 Städte und Landkreise, alle alten und zwei neue Bundesländer. Die Ekz beliefert die Bibliotheken mit (auf Wunsch ausleihfertig ausgestatteten) Büchern und anderen Medien, informiert über die für öffentliche Bibliotheken relevanten deutschsprachigen Neuerscheinungen durch ein abgestuftes Angebot an Lektoratsdiensten, die auch in elektronischer Form bezogen werden können, stattet Bibliotheken mit Regalen und anderem Mobiliar sowie technischen Bibliotheksmaterialien aller Art aus, engagiert sich beratend und fortbildend in Fragen des Managements, der Personalführung, des Marketings und der Nutzung elektronischer Medien.

1.8.5 Die Bertelsmann-Stiftung

Als größte private Stiftung in Deutschland wirkt die 1977 gegründete Bertelsmann Stiftung auch im Bereich der Kultur- und Bildungsarbeit und fördert und begleitet seit Beginn ihres Wirkens die öffentlichen Bibliotheken. Zahlreiche Projekte und modellhafte Konzeptionen sind inzwischen entwickelt worden. Dabei ging es etwa um Fragestellungen einer konsequenten Kundenorientierung der öffentlichen Bibliotheken, um moderne Präsentations- und Einrichtungsformen oder um die Leseförderung. Da aus Sicht der Bertelsmann-Stiftung moderne Bibliotheksarbeit in ihren Leistungen bewertbar sein muss, initiierte die Stiftung mehrjährige Projekte wie „Öffentliche Bibliotheken im Betriebsvergleich" und „BIX – Der Bibliotheksindex". Im Sommer 2002 begann sie in Verbindung mit der BDB ein dreistufiges Projekt „Bibliothek 2007 – Bibliotheksentwicklung in Deutschland": Ziel ist es, „ein nationales Strategiepapier zur Bibliotheksentwicklung in Deutschland auf der Basis eines Soll-Modells zu erstellen" und bis 2007 das Modell in die Praxis umzusetzen.

1.8.6 Das Goethe-Institut Inter Nationes

Das 1951 gegründete, 2001 mit Inter Nationes (gegründet 1952) fusionierte Goethe-Institut ist die größte Mittlerorganisation der deutschen auswärtigen Kultur- und Bildungspolitik. Es ist ein Verein, der aufgrund eines Rahmenvertrages mit dem Auswärtigen Amt staatliche Zuschüsse erhält. Laut Satzung sind die Hauptziele des Instituts „die Pflege der internationalen kulturellen Zusammenarbeit, die Förderung der Kenntnis deutscher Sprache im Ausland und die Vermittlung eines umfassenden Deutschlandbildes durch Informationen über das kulturelle, gesellschaftliche und politische Leben." 125 Kulturinstitute in 77 Ländern führen Kulturprogramme durch, erteilen Sprachunterricht, unterstützen Lehrer, Universitäten und Behörden bei der Förderung der deutschen Sprache und bieten aktuelle Informationen über Deutschland an. An der Umsetzung der wichtigsten Ziele des Goethe-Instituts wirken auch die Bibliotheken der jeweiligen Einrichtungen mit, die Interessenten in aller Welt Bücher, Zeitschriften und andere Medien sowie Online-Angebote zur Verfügung stellen.

1.8.7 Mitarbeit in internationalen Verbänden

Sowohl der DBV und die ASpB als auch die Personalvereine und zahlreiche einzelne Bibliotheken und Institutionen sind Mitglieder in der *International Federation of Library Associations and Institutions (IFLA)*. Dieser 1927 gegründete Weltverband hat seinen Sitz in der Königlichen Bibliothek in Den Haag. An weltweit wechselnden Orten veranstaltet die IFLA ihr jährliches *General Meeting*. Neben dem „IFLA Annual", in dem die Tagungen dokumentiert werden, gibt der Verband das „IFLA Journal" heraus. Als Interessenvertretung des Bibliotheks- und Informationswesens gegenüber den Gremien der Europäischen Gemeinschaft (Parlament, Kommission, Ministerrat, Europarat) wurde 1991 in Den Haag das European Bureau of Library, Information and Documentation Associations (EBLIDA) gegründet, dem die Mitgliedsverbände der BDB ebenfalls angehören. Das EBLIDA fördert die Interessen des Bibliothekswesens, informiert mit Hilfe periodisch erscheinender Publikationen über wichtige Entwicklungen innerhalb der Europäischen Union und stärkt die Kooperation unter den Mitgliedsverbänden. Insbesondere hilft das EBLIDA, die Fördermöglichkeiten der EU kennenzulernen, Projekte zu initiieren und die Mittel des Bibliotheksprogramms der EU im Bereich der Telematic in Anspruch zu nehmen. Ebenso wichtig sind politische Aktivitäten, beispielsweise auf dem Gebiet des Urheberrechts (Copyright).

Zahlreiche wissenschaftliche Bibliotheken sind Mitglied in LIBER (Ligue des Bibliothèques Européennes de Recherche – European Research Libraries Cooperation). Dieser 1971 gegründete Verband verfolgt das Ziel, die wissenschaftlichen Bibliotheken zu einem funktionierenden Netzwerk zusammenzuschließen, um das kulturelle Erbe der Bibliotheken zu bewahren und den Zugang zu ihren Beständen zu verbessern. Sein Mitteilungsorgan ist *The LIBER Quarterly*.

Auch einzelne Bibliothekstypen haben sich auf internationaler Ebene zusammengeschlossen. Stellvertretend genannt seien die Nationalbibliotheken, die seit 1991 auf gesamteuropäischer Ebene in der Conference of European National Librarians (CENL) zusammenarbeiten mit dem Ziel, die Rolle der Nationalbibliotheken in Europa zu stärken, besonders in Hinsicht auf ihre Verantwortung für die Erhaltung des kulturellen Erbes und für den freien Zugang zum Wissen. Über ihre Dienstleistungen, Funktionen, Sammlungen und Aktivitäten (Ausstellungen z.B.) informieren die in CENL zusammengeschlossenen Nationalbibliotheken aus fast 40 europäischen Ländern mit Hilfe des WWW-Informationsdienstes Gabriel (Gateway and Bridge to Europe's National Libraries), der als Vorstufe einer „Virtuellen Europäischen Bibliothek" angesehen werden kann.

1.9 Die Bibliothek im Zeitalter der digitalen Medien

Die Funktion der heutigen Bibliothek hat sich, so scheint es, weit über den prädigitalen Zustand hinaus entwickelt. Die konsequente Nutzung der Möglichkeiten moderner *Informationstechnik* hat die Bibliotheken in allen technisch fortgeschrittenen Ländern in die Lage versetzt, ihren Nutzern Texte und Einzelinformationen aller Art in einem Umfang und in einer Geschwindigkeit zugänglich zu machen, wie man dies noch vor drei oder zwei Jahrzehnten nicht für möglich gehalten hätte. Die klassische Funktion der Vermittlung von Texten und Informationen, die *in* der jeweiligen Bibliothek vorhanden sind, hat sich damit auf solche ausgedehnt, die an anderen Orten vorhanden sind und zwar gleichgültig an welchen Orten auf der ganzen Welt.

1.9 Die Bibliothek im Zeitalter der digitalen Medien

Mit der Einführung des auswärtigen Leihverkehrs hatte man schon vor mehr als hundert Jahren versucht, die Schranken der einzelnen Bibliothek zu überwinden. Das bedeutete einen beachtlichen Fortschritt, doch blieb dieser an das Vorhandensein des Informationsträgers *Buch* gebunden und mit allen Unvollkommenheiten belastet, welche die Versendung körperlicher Gegenstände notwendiger Weise mit sich bringt. Der Umfang der Informationsvermittlung hatte auch auf diesem neuen Wege Grenzen, die Geschwindigkeit erst recht.

Wenn eine Bibliothek ihren Nutzern heutzutage Texte und Informationen aus der unübersehbaren Zahl international zugänglicher Datenbanken vermittelt, wenn sie Texte, die nur in einer weit entfernten Bibliothek gedruckt vorliegen, ihren Nutzern in kurzer Zeit digital vermitteln kann, dann haben solche Dienste die Funktion der Bibliothek quantitativ und qualitativ in der Tat so tief greifend verändert wie das vielleicht noch nie in der Geschichte der Fall war; ob Gutenbergs Erfindung in ihrer Zeit eine vergleichbare Veränderung bedeutete, ist sicher eine interessante Frage, kann aber an dieser Stelle nicht erörtert werden.

Doch schon zu einer Zeit, als die Bibliotheken nur gedruckte Texte und Informationen sammelten und vermittelten, nutzten sie die rasch aufstrebende *Datentechnik* für die Organisation des internen Bibliotheksbetriebs, was nicht ohne Auswirkungen auf die Benutzer blieb: Das galt für die Ortsleihe wie die Fernleihe (automatisiert hergestellte Register, automatisiert hergestellte Benachrichtigungen) und vor allem für die Katalogisierung (automatisiert hergestellte und duplizierbare Bandkataloge).

Schon in den 1970er und 1980er Jahren begann die klassische *Spartentrennung* im Bibliothekswesen unmerklich nachzulassen: Die Datenverarbeitung als Organisationsmittel bewährte sich in wissenschaftlichen wie in öffentlichen Bibliotheken gleichermaßen und veränderte das Gesicht des einen wie des anderen Bibliothekstyps.

Mit dem Siegeszug der *Digitalisierung von Texten* und Informationen beschleunigte sich die Angleichung der wissenschaftlichen und der öffentlichen Bibliotheken an einander. Es ist sicher kein Zufall, dass die Spartentrennung in der berufständischen Organisation just in unseren Tagen schrittweise überwunden wird und es statt bisher vier Personalvereinen inzwischen nur noch deren zwei gibt. Viele Bibliothekare, die an unterschiedlichen Einrichtungen arbeiten, glauben heute, dass sie die gleichen oder doch ähnliche Funktionen ausüben wie ihre Kollegen an anderen Bibliotheken.

Es ist offensichtlich, dass der tief greifende *Funktionswandel der Bibliothek* einen nachhaltigen *Wandel im Selbstverständnis des Bibliothekars* nach sich gezogen hat. Es galt, sich gedanklich auf eine Erweiterung der originären eigenen Aufgaben einzustellen, auf die man nicht vorbereitet und für die man nicht ausgebildet war. Es galt außerdem, sich mit den neuen Techniken vertraut zu machen, sich eine Menge praktischer Fähigkeiten und Fertigkeiten anzueignen, die man bis dahin überhaupt nicht kannte. Es galt schließlich, sich auf eine immer heterogener werdende Benutzerschaft einzustellen: Benutzer, die den Bibliothekaren in der Nutzung der neuen Techniken ebenbürtig oder überlegen waren und solche, die sich für die neuen Techniken nicht interessierten und nicht mit ihnen umgehen konnten oder wollten.

Der Wandel im Selbstverständnis des Bibliothekars und damit im Selbstverständnis der Bibliothek mag heute zu einem gewissen Abschluss gekommen sein. Gedruckte *und* digitale Texte und Informationen sind es, für deren Sammlung und Vermittlung die Bibliothek verantwortlich ist, sei es eine öffentliche, sei es eine wissenschaftliche Bibliothek. Die neuartige, nicht ohne weiteres verständliche Bezeichnung *Hybride Bibliothek* soll diese neue Qualität zum Ausdruck bringen: Die moderne Bibliothek ist *reale* und *virtuelle* Bibliothek zugleich.

Wie die Entwicklung weiter verlaufen wird, wie sie weiter verlaufen könnte oder sollte, darüber wird heute gern und viel spekuliert. Sicher ist, dass die Einzelinformationen, wie sie bisher von Lexika und anderen Nachschlagewerken geboten werden, von den Bibliotheken immer mehr in digitaler Form gesammelt, erschlossen und zur Verfügung gestellt werden. Die Auskunftsabteilungen aller Bibliotheken verändern ihr Aussehen vollständig; ihr Bild wird immer weniger durch lange Reihen von Lexika, gedruckten Katalogen und Bibliographien bestimmt, sondern durch Datenendgeräte und sachkundige Beratung.

Die Aufgabe des Bibliothekars wird es weiterhin sein, Texte und Informationen von bleibender Qualität zu sammeln, unabhängig davon, ob sie gedruckt oder digital gespeichert sind. Aber den möglichst *freien Zugang zu allen Quellen* wird er zu gewährleisten und notfalls zu verteidigen haben. Die gegenwärtige Entwicklung, Information nur noch unter kommerziellen Gesichtspunkten, sie nur als Handelsware zu betrachten, mahnt zur Vorsicht. Die Tendenz der Europäischen Union, immer weniger Beschränkungen des Urheberrechts zuzulassen, weist leider in die Richtung. Selbstverständnis des Bibliothekars sollte es bleiben, für die Informationsfreiheit des Einzelnen einzutreten, für jene vom Grundgesetz postulierte Freiheit des ungehinderten Zugangs zu den Quellen der Information, der allein offene Auseinandersetzung und Fortschritt der Wissenschaft, vor allem aber ein gesellschaftliches Leben ermöglicht, das von der Gleichberechtigung aller Bürger geprägt ist.

*

Literatur

Bibliothekspolitik in Ost und West : Geschichte und Gegenwart des Deutschen Bibliotheksverbandes / hrsg. von GEORG RUPPELT. - Frankfurt a. M., 1998. - (Zeitschrift für Bibliothekswesen und Bibliographie : Sonderh. ; 72)

EWERT, GISELA; UMSTÄTTER, WALTHER: Die Definition der Bibliothek : der Mangel an Wissen über das unzulängliche Wissen ist bekanntlich auch ein Nichtwissen // In: Bibliotheksdienst 33 (1999) H. 6, S. 957 - 971

EWERT, GISELA; UMSTÄTTER, WALTHER: Lehrbuch der Bibliotheksverwaltung / auf der Grundlage des Werkes von Wilhelm Krabbe und Wilhelm Martin Luther völlig neu bearb. - Stuttgart, 1997

HACKER, RUPERT: Bibliothekarisches Grundwissen. - 7., neu bearb. Aufl. - München, 2000

Innenansichten – Außenansichten : 50 Jahre Verein der Diplom-Bibliothekare an Wissenschaftlichen Bibliotheken / hrsg. vom VdDB. Bearb. von RITA DOPHEIDE. - Frankfurt a. M., 1998. - (Zeitschrift für Bibliothekswesen und Bibliographie : Sonderh. ; 71)

JOCHUM, UWE: Kleine Bibliotheksgeschichte. - 2., durchgesehene und bibliographisch ergänzte Aufl. 1999. - Stuttgart, 1993. - (Reclams Universal-Bibliothek ; 8915). - S. 180 - 199

KLOTZBÜCHER, ALOIS: Bibliothekspolitik in Nordrhein-Westfalen : die Geschichte des Verbandes der Bibliotheken des Landes Nordrhein-Westfalen 1965-1995. - Frankfurt a. M., 2000. - (Zeitschrift für Bibliothekswesen und Bibliographie : Sonderh. ; 79)

KRIEG, WERNER: Der Verband der Bibliotheken des Landes Nordrhein-Westfalen von seiner Gründung bis zum Sommer 1964. - Frankfurt a. M., 1989. - (Arbeiten und Bibliographien zum Buch- und Bibliothekswesen ; 6)

KUHLMANN, HANS JOACHIM: Der Weg zum kritischen Bürger : 40 Jahre Verein der Bibliothekare an Öffentlichen Bibliotheken (Verein Deutscher Volksbibliothekare) ; 1949 bis 1989. - Bad Honnef, 1989

Literatur

Lexikon des gesamten Buchwesens. - 2., völlig neubearb. und erw. Aufl. - Stuttgart, 1987 ff.

PLASSMANN, ENGELBERT ; SEEFELDT, JÜRGEN: Das Bibliothekswesen der Bundesrepublik Deutschland : ein Handbuch. - 3., völlig neubearb. Aufl. des durch Gisela von Busse und Horst Ernestus begründeten Werkes. - Wiesbaden, 1999

Politik für Bibliotheken : die Bundesvereinigung Deutscher Bibliotheksverbände (BDB) im Gespräch ; Birgit Dankert zum Ende ihrer Amtszeit als Sprecherin des BDB / im Auftr. des Vorstands hrsg. von GEORG RUPPELT. - München, 2000

REHM, MARGARETE: Lexikon Buch, Bibliothek, Neue Medien. - München [u.a.], 1991

SCHMITZ, WOLFGANG: Deutsche Bibliotheksgeschichte. - Bern [u.a.], 1984. - (Germanistische Lehrbuchsammlung ; 52). - S. 175 - 202

Verein Deutscher Bibliothekare 1900 - 2000 : Festschrift / hrsg. von Engelbert Plassmann und Ludger Syré. - Wiesbaden, 2000

Rudolf Frankenberger

2 Das Bibliotheksumfeld

Bibliotheken sind eingebettet in ein Umfeld, das ihre Arbeit mehr oder weniger stark berührt, beeinflusst oder sogar bestimmt. Nicht gedacht ist dabei an vorgesetzte Behörden, sondern an wichtige überregionale Gremien und Institutionen speziell aus der wissenschaftlichen und IuD-Landschaft.
Nicht eingegangen wird auf die Kulturabteilungen des Innenministeriums und des Auswärtigen Amtes. In der deutschen UNESCO-Kommission sind zwei Bibliothekare, je einer aus dem wissenschaftlichen und dem öffentlichen Bibliothekswesen. Bibliotheksprojekte der UNESCO gelangen so zur Kenntnis der bibliothekarischen Fachverbände, die entsprechende Stellungnahmen erarbeiten können. Auch das Goethe-Institut wird nicht behandelt, obwohl es wichtige bibliothekarische Aufgaben in aller Welt wahrnimmt.

2.1 Wissenschaftsrat

Der Wissenschaftsrat (http://www.wrat.de) wurde durch Verwaltungsabkommen zwischen Bundesregierung und Länderregierungen im Jahre 1957 gegründet. Auch wenn von Rolle und Aufgabenstellung her der Wissenschaftsrat lediglich eine Ratgeberfunktion hat, nicht irgendwelche Finanzmittel verteilt und auch keine politische Hausmacht aufweist, ist er neben der Deutschen Forschungsgemeinschaft eines der wichtigsten und einflussreichsten Gremien im Bereich von Wissenschaft und Forschung in Deutschland.
Das „Abkommen zwischen Bund und Ländern über die Errichtung des Wissenschaftsrates vom 5. September 1957" nennt in Art. 2 die Aufgaben:
- Auf der Grundlage der von Bund und Ländern im Rahmen ihrer Zuständigkeit aufgestellten Pläne einen Gesamtplan für die Förderung der Wissenschaften zu erarbeiten und hierbei die Pläne des Bundes und der Länder aufeinander abzustimmen. Hierbei sind die Schwerpunkte und Dringlichkeitsstufen zu bezeichnen.
- Jährlich ein Dringlichkeitsprogramm aufzustellen;
- Empfehlungen für die Verwendung derjenigen Mittel zu geben, die in den Haushaltsplänen des Bundes und der Länder für die Förderung der Wissenschaft verfügbar sind.

Der Wissenschaftsrat bedient sich einer Geschäftsstelle, deren Sitz in Köln ist. Der Sitz des Wissenschaftsrates dagegen ist Berlin. Dort tritt in der Regel auch die Vollversammlung zusammen.
Das Abkommen zwischen Bund und Ländern wird immer nur für eine begrenzte Zeit (drei bis fünf Jahre) abgeschlossen. Und jeder Beteiligte kann es kündigen. Beim 40-jährigen Jubiläum sprach der Bundespräsident in seiner Festansprache am 2.10.1997 von einem „Tamagotchi" der deutschen Wissenschaft". Die Aufgaben wurden 1975 im „Abkommen zwischen Bund und Ländern über die Errichtung eines Wissenschaftsrates in der Fassung des Verwaltungsabkommens vom 27. Mai 1975" grundlegend neu definiert:

2.1 Wissenschaftsrat

- Der Wissenschaftsrat hat die Aufgabe, im Rahmen von Arbeitsprogrammen Empfehlungen zur inhaltlichen und strukturellen Entwicklung der Hochschulen, der Wissenschaft und der Forschung zu erarbeiten, die den Erfordernissen des sozialen, kulturellen und wirtschaftlichen Lebens entsprechen. Die Empfehlungen sollen mit Überlegungen zu den quantitativen und finanziellen Auswirkungen und ihrer Verwirklichung verbunden sein. Im Übrigen hat der Wissenschaftsrat die ihm durch besondere Vorschriften, insbesondere durch das Hochschulbauförderungsgesetz übertragenen Aufgaben. Der Wissenschaftsrat hat ferner die Aufgabe, auf Anforderung eines Landes, des Bundes, der Bund-Länder-Kommission für Bildungsplanung oder der Ständigen Konferenz der Kultusminister der Länder gutachtlich zu Fragen der Entwicklung der Hochschulen, der Wissenschaft und der Forschung Stellung zu nehmen.
- Der Wissenschaftsrat legt seine Empfehlungen und Stellungnahmen den Vertragsschließenden, bei Anforderung durch die Bund-Länder-Kommission für Bildungsplanung oder der Ständigen Konferenz der Kultusminister der Länder auch diesen vor.

Die deutsche Wiedervereinigung machte eine Neufassung des Abkommens in Bezug auf den Teilnehmerkreis, die Zusammensetzung der Kommissionen und die Finanzierung erforderlich (Fassung des Änderungsabkommens vom 28. Februar 1991). Im Text des Art. 2 wurde lediglich der neue Name der Bund-Länder-Kommission eingesetzt: Bund-Länder-Kommission für Bildungsplanung und Forschungsförderung. Die Aufgabenstellung blieb unverändert, nämlich die Erarbeitung von Empfehlungen aufgrund von durch die Vollversammlung oder die Kommissionen definierten Arbeitsprogrammen:
1. Prüfung von Anträgen und Erarbeitung von Empfehlungen aufgrund von Maßnahmen im Zusammenhang mit dem Hochschulbau (Rahmenplanung). Das „Gesetz über die Gemeinschaftsaufgabe Ausbau und Neubau von wissenschaftlichen Hochschulen (HBFG)" und hier § 9 bildet die Grundlage.
2. Stellungnahmen zu Einzelfragen auf Anforderung.

Professor Theodor Heidhues hat als Vorsitzender des Wissenschaftsrates 1975 in den „Empfehlungen und Stellungnahmen des Wissenschaftsrates" festgestellt: Wesentliche Elemente des Wissenschaftsrates sind „die enge Verbindung zwischen Wissenschaft, anderen gesellschaftlichen Bereichen und Politik einerseits und die weitgehende Unabhängigkeit der Mitglieder der Wissenschaftlichen Kommission von Institutionen und Verbänden andererseits ..."
Der Wissenschaftsrat hat im Laufe seines Bestehens in über 50 Empfehlungen und Stellungnahmen zu bibliothekarischen Fragen und Problemen Stellung genommen. Diese waren für einzelne Bibliotheken, die Bibliotheken eines Landes oder das gesamte Bibliothekswesen von entscheidender Bedeutung. Eine besondere Rolle spielen dabei die Empfehlungen zum Ausbau wissenschaftlicher Einrichtungen, und hier die Empfehlungen zu den Rahmenplänen für den Hochschulbau. Praktisch alle Neubauten von Hochschulbibliotheken sind von der Arbeitsgruppe Bibliotheken des Wissenschaftsrates begutachtet und vom Wissenschaftsrat empfohlen worden. Dies hat dem Bibliothekswesen sehr geholfen. Nicht nur, dass „Die Bundesregierung und die Landesregierungen ... die Empfehlungen des Wissenschaftsrates bei der Aufstellung ihrer Haushaltspläne im Rahmen der haushaltsmäßigen Möglichkeiten berücksichtigen" (Abkommen zwischen Bund und Ländern über die Errichtung eines Wissenschaftsrates von 1991, Art. 3), sondern weil hier auch Hinweise auf Bibliotheksorganisation, Wirtschaftlichkeit, DV-Einsatz usw. ergingen, die zu einer Vereinheitlichung führten und

auf diese Weise die Zusammenarbeit erleichterten. Die Aufmerksamkeit der Öffentlichkeit richtig erregt haben wenige der Wissenschaftsratsempfehlungen, heftig diskutiert, z.T. sehr emotional, wurden nur zwei:
- Empfehlungen des Wissenschaftsrates zum Ausbau der wissenschaftlichen Einrichtungen. Teil II Wissenschaftliche Bibliotheken. Januar 1964
- Empfehlungen zum Magazinbedarf wissenschaftlicher Bibliotheken.1986

Ein Markstein in der Entwicklung der Bibliotheken in der Bundesrepublik Deutschland waren die Empfehlungen von 1964. Erstmals wurde umfassend das Bibliothekswesen dargestellt und dazu für 82 Bibliotheken Einzelempfehlungen gegeben. Einbezogen waren nicht nur die Hochschulbibliotheken, sondern auch die Landes- und die Regionalbibliotheken, die großen überregionalen Institutionen und eine Reihe von Spezialbibliotheken. Nach einer umfassenden und gründlichen Analyse wurden konkrete Empfehlungen zu den drei Komplexen Mittel, Personal und räumliche Situation unterbreitet. Die Empfehlungen waren das wesentliche Planungsinstrument an den Bibliotheken, Quelle für die Haushaltsanträge und der Beginn für den Wandel der bibliothekarischen Verhältnisse.

Die Etatmodelle für eine Universitätsbibliothek und eine Technische Hochschulbibliothek wurden nicht nur von den Bibliotheken immer wieder zum Vergleich herangezogen, sondern waren auch Vorbild für Modelle späterer Planungsgruppen. Gerade die Zahlen für den Personalbedarf setzten Maßstäbe.

Hier wurde der Aufbau von Gesamtkatalogen empfohlen und die Errichtung von Lehrbuchsammlungen an den zentralen Hochschulbibliotheken vorgeschlagen. Der Einfluss des Wissenschaftsrates war so groß, dass später die Volkswagenstiftung im Rahmen eines Förderprogramms zur Entstehung leistungsfähiger Lehrbuchsammlungen beitrug. Gefordert wurden auch längere Öffnungszeiten. Noch heute ist dies aktuell. Andere Vorschläge hat in der Zwischenzeit die technische Entwicklung überholt.

Nicht eindeutig entscheiden konnte sich der Wissenschaftsrat bei den Empfehlungen zur Bibliotheksorganisation. So wird z.B. empfohlen:
- Das bisherige zweigleisige System von zentraler Bibliothek und Institutsbibliotheken beizubehalten und, wo notwendig, zu verbessern.
- Eine enge Zusammenarbeit zwischen der zentralen Bibliothek und den Institutsbibliotheken auf allen Gebieten bibliothekarischer Tätigkeit herbeizuführen
- Gesamtkataloge aller im Bereich einer Hochschule vorhandenen Bücherbestände herzustellen.

Nur bei Neugründungen war man zu Experimenten bereit. Da heißt es: Neue, den jeweiligen Aufgaben der Hochschule entsprechende Strukturformen zu erproben.

Es wurde deutlich darauf hingewiesen, dass es wichtig ist, vor „Aufnahme der Lehrtätigkeit an der Hochschule eine arbeitsfähige Bibliothek aufzubauen." Auch die Zuständigkeit des Direktors der zentralen Bibliothek für das gesamte bibliothekarische Personal wurde empfohlen. Erfolgreich waren in der Folge die Neugründungen, die sich an diese Vorgaben hielten. Alle Neugründungen nach Bochum gingen ab vom zweischichtigen Bibliothekssystem und wählten die Einschichtigkeit. Dies war ein so erfolgreiches Modell, dass sich auch die traditionelle Organisation der Literaturversorgung an den großen alten Universitäten in diese Richtung bewegt. Initiiert wurde vor allem der Gedanke der Zusammenarbeit. Gerade dies ist der wesentliche Erfolg dieser Empfehlungen und aller Entwicklungen, die sie zur Folge hatten. Dass Bibliotheken lernten zusammenzuarbeiten, hat die großen Erfolge der Folgezeit ermöglicht.

Gut zwanzig Jahre später kam ein weiteres Grundsatzpapier: Empfehlungen zum Magazinbedarf wissenschaftlicher Bibliotheken (Köln 1986). Auslöser waren die vielen Anträge auf Magazinerweiterungen im Hochschulbauförderungsverfahren. Viele Bibliotheken standen Ende der achtziger Jahre vor vollen Magazinen und waren gezwungen Bestände in von der Zentralbibliothek oft weit entfernte Ausweichmagazine auszulagern und dabei sogar unzweckmäßige Unterbringung in Kauf zu nehmen. Der Wissenschaftsrat untersuchte im In- und Ausland diskutierte Vorschläge, so auch die aus England stammende Idee einer „self renewing library." Ganz anders als in früheren Empfehlungen war jetzt nicht mehr von Ausbau und Zuwachs die Rede, sondern von Begrenzung der Investitionen für Magazine und von Prioritätensetzung bei der Literaturversorgung. Das war die bibliothekarische Zunft nicht gewohnt. Es gab so viele Stellungnahmen in bibliothekarischen Fachzeitschriften, in Tages- und Wochenzeitungen, dass sogar eine umfassende Bibliographie erarbeitet wurde. Die Diskussion auf dem 77. Deutschen Bibliothekartag in Augsburg, an der der Vorsitzende der Arbeitsgruppe Bibliotheken des Wissenschaftsrates und spätere Präsident der Deutschen Forschungsgemeinschaft Wolfgang Frühwald teilnahm, brachte keinen Durchbruch. Er beklagte, dass „fast ausschließlich destruktive Kritik geübt" würde.

Der Wissenschaftsrat empfahl für die Magazinierung selten genutzter Literatur ein regional und überregional abgestimmtes Konzept und weiter, den Magazinbedarf durch verstärktes Aussondern von entbehrlichem und unbrauchbar gewordenem Material zu reduzieren und unter anderem auch auf die Archivierung gedruckter Dissertations-Pfichtexemplare zu verzichten. Darüber hinaus sind Hinweise zum verstärkten Einsatz und zum Ausbau der Elektronischen Datenverarbeitung in den Bibliotheken, zur Fernleihe und zu einer Koordinierung mehrschichtiger Bibliothekssysteme enthalten. Ausdrücklich wird betont, dass sich der Wissenschaftsrat bei seinen Stellungnahmen zu den künftigen Rahmenplänen für den Hochschulbau von diesen Empfehlungen leiten lassen wird. In der Folge mussten in allen Anträgen auch Aussagen enthalten sein, wie eine Hochschule und ein Land die Magazinprobleme zu lösen gedenkt.

In der bibliothekarischen Praxis wurden trotz Aufgeregtheit bald manche Vorschläge aufgegriffen (Neuorientierung beim Dissertationentausch, Umdenken bei der Magazinierung von Tausch- und Geschenkmaterialien). Langsam wurde erkannt, dass es bei diesen Empfehlungen um die Begrenzung des Bestandswachstums nicht mehr durch quantitative, sondern durch qualitative Kriterien ging. Aufgegriffen und breit diskutiert wurde vor allem die Problematik der Speicherbibliotheken. Planungen begannen in allen Bundesländern. Realisiert wurden bisher allerdings nur wenige Speicherkonzepte.

Ein anderer Aspekt fand in den Achtzigern des letzten Jahrhunderts keine Beachtung: die örtlichen Bibliothekssysteme. Dabei waren gerade diese Aussagen sehr wichtig und vorausschauend. Der Wissenschaftsrat hat sich damit auch abgewandt von seiner 64er Empfehlung und nun das Bibliothekssystem einer Hochschule als Einheit angesehen, in dem „das Bibliothekspersonal der gesamten Hochschule ... bei der Universitätsbibliothek etatisiert" werden sollte. Die Probleme öffentlicher Haushalte lenken den Blick jetzt wieder auf solche Vorstellungen. An vielen Hochschulen wird über Zweischichtigkeit, funktionale Zweischichtigkeit und Einschichtigkeit erneut diskutiert (vgl. Zeitschrift für Bibliothekswesen und Bibliographie 49, 2002, 5/6).

Fast keine Wirkung bei den Unterhaltsträgern haben die 1988 erschienenen „Empfehlungen zur retrospektiven Katalogisierung an wissenschaftlichen Bibliotheken" gehabt. Der

Anerkennung durch die bibliothekarische Fachwelt war sich der Wissenschaftsrat allerdings sicher.

Die Mitwirkung bei der Rahmenplanung ist die wesentlichste Aufgabe des Wissenschaftsrates. Beim Bau von Bibliotheken neu gegründeter Hochschule werden gewissermaßen als Sonderfall der Ersteinrichtung auch immer Mittel für den Aufbau des Büchergrundbestandes mit beantragt. Dies führte im Januar 1983 zur Installierung einer „Arbeitsgruppe Bibliotheken" als Beratungs- und Prüfungsinstanz. Bereits im Oktober 1984 erschien die Stellungnahme „Zur Beschaffung von Büchergrundbeständen an den neu gegründeten Hochschulen aus Mitteln nach dem Hochschulbauförderungsgesetz." Der Grundsatz fächergruppenspezifischer Mengenbildung und daraus abgeleiteter Kostenrichtwerte gilt im Grunde heute noch. Zu den Fachhochschulen erschien kurze Zeit später eine entsprechende Empfehlung.

Die im Zuge der Wiedervereinigung erfolgte Überprüfung der wissenschaftlichen Einrichtungen der ehemaligen DDR deckte erhebliche Defizite bei der Literaturversorgung auf. Das Instrument „Büchergrundbestände" wurde, etwas modifiziert, auf die Einrichtungen in den „neuen" Länder übertragen. Die Bund-Länder-Arbeitsgruppe bereitete dann die praktische Umsetzung vor. Für die Dauer von 12 Jahren ab 1992 wurden Jahresraten empfohlen, die sich am Ende auf ca. 8 Millionen DM beliefen. Zahlreich waren anschließend die Begutachtungen und auch Beratungen im Zusammenhang mit Bibliotheksneubauten in den neuen Bundesländern.

Nicht unwichtig auch für das Bibliothekswesen ist die Aufgabe des Wissenschaftsrates zu Begutachtungen auf Anforderung wissenschaftlicher Instanzen. So wurden auf Wunsch der „Bund-Länder-Kommission für Bildungsplanung und Forschungsförderung" im Jahr 1988 die Zentralen Fachbibliotheken in der Bundesrepublik Deutschland evaluiert und im Jahre darauf das Deutsche Bibliotheksinstitut. Die Wichtigkeit der Institutionen wurde betont, die Zentralbibliothek der Landbauwissenschaften in die „Blaue Liste" aufgenommen.

Die Wiedervereinigung brachte eine enorme Zunahme der „Blaue-Liste-Institute". Ein erneuter Evaluierungswunsch wurde von der Bund-Länder-Kommission für Bildungsplanung und Forschungsförderung an den Wissenschaftsrat herangetragen. Die vier zentralen Fachbibliotheken und das Deutsche Bibliotheksinstitut wurden 1996 und 1997 erneut bewertet. Das Deutsche Bibliotheksinstitut und die Zentralbibliothek der Landbauwissenschaften werden im Rahmen der „Blauen Liste" nicht weiter gefördert.

Auch wenn nicht Alles was vom Wissenschaftsrat kam und kommt den Bibliothekaren gefällt, so ist der Wissenschaftsrat doch immer für die Bibliotheken eine große Hilfe gewesen. Er ist die Institution, die sowohl bei Wissenschaft als auch bei Politik ernst genommen wird. Das Bibliothekswesen hat dieser Beratungsinstitution viel zu verdanken.

2.2 Deutsche Forschungsgemeinschaft (DFG)

„Die Deutsche Forschungsgemeinschaft (DFG) dient der Wissenschaft in allen ihren Zweigen durch finanzielle Unterstützung von Forschungsvorhaben. Sie erfüllt diesen Auftrag als Selbstverwaltungsorganisation der deutschen Wissenschaft, die die wissenschaftlichen Mitglieder ihrer Organe selbst wählt." So stellen auch in allen Entscheidungsgremien die Wissenschaftler die Mehrheit. Die Aufgaben der DFG (http://www.dfg.de) sind umfangreich:
1. Beratung von Parlamenten und Behörden in wissenschaftlichen Fragen
2. Pflege der Verbindung zwischen Wissenschaft und Wirtschaft

2.2 Deutsche Forschungsgemeinschaft (DFG)

3. Unterstützung der Beziehungen deutscher Forscher zur ausländischen Wissenschaft
4. Förderung des wissenschaftlichen Nachwuchses.

Die wichtigsten Gremien der DFG sind: Mitgliederversammlung, Präsidium, Senat, Hauptausschuss, Fachausschüsse. Die Richtlinien für die Arbeit der DFG werden von der Mitgliederversammlung bestimmt, die auch Jahresbericht und Jahresrechnung entgegennimmt und das Präsidium entlastet. Sie ist zuständig für die Wahl der Mitglieder des Präsidiums und auch des Senats. Von ihr werden die Fachausschüsse bestätigt. Der Präsident ist hauptamtlich, die acht Vizepräsidenten sind ehrenamtlich tätig. Sie gemeinsam bilden das Präsidium. Mit beratender Stimme gehören dazu der Vorsitzende des Stifterverbandes für die Deutsche Wissenschaft und der Generalsekretär der DFG. Alle Angelegenheiten von grundsätzlicher Bedeutung gehören zum Aufgabengebiet des Präsidiums.

Das wissenschaftspolitische Gremium der DFG ist der Senat. Hier wird über die Einrichtung von Schwerpunktprogrammen entschieden. Von hier aus erfolgt die Beratung von Parlamenten und Behörden in wissenschaftlichen Fragen und von ihm werden die Kommissionen und Ausschüsse berufen. Für Entscheidungen über die finanzielle Förderung ist der Hauptausschuss zuständig. Er stellt den Wirtschaftsplan der DFG auf.

Das wichtigste Kapital der DFG sind die ehrenamtlich arbeitenden Gutachter. Auf der Grundlage der Gutachten trifft der Hauptausschuss seine Entscheidungen für die finanzielle Förderung von Forschungsvorhaben. Alle vier Jahre werden die Fachgutachter in direkten, allgemeinen und geheimen Wahlen von den in der Forschung tätigen Wissenschaftlern gewählt. Bei den letzten Fachgutachterwahlen im November 1999 waren dies 650 Fachgutachter für 189 Fachgebiete. Diese Fachgebiete sind in 37 Fachausschüssen zusammengefasst.

Dies alles macht deutlich, dass die DFG keinen hierarchischen, sondern einen sehr demokratischen Aufbau hat. Sie ist weder eine Körperschaft des öffentlichen Rechts noch eine Behörde, sondern hat die Rechtsform eines eingetragenen Vereins. Die Mitglieder sind die Wissenschaftlichen Hochschulen, die Akademien der Wissenschaften und die großen Forschungseinrichtungen. Die Geschäftsstelle ist in Bonn-Bad Godesberg. Rund 600 Mitarbeiter sind dort tätig. Da unter Förderung der Wissenschaften auch die Förderung von Hilfs- und Infrastruktureinrichtungen verstanden wird, gibt es auch eine eigene „Fachgruppe Wissenschaftliches Bibliothekswesen", die mit der Bibliotheksförderung betraut ist.

Anders als der Wissenschaftsrat, der „nur" ein Beratungsgremium ist, vergibt die DFG Fördergelder. Damit ihr das möglich ist, erhält sie Zuwendungen von Bund und Ländern, sowie vom Stifterverband für die Deutsche Wissenschaft und damit auch von privater Seite. Die „Rahmenvereinbarung zwischen Bund und Ländern über die gemeinsame Förderung der Forschung nach Art. 91 b des Grundgesetzes" von 1975 (Rahmenvereinbarung Forschungsförderung) bildet die rechtliche Grundlage für Bund und Länder. Die Einnahmen, zuzüglich Kassenreste 2000, betrugen 2001 1.206,8 Millionen €. Verwendet wurden die Mittel für:

1. Allgemeine Forschungsförderung   60,3 %
2. Sonderforschungsbereiche   28,4 %
3. Emmy-Noether-Programm   1,1 %
4. Leibniz-Programm   1,0 %
5. Graduiertenkollegs   5,3 %
6. DFG-Forschungszentren   0,3 %
7. Verwaltungsausgaben   3,5 %

Bei allen Vorhaben und Maßnahmen, die die Entwicklung und Förderung des wissenschaftlichen Bibliothekswesens betreffen, wird die DFG vom Bibliotheksausschuss beraten. Diesem Ausschuss gehören gegenwärtig acht Bibliotheksdirektoren, fünf Hochschullehrer und ein Vertreter des Informations- und Dokumentationswesens an. Die Amtszeit beträgt jeweils zwei Jahre. Die Berufung erfolgt durch den Hauptausschuss. Da sich die vom Bibliotheksausschuss behandelten Programme und Projekte über den gesamten Bereich des Bibliothekswesens erstrecken, ist bei der Planung, Begutachtung und Erfolgskontrolle der Vorhaben eine Mitwirkung zahlreicher Spezialisten erforderlich. Unterausschüsse sind derzeit tätig für folgende Aufgaben:
1. Sondersammelgebiete
2. Dokumentlieferung
3. Spezialbibliotheken
4. Erschließung von Spezialbeständen
5. Handschriftenkatalogisierung
6. Archivprogramm
7. Überregionale Katalogunternehmen
8. Verzeichnis der im deutschen Sprachbereich erschienenen Drucke des 16. Jahrhunderts
9. Erschließung bibliotheks- und buchgeschichtlicher Quellen
10. Erschließung historisch wertvoller Kartenbestände
11. Bestandserhaltung
12. Datenverarbeitung und Kommunikationstechniken

Einige Arbeitsgruppen sind für bestimmte Planungsvorhaben eingerichtet. Auch hier arbeiten Bibliothekare und Fachwissenschaftler zusammen. Für die Förderung der wissenschaftlichen Literaturversorgungs- und Informationssysteme wurden für 2001 25,4 Millionen € bewilligt, die sich wie folgt verteilen:
1. Überregionale Literaturversorgung   43 %
2. Verteilte digitale Forschungsbibliothek   32 %
3. Erschließung alter und wertvoller Bestände 17 %
4. Überregionale Literaturerschließung   5 %
5. Bestandserhaltung   2 %
6. Sonstige Vorhaben   1 %

Diese Übersicht zeigt, dass die Fördermittel der DFG nicht dazu verwendet werden, etwaige Lücken in den Etats der einzelnen Bibliotheken zu schließen und so die Unterhaltsträger in ihren Verpflichtungen zu entlasten. Ganz im Gegenteil, in vielen Fällen hängt eine Förderung von einer angemessenen Eigenleistung ab, die immer nachgewiesen werden muss. Die DFG legt bei ihrer Förderpolitik Wert darauf, dass die Maßnahmen und Projekte die Bibliotheksverhältnisse insgesamt verbessern helfen. Sie müssen dem Bibliothekswesen unter übergeordneten Gesichtspunkten dienen. Ebenso wie die DFG selbst legt auch das Bibliotheksreferat regelmäßig Jahresberichte vor. Die Öffentlichkeitsarbeit ist sehr gut. In der Zeitschrift für Bibliothekswesen und Bibliographie. Frankfurt a. M. Klostermann kann man sich immer informieren.

Nach dem politischen Missbrauch von Forschung und Wissenschaft unter dem Nazi-Regime und dem Weltkrieg wurde die seit 1920 bestehende „Notgemeinschaft der deutschen Wissenschaft" am 11. Januar 1949 in Bonn neu gegründet, bewusst in zeitlicher Nähe zur Verkündung des Grundgesetzes für die Bundesrepublik Deutschland (am 23. Mai 1949). Sitz der Geschäftsstelle wurde das Haus an der Kennedyallee 40 in Bonn-Bad Godesberg. 1951 fusionierte die Notgemeinschaft mit dem „Deutschen Forschungsrat" zur „Deutschen Forschungsgemeinschaft", deren Mitgliederversammlung im Mai 1951 die bis heute gültige Satzung beschloss. Aus der Geschichte der DFG ragen heraus die auf einer Empfehlung des Wissenschaftsrates basierende Einführung der Sonderforschungsbereiche 1967 und die Ausdehnung der DFG auf das Gesamtgebiet des vereinigten Deutschlands 1991. Diese Ausdehnung konnte erfolgen ohne Änderung der Zweckbestimmung der DFG.

2.3 Ständige Konferenz der Kultusminister der Länder der Bundesrepublik Deutschland

In der ständigen Konferenz der Kultusminister der Länder der Bundesrepublik Deutschland (Kultusministerkonferenz: http://www.kultusministerkonferenz.de) haben sich die für Bildung und Erziehung, Hochschulen und Forschung sowie kulturelle Angelegenheiten zuständigen Minister bzw. Senatoren der Länder zusammengeschlossen. Grundlage bildet ein Übereinkommen der Länder. Noch vor der Konstituierung der Bundesrepublik wurde bereits die Kultusministerkonferenz 1948 gegründet. Entstanden ist sie aus einer „Konferenz der deutschen Erziehungsminister" heraus, die am 19. und 20. Februar 1948 in Stuttgart-Hohenheim stattfand und an der Vertreter aus allen damaligen Besatzungszonen teilnahmen. Den Ministern aus der sowjetischen Besatzungszone wurde dann eine weitere Teilnahme von der sowjetischen Militäradministration verwehrt. Die Kultusminister der Länder der drei westlichen Besatzungszonen sahen angesichts der dezentralen Struktur im Gesamtbereich von Kultur, Wissenschaft und Bildungswesen einen dringenden Bedarf und vereinbarten noch im gleichen Jahr, dass diese Konferenz eine ständige Einrichtung werden sollte. Die Konstituierung als „Ständige Konferenz der Kultusminister der Länder" erfolgte, ein ständiges Sekretariat wurde eingerichtet.

Nach der Wiedervereinigung und nachdem die Länder in der ehemaligen DDR wieder errichtet waren, traten die Kultusminister der Länder Brandenburg, Mecklenburg-Vorpommern, Sachsen, Sachsen-Anhalt und Thüringen am 7. Dezember 1990 der Kultusministerkonferenz bei. Plenum, Präsidium und Präsident oder Präsidentin sind die Organe der Kultusministerkonferenz. Mitglieder des Plenums sind die für Bildung Wissenschaft und Kultur zuständigen Ministerinnen/Minister bzw. Senatorinnen/Senatoren. Wenn die „Kultusministerien" geteilt sind, können auch mehrere Minister bzw. Senatoren an den Plenarsitzungen teilnehmen. Jedes Land hat aber nur eine Stimme. Von Bedeutung ist, dass für Beschlüsse immer Einstimmigkeit erforderlich ist. In Amtschefkonferenzen werden die Beschlüsse des Plenums vorbereitet und auch Angelegenheiten erledigt, für die keine Plenumsbeschlüsse notwendig sind. Vorsitzender diese Konferenz ist jeweils der Amtschef aus dem Ministerium, das den Präsidenten stellt.

Das Präsidium besteht aus dem/der Präsidenten/Präsidentin, drei Vizepräsidenten/Vizepräsidentinnen und bis zu zwei weiteren (kooptierten) Mitgliedern. Die Amtszeit der Präsidiumsmitglieder beträgt in der Regel vier Jahre. Nach zwei Jahren Tätigkeit als Vizepräsident erfolgt die Wahl zum Präsidenten; ein Amt, das ein Jahr ausgeübt wird. Im vierten. Jahr kann die Präsidentenerfahrung wieder als Vizepräsident weitergegeben werden. Das Präsidium berät aktuelle Fragen und bereitet wichtige Angelegenheiten für das Plenum vor. Seit 1999 sind den einzelnen Präsidiumsmitgliedern bestimmte Aufgabengebiete zugeordnet. Sie vertreten die Bereiche Schule, Hochschule und Kultur. Das Präsidium kann so effizienter arbeiten und in der Öffentlichkeit einheitlicher auftreten. Plenum und Amtschefkonferenz werden durch fünf ständige Ausschüsse mit Unterausschüssen und Arbeitsgruppen unterstützt. Die ständigen Ausschüsse sind: Schulausschuss (u.a. mit Unterausschuss für Berufliche Bildung), Ausschuss für Hochschule und Forschung, Kulturausschuss, Ausschuss für Fort- und Weiterbildung, Bund-Länder-Ausschuss für schulische Arbeit im Ausland (gemeinsam mit dem Auswärtigen Amt und der Zentralstelle für das Auslandsschulwesen). Die ständigen Kommissionen sind: Kommission für europäische und internationale Angelegenheiten, Kommission „Sport" und Verwaltungskommission. Gemäß Vereinbarung der Länder über die Koordinierung der Ordnung von Studium und Prüfungen entsprechend § 9 Hochschulrahmengesetz und in Zusammenwirken mit der Hochschulrektorenkonferenz arbeitet eine Kommission für die Koordinierung der Ordnung von Studium und Prüfungen. Das von einem Generalsekretär geleitete ständige Sekretariat befindet sich in Bonn Ein zusätzliches Büro wurde seit 1999 im Berliner Wissenschaftsforum eingerichtet. Neben den laufenden Arbeiten für die Kultusministerkonferenz nimmt das Büro auch die Funktion einer gemeinsamen Kontaktstelle der Kultusministerien der Länder zu den Behörden des Bundes und der Europäischen Union sowie zu überregionalen Institutionen und Verbänden wahr. Auch die Bewertung ausländischer Bildungsnachweise gehört zu den Aufgaben.

Bestimmend für das Aufgabenspektrum der Kultusministerkonferenz ist die Kulturhoheit der Länder, die bedeutet, dass die Länder zuständig sind für Bildungswesen und Kultur. Deswegen behandelt die Kultusministerkonferenz nach ihrer Geschäftsordnung „Angelegenheiten der Kulturpolitik von überregionaler Bedeutung mit dem Ziel einer gemeinsamen Meinungs- und Willensbildung und der Vertretung gemeinsamer Anliegen." Es gilt zu sichern, dass Lernende, Studierende, Lehrende und wissenschaftlich Tätige möglichst überall in Deutschland ihrer Arbeit nachgehen können. Das bedeutet:

- Die Übereinstimmung oder Vergleichbarkeit von Zeugnissen und Abschlüssen zu vereinbaren,
- auf die Sicherung von Qualitätsstandards in Schule, Berufsbildung und Hochschule hinzuwirken und
- die Kooperation von Einrichtungen der Bildung, Wissenschaft und Kultur zu fördern.

Fragen des Bibliothekswesens waren immer wieder Themen der Kultusministerkonferenz, natürlich solche, die alle Bundesländer betreffen. Im Mittelpunkt standen die Ordnung des Leihverkehrs und die bibliothekarische Ausbildung bzw. das bibliothekarische Studium. Aber auch mit den Aufgaben von Landesbibliotheken, der Bedeutung von Nachlässen, der Entwicklung von Öffentlichen Bibliotheken und von Schulbibliotheken, der Bibliothekstantieme und der Weiterentwicklung des Urheberrechts beschäftigte sich die Kultusministerkonferenz. Von großem Einfluss waren das Programm zur Förderung von Information und Dokumentation, das IuD-Programm und auch die Gründung des Deutschen Bibliotheksinstituts. Die „Dritte Empfehlung der Kultusministerkonferenz zum Öffentlichen Bibliothekswesen (vom 9. September 1994) schrieb die fachliche Beratung der nichtstaatlichen Bibliotheken und deren finanzielle Förderung durch die Länder fest. Öffentliche Bibliotheken sind „Teil der eigenständigen Kulturarbeit der Kommunen wie der freien Träger." Trotz mancher Bemühungen und auch partieller Erfolge ist bisher die bibliothekarische Ausbildung noch nicht einheitlich geregelt. Auch das deutsche Bibliotheksinstitut musste seinen Platz in der „Blauen Liste" einer konkurrierenden Institution räumen. Eine Nachfolgelösung ist nicht gefunden worden.

2.4 Bund-Länder-Kommission für Bildungsplanung und Forschungsförderung

Die föderale Struktur der Bundesrepublik bedingt in vielen Bereichen Absprachen und Koordinierung zwischen Bund und Ländern. Von herausragender Bedeutung sind dabei die Bildungsplanung und die Forschungsförderung. Deswegen konstituierte sich ganz früh z.b. schon die Kultusministerkonferenz. Aber auch andere Ministerien von Bund und Ländern sind mit diesen Aufgabenfeldern befasst. 1970 wurde daher durch ein Verwaltungsabkommen zwischen Bund und Ländern die Bund-Länder -Kommission für Bildungsplanung gegründet (http://www.blk-bonn.de). Artikel 91 b des Grundgesetzes bildet die Grundlage für dieses Verwaltungsabkommen und auch für die Rahmenvereinbarung Modellversuche (Rahmenvereinbarung zur koordinierten Vorbereitung, Durchführung und wissenschaftlichen Begleitung von Modellversuchen im Bildungswesen vom 7. Mai 1971). Danach können Bund und Länder bei der Bildungsplanung und bei der Förderung von Einrichtungen und Vorhaben der wissenschaftlichen Forschung von überregionaler Bedeutung aufgrund von Vereinbarungen zusammenarbeiten.

1975 brachte die „Rahmenvereinbarung Forschungsförderung" Zusatzaufgaben. Der Name wurde 1976 geändert in den noch heute gültigen „Bund-Länder-Kommission für Bildungsplanung und Forschungsförderung" (BLK). 1991 sind die neuen Bundesländer diesen Verträgen beigetreten. Als Regierungskommission arbeitet die BLK eng mit den Fachministerkonferenzen zusammen. Die demographische Entwicklung wirkt sich auf das Bildungs- und Beschäftigungssystem aus. Veränderungen in der Wirtschaft und neue Technologien erfordern neue Qualifikationsstrukturen in Beruf und Gesellschaft, ebenso wie die wachsende Internationalisierung und das größer werdende Europa. Die modernen Informations- und Kommunikationstechnologien prägen das Bildungswesen. Hier ist auch der Einsatz der neuen Medien zu erwähnen. Das berufliche Bildungswesen gilt es weiter zu entwickeln. Lern- und leistungsschwächere Jugendliche hoffen auf Verbesserung ihrer Chancen. Besonders begabte Kinder und Jugendliche erwarten eine individuelle Förderung. Auch die Frauenförderung ist ein wichtiges Thema in unserer Gesellschaft. Spezielle Projekte sind dem Fernstudium und Multimedia im Hochschulbereich gewidmet.

Das Hochschulsonderprogramm III (HSP III) wurde von der BLK administriert, ebenso wie das ab 2001 laufende Hochschul- und Wissenschaftsprogramm (HWP). Die Informationsschrift „Studien- und Berufswahl", die die BLK seit 1971 herausgibt, steht seit 1998 auch im Internet. Mit Modellversuchen werden Innovationen ins Bildungswesen gebracht. Solche sind z.B. Qualitätsverbesserung in Schule und Schulsystemen, lebensbegleitendes Lernen, Einführung neuer Studiengänge und die Modularisierung der Studienangebote.

Bei der Forschungsförderung geht es um die Abstimmung forschungspolitischer Planungen und Entscheidungen, um Schwerpunktmaßnahmen und um die Feststellung des Zuschussbedarfs zu den gemeinsam finanzierten Forschungs- bzw. Serviceeinrichtungen, Forschungsförderungsorganisationen und Forschungsvorhaben. Die Gremien sind die Kommission, die Ausschüsse, die Arbeitsgruppen, die Arbeitskreise und Ad-hoc-Gruppen und die Geschäftsstelle. Die Kommission ist oberstes Beratungs- und Beschlussgremium. Mitglieder sind je acht Vertreter der Bundesregierung und je ein, bei Angelegenheiten der Forschungsförderung je zwei Vertreter der Länderregierungen. Die Vertreter der Bundesregierung besitzen acht Stimmen, die Ländervertreter je eine. Vorsitz und stellvertretenden Vorsitz führen für jeweils ein Jahr alternierend Bundesvertreter und Ländervertreter. Die Empfehlungen der Kommission werden, gegebenenfalls mit Sondervoten, den Regierungschefs zur Beschlussfassung vorgelegt. Mit beratender Stimme nehmen an den Sitzungen Vertreter des Wissenschaftsrates, der Kommunalen Spitzenverbände und Mitglieder des Hauptausschusses des Bundesinstituts für Berufsbildung teil. Die Beschlüsse der Kommission werden von zwei Ausschüssen aus Vertretern der zuständigen Ressorts des Bundes und der Länder vorbereitet, dem Ausschuss „Bildungsplanung" und dem Ausschuss „Forschungsförderung". Die Ausschüsse haben für die Vorbereitung der Beschlussempfehlungen wiederum ständige Arbeitsgruppen und Arbeitskreise eingesetzt, denen Vertreter des Bundes, der Länder und u.U. Sachverständige angehören.

Die laufenden Geschäfte werden von der Geschäftsstelle erledigt, die ihren Sitz in Bonn hat und beim Bundespräsidialamt errichtet ist. Die Ausgaben der Geschäftsstelle werden vom Bund getragen.

Im Bibliotheksbereich ist die Arbeit der BLK erstmals deutlich geworden im Bildungsgesamtplan 1973. Dort sind sehr realistische Ausbauziele für das öffentliche Bibliothekswesen formuliert. Bibliotheken sind auch berührt von der von Bund und Ländern gemeinsam zu leistenden Förderung etwa der DFG, der Max-Planck-Gesellschaft, sowie von Einrichtungen mit Servicefunktion für die Forschung von überregionaler Bedeutung. Dazu gehören auch die Zentralen Fachbibliotheken und gehörte bis 1999 das Deutsche Bibliotheksinstitut.

2.5 Hochschulrektorenkonferenz

Damit Universitäten und Hochschulen eine Möglichkeit für eine gemeinsame Meinungsbildung haben und möglichst mit einer Stimme gegenüber Politik und Öffentlichkeit auftreten können, haben sie sich zur Hochschulrektorenkonferenz zusammen geschlossen. 262 staatliche und staatlich anerkannte Universitäten und Hochschulen in Deutschland sind Mitglieder (http://www.hrk.de). In diesen Hochschulen sind etwa 98 % aller Studierenden in Deutschland immatrikuliert.

Das gesamte Aufgabenspektrum einer Hochschule ist Thema der Verhandlungen und Diskussionen: Das reicht von Forschung. Lehre und Studium über wissenschaftliche Weiterbildung, Wissens- und Technologietransfer und internationale Kooperationen bis zur Selbstverwaltung der Hochschulen. Das umfasst z.B. Erarbeitung und Vertretung gemeinsamer hochschulpolitischer Positionen, Beratung von Politik und Verwaltung in Bund und Ländern, Qualitätssicherung von Lehre und Studium und internationale Hochschulzusammenarbeit.

Finanz- und Rechtsträger der HRK ist die Stiftung zur Förderung der Hochschulrektorenkonferenz.

1903 hatte ein erstes offizielles Treffen der Universitäten im deutschen Reich stattgefunden. Der Staat war dabei aber nicht vertreten. Bis 1933 hatten sich die Rektoren bereits achtundzwanzigmal getroffen. 1936 erfolgte das Verbot einer autonomen Rektorenkonferenz. Nach Einrichtung einer nordwestdeutschen Rektorenkonferenz (in der britischen Zone) und einer Rektorenkonferenz in der amerikanischen Zone wurde am 21. April 1947 die Westdeutsche Rektorenkonferenz (WRK) gegründet. Im November 1990 wurden 21 Hochschulen aus den fünf neuen Bundesländern und Ost-Berlin aufgenommen. Die Westdeutsche Rektorenkonferenz wurde in Hochschulrektorenkonferenz (HRK) umbenannt. Die Gremien sind: Plenum, Senat, Präsidium, Mitgliedergruppen und Jahresversammlung, Geschäftsstelle. Das oberste beschlussfassende Organ ist das 124 Mitglieder umfassende Plenum. Es wählt den Präsidenten und fünf Vizepräsidenten, ist zuständig für Grundsatzfragen, die Ordnung der HRK und den Haushalt. Der Senat bereitet die Plenarversammlungen vor diskutiert Strategien und entscheidet in dringenden Angelegenheiten. Präsident, fünf Vizepräsidenten und je ein von der Versammlung der Mitgliedergruppe Universitäten und der Mitgliedergruppe Fachhochschulen gewählter Sprecher bilden das Präsidium.

Universitäten und Fachhochschulen müssen sich nach der HRK-Ordnung zwingend zu Mitgliedergruppen organisieren. Den anderen Hochschulen ist dies freigestellt. Bei einer wenigstens einmal im Jahr durchgeführten Mitgliederversammlung sollen die die einzelne Hochschulart berührenden Fragen besprochen werden. Beschlüsse werden dann an Präsidium bzw. Senat und Plenum zur weiteren Behandlung weitergeleitet. An der Jahresversammlung nehmen Vertreter aller Mitgliedshochschulen teil Allgemeine Fragen der Entwicklung des Hochschulwesens werden mit Repräsentanten aus Gesellschaft und Politik diskutiert. Die Verwaltungsaufgaben erledigt die Geschäftsstelle, die ihren Sitz in Bonn-Bad Godesberg hat.

Gerade für Hochschulbibliotheken war und ist die Hochschulrektorenkonferenz immer wieder ein Ansprechpartner. Unterstützung erfuhren vor allem die Bemühungen um eine ausreichende Literaturversorgung von Studium, Lehre und Forschung. Angesichts der dramatischen Kostensituation der Hochschulbibliotheken wurde 2002 ein neues Informations- und Publikationssystem empfohlen. So soll in den nächsten Jahren das Informations- und Publikationswesen konsequent auf elektronische Kommunikations- und Informationsmöglichkeiten ausgeweitet werden. Das soll unbeschadet der gedruckten Publikationen geschehen, die für oft und dauerhaft gebrauchtes Material (in der Regel als gedruckte Ausgabeform digitaler Informationen) ihren Wert behalten werden. Dazu ist notwendig, dass Hochschulen konsequent Hochschulschriftenserver aufbauen, auf denen jedes veröffentlichungsreife Forschungsergebnis kostenlos per Internet zur Verfügung gestellt wird. Erst danach folgt die Begutachtung, die zu einer Veröffentlichung auf einem fachlichen Server oder in einer Zeitschrift führt (HRK-Präsident Landfried). Die Bundesregierung wird gebeten auf drei bis fünf Jahre angelegte Förderprogrmme aufzulegen.

2.6 Stifterverband für die Deutsche Wissenschaft

Da der Wirtschaft sehr stark an einem guten Hochschul- und Wissenschaftssystem gelegen ist, ihre Wettbewerbsfähigkeit nicht zuletzt von gut ausgebildeten Studenten und einer hoch stehenden, international anerkannten Forschung abhängt, hat sie sich mit dem Stifterverband für die Deutsche Wissenschaft eine Möglichkeit geschaffen, an einer Verbesserung der deutschen Wissenschaftslandschaft mitzuarbeiten (http://www.stifterverband.de). Seine Satzung gibt dem Stifterverband den Auftrag, Wissenschaft und Technik in Forschung und Lehre zu fördern, dem wissenschaftlichen Nachwuchs zu helfen und die Öffentlichkeit zur Unterstützung von Wissenschaft und Technik anzuregen. Förderschwerpunkte sind:
- Hochschulreform
- Strukturinnovation (Wettbewerb in der Forschung)
- Internationalisierung
- Dialog zwischen Wirtschaft und Wissenschaft, Politik und Öffentlichkeit

Der Stifterverband arbeitet eng zusammen mit den zentralen Organisationen der Wissenschaft und der Wissenschaftsförderung in Deutschland, vor allem mit der Deutschen Forschungsgemeinschaft, der Max-Planck-Gesellschaft, dem Deutschen Akademischen Austauschdienst, der Alexander von Humboldt-Stiftung und der Studienstiftung des Deutschen Volkes. Er ist darüber hinaus Träger des Wissenschaftszentrums Bonn, der Wissenschaftsstatistik GmbH (Analyse und Bereitstellung von Daten zu den Forschungs- und Entwicklungsaufwendungen in der Wirtschaft sowie des Spendenwesens in Deutschland) und des Stiftungszentrums. Gegründet wurde der Stifterverband nach dem ersten Weltkrieg 1920 als „Stifterverband der Notgemeinschaft der Deutschen Wissenschaft" unter dem Vorsitz von Carl Friedrich von Siemens. 1949 erfolgte dann die Gründung des Stifterverbandes der Deutschen Wissenschaft (Gesellschaft für Forschung und Lehre) als Förderverein u.a. der Deutschen Forschungsgemeinschaft.

Der Stifterverband für die Deutsche Wissenschaft ist ein gemeinnütziger eingetragener Verein, nicht eine Stiftung, ungeachtet des Namens. Seine Mittel stammen aus den Beiträgen seiner Mitglieder und aus Spenden, hauptsächlich aus der Wirtschaft. Seit 1963 werden auch eine größere Anzahl kleinerer und mittlerer privater Stiftungen treuhänderisch verwaltet. Da der Stifterverband keine Einzelprojekte fördert, besteht die Möglichkeit eine Unterstützung zu erhalten, wenn eine dieser Stiftungen in Frage kommt. Die Organe des Vereins sind: Mitgliederversammlung, Kuratorium, Vorstand und Präsidium. Daneben gibt es regional orientierte Landeskuratorien. Die Mitgliederversammlung, der alle Mitglieder und Förderer angehören, die ihrer Verpflichtung nachgekommen sind, wählt das Kuratorium und entlastet den Vorstand. Das Kuratorium, dem bis zu 100 Mitglieder angehören, erarbeitet Empfehlungen gegenüber dem Vorstand. Der Vorstand beschließt den Haushalt und das Förderprogramm. Das Präsidium führt die Geschäfte sowie die Beschlüsse des Vorstandes. Leiter der Hauptverwaltung mit Sitz in Essen ist der Generalsekretär.

Die allgemein formulierte Aufgabenstellung gibt auch entsprechenden Raum für Förderung von Bibliotheksprojekten. Genannt seien hier die Unterstützung beim Kauf von Spezialbibliotheken und wissenschaftlich interessanter Nachlässe. Mehrere bedeutende Sammlungen meist aus Privatbesitz wurden so der Wissenschaft zugänglich. Eine Zerschlagung wichtiger Sammlungen oder ein Verkauf ins Ausland wurden dadurch zusätzlich verhindert. Weiterhin kann genannt werden die Förderung des Gesamtverzeichnisses des deutschsprachigen Schrifttums 1700 bis 1910.

2.7 Stiftungen

Von den privaten Stiftungen, die als Stiftungszweck die Förderung der Wissenschaft ohne Einschränkung auf bestimmte Themen- und Interessentenkreise haben, spielen für die Bibliotheksförderung eigentlich nur drei eine bedeutende Rolle: die Fritz-Thyssen-Stiftung, die Volkswagen-Stiftung und die Bertelsmann-Stiftung. Allen ist gemein, dass sie ihre Hilfe da einsetzen, wo der Staat nicht oder nicht schnell genug helfen kann. Sie stimmen sich untereinander ab sowohl in grundsätzlichen Fragen als auch bei Einzelprojekten. Absprachen und Abstimmungen erfolgen auch mit anderen Fördereinrichtungen z.B. der Deutschen Forschungsgemeinschaft.

2.7 Stiftungen

2.7.1 Fritz-Thyssen-Stiftung

Am 7. Juli 1959 wurde die Fritz-Thyssen-Stiftung von Frau Amélie Thyssen und ihrer Tochter errichtet. Sitz der Stiftung ist Köln (http://Fritz-Thyssen-Stiftung.de). Diese Stiftung ist die erste große private wissenschaftsfördernde Einzelstiftung nach dem 2.Weltkrieg in der Bundesrepublik Deutschland. Sie war Vorbild für weitere Stiftungsgründungen. Zweck ist die unmittelbare Förderung der Wissenschaft an wissenschaftlichen Hochschulen und Forschungsstätten, vornehmlich in Deutschland, und unter besonderer Berücksichtigung des wissenschaftlichen Nachwuchses. So werden gefördert:
- Projekte (zeitlich begrenzte Forschungsvorhaben)
- Stipendien (für sehr qualifizierte junge promovierte Wissenschaftler unmittelbar im Anschluss an die Promotion)
- Reisebeihilfen für Forschungs- und Archivaufenthalte
- Tagungen
- Druckbeihilfen
- Bibliotheksbeihilfen und Erwerb von Forschungsmaterial.

Organe der Stiftung sind: Kuratorium, Wissenschaftlicher Beirat und Vorstand. Das Kuratorium besteht aus sieben Mitgliedern. Es stellt Richtlinien zur Erreichung des Stiftungszweckes auf und entscheidet über die Verwendung der Mittel. Weiterhin beruft es den Wissenschaftlichen Beirat und den Vorstand. Der Wissenschaftliche Beirat ist ein beratendes Organ. Er berät die Stiftung bei der Durchführung der Stiftungsaufgaben, vor allem bei der Vergabe der Fördermittel. Die Verwaltung des Stiftungsvermögens und die Führung der laufenden Geschäfte liegen beim Vorstand.

Die Bibliotheken verdanken der Thyssen-Stiftung Bibliotheksbeihilfen für laufende Forschungsvorhaben, die Sicherung und Veröffentlichung von Nachlässen und die Erstellung eines Zeitschriftenrepertoriums zum Nachweis deutscher Literaturzeitschriften aus der ersten Hälfte des 19. Jahrhunderts. Als Anregung für die Einrichtung bzw. den Ausbau von Studentenbüchereien veranlasste die Stiftung die Herstellung einer Modelliste für eine Bildungsbücherei und die Stiftung von vier entsprechend der Liste zusammengestellten Modellbibliotheken an vier Universitäten. Eine große Wirkung ging von diesem Versuch allerdings nicht aus.

2.7.2 Die Volkswagen-Stiftung

Die Volkswagen-Stiftung wurde im Jahre 1961 als rechtsfähige Stiftung bürgerlichen Rechts gegründet (http://Volkswagenstiftung.de). Sie ist keine Unternehmensstiftung, sondern das Ergebnis eines Vertrages zwischen der Bundesrepublik Deutschland und dem Lande Niedersachsen, mit dem die Probleme um die unklaren Eigentumsverhältnisse am Volkswagenwerk nach dem zweiten Weltkrieg gelöst wurden. Das Vermögen der Stiftung, ursprünglich der Erlös aus der Privatisierung und die Gewinnansprüche auf die dem Bund und dem Land Niedersachsen verbliebenen Anteile, beträgt derzeit rund zwei Milliarden Euro. Jährlich werden rund 100 Millionen Euro Fördermittel bereitgestellt. Gezielt werden die Möglichkeiten genutzt, um der Wissenschaft Impulse zu geben. Der Aufbau hoch qualifizierter Forschung wird genauso gefördert wie die Etablierung zukunftsträchtiger Forschungsgebiete. Im Mittelpunkt der Förderung steht die Grundlagenforschung. Vorstand der Volkswagen-Stiftung ist ein ehrenamtlich arbeitendes Kuratorium von 14 Mitgliedern, das frei von Weisungen selbstverantwortlich entscheidet. Für die Geschäftsführung verantwortlich ist der Generalsekretär. Sitz ist Hannover.

Große Wirkung im Bibliotheksbereich erzielte die Volkswagen-Stiftung mit ihrer Starthilfe für den Aufbau von Lehrbuchsammlungen an den Bibliotheken der wissenschaftlichen Hochschulen. Keine Bibliothek blieb in der Folge ohne eine solche das Studium unterstützende Einrichtung. Unter dem Förderschwerpunkt „Erfassen, Erschließen, Erhalten von Kulturgut als Aufgabe der Wissenschaft", der bis 1982 bestand, erhielten Bibliotheken reiche Zuwendungen. Gefördert wurden z.B. die Erschließung deutschsprachiger Zeitschriften des 18 Jahrhunderts, Geschichte und Sammlung von englischsprachigem Schrifttum in der Staats- und Universitätsbibliothek Göttingen im 18. Jahrhundert, die Erhaltung und Restaurierung kulturhistorisch wichtiger Sammlungen in den Universitätsbibliotheken Bremen und Heidelberg und der Hessischen Landes- und Hochschulbibliothek Darmstadt und die Einrichtung von 15 Restaurierungswerkstätten. Die durch ein Akademie-Stipendium geförderte Studie „Buch, Bibliothek und geisteswissenschaftliche Forschung" (1983) von Bernhard Fabian war Ausgangspunkt, im Stiftungsschwerpunkt „Beispiele kulturwissenschaftlicher Dokumentation", zum Handbuch der historischen Buchbestände. Ein großer Erfolg wurde auch die Förderung des Projektes „Sammlung deutscher Drucke".

2.7.3 Die Bertelsmann-Stiftung

Die Bertelsmann-Stiftung wurde 1977 als selbständige Stiftung des privaten Rechts mit Sitz in Gütersloh errichtet. Stifter war Reinhard Mohn (http://www. bertelsmann-stiftung.de). Die Stiftung „entwickelt Ideen und Lösungen für gesellschaftliche Probleme. Sie versteht sich als Förderin für den gesellschaftlichen Wandel". Die Satzung nennt folgende Ziele:
- Förderung der Medien-Wissenschaft.
- Erforschung und Entwicklung von innovativen Konzepten der Führung und Organisation in allen Bereichen der Wirtschaft und des Staates.
- Förderung der internationalen Zusammenarbeit.
- Förderung der Aus- und Weiterbildung sowie der Systementwicklung in allen Bereichen des Bildungswesens.
- Förderung gemeinnütziger Maßnahmen in der Arbeitswelt.
- Förderung zeitgemäßer und wirkungsvoller Strukturen und Ordnungen in der Gesellschaft, den internationalen Beziehungen, den Medien, der Medizin und den Unternehmen.
- Förderung von Einrichtungen und Maßnahmen auf den Gebieten der Bildung, Religion, Kultur und Völkerverständigung, sowie im Bereich des Sozial- und Gesundheitswesens.

Organe sind das Kuratorium (12 bis 14 Mitglieder) und das Präsidium (mindestens 4 Mitglieder, bis zu 3 weitere können aus dem Kuratorium dazu kommen, das aus dem Kuratorium gebildet wird. Die Geschäfte führt das Kuratorium.

Das Bibliothekswesen passt in hervorragender Weise in das Förderspektrum dieser Stiftung. Gerade das öffentliche Bibliothekswesen stand immer wieder im Mittelpunkt von Projekten und Fachtagungen. Leseförderung und Medienerziehung sowie Multimedia-Einsatz in der Hochschullehre waren u. a. Themen. Bibliotheksvergleiche trugen und tragen zur Verbesserung des Bibliotheksmanagements bei. Unter dem Titel „Bibliothek 2007" wird eine Empfehlung für die zukünftige Gestaltung des Bibliothekswesens in Deutschland erarbeitet (http://www.bibliothek2007.de). Der Kooperationsvertrag ist unterzeichnet. Die Steuerungs- und Expertengruppe sind konstituiert. Ziel von „Bibliothek 2007" ist es ein Soll-Modell für die zukünftige Gestaltung des Bibliothekswesens in Deutschland zu entwerfen und auf kommunaler, Landes- und Bundesebene Reformen anzustoßen. Die Stiftung stellt für dieses Projekt rund 500.000 Euro zur Verfügung. Die Zeitschrift „Forum", regelmäßig erscheinende Veröffentlichungsverzeichnisse und ein jährlicher Tätigkeitsbericht informieren über die Aktivitäten der Stiftung.

2.8 Sonstige Institutionen

Für Bibliotheken, speziell für das öffentliche Bibliothekswesen, sind Gemeinden, Städte und Kreise als Träger und Förderer von großer Bedeutung. Sie haben sich in drei Spitzenverbänden zusammengeschlossen, um ihre Interessen gegenüber Parlamenten und Anderen zu vertreten, die Öffentlichkeit zu informieren und den Erfahrungsaustausch anzuregen. Der Deutsche Städtetag (http://www.staedtetag.de), der Deutsche Städte- und Gemeindebund und der Deutsche Landkreistag arbeiten darüber hinaus in der Bundesvereinigung der Kommunalen Spitzenverbände zusammen. 1987 hat der Deutsche Städtetag und 1995 der Deutsche Landkreistag eine Stellungnahme zu Bibliotheksfragen abgegeben. Von großer Bedeutung ist, dass Delegierte der Spitzenverbände in Gremien mitarbeiten, in denen wichtige, das Bibliothekswesen betreffende Fragen behandelt werden. So sind sie z.B. im Präsidium des Deutschen Bibliotheksverbandes vertreten. Der Initiative des Deutschen Städtetages ist etwa die Gründung des Deutschen Bibliotheksverbandes, entstanden 1949 als Deutscher Büchereiverband, zu verdanken. Auch die Gründung des Verbandes der Bibliotheken des Landes Nordrhein-Westfalen und die Einrichtung der Arbeitsstelle für das Büchereiwesen, die 1978 im Deutschen Bibliotheksinstitut aufging, sind ein Verdienst der kommunalen Spitzenverbände.

Die Kommunale Gemeinschaftsstelle für Verwaltungsvereinfachung (KGSt), die von mehr als 750 Gebietskörperschaften unterhalten wird, hat sich bereits 1964 ausführlich in einer Untersuchung über die Organisation und Wirtschaftlichkeit der kommunalen Öffentlichen Bibliotheken mit dem Bibliotheksbereich befasst. 1973 wurde diese Untersuchung überarbeitet.

2.9 Das Bibliotheksprogramm der Europäischen Union

Die vom Europäischen Parlament 1984 beschlossene so genannte Schwencke-Resolution war der Start für eine europäische Bibliothekskooperation. Mit einer Resolution 1985 forderte der Ministerrat die Kommission der Europäischen Union auf, eine moderne Bibliotheksinfrastruktur in Europa zu fördern. 1988 entstand der „Aktionsplan für die Bibliotheken in Europa" (http://www.echo.lu/libraries/en). Dieser Aktionsplan blieb zum Vorteil für die Bibliotheken kein einmaliges Vorhaben, weil der Bibliotheksbereich als Teil des Telematik-Programms in das dritte Rahmenprogramm Forschung und technologische Entwicklung der EU aufgenommen wurde. Damit war gleichzeitig eine gewisse Kontinuität sicher gestellt. 24 Mill. ECU wurden für die Zeit von 1990 bis 1994 und über alle beteiligten Staaten ausgeworfen. 51 Projekte wurden gefördert unter den Aktionslinien:
1. Entwicklung computergestützter Bibliographien,
2. Internationale Vernetzung von Bibliothekssystemen unter Beachtung internationaler Standards,

3. Schaffung neuer Bibliotheksdienste unter Einsatz von Informations- und Kommunikationstechnologie und
4. Förderung eines europäischen Marktes für bibliotheksspezifische Telematikprodukte, -dienste und -werkzeuge.

Projekte mit deutscher Beteiligung waren z.b. elektronischer Datenaustausch zwischen Bibliotheken und Buchhandel in Europa (deutsche Beteiligung: Stadt- und Universitätsbibliothek Frankfurt am Main, Otto Harrassowitz Buchhandlung und Antiquariat, Wiesbaden), Nationalbibliographische Daten auf CD-ROM (Deutsche Bibliothek, Frankfurt am Main), Europäisches Register von Microform Masters (Niedersächsische Staats- und Universitätsbibliothek Göttingen), Electronic Document Interchange between Libraries (Technische Informationsbibliothek Hannover), Speedy Retrieval of Information on the Telephone (Stadtbücherei Lüdenscheid), OPAC Network in Europe (Die Deutsche Bibliothek, Frankfurt am Main) oder Evaluation and Quality in Library Performance Systems (Universitäts- und Landesbibliothek Münster und Stadtbücherei Düsseldorf).

Das vierte Rahmenprogramm und damit auch das Telematik-Programm lief von 1994 bis 1998 und war mit einem Budget von 30 Millionen ECU ausgestattet. Bei den Projekten wurde diesmal stärker auf die Benutzerbedürfnisse, auf Wirtschaftlichkeit und auch den Aspekt der Nachnutzung geachtet. Die Aktionslinien waren:
1. Netzorientierte interne Bibliothekssysteme,
2. Telematikanwendungen für Bibliotheksdienstleistungen im Verbund und
3. Bibliotheksdienste für den Zugang zu Informationsbeständen in Netzen.

Deutsche Einrichtungen waren z.B. an folgenden Projekten beteiligt: (1) Children in Libraries: Improving Multimedia Virtual Library Access and Infomation Skills (Stadtbücherei Stuttgart, Landesbildstelle Württemberg, Stuttgart, Firma ibek, Karlsruhe und Otto Maier Verlag, Ravensburg), (2) Digitised European Periodicals (Niedersächsische Staats- und Universitätsbibliothek Göttingen) oder (3) Manuscripts and Letters via Integrated Networks in Europe (Staatsbibliothek Preußischer Kulturbesitz Berlin und Frauenhofer-Gesellschaft ISST Berlin).

Im fünften Rahmenprogramm ging man ab von der institutionellen Förderung. Einen eigenständigen Bereich für Bibliotheken gibt es nicht mehr. Die deutsche Beteiligung an den Aktivitäten der Bibliotheksprogramme war nie sehr groß. Fehlende Personalkapazitäten für die Projektentwicklung, Überbürokratisierung und Probleme bei der Eigenmittelbeschaffung werden als Gründe genannt. Beratungsstellen sollen die Antragstellung unterstützen. Solche sind bzw. waren: Interministerielle Bund-Länder-Arbeitsgemeinschaft Europäische Bibliotheksangelegenheiten (EUBIB). Sekretariatsfunktionen nahm das Deutsche Bibliotheksinstitut, Berlin wahr, Arbeitsbereich Europäische Bibliotheksangelegenheiten des Deutschen Bibliotheksinstuts, Berlin und die Kommission der Europäischen Union, Generaldirektion XIII, Luxembourg.

Ab 2003 soll das *Kompetenznetzwerk für Bibliotheken (KNB)* diese Aufgabe übernehmen. Ein „wichtiges Ziel ist, durch die internationale Kooperation die Innovation im Bibliothekswesen zu fördern." Als Aufgaben werden aufgeführt:
- Nationaler Ansprechpartner für die EU-Verwaltung ... Übernahme des virtuellen Sekretariats (Bereich Bibliotheken) der Bund-Länder-Arbeitsgruppe Europäische Angelegenheiten der Bibliotheken, Archive und Museen (EUBAM)
- Information der deutschen Bibliotheken über Einrichtungen im Ausland und insbesondere in der EU

- Unterstützung bei der Beantragung von Projekten und der internationalen Kontaktaufnahme (EU-Rahmenprogramme, USA usw.)

Dies ist sehr wichtig, denn es gilt weiterhin an dieser europäischen Entwicklung teilzuhaben. So läuft etwa Anfang 2003 die dritte Aufforderung zur Einreichung von Projektanträgen im Rahmen des Förderprogrammes *eContent*. Drei Aktionsbereiche sind näher beschrieben:
- Förderung des Zuganges zu Informationen aus dem öffentlichen Sektor und umfassendere Nutzung dieser Informationen
- Förderung der Erstellung von Inhalten in einem vielsprachigen und multikulturellen Umfeld
- Steigerung der Dynamik des Marktes für digitale Inhalte

Das Projekt *Open Archives Forum* wird von der Europäischen Union im Rahmen des *IST-Programmes* (Information Societies Technologies) gefördert. Hier wird im Gegensatz zu anderen Projekten nicht vordergründig Software entwickelt, sondern eine bestehende Idee unterstützt nämlich die der Öffnung digitaler Ressourcen und Archive im europäischen Raum. Die Bundesrepublik Deutschland hat dabei die größte Anzahl OAI-kompatibler Archive.

*

Literatur

Bericht des Vorsitzenden des Wissenschaftsrates // In: Empfehlungen und Stellungnahmen des Wissenschaftsrates. - Köln, 1975

Zu 2.1

Empfehlung des Wissenschaftsrates zur retrospektiven Katalogisierung an wissenschaftlichen Bibliotheken // In: Zeitschrift für Bibliotehskwesen und Bibliographie 35 (1988), S. 423 - 437

FRANKENBERGER, RUDOLF: Das Verfahren zur Beurteilung von Bauvorhaben durch die Arbeitsgruppe Bibliotheken des Wissenschaftsrates // In: ABI Technik 15 (1995), S. 385 - 400

Bund-Länder-Arbeitsgruppe Bibliothekswesen: Empfehlungen zur Förderung der Bibliotheken in den neuen Bundesländern. - Berlin, 1991. - S. 56 - 61. - (dbi-materialien ; 106)

STAFF, ILSE: Wissenschaftsförderung im Gesamtstaat. - Berlin : Duncker & Humblot, 1971

RÖHL, HANS CHRISTIAN: Der Wissenschaftsrat: Kooperation zwischen Wissenschaft, Bund und Ländern und ihre rechtlichen Determinanten. - 1. Aufl. - Baden-Baden : Nomos Verl.-Ges., 1994. - Zugl.: Heidelberg, Univ., Diss., 1993.

Wissenschaftsrat: Empfehlungen und Stellungnahmen / hrsg. vom Wissenschaftsrat. - Köln, 1972. - Erscheint jährlich

DUGALL, BERNDT: Der Einfluß des Wissenschaftsrates auf die Entwicklung der wissenschaftlichen Bibliotheken in der Bundesrepublik Deutschland // In: ABI Technik 17 (1997), S. 337 - 347

DFG in Kürze 2001. - Bonn, 2002

Zu 2.2

Deutsche Forschungsgemeinschaft: Aufbau und Aufgaben/ hrsg. von der Deutschen Forschungsgemeinschaft. - Vollst. überarb. und erw. Fassung. - Bonn : DFG, 1998

Zu 2.3

Handbuch für die Kultusministerkonferenz / Hrsg.: Sekretariat der Ständigen Konferenz der Kultusminister der Länder in der Bundesrepublik Deutschland. - Bonn : KMK, 1995

Zu 2.6

Almanach des Stifterverbandes für die Deutsche Wissenschaft: zsgest. aus Anlaß des 75jährigen Jubiläums 1920–1995 / Hrsg.: Stifterverband für die Deutsche Wissenschaft. Red.: EBERHARD STRAUB ... - Essen : Stifterverband für die Deutsche Wissenschaft, 1995

SCHULZE, WINFRIED: Der Stifterverband für die Deutsche Wissenschaft: 1920–1995 / unter Mitarb. von Sven Bergmann und Gerd Helm. - Berlin, 1995

Stifterverband für die Deutsche Wissenschaft: Bericht. - Essen, 1997. - Erscheint jährlich

Zu 2.7

FABIAN, BERNHARD: Buch, Bibliothek und geisteswissenschaftliche Forschung : zu Problemen der Literaturversorgung und der Literaturproduktion in der Bundesrepublik Deutschland. - Göttingen : Vandenhoeck und Ruprecht, 1983

Bibliothek 2007: http://www.bibliothek2007.de

Bertelsmann-Stiftung: Tätigkeitsbericht. - Gütersloh: Bertelsmann- Stiftung. - Erscheint jährlich

KLUG, PETRA: BIX – der Bibliotheksindex // In: Bibliotheken, Portale zum globalen Wissen : 91. Deutscher Bibliothekartag in Bielefeld 2001. - Frankfurt am Main: Klostermann, 2001. - S. 219 - 223. - (Zeitschrift für Bibliothekswesen und Bibliographie : Sonderheft ; 81)

Verzeichnis der deutschen Stiftungen / Hrsg.: Bundesverband Deutschen Stiftungen. - 3. Ausg. - Darmstadt : Hoppenstedt, 1997

Zu 2.8

Deutscher Städte- und Gemeindebund: http://www.dstgb.de

Deutscher Landkreistag: http://www.landkreistag.de

Kommunale Gemeinschaftsstelle für Verwaltungsvereinfachung: http://www.kgst.de

Die Bibliotheken in der Kulturhoheit der Städte : Empfehlungen des Hauptausschusses des Deutschen Städtetages vom 18.3.1987. - Köln, 1987

HENNEKE, HANS-GÜNTER: Die Einrichtung und Förderung öffentlicher Bibliotheken - eine Kreisaufgabe? // In: BibliotheksInfo 5 (1995), S. 167 - 182

Zu 2.9

DBV: Runder Tisch der Arbeitsgemeinschaft der Verbundsysteme, des Deutschen Bibliotheksverbandes, der Fachstellenkonferenz, der Staatsbibliotheken, der ckz : Kompetenznetzwerk für Bibliotheken ; Bericht an die KMK AG Bibliotheken // In: Bibliotheksdienst 37 (2003) S. 13 - 23

DOBRATZ, SUSANNE: „Creating a European Forum for Open Archives Activities" : Bericht des Workshops vom 13./14. Mai 2002 in Pisa // In: ZfBB 50 (2003), S. 33 - 37

http://www.cordis.lu/econtent/call201202.htm

http://www.cordis.lu/ist/

REINHARDT, KLAUS: Das Bibliotheksprogramm der Europäischen Union: Eine bewertende Darstellung aus deutscher Sicht // In: Information und Dokumentation : Qualität und Qualifikation / Deutscher Dokumentartag. 24. bis 26. Sept. 1997. - Frankfurt am Main : DGD, 1997. - S. 223 - 248

Ingo Kolasa

3 Bibliotheksbau

3.1 Einleitung

Im Zeitalter der elektronischen Medien, der weltumspannenden Datennetze, der expandierenden Telekommunikation stellt sich die Frage, welche Bedeutung der Bibliotheksbau hat. So wird man heute mit der Frage konfrontiert: Braucht man überhaupt noch große Gebäude? Wird in Zukunft nicht alles Wissen nur auf Rechnern gespeichert? Nach wie vor sind Bibliotheken Orte, in denen die größten Sammlungen an Medien aufbewahrt und für die Benutzung bereitgestellt werden. Dies gilt auch für die neuen elektronischen Medien. Zunehmend werden aber moderne Massenspeicher die Möglichkeit eröffnen, die unterschiedlichsten Inhalte zu speichern. Die komplexe Informationsvermittlung elektronischer Kataloginformationen (einschließlich Volltexte, Bilder, Ton) wird zunehmend das Bild der modernen Bibliothek bestimmen, ohne dass ihre Rolle als Hort und Bewahrer der Text- und Buchkultur vergangener Jahrhunderte verloren geht. Die moderne Bibliothek befindet sich im großen Transformationsprozess der analogen in die digitalen Medien. Die Bibliothek der Zukunft wird in immer größerem Maße eine hochtechnisierte Einrichtung sein. Dieser Entwicklung ist auch baulich Rechnung zu tragen.

Die Geschichte der Entwicklung der Medien zeigt, dass jede neue Medienform zunächst zu den alten Medienformen existiert, bis sie sich durchsetzt. Nach wie vor wächst die Buchproduktion. Dabei ist auch nicht zu unterschätzen, dass der Langzeitarchivierung von Informationen große Bedeutung zukommt. Bisher ist das Papier einer der langlebigsten Trägerstoffe für Information gewesen, jedes neue Speicher- oder Trägermedium ist sehr viel kurzlebiger. Das Prinzip der digitalen Speicherung wirft auch die Frage nach der Identifizierbarkeit und Lesbarkeit von Daten über längere Zeiträume auf, ganz zu schweigen von der Garantie für die Unversehrtheit der Daten über lange Zeiträume. Sich selbst regenerierende und kontrollierende Datenspeicher sind zwar in der Entwicklung, den Beweis einer Jahrhunderte währenden Stabilität werden sie jedoch erst noch erbringen müssen. Bibliotheken werden zunehmend zu Knotenpunkten im Verbund der globalen digitalen Informationsnetze. Man wird noch lange Bibliotheksbauten brauchen; dabei wird sich der Bibliotheksbau, wie in den vergangenen Zeiten, stets an den zeitgemäßen Anforderungen der Informationsvermittlung orientieren.

Unter Bibliotheksbau soll nicht nur der reine Neubau einer Bibliothek verstanden werden, sondern auch Umbauten an bestehenden Bibliotheksgebäuden, Erweiterungsbauten zu bereits bestehenden Gebäudeteilen, das bauliche Umgestalten der Gebäudehülle, um bibliothekarische Prozesse zu optimieren und die Speicherkapazität zu erhöhen. Auch die bauliche Adaption zweckfremder Gebäude für eine Bibliotheksnutzung wird darunter subsumiert. Unmittelbar damit verbunden sind die innere Ausgestaltung der Räume und Raumgruppen mit bibliotheksspezifischer Einrichtung, Ausrüstung und Technik, um den Bibliotheksorganismus effizient zu gestalten.

Für einen Bibliotheksbau müssen beträchtliche Summen aufgewandt werden. In der Regel werden Bibliotheken in größeren Zeitabschnitten erneuert, d.h. erweitert, modernisiert oder neu gebaut. Deshalb legt man sich mit einem Bibliotheksbau, so flexibel er auch angelegt sein mag, auf Jahrzehnte fest. Wie schwierig solch ein Unterfangen ist, kann man von dem Umstand ableiten, dass es kaum einen größeren neuen Bibliotheksbau gibt, der nicht unmittelbar nach der Inbetriebnahme in größerem oder kleinerem Umfang umgebaut oder den Gegebenheiten der Bibliothekspraxis angepasst werden musste.

Jede Bibliothek ist auf eine gewisse Weise individuell, deshalb können nur allgemeine Prinzipien für einzelne Bibliothekstypen postuliert werden; an einer sehr individuellen Planung kommt man nicht vorbei. Zwei Umstände erschweren diesen Planungsprozess. Zum einen gibt es kaum Architekten, die sich auf Bibliotheken spezialisiert haben. Es gibt nur sehr wenige Architekten, die mehr als eine Bibliothek in ihrer beruflichen Karriere entworfen haben. Aber auch die Bibliothekare, denen die Aufgabe zuteil wird, sich mit der Planung eines neuen Bibliotheksgebäudes zu beschäftigen, tun dies in der Regel nur einmal. Die Planung eines Neubaus setzt umfassende Kenntnisse über alle Bereiche einer Bibliothek und ihr Zusammenspiel voraus. Ein nicht zu unterschätzender Aspekt bei modernen Bibliotheksbauten ist die Menge und die Komplexität der betriebstechnischen Anlagen. Jeder neue Bibliotheksbau ist eine Zukunftsprojektion. In den Jahren nach der Fertigstellung einer Bibliothek zeigt es sich, wie tragfähig diese Projektion war.

3.2 Historische Entwicklung

Die Geschichte der menschlichen Kultur ist auch die Geschichte der Schriftkultur. Seit der Mensch die Schrift erfand und sie als Mittel der Kommunikation nutzt, sammelt er diese Zeugnisse der Kultur und der wissenschaftlichen Erkenntnis. Es ist anzunehmen, dass der Zeitpunkt des Beginns der Sammlung von schriftlichen Zeugnissen in etwa auch der Zeitpunkt war, an dem man sich Gedanken über den Aufbewahrungsort dieser Sammlungen machte. Die Gedanken über die bauliche Hülle für diese Sammlungen waren in erster Linie von der Form der schriftlichen Zeugnisse, der Anzahl dieser Medien und der Geschwindigkeit des Wachstums der Mediensammlungen, der Art und der Häufigkeit ihrer Nutzung und vom architektonischen Stil der Zeit geprägt.

3.2.1 Antike

Die ersten Zeugnisse über Sammlungen sind etwa 5000 Jahre alt. Allgemein geht man davon aus, dass die Tontafelsammlungen des alten Babylon (Nippur) und Assyriens (König Assurbanipal in Ninive) die ersten Bibliotheken waren. Die Bibliothek von Alexandria hatte bereits einen Bestand von etwa 700.000 Papyrusrollen. Das erste Zeugnis über die bauliche Hülle einer Bibliothek geht auf die Bibliothek von Pergamon zurück. Sie bestand aus vier Räumen, von denen drei kleinere für die Aufbewahrung der Rollen bestimmt waren. Der vierte Raum war wahrscheinlich Zeremonienraum oder Leseraum. In diesem östlich gelegenen Saal stand auch eine Statue der Göttin Athene. Man weiß, dass die Pergamentrollen der Sammlungen in hölzernen Gestellen, aber auch Schränken aufbewahrt wurden. Die Bibliotheken der Antike waren meist Bestandteil einer Tempelanlage, sie hatten dadurch häufig eine zentrale Lage innerhalb der Stadt. Besonders häufig sind die Räume der Bibliotheken mit einer Säulenhalle kombiniert. Die Haupträume der Bibliothek waren nur mit wenigen Bücherschränken und

Regalen ausgestattet. Die Rollen wurden oft in Nebenräumen aufbewahrt. Als Bestandteil von Tempelanlagen waren die Bibliotheksräume meist prunkvoll ausgestattet. Während die griechischen Bibliotheken eher Gelehrtenbibliotheken waren, ist bei den römischen Bibliotheken eine stärkere Tendenz zur Repräsentation zu verzeichnen, was sich in Dimensionierung und Ausgestaltung der Räume niederschlug. Ein Beispiel für diesen Typ ist die Bibliothek von Ephesus.

3.2.2 Neubeginn im Mittelalter

Die Bibliotheken des Mittelalters waren zunächst bescheidener dimensioniert. Die Anzahl der Codices war meist so gering, dass sie in wenigen Schränken aufbewahrt werden konnten. Die neue Medienart Codex lässt sich bereits im 4. Jahrhundert nachweisen. Das Wiederaufleben der Bibliotheken ist mit der Geschichte der Klöster verbunden. Die Klöster produzierten nicht nur die Handschriften in ihren Skriptorien, sondern bewahrten diese auch auf. Zunächst in den Schränken der Schreibstuben, später in Schränken im Kreuzgang oder in kleinen Räumen in der Nähe des Kreuzgangs untergebracht, fanden die Folianten erst relativ spät den Weg in große eigene Bibliotheksräume, etwa im Verlauf des 15. Jahrhunderts.

Auf ein gemeinsames Grundschema lassen sich diese ersten Bibliotheksräume nicht bringen. Typisch für die mittelalterlichen Klosterbibliotheken sind die Pultbänke mit den daran geketteten Handschriften. Jedoch gab es auch andere Bibliothekstypen, die mehr auf Bücherschränken basierten. Es gab sowohl Stehpulte als auch Pulte mit Bänken. Im Laufe der Zeit wurden die Pulte mit Ablagebrettern über und unter der Pultplatte versehen, um weiteren Platz für Bücher zu schaffen. Auch die Bücherschränke, meist an den Wänden aufgestellt, gab es in unterschiedlichen Varianten. Oftmals waren die Schränke sehr massiv, mit Schlössern versehen, um die sehr wertvollen Folianten ähnlich gut zu sichern, wie durch die Ketten an den Lesepulten. Es hat sich in der Literatur eingebürgert, diese Bibliotheken als „mittelalterliche Pultbibliotheken" zu bezeichnen, weil das Pult mit dem angeketteten Handschriften die sichtbarste Gemeinsamkeit dieser Bibliotheken war.

3.2.3 Renaissance und Barock, die Entwicklung zur Saalbibliothek

Die Bibliotheken der Renaissance ähneln zunächst denen des Mittelalters. Es gibt sowohl die in den Raum ragenden Lesepulte als auch die an den Wänden aufgestellten Schränke, jedoch sind diese Bibliotheken in ihrer Gestaltung kunstvoller ausgebildet. Während von den mittelalterlichen Bibliotheken keine im ursprünglichen Zustand erhalten ist, findet man den Typ der Renaissancebibliothek heute noch in annähernd ursprünglichem Zustand. Beispiele sind die Bibliothek des Malatesta Novello in Cesena und die Biblioteca Laurenziana in Florenz. Die Erfindung des Buchdrucks führte zu einem Anwachsen der Buchbestände. Bestand bisher eine Bibliothek aus wenigen hundert Bänden, so umfassten die Bibliotheken jetzt mehrere tausend Bände. Die Zeit, in der die Folianten vornehmlich auf Pulten und in Schränken lagen, war vorbei.

Die Barockbibliothek präsentierte sich meist in großen repräsentativen Räumen. Die bis an die Decke hinaufgeführten Bücherregale bildeten die Wände und stellten das Wissensuniversum dar. Bei hohen Räumen wurden Leitern und Galerien notwendig. Das Buch selbst wurde zum Gestaltungselement. Noch vereinte dieser Typ der Bibliothek sowohl Büchersammlung, Leseplätze als auch den Platz des Bibliothekars in einem Raum. Die Repräsentation der Sammlung gewinnt Oberhand. In den Fürstenbibliotheken wird die Büchersammlung häufig mit Raritätensammlungen kombiniert. Die in Italien entstandene Saalbibliothek verbreitete sich schnell in allen Kulturländern. Das 17. und 18. Jahrhundert brachte den Höhepunkt dieser Entwicklung. Als herausragende Beispiele seien die Hofbibliothek in Wien, die Herzog-August-Bibliothek in Wolfenbüttel und die Anna-Amalia-Bibliothek in Weimar genannt. In diese Zeit fällt auch die Tendenz, Bibliotheken als eigenständige Gebäude zu errichten. Beispiele dafür sind die Bibliothèque Nationale im Hôtel de Nevers 1721 (Paris) und die Bibliothek des Britischen Museums in einem alten Palais 1753 London).

3.2.4 Erste Ansätze zur dreigeteilten Bibliothek

Der von Leopoldo della Santa vorgelegte Idealplan einer Bibliothek in seiner Schrift „Della costruzione e del regolamento di una pubblica universale biblioteca" aus dem Jahre 1816 gilt als Initialzündung für den Gedanken der neuzeitlichen Bibliothek, obwohl es in Ansätzen bereits in der Herzoglichen Hofbibliothek in Karlsruhe ähnliche Tendenzen gab. Dieser Idealplan sah erstmalig eine Dreiteilung von Büchermagazin, Lesesaal und Räumen für die Bibliotheksverwaltung vor. Die sich rasant entwickelnde Buchproduktion, gestützt auf neue Produktionsmethoden, führte bezüglich der Bestände zu einem Massenproblem in den Bibliotheken. Der Ansatz von della Santa bietet erstmalig einen funktionalen Ansatz für die Gestaltung einer Bibliothek. Trotzdem wird der Bibliotheksbau bis zum Beginn des 20. Jahrhunderts noch stark von Gedanken nach Repräsentation und monumentaler Gestaltung getragen. Die drei Grundelemente der Bibliothek wurden jedoch nicht mit gleicher Aufmerksamkeit behandelt. Zentrales Element bleibt weiterhin der große Lesesaal. Den Höhepunkt dieser Entwicklung stellen die großen Kuppellesesäle des 19. Jahrhunderts dar; oft in historisierender Formsprache geschaffen, sollten sie vor allem repräsentieren und staatliche Macht zur Schau stellen. Beispiele dafür sind die Bibliothek des Britischen Museums in London, die Königliche Bibliothek (später Preußische Staatsbibliothek) in Berlin und die Bibliothek des Kongresses in Washington. Freilich hatte diese Art der Konzentration auf den Lesesaal zur Folge, dass auch in großen oder mehreren kleinen Sälen nicht mehr die gesamte Literatur unterzubringen war. Aus diesem Grund wurden Magazine geschaffen, die möglichst in der Nähe der Lesesäle angeordnet waren. Dies waren meist Räume, in denen entsprechend einer bestimmten Ordnung Bücherregale, den Raum voll ausnutzend, aufgestellt waren. Auch den Räumen für die Bibliothekare wurde zunehmend eine gewisse, wenn auch noch bescheidene Aufmerksamkeit gewidmet. Bis dahin war es üblich, die Bibliothekare in den Benutzerräumen zusammen mit den Katalogen unterzubringen. Erst langsam setzte sich die Erkenntnis durch, dass auch das Bibliothekspersonal Räume für die Bearbeitung der Bestände benötigte. Dies hängt in gewisser Weise mit den gewachsenen Büchermassen, aber auch mit der Tatsache zusammen, dass sich der Bibliothekarsberuf endgültig als eigenständige Profession durchgesetzt hatte.

Immer deutlicher wurde jedoch das Problem der Unterbringung der immens angewachsenen Bestände. Gleichzeitig war der Bedarf an Bibliotheken gestiegen, größere und breitere soziale Schichten erlangten Zugang zu Bildung und benötigten Literatur. Auch hatte die Entwicklung der Bau- und vor allem der Ingenieurskunst große Fortschritte gemacht. Neue preiswertere Baustoffe, wie z.B. Beton, aber auch Stahl hielten Einzug ins Bauwesen. Neue revolutionäre technische Lösungen am Bau, wie die Stahlskelettbauweise wurden möglich.

Es setzte sich zunehmend die Erkenntnis durch, dass man mit Bibliotheken praktische, platzsparende und vor allem funktionale Bauten errichten sollte.

3.2 Historische Entwicklung 65

Die erste Bibliothek dieser Art ist wohl die Bibliothek Sainte Geneviève in Paris. Dem Architekten Labrouste gebührt die Ehre, erstmalig ein Eisenskelett für einen Bibliotheksbau verwendet zu haben. Diese Bibliothek ist auch der erste reine Bibliotheksbau in Frankreich.

3.2.5 Erste Ansätze zur Gebrauchsbibliothek

Es tritt eine Tendenz im Bibliotheksbau zutage, die die Kapazität der Bücherräume zunehmend in den Vordergrund stellt. Zwar sind die Achsabstände zwischen den Regalen und die Dimensionen der Büchergestelle noch weit von heutigen Standards entfernt, aber die Entwicklungsrichtung wird deutlich. Ein weiterer Idealplan einer Bibliothek, nämlich der des Grafen De Laborde aus dem Jahre 1845, brachte weitere theoretische Fortschritte. Er wollte mit seinem Entwurf den Raumnöten der Königlichen Bibliothek in Paris Abhilfe leisten. Das Magazin, mit Doppelregalen ausgestattet, sollte mit den anderen Bibliotheksräumen eine organische Einheit bilden. Dies galt besonders für die Benutzerräume und die Bibliotheksverwaltung. Die Bibliotheksverwaltung ist von der Benutzung getrennt und befindet sich im Untergeschoß unter dem im ersten Stock befindlichen Lesesaal. Es gibt bereits Zimmer für die Erwerbung, die Katalogisierung – sogar getrennt nach Medienart und Art der Erwerbung – und eine Einbandstelle. Die Räume sind erstmalig Bearbeitungsstationen der Literatur und nicht Einzelpersonen zugeordnet. Etwa um 1850 beginnt die Herausbildung der modernen Gebrauchsbibliothek. Ausgangspunkt ist der Gedanke, Buch und Leser auf dem schnellsten und besten Wege zueinander zu bringen. Ausgehend von diesem Gedanken baute man Bibliotheken, in denen diese Raumgruppen (Auskunft, Kataloge, Bücherausgabe, Leseräume), deren räumliche Zuordnung zu den Magazinen (möglichst kurze Wege) und die separaten Geschäftsgangsräume im Zentrum der Aufmerksamkeit liegen. Bei größeren Bibliotheksbauten gesellten sich zu diesen Elementarzielstellungen noch weitere Spezialproblemstellungen, die zu differenzierten Raumlösungen führten. Diese Grundüberlegungen und die ihrer Verfeinerung im Sinne der Optimierung des Zusammenspiels dieser genannten Raumgruppen, prägten die Bibliotheksbaugeschichte bis in die 1950er Jahre.

3.2.6 Die weitere Ausdifferenzierung der Gebrauchsbibliothek

Die Büchermagazine gewannen aus den genannten Gründen zunehmend an Bedeutung. Es mussten ingenieurtechnische und bautechnische Methoden gefunden werden, kostengünstig und raumsparend die großen Bestände unterzubringen. Über die Anfänge der selbsttragenden Regalkonstruktionen aus Stahl gibt es unterschiedliche Auffassungen, jedoch muss man wohl Leyh und Liebers (1961) zustimmen, wenn sie meinen: „Der Anfang der Magazinierung setzt da ein, wo man es wagt, Quergestelle in den Binnenraum vorzuschieben unter Missachtung der Raumwirkung und der alten Benutzungsrechte auf den Büchersaal". Der nächste Schritt ist die Reduzierung der Deckenhöhen in den Räumen für die Bücherregale auf ein notwendiges Minimum, um keinen Platz zu vergeuden. Eine weitere Etappe war die Reduzierung der Achsabstände zwischen den Regalen (wenn auch am Anfang in bescheidenem Umfang). Ein nicht zu unterschätzender Meilenstein auf diesem Weg war die Schaffung metallener Regale, die dann auch noch Stellstifte bekamen, mit deren Hilfe die Regalbretter in 1,5 cm Sprüngen in der Höhe verstellt werden konnten, was zu erheblichen Platzeinsparungen (Buchformateinteilung vorausgesetzt) führte. So ist der nächste Schritt in dieser Richtung das sich selbst tragende Stahlgestell, das mehrere Etagen von Regalreihen und die dazugehörigen Stahlblech- oder Gitterrostböden der Bediengänge und sogar die notwendigen Verbindungstreppen in ihre Konstruktion einbezieht. 1876 kam bei der Erweiterung der Bibliothek des Harvard College erstmalig eine ähnliche Konstruktion zum Einsatz. Dieses Prinzip der selbsttragenden Regalanlagen, die sich gut in Bauwerke integrieren ließen und mit ihren Stahlträgern sogar selbst Element der Statik eines Gebäudes werden konnten stellte einen bedeutenden Fortschritt im Bibliotheksbau dar. Ein gutes Beispiel für diese Anfänge bietet auch das alte Zentralmagazin der Bibliothèque Nationale in Paris. In Deutschland setzte sich diese revolutionäre Technologie vergleichsweise spät durch. Trendsetter auf dem Gebiet moderner Magazinierungstechnik war die Rostocker Universitätsbibliothek (1866–1869), die erstmalig eine vergleichbare Lösung aufweist: 6 Geschoße übereinander, Achsweite der Gestelle nur 2 Meter, Deckenhöhe nur 2,27 Meter, Bediengangbreite 1,09 Meter, Mittelgang 1,25 Meter. Überhaupt setzte sich in Deutschland das Material Stahl gegenüber dem traditionell verwendeten Holz bei den Bücherregalen nur zögerlich durch.

3.2.7 Die systematische Durchbildung des Magazins

Leyh und Liebers vertreten die Ansicht, dass es bis 1888 in Deutschland keine Bibliothek gab, die eine ähnlich systematische Durchbildung des Magazins und eine ähnlich, bezogen auf den Rauminhalt, große Fassungskraft des Magazins aufweisen konnte. In Deutschland setzte sich im Stahl-Bücherregalbau um 1890 das Gestell des Schlossers Robert Lipman durch und zwar erstmals im Neubau der Universitätsbibliothek von Straßburg 1889. Auch im Ausland kam dieses System zum Einsatz. Der entscheidende Vorzug des Lipmanschen Systems bestand in seiner leichten Handhabung, man brauchte keine Stellstifte versetzen, sondern konnte mit etwas Kraft und Geschick sogar ein voll bestücktes Regalbrett versetzen. Weitere Details dieses Systems erbrachten zusätzlichen Raumgewinn. In der Summe konnte gegenüber den bisherigen Regalsystemen ein Platzzugewinn von bis zu 40 % erreicht werden. Der endgültige Durchbruch ist wohl in der Anwendung dieser Regale im Neubau der Preußischen Staatsbibliothek in Berlin zu sehen. Hier gelangte bereits eine selbsttragende Lipman-Regalanlage zur Anwendung, die durch die ihr innewohnende statische Stabilität eine vollständige Entlastung der Seitenwände ermöglichte und sogar teilweise die Dachkonstruktion trug (wenn auch die Grundrissanordnung der Magazine im Gebäude als misslungen angesehen werden muss). In den folgenden Jahren konnte dieses Prinzip der Regalkonstruktion in den Magazinen immer weiter hin zu einer stetig größeren Platzeinsparung optimiert werden. Mit immer größer werdenden Büchermagazinen, die sich sowohl horizontal als auch vertikal ausdehnten, wurde auch die Transportfrage zu den Ausgabestellen und innerhalb der Bibliothek zu einem technisch zu lösenden Problem. Erst die Einführung der Elektroenergie erbrachte gegenüber dem Transport mit Bücherwagen Fortschritte, die jedoch in der Anfangszeit bescheiden ausfielen. Erste Versuche mit komplexen Fördersystemen, wie etwa an der Preußischen Staatsbibliothek, verliefen eher unbefriedigend. Bis zu Beginn des zweiten Weltkrieges galten allgemein Aufzüge für Bücher und Personal als die zweckmäßigste und zuverlässigste Methode.

3.2.8 Die Differenzierung der Öffentlichkeitsbereiche

Die Räume für die Nutzer einer Bibliothek wurden einer zunehmenden Differenzierung unterzogen. Die Fläche für diese Räume vergrößerte sich stetig. Ab der Mitte des 19. Jahrhunderts setzt diese Entwicklung mit einer gewissen Dynamik ein. Schon früher trennte man

Buchausgabe und Lesesaal (im Lesesaal fand nur noch die Handbibliothek Platz). Auch die öffentlichen Kataloge in Bibliotheken setzten sich nur zögerlich durch. Als erstes trennte man Hauptleseräume von Lesezimmern für privilegierte Nutzer. In Ansätzen gab es auch schon früher Handschriftenleseräume; besonders langsam setzten sich Zeitschriftenlesezimmer durch. Später gesellten sich Räume für Schausammlungen und Vortragssäle hinzu. Spezialsäle für Orientalia, Musikalien, Karten etc. waren meist sehr großen Bibliotheken vorbehalten, sie entstanden recht spät. Ein Kuriosum ist die Tatsache, dass Garderoben lange Zeit keine Selbstverständlichkeit waren. Auch Erfrischungsräume für Leser entstanden spät. Einzelarbeitsräume für Gelehrte, Schreibmaschinenzimmer und Photographische Kabinette waren Höhepunkte dieser Entwicklung vor dem Zweiten Weltkrieg.

An amerikanischen Bibliotheken verlief dieser Differenzierungsprozess teilweise tiefgreifender. So hatte die New York Public Library einen großen Lesesaal mit 800 Plätzen, daneben jedoch weitere 17 Arbeitsräume mit weiteren 1000 Plätzen mit Handbibliotheken in der Größenordnung von 500.000 Bänden. Diese Entwicklung erreichte in einigen anderen amerikanischen Bibliotheken eine Dimension, dass die gesamte Bibliothek in Spezialsammlungen aufgespalten wurde (z.B. Cleveland Public Library). Diese Spezialsammlungen sind Lesesäle und Magazin in einem. Hier deutet sich bereits eine Tendenz an, die sich erst später breit durchsetzen sollte, nämlich die Entwicklung zur modernen Freihandbibliothek, der dominierendsten Tendenz im Bibliothekswesen in der zweiten Hälfte des 20. Jahrhunderts.

3.2.9 Entwicklung der Verwaltungsräume

Die Räume der inneren Verwaltung der Bibliothek wurden lange Zeit sehr stiefmütterlich behandelt. Allgemein üblich war der Katalograum, der Hauptarbeitsraum für alle Dienststellen der Bibliothek; alle internen Geschäftsgangsarbeiten mussten hier auf engstem Raum erledigt werden. Im Verhältnis zum Magazin und zu den öffentlichen Räumen waren die Diensträume häufig äußerst bescheiden dimensioniert. Erst Ende des 19. Jahrhunderts begann man in Deutschland, spezielle Räume für einzelne Dienststellen der Bibliothek vorzusehen. Vorreiter für diese Entwicklung war übrigens die Staatsbibliothek München (1832), die als erste spezielle Verwaltungsräume im größeren Stil einrichtete. So wurden nach und nach Räume für die Vorbereitung der Buchbinderlieferungen, Hausbuchbindereien, Packräume, Schriftentausch, Bücherzugang, Vorakzession etc. geschaffen. Nur sehr langsam und in Abhängigkeit von Größe und Zweckbestimmung der Bibliothek prägten sich spezielle Räume für die geschäftsgangsseitige Bearbeitung der Literatur heraus. Nur sehr langsam vergrößerte sich die Fläche an Verwaltungsräumen im Verhältnis zu den anderen Flächen (Magazin / öffentlicher Bereich) der Bibliothek. In amerikanischen Bibliotheken war die Situation gänzlich anders, hier wurde den Bibliothekaren noch weniger Platz zugebilligt, häufig spielte sich der gesamte Geschäftsgang in einem riesigen Großraum ab, und die Buchbearbeitung ähnelte der Fließbandarbeit in der Industrie.

3.2.10 Das Zusammenspiel der Raumgruppen

Parallel zur Differenzierung von Raumgruppen, Dienststellen und öffentlichen Bereichen in Bibliotheken stellte sich natürlich die Frage, wie alle diese organischen Elemente einer Bibliothek in eine sinnvolle topographische Lage zueinander gebracht werden könnten, um einen reibungslosen und gleichzeitig leserfreundlichen Betrieb zu gewährleisten. In kleineren Bibliotheken ist dies eine überschaubare und relativ leicht lösbare Aufgabe, aber bereits in mittelgroßen Bibliotheken ergeben sich viele Probleme. Jede Bibliothek hat ihre Besonderheiten, hat ihre speziellen Nutzer, ihr eigenes urbanes Umfeld (Grundstück, städtebauliche Zwänge etc.) und eine eigene kulturhistorische Tradition. Daraus wird deutlich, allgemeingültige Ideallösungen kann es nicht geben. Trotzdem ist das Gebäude einer Bibliothek der Rahmen, in dem sich der gesamte Betrieb abspielt, und es ist von wesentlicher Bedeutung, wie die Räume zu- und untereinander geordnet sind, wie die Transportwege organisiert sind, wie der Geschäftsgang des Buches verläuft und wie lange der Nutzer auf das bestellte Buch warten muss, um nur einige Aspekte anzureißen. All diese Fragen haben durchaus bauliche Konsequenzen, die für den Bibliotheksbetrieb weitreichende Folgen haben. Die Suche nach den geeignetsten Wegen war ein langwieriger Prozess und war, zumindest bis in die 1930er Jahre, nur von partiellem Erfolg gekrönt. So kommen Leyh und Liebers zu dem Ergebnis: „Denn es ist ein offenes Geheimnis, dass den neueren deutschen Bibliotheksbauten schwere organische Fehler grundsätzlicher Art anhaften ..." In gewisser Weise ist es mit der Quadratur des Kreises vergleichbar, wenn man versucht, alle theoretischen Forderungen in einem Bau umzusetzen.

Als die besseren Ansätze erwiesen sich die Bauten, die nicht den Lesesaal, sondern das Magazin zum zentralen Mittelpunkt des Bibliotheksorganismus machten, denen die Trennung von inneren Dienst- und öffentlichen Räumen am konsequentesten gelang, die Buchausgabe, Lesesaal und Magazin (möglichst als kompakte Einheit) in größter räumlicher Nähe zueinander platzierten, die die Geschäftsgangsräume als organische Einheit – in sinnvoller Beziehung zueinander – gestalteten, Spezialleseäle in unmittelbarer Nachbarschaft zum Hauptlesesaal anordneten und noch dazu sämtliche Verkehrswege für Bücher und Bibliothekare kurz halten konnten. Es gibt eine Reihe von Bibliotheken, die diesen Forderungen teilweise gerecht wurden, in Vollendung wohl keine. Die amerikanischen Bibliotheken jener Zeit galten in Bezug auf diese Postulate als die fortschrittlichsten. Das Bestreben, das Magazinareal möglichst kompakt zu gestalten, führte zu der Ausdehnung der Regalreihen, nicht nur in Breite und Tiefe, sondern als Teil einer Gesamtkonstruktion auch zunehmend in die Höhe. Die ersten Büchertürme entstanden in Yale und Rochester, also wiederum in amerikanischen Bibliotheken.

3.3 Neuzeit und aktuelle Tendenzen im Bibliotheksbau

Die Entwicklung des Bibliotheksbaus verlief zu keiner Zeit geradlinig. Tendenzen in eine Richtung riefen Gegenentwicklungen in andere Richtungen hervor. Es gab Bibliotheksneubauten, die zum Zeitpunkt ihrer Einweihung bereits Jahrzehnte hinter den neuesten Erkenntnissen zurückblieben. Viele fortschrittliche Entwicklungen aus Amerika hielten erst nach vielen Jahren in Europa und besonders in Deutschland Einzug. Auch für die Nachkriegszeit bzw. die zweite Hälfte des 20. Jahrhunderts gelten diese Aussagen. An dieser Stelle sollen daher nur Entwicklungstendenzen aufgezeigt werden, ohne auch hier den Anspruch auf Vollständigkeit zu erheben.

3.3.1 Die Tendenz zur Freihandbibliothek in der zweiten Hälfte des 20. Jahrhunderts

Wesentlichstes Merkmal für diesen Zeitabschnitt ist die langsame Auflösung des Dogmas von der dreigeteilten Bibliothek. Mit den immer größer werdenden Büchermassen, mit dem immens gewachsenen Bedürfnis nach Bildung, mit der Notwendigkeit die vielen zerstörten Bibliotheken möglichst kostengünstig zu erneuern bzw. neue zu bauen, entstanden neue Zwänge zur Rationalisierung, aber ebenso durch neue Ansätze der Literaturversorgung, die ihren Niederschlag in neuen Bibliothekskonzepten und Bauten fanden.

Der freie, schnellere und bessere Zugang der Leser zu den Beständen, ein Prinzip, welches in Amerika und teilweise England nie durch die Betonung des Magazins in den Hintergrund getreten war, gewann an Bedeutung. Neben den traditionellen Magazinen entstanden Freihandmagazine und Leseareale mit großen Freihandbeständen, die einen besseren Zugang des Nutzers zu der Literatur ermöglichten. Diese neue Freihandnutzung führte auch zu neuen Leseplätzen, die es zwar früher auch schon in Ansätzen gab, aber die nun zur Regel wurden, wie z.B. Carrels und Gruppenarbeitsräume. Der traditionelle Lesesaal bzw. die Fachlesesäle wurden häufig durch offene „Leselandschaften" ersetzt, die nur noch optisch bzw. durch die Möblierung unterteilt waren. Die Übersichtlichkeit und die Transparenz der öffentlichen Bereiche war erwünscht. Die Bibliothek sollte in ihrer Funktion und Substanz erkennbar sein. Auch der Ergonomie und dem subjektiven Wohlbefinden des Lesers wurde zunehmend mehr Aufmerksamkeit zuteil. Die traditionellen Katalogräume wurden durch Informationsbereiche ergänzt, die immer stärker Service-Orientierung gegenüber den Wünschen der Leser haben; diese Tendenz wird sich durch multimediale Nutzerplätze verstärken. Der Zwang, Personal einzusparen und die stetig steigenden Benutzerwünsche zu erfüllen, führte dazu, dass immer mehr traditionell bibliothekarische Dienste auf den Nutzer übertragen wurden; angefangen von der Buchbestellung (möglichst gleich am OPAC-Terminal), über die Buchbereitstellung, Buchrücknahme über Selbstbedienungsverbuchung bis hin zu Selbstbedienungskopierern etc.. Die Nutzung von Multimediadiensten in der Bibliothek wird diese Tendenzen weiter verstärken. Dieser Entwicklung muss natürlich baulich Rechnung getragen werden. Der Drang, die Bibliothek möglichst schnell und leicht den neuen Anforderungen einer sich ständig ändernden Informationsgesellschaft anzupassen, führte zum Streben nach der „flexiblen Bibliothek", in der man möglichst bis auf Grundgerüst und Außenmauern alles verändern und anpassen konnte. Es setzte eine Tendenz zur Rasterbauweise mit standardisierten Rastermaßen ein. Stahlskelett- bzw. Stahlbetonbau machten dies möglich auf Kosten standardisierter Deckenhöhe und hoher Deckenstabilitäten (Tragkraft musste in allen Bereichen des Gebäudes ausreichend groß für Bücherregale sein). Leider ging mit dieser Art des Bauens eine gewisse Profillosigkeit oder ein Diktat des Rasters einher, die nur durch die vorgesetzten Fassadenelemente variiert wird. Trotzdem dominiert diese Art des Bauens, da sie kostenseitig große Vorzüge aufweist. Man sollte sich jedoch fragen, ob die absolute Fixierung bei Bibliotheksbauten auf Grundraster und Stützenraster nicht zu bedauern ist, zumal es sich bald erwies, dass die angestrebte totale Austauschbarkeit von Wänden, Raumeinheiten innerhalb der Bibliothekshülle an technische und finanzielle Grenzen stieß, so dass man versuchte, eine vertretbare Balance zu finden. Flexibilität setzt auch eine einheitlich hohe Deckenbelastbarkeit voraus, was die Baukosten in die Höhe treibt. Auch hier stößt die angestrebte Maxime schnell an Grenzen. Eine Zeitlang herrschte die Meinung vor, dass man mit der modernen Technik jeglichen architektonischen bzw. baulichen Mangel an einem Gebäude kompensieren kann; erst später stellte man fest, dass die Unterhalts-, Wartungs- und Folgekosten für die Bibliothek nicht vertretbar waren. Eine Ansicht, die unter Architekten nach wie vor anzutreffen ist. Jedoch wird die Idee der so genannten „Intelligent Library Buildings" (d.h. die umfassende Nutzung der Automatisierungstechnik für die Funktionen eines Gebäudes) wohl fortbestehen und hat in einem vertretbaren Rahmen wohl auch seine Berechtigung. Man muss sich jedoch darüber im Klaren sein, dass der große Aufwand an haustechnischen Anlagen auch seinen Preis hat, sowohl was den Unterhalt anbelangt, als auch die Probleme der Beherrschbarkeit der immer komplexer und komplizierter werdenden Systeme und nicht zuletzt der Wartung. Große Bibliotheken sind ohne dieses „Räderwerk im Hintergrund" kaum noch zu betreiben.

3.3.2 Aktuelle Tendenzen

Der immer stärkere Einzug der IT-Technik in die Bibliotheken, der am Anfang, was die baulichen Probleme anbelangt, vielfach etwas unterschätzt und mitunter eher auf die Ergonomie von Bildschirmarbeitsplätzen reduziert wurde, fordert zunehmend seinen Tribut. Mittlerweile gibt es in Bibliotheken kaum noch Arbeitsplätze, die nicht mit PCs ausgestattet sind. Die Geschäftsgänge laufen fast vollständig rechnergestützt ab. Die Tendenz zum integrierten Geschäftsgang ist ungebrochen. Ausgedehnte schnelle lokale Netze mit den dazugehörigen technischen Hardwarekomponenten, die zwar immer kleiner werden, aber in ihrer Komplexität auch immer komplizierter, erfordern viel Sorgfalt im Bezug auf Klimatisierung, stabile Stromversorgung etc.. Da sich die Halbwertzeit der Rechenanlagen und des Equipments immer rasanter verkürzt, ist eines der Hauptgebote beim Bau einer neuen Bibliothek, dafür zu sorgen, dass ausreichend Reservefläche für die technischen Komponenten vorhanden ist (auch was die Wärmeableitung anbelangt), dies gilt insbesondere für das Kabelnetz in horizontaler und vertikaler Ausdehnung: Kabelschächte, Revisionsklappen, Brandschutzschotten, Kabelkanäle, Hohlraumböden (besonders im Lesesaal und Informationsbereich sind sie eine absolute Notwendigkeit). Ausreichende, gut über das Gebäude verteilte Technikräume mit guter Klimatisierung sind unabdingbar. Wenn man von Flexibilität beim modernen Bibliotheksbau spricht, muss man diese Tendenzen im Auge haben. Es gibt erste positive Tendenzen im Bereich des Wireless Local Areas Network (W-LAN), diese sollen die kabellose Verbindung zum mit einer kleinen Funkkarte ausgestatteten Endnutzer (PC bzw. Notebook) innerhalb eines mit speziellen Antennensystemen ausgestatteten Gebäudes ermöglichen. Erste Netze dieser Art sind bereits im Betrieb. Auch die ursprünglich relativ geringe Datenübertragungsrate ist mittlerweile auf einem akzeptablen Niveau. Es ist zu erwarten, dass sich Systeme dieser Art in Zukunft zunehmend durchsetzen werden. Experten verweisen zwar auf die Probleme der Verträglichkeit im Umfeld anderer elektrischer bzw. elektronischer Geräte, somit auch der Störsicherheit gegenüber anderen „Strahlern" bzw. auch die nach wie vor wenig erforschte Umweltverträglichkeit. Es wird sich zeigen, welche Auswirkungen solche Phänomene bei einer massenhaften Ausbreitung dieser Technologie haben werden. Dass sich diese Systeme durchsetzen werden, scheint jedoch unumstritten zu sein.

Zum gegenwärtigen Zeitpunkt scheinen solche Netze in kleineren Dimensionen bereits zu vertretbaren Preisen machbar zu sein. Bei einer Neubauplanung einer Bibliothek mit größeren Dimensionen ist zum gegenwärtigen Zeitpunkt wohl eher noch von kabelgebundenen Netzen oder aber Hybridlösungen (z.B. Freihandbereiche und Lesesaalzonen drahtlos und sonstige Bereiche drahtgebunden) auszugehen. Auch der traditionelle Leseplatz wird sich zunehmend in einen Multimediaplatz mit großen Bildschirmen verwandeln (die Technologie der LCD-

3.3 Neuzeit und aktuelle Tendenzen im Bibliotheksbau 71

und Plasmabildschirme ist auf dem weiteren Vormarsch), an dem konventionelle und elektronische Medien genutzt werden. Diese Entwicklung wird gerade in wissenschaftlichen Bibliotheken rasanter verlaufen als angenommen. Auch in dieser Richtung müssen überzeugende baulich-technische Lösungen und das dazugehörige Mobiliar geschaffen werden. Dabei ist auch an entsprechend ausgestattete Gruppenräume für Nutzer, aber auch die Bibliothekare (auch diese müssen ständig in den neuen Anwendungen geschult werden) zu denken. Die Bibliothek wird zunehmend digitale multimediale Informationen an Nutzer außerhalb der Bibliothek liefern. Elektronische Dokumentenlieferungsdienste sind nur der Anfang. Die digitalen Massenspeicher werden massiv in den Bibliotheken Einzug halten. In Verbindung mit dem OPAC werden sie dem Nutzer zunehmend Volltextdokumente an den Benutzungsplatz liefern, der sowohl innerhalb, aber auch außerhalb der Bibliothek sein kann. Bibliotheken werden Knotenpunkte im weltweiten Netz der Informationsvermittlung sein.

Auch im Bibliothekswesen entdeckte man das Problem der Raumqualität, und zwar sowohl für die Leser als auch für die Bibliothekare. Letztere sind in der gesamten Bibliotheksbaugeschichte stets stiefmütterlich behandelt worden. Die Periode der Großraumbüros nach amerikanischem Vorbild konnte erfreulicherweise schnell überwunden werden, Überbleibsel aus dieser Zeit vermitteln noch heute unangenehme Gefühle. Der Gestaltung der Arbeitsplätze wird wachsende Aufmerksamkeit zuteil. Auf diesem Gebiet dürfte Deutschland wohl zu den führenden Ländern der Welt gehören. Die Klimatisierung, vorrangig der Bestände, ist nach wie vor ein umstrittenes Thema. Großen zentralen oder dezentralen klimatechnischen Anlagen stehen neuerdings wieder rein bautechnische Lösungen (Mehrschichtisolierungen mit bestimmten Baustoffen) gegenüber. Man sollte sich hier aber keinen Illusionen hingeben, eine „echte" Klimatisierung ist nur mit einem gewissen Technikeinsatz möglich. In einigen Bereichen, z.B. bei Sonderbeständen, sind technische Lösungen ohnehin kaum zu umgehen. In diesem Zusammenhang steht auch die Frage nach dem Tageslicht und der Sonneneinstrahlung in Bibliotheken. Für den Magazin- und Ausstellungsbereich gilt unbestritten: so wenig Tageslicht wie möglich, bei den Lesesaalflächen und den Mitarbeiterräumen scheiden sich bereits die Geister. Sicher ist jedenfalls, dass Tageslicht im Lesesaal durch kein noch so gutes Kunstlicht zu ersetzen ist, ähnliches gilt für die Arbeitszimmer. Man muss sich jedoch darüber im Klaren sein, dass viel Glas (auch noch so gut isoliertes) immer Temperatur- und Sonneneinstrahlungsprobleme mit sich bringt, die dann durch technische Lösungen kompensiert werden müssen (Klimatechnik, außen und innen angeordneter Sonnenschutz etc.). Im Sinne eines sparsamen Bauens sollte man vernünftige Kompromisse anstreben.

Mit der Einführung von technisch ausgereiften Kompaktregalanlagen hat die Tendenz zur optimalen Komprimierung von Medien in Magazinräumen wohl seinen vorläufigen Höhepunkt erreicht. Andererseits scheinen in den meisten Hochschul- und Universitätsbibliotheken die Freihandbereiche kombiniert mit Lesezonen und Informationsvermittlungszonen die dominierenden Raumgruppen zu sein. Die Tendenz, die Mehrzahl der Bestände nutzerfreundlich zu präsentieren, ist ungebrochen. Gerade die Ausgestaltung dieser Freihandbereiche im Hinblick auf Übersichtlichkeit und stressfreier und gefahrloser Zugänglichkeit (ohne komplizierte Leitsysteme bei zu gewährleistender Brandsicherheit) ist eine schwierige Aufgabe, zumal auch die Sicherheit der Bestände nicht zu vernachlässigen ist. Kurioserweise gibt es auch merkwürdige gegenläufige Tendenzen, speziell beim Bau von großen Lesesälen. Neuerdings gibt es eine bedenkliche Renaissance von Retrolesesälen, d.h. von Lesesälen, die zwar in ihrer Ausgestaltung und Möblierung modern geprägt sind, deren Grundkonstruktion sich aber an der barocken Saalbibliothek, mit dekorativen umlaufenden Regalgalerien, orientiert. Auch werden Lesesäle unter die Erde verfrachtet oder als Glaskuben ausgeprägt, um nur zwei Extreme zu nennen, die erhebliche Auswirkungen auf den Klimahaushalt und damit auf betriebstechnische Anlagen und Energiebedarf haben, von den Ungereimtheiten aus bibliothekarischer Sicht ganz zu schweigen.

Den Problemen des ökologischen Bauens und einer ökologischen Gebäudebewirtschaftung (Wärmerückgewinnung, Sonnenkollektoren, Bauteilaktivierung zu Klimazwecken, Regenwassergewinnung und -verwertung, begrünte Dachflächen etc.) sollte mehr Aufmerksamkeit gewidmet werden. In diesem Zusammenhang sei auf die Energiesparverordnung vom 16. November 2001 (veröffentlicht im Bundesgesetzblatt am 21.11.2001) hingewiesen. Durch die Verbesserung der bestehenden Technologien werden sicher auch die Unterhalts- und Wartungskosten für solche betriebstechnischen Anlagen gesenkt werden können. Endgültig scheint sich in den letzten Jahren die Tendenz durchgesetzt zu haben, die Bibliothek auch als kulturelles Zentrum im allgemeineren Sinne zu sehen, dies dokumentiert sich in der Tatsache, dass in immer mehr Bauplänen für Bibliotheken Vortragssäle, Konferenzräume, Ausstellungsareale, Cafés, Restaurants, Buchläden etc. auftauchen, die nicht nur von der Bibliothek genutzt werden.

3.3.3 Standardisierungsbestrebungen

Zu den großen Errungenschaften der letzten Jahrzehnte im Bibliotheksbau in Deutschland muss man zweifellos die verstärkten Bemühungen um die Standardisierung von Parametern zählen, die bei der Planung von vorrangig wissenschaftlichen Bibliotheken eine Rolle spielen. Diese Entwicklung setzte mit der Veröffentlichung von „Flächenstandards für wissenschaftliche Bibliotheken" als Anlage 4.2 zum „Bibliotheksplan '73" ein. Es schloss sich eine Zeit intensiv und kontrovers geführter Diskussionen an, die sich mit der Herausgabe des 1978 erschienenen Norm-Entwurfs DIN 31622-1 noch einmal verstärkte und 1988 in den DIN-Fachbericht 13 „Bau- und Nutzungsplanung von wissenschaftlichen Bibliotheken" in seiner ersten Auflage mündete. Diese erste Auflage hat bei der Planung vieler Bibliotheken, insbesondere bei der Berechnung von spezifischen Raumgrößen und Deckenlasten in wissenschaftlichen Bibliotheken, eine breite Anwendung gefunden. Die 1998 erschienene 2. Auflage dieses DIN-Fachberichts 13 baut auf den Erkenntnissen der ersten Auflage auf, berücksichtigt aber Erfahrungen und neuere Entwicklungen im Bibliotheksbau, speziell auf dem Gebiet der modernen Informations- und Medientechnik. Auch diese bisher letzte Auflage „behandelt die Ermittlung der Grundflächen und Deckenlasten und folgt der DIN 277 bei der Einteilung der Flächen in Nutz-, Funktions- und Verkehrsflächen". Dieser Fachbericht enthält die wesentlichsten Formeln, Tabellen, Richtwerte, um die wichtigsten bibliothekarisch relevanten Flächen in einem Bibliotheksbau zu ermitteln. Dies bezieht sich sowohl auf Flächen für Bücher, Zeitschriften und sonstige Medien, auf Flächen für Kataloge und Informationsmittel und natürlich auf die Flächen für Benutzer und Mitarbeiterplätze in einer wissenschaftlichen Bibliothek. Aber auch weitere relevante Aspekte, wie Deckenlasten, Beleuchtung, Raumklima, Technikräume in Bibliotheken etc. finden ihren Niederschlag.

Dieser Fachbericht ist eines der wichtigsten Hilfsmittel für Bibliothekare und Architekten bei der Planung von wissenschaftlichen Bibliotheken. „Die darin enthaltenen Empfehlungen bilden die Basis für die Ermittlung des Raumbedarfs und der Nutzungsanforderungen von Bibliotheken, und zwar sowohl bei Neubauten als auch bei der Umnutzung von Altbaubestand".

3.4 Planung von wissenschaftlichen Bibliotheken

Es ist im Rahmen eines Kapitels natürlich nicht möglich, auf die diversen Besonderheiten bei der Planung der unterschiedlichen wissenschaftlichen und allgemein öffentlichen Bibliotheken einzugehen. Zu groß sind die Unterschiede in Funktion, Wirkungsrichtung, Bestand und Größe. Das Spektrum reicht von der Landes- und Regionalbibliothek, der Hochschulbibliothek bis hin zu den universalen überregionalen Bibliotheken, aber auch den zentralen Fachbibliotheken und wissenschaftlichen Bibliotheken mit Sondersammelgebieten. Selbst die Hochschulbibliothek bietet bereits ein breites Spektrum an unterschiedlichen Varianten: Ob nun klassische Uni-Bibliothek mit dualem System oder einschichtigem System, in ihren spezifischen Ausprägungen gibt es eine große Bandbreite. Nicht zu vergessen sind natürlich auch die vielen Spezialbibliotheken von Forschungseinrichtungen und so weiter. An dieser Stelle sei auf die Veröffentlichungen des DBI und vor allem der Baukommission hingewiesen, die besonders in den 1990er Jahren eine Fülle von sehr nützlichen Veröffentlichungen herausgebracht hat.

In der Regel entsteht der Bedarf an Planung für einen Bibliotheksbau (egal ob Neubau, Erweiterungsbau oder Adaption eines zur Verfügung stehenden Gebäudes) in dem Moment, in dem sich abzeichnet, dass die Bibliothek mit dem ihr zur Verfügung stehenden Raum ihre bibliothekarischen Aufgaben nicht mehr erfüllen kann. Gewöhnlich ist dies ein sich über längere Zeit anbahnender Prozess, der frühzeitig erkannt werden muss. Es zählt zu den elementarsten Aufgaben der Leitung einer Bibliothek, die Gesamtentwicklung der Einrichtung im Auge zu behalten und den Zeitpunkt zu bestimmen, an dem eine bauliche Veränderung unabdingbar wird. Im Allgemeinen gibt es an den meisten Bibliotheken Perspektivpläne, die auch diesen Aspekt beinhalten. Besonders im Rahmen von Universitäten, bei denen die Bibliothek nicht die oberste Entscheidungsinstanz für solche Planungen darstellt, ist es von Bedeutung, langfristige Planungsunterlagen vorzuhalten. Zu Beginn einer Planung steht in der Regel ein Antrag oder ein schriftlich formuliertes Memorandum, in welchem der übergeordneten Entscheidungsinstanz bzw. dem Unterhaltsträger der grundsätzliche Bedarf an einer Baumaßnahme mitgeteilt wird. Auf dem Verwaltungswege wird die Problemstellung mit Fakten unterfüttert dargestellt und Lösungskonzepte vorgeschlagen. Es versteht sich von selbst, dass Bestandteil eines solchen Antrags eine Prognose über die Entwicklung von Beständen, den Benutzungsvorgängen, des Bibliothekspersonals und des Bibliotheksetats sein muss. Bei den Hochschulbibliotheken ist die Korrelation mit den Hochschulentwicklungsplänen zu beachten. In der Regel sind auch erste Terminvorschläge und Kostenschätzungen Bestandteil solcher Voruntersuchungen (der Vorhaltewinkel für solche Zukunftsplanungen sollte 20 bis 25 Jahre nicht unterschreiten). Die Verfahren und die Form dieser Entscheidungsfindung können je nach Unterhaltsträger und Unterstellungsverhältnis unterschiedlich sein.

Ergibt sich dann die konkrete Aufgabe einer Bauplanung für eine wissenschaftliche Bibliothek, so wird im Normalfall ein Baubeauftragter oder Baureferent benannt. Mitunter werden auch Baukommissionen ins Leben gerufen, die sich der komplexen Planungsaufgabe widmen. Die Baukommissionen sollten von dem Direktor der Bibliothek oder seinem Stellvertreter geleitet werden, da es sich um sehr strategische Planungen handelt, die in die Richtlinienkompetenz der Leitung einer Bibliothek fallen. Je früher ein solcher Baubeauftragter benannt wird und je früher eine Baukommission sich mit der Planung befasst, umso besser. Planungsprozesse dieser Art ziehen sich längere Zeit hin und erfordern sehr weitreichende Überlegungen. Von der Auswahl dieses Personenkreises hängt sehr viel ab. Ein erfahrener Bibliothekar, der sich mit den Gesamtarbeitsabläufen einer Bibliothek möglichst bis in die Details auskennt, der die Gesamtzusammenhänge überblickt, eine konkrete Vorstellung von der Entwicklungsrichtung der Bibliothek hat und ein gewisses Maß an technischem Verständnis mitbringt, ist die richtige Wahl für den Baubeauftragten. Bei größeren Neubauten kann eine solche Aufgabe erfahrungsgemäß nur hauptamtlich übernommen werden. Es ist wichtig, einen Koordinator zu finden, der seitens der Bibliothek die Zusammenarbeit mit den Architekten und der bauleitenden Instanz (z.b. Staatsbauamt) übernimmt. Dieser Baubeauftragte (oder auch die Baukommission) muss in die Lage versetzt werden, sich mit den neuesten Entwicklungen im Bibliotheksbau vertraut zu machen, das Studium einschlägiger Literatur und Informationsreisen verstehen sich von selbst. Die Entscheidung für einen Neubau sollte umfangreiche Überlegungen zur Neu- bzw. Umgestaltung des Bibliotheksbetriebes initiieren. Es gibt keine bessere Chance, Arbeitsabläufe oder Geschäftsgänge zu rationalisieren oder optimieren. Ein Neubauprogramm sollte in der Regel nicht von den tradierten bisher üblichen Abläufen ausgehen, sondern vielmehr eine deutliche Verbesserung des Bibliotheksbetriebes anstreben.

3.4.1 Die einzelnen Planungsetappen

In der Regel geht dem eigentlichen Planungsprozess bereits ein intensiver Beweisführungsprozess voraus, in dessen Verlauf man dem Unterhaltsträger oder der übergeordneten Instanz oder Behörde die Notwendigkeit eines Neu-, Um- oder Erweiterungsbaus nachweisen muss. Schon in diesem Stadium ist es notwendig, bestimmte Daten und Fakten zusammenzutragen, um die Defizite an Funktionen und Räumlichkeiten zu begründen. In der Regel ist der Sinn und Zweck dieses Prozesses, nachzuweisen, dass die Entwicklung der Bibliothek an einem Punkt angelangt ist, an dem ohne bauliche Erweiterungen oder Veränderungen der Betrieb entweder empfindlich gestört oder aber nicht weiterentwickelbar ist. Dies kann sich sowohl auf einzelne Teilbereiche der Bibliothek (z.B. Defizit an Magazinflächen, Anzahl und Qualität der Ausweichmagazine sind unter wirtschaftlichen Gesichtspunkten nicht mehr vertretbar oder aber die Benutzerzahlen sind so gestiegen, dass die Benutzungskapazitäten nicht mehr ausreichen) oder aber auf den Gesamtorganismus der Bibliothek beziehen, d.h. ein kompletter Neubau bzw. eine Erweiterung des Gebäudes bei einer Gesamtreorganisation der bibliothekarischen Abläufe wird angestrebt. In der Regel ist diese Phase die komplizierteste. Besonders in Zeiten der knappen Kassen kann sich diese Phase über Jahre hinziehen und viel Beharrungsvermögen seitens der Bibliotheksleitung erfordern. Bereits in diesem Vorstadium der Planung ist es nützlich, vergleichende Untersuchungen zu der vorhandenen und der angestrebten Raumsituation anzustellen. Schon in diesem Stadium kann man z.B. benötigte Freihand-, Lesesaal-, Magazin-, oder sonstige Flächen mit Hilfe von Daten, Indexen oder Flächenstandards aus dem DIN-Fachbericht 13 ermitteln und mit Hilfe dieser Werte die Defizite an Fläche begründen. Meist bestehen die Nutzeranforderungen aus Untersuchungen zur Benutzer-, Bestands- und Personalentwicklung, die ins Verhältnis zu dem Ist-Zustand, d.h. den Möglichkeiten des bisher bestehenden Gebäudes gesetzt werden. Diese Nutzeranforderungen sind umso überzeugender, je besser man sie mit hartem Faktenmaterial untermauern kann. Dabei liefern die Standards des DIN-Fachberichts bereits gute Grundlagen. In der Regel werden die Zahlen in Tabellen zusammengefasst und mit einem Erläuterungstext und Beziehungsdiagrammen (die bestimmte Abläufe der Bibliothek erläutern) versehen. Dieses Papier durchläuft eine Reihe von

3.4 Planung von wissenschaftlichen Bibliotheken

Prüfungsprozeduren, die von Fall zu Fall unterschiedlich verlaufen. Die Bibliothek sieht sich jedoch bereits in diesem Vorstadium der Planung mit massiven Prüfungen durch die Finanzgremien konfrontiert, die natürlich, gemäß ihrem Auftrag, Kosten einsparen wollen. Je besser die Anforderungen begründet sind, je genauer man sich auf bestehende Standards bezieht, desto größer sind die Chancen für die Bibliothek, zu befriedigenden Größenordnungen zu kommen.

3.4.2 Aufgaben der Bauverwaltung

Grundlage für die Umsetzung von Baumaßnahmen sind die Richtlinien für die Durchführung von Baumaßnahmen des Bundes (RBBau). Im Zuge der Deregulierung der RBBau wird derzeit die komplette Überarbeitung des Grundwerkes (17. Austauschlieferung) vorbereitet. Es ist beabsichtigt, das überarbeitete Gesamtregelwerk bis Ende des Jahres 2003 einzuführen. Ziel ist, die Regelungsdichte von Vorschriften weiter zu verringern und Verwaltungsverfahren zu vereinfachen und zu beschleunigen. In diesem Sinne wurde das Verfahren zur haushaltsmäßigen Anerkennung von „Großen Baumaßnahmen" bereits neu strukturiert und mit Wirkung vom 01.01.2002 verbindlich eingeführt. Das betrifft zum jetzigen Zeitpunkt die Abschnitte E, F und K 12 der RBBau.

Die Bauverwaltungen des Bundes und der Länder sind als fachkundige Organe der öffentlichen Hand für die ordnungsgemäße Erfüllung der im öffentlichen Interesse durchzuführenden staatlichen Bauaufgaben des Bundes zuständig. Die Bauverwaltungen nehmen daher speziell die Leitung, Koordinierung und Steuerung bei staatlichen Baumaßnahmen wahr. Die Verantwortung begründet sich durch folgende haushaltsrechtliche Vorschriften: § 7 BHO (Bundeshaushaltsordnung) Grundsatz der Wirtschaftlichkeit, §§ 24 und 54 BHO Grundregeln für die Veranschlagung und den Beginn von Baumaßnahmen, §§ 55ff BHO Grundsätze des Wettbewerbs und des einheitlichen Verwaltungshandelns. Außerdem ist von den Bauverwaltungen die Einhaltung der öffentlich-rechtlichen Vorschriften auf der Grundlage der jeweiligen Bundes- und Landesgesetze sicherzustellen. Dabei muss gewährleistet sein, dass gemäß den haushaltsrechtlichen Vorschriften wirtschaftlich, gestalterisch, funktionell und technisch einwandfrei sowie in jeder Hinsicht ordnungsgemäß nach einheitlichen Grundsätzen und unter Berücksichtigung von Leitfäden, Handbüchern und Arbeitshilfen der obersten technischen Instanzen gehandelt wird. Dafür stehen u.a. das Vergabehandbuch, die Grundsätze und Richtlinien für Wettbewerbe, der Brandschutzleitfaden und der Leitfaden für nachhaltiges Bauen zur Verfügung.

3.4.3 Das Planungsverfahren bis 2002

Grundsätzlich sind Neu-, Um- und Erweiterungsbauten von Bibliotheken „Große Neu-, Um- und Erweiterungsbauten" (kurz GBM genannt) nach der RBBau. Dies sind bauliche Maßnahmen mit Gesamtbaukosten über 1.000.000 €, durch die neue Anlagen geschaffen, bestehende Liegenschaften in ihrer baulichen Substanz wesentlich verändert werden oder die erstmalige Herrichtung einer Liegenschaft infolge einer neuen Zweckbestimmung erfolgt. Maßgeblich für den Einstieg in den eigentlichen Planungsprozess ist der Bauantrag. Eigentlich ist der Bauantrag eine Art Kanalisierung des begründeten Bedarfs an einer größeren Baumaßnahme in formal vom Gesetzgeber vorgegebene Strukturen. Grundlage dafür sind die „Richtlinien für die Durchführung von Bauaufgaben des Bundes", die auch Richtlinie für die landeseigenen Bauverwaltungen sind.

Zu dem Bauantrag gehören unter anderem folgende Unterlagen: (1) Stellenplan (Muster 12 RBBau), (2) Raumbedarfsplan (Muster 13 RBBau mit ergänzenden Angaben über Raumfunktionen, Betriebsabläufe und speziellen Nutzungen), (3) ggf. Groblageplan und Strichskizzen von Nutzungsbereichen, (4) Programmkostenermittlung (Muster 6 RBBau), (5) sofern vorhanden baufachliches K1-Gutachten. Der eigentliche Bauantrag wird von der Bauverwaltung in Kooperation mit der Bibliothek (dem Nutzer) aufgestellt. Federführend ist die Bauverwaltung. Es ist wichtig zu wissen, dass die technische Aufsichtsbehörde in der Mittelinstanz (Oberfinanzdirektion, OFD) die nutzende Verwaltung (Bibliothek) bei der Aufstellung insbesondere des Raumbedarfs, der qualitativen und quantitativen Bedarfsanforderungen und deren Auswirkungen auf Investitions- und Folgekosten, der Ermittlung der Programmkosten, der Terminplanung berät und unterstützt. Außerdem achtet die OFD darauf, dass als Grundlage für künftige Planungsleistungen die Nutzerforderungen im Bauantrag vollständig enthalten und erschöpfend beschrieben sind.

Konkret sollte ein Bauantrag folgende Elemente enthalten: In einer Einführung wird die Bibliothek kurz charakterisiert und ihre bisherige Baugeschichte geschildert. In einem weiteren Abschnitt wird die Notwendigkeit des Neubaus oder der Erweiterungsmaßnahme begründet, in diesem Abschnitt werden die ersten Zahlen herangezogen. Es wird eine Beschreibung von Personalentwicklung und Medienbestand vorgenommen. Es wird skizziert, wie der Bestand bisher aufgestellt wurde, wie der Geschäftsgang organisiert ist und wie die Benutzungsentwicklung der Bibliothek verläuft. Alle Parameter, die als bedarfsverursachend angesehen werden, sind zu benennen. Die betrieblichen bibliothekarischen Funktionen sind zu beschreiben und durch Funktionsdiagramme und Organigramme zu ergänzen. Anschließend muss der Zustand beschrieben werden, der durch die Bau- bzw. Umbaumaßnahme erreicht werden soll. In einem weiteren Abschnitt sind das Grundstück und das Gebäude zu beschreiben, ergänzt werden diese Ausführungen durch Lagepläne und Übersichtszeichnungen.

Gemäß RBBau sind die qualitativen nutzerspezifischen Anforderungen in entsprechende Formblätter zu bringen. Dies sind die Formblätter „Muster 13" der RBBau.

In Muster 13 A wird das Baugrundstück beschrieben, Muster 13 B skizziert die Erschließung des Baugrundstücks und Muster 13 C listet die Räume und Raumgruppen der Bibliothek auf. Muster 13 D widmet sich den Außenanlagen. Für die Bibliothek ist Muster 13 C wohl das wichtigste Formblatt. Hier werden in einer Tabelle die neu zu schaffenden Räume der Bibliothek aufgelistet und quantitativ erfasst. Es entsteht ein Raumbedarfsplan.

Grundsätzlich wird nur die Hauptnutzfläche der Räume bzw. Raumgruppen ermittelt. Neben der Benennung des Raums und seiner Zuordnung zu einer Struktureinheit (Abteilung, Referat, Sachgebiet) werden den Räumen Arbeitsplätze zugeordnet (sofern dort Dauerarbeitsplätze angesiedelt werden sollen). In einer weiteren Spalte wird dem Raum eine kodierte Nutzungsart zugewiesen. Diese relativ feingegliederte dreistellige Nummer ist eine Untergliederung, die auf den DIN 277, Teil 2 zurückgeht. Dieser dreistellige Code wird auch Raumnutzungsschlüssel genannt. Weiterhin wird die Anzahl dieser Räume in einer Spalte vermerkt und zunächst dem spezifischen Einzelraum eine Fläche zugeordnet. Diese Fläche wird bei Bibliotheken meist aus den Standards des DIN Fachbericht 13 errechnet. Dann werden die Grundflächen der spezifischen Einzelräume in einer Summe zusammengefasst. In einer weiteren Spalte werden Zuschläge erfasst, die jedoch in einer Spalte für Begründungen oder aber in einer Legende zu erläutern sind. Die Räume und Raumgruppen werden auf diesen Formblättern in größeren Gruppen und am Ende in Zwischensummen und einer Endsumme zusammengefasst. Üblich ist auch, dass man zu einzelnen Positionen auf Beiblättern oder

Legenden nachvollziehbare Berechnungen beifügt. Weiterhin werden spezifische Anforderungen an Räume und Raumgruppen, wie z.b. Beleuchtungsparameter, Raumklimawerte, Luftwechselanforderungen, Deckenbelastungen, Anforderungen an informationstechnische Anlagen, Datenübertragungsnetze, Förderanlagen, nutzerspezifische Einbauten etc. in aller Kürze genannt bzw. aufgelistet. Diese Anlagen zum Muster 13 sind oft sehr umfangreich. Dies erfordert von Seiten der Bibliothek eine klare Vorstellung von dem, was man anstrebt bzw. wie das Endprodukt aussehen und wie es funktionieren soll. An dieser Stelle ist besondere Sorgfalt angebracht, denn alles, was im Bauantrag übersehen oder vergessen wird, kann man nur über einen späteren Nachtrag zum Bauantrag korrigieren. Der Nachtrag durchläuft dann erneut den ohnehin nicht gerade kurzen Instanzenweg, und häufig werden dann bereits gesicherte Positionen aus dem genehmigten Bauantrag wieder in Frage gestellt.

In einem weiteren Abschnitt des Bauantrags wird eine Programm-Kostenermittlung vorgenommen. Diese Ermittlung erfolgt je nach Bibliothekstyp auf unterschiedlichen Wegen. Bei den Hochschul- bzw. Universitätsbibliotheksbauten gibt es Kostenrichtwerte, die nach bestimmten technischen Ausbaustandards von Hochschulgebäuden gestaffelt sind. Bei anderen Bibliotheken werden häufig Durchschnittskostenwerte vergleichbarer oder gleichgelagerter Bauvorhaben herangezogen und dann entsprechende Durchschnittswerte zur Kostenermittlung herangezogen. In der Regel wird das Handbuch zur Planung und Kostenermittlung von Neubauten für Bibliotheken von Mittag herangezogen. In diesem Handbuch sind Planungshilfen für verschiedene Bibliothekstypen vorhanden. Wichtig ist darauf zu achten, dass die herangezogenen Vergleichsobjekte und Parameter auch wirklich dem Charakter der eigenen Bibliothek entsprechen und nicht von vornherein falsche Kostenzahlen den weiteren Planungs- und Genehmigungsprozess belasten. Ist der Bauantrag zusammengestellt, durchläuft er verschiedene Genehmigungsinstanzen. Der Bauantrag wird der jeweils zuständigen obersten Bundesbehörde (abhängig vom Bibliothekstyp und der Unterstellung der Bibliothek) zur Prüfung und Genehmigung vorgelegt. Diese beteiligt BMF (Bundesministerium der Finanzen) und BMVBW (Bundesministerium für Verkehr, Bau- und Wohnungswesen).

Im Rahmen dieses Prüfungsprozesses werden häufig noch Korrekturen an den Flächen und Kostenansätzen vorgenommen, bis der Bauantrag dann genehmigt wird. Je besser, schlüssiger und nachvollziehbarer die Zahlen und Begründungen des Antrags ausfallen, desto reibungsloser, zügiger und unproblematischer verläuft dieser Prozess. Der genehmigte Bauantrag ist für die nutzende Verwaltung (Bibliothek, Universität, Hochschule etc.) bindend. Eine weitere Etappe stellt die „Kostenvoranmeldung – Bau" (KVM-Bau) dar, sie wird auf Veranlassung des BMVBW erstellt und dient als Grundlage für die zwischen oberster Bundesbehörde und BMF stattfindende Haushaltsbesprechung.

3.4.4 Hochschulbauförderung

Der Hochschulbau ist im Grundgesetz Art. 91a als Gemeinschaftsaufgabe verankert. Das Hochschulbauförderungsgesetz (HBFG) regelt Verfahren und Einrichtungen für eine gemeinsame Rahmenplanung. „Für die gemeinsame Rahmenplanung bilden die Bundesregierung und die Landesregierungen einen Planungsausschuss" (§7 HBFG). Die Anmeldung zum Rahmenplan enthält bei Bauvorhaben eine allgemeine Erläuterung, Angaben über das Raumprogramm und die Dringlichkeit, sowie eine Kostenschätzung nach Erfahrungssätzen und Angaben über Folgekosten. Sie wird zunächst dem Wissenschaftsrat übersandt. Der Wissenschaftsrat wieder erarbeitet Empfehlungen für den Rahmenplan. Diese Empfehlungen gehen an den

Planungsausschuss, der den Rahmenplan der Bundesregierung und den Landesregierungen zuleitet, damit für die Durchführung die erforderlichen Ansätze in die Haushaltspläne aufgenommen werden können. Der Bund erstattet den Ländern 50 % der Ausgaben bzw. er leistet bereits Vorauszahlungen bis zu einer maximalen Höhe von 50 %.

3.4.5 Der Architekturwettbewerb

Zu den wichtigsten Etappen im Prozess der Entstehung einer neuen Bibliothek gehört zweifelsohne der sogenannte Architekturwettbewerb. Zur Zeit liegen der Durchführung solcher Wettbewerbe die „Grundsätze und Richtlinien für Wettbewerbe" (GRW) von 1995, in der vom Bundesbauministerium am 9. Januar 1996 herausgegebenen Fassung (Bundesanzeiger Nr. 64 vom 30. März 1996, S. 3922) zugrunde.

Anliegen eines solchen Wettbewerbs ist es, die postulierten und anerkannten bibliothekarischen Anforderungen für einen Neu- oder Erweiterungsbau in eine angemessene architektonische Form zu bringen. Zu diesem Zweck wird ein Auslobungstext, der die Grundlage für den Wettbewerb bildet, zusammengestellt. Meist wird der Auslobungstext von der Bauverwaltung selbst oder aber in Zusammenarbeit mit spezialisierten Architekturbüros (die natürlich selbst am Wettbewerb nicht teilnehmen dürfen) in enger Kooperation mit dem Nutzer, also der Bibliothek, zusammengestellt. Die Auslobungsunterlagen sind ein sehr komplexes Dokument, auf deren Bestandteile hier nur sehr allgemein eingegangen werden kann. Meist besteht der Auslobungstext aus mindestens 3 wichtigen Bestandteilen (dies kann aber je nach Wettbewerbsart und Bundesland variieren). Dies sind die „Allgemeinen Bedingungen", unter denen der Wettbewerb stattfindet. Hier wird der Wettbewerbsgegenstand, die Wettbewerbsart (es gibt verschiedene Wettbewerbsarten – offene und beschränkte, einstufige oder mehrstufige etc.), der Zulassungsbereich (national oder europaweit), die Wettbewerbsbeteiligten (Auslober, Wettbewerbsteilnehmer, Preisgericht, Sachverständige, Vorprüfer), die Preise bzw. die Wettbewerbssumme, die Wettbewerbsunterlagen, die Wettbewerbsleistungen, die Termine, rechtliche Rahmenparameter wie Verpflichtung der Wettbewerbsteilnehmer, die weitere Beauftragung durch den Auslober (die Vergütung, Haftungsgrundsätze, Urheberrechts-, Nutzungs- und Erstveröffentlichungsgrundsätze), die Bekanntmachung des Ergebnisses sowie die Ausstellung der eingereichten Entwürfe, die Prüfung der Teilnahmeberechtigung und des Verfahrens sowie die maßgeblichen Rechtsgrundlagen definiert. Dieser Abschnitt ist eher formal bzw. juristischer Natur und legt die „Spielregeln" des Wettbewerbs fest.

In einem zweiten Abschnitt wird die Wettbewerbsaufgabe umrissen. Diese ist wiederum unterteilt in eine Beschreibung des Wettbewerbsstandortes (z.B. Wettbewerbsgebiet, städtebauliche und bauhistorische Entwicklung, Umgebung des Wettbewerbsgebietes, die städtebaulichen Rahmenbedingungen, Bauplanungsrecht, die Freiraumstruktur und die Freiraumgestaltung, Verkehrsanbindung, Erschließung des Wettbewerbsgebietes, denkmalpflegerische Prämissen, die technische Infrastruktur, Höhenlage, die Baugrundbeschreibung etc.) und eine Beschreibung des zu behandelnden Objektes, d.h. der Bibliothek. Dieser Abschnitt umfasst im Wesentlichen die bisherige bauliche Entwicklung der Bibliothek, die Beschreibung einzelner Teile des Gebäudes (insbesondere derer, die für einen Neubau oder eine Erweiterung relevant sind) und ihrer Ausprägung. Dieser Abschnitt soll dem am Wettbewerb beteiligten Architekten eine Vorstellung vom Charakter und der Aufgabe der Bibliothek vermitteln, mit der er sich im Rahmen eines Entwurfs auseinandersetzen soll. Die Kunst besteht darin, in sehr knapper Form die wesentlichsten Funktionen der Bibliothek für einen „Nichtfachmann"

3.4 Planung von wissenschaftlichen Bibliotheken

(denn der Architekt ist kein Bibliotheksfachmann) allgemeinverständlich (d.h. ohne auf all zu viele bibliotheksspezifische Fachbegriffe zurückzugreifen) deutlich zu machen. Dies ist eine wichtige Voraussetzung für das Gelingen des Wettbewerbs. Nur, wenn der Architekt das Wesentliche an der Bibliothek nachvollziehen kann, wird er in der Lage sein, auch einen brauchbaren Entwurf abzuliefern. In einem weiteren Teil dieses Abschnittes wird dann die eigentliche Wettbewerbsaufgabe definiert. Dieser Teil ist mit Abstand der wichtigste. Hier wird die eigentliche Zielsetzung der Bauaufgabe definiert. Neben dem Raumprogramm (meist als Anlage zum Auslobungstext) werden die wichtigsten bibliothekarischen Anforderungen – Flächen, Räume, Raumgruppen, Anordnung und Ausstattung der Räume, die spezifischen Anforderungen an die Räume, die wichtigsten (fest mit dem Gebäude verbundenen) Möblierungselemente, die äußere Erschließung des Gebäudes (Eingänge, Ausgänge, Anlieferungssituation, Ladezonen etc), die innere Erschließung (Transportlogistik, Geschäftsgangsbezüge, Verbindungen für Nutzer und Personal etc.), Zugänglichkeit für Behinderte sowie die Statik, das Energiekonzept, die raumklimatischen Anforderungen, die Haustechnik und technische Gebäudeausrüstung, die Transportanlagen, der Schallschutz, der Brandschutz und die Baukostenvorgaben – festgelegt. Der Ausgestaltung dieses Abschnitts muss die Bibliothek ein Höchstmaß an Aufmerksamkeit widmen. Es muss gewährleistet sein, dass die essentiellen bzw. tragenden Elemente des zu entwerfenden Neu- oder Erweiterungsbaus aus bibliothekarisch-technologischer Sicht logisch und verständlich erläutert werden. Je präziser die Wünsche der Bibliothek formuliert sind, um so weniger Überraschungen wird man im Wettbewerb gewärtigen müssen. Gleichzeitig ist zu berücksichtigen, dass ein Architekturwettbewerb ein relativ grobes Entwurfsstadium für den zukünftigen Bau darstellt. Man muss sich darüber im Klaren sein, dass der Wettbewerb einen Entwurf hervorbringt, der noch einen hohen Abstraktionsgrad hat, der dann in den späteren Planungsphasen, mitunter sogar in der Bauphase, immer noch verfeinert wird. Aus diesem Grund werden auch in einem Auslobungstext zu einem Architekturwettbewerb die Anforderungen ein gewisses Maß an Allgemeinheit behalten müssen. Die Bibliothek muss also speziell diesen Abschnitt so formulieren, dass er nicht zu sehr in die Details geht, aber gleichzeitig die wichtigsten Parameter, die für die Funktionalität des Neubaus aus Bibliothekssicht wichtig sind, enthält. Abschließend soll noch der dritte Abschnitt einer Auslobungsunterlage erwähnt werden, der die Beurteilungskriterien für die zugelassenen Arbeiten (also jene, welche die formalen Rahmenbedingungen erfüllt haben) seitens des Preisgerichts enthält. Diese können sehr stark variieren, umfassen aber im Wesentlichen solche Parameter, wie die Qualität der städtebaulichen und architektonischen Gesamtlösung, das Gebäudekonzept (Erfüllung des Raumprogramms, Berücksichtigung der Funktionsbereiche und deren Zuordnung, Einhaltung der qualitativen Bedarfsanforderungen, Qualität des Baukörpers und der Fassade, die Funktionalität, die Wirtschaftlichkeit der Gebäudelösung, das Energiekonzept etc.). Es gibt Wettbewerbe, die sehr komplexe Beurteilungskriterien festlegen, und es gibt andere Wettbewerbe, die einen recht hohen Grad an Allgemeinheit behalten.

Um aus den auf der Grundlage der Auslobungsunterlagen eingereichten Architekturentwürfen nun die besten Arbeiten auszuwählen, wird in der Regel vom Unterhaltsträger oder aber von der Bauverwaltung (oft in Zusammenarbeit mit der zuständigen OFD) ein unabhängiges Preisgericht eingesetzt, das auf der Grundlage der Bewertungskriterien den Sieger und die weiteren Preisträger ermittelt. Die Zusammensetzung und die Größe des Preisgerichts variieren. In der Regel setzt sich das Preisgericht aus Fachpreisrichtern und Sachpreisrichtern sowie einer Anzahl von Stellvertretern zusammen (damit auf den Preisgerichtssitzungen die

Jury stets mit der festgelegten Stimmenzahl votieren kann). Die Fachpreisrichter setzen sich ausschließlich aus Architekten und Vertretern der öffentlichen Verwaltung zusammen, die städtebauliche Ressorts leiten, meist ebenfalls Architekten bzw. Bauingenieure. In der Regel ist diese Gruppe größer als die der Sachpreisrichter, in der häufig Verantwortliche der übergeordneten Instanzen der Bibliothek, der Bibliotheksleiter und mitunter auch weitere Bibliotheksbauexperten vertreten sind. Es liegt in der Natur der Zusammensetzung dieser Preisgerichte, dass der „Bibliothekssachverstand" immer in der Minderzahl ist. Wichtig ist die Auswahl des Vorsitzenden des Preisgerichtes. Seine Stimme und seine Taktik der Durchführung des Wettbewerbs haben großen Einfluss auf den Verlauf. Sofern die Möglichkeit der Einflussnahme auf die Zusammensetzung des Preisgerichts besteht, sollte man versuchen, so viel bibliothekarischen Sachverstand wie möglich in der Jury unterzubringen. Es ist von eminenter Wichtigkeit, dass die Stimme der Bibliothek Gehör findet und zur Kenntnis genommen wird. Obwohl immer noch der Grundsatz „Form follows Function" gelten sollte, wird häufig nur nach städtebaulichen und architektonischen Kriterien gewertet, und die Interessen des eigentlichen „Nutzers" geraten ins Hintertreffen. Welche Bewertungskriterien an die eingereichten Entwürfe angelegt werden, hängt stark vom Preisgericht und seinem Vorsitzenden ab. Es ist längst nicht sicher, ob die im Auslobungstext fixierten Kriterien vom Preisgericht in vollem Umfang und gleichwertig gewichtet werden. Es gibt durchaus Beispiele, dass Vorgaben des Auslobungstextes vom Preisgericht vernachlässigt bzw. anders gewichtet wurden. Ein gutes Preisgericht wird stets auch in angemessenem Umfang die Interessenlage des Nutzers berücksichtigen, aber eine Garantie dafür besteht leider nicht. Oft werden die Entscheidungen von Preisgerichten von Geschmäckern, Zugehörigkeit zu Schulen bzw. Stilrichtungen und auch Spannungen innerhalb des Preisgericht geprägt. Die intelligente Zusammenstellung des Preisgerichts ist daher von größter Bedeutung.

3.4.6 Weitere Planungsphasen

Alle weiteren Planungsschritte nach dem Wettbewerb dienen der weiteren Konkretisierung und Detaillierung des ausgewählten Entwurfs. In der Regel entscheidet sich der Unterhaltsträger für den im Wettbewerb ausgewählten ersten Preis (sofern nicht schwerwiegende Gründe dagegen sprechen) und beginnt mit der Realisierung der einzelnen Entwurfsphasen. Diese Phase ist von einer äußerst intensiven Zusammenarbeit zwischen Bauverwaltung, Architekten und Nutzer gekennzeichnet. Ein guter Architekt wird sich in dieser Phase tiefergehend mit den bibliothekarischen, d.h. funktionalen Anforderungen der Bibliothek auseinandersetzen und darauf mit Entwürfen reagieren. Von Seiten der Bibliothek ist dies mit einer massiven Vermittlung von Detailwissen verbunden. Auch der Bibliothek bleibt es nicht erspart, sich tiefergehend mit architektonischen, bautechnischen und betriebstechnischen Aspekten auseinanderzusetzen. Der von der Bibliothek bestimmte Bauverantwortliche oder die ad hoc dafür zusammengestellte Arbeitsgruppe führen einen intensiven Dialog mit den Architekten und der Bauverwaltung. Je nachdem, wie groß die funktionalen und die bibliothekarischen Mängel des Siegerentwurfs sind (ganz selten entsprechen diese den Idealvorstellungen der Bibliothekare), wird man intensiv an deren Beseitigung arbeiten müssen. Eine gute Umsetzung der funktionalen Aspekte in Architektur gelingt nur im Miteinander und nicht durch das Dominieren von Architekt oder Bauverwaltung.

Das Wichtigste während dieser Planungsphasen ist, dass der Nutzer, d.h. die Bibliothek, eine genaue Vorstellung von den umzusetzenden bibliothekarischen Prozessen hat. Dies setzt voraus, dass man diese vorher bis ins Detail durchdacht hat. Es gibt in der Regel keine günstigere Gelegenheit als einen Neu- oder Erweiterungsbau, um tradierte Geschäftsgangsabläufe zu überdenken und neu zu organisieren. Dies erfordert einerseits Visionen, andererseits aber auch genug Erfahrungen, um die Realisierbarkeit solcher Vorstellungen und ihre vielschichtigen Konsequenzen auf bauliche und betriebstechnische Gegebenheiten abschätzen zu können. Das bedeutet auch, dass man sich intensiv gedanklich in die Vorschläge und Entwürfe der Architekten hineindenkt. Dies erfordert ein gewisses Maß an Kenntnissen; Grundvoraussetzung ist, dass man einen Plan bzw. eine Zeichnung lesen und daraus eine räumliche Vorstellung entwickeln kann. Zeichnungen und Entwürfe sind nun einmal das wichtigste Kommunikationsmittel der Architekten. Wichtig ist in diesem Zusammenhang auch das vielzitierte „Blick über den Tellerrand". Es empfiehlt sich, dass die Planungsgruppe andere vergleichbare kürzlich neu errichtete Bibliotheken besichtigt. Man kann auf diese Weise viele neue Ideen gewinnen und, was noch viel wichtiger ist, man lernt aus den Fehlern anderer Bauvorhaben. Man sollte sich auch nicht scheuen, die Bauverantwortlichen anderer Bibliotheksneubauten zu konsultieren. In der Regel widmet sich der Bibliothekar nur einmal im Leben einer Bauplanungsaufgabe, die Erfahrungen, die man dabei sammelt, sollte man an andere weitergeben.

3.4.7 Die HU-Bau, Nachträge zur genehmigten HU-Bau

Eine der wichtigsten Zwischenetappen zur Bauausführung ist die „Haushaltsunterlage – Bau" kurz HU-Bau genannt. In der RBBau, Abschnitt E, Große Neu-, Um- und Erweiterungsbauten, ist im Abschnitt 3.2 fixiert: „Die Haushaltsunterlage – Bau – soll die Art der Ausführung sowie die erforderlichen Ausgaben darstellen. Sie ist Grundlage für die Einstellung der Baumaßnahmen in den Haushaltsplan." Die Haushaltsunterlage Bau entspricht in etwa der Entwurfs- und Genehmigungsplanung nach HOAI (Verordnung über die Honorare für Leistungen der Architekten und der Ingeniere), § 15, Leistungsphase 3 und 4. Die HU-Bau stellt die Art der Ausführung der Baumaßnahme sowie den erforderlichen Mittelbedarf dar und ist die Grundlage für die Einstellung der Baumaßnahme in den Haushalt. Die HU-Bau muss die Baumaßnahme so eindeutig beschreiben, dass die technischen Lösungen und veranschlagten Kosten zuverlässig und zutreffend beurteilt und die Wirtschaftlichkeit der Lösung bewertet werden kann. Wird ein verbindlicher Kostenrahmen festgelegt, ist dieser einzuhalten. Gleichzeitig sind die Planungs- und Ausführungsalternativen zu untersuchen. Das BMVBW erteilt den Planungsauftrag an die Technische Mittelinstanz (OFD), daraufhin wird das Bauamt mit der Erstellung einer HU-Bau beauftragt. Das Bauamt legt der technischen Mittelinstanz (OFD) die erarbeitete HU-Bau mit der Einverständniserklärung der nutzenden Verwaltung vor. Die Mittelinstanz prüft dabei unter anderem folgende Gesichtspunkte: (1) Übereinstimmung mit dem Bauantrag, (2) Vollständigkeit der erforderlichen Unterlagen, (3) Zweckmäßigkeit und Wirtschaftlichkeit der Planung unter Berücksichtigung der Folgekosten, (4) Erfüllung der öffentlich-rechtlichen Bestimmungen, Einhaltung der allgemein anerkannten Regeln der Technik, (5) Richtigkeit der Kostenermittlung.

In erster Linie dient die HU-Bau einer möglichst genauen Kostenberechnung der geplanten Baumaßnahme. Dies setzt natürlich voraus, dass das geplante Bauwerk im Detail beschrieben und erläutert wird. Dies bedeutet weiterhin, dass Planungen und Erläuterungen von allen beteiligten Gewerken in diese Unterlage einfließen. Das heißt, der Grad der Präzision der Baubeschreibung ist schon sehr hoch, eigentlich folgt danach lediglich noch die Ausführungsunterlage Bau. Wichtig ist zu wissen, dass „die genehmigte Haushaltsunterlage – Bau – grundsätzlich bindend ist. Jede erhebliche Abweichung setzt die Genehmigung eines Nachtrages voraus." Hier wird klar, dass gerade der Nutzer diese Planungsetappe nutzen muss, um seine funktional-technologischen Interessen in den Erläuterungstexten und den dazu gehörigen Zeichnungen (meist Pläne im Maßstab 1:200) unterzubringen. Eine gute Bauverwaltung wird daran interessiert sein, mit Architekt und Nutzer diese Anforderungen in eine gute Ausführung am Bau umzusetzen. Dies erfordert vom Nutzer die intensivste Phase des Überdenkens, weil hier schon weit bis in die Details vorausgedacht werden muss. Jeder Fehler, der hier gemacht wird, lässt sich nur noch schwer oder gar nicht mehr korrigieren.

Die HU-Bau birgt einen gewissen Widerspruch in sich. Einerseits sollen die Anforderungen an den Bau so präzise wie möglich beschrieben werden, andererseits ist es für den Architekten besser, wenn ein Restspielraum für die letzte Ausführungsplanung bleibt. Dies liegt vor allem darin begründet, dass diese tiefgreifende Durchdringung und Planungsumsetzung vom Nutzer oft nicht bis ins Letzte zu leisten ist, er ist als Nichtfachmann oft überfordert. Insofern ist eine gute HU-Bau eine präzise Baubeschreibung, die noch genügend Luft für kleinere Korrekturen lässt. Zugegeben widerspricht dies der „Reinen Lehre", es bewährt sich aber in der Praxis. Immerhin heißt es in der RBBau: „Nicht erhebliche Abweichungen bedürfen keiner Genehmigung, wenn sie erforderlich sind, damit die geplante Baumaßnahme wirtschaftlich und technisch zweckmäßig vollständig hergestellt werden kann, ohne dass Mehrkosten entstehen."

Eine HU-Bau besteht meist aus einem Erläuterungsbericht, einer Kostenberechnung, und diversen Planungsunterlagen, z.B. zur Tragwerksplanung, zu den RLT-Anlagen (Raumlufttechnische Anlagen), zu der Heizungsanlage, zu den Sanitäranlagen, zu den starkstrom- und schwachstromtechnischen Anlagen, zum vorbeugenden Brandschutz, zu den Außenanlagen, Katasterkarten, einem baufachlichen Gutachten über das Baugrundstück etc..Komplettiert wird das Ganze mit Zeichnungen und Planunterlagen der Architekten. Die Art und Ausführung dieser Bauunterlagen wird im Abschnitt F der RBBau unter 2.1 abgehandelt.

Nach Prüfung und Feststellung der Gesamtbaukosten wird die Unterlage an die oberste technische Instanz (BMVBW) zur Genehmigung und Festsetzung der GBK (Gesamtbaukosten) und die zuständige oberste Behörde des Nutzers weitergeleitet. Dabei beschränkt sich die Überprüfung des BMVBW grundsätzlich auf bedeutsame Angaben und Daten der eingereichten Unterlage. Nach der baufachlichen Genehmigung der Baumaßnahme durch das BMVBW wird die HU-Bau über die zuständige oberste Behörde des Nutzers an das BMF zur haushaltsmäßigen Anerkennung weitergeleitet. Zuvor stellt die oberste Behörde des Nutzers auf der Grundlage von Kostenvoranmeldung und HU-Bau einen Voranschlag auf. Die genehmigte und haushaltsmäßig anerkannte HU-Bau ist bindend, jede erhebliche Abweichung setzt die Genehmigung eines Nachtrags voraus. Aus diesem Grund wird eine genehmigte HU-Bau von der Bauverwaltung in der Regel als eine Art Katechismus angesehen, von dessen Inhalten unter keinen Umständen abgewichen werden darf. Damit ist die Bauverwaltung rein rechtlich auf der sicheren Seite. Sie braucht rein theoretisch den Nutzer in den weiteren Bauplanungs- und vor allem Bauablaufphasen nicht mehr zu beteiligen. Auch hier werden natürlich Bauverwaltung und Architekten gut beraten sein, den Nutzer auch später noch zu konsultieren, denn eigentlich sollten alle Beteiligten an einem funktionstüchtigen Bau interessiert sein. Erfahrungsgemäß hängt hier viel von der Souveränität und der Erfahrung der Leitung der Bauverwaltung und der Architekten ab.

Trotzdem ist es mitunter nicht zu vermeiden, dass es in der Phase der konkreten Ausführungsplanung und sogar während des Bauprozesses noch zu größeren Abweichungen zu der

3.4 Planung von wissenschaftlichen Bibliotheken

genehmigten HU-Bau kommen kann. Dies kann sehr unterschiedliche Gründe haben. Das Schlimmste, was einem Bauprojekt widerfahren kann, ist seine zeitliche Streckung. Solche zeitlichen Verzögerungen zwischen Bauantrag und baulicher Umsetzung entstehen meist, wenn die Finanzierung des Bauvorhabens „gestreckt" werden muss, d.h. wenn Finanzierungssummen in den Haushaltsjahren nicht den optimalen Summen entsprechen, die in einem Jahr sinnvoll (d.h. wirtschaftlich) verbaut werden können. Auch Verzögerungen in der Phase zwischen HU-Bau und Baubeginn können schwerwiegende Folgen haben. Abgesehen davon, dass die Architekturbüros Probleme bei der Abwicklung des Baus bekommen, weil der notwendige Mitarbeiterstab nicht effizient eingesetzt werden kann (häufig sind Entlassungen die Folge) und Zwischenaufträge angenommen werden müssen, kann es auch zu erheblichen Veränderungen bei den Technologien kommen, von denen bei der Bauplanung ausgegangen wurde. Am Rasantesten entwickelt sich die IT-Branche, hier können weitreichende Veränderungen notwendig sein, um keine bereits veraltete Technolgie im Neubau umzusetzen. Ähnliche Zwänge können auch bei anderen Gewerken entstehen. Auch jähe Veränderungen im Profil der Bibliothek oder von Teilbereichen der Geschäftsgänge können erhebliche Abweichungen von der HU-Bau hervorbringen. Diese Veränderungen müssen dann über Nachträge zur HU-Bau abgewickelt werden. Es gilt der Grundsatz: Ein Nachtrag zur HU-Bau durchläuft die gleichen Instanzen und Prüfprozeduren wie eine HU-Bau. Eine mühevolle, meist zeitaufwändige Prozedur, die wiederum mit diversen Genehmigungsprozessen verbunden ist und sehr gute Begründungen erfordert. Besonders Veränderungen, die nicht kostenneutral zu bewältigen sind, werden sehr kritisch hinterfragt, weil die Baumaßnahme meist nach der HU-Bau kostenseitig „gedeckelt" wird, was bedeutet, dass eine Kostenerhöhung weitgehend ausgeschlossen wird. Dies wiederum zieht wieder haushaltstechnische Abstimmungen nach sich, und die Baumaßnahme wird unter Umständen weiter verzögert. Bei größeren und großen Baumaßnahmen sind solche Nachträge trotzdem oft nicht zu vermeiden.

Es ist an anderer Stelle bereits darauf verwiesen worden, wie wichtig die betriebstechnischen Anlagen in einer modernen Bibliothek geworden sind. Es ist in den letzten Jahren in der Fachliteratur üblich geworden, von „intelligenten Gebäuden" zu sprechen, womit das komplexe Zusammenspiel aller Mess-, Steuer- und Regelsysteme der betriebstechnischen Anlagen in einem Gebäude gemeint ist. Die immer komplizierter werdenden technischen Einbauten in Bibliotheken, wie etwa Klima- und Lüftungsanlagen, Transportsysteme, Aufzugsanlagen, Brandmelde- und Überwachungsanlagen, Löschsysteme, elektronische Überwachungsanlagen, Heizungssysteme, Stark- und Schwachstromanlagen aller Art, Notstromaggregate, IT-Anlagen etc., machen auch deren Steuerung und Wartung notwendig. Zumindest bei größeren Bibliotheken nehmen diese Anlagen eine gewisse Größenordnung und Komplexität an, die in vielen Bereichen intensiven Einfluss auf den unmittelbaren Bibliotheksbetrieb haben. Der Bauverantwortliche der Bibliothek ist daher gut beraten, sich auch dem intensiven Dialog mit den Fachplanern zu widmen. Je besser der Fachplaner die Probleme der Bibliothek versteht, desto tragfähiger werden die von ihm konzipierten technischen Systeme sein. Es ist auch nützlich, stets einen Mitarbeiter der Haustechnik zu diesen intensiven Konsultationen hinzuzuziehen. Vom Bauverantwortlichen wird natürlich auch zu erwarten sein, dass er sich in einem bestimmten Maß mit diesen technischen Anlagen und ihrer Funktionsweise auseinandersetzt. Diese Empfehlungen gelten insbesondere für die HU-Bau-Phase und die Phase der Ausführungsplanung. Erst nach der Ausschreibung der verschiedenen haustechnischen Systeme zeigen sich mitunter Konsequenzen für das Zusammenspiel der Anlagen untereinander und vor allem Konsequenzen für den zukünftigen Bibliotheksbetrieb, auf den zu reagieren sein wird. Im besten Fall lassen sich solche Korrekturen dann unter die „nicht erheblichen Abweichungen" nach RBBau verbuchen, um die Baumaßnahme „technisch zweckmäßig" und „vollständig" herzustellen. Die Tücken liegen oft im Detail.

3.4.8 Das neue Verfahren ab 2002

Wie bereits erwähnt gilt seit Anfang 2002 ein neues Verfahren zur Durchführung von „Großen Neu-, Um- und Erweiterungsbauten" (GBM). Nach diesem Verfahren sind folgende Etappen für das Verfahren vorgesehen: Die nutzende Verwaltung (die Bibliothek) stellt eine „Entscheidungsunterlage Bau" (ES-Bau) auf. Zu den Unterlagen gehören: Eine *Bedarfsbeschreibung* mit (1) Erläuterung der bedarfsauslösenden Gründe, (2) Stellenplan (nach Muster 12 RBBau), (3) Raumbedarfsplan (nach Muster 13 RBBau), (4) Benennung der qualitativen Bedarfsanforderungen für jeden Raum und die Gesamtmaßnahme sowie eine *Bedarfsdeckung* mit (1) Programmkostenermittlung (nach Muster 6 RBBau) einzelner Varianten, (2) Beurteilung, Dokumentation und funktionaler Bewertung realisierbarer Alternativen der Bedarfsdeckung (z.b. Eigenbau, Miete eines geeigneten Objektes, Kauf eines geeigneten Objektes).

Die Bauverwaltung berät und unterstützt den Bedarfsträger fachlich bei der Aufstellung der ES-Bau. Die ES-Bau wird der jeweils zuständigen obersten Instanz des Nutzers übergeben, diese leitet die gebilligte Unterlage an die oberste technische Instanz (OTI), das BMVBW zur baufachlichen Genehmigung weiter. Danach wird die Unterlage dem BMF zur haushaltsmäßigen Anerkennung des Bedarfs und Festsetzung einer Kostenobergrenze vorgelegt. Die haushaltsmäßig anerkannte ES-Bau ist für die nutzende Verwaltung und die Bauverwaltung in ihren materiellen Festlegungen bindend.

Nach der baufachlichen Genehmigung und der haushaltsmäßigen Anerkennung der ES-Bau erteilt die OTI (BMVBW) an die zuständige Bauverwaltung den Planungs- und Bauauftrag zur Erstellung einer „Entwurfsunterlage-Bau" (EW-Bau). Die Bauverwaltung legt daraufhin die Struktur der Projektorganisation fest (z.b. eine projektbegleitende Prüfung durch die OFD), gegebenenfalls wird eine projektbezogene Arbeitsgruppe gebildet. Bei bedeutenden Baumaßnahmen wird ein Wettbewerb nach GRW 95 durchgeführt. In der EW-Bau sind die Ergebnisse der Planung (Vorplanung, Entwurfsplanung und Genehmigungsplanung) zu dokumentieren und die Kosten zu veranschlagen. Die EW-Bau gilt als aufgestellt, wenn der Bedarfsträger die Entwurfspläne, das Raumbuch und die Kostenberechnung durch eine Einverständniserklärung bestätigt hat. Schlägt der Bedarfsträger Änderungen oder Ergänzungen vor, sind diese von der Bauverwaltung zu überprüfen, zu bewerten und einer Entscheidung zuzuführen. Die Bauverwaltung (in der Regel die fachaufsichtsführende Behörde) prüft die EW-Bau unter folgenden Gesichtspunkten: (1) Übereinstimmung mit der genehmigten Bedarfsbeschreibung, (2) Vollständigkeit der erforderlichen Unterlagen (Funktionstüchtigkeit, Gestaltung, Eignung der Konstruktionen, Baustoffe, technische Anlagen, Ausstattungen etc.), (3) Zweckmäßigkeit und Wirtschaftlichkeit der Planung unter Berücksichtigung der Folgekosten und des „Leitfadens Nachhaltiges Bauen", (4) Erfüllung der öffentlich-rechtlichen Bestimmungen, Einhaltung der allgemeinen anerkannten Regeln der Technik, (5) Richtigkeit der Kostenermittlung.

Die EW-Bau ist der OTI, der obersten Instanz des Bedarfsträgers und dem BMF zur Herstellung des Einvernehmens nur vorzulegen, wenn die anerkannte Kostenobergrenze nicht eingehalten wird. Andernfalls unterrichtet die Bauverwaltung die OTI, die oberste Instanz des Bedarfsträgers und das BMF über die Ergebnisse der EW-Bau. Sofern sich die OTI eine

Beteiligung vorbehalten hat, ist ihr gesondert zu berichten. Die EW-Bau ist für die weitere Ausführungsplanung und Bauausführung grundsätzlich bindend, jede erhebliche Abweichung setzt die Genehmigung eines Nachtrags voraus. Ob das erklärte Ziel, die Regelungsdichte von Vorschriften zu verringern und die Verwaltungsverfahren zu vereinfachen und zu beschleunigen, mit diesen neuen Regelungen erreicht wird, kann erst die Zukunft erweisen. Aus bibliothekarischer Sicht (aus der Sicht des Nutzers) bleiben die im Abschnitt „Verfahren bis 2002" genannten Gesichtspunkte und Zwänge in etwa die gleichen. Einzelne Nuancen werden sich möglicherweise verschieben, dies wird sich in den nächsten Jahren zeigen.

3.4.9 Planung von Einrichtung und Möblierung

Mit der Planung von Einrichtung und Möblierung für einen Neu-, Um- oder Erweiterungsbau verhält es sich ähnlich wie mit den Bauplanungsphasen. Am Anfang steht eine Kostenberechnung, die auf groben überschlägigen Hochrechnungen basiert. Wie man sich diesen ersten Kostenberechnungen nähert, kann durchaus unterschiedlich sein.

Eines der Grundprobleme besteht hierbei darin, dass entscheidende Teile der Einrichtung und Möblierung zur HU-Bau geschlagen werden, d.h. die Beschaffung findet aus Baumitteln statt. Ein anderer Teil der Einrichtung und Möblierung sind vom Nutzer über gesonderte einzuplanende Haushaltsmittel zu beschaffen. Grob unterscheiden lassen sich diese Einrichtungs- und Möblierungselemente nach dem Grundsatz: Alles, was bei einer Erstausstattung von Neu- und Erweiterungsbauten fest mit dem Bau verbunden ist, gehört in die HU-Bau und alles, was beweglich ist, gehört in die gesonderte Einrichtungs- und Möblierungsplanung des Nutzers, also der Bibliothek. Da diese Unterscheidung im Detail oft Auslegungssache ist, gibt es bei einigen Bauverwaltungen der Länder lange Listen mit Einrichtungs- und Möblierungselementen, die nach der Rubrik: Aus Baumitteln zu beschaffen, bzw. nicht aus Baumitteln zu beschaffen, unterteilt sind. Da sich die Realität aber nie hundertprozentig in Schubladen und Fächer unterteilen lässt, bleiben auch hier Spielräume offen. Hier hängt vieles vom guten Willen und einer guten Argumentation ab. Wichtig ist, dass möglichst kein wichtiges Einrichtungs- bzw. Möblierungselement vergessen wird, egal in welchem Haushaltsansatz es verankert ist.

Zu den wichtigen Elementen, die in einer HU-Bau verankert sind, gehören solche Einrichtungs- und Möblierungsteile wie: Kompaktregalanlagen, Regale, sofern sie fest mit dem Bau verbunden sind (im Lesesaal und Freihandbereich bedingt die Elektrozuführung für die Regalbeleuchtung schon die ortsfeste Installation), Theken aller Art, Teeküchen, Einbaumöbel (dies ist ein ständiger Streitfall), fest installiertes Gestühl, fest installierte Vitrinen, Förderanlagen aller Art (jedoch keine Bücherwagen, auch keine elektrischen Transportwagen), Garderoben (jedoch nicht in Büros), ortsfeste Leitsysteme, fest montierte Sortiertische etc., um nur einige Beispiele zu erwähnen. In der Regel ist die Zuordnung zu den einzelnen Kostenstellen ein ständiger Streitpunkt.

Grundsätzlich ist es besser, wenn die Einrichtungs- und Möblierungsplanung von einem Architekten vorgenommen wird. Noch besser ist es, wenn das Architekturbüro, welches das Gebäude entworfen hat, auch die gestalterische Planung der Inneneinrichtung übernimmt. Es ist eine Garantie dafür, dass die innenarchitektonische Gestaltung mit der äußeren Architektur am besten harmoniert. Dies ist aber nicht zwingend. In der Regel beginnt man mit den ersten Kostenberechnungen zur Einrichtung und Möblierung eines Gebäudes zu dem Zeitpunkt, wenn die Kostenberechnung zum Neubau in die Konsolidierungsphase geht. Spätestens zum

Zeitpunkt der Erstellung der HU-Bau müssen die Kosten ermittelt worden sein. Zu diesem Zeitpunkt werden die Einrichtungs- und Möblierungselemente kostenseitig auf die beiden Haushaltsunterlagen (HU-Bau und Einrichtungs- und Möblierungsantrag des Nutzers) aufgeteilt. Am Anfang dieses Planungsprozesses stehen überschlägige Berechnungen, die im Laufe der weiteren Durchplanung der Baumaßnahme immer weiter präzisiert werden. Diese Berechnungen erfordern ein gewisses Maß an Erfahrungen, sowohl von Seiten der Architekten als auch von Seiten des zukünftigen Nutzers.

Der Dienstzimmerbereich ist am leichtesten zu bewältigen. Denkbar ist die Zuhilfenahme des Stellenplans, gekoppelt mit einer Hochrechnung entsprechend den Werten, die für Dienstzimmerausstattungen nach Besoldungsgruppen vorgesehen sind. Hinzurechnen muss man alle bibliotheksspezifischen Ausstattungen, die den Dienstraum eines Bibliothekars von dem Büro einer Behörde unterscheidet. Dies setzt voraus, dass von Seiten des Nutzers bereits sehr konkrete Vorstellungen über die Besetzung und die konkreten Arbeitsabläufe in den Dienststellen und Arbeitszimmern existieren. Dies bedingt sehr viele Diskussionen und Abstimmungen mit verschiedenen Bibliotheksverantwortlichen. Das Problem des koordinierenden Baubeauftragten besteht darin, alle Beteiligten zu realistischen Ansätzen zu bewegen und keine Unter- oder Überausstattung zu planen. Dies erfordert ein hohes Maß an Erfahrungen im bibliothekarischen Bereich. Die Architekten setzen dann das Einrichtungsprogramm im Laufe des Planungsprozesses in immer konkretere Entwürfe um, die immer wieder abgestimmt werden müssen. Noch weit schwieriger gestaltet sich die Einrichtungsplanung in den öffentlichen Bereichen der Bibliothek, besonders den Eingangsbereichen (mit Garderobe und Schließfächern und Buchsicherungsanlagen), Lesesaal- und Freihandzonen (Zuordnung von Leseplätzen und Regalblöcken), Informationsvermittlungsstellen (von den OPAC-Bereichen bis hin zu den Informationstheken), den Bücherausgaben (oder Buchbereitstellungszonen mit Selbstverbuchungssystemen), Kopierzonen, Austellungsflächen etc. Hier muss ein sorgfältig bis ins Kleinste durchdachtes System von Flächen mit Einrichtungs- und Ausstattungselementen entworfen werden. Dies geht nur im einvernehmlichen Dialog mit den Architekten. Je genauer die Vorstellungen des Nutzers sind und je besser er es versteht, diese Vorstellungen an den Architekten zu vermitteln, desto höher ist die Wahrscheinlichkeit, dass die Bibliothek mit ihrer Einrichtung dem späteren Alltagsbetrieb standhält. Ebenso wichtig ist es, dass man sich in die Bedürfnisse der Nutzer der Bibliothek hineinversetzt. In den letzten Jahrzehnten haben sich die Bibliotheken noch mehr als in früheren Zeiten zu Dienstleistungseinrichtungen gewandelt, man versucht, den Wünschen und Vorstellungen der Nutzer immer mehr entgegenzukommen, gleichzeitig zwingen die starken Personaleinsparungen in den Haushalten auch, immer mehr Abläufe eigenverantwortlich auf den Leser zu übertragen (z.B. die Ausleihverbuchung), die Grenzen, die der Bestandsschutz nahe legt, werden bereits vielfach überschritten. Jedoch sind die Probleme der Sicherung des Bestandes nicht aus den Augen zu verlieren. All diese Fragen haben einen gravierenden Einfluss auf die Einrichtungs- und Möblierungsplanung. Hier weiter ins Detail zu gehen, sprengt den Rahmen dieses Kapitels.

Wichtig ist noch zu erwähnen, dass den Aspekten der Ergonomie in all ihren Facetten sehr große Aufmerksamkeit geschenkt werden sollte. Man sollte sich der Möblierung eines Nutzerarbeitsplatzes nicht rein formal nähern, sondern man sollte sich tiefergreifend mit den Anforderungen auseinandersetzen. Heutzutage sind größere Arbeitstische (siehe DIN-Fachbericht 13) mit Elektroanschlüssen, IT-Verkabelung (auch die Möglichkeit des Anschlusses mitgebrachter Notebooks) und Einzelplatzbeleuchtung schon fast Standard, aber auch ein schlichter Lesesaalstuhl sollte so beschaffen sein, dass der Nutzer längere Zeit auf ihm ausharren kann, ohne Rückenprobleme zu bekommen. Freilich sind diese Aspekte dann auch noch mit den gestalterischen Ansichten der Architekten zu harmonisieren. Über die sinnvolle Ausgestaltung von Theken kann man ganze Lehrbücher schreiben, auch bei diesem Problemkomplex ist es wichtig, genau die Abläufe zu analysieren, die vor und hinter der Theke stattfinden. Auch der Ausgestaltung der Arbeitsräume der Mitarbeiter kann man nicht genügend Aufmerksamkeit schenken, auch hier ist es sinnvoll, neben ergonomischen Aspekten, die Arbeitsprozesse in den Räumen genau zu untersuchen. Gleichzeitig sollte die Einrichtung und Möblierung der Mitarbeiterräume ein gewisses Maß an Flexibilität ermöglichen, dem Verlagern von Dienststellen im Gebäude dürfen keine unüberwindbaren Hindernisse entgegenstehen. Baukastensysteme mit flexibel austauschbaren Einrichtungselementen sind gute Ansatzpunkte. Leider stehen starke Kostenzwänge mitunter solchen komplexen Ansätzen gegenüber. Es sei aber ins Feld geführt, dass heute nach individuellen Vorgaben gefertigte Einrichtungs- und Möblierungselemente ab einer bestimmten Stückzahl zu ähnlichen Preisen zu bekommen sind wie Möbel- und Einrichtungssysteme aus industrieller Fertigung. Auch hier sollte man kombinierte Lösungen anstreben. Ein Stuhl ist ein Einrichtungsgegenstand, der über Jahrhunderte perfektioniert wurde, in den letzten Jahrzehnten wurden Stühle entworfen, die so ziemlich jedes ergonomisch sinnvolle Element besitzen, das man sich vorstellen kann. Auf diesem Gebiet eine individuelle Fertigung anzustreben, scheint angesichts des großen Forschungsaufwandes, den die Industrie auf diesem Gebiet betrieben hat, höchstens im Bereich der Farb- oder Materialwahl sinnvoll. Bei anderen, auf sehr individuelle Arbeitsabläufe ausgerichteten Möbeln kann dies schon ganz anders sein. Freilich ist der Entwurfsaufwand nicht zu unterschätzen. Eine Bemusterung und Praxiserprobung an Prototypen bzw. Musterstücken ist dringend zu empfehlen. Die Innenarchitektur von Bibliotheken ist eine beliebte Spielwiese bei Architekten. Für den Nutzer und vor allem für den Baubeauftragen ist es wichtig, hier stets für sinnvolle und zweckmäßige Einrichtungselemente zu plädieren, die dem harten Alltagsbetrieb in der Bibliothek standhalten und nicht bereits nach einigen Jahren ersetzt werden müssen. Hier darf man harten Auseinandersetzungen mit dem Architekten nicht aus dem Wege gehen. Die Ersatzbeschaffung individuell gefertigter Einrichtungselemente ist kostenseitig ein Kapitel für sich und sollte im Auge behalten werden.

3.4.10 Allgemeine Qualitätsparameter zur Bewertung von Neubauten

In den angloamerikanischen Ländern haben sich in den letzten Jahrzehnten Grundsätze zur Bewertung von Bibliotheksbauten durchgesetzt, die von dem Architekten Harry Faulkner-Brown zusammengestellt wurden. Harry Faulkner-Brown ist einer der sehr wenigen Architekten, die mehrere Bibliotheken geplant und ausgeführt haben. Im Rahmen dieser Tätigkeit hat sich Faulkner-Brown tiefergehend mit allgemeinen Qualitätsparametern beschäftigt, die zur Bewertung von Bibliotheken, aber auch Bibliotheksentwürfen (also z.B. auch bei Architekturwettbewerben) herangezogen werden können. Diese Bewertungsgrundsätze gelten heute als mehr oder weniger anerkannt und sollen auf jeden Bibliothekstyp anwendbar sein. Faulkner-Brown bezeichnet seinen Planungsansatz als „offenen Plan", worunter er die Offenheit gegenüber Veränderungen und Ausgestaltung des Gebäudes versteht. Bei näherer Betrachtung sind diese 10 Bewertungskriterien aber so allgemein formuliert, dass sie in vielen Punkten auf jedes moderne Zweckgebäude anwendbar sind. Diese Grundsätze bedürfen also einer näheren Betrachtung und Erläuterung.

Der erste Grundsatz lautet „Flexibilität", worunter eine Flexibilität in der Grundstruktur des Gebäudes, den internen Strukturen und der Anordnung von Dienststellen gemeint ist. Es muss in einem solchen Gebäude möglich sein, Veränderungen in diesen Bereichen ohne größere Probleme vornehmen zu können. So wünschenswert eine solche Maxime auch ist, kann sie in der Praxis nur bedingt umgesetzt werden. Selbst wenn man die einheitlich hohen Deckenlasten realisiert, die ein solcher Ansatz voraussetzt (und der die Baukosten enorm in die Höhe steigert), so scheitert man schon am Geflecht der komplexen betriebstechnischen Anlagen. Wie soll ein System von raumlufttechnischen Anlagen, Heizung, Stark- und Schwachstrom, IT-Versorgung, Lichtversorgung etc. aussehen, um jederzeit an neue Verhältnisse angepasst zu werden? Gewiss kommt die moderne Rasterbauweise mit regelmäßigen Abständen von Stützen, Trägern und Unterzügen einer einheitlichen Auslegung von Deckenlasten entgegen, aber wie sieht es mit den Anbindungen von Energie und IT aus? Man kann rein theoretisch die gesamten Fußböden mit Hohlraumböden und einem System von Kabelkanälen ausstatten, nur der Kostenfaktor steht in keinem Verhältnis zum Ergebnis. Außerdem setzt die hundertprozentige Flexibilität auch die Veränderbarkeit von Wänden und anderen Einbauelementen (z.B. Zwischendecken) voraus. Auch hier kommt die Rasterbauweise diesem Gedanken entgegen, nicht-tragende Wände können heute leicht versetzt werden; Voraussetzung ist, dass die Versorgung nicht über die Wände ausgeführt wird, sondern über den Fußboden oder Außenwandkanäle. Aber auch hier setzen brandschutztechnische und andere technische Anforderungen (z.B. Raumluftkanäle) Grenzen. Man kann nicht alle Bereiche über den Fußboden versorgen, eine hohe Deckentragfähigkeit realisieren und dann auch noch in einem engen Raster die Zuführung von weiteren Energie- und Kommunikationsmedien gewährleisten. So etwas funktioniert nur theoretisch und würde in der Praxis an dem gewaltigen Aufwand scheitern. Was an dem Gedanken der Flexibilität sicher relevant ist, ist der Gedanke, dass man den Bibliotheksbau in logische zueinander in einem bestimmten Verhältnis stehenden Flächen unterteilt, denen man bestimmte Funktionen (Deckentragfähigkeit, Versorgungsraster) zuordnet und sie so ausprägt, dass sie später in einem bestimmten sinnvollen Rahmen veränderbar sind. In welchem Bereich auf jeden Fall eine hohe Flexibilität anzustreben ist, das ist im Bereich der Möblierung und Ausstattung der Dienstzimmer. Hier soll keinesfalls für Großraumbüros plädiert werden (obwohl hier Umgestaltungen meist am leichtesten sind) sondern eher für ein System von Räumen, die jederzeit leicht an neue Bibliothekstechnologien angepasst werden können, die man mit einer baukasten-artigen Möblierung schnell und flexibel anpassen kann. Das setzt in diesem Bereich ein gutes flexibles Versorgungsnetz (am besten über Fußbodenkanäle) voraus. Es sei daran erinnert, dass sich Bibliotheken trotz Informations- und Medienrevolution als in sich relativ stabile Strukturen erwiesen haben, die sich über Jahrzehnte hinweg nur in einem bestimmten Rahmen verändert haben (z.B. die Transformation des Kartenkatalograumes in ein OPAC-Areal), der, gemessen an der Gesamtfläche der Bibliothek, recht bescheiden bleibt. Bei der Planung oder Einschätzung von Bibliotheken muss also stets vom konkreten Beispiel und von einer möglichst realistischen Zukunftsprojektion ausgegangen werden. Dieses Szenario kann man nicht dem Architekten überlassen, die Grundanforderungen müssen vom Nutzer kommen.

Die zweite von Faulkner-Brown formulierte Anforderung heißt „Kompaktheit". Es ist allgemein bekannt, dass eine Bibliothek ein relativ kompliziertes Gebilde ist, in dessen Mauern ein System von bibliothekarischen Geschäftsgängen stattfindet. Davon ausgehend ist die Idee der kurzen Wege abgeleitet. Man definiert ein Zentrum von Räumlichkeiten, auf das sich alle anderen Räume beziehen und die in möglichst großer Nähe angeordnet werden.

Rein theoretisch ist eine Kugel oder zumindest ein Kubus das Ideal eines solchen theoretischen Plans. Grundsätzlich ist es wichtig, dass man den Gedanken der kurzen Wege und einer sinnvollen internen Transportlogistik verfolgt und dies auch im Bauplan umsetzt. Der Gedanke muss in zweierlei Richtung verfolgt werden, einerseits im Bereich der internen Geschäftsabläufe und andererseits für die Wege der Nutzer. Den Berührungs- und Überschneidungspunkten sollte man besondere Aufmerksamkeit schenken. Die Freihandbereiche, der Lesesaalbereich, die Bücherausgabe, die Informationsbereiche werden das Zentrum bilden, um das man alles andere sinnvoll ordnet. Die Anordnung von Treppen, Aufzügen, Gängen und Transportanlagen spielt dabei eine wichtige Rolle. Die Kompaktheit von Gebäuden hat auch ökonomische Vorteile, ein kompaktes Gebäude ist von den Baukosten in der Regel niedriger als ausgedehnte Bauten (von den Betriebskosten erst gar nicht zu reden).

Als drittes Postulat führt Faulkner-Brown die „Zugänglichkeit" ins Feld. Dies ist in modernen Bibliotheksbauten, abgeleitet vom Dienstleistungsgedanken, sicher eine der wichtigsten Anforderungen. Dass der Standort des Gebäudes in Bezug auf die Transportanbindung und die Eingangssituation zum Gebäude einladend und bequem ist, versteht sich eigentlich von selbst. Aber dass im Inneren des Gebäudes die für den Nutzer wichtigen Areale überschaubar und leicht erreichbar angeordnet sind, ist schon gravierender. Nichts ist schlimmer, als ein Bibliotheksgebäude, das ohne ein umfangreiches und kompliziertes Leitsystem kaum zu erschließen ist. Dies gilt selbstverständlich auch für die Zugänglichkeit des Gebäudes für Behinderte. Wenn dieser Gedanke gut in eine Raumstruktur umgesetzt wurde, hat man nicht nur zufriedene Leser, man spart auch Informations- und Aufsichtspersonal. Die Eingangssituation einer Bibliothek ist ihre Visitenkarte. Der Gedanke der Zugänglichkeit ist selbstverständlich auch auf die anderen öffentlichen Bereiche der Bibliothek anzuwenden. Auch Freihandbereiche und Lesesaalzonen müssen überschaubar, logisch strukturiert und für den Nutzer bequem zugänglich sein. Die Anordnung von strategisch wichtigen Theken und Informationspunkten in diesen Bereichen ist ebenso wichtig. All diese Überlegungen setzen ein tiefes Durchdenken von Arbeitsabläufen und ein gutes Hineinversetzen in die Bedürfnisse des Nutzers voraus. Auch hier sind die Vorgaben vom Nutzer zu machen.

Die vierte Forderung Faulkner-Browns bezieht sich auf die „Erweiterungsfähigkeit" von Bibliotheken. Dies ist mit Sicherheit ein Kriterium, das bei den einzelnen Bibliothekstypen unterschiedlich ausgeprägt sein wird. Faulkner-Brown plädiert dafür, dass jedes Bibliotheksgebäude erweiterungsfähig sein sollte, eine Anforderung, die nur von der Tendenz sinnvoll ist. Die ständige Erweiterbarkeit von Bibliotheken ist eigentlich nur bei Bibliotheken mit Archivcharakter denkbar, stößt aber auch hier (außer bei Nationalbibliotheken) an Grenzen. Faulkner-Brown geht jedoch davon aus, dass das Bibliotheksgebäude bereits so beschaffen sein sollte, dass es leicht erweiterbar ist. Dies korreliert bei Faulkner-Brown mit seiner ersten These der „Flexibilität" des Bibliotheksgebäudes. Wenn der Baugrund keine Erweiterung zulässt, soll wenigstens das Gebäude in sich eine Veränderbarkeit hergeben. Diese Gedanken laufen rein theoretisch auf eine Art universelle Modulbauweise hinaus. Von der Grundidee ist diese These sicher richtig, nur lässt sie sich in ihrer Absolutheit genau so wenig realisieren wie die erste These. Ein Gebäude und ein Baugrundstück gelangen irgendwann einmal an ihre Grenzen. Auch die Möglichkeit, in die Tiefe oder in die Höhe zu bauen, ist praktisch meist begrenzt.

Die fünfte These nennt sich „Veränderbarkeit". Dieser Grundsatz hat auch sehr viel mit der „Flexibilität" von Bibliotheksbauten zu tun. Nur flexibel ausgelegte Bauten lassen auch eine Veränderbarkeit im bibliothekarischen Bereich zu. Veränderbarkeit ist hier so zu interpretieren, dass die Umrüstung und Umgestaltung von spezifischen Nutzungsflächen (Freihandregalzonen, Leserplätze, OPAC-Zonen, Mitarbeiterräume) leicht möglich ist. Dieser Forderung kann einerseits durch Flächenraster an Versorgungsleitungen (im Fußboden) und gesicherten Lastenannahmen in bestimmten Zonen und flexiblen Möblierungssystemen Rechnung getragen werden (siehe auch These 1). Eine universelle Veränderbarkeit ist in der Praxis kaum möglich.

Die These Nummer 6 nennt sich „Gut organisiert". Hierunter versteht Faulkner-Brown den leichten Zugang zu den Medien und die leichte Verfügbarkeit der Medien für den Nutzer. Ein Punkt, der seit Bestehen von Bibliotheken von unterschiedlichen Ansichten bei Nutzern und Bibliothekaren geprägt ist. Grundsätzlich richtig ist der Gedanke, dem Nutzer so viel wie nur irgend sinnvoll ist, an Medien im Freihandmodus bzw. im Lesesaal anzubieten. Das Angebot muss räumlich einladend und übersichtlich angeordnet und erschlossen sein. In Bibliotheken mit Archivfunktion und hohem Anteil von kompakt magazinierten Medien stößt man hier an Grenzen. Die notwendigen Informationen sollen schnell und unkompliziert verfügbar sein. Die notwendigen Arbeitsmittel und Möglichkeiten sollen leicht verfügbar sein (PCs, Anschlussmöglichkeiten für Notebooks, Zugang zu externen Datennetzen, Kopiermöglichkeiten etc.), was zur nächsten These von Faulkner-Brown, der „Bequemlichkeit", überleitet.

Das Verständnis von Bequemlichkeit kann sehr unterschiedlich sein. Temperatur, Lichtverhältnisse, Geräuschpegel, Farbgestaltung der Umgebung, Bequemlichkeit der Arbeitsplätze und vieles mehr prägen diesen Begriff. Nur, wenn diese Parameter über das gesamte Jahr hinweg gleichmäßig gut vorhanden sind, wird man davon ausgehen können, dass die Nutzer die Bibliothek mehrheitlich als bequem empfinden. Den Fragen des Raumklimas und der Lichtverhältnisse kann man nicht genug Aufmerksamkeit schenken. So wünschenswert Tageslicht im Lesesaalbereich und in den Freihandzonen ist, so problematisch sind Temperatur- und Lichtverhältnisse in „Glaspalästen", die permanent der Sonne ausgesetzt sind. Dem äußeren Sonnenschutz, den Verschattungsmöglichkeiten, den extremen Temperaturschwankungen kann man bei der Planung von Bibliotheken gar nicht genug Aufmerksamkeit schenken. Bei Räumen mit hohem Glasanteil sollte immer die Anwendung von effektiven raumlufttechnischen- bzw. Klimaanlagen erwogen werden. Auch die Fragen der Raumakustik in großen und hohen Räumen muss sorgfältig untersucht werden. Hier müssen sich gestalterische und nutzerspezifische Forderungen treffen.

Die achte These von Faulkner-Brown lautet: „Konstant gegenüber Umwelteinflüssen". Dies ist sicher einer der Kernpunkte der konservatorischen Aufgaben, die eine Bibliothek wahrzunehmen hat. Es ist bekannt, dass die Haltbarkeit von Bibliotheksgut von gleichbleibenden konstanten Klimaparametern abhängt. Nichts ist schädlicher als jähe Veränderungen in diesem Regime. Bibliotheken, die als Glaskonstruktionen ausgeprägt sind, können dieser Rolle nur über ein aufwändiges Klimatisierungskonzept, was mit hohen Baukosten und sehr hohen Unterhaltskosten einhergeht, gerecht werden. Sicherlich ist heute bautechnisch vieles machbar. Aber zu welchem Preis? Obwohl moderne Technologien (Sonnenkollektoren, Wärmepumpen, aktive Bauteilkühlung, Phasenwechselmaterialien als Wärmepuffer etc.) beachtliche technische Verbesserungen im Energiehaushalt bieten, ist ein gut konzipierter Bau, bei dem die Außenwände als Dämmung, als Regulator fungieren, immer noch die zweckmäßigste Variante. Eine gut konzipierte Außenwand bietet immer noch die beste Wärmedämmung, die beste Barriere gegen Schmutz und Lärm, gegen Wind, Sonne und Wetter. Der Glasanteil an der Außenhaut einer Bibliothek sollte sich in einem vernünftigen Rahmen bewegen. Im Bereich der Magazine ist er unerwünscht. Unterirdische Magazine verursachen gewisse

3.4 Planung von wissenschaftlichen Bibliotheken

Mehrkosten beim Bau, bieten aber bessere Temperaturparameter im Jahresmittel für eine Klimatisierung. Diesen Aspekten muss schon während des Architekturwettbewerbs sehr viel Aufmerksamkeit geschenkt werden. In der Regel werden während des Wettbewerbs Berater hinzugezogen. Dem Urteil des Beraters für Klima- und Energiefragen sollte große Aufmerksamkeit zukommen. Manch architektonisch wunderbarer Entwurf weist beim Energiehaushalt und speziell den Klimatisierungsproblemen große Defizite auf, die später kaum oder nur unzureichend zu kompensieren sind.

Eine weitere These lautet „Sicher", worunter Faulkner-Brown die Sicherheit des Gebäudes und der Bestände versteht. Die Sicherheit der Bestände war für Bibliotheken schon immer von oberster Priorität. Der Schutz der Bestände vor Diebstahl, Feuer und Wasser bzw. sonstigen Umwelteinflüssen ist wichtig. Die Sicherung von Beständen vor Diebstahl ist ein sehr weites Feld, welches an dieser Stelle nicht ausführlich behandelt werden kann. Es ist nur soviel anzumerken, dass das Gebäude und seine Raumstrukturen und -ausprägungen so beschaffen sein sollten, dass sie dem Sicherheitsgedanken für die Bestände entgegenkommen. Trotz schwieriger Fluchtweg- und Brandschutzvorschriften sollte dem Gedanken, die Nutzer möglichst durch *einen* Zu- und Abgang der Bibliothek zu leiten, große Aufmerksamkeit gewidmet werden. Hier lassen sich dann meist gut elektronische Buchsicherungssysteme installieren. Zur Brandschutz- und zur Diebstahlsicherheit von wertvollen Sonderbeständen gibt es einschlägige Fachliteratur. Dies ist eine Wissenschaft für sich, das Hinzuziehen einer Kriminalpolizeilichen Beratungsstelle oder von Spezialisten ist empfehlenswert. Neu hinzugekommen ist die Sicherung des Gebäudes und der Einrichtung vor Vandalismus, eine Entwicklung, die in den letzten Jahren zunimmt. Der Außenhautsicherung der Gebäude gegen Sprayer oder sonstige vandalistische Einwirkungen kann man sich oft durch die richtige Gestaltung, Materialwahl und eine gute Außenbeleuchtung schützen. Auch hier sollte man fachmännische Beratung hinzuziehen.

Die letzte und zehnte These Faulkner-Browns lautet „Wirtschaftlich". Dies ist mit Sicherheit eine der wichtigsten Qualitätsanforderungen an einen Bibliotheksbau. In den vorangegangenen Ausführungen ist bereits mehrfach darauf hingewiesen worden, dass große moderne Bibliotheksgebäude mit sehr umfangreichen und komplizierten betriebstechnischen Anlagen ausgestattet sind, die sehr komplex sind und auch einer intensiven Wartung und Pflege bedürfen. Gleichzeitig verbrauchen solche Anlagen nicht unbeträchtliche Energiemengen. Ein Bau sollte so beschaffen sein, dass er durch seinen Baukörper und seine technische Beschaffenheit nicht eine zusätzliche Materialschlacht an Aggregaten und Maschinen für seinen Betrieb erfordert. Wände und Decken sollten eine gute Isolierfunktion haben, Glas sollte in einem vernünftigen Maß eingesetzt werden, die Licht- und Sonneneinstrahlung muss berücksichtigt werden. Tageslicht und künstliche Beleuchtung sollen sich vernünftig ergänzen. Künstliche Beleuchtung erzeugt hohe Energiekosten und außerdem hohe Wärmewerte, die wiederum durch RLT-Anlagen kompensiert werden müssen. Moderne energiesparende Technologien sollten zur Anwendung kommen. Auch hier sei noch einmal auf den „Leitfaden für Nachhaltiges Bauen" des Bundesamtes für Bauwesen und Raumordnung, herausgegeben im Auftrag des Bundesministeriums für Verkehr, Bau- und Wohnungswesen vom Januar 2001, verwiesen, der richtlinienartig diese Bauprinzipien zusammenfasst. Bei allen Bauten des Bundes ist dieser Leitfaden mittlerweile anzuwenden, und auch einige Bauverwaltungen der Länder richten sich bei ihren Bauvorhaben danach.

Abschließend sei festgestellt, dass die 10 Thesen von Harry Faulkner-Brown einen guten Ansatz bieten, Bibliotheksbauten zu bewerten. Es ist jedoch zu beachten, dass nicht jede

These für sich steht, sondern dass es sich um das Zusammenspiel von Faktoren handelt, die bei ausgewogener Anwendung in der Praxis bei jedem Bibliothekstyp zu guten Ergebnissen führen werden.

*

Literatur

Bibliotheksbau : Bedarfsermittlung für wissenschaftl. und öffentl. Bibliotheken. - Berlin, 1991. - (dbi-Materialien ; 113)

Bibliotheksbau : Kompendium zum Planungs- und Bauprozess / Deutsches Bibliotheksinstitut. - Berlin, 1994. - (dbi-Materialien ; 131)

Bibliotheksbau : Literaturübersicht 1980 - / bearb. von Werner Ruddigkeit [u.a.] // In: ABI-Technik. - Jährl. Erscheinende Bibliographie

FAULKNER-BROWN, HARRY: Der offene Plan und die Flexibilität // In: Bibliotheken wirtschaftlich planen und bauen. - München, 1981

FAULKNER-BROWN, HARRY: Design criteria for large library buildings // In: World Information Report (1997/1998), S. 257 ff

FAULKNER-BROWN, HARRY: Some Thoughts on Design of Major Library Buildings. In: Intelligent Library Buildings / ed. by Marie-Françoise Bisbrouck. München : Saur, 1999. - S. 9 - 31. - (Proceedings on the 10th Seminar of the IFLA Section on Library Buildings and Equipment; 10)

FRANKENBERGER, RUDOLF: Das Verfahren zur Beurteilung von Bauvorhaben durch die Arbeitsgruppe Bibliotheken des Wissenschaftsrates // In: ABI Technik 15 (1995), S. 385 - 400

Gesetz über die Gemeinschaftsaufgabe „Ausbau und Neubau von wissenschaftlichen Hochschulen" (Hochschulbauförderungsgesetz) vom 1. Sept. 1969 // In: Bundesgesetzblatt 1969, T. 1, S. 1556 - 1558. - Änderungsgesetze von 1970, 1971, 1976 und 1990

LEYH, GEORG ; LIEBERS, GERHARD: Das Haus und seine Einrichtung // In: Handbuch der Bibliothekswissenschaft. Wiesbaden : Harrassowitz. - Bd. 2, 2. Aufl., 1961, S. 845 - 1025

LIEBERS, GERHARD: Funktion und Gestalt der Bibliothek. - 2., korr. Aufl. - Frankfurt am Main, 2002

Roswitha Poll

4 Bibliotheksmanagement

4.1 Strategische Planung

„Strategic management is that part of general management of an organization that emphasizes the relationships to external environments, evaluates the current status and the effects of future changes in them, and determines the most appropriate organizational response." (Robert Hayes, 1993)

Strategische Planung ist der grundlegende Prozess für das Bibliotheksmanagement und heute – in einer Situation tief greifender und sehr schneller Veränderungen – wichtiger denn je. Nicht nur die Aufgaben der Bibliotheken haben sich durch neue Formen der Literatur- und Informationsangebote, neue Techniken der Bearbeitung, Vermittlung und Bereitstellung von Medien kontinuierlich verändert; gleichzeitig werden Transparenz der Mittelverwendung, Evaluierung der Leistungen und Nachweis der erzielten Wirkungen von allen Institutionen der öffentlichen Hand gefordert. Planung, Zielsetzung und kontinuierliche Evaluierung des Erreichten sind daher unabdingbar. Strategische Planung wird in Bibliotheken noch längst nicht durchgehend und systematisch angewendet. Häufig gilt noch, was Maurice B. Line, früherer Direktor der British Library, nach mehreren Jahren als Organisationsberater großer Bibliotheken in unterschiedlichen Ländern 1996 zusammenfasste. Was er suchte und erwartete, waren:

- eine klare Zukunftsvision,
- eine Nutzer- und Service-orientierte Organisation,
- Kenntnis der jeweiligen primären Nutzergruppe, einschließlich der Nicht-Nutzer und ihrer Bedarfe,
- kontinuierliche Evaluation und Revision aller Prozesse,
- allgemeine Bereitschaft zur Erneuerung.

Was er dagegen weitgehend fand, waren:

- Adhoc-Reaktion statt Planung,
- Fixierung auf interne Abläufe,
- lediglich punktuelle Berücksichtigung von Benutzerwünschen,
- nicht genutzte Statistiken,
- veraltete, überfrachtete Prozesse,
- Stagnation,
- Verschieben von Problemen.

Grund für die Vernachlässigung strategischer Planung ist meist die hohe Bindung von Ressourcen durch die Tagesprobleme, aber auch die allzu starke Orientierung am Bisherigen, an gewohnten Aufgaben, Abläufen und Ressourcenverteilungen. Erfahrung ist zwar bei allen Planungen und Entscheidungen unverzichtbar, aber gerade in Zeiten raschen Wandels nicht der wichtigste Faktor. Durch einen Planungsprozess können sich Prioritäten grundlegend verändern.

4.1.1 Aufgabendefinition

Voraussetzung für jeden Planungsprozess ist die Festlegung der grundlegenden Aufgaben einer Institution („mission statement"). Aufgabendefinition ist die knappe Zusammenfassung von Zweck und Existenzgrund einer Institution mit Angabe des Aufgabenbereichs und der zu versorgenden Klientel, ggf. auch der zugrunde liegenden Werte und Ziele. Wenn man „mission statements" von Bibliotheken im Verlauf der letzten 20 Jahre vergleicht, wird allerdings deutlich, dass die von außen an die Bibliotheken herangetragenen Veränderungen auch die Aufgabendefinition tangieren. Die Grundaufgabe der Literatur- und Informationsversorgung für eine bestimmte Klientel bleibt zwar bestehen, aber:

- Der Begriff des „Bestandes" wird fließend: Kurzzeitige Lizenzen, elektronische Medien und nicht lokal vorgehaltene Ressourcen müssen heute zum Informationsangebot gerechnet werden.
- „Access versus holdings": Die Versorgung mit Literatur und Information wird in höherem Maße über Zugriffsmöglichkeiten abgedeckt; Verfahren wie „pay-per-view" und Online-Lieferung gehören zur Versorgungsdienstleistung.
- Die Informationsflut, die Vielfalt von Informationsangeboten und die steigenden Anforderungen an IT- und Informationskompetenzen machen Beratungs- und Schulungsaufgaben wesentlich wichtiger.
- Bewährte Wege der Kooperation zwischen Bibliotheken oder auch anderen Informationseinrichtungen geraten in Konflikt mit der Forderung nach Wettbewerb zwischen Institutionen.

Die Aufgabendefinition muss als „Vision" erstellt werden. Eine solche Vision erfordert die Berücksichtigung der Interessen aller „stakeholder", d.h. aller an der Aufgabenerfüllung der Bibliothek interessierten Gruppen. Als solche Gruppen können gesehen werden:
- die aktuellen und potentiellen Nutzer
- das Bibliothekspersonal
- die Institution, der die Bibliothek angehört
- die finanzierenden Institutionen
- politische Institutionen, die Richtlinien für die Bibliothekspolitik erlassen
- die Öffentlichkeit

Vor allem muss die Aufgabendefinition die Ziele und Entwicklungsperspektiven der Trägerinstitution mit einbeziehen. Aufgabenbeschreibungen können nur aus wenigen Sätzen bestehen, können aber auch in breiterer Form die grundlegenden Aufgaben abhandeln. Ein Beispiel ist das „mission statement" der University of Iowa Libraries: „The University Libraries is the central university institution supporting the development and delivery of library and information resources, and the preservation of knowledge. The mission of the University Libraries is to provide collection and staff resources in support of teaching, research, service and public outreach, and to respond to the need of all members of the university community to be library and information literate" (Lewis D. Cartee, 1990). Das klingt simpel und selbstverständlich. Aber auch dieses kurze Leitbild enthält so wichtige und strittige Punkte wie „preservation of knowledge" (Bestandserhaltung), „support of public outreach" (Unterstützung der Öffentlichkeitswirkung) und „information literacy" (Unterstützung der Informationskompetenz). Ein umfassendes Leitbild für Universitätsbibliotheken wurde 1995 von einer Arbeitsgruppe der

nordrhein-westfälischen Universitätsbibliotheken erstellt. Wichtige Punkte, die mit der Formulierung der Aufgabenstellung geklärt werden sollten, könnten betreffen:
- Die Aufgabenstellung der Hochschulbibliothek in Bezug auf die nicht zur Hochschule gehörenden Nutzer aus der Region.
- Lokale, regionale, nationale und internationale Kooperation zur Wahrnehmung der Aufgaben.
- Die Aufgabe der Bewahrung und Erschließung und der Öffentlichkeitsarbeit für das kulturelle Erbe. Diese könnte bei Bibliotheken mit wertvollen Altbeständen Aufgaben wie Bestandserhaltung und spezielle Erschließung bedeuten, bei allen Bibliotheken Aufgaben wie Ausstellungen und Publikationen.
- Die Lehre und Beratung im Bereich der Informationskompetenz, aber auch der IT-Fähigkeiten der Benutzer.
- Die Unterstützung für die Öffentlichkeitswirkung der jeweiligen Institution durch die Sammlung und Bereitstellung der Publikationen und Informationen der Institution, z.B. über einen Universitätsverlag.

Das Leitbild sollte dynamisch sein, d.h. sich veränderten äußeren Bedingungen für die Arbeit der Bibliothek oder dem Wechsel des Leitbildes der Trägerinstitution anpassen. Der Wert eines Leitbildes liegt zum einen bereits in der Erarbeitung, d.h. im Nachdenken darüber, welche Aufgaben und Wertvorstellungen der eigenen Arbeit zugrunde liegen. Zum anderen dient es der „corporate identity"; es ermöglicht ein gemeinsames Bild aller Mitarbeiter und Mitarbeiterinnen vom Zweck und Ziel der eigenen Arbeit.

4.1.2 Planung

„A strategic plan implies a systematic process based on a real *strategy* for the future. It establishes coherent aims realizable within a given period of time, usually five years in public sector bodies, in the context of a set of clear objectives." (Maurice B. Line, 1999)

Externe Faktoren, die die Bibliothek oder ihre Trägerinstitution tangieren, sind z.B. die Sozialstruktur der potentiellen Nutzer, die ökonomischen Bedingungen, die technologischen Bedingungen, die kulturellen Faktoren und die politischen Vorgaben. Diese externen Vorgaben werden auch zusammengefasst unter dem Akronym PEST (**P**olitical, **E**conomical, **S**ocial, and **T**echnological factors). Daneben stehen dann die internen Möglichkeiten und Schwierigkeiten – personelle, finanzielle und technische Ausstattung, Aufgaben, Organisationsstruktur. Das Gesamtbild wird dann z.B. mit einer SWOT-Analyse ermittelt: **S**trengths, **W**eaknesses, **O**pportunities, **T**hreats (nach: Robert D. Stueart und Barbara B. Moran, 1998): Zusätzliche Informationen für die Planung liefert dann die *Bedarfsermittlung*. Dazu gehören nicht nur die aktuellen Bedürfnisse der Nutzung, sondern auch voraussehbare zukünftige Bedarfe und Lücken zwischen den derzeitigen Dienstleistungen und dem gewünschten Leistungsniveau. Vor allem müssen neben den aktiven Nutzern auch die potentiellen Nutzer in die Analyse einbezogen werden, die evtl. von derzeitigen Dienstleistungen nicht erreicht werden oder sie als unzureichend ablehnen.
Die Planung muss stets die *Gesamtsicht* der Bibliothek berücksichtigen. Planung und Ziele für einzelne Bereiche und Dienstleistungen, Bedarfe bestimmter Benutzergruppen tangieren stets auch andere Bereiche, allein schon durch Bindung von vorhandenen Ressourcen.

Der Planungsprozess umfasst in einer interaktiven Hierarchie:

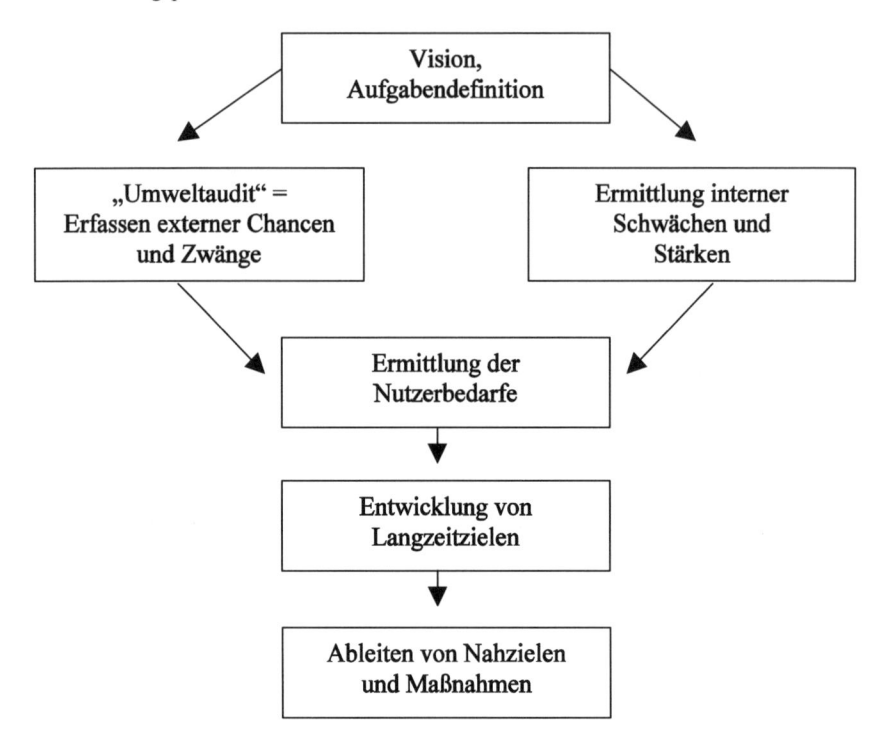

```
                    ┌─────────────────────┐
                  ┌─│       Vision,       │─┐
                  │ │   Aufgabendefinition │ │
                  │ └─────────────────────┘ │
                  ▼                         ▼
      ┌─────────────────────┐    ┌─────────────────────┐
      │  „Umweltaudit" =    │    │  Ermittlung interner│
      │ Erfassen externer   │    │   Schwächen und     │
      │ Chancen und Zwänge  │    │      Stärken        │
      └─────────────────────┘    └─────────────────────┘
                  │                         │
                  │    ┌───────────────┐    │
                  └───▶│ Ermittlung der│◀───┘
                       │ Nutzerbedarfe │
                       └───────────────┘
                               │
                               ▼
                       ┌───────────────┐
                       │ Entwicklung von│
                       │  Langzeitzielen│
                       └───────────────┘
                               │
                               ▼
                       ┌───────────────┐
                       │Ableiten von   │
                       │Nahzielen      │
                       │und Maßnahmen  │
                       └───────────────┘
```

4.1.3 Ziele

Zielformulierungen fassen die Aufgaben der Bibliothek in operationale Form, geben also die Richtung an, in die sich die Bibliothek engagieren will. Sie sind handlungsorientiert, d.h. aus der jeweiligen Formulierung für ein Langzeitziel müssen messbare und erreichbare Nahziele abgeleitet werden können. Beispiel:

Langzeitziel: Verbesserung der Informationskompetenz der Studierenden
Nahziel: Einbinden der Schulungen zur Informationskompetenz zu
                80 % in die Curricula
Maßnahmen: Absprachen mit den Fachbereichen

Langzeitziele sind dabei eher qualitativ festgelegt, Nahziele eher quantitativ. Eine messbare Zufriedenheitsquote soll erreicht werden. Wegen der besseren Messbarkeit aufgrund der meist jährlich erhobenen Statistik, aber auch wegen besserer Vergleichbarkeit werden Nahziele häufig analog zum Rechnungsjahr angesetzt. Die Langzeitziele sollten flexibel bleiben und in regelmäßigen Abständen überprüft und revidiert werden. Kurzfristig eintretende externe Entwicklungen, aber auch Erfahrungen mit der Erreichbarkeit der Ziele, können die Prioriäten verändern.

4.1.4 Strategieimplementation

Ob eine strategische Planung Erfolg hat, hängt zunächst davon ab, ob die Umweltfaktoren, die eigenen Schwächen und Stärken und die zukünftigen Bedarfe und Möglichkeiten stimmig analysiert wurden. Ebenso wichtig aber ist das Engagement innerhalb der Institution für die Zielerreichung. Die Diskussion darüber, ob stärker „bottom-up" oder „top-down" geplant werden sollte, scheint eigentlich müßig; ohne Beteiligung aller Ebenen innerhalb der Institution können vielleicht Visionen erstellt, aber keine konkreten Maßnahmen entworfen werden, und ohne breiten Konsens zu der Planung können die gesetzten Ziele nicht erreicht werden. Als Mittelweg für die Planung hat sich häufig die Einrichtung einer abteilungsübergreifenden Planungsgruppe und einer Stabsstelle für die Planung erwiesen. Als mögliche Fehler bei einer strategischen Planung werden genannt:

- mangelndes Engagement in der Leitung
- ungenügende Einbeziehung der Abteilungen/Stellen
- zu starke Formalisierung der Planung
- mangelnde Flexibilität
- zu seltene Überprüfung und Revision
- allzu hoch gesetzte Ziele, die bei Nicht-Erreichung demotivieren

Wichtig sind klare Prioritäten für jene Ziele, die der angestrebten Entwicklung der Bibliothek am besten dienen, eindeutige Verantwortlichkeiten für die einzelnen Nahziele und die dazugehörenden Maßnahmen und eine regelmäßige Überprüfung des erreichten Standes. Da der Planungsprozess eine zeitraubende Aufgabe darstellt, die häufig im Konflikt mit den Tagesanforderungen steht, geschieht es leicht, dass mit dem fertigen „Programm" die Aufgabe zunächst als beendet angesehen wird. Planung, Evaluierung und Neuplanung sind aber ein kontinuierlicher Prozess.

4.1.5 Dienstleistungsvereinbarungen

Die von der Bibliothek angestrebten Ziele können in formellen Vereinbarungen mit der Trägerinstitution konkretisiert und festgelegt werden. Solche Vereinbarungen werden für einen bestimmten Zeitraum abgeschlossen und enthalten

- die Definition der zu liefernden Leistungen,
- Quantität und Qualität der zu liefernden Leistungen,
- den Umfang der dafür notwendigen Mittel,
- die Pflichten beider „Vertragspartner",
- evtl. Vorbehaltsklauseln für nicht vorhersehbare externe Einflüsse.

Solche festgeschriebenen Leistungsziele und -niveaus könnten z.B. sein

- Verbesserung bisheriger Leistungen:
  Bearbeitung neuer Medien innerhalb einer Woche
  Erweiterung der Öffnungszeiten um 10 Wochenstunden
- Einführung neuer Dienste:
  Online-Auskunftsdienste
  Beratungsdienste für das elektronische Publizieren

Es liegt auf der Hand, dass in solchen Vereinbarungen genannte Ziele messbar sein müssen, damit die Vertragspartner die Zielerfüllung überprüfen können. Langfristziele, die lediglich die gewünschte Richtung definieren, ohne konkrete Maßnahmen zu nennen, sind nicht geeignet. Zielvereinbarungen können sowohl für das gesamte Dienstleistungsspektrum wie für einzelne Leistungen formuliert werden. Normalerweise werden sie mit der Trägerinstitution abgeschlossen; für einzelne Leistungen sind aber auch Vereinbarungen mit bestimmten Nutzergruppen möglich, z.b. mit externen (kommerziellen) Nutzern oder mit einzelnen Nutzergruppen (z.b. Fachbereichen). Dienstleistungsvereinbarungen tragen zur Transparenz der Bibliotheksleistung bei, sowohl gegenüber der Trägerinstitution und der Öffentlichkeit wie innerhalb der Bibliothek; sie fördern das Marketing der Leistung gegenüber den Nutzern und zwingen zu regelmäßigem Berichtswesen. Andererseits liegt wiederum die Gefahr allzu großer Formalisierung nahe: Die Festlegung behindert die Flexibilität der Planung, und die Fokussierung auf messbare Ziele könnte die (noch) nicht messbaren Entwicklungsziele in den Hindergrund treten lassen.

4.2 Evaluierung

Qualitätsmanagement umfasst neben der Qualitätsplanung auch die Qualitätssicherung und Qualitätsverbesserung. Dazu bedarf es systematischer und kontinuierlicher Evaluierung. Evaluierung (Bewertung) ist der „Prozess der Einschätzung von Effektivität, Effizienz, Nutzen und Relevanz einer Dienstleistung oder Ausstattung" (Geoffrey Ford, 1996). Dabei meint „Effektivität" den Grad der Aufgabenerfüllung oder Zielerreichung: „Eine Aktivität ist effektiv, wenn sie die Ergebnisse, die sie liefern sollte, maximiert." Der Begriff „Effizienz" zieht zur Zielerfüllung den Aspekt der Wirtschaftlichkeit hinzu: „Eine Aktivität ist effizient, wenn sie den Einsatz von Ressourcen minimiert, oder wenn sie mit den gleichen Ressourcen bessere Leistung erbringt." Die Einschätzung von „Nutzen" und „Relevanz" der Dienstleistungen fragt danach, ob die erbrachte Leistung nicht nur wirtschaftlich und auftragsgerecht erbracht wurde, sondern auch die erhoffte Wirkung erzielte. Dieser Aspekt, die Wirkung der Bibliotheksleistung zu ermitteln und messbar zu machen, ist sicherlich der schwierigste. „Gute" Qualität definiert sich für die Bibliothek als Dienstleistungsbetrieb nicht unbedingt als maximal erreichbare, sondern als angemessene Qualität, gemessen am Aufgabenspektrum und dem Bedarf der Klientel. Qualität ist die „Gesamtheit von Merkmalen und Eigenschaften eines Produktes oder einer Dienstleistung, die sich auf die Fähigkeit der Bibliothek auswirken, festgestellte oder implizierte Bedürfnisse zu befriedigen." (Zitate aus DIN/ISO 11620). Der Qualitätsbegriff ist also kundenbezogen, nutzerorientiert.

4.2.1 Ermittlung von Nutzerbedarfen

Aktuelle Bedarfe zeigen sich zunächst an Daten wie
- Zahl der Ausleihen,
- Zahl der Präsenznutzungen,
- Zahl der Aufrufe von Datenbanken/elektronischen Zeitschriften,
- Benutzungsrate der Arbeitsplätze usw.,

4.2 Evaluierung

aber auch an „Negativdaten" wie
- Zahl der Vormerkungen/Beschaffungswünsche,
- Zahl abgewiesener Aufrufe von Datenbanken wegen unzureichender Lizenzen,
- Warteschlangen an Auskunfts-, Ausleihschaltern, an Internetarbeitsplätzen.

Die genannten Daten sind meist vorhanden oder leicht zu erheben. Ob die Benutzer aber mit den angebotenen Dienstleistungen zufrieden sind, welche weitergehenden Wünsche und Bedarfe sie haben, lässt sich nur über wesentlich aufwändigere Methoden ermitteln: Diskussionen in Fokusgruppen, Nutzerbefragungen oder auch „data mining" bei elektronischen Dienstleistungen.

Fokusgruppen haben den Vorteil, dass spezielle Nutzergruppen herausgegriffen werden können, die ggf. im automatisierten Bibliothekssystem nicht identifizierbar sind, z.b. bestimmte Altersgruppen, ethnische Gruppen, Studierende bestimmter Fächergruppen. Bibliotheken haben Benutzergruppen mit stark variierenden Interessen und Anforderungen. So sind Bedarfe von Erstsemestern, die sich vor allem auf gängige Lehrmaterialien richten, nicht mit den Bedürfnissen von Doktoranden gleichzusetzen, die sehr spezielle Fachinformationen benötigen. Bewährt haben sich Gruppen mit bis zu 15 Teilnehmern, die anhand eines Fragenkatalogs offen über Probleme und Wünsche diskutieren.

Umfragen können auf unterschiedliche Weise durchgeführt werden:

	Vorteile	Nachteile
Schriftliche Befragungen verteilt innerhalb der Bibliothek	hoher Rücklauf	es werden nur aktive Nutzer erreicht
Versand innerhalb der potentiellen Nutzergruppe	es werden auch die Nicht-Nutzer erreicht	geringerer Rücklauf
Telefonbefragung	hohe Antwortquote durch direkte Ansprache	evtl. beeinflusst durch den Befragenden; hoher Zeitaufwand
Umfrage über das Net (z.B. im Anschluss an eine OPAC-Nutzung)	keine Versendung / Verteilung nötig	evtl. beeinflusst durch häufig elektronisch recherchierende Klientel

Umfragen können sich allgemein auf die bereits gemachten Erfahrungen und weitergehende Wünsche richten, können aber auch bewusst einen bestimmten Zeitpunkt herausgreifen. So können Benutzer beim Verlassen der Bibliothek – oder beim „Verlassen" eines elektronischen Dienstes – gefragt werden, welche Erfahrung sie bei diesen bestimmten „Besuch" mit der jeweilig benutzten Dienstleistung gemacht haben. Verständlicherweise fragt jede Bibliothek nach der Bewertung der von ihr angebotenen Dienste. Dabei sollten aber allgemeine Qualitätskriterien nicht außer Acht gelassen werden. Als einfachste Richtlinien bieten sich dafür die von Berry, Zeithaml und Parasuraman (1990) entwickelte Kriterien an, die als „rater" bekannt sind:

- Reliability   Zuverlässigkeit/Genauigkeit der Leistung
- Assurance   Vertrauenswürdigkeit der Leistung
- Tangibles   Äußerer Aspekt der Ausstattung, Räume usw.
- Empathy   Individuelle Betreuung
- Responsiveness   Reaktionsbereitschaft, Ansprechbarkeit des Bibliothekspersonals

Auf diesen Kriterien baut das „Servqual"-Modell auf, das von den gleichen Autoren entwickelt wurde, und das derzeit – leicht abgewandelt – von einer wachsenden Anzahl wissenschaftlicher Bibliotheken in Rahmen eines Projekts der ARL benutzt wird. Die von den Projektbibliotheken versandten Fragebögen erfragen nicht allgemein die Zufriedenheit mit Dienstleistungen, sondern die minimal erwartete, die maximal erwartete und die erfahrene/erlebte Qualität. Wegen der hohen Anforderungen des Servqual-Modells sowohl an die Auswertung wie an die Befragten begnügen sich die meisten Nutzerbefragungen mit der einfachen Bewertung der verschiedenen Dienstleistungen. Dabei wird ein vorgegebenes Antwortsystem mit 5er oder 7er Skala der Bewertung verwendet. Sinnvoll ist es, offene Antwortmöglichkeiten für Wünsche und Probleme zuzulassen; das erhöht allerdings wiederum den Auswertungsaufwand. Jede Benutzerbefragung ergibt wertvolle Hinweise für die Planung und die Ressourcenverwendung der jeweiligen Bibliothek. Relevanter werden die Ergebnisse, wenn ein Benchmarking stattfinden kann, d.h. wenn eine Gruppe von Bibliotheken gleichzeitig den gleichen Fragebogen verwendet und die Ergebnisse damit vergleichbar werden. So wurden z.B. 2001/2002 unter Federführung des Hochschulbibliothekszentrums in Köln zwei Umfrageaktionen der nordrhein-westfälischen Hochschulbibliotheken (Universitätsbibliotheken / Fachhochschulbibliotheken) durchgeführt (vgl. Follmer, Guschker und Mundt, 2002). Die Ergebnisse ließen deutliche Schwächen und Stärken erkennen und führten zu zahlreichen Reorganisationsmaßnahmen in den betreffenden Bibliotheken. Es zeigten sich allerdings auch Grenzen der Vergleichsmöglichkeit, z.B. zwischen zweischichtigen und einschichtigen Systemen.

4.2.2 Leistungsmessung

Zur Kontrolle des Leistungsniveaus der Bibliothek bedarf es festgelegter Qualitätskriterien, sogenannter Leistungsindikatoren. Bibliotheken haben seit langem, meist sogar auf nationaler Ebene, Daten zur Quantität ihrer Ressourcen, ihrer Leistungen und deren Nutzung erhoben. Solche Daten umfassen z.B. in der Deutschen Bibliotheksstatistik:

Input	*Output*
Personalzahlen	Zahl der Ausleihen/Präsenznutzungen
Bestandszahlen	Bibliotheksbesuche
Erschließungsdaten	Auskünfte
bereitgestellte/verausgabte Mittel	Schulungen / Führungen
verfügbarer Raum	Fernleihen / Dokumentlieferungen

Diese Daten zeigen zwar Umfang und Entwicklung der Dienstleistungen, ermöglichen aber noch keine Aussage über die Qualität, z.B. die Aufgaben- und Nutzerorientierung der angebotenen Leistungen. Statistische Daten bilden aber die Grundlage der Leistungsbewertung.

Leistungsmessung vergleicht die erhobenen statistischen Daten mit Zielen, stellt sie in Beziehung zu Aufgaben oder zu den Nutzergruppen, für die die Bibliothek ihre Dienstleistungen erbringt.

4.2 Evaluierung

Statistik	Leistungsindikatoren
30.000 eingeschriebene Benutzer	Marktdurchdringung (Prozentsatz der erreichten Zielgruppe)
2 Millionen Bände im Bestand	Anteil nachgefragter Titel, der tatsächlich verfügbar ist
1 Million Ausleihen	Ausleihen pro Kopf der Zielgruppe (z.b. Mitglieder der Hochschule)
500 Benutzerarbeitsplätze	Benutzungsrate der Plätze
120.000 bibliotheksfachliche Auskünfte	Prozentsatz korrekt beantworteter Fragen

Leistungsmessung fragt also nicht nach der Zahl der Leistungen, sondern danach, ob die „richtigen" (nachgefragten) Leistungen angeboten wurden und ob sie in ausreichender Anzahl und angemessener Qualität (korrekt, schnell) geliefert wurden. Leistungsindikatoren werden definiert als „Numerischer, symbolischer oder verbaler Ausdruck (abgeleitet aus der Bibliotheksstatistik und anderen Daten), der verwendet wird, um die Leistung einer Bibliothek zu beschreiben". Leistungsindikatoren sollen folgenden Kriterien entsprechen:

- *Aussagekraft*
  Der Indikator muss Informationen liefern über Erfolge und Probleme und Grundlagen für Entscheidungen bieten.
- *Zuverlässigkeit*
  Der Indikator sollte, wenn er wiederholt unter gleichen Bedingungen verwendet wird, vergleichbare Ergebnisse liefern.
- *Gültigkeit*
  Der Indikator muss tatsächlich das messen und bewerten, was er messen soll.
- *Angemessenheit*
  Der Indikator, seine Messeinheiten und Maßstäbe müssen dem Zweck entsprechen, für den sie eingesetzt werden.
- *Praktikabilität*
  Der Indikator sollte mit vertretbarem Aufwand an Arbeitszeit und Kosten anwendbar sein. Dieser Gesichtspunkt ist sicher besonders wichtig für die breite Anwendung von Leistungsindikatoren.
- *Vergleichbarkeit*
  Der Indikator soll Vergleiche zwischen Bibliotheken ermöglichen, wenn Struktur und Aufgaben einander weitgehend entsprechen.

Die Anwendung von Leistungsindikatoren ist besonders effektiv und sinnvoll, wenn durch die Nutzung gleicher Methoden die Ergebnisse unterschiedlicher Bibliotheken vergleichbar werden und für Benchmarking genutzt werden können. Daher wurden in internationaler Kooperation standardisierte Indikatoren entwickelt, die durch klare Definition von Ziel und Zweck eines Indikators, durch ausführliche Beschreibung einer oder mehrerer Methoden und Anleitung zur Problemanalyse den Vergleich ermöglichen. Zu nennen sind hier vor allem die ISO-Norm zur Leistungsmessung in Bibliotheken und mehrere Handbücher, die zum Teil in internationaler Zusammenarbeit entstanden sind (vgl. Van House, Weil und McClure,1990; Poll und Boekhorst, 1998; Keys to success, 1990; Output measures for public libraries, 1987;

Moore 1989). Da sowohl die ISO-Norm wie die Handbücher zunächst die bereits weit verbreiteten und ausreichend getesteten Indikatoren aufnahmen, fehlen darin noch weitgehend Kriterien für die Bewertung der elektronischen Dienstleistungen der Bibliothek oder (noch besser) für die „hybride" Bibliothek, die traditionelle und elektronische Dienste vereint. In mehreren Projekten wurden und werden daher weitere Leistungsindikatoren für die elektronischen Dienste entwickelt und getestet.

Unabdingbare Grundlage dafür war, dass zunächst auch die für die neuen Indikatoren notwendigen statistischen Daten definiert und standardisiert wurden. Das geschah wiederum im Rahmen der ISO durch die Überarbeitung der internationalen Norm für Bibliotheksstatistik (vgl. ISO FDIS 2789, 2002). International library statistics). Die Definition von statistischen Daten wie von Leistungsindikatoren stand dabei vor dem Problem, dass sich traditionelle Begriffe der Bibliotheksarbeit durch die elektronischen Medien und neue Formen des Angebots, der Dokumentübermittlung und der Nutzung grundlegend verändert haben bzw. noch laufend verändern.

Die derzeit getesteten Leistungsindikatoren für die elektronischen Dienste fasst ein technischer Bericht der ISO zusammen, der bewusst noch nicht als Norm gestaltet wurde, um der Entwicklung in der Informationstechnologie rascher angepasst werden zu können (vgl. ISO Technical Report 20983, 2002). Performance indicators for electronic library services). Die Fragestellungen für „elektronische" Indikatoren sind zunächst die gleichen wie bei traditionellen Indikatoren:

- Erreicht die Bibliothek mit ihren Diensten ihre Zielgruppe?
- Ermöglicht die Bibliothek den Zugang zu der Information, die die Benutzer benötigen?
- Ist dieser Zugang direkt und einfach?
- Sind die Dienstleistungen und die Informationen verläßlich?
- Bekommen die Benutzer Informationen und Hilfe in dem Moment, in dem sie diese benötigen?
- Ist die für die Benutzung notwendige Ausstattung (z.B. PC-Plätze) ausreichend und funktionsfähig? Aber auch: Wie weit engagiert sich die Bibliothek für elektronische Dienstleistungen?

Beispiele von Indikatoren für die elektronischen Dienstleistungen:
- Prozentsatz der durch elektronische Dienste erreichten Zielgruppe
- Prozentsatz der Erwerbungsausgaben für elektronische Bestände
- Prozentsatz des Bibliothekspersonals, das für IT-Dienste eingesetzt wird
- Anzahl verfügbarer PC-Arbeitsplatz-Stunden pro Kopf der Zielgruppe
- Kosten pro Zugriff auf ein elektronisches Dokument

Die angebotenen Leistungsindikatoren bringen eine breite Auswahl an Instrumenten der Qualitätsbewertung für alle Bibliothekssparten. Jede Bibliothek kann aus diesem Spektrum Kennzahlen auswählen, die ihrer Struktur und ihren Aufgaben entsprechen. Auch wenn bereits die einmalige Anwendung eines oder mehrerer Indikatoren wertvolle Hinweise ergibt, liefert doch erst eine kontinuierliche Leistungsmessung über mehrere Jahre hinweg sichere Ergebnisse. Die Ergebnisse der Leistungsmessung sind selbst noch keine Richtlinie zum Handeln, aber sie unterstützen die Entscheidungen zur Aufgabe bisheriger oder Aufnahme neuer Dienste oder zur Ressourcenverteilung und liefern fundierte Grundlagen für Mitteleinwerbung oder Öffentlichkeitsarbeit.

4.2.3 Kostenrechnung

Bibliotheken sind nicht nur konfrontiert mit schwindenden oder stagnierenden Ressourcen, steigenden Preisen und zusätzlichen Aufgaben, sondern auch mit der allgemeinen Forderung nach Transparenz und Rechtfertigung ihrer Ausgaben. Leistungsmessung zeigt ihnen,
- ob sie gemäß ihren Aufgaben und Zielen arbeiten,
- ob sie ihre Dienste nutzerorientiert anbieten,
- ob sie im Vergleich mit anderen Bibliotheken oder Informationseinrichtungen hohe Qualität der Leistung erreichen.

Aber was kostet die jeweils erreichte Leistungsqualität? Wenn z.b. die Auskunftsdienste bei Benutzerumfragen eine hohe Zufriedenheitsquote erreichen und eine Untersuchung mit dem Leistungsindikator „Prozentsatz korrekt beantworteter Auskunftsfragen" ein exzellentes Ergebnis bringt, so kann dies bei der einen Bibliothek mit ständiger Mehrfachbesetzung des Auskunftsplatzes durch hochqualifizierte Fachkräfte erreicht werden, bei der anderen wäre ein nur wenig schlechteres Ergebnis vielleicht sogar unter Heranziehen studentischer Hilfskräfte möglich: Die Kosten pro Auskunft wären dann sehr unterschiedlich.

Bibliotheken kennen und ermitteln traditionell meist Folgendes:
- ihre Einnahmen (gegliedert nach den Quellen)
- ihre Ausgaben (Literatur- und Informationsangebot, Personal, Datenverarbeitung, sonstige „Sachausgaben", Investitionen)

Gezählt werden also Einnahmen und Ausgaben, nicht aber die eigentlichen Kosten. Der Begriff „Kosten" bezieht sich auf den gesamten Verbrauch von Ressourcen (innerhalb eines Abrechnungszeitraums), der für die Erstellung der Leistungen notwendig war. Kostenrechnung in Bibliotheken ist aus mehreren Gründen nicht einfach:
- Die Produkte der Bibliothek sind *immateriell*: Bibliotheken produzieren keine physischen Objekte, sie erstellen Dienstleistungen.
- Die *Kapazitätskosten* dominieren: Kapazitätskosten, auch Bereitschaftskosten genannt, sind vom Umfang erbrachter Leistungen unabhängig; sie müssen aufgewendet werden, um die Institution einsatzfähig zu erhalten. Bibliotheken müssen stets ein hohes Potential für die mögliche Erbringung von Leistungen bereithalten. Die meisten Kosten hierfür sind nicht abhängig von der aktuellen Nutzung, sondern fallen unabhängig davon an.
- Der Anteil *fixer Kosten* ist hoch: Personalkosten sind langfristig gebunden, ebenso Kosten für Abschreibungen, Gebäudeunterhaltung etc. Wenn zum Beispiel die Ausleihen zurückgehen, reduziert das nicht sofort die Kosten der Ausleihstelle. Es bedarf langfristiger Planungen, um die aufgewendeten Ressourcen der Nachfrage anzupassen.

Bibliotheken kennen bisher meist zwar den Preis jedes Dokuments, das sie erwerben, nicht aber den „Preis" ihrer Produkte. Das zu wissen, wird aber umso wichtiger, je mehr sich Dienstleistungen der Bibliothek verändern und zur Diskussion stehen. Ein hoher Kostenaufwand für ein bestimmtes Produkt kann durchaus vertretbar sein, wenn es im Aufgabenkatalog der Bibliothek Priorität hat; aber das sollte bewusst entschieden werden können.

In den letzten Jahren sind weltweit verschiedene ernsthafte Versuche durchgeführt worden, Kosten für einzelne Produkte zu ermitteln, zumeist im Rahmen von Outsourcing-Überlegungen im Bereich der Katalogisierung oder Dokumentlieferung. Die Einführung der Kosten- und

Leistungsrechnung (KLR) in den Kommunen wie in Hochschulen brachte es mit sich, dass auch die Bibliotheken in diese Entwicklung einbezogen wurden. Verbunden damit ist meist die Budgetierung, d.h. die größere Selbstständigkeit bei der Mittelverwaltung. Der Nutzen, den sich die Trägerinstitution oder die Bibliothek von der KLR erhoffen, kann stark differieren: Unterhaltsträger schätzen vor allem die *Kontrollfunktion*, den Nachweis der Mittelverwendung und die Möglichkeit, Einsparpotentiale zu finden. Bibliotheken schätzen eher die *Steuerungsfunktion*: Die Möglichkeit der Optimierung ihrer Services durch gezielten Ressourceneinsatz.

Kostenrechnung ist ein Informationsinstrument des Managements, das die entstandenen Kosten den Produkten und Dienstleistungen einer Institution zuschreibt. Unterschieden werden Kostenartenrechnung, Kostenstellenrechnung und Kostenträgerrechnung.

- Die *Kostenartenrechnung* ermittelt alle relevanten Kostenfaktoren innerhalb der Bibliothek während eines Abrechnungszeitraums,
- Die *Kostenstellenrechnung* ermittelt die Kosten der verschiedenen Bereiche/Abteilungen,
- Die *Kostenträgerrechnung* kalkuliert den Preis des einzelnen Produkts/der einzelnen Dienstleistung.

Kostenartenrechnung

Die in Bibliotheken anfallenden Kostenarten umfassen folgende Gruppen: Personalkosten, Medienkosten, laufende Sachkosten, Bewirtschaftungskosten, kalkulatorische Kosten (Abschreibungen). Ein Kostenartenplan einer Hochschulbibliothek könnte etwa so aussehen:

- *Personalkosten*
  Bibliotheksfachkräfte, sonstige feste Mitarbeiter/innen, studentische und wissenschaftliche Hilfskräfte, Projektkräfte, Verwaltungsgemeinkostenzuschlag (Pauschalzuschlag, der die Leistungen externer Verwaltungsorgane für das Bibliothekspersonal umfasst, z.B. Leistungen der Personalverwaltung einer Hochschule oder des Landesamts für Besoldung)
- *Medienkosten*
  Printmedien (Monographien, Periodika), elektronische Medien (Zeitschriften, sonstige elektronische Medien), sonstige Medien, Einband, Bestandserhaltung
- *Laufende Sachkosten*
  Wartung und Reparatur (EDV-Geräte, Software, Sonstiges), Materialkosten (EDV-Verbrauchsmaterial, Sonstiges), Kommunikationskosten, Kopierkosten, Reisekosten, Fortbildungskosten, sonstige Sachkosten
- *Bewirtschaftungskosten*
  Heizung, Strom, Wasser/Abwasser, Reinigung, Abfallentsorgung, Bauunterhaltung, sonstige Bewirtschaftungskosten

Investive Kosten können selten insgesamt einem Abrechnungszeitraum zugeordnet werden. Es handelt sich bei Investitionen um Anlageobjekte, die auf längere Zeit dem Geschäftsbetrieb dienen sollen. Dazu gehören in erster Linie Gebäude, aber auch Geräte und Maschinen (z.B. Regale, Möbel, EDV-Geräte, Dienstfahrzeuge) sowie Bibliothekssoftware. Zwar werden die Ausgaben hierfür in einem bestimmten Jahr getätigt, der Verbrauch – und damit der Anfall von Kosten – zieht sich aber über mehrere Jahre hin. Daher werden mittels kalkulatorischer Abschreibung die einmalig angefallenen Ausgaben über die geschätze Nutzungsdauer verteilt.

4.2 Evaluierung

Kalkulatorische Abschreibungen

- Gebäude/Haustechnik
- Bewegliches Vermögen (EDV-Geräte, sonstige Geräte und Maschinen, Möbel, Dienstfahrzeuge)
- Software

Welche Abschreibungszeiträume für bestimmte Güter angesetzt werden, differiert von Land zu Land, oft sogar zwischen verschiedenen Unterhaltsträgern. Für Bibliotheken bietet es sich an, die von der KGSt erarbeiteten „Abschreibungsgrundsätze in der Kommunalverwaltung" zu nutzen. Kostenartenrechnung (Ermittlung der gesamten anfallenden Kosten und ihrer Differenzierung nach Kostenarten) erlaubt bereits einen groben Überblick darüber, ob die Kosten hoch oder gering sind im Vergleich zu anderen Bibliotheken, wie sich die einzelnen Kostenarten über Jahre hinweg entwickeln und in welcher Beziehung fixe und variable Kosten zueinander stehen.

Kostenstellenrechnung

Der nächste Schritt, die Kostenstellenrechnung, verteilt die Kosten auf die Bereiche, in denen sie anfallen. Aus praktischen Gründen folgen Bibliotheken hierbei meist der bestehenden Organisationsstruktur: Abteilungen, Arbeitsstellen, etc. Kostenstellenrechnung ist dann besonders relevant, wenn die einzelnen Kostenstellen budgetiert sind, d.h. ihre Ressourcen wie ihre Produkte selbst verantworten. Das kann zum Beispiel separate Zweigbibliotheken oder ein Druck- und Kopierzentrum betreffen. In den meisten Bibliotheken erlauben der hohe Anteil fixer Kosten und die Zusammenarbeit verschiedener Kostenstellen bei der Erstellung einer Leistung keinen großen Spielraum für selbstständiges Kostenmanagement einer Kostenstelle. Dennoch ist der Schritt, Kosten auf die Kostenstellen zu verteilen, sinnvoll für die darauf folgende Ermittlung der Kosten der einzelnen Aktivitäten und Prozesse.

Die Kosten für den Bestandsaufbau der Bibliothek werden bei Kostenanalysen unterschiedlich behandelt. In einigen Fällen ist versucht worden, Abschreibungszeiträume für beschaffte Medien festzulegen, sodass die Anschaffungskosten über den bestimmten Zeitraum hinweg wie alle anderen Abschreibungskosten zugewiesen werden können.

Es scheint aber nicht sinnvoll, für Literatur und Information ein „Verfallsdatum" wie bei Gebäuden und Geräten festzulegen, da manche Medien mit der Zeit eher an Wert gewinnen. Häufig wird daher der gesamte „Bestand" als externer Faktor betrachtet, mit dessen Hilfe Dienstleistungen und Produkte erstellt werden. Die Bestandskosten tauchen zwar dann in der Kostenartenrechnung auf, werden aber nicht den Kosten für die einzelnen Leistungen/Produkte zugewiesen. Die Dienstleistungen und Produkte bestehen eher darin, dass Medien gesammelt, erschlossen und angeboten werden – nicht in den Medien selbst.

Kostenträgerrechnung

Für die Kostenträgerrechnung ist eine genaue Prozessanalyse notwendig: Alle in einer Kostenstelle anfallenden Tätigkeiten werden in Interviews mit den dort Beschäftigten aufgelistet; während eines Stichprobenzeitraums erfassen die Mitarbeiter/innen die Zeit, die sie für jede Tätigkeit aufwenden. Die Ergebnisse werden unter Berücksichtigung von Abwesenheitszeiten auf ein Jahr extrapoliert. Da Personalkosten in Bibliotheken den größten Faktor darstellen, können alle anderen in der Kostenstelle anfallenden Kosten nach dem Prozentsatz der für eine

Tätigkeit verwendeten Zeit dieser zugewiesen werden. Beispiel für Prozesse, hier an der Arbeitsstelle Leihstelle: Ausleihen verbuchen, Rückgaben verbuchen, Benutzerausweise ausgeben, Ausleihfristen überwachen, Gebühren erheben, Elektronische Dokumentlieferung. Die Kosten eines Prozesses werden dann durch die Anzahl der „Kostenträger", der erstellten Leistungen/Produkte geteilt, z.b. die Anzahl der gegebenen Auskünfte oder der entliehenden Medien. Die für die Erstellung einer Dienstleistung oder eines Produkts notwendigen Prozesse können sich über mehrere Kostenstellen erstrecken. So umfasst z.b. das Produkt „ein bereitgestelltes Medium" die Prozesse: (1) Erwerbungsentscheidung, (2) Bestellung, (3) Inventarisierung, (4) Formalerschließung, (5) Inhaltserschließung, (6) Technische Bearbeitung, (7) Magazinaufstellung bzw. Bereitstellung auf dem Server. Die Tätigkeiten tangieren dabei Kostenstellen vom Fachreferat über die integrierte Medienbearbeitung bis zu Einbandstelle, Magazin und EDV-Abteilung. Mit einer solchen Kostenrechnung bis hin zur differenzierten Erfassung aller Tätigkeiten über Zeitaufschreibung und Kostenzuschreibung sind dann bekannt:

- die Gesamtkosten der Bibliothek,
- die Kosten der einzelnen Arbeitsbereiche,
- die Kosten jedes Prozesses / jeder Aktivität,
- die Kosten der einzelnen Produkte / der einzelnen Dienstleistungen, und zusätzlich als „Abfallprodukt" der Erfassung
- die Zeit, die für die Erstellung eines Produkts durchschnittlich benötigt wird (z.b. für die Katalogisierung einer Monographie)

Kostenmanagement

Mit den so ermittelten Werten läßt sich der Ressourceneinsatz steuern. Prozessoptimierung kennt zwei Wege: Entweder soll das gleiche Ergebnis mit geringerem Ressourceneinsatz, z.b. weniger Personal erreicht werden, oder es soll mit gleichem Einsatz ein höherer Output erzielt werden.

Die detaillierte Erfassung der Zeitanteile für die Einzelprozesse ergibt meist zahlreiche Ansatzpunkte für die Prozessoptimierung, z.B.

- unklare Verantwortlichkeiten
- Umwege bei den Arbeitsgängen
- Wartezeiten
- unnötige Kontrollen
- zu komplexe Prozesse
- Doppelung von Arbeitsgängen
- Medienbrüche bei der Bearbeitung

Wenn sich zum Beispiel zeigt, dass über 10 % der Arbeitszeit auf die Kontrolle geleisteter Arbeit entfallen (Beispiel: Katalogisierung), entspricht dies nicht mehr dem Grundsatz jedes Qualitätsmanagements „First time right", d.h. jede Person ist für die geleistete Arbeit selbst verantwortlich. Die Ergebnisse der Kostenrechnung können in unterschiedlicher Weise genutzt werden:

- Als Rechtfertigung für beantragte Ressourcen (z.b. bei Vereinbarungen zur Dienstleistungsqualität)
- Zur Kostenschätzung bei der Einführung neuer oder dem Zurückschalten traditioneller Dienste
- Für die Festlegung von Gebühren

- Für Outsourcing-Überlegungen
- Zur Prozessoptimierung
- Zum Benchmarking

Die Bibliothek kann auf solcher Grundlage ihre Ressourcenzuteilung für bestimmte Dienstleistungen bewußt vornehmen und aktuellem Bedarf anpassen. Dabei sollten aber die Kostenüberlegungen stets im Vergleich mit Qualitätskriterien erfolgen, d.h. die Kosten einer Dienstleistung sollten im Zusammenhang mit ihrer Effektivität und ihrer Bedeutung für die primäre Nutzergruppe der Bibliothek bewertet werden. Ein kostenaufwändiges Produkt wie die Bereitstellung von Rara in einem speziellen Lesesaal kann für die Forschung einer Hochschule von so hoher Bedeutung sein, dass die Kosten in Kauf genommen werden müssen.

4.2.4 Qualitätsmanagement-System

Die Literatur zum Qualitätsmanagement stammt zunächst aus dem industriellen Bereich, d.h. sie beschäftigt sich mit der Herstellung von physischen Produkten, die zu einem späteren Zeitpunkt an den Endnutzer geliefert werden. Erst später wurde das Konzept auch auf Dienstleistungsbetriebe angewendet. Der Unterschied liegt vor allem in dem bereits erwähnten Spezifikum, dass bei Dienstleistungen Produktionsprozess und Lieferung zusammenfallen, dass also ein direkter und sofortiger Nutzerkontakt besteht.

Wenn nicht nur einzelne Bereiche überprüft werden und nicht nur einzelne Methoden (z.B. Leistungsmessung) angewendet werden, um die Qualität der Leistung zu verbessern, sondern die gesamte Organisation einbezogen wird, spricht man von einem Qualitätsmanagement-System. Es umfasst die Organisationsstruktur, die Prozesse wie die erforderlichen Ressourcen für die Verwirklichung des Qualitätsmanagements. Systematisches Qualitätsmanagement bedeutet: (1) Planen, was getan werden soll, (2) Tun, was geplant wurde, (3) Dokumentieren, was getan wird, (4) Verbessern beim nächsten Mal. – Grundlagen für ein Qualitätsmanagement-System bietet zum Beispiel das Normensystem *ISO 9000 (Qualitätsmanagement)* bei dessen Anwendung eine Institution ein Zertifikat erhalten kann. Die drei Normen 9001 bis 9003 sind zunächst gedacht für die Vertragssituation zwischen Lieferant und Kunden. Sie sollen garantieren, dass der Lieferant Produkte oder Dienstleistungen liefert, die den Anforderungen entsprechen. Dazu gehört auch das Einhalten einer festgelegten Zeit. Dienste und Produkte werden in ihre Komponenten zerlegt. Ein Qualitätskoordinator oder Qualitäts-Manager wird benannt. Er sorgt in Einzelgesprächen mit den verschiedenen Bereichen dafür, dass alle Abläufe und Verbindungen dokumentiert werden. Die Dokumentation zeichnet auf: (1) Wer ist verantwortlich für die Vorgänge in einem Bereich? (2) Wie sind die Abläufe? (3) Welcher Standard soll erreicht werden? – Aus dieser Dokumentation entsteht das Qualitätshandbuch mit der Definition der Ziele, der Darstellung der Organisationsstruktur und der Beschreibung der Abläufe. Wichtig ist, dass das Organisationssystem offengelegt wird durch ausführliche Dokumentation, Rückkoppelung mit den betreffenden Stellen und aktive Beteiligung der Mitarbeiter. Die Dokumentation kann für Öffentlichkeitsarbeit und Marketing genutzt werden. Mit dem Zertifikat ergibt dies eine Qualitätsgarantie für die Nutzer und Unterhaltsträger. Die Kritik an ISO 9000 hebt hervor, dass das System im Grunde die traditionelle, produktbezogene Sicht von Qualität verkörpert, ebenso die konservative Managementtheorie der ständigen Kontrolle. ISO 9000 sei auf die internen Arbeitsläufe bezogen, dadurch eher statisch, nicht extern nutzerorientiert. Die Verwaltungsvorgänge werden aufgebläht durch den hohen Aufwand für Kontrolle und Dokumentation.

Total Quality Management (TQM) ist eine Unternehmensphilosophie, die in den 1950er Jahren von W. E. Deming entwickelt und zunächst in japanischen Firmen erfolgreich eingesetzt wurde. Neu bei TQM sind einerseits die Forderung nach kontinuierlicher Verbesserung, andererseits der Versuch, alle Mitarbeiter/innen einer Institution vollständig für dieses Klima ständiger Verbesserung zu gewinnen. Die wesentlichen Gesichtspunkte von TQM sind:
- Die Wünsche des Kunden sind Maßstab der Qualität: Qualität wird gesehen als Leistung abzüglich der Erwartung. Übertrifft die Leistung die Erwartung, so stimmt die Qualität.
- Jeder nachfolgende Prozess in einem Arbeitsablauf ist ebenfalls als „Kunde" zu betrachten. Es gibt also neben den externen auch interne Kunden (Beispiel: alle Arbeitsbereiche der Bibliothek als Kunden der EDV-Abteilung)
- Ständige Verbesserung aller Prozesse
- Prävention von Fehlern statt Korrektur von Fehlern (ein Vorgang soll gleich beim ersten Ansatz richtig durchgeführt werden)
- Bewusstsein der Kosten von mangelhafter Qualität (hohe Kosten für „Reparaturen")
- Integration und Partizipation der Mitarbeiter/innen auf allen Hierarchieebenen
- Qualität als Verantwortung jedes Einzelnen
- Besondere Verpflichtung der Leitung zur Führung im Qualitätsmanagement

TQM verlangt den Einsatz verschiedener Techniken, die nur nach ausführlicher Schulung richtig angewendet werden können, z.B.
- Qualitätszirkel: Kleine institutionalisierte Gruppen, die systematisch und selbstständig Probleme ihres Bereiches in regelmäßigen Treffen bearbeiten.
- Ablaufdiagramme, Ursache-Wirkung-Diagramme usw.

TQM erzielt keine schnellen Ergebnisse, sondern ist eine Langzeit-Verpflichtung. Es handelt sich um grundlegende Änderungen, vor allem in der Haltung aller Beteiligten. Sowohl ISO 9000 wie TQM sind in Bibliotheken nur punktuell angewendet worden. Grund dafür sind vor allem der hohe Zeitaufwand und die erst langfristig zu erzielende Wirkung. Einzelne Aspekte wie die kontinuierliche Leistungsverbesserung (Continous Quality Improvement = CQI), das Prinzip „First time right", die klare Verantwortung jedes Einzelnen und der Gedanke des „internen Kunden" haben aber großen Einfluss auf neue Methoden des Management in Bibliotheken gehabt.

4.2.5 Integriertes Controlling

Die Statistik liefert den Bibliotheken umfangreiches Datenmaterial zu Input und Output, Leistungsindikatoren schätzen die Qualität der gelieferten Dienstleistungen und Kostendaten ermöglichen die Steuerung des Ressourceneinsatzes zum Zweck optimaler Effizienz. Die Quantität, Komplexität und Unterschiedlichkeit dieser Datenmengen erfordern ein integriertes System, das sie für Planung, Evaluierung und Kontrolle nutzbar macht. Zum Zweck eines solchen integrierten Controlling wird auch in Bibliotheken häufiger die Balanced Scorecard („Ausgewogene Anzeigetafel") als Werkzeug verwendet (vgl. Kaplan und Norton, 1997). Das ursprünglich für den kommerziellen Sektor entwickelte Konzept „übersetzt" die Planung einer Institution (Aufgabendefinition, strategische Ziele, Nahziele) in ein System von Leistungsindikatoren, das alle wichtigen Aspekte der Leistung abdeckt: Perspektive der Finanzen, Perspektive der Nutzer, Perspektive der internen Prozesse, Perspektive der Entwicklung,

4.2 Evaluierung

Verbesserung der Dienstleitungen (Potenziale). – Das System verbindet also Kostendaten mit Input-Output-Daten, die externe Sicht auf die Bibliothek (Unterhaltsträger, Nutzer) mit der internen Sicht (Prozesse, Personal) und die Ziele der Bibliothek mit Ergebnissen und Maßnahmen. Ein Referenzmodell einer Balanced Scorecard für wissenschaftliche Bibliotheken wurde im Rahmen eines DFG-Projekts entwickelt (vgl. Ceynomwa, 2002). Das Modell benutzt folgende Indikatoren:

Perspektive Nutzer: Entspricht die Leistung der Nutzererwartung?

- Marktdurchdringung (Erreichen der Zielgruppe)
- Nutzerzufriedenheitsquote
- Zufriedenheitsquote mit den Öffnungszeiten
- Bibliotheksbesuche pro Mitglied der primären Nutzergruppe
- Sofortige Verfügbarkeit gewünschter Medien (in Prozent)
- Anteil der primären Nutzergruppe, der elektronische Dienste nutzt
- Anteil der Zugriffe auf elektronische Dienste von außerhalb der Bibliothek von der Gesamtzahl der Zugriffe

Perspektive Finanzen: Werden die Ressourcen effizient eingesetzt?

- Bibliothekskosten pro aktiven Nutzer
- Bibliothekskosten pro Bibliotheksbesuch
- Anteil der Kosten für Literatur und Information an den Gesamtkosten
- Anteil der Personalkosten für bestimmte Leistungsbereiche (z.B. Bestandsaufbau, Informationsdienste) an den gesamten Personalkosten
- Anteil der Ausgaben für elektronische Dokumente an den gesamten Erwerbungsausgaben

Perspektive Prozesse: Sind die Prozesse so organisiert, dass die Ziele erreicht werden können?

- Beschaffte/erschlossene Medien pro Person in der Medienbearbeitung
- Mediendurchlaufzeit (Eingang bis Verfügbarkeit)
- Zahl der Bearbeitungsinstanzen für Produkte (Beispiele: Zugangsbearbeitung, Dokumentlieferung)
- Anteil des zur Erstellung und Bereitstellung elektronischer Dienste eingesetzten Personals am Gesamtpersonal

Perspektive Potenziale: Ist die zukünftige Leistungsfähigkeit der Bibliothek gewährleistet?

- Anteil der Bibliotheksausgaben an den Ausgaben der Trägerinstitution
- Anteil der Ausgaben an Dritt- und Sondermitteln an den Bibliotheksausgaben
- Anzahl der Fortbildungsmaßnahmen pro Mitarbeiter/in
- Anzahl der Kurzzeiterkrankungen pro Mitarbeiter/in

4.2.6 Benchmarking/Betriebsvergleich

Controlling wird effektiver, wenn Vergleichsdaten anderer Bibliotheken herangezogen werden können. Solche Vergleiche werden oft als „Benchmarking" bezeichnet. Eigentlich ist Benchmarking aber ein „mehrstufiger, proaktiver Prozess zu kontinuierlicher Verbesserung von Produkten und Prozessen durch Vergleich der eigenen Leistungen mit denen der auf dem Vergleichsgebiet führenden Unternehmung" (Lexikon der Betriebswirtschaftslehre, 1995).

Es wird also jeweils ein Vergleich mit „best practice" angestrebt. Zwei oder mehr Institutionen vergleichen die vorhandene Information zu Prozessen, Input-Output-Daten, Leistungsindikatoren etc. Notwendig dafür ist, dass Aufgaben und Struktur der Institutionen sich in etwa entsprechen. Die Stadien des Benchmarking sind:
- Prozesse/Produkte auswählen, die verglichen werden sollen
- Eine Dokumentation der Prozesse erstellen
- Benchmarking-Partner auswählen
- Den Vergleich durchführen
- Verbesserungen implementieren
- Erneut vergleichen

Benchmarking in diesem engeren Sinne als Vergleich vor allem der Prozesse zwischen wenigen Institutionen wurde auch von Bibliotheken bereits erfolgreich eingesetzt. Häufiger zu finden ist Benchmarking im Sinne eines Vergleichs innerhalb einer ganzen Gruppe von Bibliotheken, die sich in Aufgabe und Struktur in etwa entsprechen. Solche Vergleiche sind auf Kontinuität angelegt und bedienen sich anerkannter und getesteter Indikatoren, die von den beteiligten Bibliotheken mit gleicher Methode angewendet werden. Ein bekanntes Beispiel dafür ist der von der Bertelsmann-Stiftung und dem Deutschen Bibliotheksverband als Kooperationsprojekt durchgeführte BIX (Bibliotheksindex für Öffentliche Bibliotheken), an dem inzwischen 200 Bibliotheken teilnehmen. Ähnlich wie bei der Balanced Scorecard bewertet der BIX die Leistung mit 18 Indikatoren, gegliedert nach den Perspektiven „Auftragserfüllung", „Kundenorientierung", „Wirtschaftlichkeit" und „Mitarbeiterorientierung". Eine Besonderheit ist, dass alle Indikatoren eine Gewichtung erhalten und dass aus dieser Gewichtung ein Gesamt-Ranking der teilnehmenden Bibliotheken einer Gruppe ermittelt wird. In Nordrhein-Westfalen einigten sich die Universitätsbibliotheken auf 10 Kennzahlen, die seit 1999 gemeinsam erhoben werden. Allen genannten Projekten ist gemeinsam, dass mit einem auch methodisch klar definierten Set von Indikatoren versucht wird, einen Vergleich der Bibliotheksleistung zu ermöglichen und damit Ansatzpunkte für gezielte Verbesserung in der einzelnen Bibliothek zu bieten. 2002 beschloss die Bertelsmann-Stiftung, den BIX auf wissenschaftliche Bibliotheken zu erweitern; ein Indikatoren-Raster ist in Vorbereitung. Damit könnte auch für deutsche wissenschaftliche Bibliotheken ein kontinuierlicher gemeinsamer Betriebsvergleich etabliert werden.

4.2.7 Wirkung von Bibliotheken

Bibliotheken verdeutlichen ihre Leistung über statistische Daten des Input/Output, weisen ihre Qualität über Leistungsindikatoren und Nutzerbefragungen nach und machen den dafür benötigen Kostenrahmen in der Kostenrechnung sichtbar. Unterhaltsträger wie Öffentlichkeit schätzen diese Transparenz; ihre eigentliche Frage aber lautet: Hat all das – der finanzielle Aufwand, die erbrachte Leistung – eigentlich eine nachweisbare Wirkung? Wirkung („outcome", „impact") von Bibliotheken nachzuweisen heißt, eine Veränderung bei den Bibliotheksbenutzern nachweisen. Solche erzielte Wirkungen könnten sein:
- Erwerb von Fähigkeiten (Informationskompetenz)
- Erweiterung des Fachwissens (z.B. Forschungsergebnisse)
- Verbesserung des Studienerfolgs oder beruflichen Erfolgs
- Beschleunigung einer wissenschaftlichen oder beruflichen Arbeit
- Veränderung des Informationsverhaltens (z.B. Häufigkeit des Lesens)

Die Methoden der Statistik und Leistungsmessung zeigen lediglich, ob und wie häufig Bibliotheksdienste genutzt wurden und ob sie mit hoher Qualität und zur Zufriedenheit der Nutzer erbracht wurden. Ob der durch die Einrichtung von Bibliotheken gewünschte Erfolg erzielt wurde, kann nur impliziert werden. Bibliotheken versuchen daher in Einzelprojekten wie internationaler Zusammenarbeit, auch für diese wichtigste Frage Lösungswege zu finden und Methoden zu erarbeiten, die validierte und glaubwürdige Ergebnisse liefern. Versucht wird z.b., einen „Marktwert" von Bibliotheksleistungen zu ermitteln, d.h. mit den Preisen kommerzieller Dienste zu vergleichen oder Benutzer nach der finanziellen Einschätzung der empfangenen Leistung zu fragen. Ein anderer Weg ist die Ermittlung der Bewertung der verschiedenen Bibliotheksdienste durch die aktuellen oder potentiellen Nutzer. Im Rahmen der Vermittlung von Informationskompetenz wird versucht, konkrete Erfolge von Bibliotheksschulungen und Bibliotheksbenutzung durch Tests zu belegen. Vergleiche von Daten der Bibliotheksbenutzung und des Studienerfolgs sollen die Wirkung von Bibliotheken auf rasche und gute Studienabschlüsse zeigen. Alle genannten Methoden versuchen, den Einfluss der in Anspruch genommenen Bibliotheksleistungen auf Fähigkeiten, Einstellung und Erfolg von Nutzern nachweisbar zu machen. Die Intensivierung der Bibliotheksforschung auf diesem Gebiet wird notwendig, um gerade in einer Zeit veränderten Informationsverhaltens den Sinn und die Funktion von Bibliotheken gegenüber den Unterhaltsträgern zu belegen.

4.3 Bibliotheksorganisation

Die Organisationsstruktur eines Betriebes umfasst die „Gesamtheit der formalen Regelungen, die den organisatorischen Aufbau des Arbeitsprozesses steuern. In der *Aufbauorganisation* sind die Art und der Umfang der Arbeitsteilung (Spezialisierung) sowie die organisatorische Zuordnung der arbeitsteilig erbrachten Leistungen (Koordination in Organisationen, Leitungssystem) festgeschrieben. Durch die *Ablauforganisation* wird der Prozess der betrieblichen Leistungserstellung in personaler, räumlicher und zeitlicher Hinsicht koordiniert" (Vahlens großes Wirtschaftslexikon, Bd. 3, 1994). Es ergibt sich also zum einen eine horizontale Struktur, die sich an den Aufgaben der Institution orientiert, andererseits eine vertikale Struktur, die Verantwortungsbereiche, Entscheidungskompetenzen und Unterstellungsverhältnisse regelt. Organisation geht von der Aufgabenstellung und Zielsetzung aus, definiert dann die Prozesse und Aktivitäten, die für die Zielerreichung notwendig sind und weist diese bestimmten Gruppen und Personen zu. Sie teilt dabei die Gesamtinstitution aus praktischen Gründen in kleinere Einheiten auf, sorgt aber auch für die Koordinierung der von den Einzelbereichen geleisteten Arbeit. Für Bibliotheken ist beim Entwurf einer Organisationsstruktur zu berücksichtigen:

- Sie erstellen Dienstleistungen, nicht physische Produkte.
- Die zu liefernden Dienstleistungen und die zu bedienende Klientel sind ihnen weitgehend verbindlich vorgeschrieben.
- Sie arbeiten nicht ertragsorientiert, wie kommerzielle Unternehmen, sondern vor allem kundenorientiert.
- Sie fungieren meist als Dienstleistungseinrichtungen für größere Einrichtungen und Einheiten (Hochschulen, Kommunen, Firmen) und sind daher nicht unabhängig in ihren Entscheidungen.
- Sie benötigen für ihre Dienstleistungen zum großen Teil hoch qualifiziertes Personal.

Da Bibliotheken langfristige Ziele verfolgen und ihre Dienstleistungen kontinuierlich anbieten müssen, entwickeln sich leicht starre Organisationsstrukturen, die Veränderungen Widerstand entgegensetzen. Wichtig ist daher eine Organisationskultur, in der Entwicklung und Veränderung nicht als Bedrohung, sondern als Chance empfunden wird.

4.3.1 Aufbauorganisation

Die Aufbauorganisation richtet sich an den Aufgaben aus. Gleiche oder zusammenhängende Aufgaben werden in Abteilungen/Arbeitsgruppen gebündelt. Ausgangspunkt können zum einen die Prozesse sein, die für die Erstellung eines Produkts/einer Leistung notwendig sind, z.b. alle für die Bereitstellung eines Mediums für die Nutzung notwendigen Aktivitäten. Ein anderer Ausgangspunkt ist die Orientierung an Nutzergruppen, z.b. die Zusammenfassung aller für Kinder erbrachten Leistungen in einem speziellen Arbeitsbereich.

Gliederung der Aufgaben

Stueart und Moran (1998) unterscheiden u.a. folgende Möglichkeiten der Gliederung in Aufgabenbereiche, an denen sich die Organisationsstruktur ausrichten könnte:
- Aufteilung nach *Funktionen*: Funktionen wie Erwerbung, Katalogisierung, Ausleihe und Auskunft haben in Bibliotheken bisher weitgehend die Organisationsstruktur beeinflusst, auch wenn z.b. Erwerbung/Katalogisierung heute eher in der Medienbearbeitung zusammengefasst sind. Vorteil dieser Organisationsform ist, dass Spezialwissen für bestimmte Tätigkeiten zusammengefasst wird. Nachteilig ist, dass auf solcher Grundlage festgelegte Abteilungen häufig unabhängig voneinander agieren.
- Aufteilung nach *Nutzergruppen*: Wenn Bibliotheken klar definierte Nutzergruppen unterscheiden können, für die unterschiedliche Dienstleitungen erbracht werden müssen, kann eine Organisationsstruktur solche Gruppen berücksichtigen. Typische Beispiele sind Kinderbibliotheken in öffentlichen Bibliotheken oder Lehrbuchsammlungen in Hochschulbibliotheken. Vorteilhaft ist die spezielle Berücksichtigung einer Nutzergruppe, nachteilig, dass solche Abteilungen ein Eigenleben entwickeln.
- Aufteilung nach *Fächern*: Differenzierung nach breiten Fächern wird sowohl in wissenschaftlichen wie in öffentlichen Bibliotheken angewendet. Sie verlangt hohe Spezifizierung des Personals in diesen Abteilungen, ermöglicht aber differenziertes Eingehen auf die fachlichen Nutzer, spezialisierte Beratungs- und Schulungsdienste.
- Aufteilung nach *Materialien*: In vielen Bibliotheken ist eine Aufgabenteilung nach Materialgruppen der angebotenen Bestände üblich. Das betrifft nicht nur Sonderformen wie Handschriften/Rara, Dissertationen, Zeitschriften oder AV-Materialien, sondern auch eine generelle Aufteilung nach Printmedien und elektronischen Dokumenten. Vorteilhaft ist wieder, dass die z.T. erforderlichen Spezialkenntnisse (auch technischen Fähigkeiten) gebündelt werden können.
- Aufteilung nach *Standorten*: Sowohl in öffentlichen wie in wissenschaftlichen Bibliotheken existieren Außenstandorte einer Bibliothek, die entweder bestimmte Ortsteile oder eine bestimmte Klientel bedienen. Vorteilig ist der Standort nahe bei der jeweiligen Klientel, die Ausrichtung auf bestimmte Nutzergruppen. Erschwert wird die Koordinierung innerhalb eines solchen Systems, da die Teilbibliotheken sich häufig unabhängig von der Gesamtorganisation entwickeln.

4.3 Bibliotheksorganisation

Wichtig ist, dass die Aufgabenerfüllung beim Entwurf der Organisationsstruktur im Mittelpunkt steht und dass die Struktur flexibel genug bleibt, um sich ändernden Anforderungen und Nutzerbedarfen anpassen zu können.

Verantwortlichkeiten

In der Organisationsstruktur müssen Kompetenzen und Verantwortungen klar zugewiesen werden. Größere Bereiche erhalten breite Kompetenzen und Verantwortlichkeiten, Unterabteilungen speziellere Kompetenzen mit eingeschränktem Verantwortungsbereich. Die Delegation bezieht sich dabei auf Aufgaben wie Personen. Delegation enthebt aber die Leitung nicht der endgültigen Verantwortung für die Aufgabenerfüllung. Delegation erfolgt nach den Prinzipien der Kongruenz, der Subsidiarität und der Ausschließlichkeit:

- *Kongruenz*: Übertragene Kompetenz, Aufgaben und Verantwortung müssen sich entsprechen. Die jeweilige Stelle/Person muss auf die Aufgaben abgestimmte Entscheidungskompetenz erhalten und dafür verantwortlich sein.
- *Subsidiarität*: Entscheidungen sollen nicht von einer übergeordneten Stelle gefällt werden, wenn die untergeordnete Stelle die dafür notwendige Information besitzt.
- *Ausschließlichkeit*: Bestimmte Entscheidungskompetenzen dürfen nur jeweils einer Stelle zugewiesen werden, um Konflikte zu vermeiden.

Häufig geht Dezentralisation der Verantwortung einher mit der Einführung „flacher" Hierarchien, d.h. die einzelnen Organisationseinheiten sind nicht hierarchisch gegliedert, sondern jeweils direkt der Leitung verantwortlich. Das verlangt allerdings ein Detailwissen in der Leitung über alle Bereiche hinweg, das eher unrealistisch ist, und kann zu Belastungen führen, die die Planungsfunktion der Leitung lahm legen. Organisationsstrukturen sollten Verantwortungsbereiche so gliedern, dass die Leitungs- und Kontrollspanne die Verantwortlichen nicht überfordert. In Bibliotheken wird heute häufig eine Struktur verwendet, die die Hintergrundarbeit und die Benutzungsbereiche unterhalb der Direktion zusammenfasst.

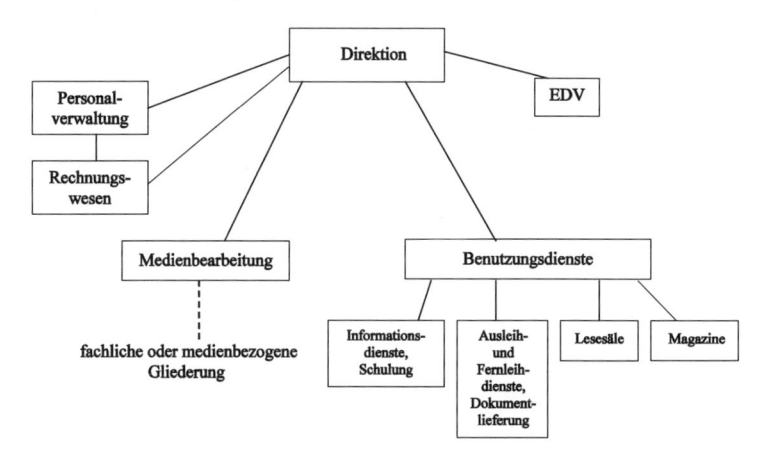

Ein *Geschäftsverteilungsplan* weist die einzelnen Aufgaben den Gruppen/Personen zu und regelt Kompetenz und Verantwortlichkeit. Die *Koordinierung* und Integration der gesamten Organisation kann in unterschiedlicher Weise geregelt werden. Wichtig ist vor allem ein etabliertes Informationssystem, das alle Beteiligten schnell und umfassend mit den notwendigen Informationen versorgt. Speziell eingesetzte Arbeitsgruppen für neue oder sich ändernde Aufgaben oder Projekte führen Personen aus unterschiedlichen Arbeitsbereichen zusammen und verhindern die Einengung der Sicht auf die eigene Tätigkeit.

4.3.2 Ablauforganisation

Die Ablauforganisation befasst sich mit den für die Aufgabenerfüllung notwendigen Prozessen und strukturiert die Aufgaben nach Personen, Raum und Zeit. Die Aufgaben werden grob strukturiert einer Abteilung/Stelle zugewiesen. Nun werden die Tätigkeiten differenziert, die für die Erfüllung einer Aufgabe notwendig sind. Beispiele sind die Tätigkeiten für die Beschaffung eines Mediums oder für eine elektronische Dokumentlieferung. Die für die Erstellung einer Leistung notwendigen Arbeitsgänge werden beschrieben und – soweit sinnvoll – zusammengefasst. Dabei handelt es sich sowohl um Vorgänge, die an einem physischen Objekt durchgeführt werden (z.B. Erschließung einer Monographie) wie um Vorgänge, die an einem geistigen Objekt erfolgen (z.B. Auskünfte). Arbeitsbeziehungen bei der Weitergabe physischer Objekte und der Übermittlung von Information werden einbezogen.

Anhand der Analyse wird der Arbeitsablauf erstellt, der bei häufig wiederholten Tätigkeiten, wie in Bibliotheken weitgehend vorhanden, über längere Zeiträume festgelegt, bei einmalig auftretenden Aufgaben jeweils speziell erstellt wird. Zur Darstellung der für eine Aufgabe notwendigen Abläufe gehören:

- Auflisten aller Tätigkeiten, die für die Erfüllung der Aufgabe notwendig sind
- Angabe der Aufeinanderfolge der Tätigkeiten
- Angabe der Stelle/Person, die die Tätigkeiten durchführt
- Transport- und Übermittlungswege für bearbeitete Objekte/Informationen

Geschäftsgänge erfassen heute nicht nur gedruckte, sondern auch elektronische Medien, nicht nur einmalig beschaffte, sondern auch durch Lizenzvereinbarung für einen bestimmten Zeitraum „erworbene" Medien. Die Ablauforganisation ist der Bereich, an dem sich weniger die Fähigkeit zur Aufgabenerfüllung, also zur Effektivität, als die Fähigkeit zur Effizienz, zum kostengünstigen Einsatz der vorhandenen Ressourcen, entscheidet. Die Arbeitsabläufe der Bibliotheken haben sich durch neue Medien und neue Formen des Informationsflusses grundlegend verändert. Hinzu kommt eine steigende Erwartungshaltung der Benutzer, die von den Bibliotheken bereitgestellte Literatur und Information möglichst direkt am Arbeitsplatz nutzen wollen. Neue und veränderte Arbeitsabläufe bedingen aber gleichzeitig eine Umstrukturierung der Aufbauorganisation. Ablauf- und Aufbauorganisation sind als Einheit zu sehen.

*

Literatur

Zu 4.1

Aufgabenstellung der Universitätsbibliotheken // In: Mitteilungsblatt Nordrhein-Westfalen 45 (1995), S. 57 - 60

BROPHY, PETER: The mission of the academic library // In: British Journal of Academic Librarianship 6 (1991), S. 135 - 147

CARTEE, LEWIS D.: Is library automation producing a new kind of manager? // In: Journal of library administration 13 (1990), S. 99 - 107

CORRALL, SHEILA: Strategic management of information services : a planning handbook. - London, 2000.

FORD, GEOFFREY: Service level agreements = Vereinbarungen über das Dienstleistungsniveau // In: ZfBB 43 (1996), S. 111 - 120

FRANKEN, KLAUS: Kann ein Leitbild etwas bewirken? : Erfahrungen an der Bibliothek der Universität Konstanz // In: Buch und Bibliothek 51 (1999), S. 110 - 113

HAYES, ROBERT M.: Strategic management for academic libraries : a handbook. - Westport, Conn., London, 1993

HENSCHKE, EKKEHARD: Leitbild oder Leidbild? : zum Projekt „Organisationsreform" der Universitätsbibliothek Leipzig // In: Buch und Bibliothek 53 (2001), S. 482 - 485

JOULY, HANNELORE: The dance of change : staff and user // In: Liber quarterly 10 (2000), S. 160 - 167

LINE, MAURICE B.: Strategic planning as an instrument of improving library quality. - In: 56th IFLA General Conference Stockholm, 1990. - Booklet 2. - S. 2.

LINE, MAURICE B.: The Universal Library Report // In: Library Management 17 (1996), S. 33 - 36

STUEART, ROBERT D. ; BARBARA B. MORAN: Library and information center management. - 5. ed. - Englewood, Colorado, 1998

Zu 4.2

BERTOT, JOHN C. ; CHARLES R. MCCLURE ; JOE RYAN: Statistics and performance measures for public library networked services. - Chicago, 2001

Der Bibliotheksindex BIX. - Gütersloh : Bertelsmann-Stiftung, 1999 ff

BROPHY, PETER ; KATE COULLING: Quality management : an introduction for information and library managers. - Aldershot, 1996

CEYNOWA, KLAUS, ANDRÉ CONERS: Balanced Scorecard für wissenschaftliche Bibliotheken. - Frankfurt a. M., 2002

CEYNOWA, KLAUS ; ANDRÉ CONERS: Kostenmanagement für Hochschulbibliotheken. - Frankfurt a. M., 1999 // Zeitschrift für Bibliothekswesen und Bibliographie : Sonderheft ; 76

CRAWFORD, JOHN: Evaluation of library and information science. - 2. ed. - London, 2000

EQUINOX. Library performance measurement and quality management system : performance indicators for electronic libraries services. - http://www.equinox.dcu.ie – Measurement and statistics for research library networked services: procedures and issues

FOLLMER, ROBERT ; STEFAN GUSCHKER ; SEBASTIAN MUNDT: Gemeinsame Benutzerbefragung der nordrhein-westfälischen Universitätsbibliotheken : Methodisches Vorgehen und Erfahrungen // In: Bibliotheksdienst 36 (2002), S. 20 - 33

HEINZE, ILONA: Nutzerumfragen in wissenschaftlichen Bibliotheken unter besonderer Berücksichtigung der Kundenumfrage der Universitäts- und Stadtbibliothek Köln. - Hausarbeit Höherer Bibliotheksdienst. - Köln, 2000

HERNON, PETER ; JOHN R. WHITMAN: Delivering satisfaction and service quality : a customer-based approach for libraries. - Chicago, London, 2001

Information und Dokumentation : Leistungsindikatoren für Bibliotheken. - 1998. - (DIN/ISO 11620)

KAPLAN, ROBERT S. ; DAVID P. NORTON: Balanced Scorecard - Strategien erfolgreich umsetzen. - Stuttgart, 1997

KAPLAN, ROBERT S. ; DAVID P. NORTON: Die strategiefokussierte Organisation : Führen mit der Balanced Scorecard. - Stuttgart, 1997

Keys to Success : Performance indicators for public libraries ; a manual of performance measures and indicators. - London, 1990. - (Library Information Services ; 18)

KOMUS, AYELT: Benchmarking als Instrument der intelligenten Organisation. Ansätze zur Steuerung und Steigerung organisatorischer Intelligenz. - Wiesbaden, 2001

Lexikon der Betriebswirtschaftslehre / hrsg. von Hans Corsten. - 3. überarb. und erw. Aufl. - München, Wien, 1995

Measurement and statistics for research library networks services: procedures and issues. ARL E-metrics phase II report. - Washington D.C., 2001

Measuring Service Quality // In: Library trends 49 (2001), 4

MUNDT, SEBASTIAN: Our clients' voice: surveying users of electronic library services by telephone // In: Proceedings of the 4th Northumbria International Conference on Performance Measurement in Libraries and Information Services. - Washington D.C., 2002. - S. 223 - 226

PEHLKE, RAINER: Total Quality Management für Bibliotheken? : ein Management-Modell auf dem Prüfstand // In: Buch und Bibliothek 54 (2002), S. 492 - 497

POLL, ROSWITHA: Kann man die „Wirkung" von Bibliotheken messen? - Internationale Projekte zu „impact" und „outcome" in öffentlichen und wissenschaftlichen Bibliotheken // In: Die Bibliothek zwischen Autor und Leser. - Frankfurt a. M., 2003. - (Zeitschrift für Bibliothekswesen und Bibliographie : Sonderheft)

POLL, ROSWITHA ; PETER TE BOEKHORST: Leistungsmessung in wissenschaftlichen Bibliotheken : Internationale Richtlinien. - München, 1998

Qualitätsmanagement - die neuen Entwürfe der Normenreihe. - Sonderdruck. - Berlin, 1993. - (DIN ISO 9000)

ROBERTSON, MARGARET ; TRAHN, ISABELLA: Benchmarking for academic libraries : an Australian case study // In: Australian academic and research libraries 28 (1997), S. 126 - 141

SNYDER, HERBERT ; ELISABETH DAVENPORT: Costing and pricing in the digital age : a practical guide for information services. - London, 1997

Wege zu einer bibliotheksgerechten Kosten- und Leistungsrechnung. - Berlin, 1998. - (dbi-Materialien ; 167)

Zu 4.3

EWERT, GISELA ; WALTHER UMSTÄTTER: Lehrbuch der Bibliotheksverwaltung. - Stuttgart, 1997

Funk, Robert: Ablauforganisation. - Online-Version: http://www.ib.hu-berlin.de/~rfunk/fernstudium/betriebs.html

Funk. Robert: Bibliotheksverwaltung. - Online-Version: http://www.ib.hu-berlin.de/~rfunk/fernstudium/bibverw.html

HAYES, ROBERT M.: Strategic management for academic libraries: a handbook. - Westport, Conn., London, 1993. - S. 3.

HAYES, ROBERT M.: Models for library management, decision making and planning. - San Diego, Calif., 2001

STUEART, ROBERT D. ; BARBARA B. MORAN: Library and information center management. - 5. ed. - Englewood, Colorado, 1998

Vahlens Großes Wirtschaftslexikon / hrsg. von Erwin Dichtl und Otmar Issing. - 2. Aufl. - München. - Bd. 1 (1994), S. 425 ff

Wolfram Neubauer
5 Bibliotheksleitung: Aufgaben, Methoden und Strategien

Bibliotheken stehen vor vielfältigen Herausforderungen. Die technischen, gesellschafts- und wissenschaftspolitischen Entwicklungen in den 1990er Jahren haben in hohem Masse dazu beigetragen, die Visionen, Strategien, Strukturen und Realitäten der Arbeit von Bibliotheken grundsätzlich zu hinterfragen. Für die in Bibliotheken tätigen Menschen bedeutet dies, sich diesen Herausforderungen zu stellen und im Kontext der veränderten Randbedingungen neue Visionen und Strategien für eine „Bibliothek der Zukunft" zu entwickeln und diese auch umzusetzen. Es geht somit um Neuausrichtung, Adaption von Bewährtem und Erfindung von Neuem, also um Veränderung. „Nur was sich ändert, bleibt" (Motto des 88. Deutschen Bibliothekartages 1998) ist die Überschrift für einen Prozess, der die Arbeit von Bibliotheken und das Wirken von Bibliothekarinnen und Bibliothekaren grundlegend verändern wird. Mögen diese Aspekte im Allgemeinen auch unumstritten sein, so zeigt sich doch in jeder detaillierten Diskussion sofort, wie kontrovers notwendige oder auch nur mögliche Handlungsschritte beurteilt werden. Auch in unserem Falle ist das „Henne-Ei-Problem" aktuell: Müssen wir uns zu allererst mit den Führungs- und Managementproblemen in den Bibliotheken befassen oder haben Fragen der Mittelknappheit bzw. Mittelbeschaffung erste Priorität? Dieses Thema war auch auf dem Bibliothekartag 2001 Anlass für heftigste Auseinandersetzungen. Ein Blick in die deutschsprachige Literatur macht auf eindrucksvolle Weise deutlich, dass Fragen hinsichtlich Management und Führung von wissenschaftlichen Bibliotheken nur am Rande diskutiert werden; Vergleichbares gilt auch für die kritische Reflexion angemessener Führungsstrukturen. Dies wiederum steht in deutlichem Gegensatz zur Situation im angloamerikanischen Bibliothekswesen. Auf das Faktum, dass die Diskussion von Management- und Führungsaspekten in allen anderen Dienstleitungsbereichen eine zentrale Rolle spielt, und daraus abgeleitet, die entsprechende Literatur ganze Bibliotheken füllt, sei nur am Rande hingewiesen.

5.1 Definition der Begriffe

Es gibt nur wenige Termini, die so inflationär und gleichzeitig ebenso inkorrekt und widersprüchlich verwendet werden, wie dies mit den Begriffen „Management", „Leitung" und „Führung" (Leadership) der Fall ist. Die Begriffe Unternehmensführung und Management werden heute sowohl in der Literatur, als auch in der täglichen Praxis häufig synonym gebraucht. Obwohl es definitorische Unterscheidungen gibt, spricht für eine Gleichsetzung von Unternehmensführung und Management im Wesentlichen die Tatsache, dass beide Begriffe sowohl institutionell als auch funktional interpretiert werden können. Als Institution umfasst Management beispielsweise diejenigen Personen einer Unternehmung, also auch einer Bibliothek, die Entscheidungs- und Weisungskompetenzen haben. Hierbei lassen sich im Allgemeinen mit Topmanagement, mittleres Management und unteres Management drei unterschiedliche Handlungsebenen differenzieren. Als Funktion umfasst das Management einerseits alle zur Steuerung einer Unternehmung notwendigen Aufgaben. Andererseits zeigt vor allem die angloamerikanische Literatur, aber auch die Unternehmenspraxis, dass die Begriffe „Management/ Manager" und „Leadership/Leader" unterschiedlich definiert werden. Folgt man der Definition von J. P. Kotter (1990), so sind die beiden Begriffe zueinander komplementär, jedoch nicht identisch. Im Folgenden möchte ich mich deshalb eher an letzterem Ansatz orientieren und die Frage „Mache ich die Dinge richtig?" als Definition für Management und „Mache ich die richtigen Dinge?" als Definition für Führung, Führungsfähigkeit, Führungsverhalten verwenden.

5.1.1 Management von Bibliotheken

Definieren wir also den Begriff Management durch die meist unausgesprochene Frage „Mache ich die Dinge richtig?", dann hat Management mit folgenden Phänomenen zu tun:
- Zurechtkommen mit komplexen Systemen
- mittels Planung, Budgetkontrolle etc.
- Organisatorische Aspekte spielen eine wesentliche Rolle
- Kontrolle des Systemverhaltens mit den Planvorgaben
- Lösen von Problemen
- Ergebnisorientierung

Formuliert man diese Definition um, könnte man festhalten, dass zu einer effektiven Nutzung der zur Verfügung stehenden Personal- und Sachmittel an Bibliotheken Managementmethoden eingesetzt werden müssen, wobei sich die entsprechenden Aktivitäten auf die Gebiete Marketing, Organisation, Innerbetriebliches Informationswesen, Personalführung und Steuerungssysteme erstrecken werden. Hierbei ist selbstverständlich, dass solche Instrumente, die ursprünglich für kommerziell orientierte Systeme entwickelt wurden, adaptiert und an die spezifischen Interessen und Notwendigkeiten öffentlicher Einrichtungen angepasst werden müssen.

5.1.2 Führung in Bibliotheken

Wenn für den Begriff Führung die Frage „Mache ich die richtigen Dinge?" als Definition dienen soll, dann hat Führung zu tun mit
- Zurechtkommen mit Wechsel und Veränderung,
- der Definition und Kommunikation von Zielen und Visionen,
- den Faktoren Motivieren, Überzeugen und Beeinflussen,
- dem Fokus auf Mitarbeitende und Kunden.

Wesentlich sind hier auch die Aspekte „Fortschritt" und „Veränderung". Die Führungspersonen entwickeln über Fragen des laufenden Budgets oder der vorhandenen Organisationsstruktur hinaus Visionen und Ziele für zukünftige Entwicklungen. Ferner können (erfolgreiche) Führungspersonen diese Visionen und Ziele so kommunizieren, dass sie andere Menschen zur Akzeptanz dieser Vorstellungen motivieren. Umformuliert bedeutet diese Feststellung, dass Führung in einer Bibliothek bedeutet in einer formalen Organisation, unter konkreten Umweltbedingungen Bibliothekarinnen und Bibliothekare dazu zu bewegen, definierte Aufgaben erfolgreich auszuführen.

5.2 Was ist „Bibliotheksleitung"?

Folgt man der skizzierten Differenzierung, dann setzt sich Leitungshandeln in Bibliotheken sinnvollerweise aus den Aspekten Führung im Sinne von Leadership sowie Management im Sinne von Planung, Organisation, Kontrolle zusammen. Führung und Management sind also untrennbar mit einander verbunden. Somit bleibt lediglich die Frage offen, ob die für jeden dieser Aspekte notwendigen persönlichen Voraussetzungen überhaupt in einer Person vereinigt werden können. Ist es denkbar, dass jemand auf der einen Seite eine visionäre Führungspersönlichkeit ist, die Mitarbeiterinnen und Mitarbeiter davon überzeugen kann, ein einmal definiertes Ziel erreichen zu wollen? Und ist es möglich, dass diese Person gleichzeitig in der Lage ist, komplexe Arbeitsabläufe zu planen und die Erledigung dieser Planungen qualifiziert zu steuern und zu beeinflussen? Für den Erfolg der Führungsperson im bibliothekarischen Alltag wird es also darauf ankommen, dass Führungs- und Managementfähigkeiten den jeweiligen Notwendigkeiten entsprechend verteilt sind. Was in einer bestimmten Situation eine besondere Stärke darstellt, kann unter veränderten Umweltbedingungen als Schwäche wirken. Uns sind überzeugende und mitreissende Visionäre bekannt, die bei der konkreten Umsetzung ihrer Visionen und Zielvorstellungen gescheitert sind.

Führung ist also zielgerichtete Einflussnahme, bei der die Geführten dazu bewegt werden sollen, aus den allgemeinen Zielen der Institution abgeleitete Detailziele zu erreichen. Eines dieser Detailziele könnte beispielsweise die Halbierung der Katalogisierungsdauer für Monographien sein oder eine Ausweitung der Öffnungszeiten um 30 %. Hierbei sollte man immer im Gedächtnis behalten, dass die Wege der Einflussnahme höchst unterschiedlich sein können.

	Führung	*Management*
Emotionales Engagement	Emotional engagiert mit Ideen und Visionen	Eingebunden mit Aufgaben; im Kontakt mit anderen Menschen
Persönliches Leben	Arbeits- und Privatleben vermischen sich häufig	Versuch einer mehr oder weniger konsequenten Trennung von Beruf- und Privatleben
Probleme	schafft und entwickelt Probleme, Fragestellungen	Problemlösungsorientiert
Planung	langfristig	kurz- bis mittelfristig
Diskussionsinhalte	präferieren Widerspruch und Diskussionen	präferieren Unterstützung und „Konformität"
Beziehungen	Schafft ausgeprägt emotionale Haltungen (Liebe/Hass); eher weniger stabile Beziehungen	Neigung zu vorhersehbaren Beziehungen; schafft weniger ausgeprägte Haltungen
Übereinstimmung Verlässlichkeit	versucht anzuregen und zu inspirieren; appelliert an die Verantwortung	versucht Menschen einzubeziehen; verwendet formelle Übereinkommen, Leistungsvereinbarungen

Charakteristika von Führung (transformal leaders) und Management (transactional managers). Nach: Burns, 1978

Eine grobe Differenzierung in Führung durch Strukturen und in Führung durch Personen ist allerdings in jedem Falle eine sinnvolle und praxisnahe Unterscheidungsmöglichkeit. Es sei jedoch nachdrücklich betont, dass bei beiden Aspekten zunehmend nach umfassenden Neudefinitionen verlangt wird. Hierbei entspricht der Wandel der Führungsrolle nicht einfach nur dem vielleicht veränderten Zeitgeist oder ist eine möglicherweise etwas verspätete Einsicht in die Überlegenheit demokratischer Steuerungen, sondern dieser Wandel ergibt sich als Notwendigkeit aus dem ablaufenden Wandel der organisatorischen Strukturen.

5.2.1 Führung durch Strukturen

Der Führungsprozess findet im Bibliothekswesen stets im Kontext einer formalen Bibliotheksorganisation statt, deren Ausgestaltung im Allgemeinen durch eine Reihe von Randbedingungen definiert ist. Wie in allen anderen bürokratischen Systemen auch, gibt es in wissenschaftlichen und öffentlichen Bibliotheken unterschiedliche Leitungssysteme, also formale Strukturen, die den Betrieb steuern und überhaupt erst möglich machen.

In klassischer Weise differenziert werden diese Strukturen in die Bereiche Aufbau- und Ablauforganisation, also in „Strukturen" und „Prozesse". Hierbei ist selbstverständlich, dass diese beiden Aspekte nicht voneinander zu trennen sind. Im bibliothekarischen Alltag bedeutet dies beispielsweise, dass der organisatorische Aufbau der Betriebsabteilung einer wissenschaftlichen Bibliothek (mit Erschließung und Medienerwerbung), also die „Struktur", in enger Wechselwirkung steht zu den Arbeitsabläufen bzw. zum Materialfluss bei den Bestell-, Inventarisierungs- und Katalogisierungsprozessen für den Neuzugang von Medien (die „Prozesse").

Alte und neue Organisationskonzepte

Auf den ersten Blick scheint klar zu sein, was eine Bibliothek ist: eine Organisation, die klare Ziele verfolgt, eine definierte innere Struktur aufweist und die ihre Mitarbeiterinnen und Mitarbeiter durch Handlungsanweisungen und Verhaltensregeln steuert. Somit sind Dauerhaftigkeit, Festigkeit und Strukturiertheit typische Elemente einer Bibliothek. So ist es nicht verwunderlich, dass Bibliotheken über lange Jahre und Jahrzehnte nicht selten als Musterbeispiele für bürokratisch-tayloristische Organisationen galten, in denen ein großer Anteil der Alltagsarbeit in hohem Masse arbeitsteilig und mittels bis ins Detail strukturierten Arbeitsanweisungen und Regelwerken erledigt wurde. Diese klassische Definition von Bibliotheksarbeit hat sich nun unter dem Druck von unterschiedlichen Umwelteinflüssen zu verändern begonnen und ein Ende dieser Entwicklung ist nicht absehbar. Anstatt Stabilität ist jetzt Flexibilität gefordert, an die Stelle von Festigkeit tritt jetzt Anpassungs- und Wandlungsfähigkeit. Wir sprechen heute von offenen Netzwerken, Kooperationssynergien und lernenden Organisationen, wobei die Erweiterung der Handlungsspielräume des Einzelnen und der systematische Einbezug der Mitarbeiterinnen und Mitarbeiter im Vordergrund stehen.

Die formale Bibliotheksorganisation dient der Leistungssteigerung und soll das Verhalten der Bibliothekarinnen und Bibliothekare koordinieren. Organisierte Arbeit liefert Synergieeffekte. So ergibt sich ein Leistungsplus gegenüber einer reinen Aggregation der Arbeitsergebnisse der einzelnen Bibliotheksmitglieder, sofern deren Tätigkeit aufeinander bezogen ist und auf ein übergeordnetes Ziel hin ausgerichtet wird. Dies wiederum ist die Kernaufgabe von Management, das sich hierzu einer Reihe unterschiedlicher Instrumente bedient.

Eines dieser Instrumente ist personales Management, also die Interaktion zwischen Menschen, andere Instrumente sind struktural er Art, wie etwa organisatorische Regeln und Stan-

5.2 Was ist „Bibliotheksleitung"?

dards, ministerielle Erlasse, technisch bedingte Abläufe oder das System von hierarchisch gegliederten Stellen und Zuständigkeiten. All diesen Regel- und Steuerungsmechanismen ist gemeinsam, dass sie den einzelnen Menschen von Unsicherheit und Entscheidungsdruck entlasten und die Organisation vom einzelnen Individuum unabhängig machen. Klassische (Bibliotheks-)Organisationen lassen sich nach drei wesentlichen Strukturdimensionen unterscheiden:

- *Spezialisierung*
  Hierunter ist der Grad der Arbeitsteilung zu verstehen, also die Frage, wie weit die Gesamtaufgabe in Einzelschritte oder Handgriffe differenziert werden kann.
- *Formalisierung und Standardisierung*
  Hierunter versteht man den Grad, in dem Zuständigkeiten und Arbeitsabläufe durch vorgegebene, meist schriftlich fixierte Regeln und Normen definiert sind.
- *Zentralisierung*
  Hierunter versteht man die Zuweisung von Entscheidungs- und Weisungskompetenzen über unterschiedliche Hierarchieebenen hinweg.

Die veränderten gesellschaftlichen Randbedingungen, die technologischen Entwicklungen und die veränderten Kundenerwartungen haben nun vor allem auch für Bibliotheken dazu geführt, dass rein zweckrational und zentral gesteuerte Organisationen an ihre Grenzen gestoßen sind. Vor allem der Mangel an Flexibilität ist in diesem Zusammenhang der eigentliche Problempunkt.

Schlanke Organisationsstrukturen

Der Ruf nach neuen, flexibleren Organisationsstrukturen ist auch im Bibliotheksbereich unüberhörbar. Hierbei liegt in der Diskussion der Schwerpunkt auf einer Ausweitung der individuellen Aktionsmöglichkeiten und in der systematischen Berücksichtigung der Mitarbeiterinteressen. Es geht also um eine Erweiterung der Handlungsspielräume:

- Entscheidungskompetenz
  Werden Bibliothekarinnen und Bibliothekaren in der täglichen Bibliotheksarbeit zunehmend mehr Entscheidungs- und Mitwirkungskomponenten übertragen, dann wird ihnen naturgemäß mehr und mehr die Rolle von Mitdenkern und Mitgestaltern zukommen. Sie übernehmen vermehrt Leitungsaufgaben und dies wiederum führt zu einem Abbau von Hierarchieebenen und zu flacheren Strukturen. Die Arbeitsaufgaben werden nicht weiter zerstückelt, sondern die Schaffung ganzheitlicher Arbeitspakete steht im Vordergrund.
- Aufgabenkomplexität
  Durch die Übernahme von ganzen Aufgabenpaketen steigt die Komplexität der Aufgaben, ebenso der hierfür notwendige Schulungs- und Qualifizierungsaufwand.
- Kooperationsspielraum
  Innerhalb von Arbeitsteams können Synergieeffekte genutzt werden, wenn die Teammitglieder ihre Arbeit aufeinander abstimmen. Durch Jobrotation wird die Einsatzflexibilität erhöht, ebenso die Identifikation mit der Gesamtaufgabe und der Gruppe. Obwohl die Erweiterung der Handlungsspielräume auch unerwünschte Nebenwirkungen haben kann: Angst vor Überforderung, Angst vor Verantwortung, Zunahme destruktiver Konflikte, unerwünschte Abnahme der Gesamtkoordination, dürften die Vorteile doch überwiegen. Als flankierende Maßnahmen ist zunächst eine Präzisierung der organisatorischen Ziele der Organisation sinnvoll. Darüber hinaus sollten diese Ziele durch einen systematischen

Zielvereinbarungsprozess auf alle Ebenen und Funktionen heruntergebrochen, Regeln und Normen als traditionell handlungsleitende Funktionen, also durch Ziele ersetzt werden. Hierbei soll die partizipative Zielvereinbarung die Zielbindung erhöhen und auf diese Weise die notwendige Akzeptanz für eine Übernahme der Eigenverantwortung stärken. Es ist also ein entscheidendes Element dieses Ansatzes, dass die Mitarbeiterinnen und Mitarbeiter den Prozess der Leistungserstellung real beeinflussen können und um diese Möglichkeiten auch wissen. Die Funktionsfähigkeit des Gesamtprozesses hängt somit von der Messung der Zielerreichung, von der entsprechenden Rückkoppelung der Ergebnisse sowie von der systematischen Qualifizierung der Mitarbeiterinnen und Mitarbeiter ab. Die strukturellen Bedingungen der neuen Organisationskonzepte lassen sich somit letztlich auf drei wesentliche Entwicklungslinien reduzieren: (1) Handlungsspielräume der Mitarbeiterinnen und Mitarbeiter wachsen, (2) die Organisations- oder Arbeitsziele werden präziser formuliert, (3) die Konsequenzen aus den Ergebnissen sind direkter kommunizierbar.

5.2.2 Führung durch Menschen

Auch wenn Handlungsanleitungen und Vorschriften noch so detailliert vorliegen und gleichzeitig alle Ausnahmefälle akribisch geregelt sind (was ein besonderes Kennzeichen bibliothekarischer Arbeit ist), so machen es die Menschen (und hier in besonderem Maße die Vorgesetzten) aus, wie Regeln und Vorschriften in gelebte Realität umgesetzt werden. Die Vorgesetzten entscheiden letztlich darüber, ob trotz dieser Vorschriften kreativ und flexibel gearbeitet wird. Das konkrete Verhalten der Vorgesetzten, ihre persönliche Art, Ziele zu definieren und zu kommunizieren, ihre Fähigkeit Aufgaben zu koordinieren, Mitarbeiterinnen und Mitarbeiter durch Gespräche zu motivieren, Ergebnisse zu kontrollieren, sind die zentralen Faktoren von Führung, von erfolgreicher Führung. In der Realität des beruflichen Alltags ist es nicht immer klar erkennbar, ob der größere Einfluss von den Strukturen, oder von den Personen ausgeht. In jedem Falle wird es so sein, dass der Führungsstil, die Art und Weise des Umgangs mit Menschen durch die Führungspersonen wesentlichen Einfluss auf den „Erfolg" einer Bibliothek hat.

5.3 Wichtige und notwendige Führungseigenschaften

Die obigen Bemerkungen führen zur nahe liegenden Frage, über welche Fähigkeiten und Eigenschaften Leitungspersonen notwendigerweise verfügen sollten, um für ihren Verantwortungsbereich erfolgreich handeln zu können. Sinnvollerweise sollte hierbei die Beantwortung dieser Frage auch mit Überlegungen verknüpft werden, mit welchen zusätzlichen oder anderweitigen Anforderungen in der nahen Zukunft zu rechnen ist.

Alle, deren Berufsleben von der Ausübung von Leitungsfunktionen geprägt ist, wissen nur allzu gut, dass die Anforderungen hoch sind. So macht eine große Zahl einschlägiger Untersuchungen deutlich, dass der Alltag von Führungspersonen gekennzeichnet ist durch
- einen hohen Anteil an verbaler Kommunikation,
- wenig Zeit für konzeptionelle Arbeiten am Arbeitsplatz,
- sehr kurze Arbeitszyklen mit unterschiedlichsten Tätigkeiten,

5.3 Wichtige und notwendige Führungseigenschaften

- permanenten Zeitdruck,
- eine hohes Maß an Arbeitsverdichtung,
- häufige Arbeitsunterbrechungen,
- starke Handlungsorientierung.

Um diese von vielen als Stress erlebte Arbeitssituation zumindest intellektuell überhaupt bewältigen zu können, sind einige grundsätzliche Führungsfähigkeiten unabdingbar: Fachkompetenz, konzeptionelle Kompetenz, soziale Kompetenz und politische Kompetenz. Bei der Diskussion dieser Aspekte ist es wenig überraschend, dass die einzelnen Fähigkeiten auf den verschieden Führungsebenen in ganz unterschiedlicher Intensität notwendig sind. Ergänzt werden muss dieser modellhafte Ansatz der notwendigen Führungsfähigkeiten allerdings in jedem Falle durch Kommunikationskompetenz. Eine große Zahl von Untersuchungen hat gezeigt, dass im Führungsalltag dieser Aspekt von wesentlicher, wenn nicht entscheidender Bedeutung ist, da ohne eine „Vermarktung" des eigenen Führungshandeln auf allen Ebenen der beruflichen Umwelt erfolgreiche Führung nicht mehr denkbar ist.

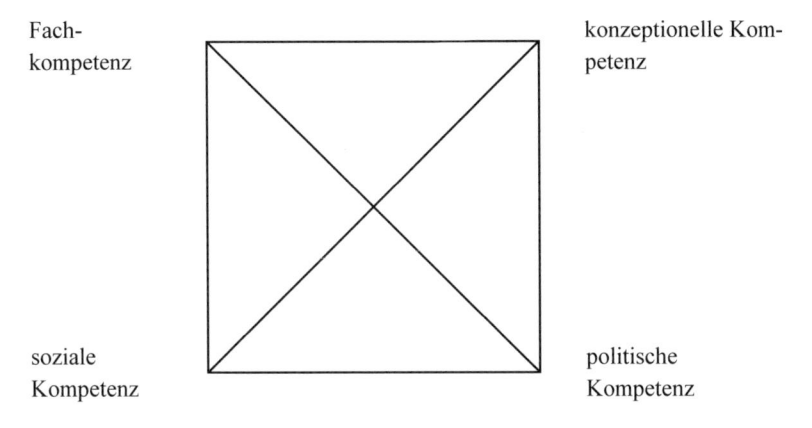

Fach- kompetenz		konzeptionelle Kompetenz
soziale Kompetenz		politische Kompetenz

Kernkompetenzen von Führungskräften

5.3.1 Fachkompetenz

Als erster Aspekt soll die Notwendigkeit eines fundierten Fachwissens angesprochen werden, wobei die Reihenfolge der Diskussion von Führungsfähigkeiten für deren Bedeutung in der Praxis keine Rolle spielt, da alle fünf Aspekte in enger Abhängigkeit zueinander stehen.

Fachwissen bedeutet in unserem Falle auf der einen Seite detaillierte Kenntnis und Einsicht in die organisatorischen und strukturellen Prozesse von Bibliotheken. Was sind die zentralen Aufgaben und Randbedingungen für eine wissenschaftliche Bibliothek? Wie sollten bibliotheksinterne Abläufe sinnvollerweise organisiert sein? Welche professionellen Anforderungen sind für den Aufbau elektronischer Dienstleistungsangebote notwendig? Fachwissen bedeutet andererseits jedoch auch die Fähigkeit zu erkennen, in welchem wissenschaftspolitischen Kontext etwa Universitätsbibliotheken agieren bzw. agieren müssen.

Fachkompetenz bedeutet also, dass die Führungsperson die Kernkompetenz, die Kernprodukte, die Stärken und Schwächen der eigenen Organisation erkennt und in der Lage ist hieraus die entsprechenden Handlungsszenarien abzuleiten. Fundiertes Fachwissen ist somit in jedem Falle eine notwendige, jedoch bei weitem nicht hinreichende Voraussetzung für den beruflichen Erfolg von Führungskräften. Darüber hinaus ist zu berücksichtigen, dass Erfolg oder auch Misserfolg grundsätzlich nicht davon abhängt, in welcher Form die notwendigen Fachkenntnisse erworben wurden. Es kommt somit nicht darauf an, ob eine Führungsperson eine formale bibliothekarische Ausbildung erworben hat oder nicht. Wesentlich ist, dass entsprechende Kenntnisse vorhanden sind und in der Führungspraxis eingesetzt werden können.

5.3.2 Konzeptionelle Kompetenz

Aufbauend auf der Fachkompetenz, ist es für einen erfolgreichen Führungsprozess unabdingbar, dass die Leitungsperson fähig ist, die notwendigen Ziele, Visionen und Handlungsstrategien zu entwickeln, zu formulieren und selbstverständlich zu kommunizieren. Es ist unbestritten, dass die Realisierung strategischer Planungsprozesse ein wesentliches Element des Aufgabenspektrums von Führung darstellt. Strategische Planungsprozesse sind meist hochkomplexe Abläufe, die sich aus einer Reihe von Einzelaspekten zusammensetzen:

- *Situationsanalyse*
  Wo steht die Bibliothek gegenwärtig? Wie ist die Situation hinsichtlich ihrer finanziellen, personellen und sonstigen Ressourcen?
- *Risikoanalyse*
  Was gefährdet die Existenz oder den Erfolg der bibliothekarischen Arbeit?
- *Wettbewerbsanalyse*
  Gibt es einen Bibliotheksmarkt? Können die eigenen Bibliotheksangebote von Wettbewerbern besser, billiger, schneller etc. angeboten werden? Wie gehen wir mit dieser Situation um?
- *Analyse der Chancen*
  Welche Möglichkeiten bieten sich im Bibliotheksmarkt für die eigene Bibliothek? Wo liegen die besonderen Stärken der eigenen Bibliothek? Was ist „Erfolg" im Kontext der lokalen Situation?
- *Schwächenanalyse*
  Was müssen wir tun, um erfolgreicher zu sein? Welche konkreten Maßnahmen sind sinnvoll und möglich?
- *Zieldefinition*
  Welche Ziele können wir unter den gegebenen Randbedingungen realistischerweise erreichen?
- *Maßnahmen und Vorgehensweisen*
  Mit welchen Aktionen und Maßnahmen können und sollen die definierten Zielvorstellungen erreicht werden? Haben wir Alternativen vorbereitet?
- *Erfolgskontrolle*
  Wie wissen wir, dass wir auf dem richtigen Weg sind? Was sind unsere Indikatoren für den Erfolg?

Für die umfassende Beantwortung all dieser Fragen sind sowohl Management- als auch Führungskompetenz gefragt. Wesentliches Element von Führung ist die Definition der Ziele der eigenen Einrichtung, also eine konkrete Vorstellung davon, was das kurz-, mittel- oder langfristige Ziel der eigenen Bibliothek sein könnte oder sollte. Aufbauend auf dieser Vision der

„Bibliothek im Jahr 2020" müssen konkrete Ziele oder Teilziele definiert werden. Um diese erreichen zu können, müssen die oben genannten Analyseschritte erfolgen und als Summe all dieser Bemühungen eine konkrete Strategie entwickelt werden. Selbstverständlicherweise kann dieser komplexe Prozess nicht durch eine einzige Person erledigt werden, vielmehr ist nur durch das Zusammenwirken Vieler auf allen Ebenen möglich. Allerdings spielen die Führungspersonen in diesem Prozess eine besonders wichtige Rolle, da das Entwickeln, Verfolgen, Durchsetzen und Kommunizieren strategischer Planungsschritte immer auch Veränderung bedeutet. Und dies wiederum bedeutet für eine Bibliothek meist mehr oder weniger schmerzliche Eingriffe in eingespielte Strukturen und Prozesse. Hier wird es Widerstände, aber auch Unterstützung geben und nicht allen Betroffenen in der Bibliothek wird einsichtig sein, warum neue Ziele erreicht werden sollen, warum Umstrukturierungen notwendig sind, warum eine persönliche Neuorientierung gefordert wird.

5.3.3 Soziale Kompetenz

Der bibliothekarische Alltag zeigt, dass eine Führungsperson einer Universitätsbibliothek nicht ausschließlich aufgrund ihrer Führungskompetenzen berufen wird. Meist spielt eine Vielzahl sonstiger, in gewisser Weise sachfremder Auswahlkriterien eine wesentliche Rolle. Allerdings wird eine Führungskraft erst dann zum „Leader", wenn sie von den Mitarbeiterinnen und Mitarbeitern als solcher anerkannt wird. Es ist somit nicht automatisch die hierarchische Position oder ein anderes Statussymbol, das die Person als Führungsperson kennzeichnet. Vielmehr sind es die von den Mitarbeitenden wahrgenommenen Kompetenzen, die dazu führen, dass diese zu Gefolgsleuten werden, mit deren Hilfe und Unterstützung erfolgreiche Arbeit überhaupt erst möglich wird. Der soziale Aspekt von Führung bedeutet in diesem Kontext also schwerpunktmäßig Personalführung im weiteren Sinne, also den Umgang mit Mitarbeiterinnen und Mitarbeitern im sozialen System Bibliothek.

Somit umfasst soziale Kompetenz als Führungsfunktion die Aspekte Motivation, Kommunikation, Bewältigung von Konflikten, Kooperation, Partizipation, Fairness etc.

Motivation

Sehr wichtig ist die Überzeugungskraft der Führungsperson, die in einem komplexen Spannungsfeld von Mitwirkung, Gestaltungs- und Entfaltungsmöglichkeiten der Betroffenen, Kooperation und Kommunikation sowie von der Bereitschaft zum Konflikt versucht, Bibliothekarinnen und Bibliothekare dazu zubringen, Veränderungsprozesse aktiv mitzutragen. Neben der Überzeugungskraft der Führungsperson wird auch deren Vorbildfunktion, also die Übereinstimmung zwischen Worten und Taten ein wichtiges Kriterium sein. Die Frage nach der Motivation ist immer die Frage nach dem „Warum" des menschlichen Verhaltens. Gleichzeitig ist Motivation auch Ausdruck des Wunsches von Mitarbeiterinnen und Mitarbeitern, ihre Fachkompetenz, ihre erreichten Fähigkeiten und Fertigkeiten darzustellen und hierfür Anerkennung zu erhalten. Für ein hohes Maß an Motivation werden somit immer die explizite Anerkennung der fachlichen Kompetenz, die Respektierung persönlicher Integrität sowie die Offenlegung der eigenen Handlungsmotive notwendig sein. Im Folgenden sollen einige am praktischen Geschehen im Berufsalltag orientierte Regeln der Motivation vorgestellt werden:

- *Wertschätzung*
  Dem jeweiligen Mitarbeiter (Kollegen, Vorgesetzen), der jeweiligen Mitarbeiterin (Kollegin, Vorgesetzten) muss menschlicher Respekt entgegengebracht werden.

- *Interessensausgleich*
  Die unterschiedlichen Interessen aller Bibliotheksmitglieder müssen in fairer und klarer Weise berücksichtigt werden.
- *Zieldefinition*
  Auf allen Ebenen müssen die Ziele klar und realistisch definiert werden.
- *Beteiligung der Mitarbeitenden*
  Alle Betroffenen müssen an den Entscheidungsprozessen angemessen beteiligt werden. Pseudobeteiligungen sind meist kontraproduktiv. Die Delegation von Entscheidungsprozessen muss so intensiv wie möglich sein.
- *Die Aufgabe fördert auch die Motivation*
  Kompetenzen und Verantwortung müssen bei der Erledigung der Aufgabe übereinstimmen. Persönliche Neigungen sollten soweit möglich berücksichtigt werden; Arbeitsbedingungen sollten möglichst optimal gestaltet werden.
- *Erfolge und Misserfolge*
  Jede Art von Leistung, nicht nur Spitzenleistung, muss anerkannt werden, wobei Anerkennung nicht nur aus „freundlichen Worten" bestehen darf. Bei Misserfolgen muss es um sachliche Ursachenanalyse, nicht um Schuldzuweisungen gehen. Gegebenenfalls müssen gemeinsam angemessene Unterstützungsmaßnahmen entwickelt werden (Training, neue Aufgaben etc.).
- *Verhalten in Konfliktsituationen*
  Die Interessen aller Beteiligten müssen angemessen berücksichtigt werden. Bei disziplinarischen Maßnahmen müssen die negativ Betroffenen ihr Gesicht wahren können.
- *Vorbildfunktion*
  Zwischen „Sagen" und „Tun" sollte weitgehende Übereinstimmung herrschen. An einmal geschlossene Vereinbarungen hat man sich zu halten. Zu eigenen Fehlern und Schwächen muss man stehen.

Partizipation

Der auf allen Ebenen der Gesellschaft ablaufende Wertewandel bedingt naturgemäß auch, dass Mitarbeiterinnen und Mitarbeiter aller Ebenen möglichst an allen die eigene Bibliothek betreffenden Angelegenheiten teilhaben möchten. Die Bibliothekarinnen und Bibliothekare möchten also nicht nur informiert, sondern sie wollen in die Entscheidungs- und Gestaltungsprozesse aktiv eingebunden werden. Unter partizipativer Führung verstehen wir somit eine definierte, also durch Regeln und Normen fixierte Mitwirkung aller Mitglieder einer Bibliothek. Die Frage, für welche Vorgänge und Abläufe diese Partizipation gilt, ist hierbei einigermaßen weit gespannt und umfasst mehr oder weniger alle, für die Mitarbeiterinnen und Mitarbeiter relevanten Fragen. Als wichtiges Motiv für eine umfassende Einbeziehung der Mitglieder einer Bibliothek gilt die Tatsache, dass dies meist in erheblichem Maße zu sachlich und fachlich qualifizierten Entscheidungen beiträgt oder diese überhaupt erst sicherstellt. Darüber hinaus ist die Akzeptanz der Führungspersonen auch in hohem Maße davon abhängig, ob sich ihr Führungshandeln am gesellschaftlichen Wertewandel orientiert und die Mitarbeitenden dies auch als gegeben akzeptieren. Außerdem ist es im bibliothekarischen Alltag gleichermaßen Realität, dass der häufig hohen Erwartungshaltung der Bibliothekarinnen und Bibliothekare hinsichtlich ihres beruflichen Aufstiegs, ihrer Freiräume, der Arbeitsinhalte etc. nicht notwendigerweise ein adäquates Leistungs- und Arbeitsverhalten gegenübersteht.

5.3 Wichtige und notwendige Führungseigenschaften					127

Gerade in solchen Situationen spielen Sensibilität und Kommunikationsfähigkeiten der Führungskräfte eine besondere Rolle.

5.3.4 Politische Kompetenz

Führungshandeln auf allen Ebenen findet heute naturgemäß immer auch in mehr oder weniger engem Kontakt zu organisationsfremden Personen und Einrichtungen statt. So reichen die Stakeholder einer Universitätsbibliothek vom Präsidenten oder Rektor der Universität, über die verschiedensten Benutzergruppen, über die eigenen Mitarbeiterinnen und Mitarbeiter, bis hin zu Lieferanten und Mitgliedern des Fördervereins der Bibliothek. Die Bedeutung politischer Kompetenz als grundsätzliches Element von Führungskompetenz hat gerade in unsicheren Zeiten beträchtlich an Relevanz gewonnen. Bibliotheken sind nicht mehr unangefochten die Informationsanbieter, denn es gibt mittlerweile eine Vielzahl weiterer Mitspieler und Konkurrenten. In einem globalisierten Informationsmarkt sitzt der Herausforderer nicht mehr notwendigerweise in der eigenen Universität, der eigenen Stadt oder dem eigenen Land. Die Konkurrenz ist international. Diese veränderte Situation ist also dadurch geprägt, dass sich Bibliotheken zum einen überhaupt im Wettbewerb befinden und zum andern, dass dieser Wettbewerb auf globaler Ebene stattfindet. Dieser Wettbewerb geht um die besten Visionen und Strategien, um finanzielle und personelle Ressourcen sowie um Kunden und Benutzer. In diesem Spannungsfeld werden diejenigen Leitungspersonen am erfolgreichsten sein, denen es gelingt, die eigene Einrichtung am besten strategisch zu positionieren. Die Kommunikation der eignen Visionen und Strategien, die Positionierung der Bibliothek als für Forschung und Lehre unabdingbare Serviceeinrichtung, die Akzeptanz der angebotenen Produkte und Dienstleistungen bei den Kunden, sind somit wesentliche Elemente politischer Kompetenz von Leitungspersonen in Bibliotheken.

5.3.5 Kommunikationskompetenz

Die mitarbeiter- bzw. problemadäquate Kommunikation des Führungshandelns ist einer der wichtigsten, wenn nicht der wichtigste Aspekt bei der Definition der Kernkompetenzen. Mitarbeitergerechte Kommunikation bedeutet die Schaffung einer freundlichen, offenen Atmosphäre, in der jeder schnell und bereitwillig kommuniziert und kommunizieren kann.

Aus Sicht einer Führungsperson bilden professionelle Information und Kommunikation der eigenen Visionen, Ziele und Handlungsweisen eine unabdingbare Voraussetzung für die Motivation der Mitarbeiterinnen und Mitarbeiter. Hinsichtlich der Notwendigkeit und Bedeutung von angemessener Information und Kommunikation für den operativen Betrieb einer Bibliothek ist anzumerken, dass sich auch hier der Druck erhöht hat. Eine Vielzahl von „einfacheren" Prozessen und Betriebsabläufen wurde verändert, integriert und automatisiert. Leitungspersonen sind somit nicht mehr die Fachleute, die direkt und unmittelbar in die Arbeitsprozesse eingreifen und diese sinnvoll beeinflussen könnten. Erfolgreiches Leitungshandeln erfordert Informations-, Abstimmungs- und Koordinationsprozesse auf unterschiedlichsten hierarchischen und/oder professionellen Ebenen. Allein diese Situation erfordert den Austausch klarer, eindeutiger und für alle nachvollziehbarer Informationen. Erfolgreiche Führungspersonen sorgen also stets dafür, dass ihre Botschaft über Vision und Strategien bei jeder sich bietenden Gelegenheit angesprochen und alle möglichen Verbreitungskanäle genutzt werden. Vor allem bei Erneuerungs- und Veränderungsprojekten ist intensive Kommunikation auf allen Ebenen ein Schlüsselfaktor für den Erfolg des Gesamtprozesses.

5.4 Führungsstile

Die Frage nach einem adäquaten und der jeweiligen Situation angemessenen Führungsstil ist stets die Frage, in welcher persönlichen Art und Weise die Leitungsperson die Führungsaufgaben löst. Welche Verhaltensweisen der Leitungsperson wirken sich am günstigsten auf den Arbeitserfolg des Personals aus? Zur Definition von Führungsstilen liegt eine überwältigende Zahl von empirischen und theoretischen Untersuchungen vor, in denen häufig versucht wird, nach den Kriterien „Sachorientierung" und „Menschenorientierung" Führungsstile zu klassifizieren. Als einsichtiges und ebenso einfaches Ergebnis all dieser Anstrengungen könnte man festhalten, dass es keinen „optimalen" Führungsstil gibt, sondern erfolgreiche Führung stets von der jeweiligen Situation („situativer Führungsstil") abhängig ist. Die gängigen Raster und Systeme von Führungsstilen reichen von extrem „partizipativ" (demokratisch) bis hin zu „autoritär", wobei je nach konkreter Führungssituation zwischen einem dieser Stile gewählt wird. Wesentliche Kriterien für die Auswahl sind dabei:

- die Komplexität der jeweiligen Aufgabe
- der gegebene bzw. nicht beeinflussbare Zeitdruck (Dringlichkeit)
- die wahrscheinliche Akzeptanz der Entscheidung bei Betroffenen/Beteiligten
- das mit der Entscheidung verbundene Risiko
- die Tragweite bzw. Bedeutung der Entscheidung

5.5 Die Realisierung von Veränderung als Leitungsaufgabe

Universitätsbibliotheken als wissenschaftliche Dienstleistungseinrichtungen sind in starkem Maße abhängig von exogenen Einflüssen, die verschiedenste Ursachen haben können. Die hier wohl wichtigsten Aspekte sind Veränderungen im Wissenschaftsbetrieb, der Kostendruck auf Bibliotheken, ein an ökonomischen Grundsätzen orientierter Informationsmarkt sowie rasante technologische Veränderungen. Diese und eine große Zahl weiterer Aspekte haben in den letzten Jahren zu einer Situation geführt, durch die auf nahezu allen Bibliotheken (unabhängig vom Bibliothekstyp) erheblicher Veränderungsdruck lastet und Wechsel als unabdingbar erscheinen lässt. Veränderungsprozesse sind also ein wesentliches Element der täglichen Praxis von Bibliotheken geworden, und dies unabhängig davon, ob sich jeder Mitarbeitende einer Bibliothek dieser Tatsache auch bewusst ist. Unterstellt man dies als gesellschaftliche Realität, dann geht es jetzt darum, wie und durch wen die durch den Veränderungsdruck notwendigen Prozesse initiiert, in geordneten Strukturen realisiert und schließlich zum Erfolg geführt werden können. An dieser Stelle kommt der Bibliotheksleitung eine entscheidende Rolle zu, da ihr aktives Mitwirken ein wesentlicher, wenn nicht der wichtigste Faktor für den Veränderungsprozess ist. Jeder erfolgreiche Prozess durchläuft im Allgemeinen eine Reihe von Phasen, und bei jeder dieser Phasen spielt das Handeln der Bibliotheksleitung eine maßgebliche Rolle. Gefragt sind dabei sowohl Management-, als auch Führungsqualitäten, so dass es wenig verwunderlich ist, dass größere Veränderungsprozesse nie durch eine Einzelperson realisiert werden können. Somit ist klar, dass auch die Führenden immer darauf angewiesen sind, von anderen unterstützt und in ihrer Arbeit aktiv begleitet zu werden. Neben einer Reihe anderer, ergänzender Aspekte, sind folgende Erfolgsfaktoren wesentlich:

5.5 Die Realisierung von Veränderung als Leitungsaufgabe

- *Gespür für Dringlichkeit*
Hierbei geht es darum, dass es den Führungspersonen gelingt, innerhalb der Bibliothek eine Diskussion über unangenehme Wahrheiten in Gang zu bringen und im Rahmen dieser Diskussion bei einer größeren Zahl von Mitarbeiterinnen/Mitarbeitern das Gefühl zu erzeugen, dass es in „bewährter Weise" einfach nicht weitergehen kann, will man nicht die Existenz der eigenen Bibliothek aufs Spiel setzen. Solche unangenehmen Wahrheiten können sein: Abbau bzw. Stagnation bei den Erwerbungsmitteln, unbefriedigende und schlechte Kundenresonanz, altmodisches und unbrauchbares Bibliothekssystem. Das Gespür von Dringlichkeit wird häufig auch von außen an die Bibliothek herangebracht, muss dann jedoch von den Führungspersonen aufgenommen und als Antreiber eingesetzt werden. An Beispielen lassen sich solche Situationen verdeutlichen. Man denke hier nur an solche Bibliotheken, die innerhalb von ein bis zwei Jahren etwa eine Stellenreduktion von 15 % zu erbringen haben. Diese meist von außen, von den Unterhaltsträgern kommenden politischen Vorgaben sind ohne eine grundsätzliche Restrukturierung von Organisation und Betrieb in sinnvoller Weise nicht zu realisieren.

- *Hierarchieübergreifende Beteiligung*
Um nicht den Fehler zu begehen, ausschließlich Expertenkonzepte umzusetzen, ist es notwendig, möglichst viele Betroffene mitwirken zu lassen, damit diese die Hintergründe und Randbedingungen sowie Sinn und Zweck der Veränderung erkennen (können). Bedauerlicherweise ist diese Gefahr auch im Bibliothekswesen nicht unerheblich, da hier das Einholen externer Gutachten üblich geworden ist. Diese Beratungsaktivitäten bergen immer die Gefahr in sich, dass bibliothekstheoretische bzw. stark betriebswirtschaftlich orientierte Aspekte in nicht angemessener Weise die Diskussion beherrschen. Diesem partizipativen Ansatz steht dann die Phase der Realisierung gegenüber, bei der die Schwerpunkte eher anders verteilt sind: Die Durchsetzung erfordert Entschlossenheit und zügiges Tempo, da die Gefahr des Zerredens und Zerstörens groß ist. Nicht alle Einwände, Ideen und Vorschläge können und dürfen hier berücksichtigt werden.

- *Entwerfen und Vermitteln einer Vision*
Soll die Ausrichtung und/oder Struktur einer Bibliothek sinnvoll und nachhaltig verändert werden, muss jeder der Beteiligten/Betroffenen möglichst genau darüber Bescheid wissen, was das eigentliche Ziel der Veränderung ist. Die Definition dieser Vision und der daraus abgeleiteten Richtungsaussagen und Ziele sind klassische Führungsaufgaben und werden immer unter maßgeblicher Mitwirkung der Bibliotheksleitung entstehen müssen. Die möglichst umgehende Erarbeitung von Leistungszielen, Realisierungsstrategien und zukünftigen Organisationsmodellen wiederum sind Managementaufgaben. Ohne umfassende, situationsangemessene Kommunikation von Visionen, Zielen und Realisierungsschritten innerhalb und außerhalb der Bibliothek werden sich allerdings die Beteiligten nicht für die Veränderung gewinnen lassen. Die Bibliothekarinnen und Bibliothekare müssen wissen, was auf sie zukommt, welche Konsequenzen zu erwarten sind, wie die zeitlichen Abläufe erfolgen, worin die Vorteile einer Veränderung liegen werden. Hierzu müssen alle möglichen Kommunikationskanäle verwendet werden. Wesentlich ist die Tatsache, dass sich innerbetriebliche Kommunikation immer in Worten und Taten vollzieht.

- *Kurzfristige Erfolge sicherstellen*
Obwohl die Definition von Visionen ein wichtiger Erfolgsfaktor ist, kommt es bei allen Veränderungsprozessen darauf an, dass der Gesamtprozess nicht ausschließlich auf ferne

Ziele ausgerichtet ist, sondern die Beteiligten durch sichtbare Leistungsverbesserungen bereits nach relativ kurzer Zeit den langen Weg als den richtigen erkennen können.
- *Veränderung in der Bibliothekskultur*
Veränderungen sind in einer Bibliothek erst dann tief verwurzelt, wenn sie zu etwas Selbstverständlichem geworden sind. Solange sie nicht durch soziale Normen und gemeinsame bibliothekarische Wertvorstellungen abgesichert sind, besteht immer die Gefahr, dass sie bei nachlassendem Veränderungsdruck verfälscht oder sogar aufgehoben werden. Dieser Entwicklung entgegen zu wirken, sind grundlegende Elemente einer Aufgabendefinition der Bibliotheksleitung. Konkret sind hier zwei Aspekte wichtig.

Zum einen muss die Bibliotheksleitung allen Beteiligten deutlich machen, wie die neuen Verfahren, Verhaltensweisen und Einstellungen zur Verbesserung der bibliothekarischen Angebote und Dienstleistungen beigetragen haben. Denn gerade diese Aufgabe wird nie von der Bibliotheksleitung allein realisiert werden können. Vor allem die mittlere Leitungsebene ist hierbei maßgeblich gefordert. Hier tritt der Kommunikationsaspekt als wesentliches Element des Leitungshandelns deutlich hervor. Zum andern müssen von der Bibliotheksleitung zukünftig solche Führungspersonen ausgewählt werden, die die Veränderungsprozesse aktiv vorantreiben und unterstützen und auf diese Weise ihre Nachhaltigkeit sicherstellen. Hier sind als Führungseigenschaften die soziale und die konzeptionelle Kompetenz besonders gefragt.

Auf diese Weise besteht eine hohe Wahrscheinlichkeit, dass die formalen Umstrukturierungsmaßnahmen auch zu nachhaltigen Veränderungen führen. Bei der Bewertung vieler in Bibliotheken erfolgreich durchgeführter Veränderungsprozesse ist klar erkennbar, dass ohne maßgebliche Beteiligung und Mitwirkung der Bibliotheksleitung diese Aktivitäten zu keinem positiven Ergebnis geführt hätten. Im Bibliotheksalltag kommt es darauf an, ob die notwendigen Fähigkeiten und Kompetenzen bei der Bibliotheksleitung vorhanden sind und wie sie im Bibliotheksbetrieb umgesetzt werden können.

5.6 Führen durch Zielvereinbarungen

Die neuen Organisationsstrukturen, mit ihrer Fokussierung auf erweiterte Handlungsspielräume und Einbindung der Mitarbeiterinteressen haben allerdings nicht nur Vorteile, sondern bringen auch ein neues Dilemma mit sich: den Zielkonflikt zwischen Kreativität und Kontrolle. Wie sollen Bibliotheksmanager das Geschehen in ihrer Bibliothek angemessen kontrollieren und gleichzeitig den Mitarbeiterinnen und Mitarbeitern ausreichend Raum lassen für Flexibilität, Erneuerungsbestreben und Kreativität? Die Präzisierung von organisatorischen Zielen und das Bemühen, diese durch einen systematischen Zielvereinbarungsprozess auf alle hierarchischen Ebenen und auf alle Funktionen herunterzubrechen, sind letztlich das Risiko minimierende Strategien, mit deren Unterstützung das Konzept der Erweiterung von Handlungsspielräumen für die Mitarbeiterinnen und Mitarbeiter maßgeblich gestützt wird. Nach dieser Konzeption übernehmen anstelle von Regeln und Normen primär Ziele bzw. Zieldefinitionen handlungsleitende Funktionen. Die Vereinbarung von Zielen ist eine der wichtigsten Methoden bei der individuellen Führung von Mitarbeiterinnen und Mitarbeitern und hat sich in der Vergangenheit als eine der wirkungsvollsten Methoden im Führungsprozess durchgesetzt. Die wesentlichen Merkmale des Führens durch Zielvereinbarungen sind:

5.6 Führen durch Zielvereinbarungen

- Das Zusammenwirken des Managements auf allen Ebenen und der Mitarbeitenden findet bereits bei der Zielfindung statt und nicht erst bei der Zielverfolgung.
- Die Rahmenbedingungen, innerhalb derer das Ziel erreicht werden soll, werden gemeinsam festgelegt.
- Der Führungsprozess findet ziel-, nicht aufgabenorientiert statt. Somit ist das „Wie" der Zielerreichung Sache der Mitarbeitenden.

Die grundsätzlichen Vorteile der Formulierung von Zielvereinbarungen als Teil des Führungsprozesses lassen sich so zusammenfassen:
- Entwicklung einer strategischen Zielsetzung, die weitgehend von allen getragen wird.
- Durch die Vereinbarung von Teilzielen (im Rahmen der strategischen Zielsetzung) mit jedem Mitarbeitenden wird die Voraussetzung dafür geschaffen, dass sich jeder mit den definierten Zielen identifiziert.
- Die sich ergebenden Handlungsspielräume sind eine Form aktiver Delegation von Verantwortung und erhöhen die Motivation.
- Die periodische Anpassung der Ziele an das Fähigkeitspotential der Mitarbeiterin und des Mitarbeiters stellt sicher, dass sich diese mit der Aufgabe weiterentwickeln können.
- Das Setzen von Zielen fördert grundsätzlich die Zukunftsorientierung, indem es eine vorausgehende Auseinandersetzung mit der Zukunft erfordert.
- Planung, Termintreue und Kontrolle sind sehr viel besser möglich. Die konsequente Umsetzung fördert das Entstehen einer einheitlichen Managementkultur in der jeweiligen Einrichtung.

Der Einsatz von Zielvereinbarungen als Methode im Führungsprozess setzt voraus, dass entsprechende Ziele gefunden werden. Hierbei beginnt der Zielfindungsprozess immer von oben nach unten, da zunächst immer erst strategische Ziele definiert sein müssen. Für eine Bibliothek bedeutet dies, dass die Bibliotheksleitung zuerst die allgemeinen Ziele definieren muss, wobei es sich empfiehlt, dies in strukturierter und organisierter Form zu tun. Hierbei ist zu berücksichtigen, dass nur das gebündelte Wissen vieler Mitarbeitender (insbesondere auf den oberen und mittleren Ebenen) eine optimale Entscheidungsgrundlage bei der Zielfindung ergeben wird. Als sinnvolle und wirksame Methoden der Zielfindung auf strategischer Ebene haben sich die Verfahren der Stärken-Schwächen-Analyse (Was können wir gut? Was können wir weniger gut?), der Portfolio-Analyse (Ist-Situation der Bibliothek? Was machen die Konkurrenten?) und der Szenario-Technik (vorwärts denken, rückwärts planen) erwiesen.

Sind nun die strategischen Ziele entwickelt und vereinbart, werden in einem nächsten Schritt die Ressort-, Bereichs- oder Abteilungsziele abgeleitet. Hierbei handelt es sich nun um operative Ziele, die konkret und umsetzungsbezogen formuliert und zeitlich terminiert sein müssen. Ein weiterer Schritt wären dann solche operativen Ziele, die für jeden Mitarbeitenden gelten. Bei der Formulierung sinnvoller und effektiver Ziele im Führungsprozess sollten einige praxisnahe Hinweise beachtet werden:
- Die Formulierung von Zielen ist kein bürokratischer Akt; sie sollte ernst und gewissenhaft geschehen.
- Die Mitarbeiterinnen und Mitarbeiter sollten bei der Zieldefinition begründen, warum sie bestimmte Ziele in das Zielsystem aufnehmen möchten und andere nicht.
- Es müssen gemeinsam Zwischenziele bestimmt werden, die gemessen werden können.

- Es sollten keine Selbstverständlichkeiten als Ziele definiert werden.
- Ziele müssen realistisch und situationsbezogen formuliert sein.
- Notwendige Voraussetzungen (etwa größerer finanzieller und/oder personeller Support) für die Zielerreichung müssen genannt werden.
- Kundenanforderungen sollten in Ziele umgesetzt werden.
- Vorhandene Mittel sollten nur für wichtige Ziele eingesetzt werden.
- Nicht erreichbare Ziele müssen korrigiert werden.

Zusammenfassend lässt sich festhalten, dass das Führen durch Zielvereinbarungen einige Vorteile hat, obwohl dies relativ hohe Anforderungen an das Führungsverhalten des Managements auf allen Ebenen stellt. Vor allem wird es im Umsetzungsprozess nicht ausschließlich auf den guten Willen der Leitungspersonen ankommen. Denn ebenso wichtig ist das „Können".

*

Literatur

ANDERSON, GREG: Re-engineering the academic library. New services through institutional alignement and leadership // In: Publications of Essen University Library 21 (1997), S. 115 - 135

Bibliotheken '93: Strukturen, Aufgaben, Positionen / hrsg. von der Bundesvereinigung Deutscher Bibliotheksverbände. - Berlin, 1994.- VI, 182 S.

BIEGER, THOMAS: Dienstleistungsmanagement: Einführung in Strategie und Prozesse bei persönlichen Dienstleistungen. Mit Fallstudien verschiedener Praktiker. - 2., überarb. und erg. Aufl. - Bern, 2000. - XXII, 354 S.

BUCKINGHAM, MARCUS: First, break all the rules: What the world's greatest managers do differently / by Marcu Birmingham and Curt Coffman. - New York, 1999. - 271 S.

BURNS, JAMES M.: Leadership. - New York : Harper & Row, 1978

DAVENPORT, THOMAS H.: Information ecology : mastering the information and knowledge environment. - New York, 1997. - X, 255 S.

EICHERT, CHRISTOPH: Bibliotheken und Verwaltungsreform // In: ProLibris (1998), S. 153 - 161

EISENHARDT, KATHLEEN M.; KAHWAJY, JEAN, L.; BOURGEOIS, L. J.: How management teams can have a good fight. The absence of conflict is not harmanony, it's apathy // In: Harvard business review (1997), S. 77 - 85

Führung von Mitarbeitern. - 4., überarb. und erw. Aufl. / hrsg. von Lutz von Rosenstiel ... - Stuttgart, 1999

GERTZOG, ALICE: Library leaders: Who and why? // In: Library journal (1990), S. 45 - 51

Gottschalk, Peter: Information systems leadership roles: an empirical study of information technology managers in Norway // In: Journal of global information management 8 (2000), S. 43 - 52

HEIDTMANN, FRANK: Personalführung in Bibliotheksbetrieben // In: Zur Theorie und Praxis des modernen Bibliothekswesens: Bd. 3: Betriebswirtschaftliche Aspekte / hrsg. von Wolfgang Kehr, Karl Wilhelm Neubauer und Joachim Stoltzenburg. - München, 1976. - S. 173 - 228

HENSCHKE, EKKEHARD: Von der hierarchischen zur teamorientierten Organisation: Die Universitätsbibliothek Leipzig in der Zeit des politischen, ökonomischen und technologischen Wandels // In: Bücher, Menschen und Kulturen: Festschrift für Hans-Peter Geh zum 65. Geburtstag / hrsg. von Birgit Schneider ... - München, 1999. - S. 263 - 269

HOBOHM, HANS-CHRISTOPH: Auf dem Weg zur lernenden Organisation : Neue Management-Konzepte für die Digitale Bibliothek // In: Bibliothek 21 (1997), S. 293 - 300

HOOPER, TONY: Management issues for the virtual library // In: The electronic library 19 (2001), S. 71 - 77

KOTTER, JOHN P.: What leaders really do // Harvard Business review (1990), S. 3 - 11

LEE, SUSAN: Organizational change in the Harvard College Library: A continued struggle for redefinition and renewal // The journal of academic librarianship 19 (1993), S. 225 - 230

LETTER, RICHARD: Your role as librarian: managing your firm's legal materials can be challenging and rewarding // In: Legal assistant today (1997), S. 80 - 81

LICHTENSTEIN, ART A.: Participatory management : a critical look // Journal of library administration 31 (2000), S. 29 - 40

LUX, CLAUDIA: Zehn Thesen zum organisatorischen Wandel in Bibliotheken In: Bibliotheksdienst 32 (1998), S. 483 - 485

MORAN, BARBARA B.: Restructuring the university library: A North American perspective // In: Journal of documentation 57 (2001), S. 101 - 113

NAGEL, KURT: Die sechs Erfolgsfaktoren des Unternehmens: Strategie, Organisation, Mitarbeiter, Führungssystem, Informationssystem, Kundennähe. - 5., überarb. Aufl. - Landsberg am Lech, 1993

PAUL, GERD: Leitungsqualität und Mitarbeitermobilisierung // In: Bibliothek 24 (2000), S.151 - 166

RIGGS, DONALD E.: Academic library leadership : observations and questions // In: College & research libraries 60 (1999), S. 6 - 8

RIGGS, DONALD E.: The crisis and opportunities in library leadership // In: Journal of Library Administration 32 (2001), S. 5 - 7

RIGGS, DONALD E.; SYKES, VIVIAN M.: The time for transformational leadership is now // In: Journal of library administration 18 (1993), S. 55 - 68

SCHREIBER, BECKY ; SHANNON, JOHN: Developing library leaders for the 21. century // In: Journal of library administration 32 (2001), S. 35 - 57

SULLIVAN, MAUREEN: Reflections on academic libraries as self-organizing systems // In: College & research libraries news 60 (1999), S. 393 - 394

THOM, NORBERT ; RITZ, ADRIAN: Public management: Innovative Konzepte zur Führung im öffentlichen Sektor. - Wiesbaden, 2000

TÖPFER, ARMIN: Führungsorganisation in der öffentlichen Verwaltung // In: Zur Theorie und Praxis des modernen Bibliothekswesens. - Bd.3: Betriebswirtschaftliche Aspekte / hrsg. von Wolfgang Kehr, Karl Wilhelm Neubauer u. Joachim Stoltzenburg, 1976. - S. 136 - 172

WHITE, HERBERT S.: Managers and leaders : Are there more differences than similarities? // In: Library Journal 15 (1990), S. 51 - 53

WIMMER, ULLA: Vom integrierten Geschäftsgang zur Matrixorganisation : Teamstrukturen in Bibliotheken // Bibliothek 24 (2000), S. 211 - 217

WIMMER, ULLA: Worum geht es bei der Verwaltungsreform? // In: Verwaltungsreform: Bibliotheken stellen sich der Herausforderung / hrsg. von Ulla Wimmer. - Berlin, 1995. - S.11 - 30. - (dbi-Materialien ; 142)

Marlene Nagelsmeier-Linke

6 Personalführung

Wer sich mit dem Thema Personalführung beschäftigt, sieht sich einer fast unübersehbaren Fülle von Theorien und Untersuchungen gegenüber. So lassen sich nach P. Schettgen (1991) mindestens 130 unterschiedliche Führungsdefinitionen ausmachen. Die Fachliteratur verzeichnet weltweit mehr als 3500 Studien zum Führungsverhalten in Organisationen, und es wird geschätzt, dass die Zahl der hierzu erarbeiteten Publikationen um den Faktor 10 höher liegt. Das Thema Führung ist Forschungsgegenstand der Sozial- und Organisationspsychologie, der Betriebswirtschaftslehre, der Betriebspädagogik, der Managementforschung, der Soziologie und anderer Fachgebiete. Trotz der Bandbreite der Beiträge zur Führungsforschung lassen sich einige markante Entwicklungslinien aufzeigen. Im Folgenden sollen daher zunächst diese Entwicklungslinien skizziert werden, bevor die bibliotheksspezifischen Untersuchungen und Entwicklungen in diesen Zusammenhang eingeordnet werden. Schließlich wird eine auf dem Führungsparadigma der Selbstverantwortung basierende Führungskonzeption entwickelt.

6.1 Definition

Die traditionelle Perspektive der Führungsforschung ist die Personalführung durch direkte Einflussnahme. Im Folgenden wird *Führung* verstanden als die unmittelbare Gestaltung der Interaktionsbeziehung zwischen Führenden und Geführten; sie wird deshalb auch als Menschen-, Mitarbeiter- oder Personalführung bezeichnet.

Wenngleich sich die Führungskonzeptionen im Einzelnen stark unterscheiden, ist ihnen doch ein bestimmtes *Menschenbild* gemein, das sie zugrunde legen. Dieses Menschenbild ist entscheidend durch das *Scientific Management* von F. W. Taylor (1911) beeinflusst worden. Taylor übertrug seine technischen Erfahrungen als Ingenieur auf die Zusammenarbeit von Menschen in Unternehmen. Er hatte die Vorstellung, dass Arbeiter in der Fabrik analog einer Maschine und als Teil einer Maschinenorganisation „funktionieren" sollten. Während Führende entscheiden, steuern, anweisen und kontrollieren, nehmen die Geführten eine passive Rolle ein. Taylor unterscheidet in der Organisation zwei Gruppen von Menschen: Leiter und Arbeiter. Leiter kontrollieren und motivieren sich aufgrund eigener Zielsetzungen. Im Unterschied dazu orientiert sich aus der Perspektive Taylors die Motivations- und Interessenlage der Arbeiter ausschließlich an Vergütungsanreizen.

In strikter Kontroverse zu den Auffassungen Taylors entwickelte sich in den 1930er Jahren in den USA die *Human-Relations-Bewegung* (E. Mayo, 1933). Sie weist anhand empirischer Forschungsergebnisse nach, dass der menschliche Faktor keine Trivialmaschine darstellt, sondern das soziale Gruppenverhalten ausschlaggebend für die Arbeitsleistung einer Gruppe sein kann. Die Vertreter dieser Bewegung stellen die sozialen Beziehungen und ihre Folgen für das menschliche Handeln im Betrieb in den Mittelpunkt ihrer Sichtweise. Die Erkenntnisse der Human-Relations-Bewegung führten allerdings nicht zur Änderung bzw. Korrektur der tayloristischen Arbeitsweise, sondern boten die Möglichkeit, diese mit Hilfe des Einsatzes sozialer Techniken zu optimieren. Zielsetzung war es, die Arbeitsleistung der Arbeiter zu steigern, indem man das jeweilige Gruppenverhalten bei der Führung von Arbeitsgruppen berücksichtigte und zu lenken versuchte.

6.2 Eigenschaftstheorien der Führung

Die ältesten Ansätze der *Führungsforschung* („Great-Man-Theory") basieren auf individualistischen Persönlichkeitstheorien, Unternehmerideologien und Sozialdarwinismus. Im Mittelpunkt des Forschungsinteresses steht die Frage, was die erfolgreiche Führungspersönlichkeit von der erfolglosen unterscheidet oder was den Führenden vom Geführten. Die Eigenschaftstheorie untersucht individuelle Persönlichkeitseigenschaften der Führenden und geht in ihren unterschiedlichen Varianten von einer monokausalen Erklärungsstruktur aus, in der Führung und Führungserfolg auf spezifische, herausragende Charaktereigenschaften des Führenden zurückgeführt werden, die situations-, aufgaben- und gruppenunabhängig sind. Im Zuge der Verwissenschaftlichung der Unternehmensführung und der Führungsausbildung hat sich mittlerweile die Auffassung durchgesetzt, dass auch Organisations- und Verwaltungsfähigkeiten lehr- und lernbar seien und keine angeborene oder durch Erfahrung erworbene Kunst.

Die Eigenschaftstheorie der Führung dürfte jedoch auch heute noch zu den dominierenden Alltagstheorien über Führung gehören. Dass eigenschaftstheoretisches Gedankengut nach wie vor in der Wirtschaftspraxis weit verbreitet ist, wird u.a. durch die ungebrochene Beliebtheit von Assessment-Centern als Instrumenten der Führungskräfteauswahl wie auch eigenschaftsdominierten Personalanzeigen belegt. Auch die Erfolge populärwissenschaftlicher Veröffentlichungen mit starker Eigenschaftsbetonung belegen dies; so etwa die Autobiografie von Welch, Jack (Was zählt. Die Autobiografie des besten Managers der Welt. 2001).

Eine Wiederbelebung der Eigenschaftstheorie der Führung ist in jüngerer Zeit durch die Theorie der *charismatischen Führung* erfolgt. Die Theorie der charismatischen Führung ist im Zusammenhang mit der Diskussion um die Unternehmenskultur zu sehen. Hier zeigte sich insbesondere der Zusammenhang von Handeln und Emotionen, der durch sprachliche (z.B. Mythen), interaktionale (z.B. Rituale) oder symbolisierende Instrumente berücksichtigt werden sollte. Auf dieser emotionalen Ebene soll charismatische Führung vor allem wirken. Im Zusammenhang damit steht auch der allgemein konstatierte Wertewandel, der sich in der Ablösung so genannter Pflicht- und Akzeptanzwerte wie Unterordnung, Fügsamkeit und Leistungsbereitschaft durch Selbstentfaltungswerte äußert. Postmaterialistische Werthaltungen wie Selbstverwirklichung und persönliche Autonomie haben dabei in besonderem Maße auch Auswirkungen auf die Unternehmen, die auf die Kooperationsbereitschaft der Mitarbeiter bei der Realisierung der Unternehmensziele angewiesen sind. Charismatischen Führungspersönlichkeiten wird nun die Fähigkeit zugeschrieben, dass sie diesen Wertepluralismus auflösen, indem sie klare Wertvorstellungen über die Zukunft kommunizieren, die von den Mitarbeitern geteilt werden. Darüber hinaus führen die Dynamik und Unsicherheit der betrieblichen Umweltbedingungen zu einem Infragestellen der Beherrschbarkeit und Kontrollierbarkeit der Einflussfaktoren und damit der Steuerung der Unternehmen. Es entsteht ein Simplifizierungsbedarf, der darauf angelegt ist, eine personale Instanz zu schaffen, auf welche Erfolge oder Misserfolge projiziert werden können. Das außergewöhnliche und beispielhafte Handeln der Führenden wird nicht nur erlaubt, sondern darüber hinaus als Erfolg versprechend charakterisiert, insbesondere bei der Bewältigung von Komplexität und der Reduktion von Unsicherheit. Als Variante der charismatischen Führung ist die Theorie der *transformationellen Führung* entwickelt worden (J. M. Burns, 1978). Führung wird dabei verstanden als ein Prozess, in dem Führende Bedürfnisse der Geführten in positive Hoffnungen und Ansprüche umwandeln. Diese wiederum werden als Erwartungen formuliert und auf spezifische Ziele gelenkt, die vom Führenden als wertvoll angesehen werden. Tichy/Devanna (1986) nennen als Ergebnis der Auswertung von zwölf Intensivinterviews mit Transformationsführern sieben Charakteristika dieser Führungspersönlichkeiten:

- sie verstehen sich als Change Agents
- sie sind couragiert
- sie vertrauen anderen Menschen
- sie handeln wertorientiert
- sie sind lebenslange Lerner
- sie können mit Komplexität, Ambiguität und Unsicherheit umgehen
- sie haben Visionen

Es scheint, dass mit der Organisationskulturdebatte die Eigenschaftstheorie der Führung eine Renaissance erlebt hat (H. Kaspar, 1987). Dies erscheint nicht ganz unproblematisch. Ist doch nicht auszuschließen, dass die emotionale Ansprache der Mitarbeiter und der geschickte Einsatz von Symbolen und Ritualen bei den Mitarbeitern Abhängigkeitsverhältnisse generiert und manifestiert.

6.3 Verhaltenstheorien der Führung

Das Scheitern des Versuchs, Führungserfolg mit den Eigenschaften der Führenden hinreichend zu erklären, lenkte das Forschungsinteresse in den 1940er Jahren zunehmend fort von der Führungskraft hin zu der Frage nach der Führungseffizienz, den Wirkungszusammenhängen des Führens und der Rolle des Mitarbeiterverhaltens für den Führungserfolg. Mit dieser Fragestellung wurde zugleich die Suche nach dem optimalen Führungsstil ins Zentrum der Führungsforschung gestellt.

Führungsstil eindimensional betrachtet

In der Führungsliteratur hat die *Kontinuum-Theorie* von Tannenbaum und Schmidt (1958) besondere Beachtung gefunden. Tannenbaum und Schmidt gehen von dem in der Realität zu beobachtendem Führungsverhalten aus und ordnen es nach dem Ausmaß der Anwendung von Autorität durch den Vorgesetzten und dem Ausmaß an Entscheidungsfreiheit der Mitarbeiter auf einem Kontinuum von extrem Vorgesetzten-orientierten zu extrem Mitarbeiter-zentrierten Verhaltensmustern an.

Die Kontinuum-Theorie von Tannenbaum und Schmidt ist mitunter dahingehend (fehl-)interpretiert worden, dass Tannenbaum und Schmidt den kooperativen Führungsstil als den einzig richtigen propagiert hätten. Tannenbaum und Schmidt versuchen in ihrer Veröffentlichung

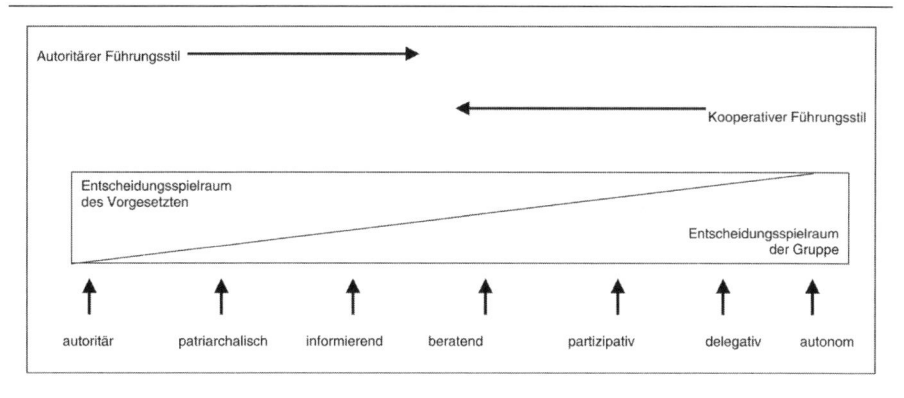

6.4 Situationstheorien

```
Autoritärer Führungsstil ──────────►
                                        ◄────────── Kooperativer Führungsstil

Entscheidungsspielraum
des Vorgesetzten
                                                        Entscheidungsspielraum
                                                        der Gruppe

   ↑          ↑             ↑           ↑          ↑            ↑         ↑
autoritär  patriarchalisch  informierend  beratend  partizipativ  delegativ  autonom
```

Kontinuum von Tannenbaum/Schmidt

demgegenüber gerade, die wichtigsten Faktoren zu bestimmen, die bei der Wahl des richtigen Führungsverhaltens zu berücksichtigen sind.

Führungsstil mehrdimensional betrachtet

Die Führungsforschung vor allem in den USA war – im Gegensatz zu dem skizzierten eindimensionalen Ansatz – bemüht, auf empirischer Grundlage Aussagen über die Effizienz bestimmter Führungsstile zu treffen. Seit 1945 beschäftigt sich ein interdisziplinäres Forscherteam (Bureau of Business Research) der Ohio State University mit der Entwicklung eines Instrumentariums zur Beschreibung des Führungsverhaltens (R. M. Stogdill, 1957). Im Gegensatz zu der eindimensionalen Kontinuum-Annahme, nach der sich Beziehungsorientierung und Aufgabenorientierung wie bei autoritärer und demokratischer Führung gegenseitig ausschließen, behaupten die Vertreter der Ohio-Schule die Unabhängigkeit der beiden Dimensionen. Das heißt, ein Führender kann sowohl hohe Rücksichtnahme als auch hohe Aufgabenorientierung zeigen und umgekehrt. Eine Zweiteilung der beiden Dimensionen in jeweils hohe und niedrige Ausprägungen ergibt dann den bekannten Ohio-State-Leadership-Quadranten.

Die Ohio-Schule behauptet nun, dass der erfolgreich Führende hohe Ausprägungen in beiden Dimensionen aufweist (rechter oberer Quadrant, Abb. Seite 138) und dass Beziehungsorientierung beim Führenden zu hoher Zufriedenheit bei den Geführten beiträgt. Die Studien der Ohio-Schule haben in hohem Maße die Forschungsaktivitäten weiterer Wissenschaftler angeregt (Rosenstiel, 1995). Die Zwei-Dimensionen-Theorie der Ohio-Schule ist zur Grundlage einer Vielzahl praxisorientierter Führungskonzepte geworden. Dabei ist der zweidimensionale Ansatz mitunter auch modifiziert worden (W. Staehle, 1999).

6.4 Situationstheorien

Die mangelnde empirische Evidenz eigenschaftstheoretischer Hypothesen sowie die an den Ohio-Studien geübte Kritik, dass zwei Dimensionen nicht genügen, um die Komplexität von Führungsverhalten zu beschreiben, führte zur Entwicklung von Situationstheorien der Führung, wonach Führungsstil und Führungserfolg nicht eine Funktion bestimmter Führungseigen-

	Hohe Beziehungsorientierung und niedrige Aufgabenorientierung	Hohe Beziehungsorientierung und hohe Aufgabenorientierung
	Niedrige Beziehungsorientierung und niedrige Aufgabenorientierung	Hohe Aufgabenorientierung und niedrige Beziehungsorientierung

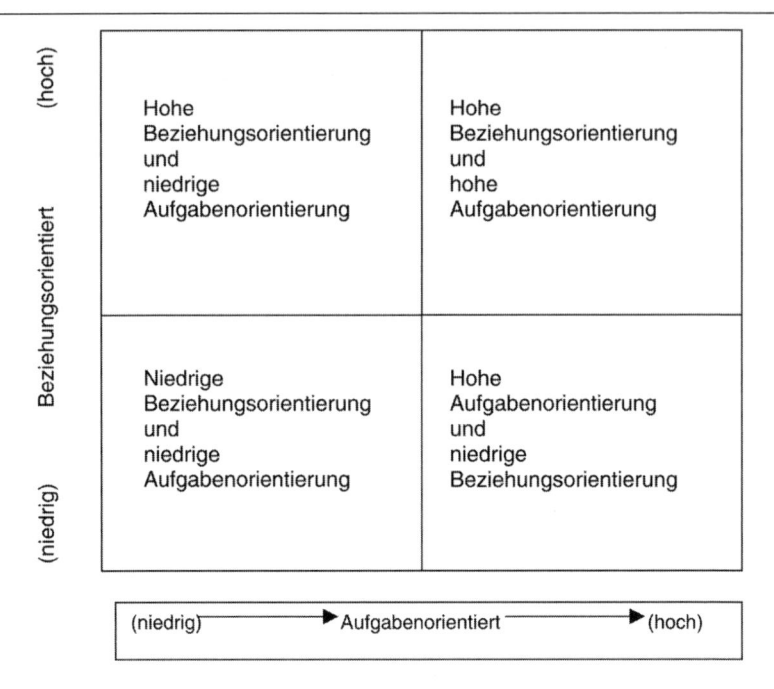

Vertikale Achse: Beziehungsorientiert (niedrig) → (hoch)
Horizontale Achse: (niedrig) → Aufgabenorientiert → (hoch)

Die Ohio-State-Leadership-Quadranten (nach: P. Hersey und K. H. Blanchard: Management of organizational behavior. 1977)

schaften sind, sondern nur in Abhängigkeit von einem situativen Kontext, in dem Führende und Geführte interagieren, zu sehen sind. Der Situationsansatz der Führung analysiert das Führungsverhalten in Abhängigkeit von der Gruppe (Geführte), der Aufgabe und der Führungssituation und kommt folgerichtig zu der Annahme, dass unterschiedliche Gruppen- und Führungssituationen auch unterschiedliche Führungsstile erfordern. Es gibt keinen „one best way" in der Führung und auch keinen „great man", der in allen Situationen und zu jeder Zeit erfolgreich ist. Erfolgreich ist der Führer, der über analytische Fähigkeiten verfügt (Analyse der Aufgabe, der Situation, der Gruppe) und sein Führungsverhalten den Umständen entsprechend modifizieren kann.

Unter den Situationstheorien der Führung hat vor allem die Kontingenztheorie von F. E. Fiedler (1967) Beachtung gefunden. Fiedler geht von der zentralen Hypothese aus, dass die Leistung einer Gruppe eine Funktion der Beziehung zwischen dem Führungsstil und dem Ausmaß ist, in dem die Gruppensituation es dem Führer erlaubt, Einfluss auszuüben. Die wichtigsten Variablen der Fiedlerschen Theorie sind somit der Führungsstil, der Grad der Günstigkeit der Führungssituation und die Effektivität der Gruppe.

Fiedler unterscheidet zwei Führungsstile, nämlich (1) einen aufgabenorientierten, der das Bedürfnis nach Aufgabenlösung und Zielerreichung befriedigt (Leistungsorientierung) und (2) einen personenorientierten, der das Bedürfnis nach guten menschlichen Beziehungen zwischen Führendem und Geführten befriedigt (Interaktionsorientierung). Zur Messung unterschiedlichen Führungsverhaltens hat Fiedler den LPC-Wert als ein Wahrnehmungsmaß entwickelt. Der LPC-Wert lässt erkennen, wie der Führer den von ihm am wenigsten geschätzten

6.4 Situationstheorien

Mitarbeiter (Least-Preferred Coworker) beschreibt. Dabei besagt eine wohlwollende Beschreibung auch wenig geschätzter Mitarbeiter, dass der Führer rücksichtsvoll und beziehungsorientiert führt. Beschreibt ein Führer seinen unbeliebtesten Mitarbeiter noch günstig., so wird in ihm ein personenorientierter, rücksichtsvoller, partizipativ eingestellter Führer vermutet. Im umgekehrten Fall (ungünstige Beurteilung) vermutet man einen aufgabenorientierten, autoritären Führer.

Zur Beschreibung der Führungssituation, der zweiten wichtigen Variablen, unterscheidet Fiedler folgende drei Dimensionen:
- Positionsmacht (inwieweit die Position selbst es dem Führenden ermöglicht, die Geführten in seinem Sinne zu führen)
- Strukturierung der Aufgabe (inwieweit die zu lösende Aufgabe stark oder nur schwach strukturiert ist)
- Führer-Mitarbeiter-Beziehungen (inwieweit diese Beziehungen zu Zufriedenheit oder Unzufriedenheit führen)

Während die ersten beiden Einflussgrößen durch die Organisation festgelegt werden, ist die dritte Größe zum großen Teil von der Persönlichkeit des Führenden abhängig. Durch die Kombination dieser drei Dimensionen, die jeweils nach zwei Ausprägungen dichotomisiert werden (stark – schwach, strukturiert – unstrukturiert, gut – schlecht), ergeben sich acht unterschiedliche Führungssituationen:

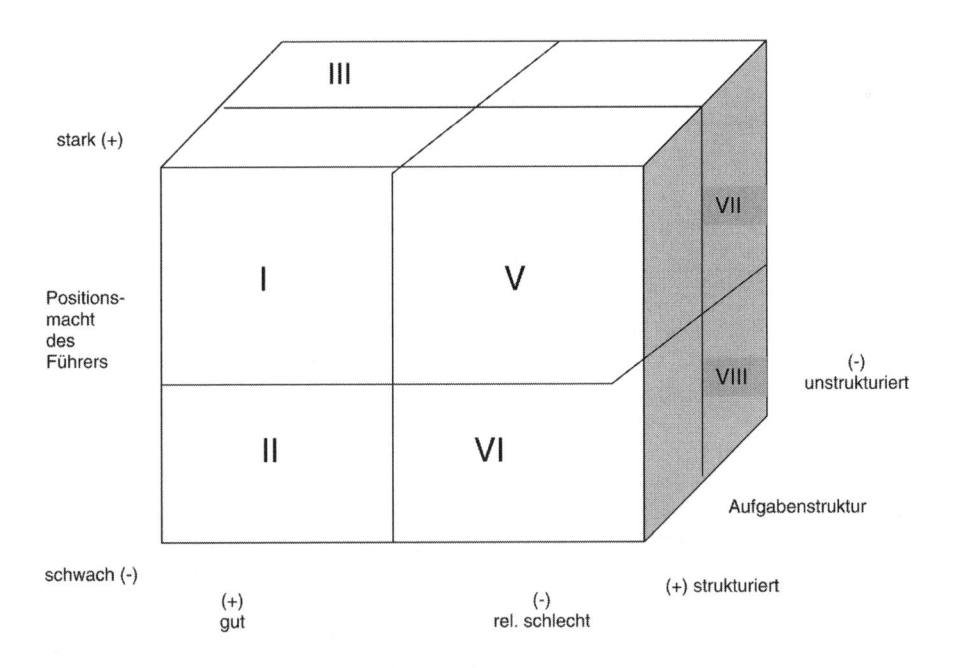

Führer-Mitarbeiter-Beziehungen: die Klassifikation in acht Führungssituationen (nach: F. E. Fiedler: A theory of leadership effectiveness. 1967)

Erfolg oder Effektivität eines Führers oder Führungsstils wird gemessen an der Leistung der Gruppe in Hinblick auf die Aufgabenerfüllung und der Zufriedenheit der einzelnen Gruppenmitglieder.

Die acht Situationskonstellationen ordnet Fiedler im Weiteren auf einem „Kontinuum der situativen" Günstigkeit an. Ein allein aus empirischen Daten abgeleitetes Klassifikationsschema liefert Prognosen darüber, inwieweit eine bestimmte Führungssituation es einem Führer leicht oder schwer macht, sich durchzusetzen und welcher Typ von Führer in welchen Situationen am erfolgreichsten sein wird. So soll in einer Konstellation, die definiert ist durch eine gute Führer-Mitarbeiter-Beziehung, eine starke Strukturierung der Aufgabe und eine große Machtfülle der Führungsposition ein aufgabenorientierter Führungsstil am besten geeignet sein. Entgegen der herrschenden Praxis ist Fiedler nicht der Auffassung, dass der Führende durch entsprechende Auslese und/oder Training der Situation angepasst werden soll, sondern er schlägt den umgekehrten Weg vor, zunächst den Führungsstil eines Managers zu bestimmen und dann die Situation dem Manager anzupassen. Dies kann durch Manipulation der drei Dimensionen Positionsmacht, Aufgabenstruktur und Führer-Mitarbeiter-Beziehungen erfolgen. Nach Fiedler lässt sich nämlich Führungsverhalten, wenn überhaupt, nur sehr langfristig verändern. Deshalb erscheint es ihm sinnvoller, in Seminaren die diagnostischen Fähigkeiten der Manager zu schulen, damit sie besser in der Lage sind, zu analysieren, inwieweit die Situation ihrem Führungsstil entgegenkommt oder nicht.

Das Fiedlersche Modell konnte durch empirische Studien nicht untermauert werden (G. B. Graen, 1971). Die Kritik am Modell von Fiedler lässt sich an der Erfassung sowohl der Situation als auch des Führungsstils fest machen. So zeigte sich in Nachuntersuchungen, dass der Führungsstil nicht stabil war, sondern dass jede Führungskraft eine gewisse Bandbreite der Verhaltensweisen und damit an Führungsstilen aufwies. Außerdem beschreiben die drei Situationsvariablen die Führungssituation nur unvollständig. Hinzu kommt, dass auch der Fiedlersche Ansatz von einer starken eigenschaftstheoretischen Komponente geprägt ist.

6.5 Die Auseinandersetzung mit Führungsfragen im Bibliotheksbereich

Keine der oben skizzierten Führungstheorien ist in der Lage, empirisch nachprüfbar zu beschreiben, unter welchen Voraussetzungen Führung zum Erfolg führt. Dennoch beleuchtet jede der genannten Theorien schlaglichtartig wichtige Teilaspekte von Führung. Obwohl keine der genannten Theorien den komplexen Führungsprozess umfassend zu beschreiben vermag, ist es wichtig, diese Theorien und ihre Implikationen zu kennen, weil es nur so möglich ist, Schwierigkeiten, denen man – soweit man mit Führungsaufgaben betraut ist – begegnet, einzuordnen. Umso bedauerlicher ist es, dass dem intensiven Diskurs über Führung in den anderen Disziplinen nichts Vergleichbares im bibliothekarischen Bereich gegenüber steht. Einzelne, sehr interessante Publikationen greifen das Thema unter verschiedenen Gesichtspunkten auf. Zu nennen sind hier zunächst die – auch heute noch sehr modern wirkenden – Veröffentlichungen von Frank Heidtmann aus den 1970er Jahren. Diesen sehr interessanten theoretischen Ansätzen sind – sieht man einmal ab von Entwicklungen in der Universitätsbibliothek Konstanz – keine praktischen Untersuchungen oder Veränderungen in den Bibliotheken gefolgt. Zumindestens die theoretische Auseinandersetzung mit Führungsfragen hat sich seit Mitte der 1990er Jahre intensiviert. Ute Steinbrücker (1995) entwickelt in ihrer Diplomarbeit einen Ansatz für kulturbewusste Führung in der Bibliothek. Gerd Paul (2000) betrachtet Bibliotheken als soziale Systeme und versucht, anhand des Untersuchungsmerkmals „Betriebsklima" ein Profil für erfolgreiche Leitungstätigkeit in Bibliotheken herauszuarbeiten. Yvonne Bauer (1998) untersucht das Thema Mitarbeitermotivation in Bibliotheken. So interessant die genannten Veröffentlichungen sind, so sehr handelt es sich doch nach wie vor um Einzelerscheinungen, die wohl nicht den Schluss zulassen, dass nunmehr eine verstärkte Auseinandersetzung mit Führungsfragen im Bibliotheksbereich zu erwarten ist. Es muss daher wohl davon ausgegangen werden, dass das Führungsverständnis vieler Führungskräfte im Bibliotheksbereich auch heute noch weniger aus einer rationalen Auseinandersetzung mit Führungstheorien herrührt, als vielmehr aus Alltagstheorien („Hinterkopftheorien", R. Wunderer) gespeist wird. Daher muss wohl davon ausgegangen werden, dass nach wie vor der technokratische Ansatz – das „Maschinen-Modell" der Führung dominiert. Im Folgenden wird deshalb versucht, ein Führungsmodell zu entwerfen, das auf dem Führungsparadigma der Selbstverantwortung basiert.

6.6 Grenzen personaler Führung und Führungssubstitution

Persönliche, direkte Führung ist nur eine Form der sozialen Einflussnahme. Den oben skizzierten Ansätzen der Führungsforschung ist gemeinsam, dass sie ihre Wurzeln in der Kleingruppenforschung haben. Demgegenüber ist die empirische Organisationsforschung in der Soziologie verankert. So kommt es, dass Führungstheorien im Allgemeinen organisationsstrukturelle Aspekte außer Acht lassen, während die Organisationstheorie die Bedeutung von Führungsverhalten sehr häufig vernachlässigt. Die Tatsache, dass keine der oben skizzierten Führungstheorien empirisch überprüfbar erfolgreiche Führung zu prognostizieren vermag, erklärt sich möglicherweise aus der Vernachlässigung des organisationalen Kontextes.

Wie sehr der organisationale Kontext Führungsfragen tangiert, soll an einem Beispiel aus der Bibliothekspraxis verdeutlicht werden. In vielen Bibliotheken wird in der Buchbearbeitung mittlerweile integrierte Bibliothekssoftware eingesetzt. Vielfach ist mit der Einführung eines solchen integrierten EDV-Systems auch die Einführung eines integrierten Geschäftsganges verbunden. Man löst im Zusammenhang mit der Einführung eines solchen integrierten Geschäftsganges die bisherige Erwerbungs- und Katalogisierungsabteilung auf und bildet produktbezogene – etwa nach den zu bearbeitenden Fach- bzw. Schrifttumsgattungen gebildete – Teams, in denen sowohl erworben als auch katalogisiert wird. Die Unterstellung der Teams unter die Referate Erwerbung *und* Katalogisierung folgt dem Organisationsschema der funktionalen Ordnung. Dies bedeutet eine Abkehr vom Prinzip der Einheit der Auftragserteilung und eine Koordinierung von Mitarbeitern nach dem Funktionsprinzip, d.h. der auf eine bestimmte Funktion spezialisierte Vorgesetzte erteilt nur für diese Weisungen. Die Leiter der Hauptreferate Erwerbung und Katalogisierung haben zwar auch in der neuen Organisationsstruktur Vorgesetztenfunktion hinsichtlich der Teammitglieder. Dennoch hat sich – ohne Veränderung des individuellen Führungsstils – das Verhältnis von Vorgesetzten und Mitarbeitern gravierend verändert. Führungsfunktionen (Planung, Organisation und Kontrolle der Arbeit, Personaleinsatz) sind auf die Teammitglieder übergegangen. Die neue Organisationsstruktur vermag personale Führung nicht vollständig zu ersetzen, reduziert deren Funktion jedoch auf die der Unterstützung der sachbezogenen Aufgabendefinition.

6.7 Das neue Führungsparadigma der Selbstverantwortung

Die mangelnde Berücksichtigung organisationaler Zusammenhänge ist zweifellos mit ein Grund für das Versagen der Führungstheorien bei der Vorhersage erfolgreichen Führungsverhaltens. Unabhängig davon bedarf die Führungsforschung aber wohl auch deshalb einer grundsätzlichen Richtungsänderung, weil das Menschenbild, das den traditionellen Führungstheorien zugrunde liegt, die Realität nicht mehr adäquat abbildet. Den oben skizzierten Führungskonzepten liegt ein mechanistisches Verständnis von Führung zugrunde, bei dem die Mitarbeiter letztlich zu Objekten degradiert werden. Ein solches Verständnis von Führung ist mit einem Bild vom Menschen als selbstverantwortlichem Subjekt nicht vereinbar.

Indem die klassischen Führungstheorien die Beherrschbarkeit des Führungsprozesses suggerieren, setzen sie die Führungskräfte zugleich einem „Zwang zum Führungserfolg" aus, dem diese aufgrund der mangelnden Beherrschbarkeit des Führungsprozesses gar nicht gerecht werden können. Gehen Vorgesetzte von der Annahme aus, ein von ihnen intendiertes Denken und Verhalten bei Mitarbeitern bewirken zu können und gelingt ihnen dies dann nicht, so zweifeln sie an ihren Führungsfähigkeiten, ohne jedoch die Prämissen des Denkansatzes in Frage zu stellen. Die Führungsforschung des 21. Jahrhunderts sollte von einem völlig neuen Denkansatz ausgehen. Anna Meyer (2000) bezeichnet diese Richtungsänderung in der Führungsforschung in ihrer Dissertation als Paradigmenwechsel und arbeitet heraus, dass sich seit Mitte der 1980er Jahre ein Führungsparadigma der Selbstverantwortung herausgearbeitet hat. Die Gründe für diesen Paradigmenwechsel liegen in dem gewaltigen Wandel, der sich seither in Gesellschaft, Politik und Technik vollzogen hat.

Versteht man Führung als Kooperation von eigenverantwortlichen Subjekten, so setzt dies bei Führungskräften wie bei den Mitarbeitern ein neues Rollenverständnis voraus. Aufgabe der Führungskräfte sollte (nach A. Meyer) sein:
- Visionen und Strategien zu entwickeln und zu formulieren
- Als Promotoren des Wandels den betrieblichen Wandel aktiv zu gestalten
- Mitarbeitern selbstverantwortliches Handeln zu ermöglichen
- Wissensmanagement zu betreiben mit dem Ziel, dass das Wissen der Mitarbeiter auch dann in der Bibliothek verbleibt, wenn sie die Bibliothek verlassen
- Eine neue mentale Grundhaltung und Einstellung zur Führung zu leben und in der Handlung umzusetzen
- Mitarbeiter als gleichwertige Partner anzuerkennen und eine Führung im Dialog zu praktizieren
- Funktionsübergreifende Teamarbeit anzuregen und zu steuern
- Authentisch, integer, glaubwürdig zu handeln und Zivilcourage zu zeigen
- Die Mitarbeiter individuell zu fördern
- Direktes Feedback zu geben
- Auf der Basis natürlicher Autorität zu führen, unabhängig von formellen Machtbefugnissen

Diesem neuen Führungsverständnis der Führungskräfte muss aber auch auf Seiten der Mitarbeiter ein neues Verständnis der Mitarbeiterrolle entsprechen, zu dem gehören:
- Selbstverantwortliches Handeln und Loyalität gegenüber der Bibliothek
- Selbstverantwortung für die Sicherung der eigenen Beschäftigungsfähigkeit
- Teamfähigkeit und Neugierde

6.7 Das neue Führungsparadigma der Selbstverantwortung

- Lernfähigkeit und die Bereitschaft, Wissen zu teilen
- Die Fähigkeit, mit gewährter Zeitsouveränität, etwa in Form von gleitender Arbeitszeit oder Telearbeit, verantwortungsvoll umzugehen
- Die Fähigkeit, über Zielvorgaben und Zielvereinbarungen geführt zu werden und selbst zu führen

Von der Vorstellung innerorganisatorischer Demokratie, wie sie in den 1970er Jahren vereinzelt geäußert wurde (F. Heidtmann, 1971) und wie sie vielleicht auch heute noch in den Köpfen vieler Mitarbeiter als Wunschvorstellung spukt, unterscheidet sich diese Konzeption insofern grundlegend, als die Vorstellung innerorganisatorischer Demokratie die bisherigen Machtverhältnisse in der Bibliothek zwar auf den Kopf stellen wollte, letztlich aber nur die bisherige hierarchische Macht der Vorgesetzten durch die in ihrer zahlenmäßigen Überlegenheit gegründete Macht der Mitarbeiter ersetzt hätte. Führung als Dialog gleichwertiger Partner setzt aber voraus, dass auch die Mitarbeiter die sachlich legitimierte Autorität der Vorgesetzten anerkennen. Die Führungskräfte befinden sich in der schwierigen Situation, dass ihnen durch organisationsstrukturelle Maßnahmen formale Macht entzogen wird. Gleichzeitig werden sie aber insofern entlastet, als der Erfolg der Bibliotheksarbeit nicht mehr allein von ihnen abhängt, sondern sich alle – unabhängig von der hierarchischen Position – dafür verantwortlich fühlen sollten.

Das Führen durch Zielvereinbarungen ist ein dem Führungsparadigma der Selbstverantwortung angemessenes Führungskonzept.

Das Führungskonzept „Führen durch Zielvereinbarung" bzw. „Management by Objectives" (MbO) wurde bereits Mitte der 1950er Jahre entwickelt (P. E. Drucker, 1954) und danach in den 1960er Jahren popularisiert (G. S. Odiorne, 1965; J. W. Humble, 1967). Es wurde als die zentrale Führungskonzeption für die 1980er Jahre in großen privaten und öffentlichen Unternehmungen angesehen (G. S. Odiorne, 1979). Zielorientiertes Arbeiten gehört mittlerweile auch zum Standardprogramm der Verwaltungsmodernisierung (E. Klotz, 1995). Der Prozess der Zielvereinbarung vollzieht sich in einem Kreislaufschema, bei dem Oberziele bis hin zu operationalen Abteilungszielen konkretisiert und akzeptiert werden. Der Prozess wiederholt sich auf jeder Hierarchieebene und in jeder neuen Führungsperiode. Während einer Periode werden in regelmäßigen Abständen Ist-Ergebnisse und Sollvorgaben verglichen, um rechtzeitig Fehlentwicklungen entdecken und korrigieren zu können.

Auf der obersten Stufe der Ziele steht das Leitbild. Dieses Leitbild stellt quasi das Grundgesetz für die Bibliothek dar, in dem die Unternehmensphilosophie der jeweiligen Bibliothek als Dach des übrigen Zielsystems fixiert ist. Dieses Leitbild besitzt mit seinem normativen Charakter für einen längeren Zeitraum und damit in wechselnden Umweltsituationen Gültigkeit. Aus dem Leitbild lassen sich strategische Ziele ableiten, die mittel- und langfristig erreicht werden müssen. Um diese Ziele zu erreichen, müssen klar formulierte Strategien entwickelt werden. Auf der Basis dieser Strategie werden von der Direktion Jahresziele entwickelt. Diese werden in den einzelnen Bibliotheksbereichen in Teilziele aufgespalten und schließlich auf den unteren Hierarchiestufen zu operationalen Feinzielen „heruntergebrochen". Gleichzeitig entwickeln die Beschäftigten individuelle Ziele, etwa in Hinblick auf Förderung und Karriere. In Mitarbeitergesprächen muss dann versucht werden, aus den Zielen der Direktion und den individuellen Zielen der Mitarbeiter gemeinsame Ziele zu vereinbaren. Auf allen Ebenen muss Rückkoppelung erfolgen, so dass sich die Ziele einer übergeordneten Stufe gegebenenfalls im Laufe des Verfahrens noch ändern können.

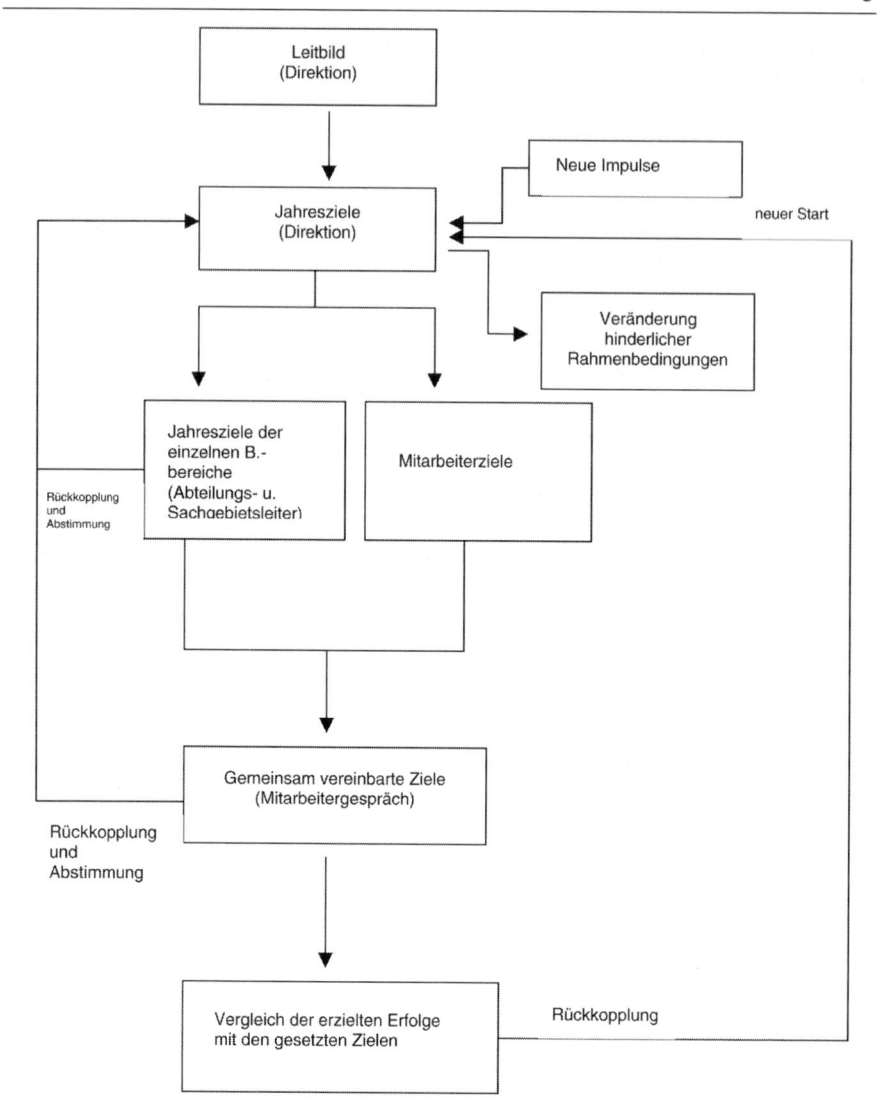

Kreislaufschema MbO für eine Bibliothek (nach: G. S. Odiorne)

Der Soll-Ist-Vergleich, der spätestens nach Ablauf der Führungsperiode erfolgen muss, besser jedoch permanent während der gesamten Periode durchgeführt werden sollte, dient der Erkennung von Abweichungen. Solche Abweichungen können ihre Ursache in externen Faktoren, aber auch in individuellen Faktoren haben. Während bei externen Faktoren eine Zielüberprüfung erfolgen muss bzw. hinderliche Rahmenbedingungen verändert werden müssen, sollten die individuellen Ursachen individuelle Interventionen auslösen, die z.B. zu Weiterbildungsmaßnahmen führen können.

MbO impliziert nicht von vornherein einen bestimmten Führungsstil. Dies lässt sich am Beispiel des Zielbildungsprozesses darstellen: Ziele können nämlich einmal von Seiten der Führungsspitze den Mitarbeitern auf den einzelnen hierarchischen Ebenen vorgegeben werden, sie können aber auch Ausfluss eines Verhandlungsprozesses sein, an dem die Mitarbeiter insofern partizipieren, als sie selbst ihre Ziele formulieren und mit denen der Vorgesetzten abstimmen. Sowohl die autoritative Variante „Führung durch Zielvorgabe" als auch die kooperative Variante „Führung durch Zielvereinbarung" sind im Rahmen von MbO grundsätzlich möglich. Aber nur die kooperative Variante der Führung durch Zielvereinbarung ist mit dem Führungsparadigma der Selbstverantwortung verträglich.

Werden konkrete Ziele festgestellt und vereinbart, so wird damit ein individueller Handlungsspielraum für die persönliche Entfaltung gegeben. Das Ziel wird vereinbart; wie der Mitarbeiter, die Mitarbeiterin dieses Ziel erreicht, bleibt ihm bzw. ihr weitestgehend selbst überlassen. Das schafft Freiräume zur Entfaltung von Eigeninitiative und macht Mut zum Mitdenken und Mitgestalten. Andererseits vermittelt die Vereinbarung von Zielen auch Sicherheit. Die Mitarbeiterin, der Mitarbeiter weiß, was von ihr bzw. ihm erwartet wird. Gerade in Umbruchsphasen und der mit ihnen einhergehenden Verunsicherung darf dieser Aspekt der Sicherheit durch die Absprache von Zielen nicht unterschätzt werden. Damit sind zwei wesentliche Voraussetzungen für Motivation durch Arbeit gegeben, nämlich (1) Freiraum und (2) klare Ziele (E. Crisand, 1993).

Da die individuellen Ziele der Mitarbeiter und die Unternehmensziele im Prozess der Zielvereinbarung miteinander in Einklang gebracht werden, sollten die Mitarbeiter sich selbst in ihren Aufgaben wiedererkennen. Damit sollte ein hohes Maß an Identifikation und Motivation und damit hohe Leistungsbereitschaft und die optimale Ausschöpfung der Fähigkeiten der Einzelnen zu erreichen sein (R. Wunderer, 1992).

*

Literatur

BASS, BERNARD M.: Leadership and performance beyond expectations. - New York, 1985 CONGER, JAY A.: The charismatic leader. - San Francisco, 1989

BAUER, YVONNE: Mitarbeitermotivation in Bibliotheken. - Köln, 1988. - (Kölner Arbeitspapiere zur Bibliotheks- und Informationswissenschaft ; 9)

BRAMBACH, HARRY: Zielorientierte Führung: Management by objectives und seine Problematik. - Würzburg, Univ., Diss. 1975

BURNS, JAMES MACGREGOR: Leadership. - New York 1978

CRISAND, EKKEHARD ; HERRLE, JOHANNES: Psychologische Grundlagen der Führung. - Heidelberg, 1993. - (Arbeitshefte Führungspsychologie ; 19)

DRUCKER, PETER E.: The practice of management. - New York, 1954

FIEDLER, FRED E.: Engineer the job to fit the manager // In: Readings in organizational behavior and human performance / ed. by Larry L. Cummings ... - Homewood, Ill., 1969. - S. 643 - 651

FIEDLER, FRED E.: A theory of leadership effectiveness. - New York [u.a.], 1967

GRAEN, G. B. ; J. B. ORRIS ; K. ALVARES: Contingency model of leadership effectiveness in formal organizations // In: Journal of applied psychology 1971, S. 196 - 201

HEIDTMANN, FRANK: Zur Soziologie von Bibliothek und Bibliothekar. - Berlin, 1971. - (Zur Bibliothekspraxis ; 3). - S. 351 - 408

HEIDTMANN, FRANK: Personalführung in Bibliotheksbetrieben // In: Zur Theorie und Praxis des modernen Bibliothekswesen. - München. - Bd. 3: Betriebswirtschaftliche Aspekte. - 1976. - S. 173 - 228

HOMBURG, CHRISTIAN ; RUTH STOCK: Kundenorientiertes Führungsverhalten : Die weichen Faktoren messbar machen // In: Zeitschrift Führung + Organisation 70 (2001), S. 13 - 19

HUMBLE, J. W.: Management by objectives. - London, 1967

KASPER, HELMUT: Organisationskultur. - Wien, 1987

KLOTZ, ERHARD ; SIEGFRIED MAUCH: Personalmanagement in Baden-Württemberg : die Implementierung einer Konzeption in der Landesverwaltung // In: Verwaltungsführung, Organisation, Personal 17 (1995), S. 116 - 119

KOCKA, JÜRGEN: Industrielles Management: Konzeptionen und Modelle in Deutschland vor 1914 // In: Vierteljahresschrift für Sozial- und Wirtschaftsgeschichte 65 (1969), S. 332 - 372

MAYO, ELTON: The human problems of an industrial civilization. - New York, 1933

MEYER, ANNA: Führende und Geführte im Wandel der Führungsparadigmen des 20. Jahrhunderts : ein Wandel vom Objekt zum selbstverantwortlichen Subjekt? - Franfurt a.M. [u.a.], 2000. - (Bildung und Organisation ; 8). - Zugl. Hamburg, Univ. der Bundeswehr, Diss.

ODIORNE, GEORGE S.: Management by objectives : a system of managerial leadership. - New York, 1965

ODIORNE, GEORGE S.: MbO II: a system of managerial leadership for the 80s. - Belmont, Calif., 1979

PAUL, GERD: Bibliotheks-Management : Leitung und Kooperation in wissenschaftlichen Bibliotheken – das Beispiel Berlin. - Berlin, 2000

ROSENSTIEL, LUTZ VON: Kommunikation und Führung in Arbeitsgruppen // In: Lehrbuch Organisationspsychologie. - 2. Aufl. - Bern, 1995

SCHETTGEN, PETER: Führungspsychologie im Wandel : Neue Ansätze in der Organisations- Interaktions- und Attributionsforschung. - Wiesbaden, 1991

STAEHLE, WOLFGANG H.: Management: eine verhaltenswissenschaftliche Perspektive. - 8. Aufl. / überarb. von Peter Conrad und Jörg Sydow. - München, 1999, S. 867

STEINBRÜCKER, UTE: Mitarbeiterführung und Organisationskultur : Die Bedeutung kulturbewusster Führung am Beispiel einer Reorganisation in der Universitätsbibliothek. - 1995. - Konstanz, Univ., Diplomarbeit

STOGDILL, R.M. ; A. E. COONS: Leadership behaviour : its description and measurement. - Columbus, 1957

TANNENBAUM, ROBERT ; WARREN H. SCHMIDT: How to choose a leadership pattern // In: Harvard business review 1958, S. 95 - 101

TAYLOR, FREDERICK WINSLOW: Principles of scientific management. - New York, 1911

TICHY, NOEL M. ; Devanna, Mary Anne: The tranformational leader. - New York [u.a.], 1986

VIERTELHAUS, MIRJA: Charismatische Führung als Promotor des unternehmenskulturellen Wandels // In: Personalführung und Organisation / hrsg. von Alois Clermont ... - München, 2000. - S. 805 - 823

WUNDERER, ROLF ; GRUNWALD, WOLFGANG: Führungslehre. - Band 1: Grundlagen der Führung. - Berlin ; New York 1980. - S. 113

WUNDERER, ROLF ; KUHN, THOMAS: Zukunftstrends in der Personalarbeit. - Bern, 1992

WUNDERER, ROLF: Führung und Zusammenarbeit: eine unternehmerische Führungslehre. - 3., neubearb. Aufl. - Neuwied [u.a.], 2000

Rudolf Frankenberger
7 Personalbeurteilung – Ein Bild vom Mitarbeiter

Erfolgreiche Führung, richtige Personalentscheidung und sinnvolle Förderung der Mitarbeiter bedeuten, entsprechend den Fähigkeiten der Mitarbeiter gemeinsam mit ihnen Ziele zu setzen, sie für die Aufgabenerfüllung zu interessieren, nachhaltige Leistungserbringung zu erreichen und die Bibliothek, eine ihrer Abteilungen oder eine Arbeitsgruppe produktiv und einigermaßen zufrieden mit den sachlichen und sozialen Arbeitsbedingungen zu machen. Dies setzt voraus, dass der Vorgesetzte verlässliche Kenntnisse hat über die Befähigung und Leistungen seiner Mitarbeiter. Auch für personelle und personalpolitische Entscheidungen, sei es dass sie der Vorgesetzte selbst trifft oder Empfehlungen gibt, ist das zutreffende Bild vom Mitarbeiter erforderlich.

Damit Eignung und Befähigung eines jeden Mitarbeiters sowie seine Leistung in der Bibliothek auch vergleichbar gemacht werden können, ist ein Messsystem erforderlich, ein Messsystem, das auf allgemein anerkannten und vergleichbaren Kriterien basiert. Während die Bedeutung und Notwendigkeit der Beurteilung immer anerkannt war, herrschte aber und herrscht in der Praxis eine große Vielfalt an Verfahren. Die Vergleichbarkeit von Beurteilungen, die in verschiedenen Dienststellen, noch gravierender in unterschiedlichen Bundesländern nach unterschiedlichen Regeln angefertigt werden, ist kaum gesichert. Das Beurteilungswesen ist deshalb immer wieder in der Diskussion.

Vor allem die Beurteilungsverfahren, die keine Trennung von Leistungs- und Befähigungsbeurteilung vorsahen und damit im Gesamturteil zu einer Vermischung völlig unterschiedlicher Sachverhalte führten, kamen in die Kritik. Auch einseitige Verhaltensbeurteilung ist nicht tragbar. Sagt das Urteil doch letztlich nur etwas über die Angepasstheit des Mitarbeiters aus.

Heinz Schuler (Das Bild vom Mitarbeiter, 1980) listet die Ziele eines guten Beurteilungsverfahrens auf:
1. Das Beurteilungsverfahren muss zuverlässige und vergleichbare Urteile liefern.
2. Das Beurteilungsverfahren muss ausreichend zur Differenzierung zwischen Personen anleiten.
3. Das Beurteilungsverfahren muss ausreichend zur Differenzierung zwischen den Urteilsaspekten anleiten.
4. Das Beurteilungsverfahren muss von den Betroffenen akzeptiert werden.
5. Das Beurteilungsverfahren muss praktikabel sein.

7.1 Beamtenrechtliche Vorgaben

Im öffentlichen Dienst ist im Beamtenbereich die Beurteilung fester Bestandteil[1]. § 40 und § 41 der Bundeslaufbahnverordnung (BLV) enthalten die entsprechenden Bestimmungen:

---

[1] Verordnung über die Laufbahnen der Bundesbeamten (Bundeslaufbahnverordnung – BLV) // In: Bundesgesetzblatt 1990, T.1, S. 450 ff.
Verordnung über die Laufbahnen der bayerischen Beamten (Laufbahnverordnung – LbV) : in der Fassung vom 4. März 1996 // In: Gesetz- und Verordnungsblatt, S. 99, ber. S. 220)

§ 40
Allgemeines

(1) Eignung und Leistung des Beamten sind mindestens alle fünf Jahre oder wenn es die dienstlichen oder persönlichen Verhältnisse erfordern zu beurteilen. Die Beurteilung ist dem Beamten in ihrem vollen Wortlaut zu eröffnen und mit ihm zu besprechen. Die Eröffnung ist aktenkundig zu machen und mit der Beurteilung zu den Personalakten zu nehmen.

(2) Die obersten Dienstbehörden können Ausnahmen von der regelmäßigen Beurteilung und bei Beamten, die das 50. Lebensjahr vollendet haben, auch von der nichtregelmäßigen Beurteilung zulassen.

§ 41
Inhalt

(1) Die Beurteilung soll sich besonders erstrecken auf allgemeine geistige Veranlagung, Charakter, Bildungsstand, Arbeitsleistung, soziales Verhalten und Belastbarkeit.

(2) Die Beurteilung ist mit dem Gesamturteil und mit einem Vorschlag für die weitere dienstliche Verwendung abzuschließen.

(3) Im Einvernehmen mit dem Bundesminister des Innern können probeweise neue, von Absatz 1 und 2 abweichende Regelungen eingeführt werden.

Länderlaufbahnverordnungen sehen unter Umständen andere Beurteilungszeiträume vor, kennen explizit neben der periodischen Beurteilung eine Zwischen- und eine Probezeitbeurteilung und beschreiben ausführlicher den Inhalt. So finden wir in der Verordnung für bayerische Beamte (LBV): „Die dienstliche Beurteilung hat die fachliche Leistung des Beamten in Bezug auf seine Funktion und im Vergleich zu den anderen Beamten derselben Besoldungsgruppe seiner Laufbahn objektiv darzustellen und außerdem von seiner Eignung und Befähigung ein zutreffendes Bild zu geben." Weiter heißt es: „Die fachliche Leistung der Beamten ist nach dem Arbeitserfolg, der praktischen Arbeitsweise und für Beamte, die bereits Vorgesetzte sind, nach dem Führungsverhalten zu beurteilen. Die Eignung ist nach den geistigen Anlagen und der physischen und psychischen Belastbarkeit, die Befähigung nach den beruflichen Fachkenntnissen und dem sonstigen fachlichen Können zu beurteilen."

In der Regel werden die Beurteilungen auf für einzelne Laufbahnen unterschiedlichen, für mindestens den Bereich eines Ministeriums einheitlichen Beurteilungsbogen vorgenommen. In solchen Bögen gilt es, nach einer Beschreibung des Tätigkeitsgebietes und der Aufgaben, die Leistung nach Arbeitserfolg, praktischer Arbeitsweise, Selbständigkeit und Initiative, Planungs- und Dispositionsvermögen und Arbeitstempo, Zusammenarbeit mit Vorgesetzten, Zusammenarbeit mit Kollegen, Verhalten gegenüber dem Publikum und Verhalten als Vorgesetzter und Fähigkeiten als Führungskraft (bei Beamten mit Vorgesetztenfunktion) zu beurteilen. Bei der Bewertung der Leistung geht es besonders um folgende Merkmale: Geistige Anlagen (Auffassungsgabe und Beweglichkeit des Denkens, Urteilsfähigkeit und Entschlusskraft), Körperliches Leistungsvermögen (Gesundheitszustand, ggf. körperliche Behinderungen, Belastbarkeit), Verantwortungsbereitschaft, Führungseigenschaften (falls der Beamte noch nicht als Vorgesetzter eingesetzt ist).

Ein Bild über die Befähigung soll entstehen nach Aussagen zu den Merkmalen:
- Fachkenntnisse (Spezialkenntnisse auf einzelnen Gebieten sind zu vermeiden)
- sonstiges fachliches Können: sprachliche (mündliche und schriftliche) Ausdrucksfähigkeit:

7.1 Beamtenrechtliche Vorgaben

Verhandlungsgeschick: pädagogische Befähigungen; fachschriftstellerische, wissenschaftliche oder künstlerische Betätigung usw.
- Fortbildungsstreben

Ergänzende Bemerkungen ergeben die Möglichkeit den Beamten zusätzlich zu würdigen, sodass eigentlich ein vollständiges Bild entstehen müsste.

Die Bewertung erfolgte ursprünglich mit Ziffern (1 – 5), wie aus der Schule bekannt. Dann merkte man aber rasch, dass man auf diese Weise den Mitarbeitern auf keinen Fall gerecht werden konnte. Eine freie Beschreibung der Persönlichkeits- und Leistungsmerkmale war das Ergebnis einer langjährigen Diskussion. Das Gesamtergebnis wurde mit einem der folgenden Gesamturteile zusammengefasst: hervorragend, sehr tüchtig, übertrifft erheblich die Anforderungen, übertrifft die Anforderungen, entspricht voll den Anforderungen, entspricht noch den Anforderungen, entspricht nicht den Anforderungen. Es war interessant festzustellen, dass in den Eröffnungsgesprächen von den Mitarbeitern immer wieder gefragt wurde, welcher Note dieses Gesamturteil eigentlich entspreche. Jeder wollte wissen, ob er eine Eins, eine Zwei oder eine schlechtere Note habe. Eigentlich hat dieses Umrechnen nie aufgehört.

Die Weiterentwicklung war ein Punktesystem. Die Bewertung erfolgt mit einer Punkteskala von 1 bis 16 Punkten bezüglich der einzelnen Leistungs-, Eignungs- und Befähigungsmerkmale sowie des Gesamturteils. Verbale Hinweise oder Erläuterungen zu den einzelnen Merkmalen werden dabei aber auch weiterhin zugelassen. Dies macht die Schwierigkeiten deutlich, die in jedem Beurteilungsverfahren liegen, zeigt aber auch das Bemühen um ein gerechtes Urteil in jedem einzelnen Fall. Die Skala könnte wie im bayerischen Verfahren aussehen:

1 1 oder 2 Punkte zeigen, dass das einzelne Merkmal nur mit erheblichen Mängeln und
2 damit nur unzureichend erfüllt wird.
3 3 bis 6 Punkte zeigen, dass die Anforderungen des einzelnen Merkmals teilweise oder
   im Wesentlichen durchschnittlich erfüllt sind.
4
5
6
7 7 bis 10 Punkte zeigen, dass die Erfüllung des einzelnen Merkmals in jeder Hinsicht den
8 Anforderungen genügt oder diese übersteigt.
9
10
11 11 bis 14 Punkte zeigen, dass das einzelne Merkmal erheblich über den Anforderungen
12 liegend oder besonders gut erfüllt wird.
13
14
15 15 oder 16 Punkte zeigen, dass das einzelne Merkmal in jeder Hinsicht in besonders
16 herausragender Weise erfüllt wird.

Das Gesamturteil darf aber nicht in der Durchschnittspunktezahl aus den Punktewerten der Einzelmerkmale bestehen. Dies wäre ein Beurteilungsfehler und würde sicher nicht die Leistung der beurteilten Beamten richtig werten, noch wäre dies eine gute Basis für spätere Personalentscheidungen. Die Wertungen der Einzelmerkmale sind zu gewichten. Dabei spielen Stärken und Schwächen des Einzelnen, aber auch die Anforderungen des Amtes eine Rolle.

Mit großer Verantwortung müssen besonders die Aussagen über die künftige dienstliche Verwendbarkeit wie etwa Aufstiegseignung, Führungseignung oder sonstige Verwendungseignung. gewählt werden. Auch eine freie Beschreibung der Persönlichkeits- und Leistungsmerkmale, die ja immer möglich ist, ist schwierig und setzt Übung, noch besser gezieltes Training, voraus.

7.2 Das Beurteilungsverfahren

7.2.1 Beurteiler

„Die dienstliche Beurteilung wird, soweit die Dienstaufsicht nicht anderweitig geregelt ist, vom Leiter der Behörde erstellt, der der Beamte im Zeitpunkt der dienstlichen Beurteilung angehört" (Verordnung über die Laufbahnen der bayerischen Beamten vom 4. März 1996, geänd. 24. Juli 2001, GVBl S. 361).

Die Beurteilung liegt nach wie vor in der Hand des Vorgesetzten. Die vorgesetzte Behörde hat die Aufgabe der Überprüfung übernommen.

Die Diskussionen etwa bei der Reform des öffentlichen Dienstrechtes oder der KGSt schlagen ein Beurteilungsgremium vor, das aus dem unmittelbaren Vorgesetzten, dem nächst höheren Vorgesetzten und einem weiteren Beurteiler bestehen soll. Der Vorgesetzte könnte einen Entwurf erstellen, der mit den anderen Beteiligten zu besprechen ist. Unterschiedliche Meinungen sollten im Gespräch ausgeräumt werden. Der Verantwortliche für das Urteil sollte aber immer der unmittelbare Vorgesetzte sein. Nur er kann sich letztlich von der Leistung, Befähigung und Eignung des Beamten langfristig ein unmittelbares Bild machen.

Auch wenn dieses Verfahren so nicht geregelt ist, ist es von Vorteil, wenn ähnlich verfahren wird. Der unmittelbare Vorgesetzte macht den Entwurf, der Bibliotheksleiter überprüft.

7.2.2 Periodische Beurteilung

Für die Beamten sind die Beurteilungen in den Laufbahnverordnungen gesetzlich geregelt. Sie haben in einem bestimmten Zeitraum zu erfolgen. Dies gilt nicht für die Angestellten und Arbeiter. Hier erfolgt eine Beurteilung immer nur aus besonderem Anlass, etwa vor einer Beförderung.. Dabei ist natürlich die Gefahr einer Gefälligkeitsbeurteilung besonders groß.

Da im Bibliotheksbereich immer weniger Beamte eingestellt werden (man vertritt die Meinung, dass hoheitliche Aufgaben in diesen Institutionen nicht zu erfüllen sind), wird der zu beurteilende Mitarbeiterkreis zunehmend kleiner. Die Vergleichbarkeit verliert an Aussagekraft. Deshalb gewinnen weitere Elemente des Beurteilungsverfahrens an Bedeutung.

Neben diesen regelmäßigen Beurteilungen sind so genannte Bedarfsbeurteilungen erforderlich und auch vorgesehen.: Probezeitbeurteilung, Zwischenbeurteilung, in manchen Fällen vor der Verbeamtung auf Lebenszeit oder vor einer Versetzung an eine andere Dienststelle.

7.2.3 Beurteilungsgespräch

Die Laufbahnverordnung sieht vor, dass die dienstliche Beurteilung dem Beamten vor der Überprüfung zu eröffnen ist und mit ihm besprochen werden soll. Einwände des Beamten sind der vorgesetzten Behörde mit vorzulegen. Diese Beurteilungseröffnung gab schon immer eine gute Gelegenheit zu einem Gespräch mit dem Mitarbeiter. Gute Vorgesetzte haben dies genutzt, um die Meinung des Mitarbeiters über seinen Arbeitsbereich, die Fortbildungs- und Verwendungswünsche zu erfahren. Rückschlüsse auf das Betriebsklima wurden so möglich. Warum sollte bei solchen Gesprächen nicht auch das Verhalten der Vorgesetzten diskutiert werden? Im Idealfall war das Ergebnis ein Förderungsgespräch, in dem Vorgesetzter und Mitarbeiter gemeinsam die Möglichkeiten der beruflichen Entwicklung, des zukünftigen Einsatzes und von Fortbildungsmaßnahmen besprachen. Die Chancen, die in einem solchen Gespräch liegen, haben die Staatsregierungen erkannt und Mitarbeitergespräche eingeführt. So hat z.b. das Bayerische Staatsministerium der Finanzen mit Bekanntmachung vom 28. Mai 1998 (FMBl S. 142, StAnz Nr. 24) Rahmenregelungen zur Durchführung von Mitarbeitergesprächen erlassen. Damit wurde das Mitarbeitergespräch als eigenständiges Instrument der Personalführung und weiterer Schritt zu einem modernen Personalmanagement verbindlich eingeführt. War bisher ein Beurteilungsgespräch nur alle drei Jahre und wurde es nur mit den Beamten geführt, so sind jetzt eigentlich alle Mitarbeiter einer Bibliothek eingebunden und erhalten jährlich die Möglichkeit mit ihrem Vorgesetzten ausführlich zu reden.

7.3 Auswertung der Beurteilungsergebnisse

Die Beurteilungen sollen Leistung, Befähigung und Eignung eines Beamten im Vergleich zu Beamten der gleichen Stufe widerspiegeln. Nur im Vergleich lassen sich personalwirtschaftliche Planungen vornehmen, über Besetzung bestimmter Stellen und über Beförderungen entscheiden. Darin liegt eine große Verantwortung, aber auch die große Problematik.

Wichtigste Voraussetzung ist, dass die Bewertungsskalen ausgeschöpft werden. In vielen Bereichen der Staatsverwaltung, auch im Bibliotheksbereich, konzentrieren sich die Bewertungen auf das obere Drittel. Das lässt dann keine sinnvollen Entscheidungen mehr zu. Nach der Gauß'schen Normalverteilung sind etwa 40 % der Mitarbeiter als durchschnittlich, 25 % bis 30 % als überdurchschnittlich, 5 % mit sehr gut und der Rest als unterdurchschnittlich zu beurteilen. Besprechungen der vorgesetzten Dienstbehörde mit den Bibliotheksleitern im Vorfeld der Beurteilungen waren immer ein gern gewählter Weg, die Beurteilungen vergleichbarer zu machen. Ein anderes Vorgehen war die Vorgabe von bestimmten Quoten. Nicht gewählt wurde bisher ein entsprechendes Training der Beurteiler. Aber gerade dies wird von Psychologen empfohlen.

Die Schwierigkeit, die in der Bildung eines Gesamturteils enthalten ist, wurde bereits angedeutet. Hier sei nochmals darauf hingewiesen, dass es wichtig ist, die Einzelurteile richtig zu gewichten. Mangelnde Leistung darf nicht ausgeglichen werden durch angepasstes Verhalten. Auch eine hohe Befähigung, die sich nicht in Leistung niederschlägt, darf nicht das Gesamturteil verfälschen. Dies macht sehr deutlich, dass es wichtig ist, sich mit den Mitarbeitern, die beurteilt werden sollen, über einen längeren Zeitraum zu beschäftigen, sie zu beobachten. Von eben so großer Bedeutung ist aber auch, sich mit Bedeutung, Möglichkeiten und Methoden der Mitarbeiterbeurteilung zu beschäftigen.

7.4 Urteilsbildung

Jeder von uns hat im Laufe seiner beruflichen Tätigkeit, aber auch im Privatleben die Erfahrung gemacht, dass er andere völlig falsch eingeschätzt hat oder auch selber falsch eingeschätzt wurde. Haben wir nicht oft, nachdem wir jemanden näher kennengelernt haben, unser Urteil geändert? Woran lag das? In aller Regel werden wir feststellen, dass wir, um ein zuverlässiges Urteil zu sprechen, ein richtiges Bild vom Mitarbeiter zu bekommen, zu wenig Informationen hatten. Wir müssen den Mitarbeiter in verschiedenen Situationen und über längere Zeit beobachten. Wir müssen sein Arbeitsverhalten sehen, sein Verhalten gegenüber Kollegen, Vorgesetzten, auch Untergebenen und natürlich Benützern verfolgen. Erst dann können wir zuverlässig urteilen. Aber können wir das wirklich? Haben wir den Mitarbeiter wirklich in allen Situationen beobachtet oder nur in solchen, wo er sich beobachtet fühlte, bei Aufgaben, die er besonders gut oder besonders schlecht erfüllte, zu Zeiten, in denen er gerade große andere – vielleicht private – Probleme hatte? Sind wir ihm wirklich gerecht geworden? Und warum hat ein Kollege eine so völlig andere Meinung gerade von diesem Mitarbeiter?

Bei der Beurteilung können Fehler vorkommen. Der Beurteiler muss solche typischen Fehlermöglichkeiten kennen. Er muss aber auch dann selbstkritisch genug sein, um sich korrigieren zu können. Um Fehler klein zu halten, muss man sich immer mögliche Ursachen vor Augen führen.

7.5 Die Beurteilerpersönlichkeit

Der Maßstab, den der einzelne hat, weicht häufig von dem eines anderen ab. Man lässt sich u.U. zu leicht von seinen Erfahrungen mit anderen Mitarbeitern leiten. Auch der Maßstab, den man an sich selber anlegt, wird übertragen. Selbstverständlich ist die Orientierung an der Erfahrung notwendig. Die Leistung eines Mitarbeiters lässt sich nur einschätzen, wenn man Vergleiche hat. Aber je weniger Mitarbeiter da sind, an denen man seinen Maßstab festlegt, umso größer werden die Fehler. Wenn ein objektives Anforderungsbild des Arbeitsplatzes existieren würde, würde dieser Fehler ebenfalls minimiert werden können.

Ein anderes Problem sind Vorurteile. Falsche Meinungen über andere Menschen als einzelne oder als Angehörige von Gruppen sind häufig anzutreffen und diese Meinungen sind so verfestigt, dass sie auch durch zusätzliche Information nicht oder nur sehr schwer zu ändern sind. Hierher gehört ebenso, dass von der Beobachtung eines oder weniger Fälle auf eine Allgemeinheit geschlossen wird. Merkmale wie Bart, Körpergröße, vorspringendes Kinn, geschminkte Lippen usw. lassen bei Beurteilern nicht selten Vorurteile einschalten. Unsere immer komplizierter werdende Welt, zwingt uns, unsere neuen Informationen schnell mit unserem Erfahrungsschatz zu vergleichen und einzuordnen. Je gröber unser Raster ist, umso leichter haben wir es, Ordnung zu halten. Genau das ist es was Menschen tun, die zu Stereotypenbildung neigen.. Die Komplexität der Welt lässt sich mit einem Vergleich mit den bisherigen Anschauungen leicht verstehen, leicht abwehren. Da Vorurteile relativ stabil sind, ist es sehr schwer etwas dagegen zu tun. Gerade hier hilft am besten das Beurteiler-Training. Rollenspiele könnten helfen, die eigenen Denk- und Verhaltensweisen zu relativieren.

Die Erfahrung zeigt, dass der erste Eindruck lange wirkt, mag er noch so zufällig zustande gekommen sein. Wer bei der ersten Begegnung einen schlechten Eindruck gemacht hat, hat

7.5 Die Beurteilerpersönlichkeit

es schwer, dies zu korrigieren. In diesen Bereich ist die Vorinformation einzuordnen, die ein Urteil beeinflussen kann, die selektive Wahrnehmung., die nur einen Teil dessen aufnehmen lässt, was um einen herum vorgeht und unter Umständen gerade dazu führt, vorgefasste Meinungen zu bestätigen, und natürlich auch das, was mit dem Begriff „Self-fulfilling prophecy" umschrieben wird, also die Tatsache, dass eine Voraussage oder eine ursprünglich falsche Meinung die Ursache dafür ist, dass sie sich später erfüllt.

Findet ein Beurteiler einen Mitarbeiter sympathisch oder unsympathisch, dann ist die Gefahr groß – und Untersuchungen belegen dies auch –, dass die Beurteilung besser oder schlechter ausfällt. In manchen Fällen ist der Vorgesetzte vom Ergebnis seiner Beurteilung selbst betroffen. Ein gutes Urteil könnte z.b. dazu führen, dass ein sehr tüchtiger Mitarbeiter in eine andere Abteilung versetzt wird. Ein anderer Vorgesetzter möchte einer möglichst guten Abteilung vorstehen und beurteilt deshalb alle seine Mitarbeiter sehr gut.

Die Diskussion um neue Beurteilungsverfahren hat immer wieder darauf hingewiesen, dass es schwierig ist, Leistung, Eignung und Verhalten eines Mitarbeiters eindeutig zu beschreiben. Dies liegt vor allem daran, dass bei Beurteilungen viele Begriffe verwendet werden, die nicht klar definiert sind. Beurteiler sind unterschiedlich redegewandt, formulierungsfähig und sprachlich präzise. Formulierungshilfen in den Bekanntmachungen und den Anleitungen sollen dem entgegenwirken. Es ist verständlich, dass es fast unmöglich ist, Begriffe wie „hat einen guten Charakter" oder „anständig" allgemein gültig zu definieren und ist es mit „aufgeschlossen" nicht ähnlich?

Ob die Zeugnissprache, die unter Personalchefs üblich ist, die Lösung ist, scheint mehr als fraglich. Es hat sich ein Schema herausgebildet, mit dem sich Personalchefs die Leistungsfähigkeit eines Bewerbers signalisieren können (nach: Karlheinz Dietz, Arbeitszeugnisse ausstellen und beurteilen, 1999):

Bemerkung	*Beurteilung*	*Note*
Er hat die ihm übertragenen Arbeiten stets zu unserer vollsten Zufriedenheit erledigt	sehr gut	1
Er hat die ihm übertragenen Arbeiten stets zu unserer vollen Zufriedenheit erledigt	gut	2
Er hat die ihm übertragenen Arbeiten zu unserer vollen Zufriedenheit erledigt	befriedigend	3
Er hat die ihm übertragenen Arbeiten zu unserer Zufriedenheit erledigt	ausreichend	4
Er hat die ihm übertragenen Arbeiten im großen und ganzen zu unserer Zufriedenheit erledigt	mangelhaft	5
Er hat sich bemüht, die ihm übertragenen Arbeiten zu unserer Zufriedenheit zu erledigen	ungenügend	6

Eine solche Sprache macht die Absicht deutlich, dem „Wissenden" zu sagen, dass etwa der Mitarbeiter, der sich bemüht hat, in Wirklichkeit völlig unfähig und obendrein faul war. Der Betroffene allerdings soll ahnungslos bleiben.

Wer hat etwas von einer solchen Art von Beurteilung? Sicher nicht der Betroffene. Irgendwann, wahrscheinlich ganz rasch, wird er merken, dass er nicht die Wahrheit erfuhr und wird enttäuscht sein. Aber auch dem neuen Arbeitgeber nützt so etwas nicht. Für ihn wäre

Aufrichtigkeit besser. Lediglich der Aussteller des Zeugnisses kann sich drücken davor, dem Mitarbeiter ehrlich und aufrichtig seine Meinung zu sagen.

7.6 Mitarbeitergespräch

Eine entscheidende Weiterentwicklung ist deshalb, dass seit einigen Jahren Mitarbeitergespräche der Intensivierung des Dialoges zwischen Vorgesetzten und Mitarbeiter dienen. In vielen Behörden ist grundsätzlich einmal jährlich ein Gespräch mit jedem Mitarbeiter zu führen. In Bayern gilt, dass „Mitarbeitergespräche grundsätzlich mit allen Beschäftigten ... zu führen sind, die in einem Beschäftigungsverhältnis zum Freistaat Bayern stehen". Gesprächspartner sind in der Regel die unmittelbaren Vorgesetzten und ihre Mitarbeiter. Über die wesentlichen Ergebnisse des Mitarbeitergespräches ist eine Niederschrift anzufertigen. Die Gesprächsteilnehmer unterzeichnen. Verantwortlich bleibt allerdings der Vorgesetzte; denn, wenn beide unterschiedlicher Meinung sind über den aufzunehmenden Inhalt, unterzeichnet der Vorgesetzte allein. Der Mitarbeiter darf auf einem gesonderten Blatt festhalten, aus welchen Gründen er die Niederschrift in der vorwiegenden Form nicht unterschreibt.

Diese Regelung gleicht die Ungleichbehandlung zwischen Beamten und Angestellten aus. Jetzt wird jeder Mitarbeiter einer Bibliothek „beurteilt". In der Regel haben alle Mitarbeiter einer Bibliothek jetzt die Möglichkeit –unabhängig vom dienstlichen Geschehen und aktuellen Konflikten – wie es im Leitfaden des Bayerischen Staatsministerium für Wissenschaft, Forschung und Kunst heißt, mit ihrem Vorgesetzten über die aktuelle, individuelle Leistungssituation, aber auch das Führungsverhalten des Vorgesetzten zu reden. Jährlich kann so über Leistungsziele, Ziele des Arbeitsverhaltens und über Qualifizierungsziele gesprochen werden. Jeder der Gesprächsteilnehmer kann davon profitieren. Die Kommunikation wird verbessert, damit die Beziehung der Gesprächsteilnehmer. Der Vorgesetzte lernt die Probleme, Interessen und Potenziale der Mitarbeiter besser kennen und kann darauf reagieren. Er erhält aber auch eine Rückmeldung auf seine eigene Leistung als Führungskraft.

Die folgenden Bereiche sollen auf alle Fälle angesprochen werden (aus einem Rundschreiben des Bayerischen Staatsministeriums für Wissenschaft, Forschung und Kunst)
- Arbeitsaufgaben (konkreter Aufgabenbereich des Mitarbeiters)
- Arbeitsumfeld (äußerer Rahmen, innerhalb dessen der Mitarbeiter seine Dienstleistung erbringt)
- Zusammenarbeit und Führung (Zusammenarbeit zwischen Mitarbeitern untereinander sowie zwischen Mitarbeitern und Vorgesetzten)
- Veränderungs- und Entwicklungsperspektiven (Möglichkeiten der weiteren beruflichen Entwicklung, Fortbildung)

Der Weg, der damit beschritten wird, ist ein Fortschritt. Hier wird – richtig gehandhabt – Vertrauen geschaffen: Vertrauen in der Behörde, Vertrauen in der Bibliothek, Vertrauen ist die Grundlage jeder vernünftigen, menschengerechten, vor allem aber jeder funktionierenden Form von Führung. Gerade dieses Instrument verdient Beachtung, nicht zuletzt in der Ausbildung der Führungskräfte der Bibliotheken.

7.7 Mitarbeiterbesprechungen

Innerhalb einer Bibliothek dient die Mitarbeiterbesprechung der Beratung des Vorgesetzten, dem Informationsaustausch und der Meinungsbildung. Regelmäßig werden solche Besprechungen durchgeführt. In der Form des jour fix haben sie stark an Bedeutung gewonnen. Die Vorteile solch regelmäßiger Mitarbeiterbesprechung können sein (nach H. Kübler, 1978)
- Informationen werden rasch weitergegeben.
- Die Vielzahl der Gedanken und Aspekte hilft bei der Lösung schwieriger Aufgaben.
- Koordinationsprobleme werden gelöst.
- Vertretungsprobleme werden entschärft, wenn die Angehörigen einer Organisationseinheit über die wesentlichen Vorgänge informiert sind.
- Die Qualität der Mitarbeiter kann besser beurteilt, die fachliche Leistung kontrolliert werden.
- Die Mitarbeiter fühlen sich geachtet und dazugehörig, wenn auf ihre Meinung Wert gelegt wird.
- Die Mitarbeiter identifizieren sich leichter mit einer Entscheidung, die als Ergebnis der Besprechung getroffen wurde.
- Die Kenntnis und das Verständnis für die Tätigkeiten der Kolleginnen und Kollegen werden gefördert.
- Das Betriebsklima wird verbessert, weil die Besprechung helfen kann, persönliche und sachliche Konflikte abzubauen.

Ein positiver Verlauf von Besprechungen ist aber nur zu beobachten, wenn Fehler und Mängel vermieden werden. E. Laux (Nicht-hierarchische Organisationsformen in Ministerien // In: Aktuelle Probleme der Ministerialorganisation. 1972, S. 335f.) hat solche möglichen Mängel zusammengestellt:
- Die Besprechung ist nicht gut vorbereitet.
- Besonders häufig sind Zweck und Ziel nicht ausreichend bestimmt.
- Aus Gründen der Hierarchie wird der am besten informierte Mitarbeiter nicht hinzugezogen.
- Häufig aus Prestigeerwägungen heraus wird die Zahl der Teilnehmer zu groß gewählt.
- Der Gesprächsleiter lässt keine Diskussionen zu.
- Gruppendynamische Prozesse werden nicht beachtet.
- Konflikte werden nicht aufgearbeitet.
- Ergebnisse werden nicht präzise genug formuliert. Unterschiedliche Interpretationen sind die Folge.
- Die Weiterverbreitung der Informationen wird nicht geregelt. Durch den Instanzenweg kommt es dadurch zu Verzögerungen.
- Eine Kontrolle der Durchführung der Besprechungsergebnisse findet nicht statt.

Damit eine Besprechung erfolgreich wird gilt es aber auch weitere Regeln zu beachten. Regeln, die meist unter dem Begriff „Konferenztechnik" zusammengefasst werden. Dabei geht es um die richtige Vorbereitung, die professionelle Durchführung der Besprechung und die Durchsetzung der Besprechungs- oder Konferenzergebnisse. Wie bei all diesen „Führungsaufgaben" lassen sich Patentrezepte nicht geben. Der Ablauf hängt immer sehr stark von der Bedeutung einer Besprechung, vom Teilnehmerkreis, von der Schwierigkeit der Aufgabe usw. ab.

Zur Vorbereitung gehört die thematische und die personelle. Die thematische Vorbereitung muss das Ziel ganz deutlich – am besten bereits in der Einladung – herausstellen. Hierher gehört auch die Prüfung, ob eine Besprechung zur Zielerreichung überhaupt notwendig ist. Die personelle Vorbereitung legt die Teilnehmerzahl fest und sorgt dafür, dass alle rechtzeitig über Termin und Thema und auch über den Teilnehmerkreis informiert werden.

Scheinbar nebensächliche Dinge sollten immer Beachtung finden. Dazu gehört der geeignete Raum ebenso wie eine funktionierende technische Ausstattung. Die Tischform spielt ebenfalls eine Rolle. Sie sollte gruppenbildend wirken. Jeder muss jeden beim Sprechen sehen können. In Hufeisen- oder Trapezform gestellte Tische sind am besten geeignet. Einer Festlegung bedarf die Protokollierung.. Nicht selten sind es Mängel beim Protokoll, die eine Besprechung als wenig erfolgreich erscheinen lassen.

Der Gesprächsleiter ist von zentraler Bedeutung. Er sorgt für den Zusammenhalt der Gruppe. Er bewegt durch Fragestellungen, durch Feststellungen, Hinweise, Zusammenfassungen aber auch durch Ausklammern bestimmter Fragen die Runde zum Besprechungsziel hin.

Für den Gesprächsleiter gilt, dass das wichtigste Mittel zur Gestaltung und Steuerung einer Besprechung die Frage ist. Der Grundsatz gilt: wenig reden, viel fragen. Offene, informatorische und provokative Fragen können ein Gespräch eröffnen, beim Laufen halten und die Meinungen der Gesprächsteilnehmer einbringen helfen. Sie können dafür sorgen, dass Alle sich aktiv beteiligen. Fragen tragen dazu bei, das Gespräch zu vertiefen, einzuschränken und schließlich zu beenden. Im Gesprächsverlauf kann die Plus-Minus-Methode hilfreich sein, vor allem um persönliche Voreingenommenheit bei der Bewertung bestimmter Maßnahmen auszuschließen. Der Gesprächsleiter nimmt eine der vorgeschlagenen Lösungsmöglichkeiten, lässt zunächst nach Argumenten suchen, die für diese Lösung sprechen und dann die Gegenargumente sammeln. So muss jeder Teilnehmer seine Präferenzen objektiv überprüfen.

Manche Teilnehmer machen dem Gesprächsleiter im Verlauf einer solchen Besprechung immer wieder Probleme. Der *Alleswisser* ist gut informiert, trägt durch dauernde Beiträge allerdings zur Zurückhaltung der anderen Teilnehmer bei. Hier muss auf die Reihenfolge der Wortmeldungen geachtet und die Stellungnahme der Gruppe eingefordert werden. Den *Redseligen*, der sich gerne vor den Kolleginnen und Kollegen produziert, immer rasch auf sein Lieblingsthema kommt, bremst man durch rasches taktisches Unterbrechen und durch Begrenzung der Redezeit. Hat man einen *Streitsüchtigen* dabei, empfiehlt es sich, sich auf keinen Streit einzulassen, diesen durch die Gesprächsrunde widerlegen zu lassen und ihn selbst bei Wortmeldungen gelegentlich zu übersehen. Den *Schüchternen* sollte man durch Fragen ermuntern, seinen Beitrag zu liefern. Den *Dickfelligen*, Uninteressierten kann man durch Fragen nach seiner Arbeit und nach Beispielen aus seinen Interessensgebieten zur Mitarbeit anregen. Ähnlich geht es mit dem *Ablehnenden*. Es gilt seinen Ehrgeiz zu wecken. Der *Ausfrager*, der schlaue Fuchs, der den Gesprächsleiter reinlegen will, kann nur ab abgefangen werden, indem man seine Fragen zur Stellungnahme an die Gruppe weiterleitet. Jede Runde hat aber auch die *Positiven*, die das Gespräch stützen. Diese sollte man immer wieder Ergebnisse zusammenfassen lassen und sie bewusst in das Gespräch einbeziehen.

Durch entsprechendes Training kann die Kunst der Gesprächsführung gelernt werden. Neben selbstkritischer Beobachtung von Besprechungen im eigenen Hause bietet sich die Simulation von Besprechungen bei Aus- und Fortbildungsmaßnahmen an.

Literatur

ADLER, ANDREA ; ADLER, BERNHARD: Konferenzen organisieren und durchführen. - Heidelberg: Sauer, 1999

ADRIAN, GERHARD ; ALBERT, INGOLF ; RIEDEL, ECKARD: Die Mitarbeiterbeurteilung : Hinweise und Hilfen für Bearbeiter. - 4., überarb. Aufl. - Stuttgart [u.a.]: Moll, 1991

Arbeits- und Organisationspsychologie : ein Lehrbuch / Carl Hoyos (Hrsg.) ... - Weinheim: Beltz, Psychologie-Verl.-Union, 1999. - (Angewandte Psychologie; 1)

BREISIG, THOMAS: Personalbeurteilung – Mitarbeitergespräch – Zielvereinbarung. - 2., überarb. Aufl. - Frankfurt am Main: Bund-Verl., 2001. - (Handbücher für die Unternehmenspraxis)

DIETZ, KARLHEINZ: Arbeitszeugnisse ausstellen und beurteilen : Beispiele und Formulierungshilfen für die Praxis. - 11., durchges. Aufl. - Planegg, 1999

Erprobung neuer Beurteilungsverfahren: Evaluierungsbericht / im Auftr. des Bundesministeriums des Innern, erab. von APF, Arbeitsgemeinschaft Planungsforschung; Forschungsgruppe Mannheim. Eduard Gaugler ... - 1. Aufl.. - Baden-Baden, Nomos Verlagsgesellschaft, 1981. - (Verwaltungsorganisation, Dienstrecht und Personalwirtschaft ; 13)

KREIS, RUDOLF: Betriebswirtschaftslehre. - Bd. 1 - 3. - 5., völlig neu bearb. Aufl. - München [u.a.] : Oldenbourg 1998. - (Managementwissen für Studium und Praxis)

KÜBLER, HARTMUT: Organisation und Führung in Behörden - Stuttgart [u.a.] : Kohlhammer - Bd. 1: Organisatorische Grundlagen. - 3., völlig neubearb. Aufl. 1978. - Bd. 2. Personalwesen. 4. durchges. Aufl. 1980

LAUX, EBERHARD: Nicht-hierarchische Organisationsformen in den Ministerien //In: Aktuelle Probleme der Ministerialorganisation.- Berlin: Duncker & Humblot, 1972. - (Schriftenreihe der Hochschule Speyer; 48)

MÜLLER, MARIA ELISABETH: Personalentwicklung – Einblicke und Ausblicke // In: Bibliothek 25 (2001), S. 305 - 316

NEUBERGER, OSWALD: Das Mitarbeitergespräch. - München : Goldmann. 1973. - (München-Augsburger Studienreihe für Psychologie im Betrieb ; 3)

SCHULER, HEINZ: Das Bild vom Mitarbeiter. - 3. überarb. Aufl. - Goch: Bratt-Inst. für Neues Lernen 1980. - (Neues-Lernen-Studienbücher / Psychologie im Betrieb ; 2)

Rudolf Frankenberger
8 Strategien zur Einführung organisatorischer Neuerungen

8.1 Die Bibliothek. Definition

„Nur was sich ändert, bleibt" war das Motto des 88. Deutschen Bibliothekartages 1998 und meinte damit „zum einen die Bereitschaft der Bibliothekare, sich selbst und ihre Institution zu verändern und weiter zu entwickeln mit dem Ziel, den Informationsbedarf der Benutzer heute und in Zukunft befriedigen zu können" (S. Wefers, 1999). Dies macht sehr deutlich, dass Bibliotheken keine starren Gebilde sind, sondern Systeme, die sich weiterentwickeln.

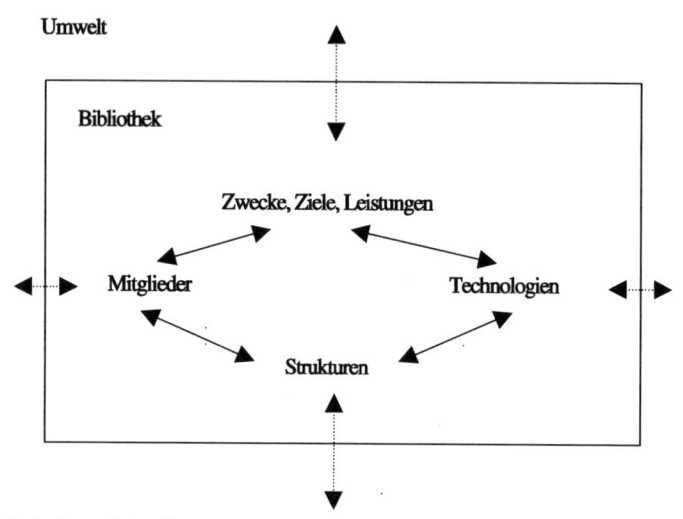

Die Bibliothek als soziales System

Eine Bibliothek als soziales System, weist einen Zweck auf, der in der Erfüllung von Bedürfnissen der Umwelt besteht. Die Ziele werden durch die Mitglieder gesetzt oder anerkannt und zu erreichen versucht. Die Bibliotheksstrukturen sind das Ergebnis des Organisierens und auf die Zielerreichung ausgerichtet. Die Bibliotheksleistung ergibt sich somit aus dem zweck- und zielorientierten, durch Strukturen koordinierten und durch Technologie unterstützten Arbeitsprozess der Mitglieder. Die Bibliothek in ihrer Gesamtheit weist Grenzen zur Umwelt auf.

8.2 Das Bibliotheksumfeld

Dieses Umfeld ist eigentlich immer, aber ganz speziell in unserer Zeit, in einem Änderungsprozess, der gerade heute sehr rasant verläuft. Zwei Bereiche sind es vor allem, die die Bibliotheken intensiv betreffen: (1) Globalisierung, Deregulierung, Privatisierung und nicht leicht

8.2 Das Bibliotheksumfeld

zu lösende Probleme der öffentlichen Finanzen, (2) moderne Technologien, die zu Bibliotheken ohne Mauern führen.

Die wichtigste Beziehung zur Umwelt ergibt sich daraus, dass die Menschen, die in und für die Bibliothek arbeiten, sowohl Mitglieder des Systems Bibliothek als auch Mitglieder des Umsystems Gesellschaft sind. Veränderungen dort etwa bei Erziehung und Bildung, im gesellschaftlichen Wertsystem usw. wirken sich dann über veränderte Wertvorstellungen, Einstellungen, Fähigkeiten usw. in der Bibliothek aus und erfordern neue organisatorische Regelungen.

Die zur Verfügung stehenden Mittel werden knapper, die Anforderungen an die Bibliotheken steigen ständig. Es gilt mit immer weniger Ressourcen ein immer umfangreicheres Leistungsspektrum zu bewältigen:
- mehr Benutzer,
- intensivere Benutzung aufgrund qualifizierter elektronischer Nachweis- und Bestellinstrumente,
- extreme Preissteigerungen für wissenschaftliche Literatur, ob in Druck- oder elektronischer Form.

Die bereits begonnene Globalisierung der Haushalte stellt die Bibliotheken zusätzlich in Konkurrenz zu anderen Partnern in Hochschulen, anderen Institutionen in Bund, Ländern oder Städten. Verteilungskämpfe verschärfen sich. In Hochschulen möchten sich Fakultäten, Institute und Lehrstühle, im Bund, in den Ländern und Städten Museen, Archive, Volkshochschulen und andere Bildungsträger ihren Anteil sichern. In Hochschulgesetzen, in Länder- und Stadtparlamenten bleibt das Mitspracherecht der Bibliothekare schwach. Unterstützung finden sie kaum bei anderen Gruppierungen in den Hochschulen, bei Personalvertretungen, Parlamentariern oder Stadträten. Diese setzen in der Regel andere Schwerpunkte.

Die Informationstechnologie macht rasante Fortschritte. Aus den Büchersammlungen, die seit den sechziger Jahren elektronische Datenverarbeitung einsetzen, um Arbeitsprozesse zu rationalisieren und die Dienstleistungen zu verbessern, werden zunehmend digitale Bibliotheken. Ein sich verstärkender Wechsel der Medien beginnt, gefördert auch von Bund, Ländern und Förderinstitutionen wie der Deutschen Forschungsgemeinschaft. Der nächste Schritt zeichnet sich ab: die virtuelle Bibliothek. Die Bibliothek, die keine Wände mehr braucht, ist in einzelnen Bereichen bereits Realität. Denken wir nur an die Entwicklungen im Bereich der Dokumentlieferung. Zum Recherchieren der gewünschten Literatur muss man nicht mehr in die Bibliothek gehen, und auch nicht zum Abholen. Alles passiert nun am häuslichen Arbeitsplatz. In der virtuellen Bibliothek „wird nur das beschafft und geliefert, was der Kunde will, aber auch das erst, wenn er es will" (J. P. Womack, 1997, S. 93).

Kundenorientierung wird ganz groß geschrieben. Das Bibliotheksmanagement muss auf dieses sich ändernde Umfeld reagieren, muss neue Wege beschreiten. Plötzlich werden Fragen zu beantworten sein wie: Was leistet die Bibliothek? Wo sind Schwachstellen? Was kostet ein Buch bis es bearbeitet im Regal steht? Was kostet die Bestellung eines Buches? Welcher Aufwand ist für eine Fernleihe nötig? Haben wir Steuerungsinstrumente, um z.B. Missbrauch bei Fernleihbestellungen zu vermeiden? Gibt es regelmäßige Planungs- und Zielvorgaben? Wie zufrieden sind unsere Benutzer? Wie motiviert sind unsere Mitarbeiter? Dies Alles macht deutlich, dass die Bibliotheken mit nachhaltigen Änderungen im Umfeld konfrontiert sind. Dies erfordert Anpassungsleistungen. Zwei Arten von Anpassungsprozessen werden unterschieden:

1. Externe Anpassungsprozesse, die umweltorientiert sind und entweder aktiv vonstatten gehen (neue Dienstleistungen, Meinungsbildungs- und Beeinflussungsprozesse, Verbandsarbeit) oder passiv ein bloßes Reagieren darstellen.
2. Interne Anpassungsprozesse, die auf eine organisatorische Umgestaltung von Kommunikations-, Entscheidungs- und Arbeitsstrukturen abzielen. Leitungsziele, Marktverhalten und Bibliotheksorganisation werden an gewandelte bibliotheksinterne Faktoren und an die sich ändernde soziale, wirtschaftliche und technische Umwelt angeglichen.

8.3 Der Innovationsprozess

Anpassung bedeutet aber nichts anderes als einen permanenten Innovationsprozess. Da Innovation eine Änderung des Ist-Zustandes des Systems Bibliothek bedeutet, ist es deshalb die wichtigste Aufgabe des Bibliotheksmanagements Innovationen hervorzubringen, um den Bestand der Bibliothek in einer sich wandelnden Umwelt zu garantieren.

8.3.1 Managerial grid development

Ein komplexes Veränderungsprogramm, das von den Mitarbeitern ausgeht und schrittweise, in mehreren Jahren eine gesamte Bibliothek umfassen kann, ist etwa das „managerial grid development" von Blake und Mouton (1969). Dieses Programm zielt darauf ab, die Zielverwirklichung einer Bibliothek besser zu gewährleisten. Mittel ist die Weckung und Förderung kreativer Kräfte der Mitarbeiter, wozu ein bestimmter Führungsstil geeignet erscheint. Dies ist nach Blake und Mouton der 9.9-Führungsstil auf dem Führungsgitter, der zugleich die Belange der Dienstleistung als auch der Menschen betont. Wenn man die Mitarbeiter an allen Geschehnissen stärker beteiligt, ihnen mehr Selbständigkeit einräumt, stärker auf ihre Ideen, Gedanken und Gefühle eingeht, Kritik zulässt und Konflikte offen austrägt, dann wird dies – so Blake und Mouton – ein freies, engagiertes und aufgaben- und problemorientiertes Verhalten der Mitarbeiterinnen und Mitarbeiter fördern, wodurch wieder die Bibliotheksziele leichter erreicht werden.

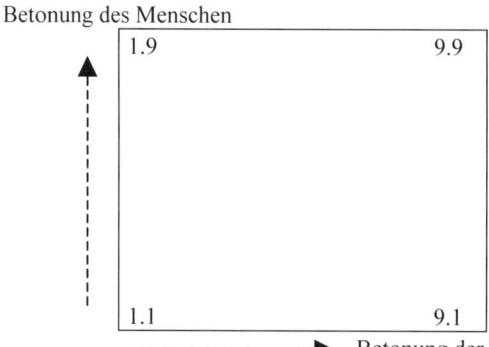

Betonung des Menschen

1.9	9.9
1.1	9.1

→ Betonung der Produktion bzw. der Dienstleistung

Führungsgitter nach Blake/Mouton

8.3 Der Innovationsprozess

Die Entwicklung und Veränderung innerhalb einer Bibliothek und, wenn erforderlich, der gesamten Organisation Bibliothek kann in sechs Phasen unterteilt werden:

Phase 1: Schulung im Führungsgitter

In einem etwa 1-wöchigen Seminar werden jeweils Führungskräfte unterschiedlicher Hierarchiestufen und aus verschiedenen Abteilungen zunächst theoretisch mit den Ideen des Führungsgitters vertraut gemacht. Zusätzlich wird in verschiedenen praktischen Übungen verdeutlicht, wie die Erfüllung von Aufgaben von den menschlichen Beziehungen beeinflusst wird. An Beispielen werden Kommunikations- und Interaktionsprobleme aufgezeigt. Auch das eigene Verhalten in Problemlösungsgruppen wird analysiert.

Phase 2: Team-Entwicklung

Jetzt gilt es, die allgemeinen Prinzipien und Konzepte des Führungsgitters, wie sie in der ersten Phase studiert und geübt wurden, in der jeweiligen Arbeitsgruppe anzuwenden. Auch hier werden ganz speziell die Kommunikations- und Interaktionsformen der Gruppenmitglieder analysiert und im Sinne des 9.9-Führungsstils verbessert.

Phase 3: Zwischen-Gruppen-Arbeit

Da jedes Team mit anderen zusammenarbeiten muss, gilt es in einem nächsten Schritt, die Beziehungen zwischen den Gruppen zu verbessern. Zwei oder mehr Gruppen treffen sich und analysieren ihre gegenseitigen Beziehungen. Auch hier sollen ähnlich wie bei der Teamentwicklung die Kommunikations- und Interaktionsformen verbessert werden.

Die weiteren Phasen 4, 5 und 6 befassen sich mit der Entwicklung langfristig geltender Grundsätze und Strategien des Unternehmens Bibliothek, der Formulierung von praktisch erreichbaren Zielen im Rahmen eines Zeitplanes, der Umsetzung der Grundsätze und Strategien in die Praxis, der Realisierung der festgesetzten Ziele sowie der systematischen Überprüfung aller vorangegangenen Phasen.

8.3.2 Strategien

Zur Einführung organisatorischer Neuerungen steht eine Vielzahl möglicher Strategien zur Verfügung. Unter jeweils anderen Gesichtspunkten lassen sich diese wie folgt systematisieren:
- Nach der Art der Machtausübung bei der Einführung organisatorischer Neuerungen:
 Etwa Einführung der Neuerung durch einseitige Ausübung der Macht, durch geteilte Macht oder durch delegierte Macht.
- Nach der Grundannahme, die hinter verschiedenen Strategien stehen:
 Etwa empirisch-rationale Strategien (Veränderung im Wissen durch Ausbildung, Auswahl und Ersatz von Personal),
 normativ-redukative Strategien (Veränderung der normativen Orientierung einschließlich der Einstellungen, Werte, Fertigkeiten und Beziehungen),
 Macht- und Zwangsstrategien (nicht legitimierte und/oder legitimierte Macht oder Autorität werden zum Motor des Veränderungsprozesses).
- Nach den Willens- und Fähigkeitsbarrieren, die der Einführung organisatorischer Neuerungen entgegenstehen und die durch Machteinsatz (Sanktionen) und Fachkenntnisse überwunden werden können:

Hierarchie
Konzeption: Organisationen mit streng hierarchischem Aufbau weisen bürokratische Strukturen auf.
Machtaspekt: Die hierarchische Organisationsform ist für die Überwindung von Willensbarrieren geeignet (Sanktionen, negativ und positiv).
Fachaspekt: Innovation bedeutet „die Arbeitsroutine verlassen und das Ungewöhnliche tun." Dazu ist Fachkompetenz notwendig. Diese kann die hierarchische Organisation kaum freisetzen.

Stab-Linie
Konzeption: In einer hierarchisch geführten Organisation werden der obersten Entscheidungsinstanz Experten zugeordnet (Stab). Die Linie bleibt aufrechterhalten. Entscheidungen werden durch die oberste Instanz gefällt.
Machtaspekt: Die Machtproblematik ist ähnlich der der Hierarchie.
Fachaspekt: Der Stab ist als Fachgremium in der Regel nicht innovationsfähig.

Kollegium
Konzeption: Dem Teamkonzept liegt die Annahme zu Grunde, dass für die Lösung von Innovationsproblemen die Hierarchie aufgelöst werden muss. In den Gruppen finden sich rangunterschiedliche Innovatoren zusammen, wodurch das Informationspotential erhöht werden kann und dadurch auch die Chance zu sachbezogener, produktiver Diskussion und Lösung.
Machtaspekt: Maßnahmen zur Überwindung der Willensbarrieren sind durch die Auflösung der Hierarchie im Kollegial-Modell nicht vorhanden.
Fachaspekt: Da die Innovationsgegner von Anfang an ihre Argumente in die Gruppendiskussion einbringen können, ist diese Konzeption deutlich auf die Bewältigung von Fähigkeitsbarrieren ausgerichtet.

Projekt-Manager
Konzeption: Bei Innovationsprozessen sind Leitungsinstanzen und Stabsstellen häufig überlastet. Zur Innovationsbewältigung bietet sich deshalb eine andere Organisationsform an. Die einmaligen Innovationsaufgaben werden von Fachstellen aus einem Projektleiter und Projektmitarbeitern bearbeitet. Die Fachstelle verfügt dabei über spezifische Entscheidungskompetenzen im Rahmen des Projektes und wird nach Projektabschluss aufgelöst.
Machtaspekt: Die Kompetenz (Leitungsaufgabe), die die Projektgruppe hat, ermöglicht die Überwindung von Willensbarrieren.
Fachkompetenz: In diesem Konzept des Projekt-Managements ist eine Ad-hoc-Fachkompetenz vorhanden. Betont werden muss, dass die Hauptaufgabe des Projektmanagers darin liegt, eine beschlossene Innovation durchzusetzen, nicht aber anzuregen.

Change Agent
Konzeption: Die sozialwissenschaftliche Forschung zeichnet für dieses Modell verantwortlich. Für die Veränderung von Einstellungen und Verhaltensdispositionen wird ein Spezialist (Psychologe, Pädagoge usw.) eingesetzt. Der „Change Agent" wirkt als Außenstehender, hat also keine Position in der Hierarchie. Sein Erfolg hängt ausschließlich von seinem Verhalten, seiner Innovationserfahrung und seinem Fachwissens ab.
Machtaspekt: Der Change Agent verfügt über keine Sanktionsmittel.
Fachaspekt: Der Change Agent ist ein Innovationsexperte.

Promotorenmodell
Die Entwickler dieses Modells gingen davon aus, dass zur Überwindung innovationshemmender Willens- und Fähigkeitsbarrieren Macht und Fachwissen notwendig sind. Analog zu den Innovationsbarrieren, die durch den Unwillen oder die Unfähigkeit von Personen wirksam werden, sind an Personen gebundene Energien zur Überwindung der Widerstände im Modell vorgesehen. Diese Personen, die über die entsprechenden Energien verfügen und durch deren Einsatz ein Innovationsprozess aktiv und intensiv gefördert wird, sind die Promotoren. Promotoren dürfen keine „Verwalter" sein, sondern müssen das instanziell festgelegte Maß an Aktivität sprengen Sie engagieren sich selbst nachhaltig für die Prozessförderung und identifizieren sich mit dem Prozesserfolg. Wichtig ist, dass die Promotoren innerhalb der Hierarchie agieren. Neben seinen „normalen" dauerhaften Arbeitsaufgaben setzt sich der Promotor für eine ganz bestimmte Änderung ein. Er ist nicht Promotor im „Hauptberuf". Seine Stellenaufgabe lässt ihm den Spielraum, die Promotorenrolle zu übernehmen Das heißt gleichzeitig, dass die Hierarchie innovationsfähig sein muss. Die Organisation muss dem Promotor seine Aufgabe ermöglichen. Da zur Überwindung der Innovationsbarrieren Macht und Fachwissen notwendig sind, gibt es den Macht- und den Fachpromotor.

Der „Machtpromotor" fördert aktiv und intensiv den Innovationsprozess durch seine hierarchischen Möglichkeiten. Ihm steht also genügend Sanktionskompetenz zur Verfügung. Allerdings sollen seine Instrumente nicht nur Sanktionen sein, sondern das gesamte Instrumentarium moderner Führung. Überzeugungs- und Begeisterungskraft gehören genauso dazu wie die Gewährung von Belohnungen und Anreizen aller Art. Ganz eng ist die Zusammenarbeit mit den Fachpromotoren. Diese geben ihm ihre Wünsche und Beschwerden weiter und er verleiht ihnen die Gewissheit, dass die Innovation im Interesse der Leitung ist und auf alle Fälle durchgeführt wird. Der Beitrag des „Fachpromotors" ist das objektspezifische Fachwissen, das er aktiv und intensiv einbringt. Fachpromotoren kommen vorteilhaft aus den Abteilungen oder Aufgabenbereichen, die durch eine Innovation primär betroffen sind. Auch eine persönliche Neigung an der Neuerung kann ein Motivationsgrund für einen Fachpromotor sein. Nicht empfohlen wird eine Personalunion. Wenn eine Person beide Rollen wahrnimmt, dann fehlt der „schöpferische" Dialog zwischen dem Machthaber und dem Experten.

Das *Promotorenmodell* lebt von einem Gespann, das eng zusammenarbeitet, keine Vorrangigkeiten kennt, eben vom Aufeinander-Angewiesen-Sein.

8.3.3 Erfolgsprofil für Veränderungen

Ein Erfolgsprofil für Veränderungen könnte demnach wie folgt aussehen:
1. Die Bibliothek oder eine ihrer Abteilungen und speziell die jeweilige Leitung steht unter einem erheblichen inneren und äußeren Druck, die Ergebnisse zu verbessern. In Universitätsgremien wird kritisiert, die Benutzer schreiben Briefe, gehen vielleicht sogar an die Öffentlichkeit. Leistung und Moral sind einfach zu niedrig. Die Leitung sucht ernsthaft nach einer Lösung.
2. Ein neuer Mann kommt in die Bibliothek, in entsprechend hoher Position oder – was häufiger in der Praxis gewählt wird – als Berater (Consultant).
3. Dieser regt kritische Überlegungen über die vergangenen Praktiken und Diskussionen über die Probleme an.

4. Die Bibliotheksleitung nimmt dabei eine sehr starke Rolle ein.
5. Der „neue Mann" setzt mit Unterstützung der Leitung Gruppen zusammen, die die Probleme diskutieren und Lösungen vorschlagen.
6. Der „neue Mann" zeigt Lösungsmöglichkeiten.
7. Geeignete Lösungen werden entwickelt und getestet.
8. Änderung breitet sich aus und wird von der Leitung unterstützt. Die Bibliothek akzeptiert die Änderung.

Dabei wird der Veränderungsprozess geplant, in dem Sinne, dass ein Phasenverlauf vorgesehen wird und nicht ad hoc bestimmte Maßnahmen getroffen werden. Ein solcher Plan muss allerdings immer offen sein für Konkretisierungen und Abwandlungen durch die von Veränderungen Betroffenen. Auf einseitige Durchsetzung bestimmter Maßnahmen wird verzichtet. Veränderungen betreffen immer Menschen. Daher sollten die Auswirkungen von Veränderungen auf die Bibliotheksmitarbeiter und/oder die Benutzer beurteilt und in die Überlegungen zur Einführung der Veränderungen einbezogen werden.

Es gilt, dass zu schnelles und zu langsames Vorgehen gleichermaßen den Erfolg von Veränderungsmaßnahmen gefährden. Als wichtig stellt sich die Beachtung einer gewissen Abfolge von Schritten bei der Einführung organisatorischer Veränderungen heraus. Der Phasenverlauf entspricht im Wesentlichen den allgemeinen Stufen des Wandels:
- Unfreezing (Problemzustand, Unsicherheit, Bereitschaft, Veränderungen vorzunehmen)
- Changing (Maßnahmen planen und einführen)
- Refreezing (Änderungen praktizieren)

Aus der Vielzahl der Bedingungen, die ein erfolgreiches Vorgehen bei der Einführung organisatorischer Neuerungen begünstigen, sei auf zwei hingewiesen, die ganz sicher einen entscheidenden Einfluss haben. Es handelt sich um das Vorhandensein eines „Problembewusstseins", d.h. der Einsicht, der Überzeugung oder auch des unbestimmten Gefühls, dass ein problemhafter Zustand vorliegt oder in naher Zukunft vorliegen wird und dass deshalb Veränderungen notwendig sind. Zum Zweiten handelt es sich um das Vorhandensein einer „Veränderungsbereitschaft", d.h. eines Willens zu Veränderungen oder wenigstens eines Willens diese nicht verhindern zu wollen. Der Betrieb Bibliothek hat nur eine Chance, seine Aufgaben im Interesse der Benutzer und der Mitarbeiter erfolgreich zu erfüllen, wenn er innovationsbereit und innovationsfähig bleibt.

*

Literatur

Arbeits- und Organisationspsychologie : ein Lehrbuch / Carl Hoyos (Hrsg.). - Weinheim : Beltz, Psychologie-Verl.-Union, 1999. - (Angewandte Psychologie ; 1)
BLAKE, ROBERT ROGERS ; JANE SRYGHLEY MOUTON: Building a dynamic corporation through grid organization development. - Reading/Mass. : Addison-Wesley, 1969
FRANKENBERGER, RUDOLF: Bibliotheksmanagement in einem sich ständig ändernden Umfeld // In: Kulturerbe und Bibliotheksmanagement : Festschrift für Walter Neuhauser zum 65. Geburtstag am 22. September 1998. - Innsbruck 1998. - S. 465 - 478. - (Biblos-Schriften ; 170)

Literatur

GEBERT, DIETHER: Organisationsentwicklung : Probleme des geplanten organisatorischen Wandels. - Stuttgart [u.a.] : Kohlhammer, 1974

HOBOHM, HANS-CHRISTOPH ; KONRAD UMLAUF : Erfolgreiches Management von Bibliotheken und Informationseinrichtungen. - Hamburg : Dashöfer, 2003. - Losebl.-Ausg.

KREIS, RUDOLF: Handbuch der Betriebswirtschaftslehre. - Völlig neu bearb. Aufl. - München ; Wien : Oldenbourg. - (Managementwissen für Studium und Praxis). - Bd. 1(1998) - 3. 5

LUX, CLAUDIA: Den Wandel gestalten : veränderte Führungsstrategien und Qualifikationen // In: Service im Wandel: Bestandssicherung, Elektronische Bibliothek, Veränderungsmanagement : 27. Arbeits- und Fortbildungstagung der ASpB/Sektion 5 im DBV in Zusammenarbeit mit der GBDL ; Dresden 22. - 27. Februar 1999 / bearb. von Margit Brauer. - Karlsruhe: ASpB, 1999. - S. 215 - 231

LUX, CLAUDIA: 10 Thesen zum organisatorischen Wandel in Bibliotheken // In: Bibliotheksdienst 32 (1988), S. 483 - 485

WEFERS, SABINE: Hohe Ansprüche der Wissenschaft : eine Herausforderung für Bibliotheken // In: Nur was sich ändert, bleibt : 88. Deutscher Bibliothekartag in Frankfurt am Main 1998. - Frankfurt am Main, 1999

Margot Wiesner · Andreas Werner · Hildegard Schäffler

9 Bestandsaufbau

9.1 Erwerbungspolitische Rahmenbedingungen

9.1.1 Allgemeine Überlegungen zum Bestandsaufbau

Seit den neunziger Jahren des letzten Jahrhunderts müssen sich Bibliotheken auf völlig neue technische, wirtschaftliche und wissenschaftliche Rahmenbedingungen einstellen. Die öffentlichen Haushalte werden durch sehr enge finanzielle Handlungsspielräume bestimmt und zunehmend durch betriebswirtschaftliche Steuerungsmodule gekennzeichnet: Globalhaushalt, Produkthaushalt, Kosten-Leistungs-Rechnung, kaufmännische Buchführung. Vor allem haben sich die Bibliotheken mit den Änderungen im Wissenschaftsbetrieb, neuen Formen der wissenschaftlichen Kommunikation und den sich ständig erweiternden Informationsmöglichkeiten der Bibliotheksnutzer auseinander zu setzen. Sie müssen auf diese Herausforderungen mit flexiblen und verbesserten Bestandsangeboten antworten.

Trotz des Wandels vom klassischen Bestandsaufbau zur hybriden und multimedialen Bibliothek und in einer Informationswelt, die prinzipiell chaotisch, dezentral, dynamisch angelegt ist, stehen die Bibliotheken auch zukünftig für Ordnung, Auswahl, Koordinierung, Erschließung. Aus diesen Überlegungen ergeben sich Folgerungen für einen stringenten Bestandsaufbau:
- konsequente Nutzung personeller und finanzieller Ressourcen (z.B. Programme für das in Deutschland noch unterentwickelte Fundraising)
- methodisch fundierte Auswahlkriterien und Kaufprofile
- verstärkte Kooperation zwischen den Bibliotheken einer Region, aber auch in zweischichtigen Bibliothekssystemen

9.1.2 Erwerbungspolitik im Kontext der Bibliotheksorganisation

Die haushaltsrechtsrechtlichen und finanziellen Vorgaben definiert der Unterhaltsträger der jeweiligen Bibliothek. Das kann der Bund, das Bundesland, die Universität, die Kommune, ein Unternehmen oder eine Stiftung sein. Die Unterhaltsträger legen fest, in welchem Rahmen und für welche Zielgruppen die Bibliothek ihre Dienstleistung zu erfüllen hat. Das gilt ebenso für Institutionen, die Drittmittel zur Verfügung stellen, wie die DFG (Deutsche Forschungsgemeinschaft) für die Sondersammelgebiete. Mittel von dritter Seite sind in der Regel zweckgebunden. Dadurch werden die Erwerbungspolitik und die Bestandsplanung wesentlich beeinflusst.

Die Grundsätze der Erwerbungspolitik und des Bestandsaufbaus werden bei den Universitätsbibliotheken nicht allein von den Unterhaltsträgern, sondern auch vom Bibliothekssystem bestimmt. In einschichtigen Bibliothekssystemen ist in der Regel die Einwirkung durch die Hochschule von ausschlaggebender Bedeutung. In zweischichtigen Bibliothekssystemen hat die Zentralbibliothek auf den ersten Blick umfassendere Entscheidungsmöglichkeiten. Aber auch hier müssen verstärkt Kooperationen und Absprachen mit den entsprechenden Fachbereichen getroffen werden, die eine koordinierte Erwerbung und damit eine entsprechende Erwerbungspolitik ermöglichen. Jüngste Entwicklungen, die durch den Begriff funktionale

Einschichtigkeit gekennzeichnet sind, können die Position der Zentralbibliothek grundlegend verändern, wenn die Verantwortung für den Bestandsaufbau weitgehend auf die Fachbereichsbibliotheken übertragen wird.

Der *Sammelauftrag* ergibt sich also aus der vom Unterhaltsträger definierten Aufgabenstellung, den strukturellen Vorgaben durch das Bibliothekssystem und der Definition der Zielgruppen. Nutzerbezogene Informationsversorgung ist das Kerngeschäft jeder Bibliothek. Im Bereich des Bestandsaufbaus wird die Leistung der Bibliothek gemessen an der zielgerichteten Auswahl und der Schnelligkeit der Beschaffung und Bereitstellung.

9.1.3 Finanzielle Grundlagen

Etatmodelle

Wiederholt wurden in Deutschland Anstrengungen unternommen, den finanziellen Bedarf von Bibliotheken durch Berechnungsmodelle festzustellen. Dahinter stand der Gegensatz zwischen den realen Etats, der wachsenden Buch- und Zeitschriftenproduktion und den steigenden Preisen. Etatmodelle können unter zwei verschiedenen Ansatzpunkten erstellt werden: Modelle, die auf einem pauschalen Verteilungsmodus der Mittel beruhen, weisen der jeweiligen Bibliothek einen bestimmten prozentualen Anteil des Gesamthaushaltes der Universität zu oder sie legen bestimmte Beträge bzw. eine bestimmte Anzahl von Monographien und Zeitschriften pro Kopf (Dozenten, Studierende, andere Benutzer) fest. Das andere in Deutschland in der Regel angewandte Verfahren basiert auf der Ermittlung der relevanten Titelauswahl aus der Buch- und Zeitschriftenproduktion.

Die Deutsche Forschungsgemeinschaft legte 1957 ein Modell für eine Technische Hochschulbibliothek, 1958 für eine Universitätsbibliothek vor. Der Wissenschaftsrat äußerte sich 1964 und 1967. Neu war, dass durch Titel- und Preissteigerungen jährliche Zuwachsraten beim Budget zugrunde gelegt wurden. Die Empfehlungen von 1967 wiesen besonders auf den Ausbau der Lehrbuchsammlungen und die notwendige Stärkung der Etats der zentralen Hochschulbibliotheken als Gegengewicht zu den Institutsbibliotheken hin. Der Gesamtplan Baden-Württemberg aus dem Jahre 1973 ging neue Wege in der Modellberechnung. Erstmals wurden die Preissteigerungen, die Zuwächse bei den Studierenden und die Vermehrung der Dozentenstellen herangezogen. Neu in den Blick geriet das Verhältnis der zentralen Hochschulbibliothek zu den Institutsbibliotheken. Das Modell blieb nicht ohne Folgen für die Hochschulbibliotheken dieses Landes. Einen gewissen Erfolg konnte auch die Planungsgruppe „Bibliothekswesen im Hochschulbereich Nordrhein-Westfalen" aus dem Jahre 1975 verbuchen. Dagegen blieb der Bibliotheksplan 1973, der für alle Bibliothekstypen Modellrechnungen vorsah, ohne Wirkung.

Die Bundesvereinigung Deutscher Bibliotheksverbände publizierte 1994 unter dem Titel „Bibliotheken '93" eine Überarbeitung und Fortschreibung des Bibliotheksplanes '73 für den Literaturbedarf: Die erste Stufe umfasst den Grundbedarf. Hiervon sind kleinere und mittlere öffentliche Bibliotheken, Mittelpunktsbibliotheken und Zweigstellen großstädtischer Bibliothekssysteme betroffen. Die zweite Stufe betrifft die Zentralbibliotheken großstädtischer Bibliothekssysteme, die dritte Stufe des spezialisierten Bedarfs hat die Landes-, Hochschul-, Spezial- und Großstadtbibliotheken zum Ziel, die vierte Stufe beinhaltet die Staats-, zentralen Fach- und Universitätsbibliotheken mit Sondersammelgebieten.

Erst mit dem bayerischen Etatmodell 1982/83, fortgeführt 1989 und neu gefasst 2001, kann man von einem erfolgreichen Etatmodell sprechen, das über die bayerischen Landesgrenzen hinaus zur Kenntnis genommen wurde. Dieses Modell sieht für ein Fächerspektrum Soll-Erwerbungen vor, die auf dem jeweiligen Ausbaugrad des Faches basieren. Die Etatbedarfsermittlung wird durch differenzierte Betrachtung der Durchschnittspreise bei Fächergruppen und Literaturtypen ermittelt.

Interne Budgetverwaltung

Die Entwicklung der „Neuen Medien" hat gezeigt, dass neue Publikationsformen die etablierten nicht vom Markt verdrängen. Jede Erweiterung des Spektrums zwingt dazu, das Budget in zusätzliche Segmente aufzuteilen. Trotz der dynamischen Entwicklung elektronischer Publikationen steigt bislang die weltweite Produktion der Print-Medien, aber auch anderer Medienformen, stetig. Insbesondere der Zeitschriftenmarkt lässt bislang keine Trendwende erkennen.

Die interne Budgetverwaltung muss grundsätzlich unterscheiden zwischen gebundenen und freien Etatmitteln. Zu den *gebundenen* Mitteln gehören:

(1) Verpflichtungen, die aus *laufenden Zeitschriftenabonnements und Datenbanken* entstehen: Änderungen bei dieser Position können nicht kurzfristig getroffen werden. Der Etat für Abonnements sollte in einem ausgewogenen Verhältnis zu anderen Verpflichtungen und dem „freien" Kauf stehen. Der Kauf von Zeitschriften bedeutet in der Regel eine längerfristige Mittelbindung.

(2) Laufende *Schriftenreihen* können in der Regel schnell abbestellt werden.

(3) Die Abbestellung von *Fortsetzungen* ist nur in Notsituationen vertretbar, falls sie auf Grund der Bestellkonditionen überhaupt möglich ist.

(4) *Verpflichtungen gegenüber Dritten*, z.B. die Eigenleistungen, die für die Sondersammelgebiete der Deutschen Forschungsgemeinschaft aufgebracht werden müssen.

(5) Verpflichtungen, die für den *Erwerb größerer Sammlungen* oder teurer Objekte eingegangen wurden und die unter Umständen über mehrere Jahre hinweg wirksam werden. Bei fahrlässiger Disponierung können diese Belastungen kumulieren und zu erheblichen Störungen im Etat führen.

(6) Wenn keine gesonderten Etatmittel zur Verfügung stehen, ist die *Lehrbuchsammlung* fest einzuplanen. Nutzungsstatistiken dienen als Grundlage für die Kaufstrategie und Mittelverteilung auf die einzelnen Fächer.

(7) Beträge, die einer *Zweigbibliothek* als Pauschalsumme zugesprochen werden müssen: In vielen zweischichtigen Bibliothekssystemen muss die Hauptbibliothek ihr zugehörige Zweig- oder angegliederte Bibliotheken aus ihrem Etat bedienen.

(8) Mittel, die als *Einbandetat* zur Verfügung stehen: Jede Bibliothek hat erhebliche Mittel für Bindezwecke aufzuwenden. Steigende Benutzungszahlen, intensives Kopieren, sorgloser Umgang mit dem Buch und ungeeignete Buchherstellungsverfahren haben eine Dynamik in Gang gesetzt, deren Folgen noch nicht abgeschätzt werden können. Den umfangreichsten Posten im Einbandetat machen die Zeitschriftenjahrgänge aus.

(9) Beteiligungen an *konsortialen Lizenzen* für Datenbanken und Zeitschriftenpakete.

Nach Abzug dieser gebundenen Etatpositionen ergibt sich der frei verfügbare Betrag.

(10) Die noch zur Verfügung stehenden freien Budgetmittel sind der Etatposten, der für den Erwerb von *Monographien* zur Verfügung steht.

(11) *Reservemittel*: Es ist zu empfehlen, eine bestimmte Summe als Reserve einzuplanen. Aus ihr können teure Werke und Sonderprojekte bezahlt oder unvorhergesehene Finanzengpässe ausgeglichen werden.

Kontingentierung nach Fächern, Erwerbungsprofile

Etatverteilungs-Modelle müssen bestimmte Kriterien erfüllen: Bestätigung des Verfahrens durch Universitäts- bzw. Hochschulgremien, ein transparentes Berechnungsverfahren und die Anwendung von nachprüfbaren Parametern:
- Personalparameter (Hochschullehrer differenziert nach Besoldungsgruppen, sonstiges wissenschaftliches Personal, Studierende nach Abschlüssen)
- Benutzungskennzahlen, Leistungsindikatoren (Promotionen, Habilitationen, Drittmitteleinwerbung, DAAD-Fördergelder, Gastwissenschaftler, Stiftungsstipendiaten, geförderte Sonderforschungsbereiche, Publikationen)
- Ausdifferenzierung der Fachgebiete in der Universität bzw. Hochschule
- Literaturproduktion (nach In- und Ausland getrennt)
- Durchschnittspreise (Monographien und Zeitschriften getrennt nach In- und Ausland)
- Bewertung der außeruniversitären Aufgaben

Die Erstellung von dynamischen Erwerbungsprofilen und die ständige Evaluierung des Bestandsaufbaus sind voneinander abhängige Überlegungen. Zunächst muss das Gesamt-Kaufprofil der Bibliothek geklärt werden. Es hängt von der zu versorgenden Einrichtung und deren Strukturen ab und beinhaltet die erwerbungspolitischen Zielsetzungen. Das Einzelfach bezieht sich auf diese Gesamtstruktur. Die Differenzierung und die Sammlungsintensität seiner Teilgebiete müssen festgelegt werden. Jedes einzelne Fach benötigt ein *individuelles* Kaufprofil. Die Sammelintensität kann definiert werden mit:
- keine Erwerbung, Randbereich (es wird nur ein Einstieg in das Gebiet angeboten)
- enge Auswahl (beschränkte Auswahl und nur allgemeine Literatur)
- Studienstufe (ausreichendes Angebot für Ausbildung und Studium)
- Forschungsstufe (umfangreiche Sammlung spezialisierter Literatur)
- umfassende Sammlung (Sondersammelgebiete in denen Vollständigkeit angestrebt wird)

Aus der Definition des Kontingents ergeben sich dann die Schlussfolgerungen über die zu verwendenden Kaufunterlagen, die Erwerbungsabstimmungen auf lokaler und regionaler Ebene und Aussagen zur Aussonderung von Literatur. Eine grundsätzliche Entscheidung ist, ob nur die Monographien oder auch die Zeitschriften und andere Medienformen einbezogen werden sollen. Nicht zuletzt durch den immer stärker werdenden Anteil elektronischer Zeitschriften spricht einiges dafür, bei den Zeitschriften eine zentrale Mittelbewirtschaftung beizubehalten.

9.2 Der Markt

9.2.1 Inhalte, Formen und Arten des Bibliotheksbestandes

In Kurt Dorfmüllers 1989 erschienenem Standardwerk „Bestandsaufbau an wissenschaftlichen Bibliotheken" sind auch Mikroformen, Ton- und Bildträger als für den Bibliotheksbestand in Frage kommend berücksichtigt. Datenbanken und elektronisches Publizieren werden allerdings nur auf einer knappen Seite abgehandelt. Nicht-Buch-Materialien bildeten zu diesem Zeitpunkt noch eine Besonderheit in Bibliothekssammlungen.

Heute soll der Begriff „hybride Bibliothek" zum Ausdruck bringen, dass Bibliotheken sich nicht mehr ausschließlich als Orte verstehen, die Sammlungen beherbergen und den Nutzern zur Verfügung stellen, sondern auch als Bezieher, Verwalter und Vermittler virtueller Informationen. In welcher Form diese dargeboten werden, hängt vom Erscheinungsjahr, vom Angebot des Marktes und von den Bedürfnissen und Arbeitsgewohnheiten der Nutzer ab. Eine moderne Bibliothek soll als Dienstleistungsbetrieb Informationen in vielfältigen Formen den Bibliothekskunden so vermitteln, dass sie den größtmöglichen Gewinn daraus ziehen können.

Wenn sich die moderne Bibliothek als Vermittler von Inhalten begreift, liegt es nahe, den eher statischen Begriff des Bibliotheksbestandes zu ersetzen durch den Begriff des Bibliotheksangebots, das Zugriffsoptionen zu virtuellen Produkten einschließt. Der Begriff Angebot impliziert eine aktive Rolle der Bibliotheken als Vermittler von Inhalten, die öffentlich zugänglich, in Magazinen aufbewahrt oder als elektronische Produkte unabhängig vom Ort und von Öffnungszeiten genutzt werden können. Diese Entwicklung wird häufig mit dem Begriffspaar „ownership" versus „access" beschrieben, wobei sich diese beiden Formen der Informationsversorgung in der modernen „hybriden" Bibliothek gegenseitig ergänzen.

Mit der Verbreiterung des Angebots haben sich die Parameter für die Literaturauswahl vermehrt: Geräteausstattung, Archivierungsfragen und Zugriffsrechte müssen berücksichtigt werden. Die Art des Erwerbs, der Verwaltung und Vermittlung elektronischer Produkte unterscheidet sich teilweise erheblich von den Geschäftsgängen für Print-Medien. Es lässt sich kaum vermeiden, dass bei dem Versuch, das komplexe Angebot der Bibliotheken in Kategorien zu zwingen, Überlappungen vorkommen und sich die Ebenen vermischen. Die Grenzen sind fließend. Die einschlägige Fachliteratur ist in diesem Punkt nicht immer eindeutig und teilweise widersprüchlich. Das gilt auch für die Deutsche Bibliotheksstatistik.

Texte und andere Inhalte im Angebot von Bibliotheken

Ausprägung	Beispiel	Erläuterungen
Schöne Literatur = Belletristik (engl.: fiction)	Lyrik, Dramen, alle Formen künstlerischer Prosa	Belletristik wird als Primärliteratur erworben. Sie wird überwiegend in der Form gedruckter Bücher angeboten, aber auch in der Form des Hörbuchs. Für wissenschaftliche Bibliotheken spielen Quellensammlungen auf Mikroformen und in Datenbanken aufbereitete Werkausgaben eine Rolle.
Sachliteratur (engl.: non-fiction)	Allgemeinverständliche Darstellungen gesellschaftlicher oder wissenschaftlicher Sachverhalte zum Zwecke der Information und Meinungsbildung, Bildbände, Reiseführer, Ratgeber	Im weiteren Sinne gehören alle nicht-fiktionalen Texte zur Sachliteratur. Im engeren Sinne kann der Begriff eingegrenzt werden auf populärwissenschaftliche Sachbücher, die für wissenschaftliche Bibliotheken nur bedingt relevant sind.
Fachliteratur	Vermittlung von Fachwissen für die berufliche Praxis, wissenschaftliche Grundlagenliteratur	Print-Medien oder elektronische Publikationen

9.2 Der Markt 171

Ausprägung	Beispiel	Erläuterungen
Lehrbücher	didaktisch oder kompilatorisch aufbereitete Fachliteratur	Lehrbuchsammlungsliteratur, auch audiovisuelle Lehr-, Lern- und Übungsmaterialien
Schulbücher	An Lehrpläne gebundene, amtlich zugelassene Lehrbücher für Schulen	
Nachschlagewerke	Handbücher, Enzyklopädien, Lexika, Fach- und Sprachwörterbücher, Bibliographien, Adressbücher, Biographische Verzeichnisse, Abkürzungsverzeichnisse, Steuer-Tabellen, Statistische Berichte	Werke für den Auskunftsapparat wissenschaftlicher Bibliotheken; einige umfangreiche Nachschlagewerke sind als Mikroform-Editionen erschienen, aber diese Publikationsform wird als benutzungs-unfreundlich empfunden; Nachschlagewerke sind ein hervorragendes Objekt für elektronische Publikationsformen
Quellenwerke	Primärwerke der Belletristik, historische Ausgaben, Gesetzestexte, Normen, Patente, Landkarten, Atlanten, handschriftliche Materialien	In den Geistes- und Sozialwissenschaften bilden Quellen die Grundlage für die Forschung. Zu unterscheiden ist zwischen reinen Texteditionen und kommentierten (Gesetze) oder kritischen (literarische Texte) Ausgaben. Quellenwerke werden als Print-Medien, Mikroformausgaben und zunehmend in elektronischer Form publiziert. Sie sind Hauptgegenstand antiquarischer Bestandsergänzungen.
Sekundärliteratur	Wissenschaftliche Abhandlungen über Werke der Belletristik, nach Quellen erarbeitete Geschichtsdarstellungen	
Wissenschaftliche Fachinformation	Wissenschaftliche Monographien, Aufsätze in wissenschaftlichen und Fachzeitschriften, Fortschrittsberichte, Kongressberichte, Hochschulschriften	Stoff für Studium, Lehre und Forschung, als Print-Medien, Mikroformen oder in elektronischer Form
Graue Literatur	Amtliche Druckschriften; Berichte von Forschungseinrichtungen; Hochschulschriften; Vorlesungsverzeichnisse; Jahresberichte und Bestandsverzeichnisse von Schulen, Museen und Bibliotheken; Geschäftsberichte von Firmen, Banken, Verbänden, Vereinen,	Publikationen, die in der Regel außerhalb der Buchhandelsvertriebswege gehandelt werden. Deutschsprachige Veröffentlichungen werden in der Reihe B der Deutschen Nationalbibliographie verzeichnet. Kriterium für die Unterscheidung zwischen kommerziellen Verlagen

Ausprägung	Beispiel	Erläuterungen
	Parteien und Gewerkschaften; Bühnenmanuskripte	und Verlegern grauer Literatur ist die vom Börsenverein des Deutschen Buchhandels vergebene Verkehrsnummer. Frei im Internet verfügbare Publikationen können als modernes Äquivalent zur grauen Literatur in gedruckter Form betrachtet werden.
Kinder- und Jugendliteratur	Kinder- und Jugendromane, Sachliteratur für Kinder und Jugendliche, Bilderbücher, Comics	Für wissenschaftliche Bibliotheken nur begrenzt als Quellenwerke relevant
Buchkunst	Künstlerbücher, Malerbücher, Pressendrucke, Buchobjekte	Von bildenden Künstlern als Unikate oder in geringen, limitierten Auflagen hergestellte Werke, meist mit literarischen Texten, teilweise auch ohne Text; für den Bestandsaufbau in wissenschaftlichen Bibliotheken als Beispiele der Buchkultur von Bedeutung
Bilddokumente	Fotos, Grafik, Dias, Plakate, Exlibris	Archivmaterialien, Bilddokumentationen, Bestandteile von Nachlässen
Musikalien	Notenausgaben musikalischer Werke für die Praxis, Studienpartituren, Gesamtausgaben der Werke großer Komponisten	
Musik- und andere Tondokumente	Werke der E- und U-Musik, Sachprogramme, Kinderprogramme, Hörbücher	Musiktonträger gehören zum selbstverständlichen Angebot öffentlicher Bibliotheken und bei einigen wissenschaftlichen Bibliotheken Teil des Quellenbestands
Filme	Spielfilme, Dokumentarfilme, Videoclips, Sachvideos, Kinder- und Jugendvideos	
Spiele, Tests		

Publikationsformen

Monographien sind in engerem Sinn als selbständige Veröffentlichung erscheinende Einzelwerke. Beim bibliothekarischen Geschäftsgang wird dieser Begriff für abgeschlossene Werke in einem oder mehreren Teilen verwandt im Gegensatz zu mehrbändigen Werken. Monographien sind an das Medium Buch gebunden: als Druckwerk, Mikroform oder E-Book.

Mehrbändige Werke (Fortsetzungswerke) erscheinen unter einem Gesamttitel als Produkt eines oder mehrerer Urheber. Die Anzahl der Bände steht gewöhnlich beim Erscheinen des ersten Bandes fest. Wenn der Verlag für das Gesamtwerk nur eine einzige ISBN vergibt, ist dies ein Indiz dafür, dass das Werk nur als Ganzes bestellt werden kann. Zu den Fortsetzungswerken gehören auch Loseblattausgaben und Lieferungswerke; sie werden durch die Lieferung aktualisierter Einzelblätter auf dem neuesten Stand gehalten. Bei Lieferungswerken handelt es sich immer um umfangreiche Nachschlagewerke, die über einen längeren Zeitraum erscheinen und durch Nachlieferungen so lange ergänzt werden, bis ein Band komplett ist.

Schriftenreihen (Serien) sind auf unbegrenztes Erscheinen angelegt: Die Serienstücke sind gezählt oder ungezählt. Sie erscheinen im Allgemeinen unregelmäßig. Die Bände können einzeln als Stücktitel mit einer ISBN oder mit einer zusätzlich vorhandenen ISSN zur Fortsetzung auf Widerruf bestellt werden.

Zeitschriften erscheinen in regelmäßigen Abständen mehr als einmal jährlich. Sie werden mit Hilfe einer ISSN identifiziert, die beim Bestellen anzugeben ist. Es ist üblich, Zeitschriften für mindestens ein Jahr bis auf Widerruf zu abonnieren. Wissenschaftliche Zeitschriften erscheinen häufig parallel in gedruckter und elektronischer Version, gegebenenfalls mit unterschiedlichen ISSNs. Noch zögern die kommerziellen Verlage, Zeitschriften ausschließlich als elektronisches Produkt auf den Markt zu bringen. Jahrbücher werden in der Regel zwar in den Bibliotheken als Zeitschriften verwaltet, nicht jedoch im Buchhandel. Sie können aber trotzdem im Abonnement bestellt werden. Das gleiche gilt für zeitschriftenartige Reihen, die seltener als jährlich erscheinen.

Zeitungen (Tages- und Wochenzeitungen). Für Archivierungszwecke empfehlen sich Mikroform-Editionen, die häufig von den Verlagen selbst angeboten werden.

Datenbanken sind digitale Sammlungen von bibliographischen Nachweisen, Fakten, Quellenwerken oder elektronischen Zeitschriften mit Abstracts und/oder Volltexten der einzelnen Aufsätze. Die Daten werden von einem Datenbanksystem verwaltet, sind miteinander verknüpft und mittels einer Retrieval-Software suchfähig. Auch das elektronische Zeitschriftenangebot vieler Wissenschaftsverlage ist als Ganzes eine Datenbank, auch wenn die Titel einzeln abonniert werden können. Eine Sonderform stellen sogenannte Aggregatordatenbanken dar, die bibliographische Daten und Volltexte verschiedener Verlage als fachbezogenes und/oder zeitlich begrenztes Produkt anbieten. Als Vertriebsform für Datenbanken wird die CD-ROM inzwischen weitgehend von der Web-Version verdrängt.

Materialarten

Handschriftliche Materialien: handgeschriebene Texte in Buchform, auch mit der Hand geschriebene Musiknoten; eigenhändig erzeugte Texte bekannter Persönlichkeiten (Autographen)

Drucke: Bücher; besondere Formen sind: Inkunabeln (Drucke bis 1500); Frühdrucke; bibliophile Ausgaben: seltene und kostbare Drucke vom 16. Jahrhundert bis zur Gegenwart, Widmungsexemplare, Erstausgaben, moderne Pressendrucke, Künstlerbücher, Malerbücher; Lieferungswerke, Loseblattausgaben; Zeitschriften, Zeitungen; Einblattdrucke

Mikroformen: Mikrofilme (auf Rollen); Mikrofiches (Planfilme)

Dias und Overheadfolien: in der Regel für Unterrichts- und Lehrzwecke, häufig als Beilage zu Texten

Tonträger: Schallplatten; Compact Discs oder Digital Versatile Discs; Tonkassetten

Filmmaterialien: 16mm-Filme (für Bibliotheken höchstens als Archivmaterial von Bedeutung); Videokassetten oder DVDs

Elektronische Medien: auf Datenträgern, meist CD-ROMs oder DVDs, gelegentlich Disketten; Online-Publikationen
Mischformen, Medienkombinationen
Sonstige Nicht-Buch-Materialien

9.2.2 Verlage

In der 29. Ausgabe (2002/2003) von „Publishers' International ISBN Directory" sind rund 540.000 aktive Verlage aus mehr als 200 Ländern verzeichnet. Der Begriff „Verlag" wird hier allerdings für alle Hersteller von Buchhandelsprodukten herangezogen, die sich von ihrer nationalen ISBN-Agentur eine Verlagskennung haben zuteilen lassen. Das weltweit wichtigste Branchenereignis, die Frankfurter Buchmesse, registriert jährlich rund 7.000 Einzelaussteller aus mehr als 100 Ländern. Die Zahl der dort ausgestellten Neuerscheinungen schwankt zwischen 80.000 und 100.000. Die Zahl der jährlichen deutschen Neuerscheinungen erhöhte sich in der zweiten Hälfte des letzten Jahrhunderts von 14.000 im Jahre 1951 auf 90.000 im Jahre 2001.

Diese Eckdaten vermitteln einen Eindruck von dem breiten Spektrum des deutschen und internationalen Buchmarktes. Sie belegen aber auch das Phänomen einer Überproduktion, die sich vor allem für die Kunden, zunehmend aber auch für die Produzenten zu einem Problem entwickelt. Nur ein geringer Teil der Gesamtproduktion ist für Bibliotheken anschaffungswürdig. Dieser in Frage kommende Ausschnitt aus dem Marktangebot und dem Anteil, der tatsächlich erworben werden kann, klafft immer weiter auseinander und erfordert klare und strikte Selektionskriterien.

Die Verlagswelt wird seit vielen Jahren durch Geschäftsübernahmen und Fusionen bestimmt. Diese Entwicklung wurde durch die teilweise Migration zu elektronischen Publikationen beschleunigt, weil hohe Investitionskosten aufzubringen sind. Das hat sich besonders bei den Fach- und Wissenschaftsverlagen ausgewirkt. Die Konzentrationsbewegung betrifft aber auch reine Belletristikverlage. Vielfach sind sie schon lange keine selbständigen Unternehmen mehr, sondern gehören Verlagsgruppen an. Davon gab es in Deutschland im Jahre 2001 etwa 90, denen mehr als 500 Einzelverlage angehörten.

Zunehmend werden Verlage internationalen Mischkonzernen einverleibt oder auch von global agierenden, branchenfremden Kapitalanlegern erworben. Die Zusammensetzung der Verlagsgruppen wechselt häufig und die Eigentumsverhältnisse sind vom Kunden kaum zu durchschauen. Demgegenüber sind immer wieder Gründungen von Kleinverlagen zu registrieren, die sich Nischen erobern.

Monographien

Die Branchen-Statistik „Buch und Buchhandel in Zahlen" unterscheidet: Belletristik, Kinder- und Jugendbücher, Schulbücher, Taschenbücher, Hobby-, Freizeit- und Reiseliteratur, Sachbücher, Fachbücher Geisteswissenschaften, Fachbücher Naturwissenschaften. Literatur- oder Kunstverlage publizieren gelegentlich auch Zeitschriften. Im STM-Bereich (Science, Technology and Medicine) liegt jedoch der Schwerpunkt in der Zeitschriftenproduktion. Etliche internationale Verlage bringen bereits parallel elektronische Versionen auf den Markt. Diese Entwicklung wird fortschreiten, sobald sich akzeptable Vermarktungsmodelle durchgesetzt haben.

Es ist schwierig, aus der internationalen Buchproduktion den für wissenschaftliche Bibliotheken relevanten Anteil herauszufiltern. Ein zuverlässiges Hilfsmittel in Bezug auf die angloamerikanische Literatur sind die jährlich von der University of Loughborough veröffentlichten Preisindizes „Average Prices of British Academic Books" und „Average Prices of USA Academic Books" (LISU-Index). Die Daten beziehen sich auf Titel, die in dem jeweiligen Berichtszeitraum von dem Bibliothekslieferanten Blackwell's Book Service gehandelt wurden. Auf dieser Basis betrug die für den akademischen Bedarf in Frage kommende Jahresproduktion von 1990 bis 2000 im Durchschnitt rund 31.000 Titel. Harrassowitz ist der marktführende Lieferant deutscher Literatur an amerikanische Universitäten. Nach diesem Datenmaterial liegt die für wissenschaftliche Bibliotheken relevante deutsche Buchproduktion bei jährlich ca. 20.000 Titeln, also weniger als einem Viertel der Neuerscheinungen.

Die Preise für Monographien sind laut LISU-Index in den 1990er Jahren um 50 % gestiegen. Die jährlichen Preiserhöhungen lagen in der Regel über der Inflationsrate, aber doch weit unter dem Preisanstieg bei wissenschaftlichen Zeitschriften. Stetige Preisanstiege und Publikationszahlen einerseits und neue Anforderungen an die Bibliotheken durch das rasch wachsende elektronische Informationsangebot reduzieren bei stagnierenden Etats die Deckung des Bedarfs an Monographien erheblich.

Zeitschriften

Die Titeldatenbank der internationalen Zeitschriftenagentur SwetsBlackwell enthielt im Jahre 2002 250.000 Titel von 65.000 Verlagen und Herausgebern. Die Datenbank der Citation Indices des ISI (Institute of Scientific Information) enthält mehr als 6.000 Titel, die den Abonnementsbestand größerer, amerikanischer, wissenschaftlicher Bibliotheken widerspiegeln und somit einen Kernbestand repräsentieren. Etwa 5.000 Titel, vornehmlich aus dem STM-Bereich, werden von einer kleinen Zahl von Wissenschaftsverlagen angeboten, die Marktentwicklung und Preise entscheidend bestimmen. Dazu gehören vor allem Elsevier, Wiley, Springer, Kluwer Academic Publishers, Blackwell Publishers und Taylor & Francis.

Die Situation des wissenschaftlichen Zeitschriftenmarktes lässt sich mit folgenden Charakteristika beschreiben, die als Ursachen für die lang anhaltende „Zeitschriftenkrise" gelten können:

- Die Zahl der wissenschaftlich tätigen Akademiker wächst stetig. Das bedeutet, dass auch die Veröffentlichung wissenschaftlicher Ergebnisse in Zeitschriften ständig zunimmt. Die Produzenten wissenschaftlicher Fachinformation sind aber gleichzeitig auch ihre Konsumenten. Es gibt daher einen gesteigerten Bedarf nach gut gefilterten, immer spezielleren Informationen.
- Wissenschaftliche Zeitschriften dienen der Verbreitung aktueller Forschungsergebnisse. Für die Reputation und die wissenschaftliche Karriere eines Autors ist es nicht nur wichtig, wie häufig seine Arbeit zitiert wird, sondern auch, dass sie in einem der etablierten, renommierten Wissenschaftsverlage erscheint.
- Solange die Anzahl der Veröffentlichungen und die Zitierhäufigkeit entscheidende Maßstäbe für die Standortbestimmung im wissenschaftlichen Wettbewerb sind, stehen die Wissenschaftler unter einem Publikationsdruck, der die Informationsflut weiter verstärkt.
- Die Aufgliederung einiger Wissenschaftsbereiche in hochspezialisierte Teilgebiete bringt Zeitschriften für einen geringen Abonnentenkreis von Experten hervor, die nicht kostendeckend produziert werden können, sondern durch Querfinanzierung über die Preise unverzichtbarer Standardliteratur finanziert werden.
- Die steigende Produktion und die jährlichen Preiserhöhungen, die seit Jahrzehnten weit über der Inflationsrate liegen, haben dazu geführt, dass die Bibliotheken trotz gestiegenen

Bedarfs in erheblichem Maße Abonnements abbestellen mussten. Dies führte bei etlichen Zeitschriften zur Senkung der Auflagenhöhe und veranlasste die Verlage, erneut die Preise anzuheben.

In dem Kreislauf Autor = Wissenschaftler → Verlag → Bibliothek → Wissenschaftler = Autor gibt es noch weitere Beteiligte:
- Wissenschaftsverlage publizieren häufig im Auftrag von Fachgesellschaften, die mehr oder weniger Einfluss auf die Preis- und Vertriebspolitik nehmen. Es gibt auch Gesellschaften, die ihre Zeitschriften selbst verlegen.
- Direkter Partner des Autors ist in der Regel nicht der Verlag, sondern der Herausgeber oder ein Herausgebergremium. Da Herausgeber über die Veröffentlichung oder Ablehnung von Beiträgen ihrer Fachkollegen befinden, können sie Einfluss auf bestimmte wissenschaftliche Richtungen und Entwicklungen nehmen.
- Die Zahl der eingereichten Beiträge übersteigt die tatsächlich publizierten bei weitem. Wissenschaftliche Zeitschriftenaufsätze unterliegen vor der Veröffentlichung einem starken Selektionsprozess (Peer Review). Das Peer-Review-Verfahren gilt einerseits als Gütesigel, ist aber nicht unumstritten, weil es sich bei den Gutachtern um Fachkollegen handelt, deren Unparteilichkeit angezweifelt werden kann.

Die unaufhaltsam wachsende Produktion, die mit steigenden Preisen aber nicht entsprechend wachsenden Bibliotheksetats einhergeht, und das System des wissenschaftlichen Publikationswesens haben eine Teufelsspirale erzeugt, die sich immer weiter dreht. Um dieser Entwicklung entgegenzuwirken, haben sich rund 200 Forschungseinrichtungen, Fachgesellschaften, Bibliotheken und Verlage in der SPARC-Gruppe zusammengeschlossen (Scholarly Publishing and Academic Resource Coalition), die durch Mitgliedsbeiträge finanziert wird. SPARC vermittelt und fördert alternative Publikationswege in Konkurrenz zum etablierten, kommerziellen Zeitschriftenmarkt. Ziel ist es, die Marktentwicklung so zu beeinflussen, dass qualitativ hochwertige Fachinformation kostengünstiger produziert werden kann. Die SPARC-Initiative zielt damit auch darauf ab, die Grundproblematik wissenschaftlichen Publizierens aufzuheben, dass Wissenschaftler ihre Autorenrechte an kommerzielle Verlage abtreten, wenn sie Forschungsergebnisse publizieren, die aus öffentlichen Mitteln finanziert wurden. Um diese Fachinformationen der akademischen Öffentlichkeit zugänglich zu machen, müssen Bibliotheken erneut in erheblichem Maße öffentliche Gelder einsetzen. SPARC und ähnliche Initiativen werden aber erst dann eine wirkliche Alternative darstellen, wenn sich genügend Wissenschaftler entschließen, in den entsprechenden Zeitschriften zu publizieren und damit zu deren Reputation beitragen.

Der Börsenverein des Deutschen Buchhandels

Der Börsenverein des Deutschen Buchhandels e.V. vertritt als Spitzenorganisation alle drei Buchhandelssparten: die Verlage, den Zwischenbuchhandel (Barsortimente und Verlagsauslieferungen) und den Bucheinzelhandel. 1825 als Börsenverein der Deutschen Buchhändler in Leipzig gegründet, hat er sich als Interessenvertretung des Buchhandels unter anderem für die Buchpreisbindung eingesetzt und war in die Urheberrechtsgesetzgebung eingebunden. Der Börsenverein war an der Gründung der Deutschen Bücherei in Leipzig (1912) und der Deutschen Bibliothek in Frankfurt am Main (1946) beteiligt und ist Veranstalter der Internationalen Frankfurter Buchmesse.

Der Geschäftsverkehr zwischen den einzelnen Buchhandelssparten wird durch die Buchhändler-Verkehrsordnung (veröffentlicht im Bundesanzeiger vom 31.8.1989) geregelt, deren Aufgabe es ist, die bestehenden Handelsbräuche zu definieren. Es handelt sich um eine „Unverbindliche Konditionenempfehlung" laut Paragraph 38 Abs.2 Nr. 3 des Gesetzes gegen Wettbewerbsbeschränkungen. Vor allem enthält die Verkehrsordnung Regelungen zu Bezugsbedingungen, Bestellungen, Rücksendungen, Zeitschriften, Fortsetzungswerken, dem Inhalt und Gewicht der Sendung, beschädigten und fehlerhaften Werken, Versandwegen, Versandkosten, der Haftung für Sendungen und der Rechnungsstellung. Diese zusammengefassten Konditionen zwischen dem herstellenden und vertreibenden Buchhandel sind insofern von Bedeutung, als sie die Basis für Geschäftsvereinbarungen zwischen Bibliotheken und ihren Lieferanten bilden. – Das Verbandsorgan des Börsenvereins ist das seit 1834 erscheinende Börsenblatt für den Deutschen Buchhandel.

9.2.3 Der Markt für elektronische Publikationen

Zeitschriften

Wissenschaftliche und Fachzeitschriften erscheinen mittlerweile vielfach parallel als gedruckte und elektronische Version. Der Vorteil der elektronischen Ausgabe liegt im raschen Zugriff auf neueste Forschungsergebnisse in Fächern, bei denen Aktualität eine besonders wichtige Rolle spielt, in der Verfügbarkeit multimedialer bzw. interaktiver Darstellungsformen und in der direkten Verlinkung von Referenz- mit Volltextdatenbanken. In der Elektronischen Zeitschriftenbibliothek Regensburg (EZB) (<http://www.bibliothek.uni-regensburg.de/ezeit>), einem kooperativ angelegten Verzeichnungsinstrument für wissenschaftliche Volltextzeitschriften, waren zu Ende des Jahres 2002 insgesamt ca. 12.600 wissenschaftliche E-Journals verzeichnet. Davon entfallen 68 % auf STM-Fächer, während die Sozial- und Wirtschaftswissenschaften bzw. die Geisteswissenschaften mit nur je 16 % abgedeckt sind. Nach einer Erhebung des *Library Journal* (15.04.2002) waren zu Beginn des Jahres 2002 75 % der im Science Citation Index (SCI) von ISI verzeichneten Titel, 63 % der im Social Science Citation Index (SSCI) nachgewiesenen Zeitschriften und 34 % der Titel im Arts & Humanities Citation Index (AHCI) online verfügbar.

Die weitgehende Parallelität von Print- und Online-Ausgabe bedeutet in vielen Fällen (bezogen auf die Kostenmodelle für den Einzelbezug), dass der Onlinezugriff wahlweise zusätzlich zur Druckversion erhältlich ist oder beide Versionen nur in Kombination zu beziehen sind. Dabei sind die Kosten für die elektronische Ausgabe entweder im Abonnementspreis enthalten oder mit einem eigens ausgewiesenen Aufpreis in Höhe von 10 bis 30 % des Preises für die Druckausgabe zu bezahlen. Einige Anbieter sind mittlerweile dazu übergegangen, jeweils nur eine bestimmte Anzahl von Jahrgängen aufpreisfrei anzubieten, während die Gesamtheit der elektronisch verfügbaren Daten nur gegen einen Aufschlag erhältlich ist.

Alternativ dazu werden auch Modelle angeboten, bei denen die elektronischen Versionen von der Druckausgabe entkoppelt sind. Die Kosten liegen im Regelfall bei etwa 80 bis 90 % des Preises für die Druckausgabe, können aber auch mit dem Printpreis identisch sein. Bei manchen Anbietern können hierbei zusätzliche gedruckte Exemplare zu einem stark rabattierten Preis, etwa 10 bis 25 % des Printpreises, bezogen werden („flip pricing"). Auch bei diesem Modell liegen der Kalkulation der E-Version im Allgemeinen die Preise der gedruckten Ausgabe zugrunde. Diese Variante, bei der die elektronische Version die primäre Ausgabe darstellt und das Druckexemplar nur zusätzlich bezogen werden kann, muss derzeit noch als

Ausnahme gelten. Problembereiche sind dabei der volle Umsatzsteuersatz, der bei elektronischen Medien fällig wird, offene Fragen der Archivierung und Langzeitverfügbarkeit sowie mangelnde Nutzerakzeptanz beim völligen Verzicht auf die Druckausgabe. Dabei ließen sich bei einem konsequenten Übergang zu e-only durchaus beachtliche Einspareffekte erzielen. Neben Personal- und Bindekosten können auch die Beschaffungskosten reduziert werden, vorausgesetzt allerdings, dass der Preis gegenüber der Druckversion weit genug abgesenkt wird, um den vollen Umsatzsteuersatz zu kompensieren.

An der Vielzahl der möglichen Partner beim Bezug von gedruckten und elektronischen Zeitschriften zeigt sich, dass die Marktbeziehungen im Beschaffungsprozess komplexer geworden sind. Während die Bibliothek für die gedruckte Version in der Regel einen bilateralen Kaufvertrag mit dem Lieferanten abschließt, kommt bei der elektronischen Ausgabe über die Lizenzvereinbarung, die direkt mit dem Produzenten als dem Rechteinhaber abgeschlossen wird, ein weiterer Geschäftspartner ins Spiel. Gleichzeitig tritt die Agentur nach wie vor als Vermittler auf, indem die Bibliothek bei der Freischaltung des elektronischen Zugriffs unterstützt wird. Wenn die Lieferung der Hefte nicht direkt an die Bibliothek, sondern über den Zeitschriftenlieferanten erfolgt, ist dies ohnehin unerlässlich, da der Anbieter den Endabnehmer nicht kennt. Schließlich ist zu berücksichtigen, über welche Plattform auf die Daten zugegriffen wird, deren Nutzung ihrerseits mit einer weiteren Geschäftsbeziehung bzw. der Entrichtung von Lizenzgebühren verbunden sein kann.

Datenbanken

In den siebziger Jahren des vergangenen Jahrhunderts war es üblich, Nutzern Online-Recherchen bei Datenbankhosts zu vermitteln, bei denen pro Abfrage die entsprechenden Anschlusszeiten bzw. Treffer berechnet wurden. Mit der Verfügbarkeit von Datenträgern wie CD-ROM oder DVD, dem Aufkommen des Internet und damit Datenbanken mit endnutzerorientierten Oberflächen, für die pauschale Nutzungsverträge abgeschlossen werden, verschwand diese Dienstleistung. Wie bei den Zeitschriften, liegt der Schwerpunkt bei den Datenbanken im Bereich der STM-Fächer. Aber auch in den Sozial- und Wirtschafts- sowie in den Geisteswissenschaften gibt es mittlerweile eine breite Palette an bibliographischen Datenbanken in elektronischer Form. Für Philologen werden mittlerweile zahlreiche Quellensammlungen als Volltextdatenbanken angeboten. Das umfassendste Verzeichnis von Datenbanken ist das *Gale Directory of Databases*, das 2001 knapp 14.000 Datenbanken aller Typen von ca. 4000 Herstellern aufführt.

Gerade bibliographische Datenbanken und Nachschlagewerke eignen sich aufgrund der Möglichkeit der laufenden Aktualisierung hervorragend für die elektronische Erscheinungsweise. Gedruckte Bibliographien dürften daher über alle Fächer hinweg nach und nach vom Markt genommen werden. Die Vertriebswege für Online-Datenbanken sind vielfältig und komplex. Die Produkte können über Hosts oder direkt durch die Datenbankproduzenten angeboten werden. Die Datenhersteller unterhalten oft Abkommen mit verschiedenen Hosts bzw. treten durch Direktvertrieb teilweise selbst in Konkurrenz mit diesen. Dies kann dazu führen, dass Bibliotheken die Wahl zwischen verschiedenen Oberflächen, aber auch Bezugskonditionen und Lizenzbedingungen haben, je nachdem, wie viel Spielraum der Anbieter gegenüber den Vorgaben des Datenbankproduzenten hat.

Bei der Preiskalkulation legen einige Datenbankanbieter lokale Eckwerte der beteiligten Institutionen, insbesondere die Zahl der Studierenden, wissenschaftlichen Mitarbeiter, Absolventen, Doktoranden etc. zugrunde (FTE-Modell: full-time equivalent). Problematisch ist dieser Ansatz insbesondere dann, wenn nicht alle Fakultäten einer Universität an einer bestimmten Datenbank gleichermaßen interessiert sind. In solchen Fällen besteht gelegentlich die Möglichkeit, anstelle einer Campuslizenz lediglich eine Fakultätslizenz abzuschließen („restricted access"). In die Kostenberechnung geht häufig auch die Zahl der gewünschten Simultanzugriffe, d.h. die Möglichkeit der gleichzeitigen Nutzung durch mehrere Personen, ein. Alternativ kann aber auch unbegrenzter Zugriff durch beliebig viele simultane Nutzer vereinbart werden. Weitere Preisparameter sind die Wahl zwischen Web-Version und CD-ROM, die Netzeinbindung im Vergleich zum Einzelplatzangebot bei Offline-Medien, die Wahl der Plattform bzw. eventuelle Zusatzkosten für den externen Zugriff.

9.2.4 Lieferanten

Bei der Wahl des Beschaffungsweges ist grundsätzlich zu unterscheiden nach der Herkunft und dem Alter der Medien, der Publikationsform und der Materialart. Daraus ergeben sich die günstigsten Bezugswege beim Einkauf.

Deutsche Monographien (Neuerscheinungen)

Sortimentsbuchhandel. Auch im Buchhandel finden Konzentrationsbewegungen statt. Online-Buchhandel, Buchhandelsketten, verstärkte Filialisierung, Großflächenbuchhandlungen und Buchabteilungen in Warenhäusern haben die Buchhandelslandschaft in den letzten Jahrzehnten stark verändert. Die große Flurbereinigung des Marktes blieb in Deutschland infolge des Schutzes durch die Preisbindung aus. Bei der deutschen Verlagsproduktion gibt es im Inland keine konkurrierenden Preise für das gleiche Produkt. Die traditionelle Einkaufsquelle für deutsche Monographien ist der wissenschaftliche Sortimentsbuchhandel, der ein Lager unterhält und ein Ladengeschäft betreibt, darüber hinaus aber Rechnungsverkäufe an Bibliotheken, Institutionen und Privatkunden tätigt. Bestellgeschäft und Ladenbetrieb bestehen nebeneinander, verlangen aber unterschiedliche Organisationsformen und Mitarbeiterqualifikationen.

Wissenschaftlicher Versandbuchhandel. Dem angloamerikanischen Vorbild folgend haben sich Versandbuchhändler auf die Belieferung von Firmen und Bibliotheken spezialisiert. Auch sie müssen bei deutschen Büchern die festen Ladenpreise einhalten. Wegen der gezielten Ausrichtung auf den Kundentyp Bibliothek können diese Lieferanten im Logistik- und Service-Bereich gewisse Vorteile bieten. Ein Sonderfall, für den sich der Bezug über Versandhändler empfiehlt, ist die graue Literatur, die in der Regel nicht unter die Preisbindung fällt: die Produktion von Selbstverlegern, Institutionen und Gesellschaften. Grundsätzlich ist abzuwägen zwischen Direktbestellung oder Einschaltung eines Händlers. Direktbezug ist sehr arbeitsintensiv, vor allem bei der Adressenermittlung und der Rechnungsabwicklung, aber die Erfolgsquote ist im Allgemeinen sehr hoch. Bei den Kosten ist zu berücksichtigen, dass viele Kleinverlage nicht umsatzsteuerpflichtig sind, so dass bei Direktbezug der Mehrwertsteuerbetrag eingespart wird.

Online-Buchhandel. Sowohl größere Sortimentsbuchhandlungen als auch wissenschaftliche Versandbuchhandlungen bieten ihren Kunden Online-Bestellmöglichkeiten an. Daneben gibt es den reinen Internet-Buchhandel. Beide Bestellformen spielen beim Erwerb deutscher wissenschaftlicher Monographien noch keine große Rolle. Das mag damit zusammen hängen, dass bei den im Inland niedergelassenen Online-Buchhandlungen in jedem Fall das Preisbindungsgesetz anzuwenden ist. Es gibt aber auch ganz pragmatische Gründe. Jede Bestellung muss nach der Eingabe in der Bestellmaske des Händlers im System der Bibliothek erfasst werden.

Anders als bei EDI-Bestellungen (Electronic Data Interchange), bei denen zwischen den Computern der Geschäftspartner standardisierte Nachrichten ausgetauscht und automatisiert weiterverarbeitet werden, muss bei Bestellungen über den Internet-Buchhandel eine doppelte Dateneingabe erfolgen. Wenn sich dieses technische Problem lösen lässt, ist die Einbeziehung des Online-Buchhandels in den Kreis der Geschäftspartner eine Überlegung wert. Ein großer Vorteil des Online-Buchhandels ist es, dass in umfangreichen Datenbanken recherchiert werden kann. Deutsche Anbieter bieten ihren Kunden in der Regel die Datenbanken der Barsortimente oder des Verzeichnisses lieferbarer Bücher, aber auch ausländischer Großhändler an. Mehr als 500 deutsche Sortimentsbuchhandlungen haben sich unter der Plattform www.buchhandel.de zusammengeschlossen. Unter dieser Sammeladresse kann im Verzeichnis lieferbarer Bücher gesucht und dann bei einem ausgewählten Buchhändler bestellt werden. In der Regel werden ab einem bestimmten Bestellwert Versandkosten berechnet. Der Umsatz des deutschen Internet-Buchhandels ist zwischen 1997 und 2001 um mehr als das 20fache gestiegen. Das waren jedoch nur 3 % des Gesamtumsatzes mit Produkten des Buchhandels in Deutschland.

Ausländische Monographien (Neuerscheinungen)

Es gibt nur wenige deutsche Sortimentsbuchhändler, die mit dem entsprechenden Know How und den Geschäftsbeziehungen versehen sind, um kostengünstig ausländische Literatur an Bibliotheken liefern zu können. Die Besorgung ausländischer Monographien für wissenschaftliche Bibliotheken ist weitgehend eine Domäne spezialisierter Bibliothekslieferanten (Library Supplier). Während es im Bereich der englischsprachigen Literatur durchaus konkurrierende Anbieter gibt, sind die Spezialisten für französische, spanische, italienische, osteuropäische oder skandinavische Bücher rar. Wenn die Möglichkeit besteht, empfiehlt es sich, einen Lieferanten im Erscheinungsland der benötigten Titel zu beauftragen. Auch wenn das Phänomen der gespaltenen Preise für verschiedene Lieferländer bei Monographien nicht mehr so akut ist wie Ende des vergangenen Jahrhunderts, ist dieser Beschaffungsweg in der Regel der preisgünstigste. Voraussetzung ist, dass die Kommunikation auf deutsch oder zumindest auf englisch möglich ist. Einige Library Supplier bieten den Zugriff auf ihre Titeldatenbank an, auch mit elektronischer Bestellmöglichkeit, Reklamation und Überprüfung des Bestellstatus. Teilweise wird der Selektionsprozess in der Bibliothek unterstützt, indem Neuerscheinungen nach hinterlegten Fächer- oder Verlagsprofilen abrufbar sind. Diese Profile können auch als „Approval Plan" eingesetzt werden, um Bücher zur Ansicht vorlegen zu lassen. – Reine Internet-Buchhandlungen werden von Bibliotheken auch bei ausländischen Monographien noch nicht intensiv genutzt. Für kleinere Bibliotheken, bei denen normierte und integrierte Geschäftsgänge, transparente Preisgestaltung und abgesicherte Lieferbedingungen eine weniger große Rolle spielen als punktuelle Preisvorteile und kurze Lieferzeiten im Einzelfall, kann der Bezugsweg über eine Online-Buchhandlung durchaus Vorteile bringen. – Bei der Besorgung ausländischer Monographien sind Rabatte, Aufschläge, Versandkostenberechnung oder kostenlose Dienstleistungen meist abhängig von dem mit dem jeweiligen Kunden getätigten Umsatz. Grundvoraussetzung für die Geschäftsbeziehung mit ausländischen Lieferanten ist es, dass diese sich bei einem deutschen Finanzamt registrieren lassen und über eine deutsche Umsatzsteuer-Identifikationsnummer verfügen, um den Bibliotheken Steueranmeldungen und die Zollabwicklung zu ersparen. Für wissenschaftliche Versandbuchhändler, wie Library Supplier und Zeitschriften-Agenturen, sind Kundenbesuche und die Präsenz auf Messen und Kongressen von entscheidender Bedeutung, um ihre Dienstleistungen vorzustellen.

9.2 Der Markt

Deutsche Zeitschriften

Der örtliche Sortimentsbuchhandel bedient seine Bibliothekskunden in der Regel auch mit der deutschen Zeitschriftenproduktion. Die Lieferung über einen Händler hat den Vorteil, dass dieser die Eingangskontrolle und die Initiative für notwendige Reklamationen übernimmt. Auf diese Dienstleistung kann verzichtet werden, wenn die Bibliothek über ein elektronisches Zeitschriftenverwaltungssystem mit automatischen Mahnroutinen verfügt. In diesem Fall empfiehlt es sich, die schnellere Direkteinweisung zu wählen, bei der die verwaltungstechnische Abwicklung über den Händler läuft, aber die Hefte direkt vom Verlag an die Bibliothek adressiert werden. Im Gegensatz zur angloamerikanischen Produktion werden deutsche Zeitschriften auf Widerruf bestellt. Die Laufzeit verlängert sich automatisch, wenn nicht abbestellt wird. Die Berechnung erfolgt meist zu Beginn des neuen Abonnementsjahres.

Ausländische Zeitschriften

In der Regel werden ausländische Zeitschriften zwar von den Bibliotheken bei den Händlern auf Widerruf bestellt, müssen aber von diesen jährlich erneuert werden. Der ausländische Zeitschriftenmarkt liegt fast völlig in den Händen einer kleinen Anzahl internationaler Zeitschriftenagenturen. Das Kerngeschäft von Zeitschriftenagenturen besteht darin, den Geschäftsverkehr zwischen Verlagen und Endabnehmern zu bündeln. Im Normalfall werden die Hefte direkt an die Bibliothek geschickt. Die Agentur übernimmt die Bestellung, prüft und leitet Reklamationen weiter, meldet Lieferverzögerungen und bibliographische Änderungen, erneuert rechtzeitig im Herbst die Abonnements des Folgejahres und stellt sie fristgerecht den Kunden in Rechnung. Ohne diese Vermittlungstätigkeit müssten die Bibliothekskunden Geschäftsbeziehungen zu Hunderten von Zeitschriftenproduzenten unterhalten, ein Verwaltungsaufwand, der nicht zu bewältigen wäre. Aber auch die Verlage sind in der Regel nicht imstande, ein Abonnementsmanagement für eine Vielzahl von Einzelkunden zu betreiben. Agenturen sind der vorrangige Distributionskanal für die Verleger wissenschaftlicher Zeitschriften. Die Tätigkeit der Agenturen wird durch sehr leistungsfähige EDV-Systeme gestützt, die Titeldaten, unterschiedliche Abonnementspreise, Rechnungsdaten, Kundendaten und Verlagsadressen verwalten. Der Geschäftsverkehr mit den Verlagen wird zu einem großen Teil elektronisch im Rahmen standardisierter EDI-Nachrichten abgewickelt.

In Ergänzung zum Kerngeschäft bieten Agenturen eine Reihe zusätzlicher, sowohl kostenloser als auch kostenpflichtiger Dienstleistungen an: (1) Informationen über Neuerscheinungen. (2) Lieferung von Probeheften. (3) Lieferung fehlender Hefte aus einem „Dublettenlager". (4) Bereitstellung eines elektronischen Kommunikationssystems, das Auskunft über den Lieferstatus gibt, und elektronische Bestellungen und Reklamationen ermöglicht. (5) Bereitstellung von Managementdaten für die Etatplanung. (6) Konsolidierungsservice: Damit übernehmen die Agenturen gegen zusätzliche Kosten einen Service, den Sortimentsbuchhändler seit Jahrzehnten kostenlos für deutsche Zeitschriften ausgeführt haben. Sie lassen die Hefte an eine Außenstelle der Agentur schicken und registrieren sie im System, das die automatische Reklamation übernimmt. Dadurch wird der Lieferant zum Empfänger von Drittlandslieferungen und muss sich um die Zollabwicklung kümmern. Wenn die Außenstelle in einem Drittland, vorzugsweise in den USA, liegt, kann er den Inlandspreis an den Endkunden weitergeben. (7) Hilfestellung bei der Freischaltung des Zugriffs auf elektronische Zeitschriften. (8) Bereitstellung einer Datenbank für den Zugriff auf die abonnierten E-Journals.

Die Verordnung über die Vergabe öffentlicher Aufträge sieht einen Schwellenwert von EURO 200.000 ohne Umsatzsteuer vor, bei dessen Überschreitung öffentliche, europaweite

Ausschreibungen vorzunehmen sind. Auch wenn der Schwellenwert unterschritten wird, die Zahl der in Frage kommenden Firmen begrenzt ist und sich das Serviceangebot ähnelt, empfiehlt es sich, von Zeit zu Zeit Angebote für Zeitschriftenpakete einzuholen. Hierfür sind identische Vorgaben nötig, um eine Vergleichbarkeit zu erreichen:
- Die Listen, die als Basis für ein Angebot an die Händler verschickt werden, müssen die gleichen Titel enthalten.
- Das zu bewertende Paket sollte möglichst nicht weniger als 200 Titel aus allen Preisklassen umfassen, um dem Händler eine ausreichende Kalkulationsgrundlage zu geben.
- Auszuschließen sind: preisgebundene deutsche Zeitschriften, Jahrbücher und noch seltener erscheinende zeitschriftenartige Reihen, Kombiabonnements, Mehrjahresabonnements, Serien und mehrbändige Werke.
- Grundlage der Kalkulation sollte immer der Originallistenpreis sein, nicht der Nettopreis nach Abzug des Händlerrabatts, weil dieser unterschiedlich sein kann.
- Die Versandkosten sollten in jedem Fall mit einbezogen werden, unabhängig davon, ob sie im Abonnementspreis enthalten sind.
- Der Kalkulation für ein Zeitschriftenpaket müssen identische Umrechnungskurse zugrunde gelegt werden.
- Das Angebot sollte sich ausschließlich auf die Vorjahrespreise stützen, weil sonst die Gefahr besteht, dass es eine Mischung aus alten und neuen Preisen enthält und die Vergleichsbasis nicht mehr identisch ist.
- Es ist empfehlenswert, sich beim Lieferanten zu erkundigen, ob (im Rahmen des Schwellenwerts) die Vergabe zusätzlicher Aufträge, z.B. Monographienbestellungen, Einfluss auf die Kalkulation hat.
- Die Anfrage sollte nicht nur auf die direkten Kosten für die Abonnements zielen, sondern je nach Bedarf auch die erwarteten Dienstleistungen auflisten, die sich im Hinblick auf den Personaleinsatz in der Bibliothek kostensenkend auswirken und die Durchlaufzeiten verringern können.
- Die entscheidende Vergleichsgröße muss der Prozentsatz der berechneten Besorgungsspesen sein, gemessen am Wert des Auftrags.

Antiquaria

Für Literatur, die nicht mehr über den Buchhandel lieferbar ist, existiert ein eigener, spezialisierter Markt. Der Handel mit alten Büchern und Zeitschriften kann in unterschiedliche Gruppen einteilt werden. Im *modernen Antiquariat* werden in erster Linie Restauflagen angeboten, die im Preis reduziert sind. Im *allgemeinen Antiquariat* wird mit vergriffener Literatur aller Gattungen und aller Sprachen gehandelt. Nur durch persönliche Kontakte außerhalb der gewöhnlichen Routinegeschäftsgänge können die Bestände solcher Antiquariate für die Bibliothek nutzbar gemacht werden. Geschäftspartner wissenschaftlicher Bibliotheken ist das *wissenschaftliche und Spezialantiquariat*. Die fachliche Kompetenz bestimmt das Angebot und legt damit den Interessentenkreis fest. Das *bibliophile Antiquariat* konzentriert sich auf das Angebot von seltenen Büchern und Zeitschriften. Die Grenzen zum wissenschaftlichen und Spezialantiquariat sind fließend. Zu den Spezialantiquariaten gehört das *Zeitschriftenantiquariat*. Wissenschaftliche Zeitschriften werden im Allgemeinen in geschlossenen, zumindest in größeren zeitlichen Reihen angeboten. Antiquarische Zeitschriften gehören in der Regel zu den hochpreisigen Artikeln. Aus diesem Grunde empfiehlt es sich, Angebote für gesuchte Zeitschriftentitel einzuholen. Üblich ist es im Zeitschriftenantiquariat, auch Reprints anzubieten.

Häufig sind diese Nachdrucke ihrerseits vergriffen, sodass sie inzwischen antiquarisch gesucht werden und im Preis gestiegen sind. Einige Zeitschriftenagenturen führen eine Sonderform des Zeitschriftenantiquariats, in dem sie aus ihrem Dublettenlager Einzelhefte von Zeitschriften anbieten.

Wichtige Geschäftspartner sind auch die *Auktionshäuser*. Es gibt reine Auktionshäuser und Antiquariate, die in regelmäßigen Abständen Auktionen durchführen. Die Versteigerung der Ware wird, sofern sie eingeliefert wurde, auf Kommissionsbasis im Namen des Auktionshauses für fremde Rechnung durchgeführt. Ausländische Auktionshäuser verlangen grundsätzlich die Bezahlung vor Lieferung der Ware. Im Katalog wird ein Schätzpreis angegeben. Der Aufruf erfolgt zu einem darunter liegenden, vom Auktionator festgelegten Preis oder zu einem vom Einlieferer festgelegten Limit. Gesteigert wird um einen vom Auktionator bekannt gegebenen Betrag. Mit der Abgabe eines Gebotes erkennt der Bieter die Versteigerungsbedingungen an.

Mikroformen

Mikroformen haben sich als Archivmedium für umfangreiche, historische Sammlungen, Zeitungen und Dissertationen durchgesetzt. Seit 1938 werden amerikanische und später auch englische Dissertationen in der Bibliographie „Dissertation Abstracts International" verzeichnet, die inzwischen als Datenbank online verfügbar ist. In Deutschland lassen die Promotionsordnungen zum großen Teil auch die Ablieferung auf Mikroformen zu, aber die Akzeptanz ist eher gering. Kommerzielle Hochschulschriftenverleger bieten die Titel als Mikrofiches zu teilweise unangemessen hohen Preisen an. Es ist zu erwarten, dass dieser Publikationszweig durch die Einrichtung von Hochschulschriftenservern schrumpfen wird.

Wegen der befristeten Dauerhaftigkeit von Zeitungspapier ist der Mikrofilm bislang das ideale Sekundärmedium für Tageszeitungen. Viele Zeitungsverleger bieten ihre Produkte selbst in dieser Form an. Für deutsche Zeitungen hat sich das Mikrofilmarchiv der deutschsprachigen Presse in Dortmund etabliert, über das zu günstigen Preisen Duplikatfilme bezogen werden können. Die verfügbaren Titel sind in der Zeitschriftendatenbank nachgewiesen, aber auch in unregelmäßig erscheinenden Bestandsverzeichnissen erschlossen. Wenn Zeitungen nicht auf Mikroformen angeboten werden, kann die Verfilmung in Auftrag gegeben werden. Da in diesem Fall ein Masterfilm erzeugt werden muss, handelt es sich um ein relativ kostspieliges Verfahren. Es ist daher immer sorgfältig zu prüfen, ob kein Fertigprodukt auf dem Markt ist. Die Auftragsverfilmung bietet sich auch im Rahmen der Bestandserhaltung an, um Werke, die vom Papierzerfall bedroht sind, für die Nachwelt zu retten. Die Produktion deutscher Hersteller wird in der Regel über die traditionellen Buchhandelsschienen vertrieben, unterliegt der Preisbindung und kann über den Sortimentsbuchhandel bezogen werden. Bei ausländischen Produkten empfiehlt sich Direktbezug, um Besorgungsspesen zu vermeiden.

9.3 Literaturauswahl

9.3.1 Allgemeine Grundlagen

Beim Bestandsaufbau ist zu unterscheiden zwischen aktueller und langfristiger Literaturversorgung. Die *aktuelle Literaturversorgung* bezieht sich in Hochschulbibliotheken zunächst auf die sogenannte *Studienliteratur*. Der Kernbestand an Studienliteratur eines Faches muss schnell zu Verfügung gestellt werden. Wesentlicher Ausgangspunkt ist die enge Zusammenarbeit mit dem Fachbereich und die Kenntnis der Lehrveranstaltungen. Eine weitere Kategorie aktueller Literaturversorgung ist die *Lehrbuchsammlung*, deren Zusammensetzung stetigen Veränderungen (Neuauflagen, Auswechseln von Titeln aus benutzungsorientierten Gründen, Wechsel der Fächer) unterliegt. Die Titel sind nur kurz- oder mittelfristig im Bestand. Zu beachten ist, dass die Gleichungen „mehr Titel = höhere Benutzung" und „höhere Exemplarzahl = mehr Benutzung" nicht gelten. Vielmehr ist eine ständige Analyse der Nutzungsstatistik notwendig, um die richtige Mischung von Titeln und Exemplarzahl zu erreichen. In traditionellen Magazinbibliotheken gehören die *Lesesaalbestände* (nicht Freihandaufstellungen im Sinne von open shelfs) sowohl in die Gruppe der aktuellen als auch langfristigen Literaturversorgung. Der Aufbau von Lesesaalbeständen erfordert vom Bibliothekar ein besonderes Management in der Auswahl der betreffenden Titel, die sowohl einen aktuellen Überblick als auch einen ersten Einstieg in die Spezialprobleme des jeweiligen Faches ermöglichen sollen. Das unmittelbare Reagieren auf *Benutzerwünsche*, gehört ebenfalls zur aktuellen Literaturversorgung. Die Beschaffung von Literatur, die sich mit zeitnahen politischen und gesellschaftlichen Problemstellungen, Diskussionen und Thesen auseinandersetzt, muss ebenfalls bei der aktuellen Literaturversorgung genannt werden. Wobei zu beachten ist, dass Titel, die ursprünglich unter *Aktualitätsaspekten* gekauft wurden, langfristig – insbesondere in den Sozialwissenschaften – wieder an Bedeutung gewinnen können, indem sie ihrerseits zur Quelle werden und damit erneutes Forschungsinteresse erwecken.

Bei der *langfristigen Literaturversorgung* kauft man „auf Verdacht". Das Kaufprofil wird aus einem abstraktem Schema heraus entwickelt, das sich zusammensetzt aus „Sammel- oder Forschungsauftrag" und „Benutzer- und Benutzungsstruktur" sowie daraus resultierenden Auswahlkriterien. Bestandteil eines langfristigen Bestandsaufbaus ist die ständige Weiterentwicklung des Altbestands und vorhandener *Spezialsammlungen*. Dies beruht auf Einzelentscheidungen, die die Dichte und die Qualität der Bestände im Auge behalten müssen, um den Wert der Sammlung für die Forschung abzurunden und zu erhöhen. Auf- und Ausbau *regional bezogener Bestände* müssen ebenfalls unter diesem Gesichtspunkt betrachtet werden. Hierzu gehört auch der Sammelauftrag der *DFG* im Rahmen des Sondersammelgebietsplans. Es wird nicht auf Bedarf hin erworben, die aktuelle Benutzungsfrequenz ist nicht von ausschlaggebender Bedeutung, sondern die langfristige Literaturversorgung der Wissenschaft:

- Gesammelt wird das gesamte Wissenschaftsspektrum ohne Fächergewichtung.
- Der Sammelauftrag schließt bislang alle Informationsträger ein, die kopier- und ausleihbar sind, sowie CD-ROMs.
- Der Bestandsaufbau bezieht sich auch auf wissenschaftliche Publikationen außerhalb des Buchhandels, auf die „graue Literatur", auf Belletristik einschließlich der Trivialliteratur, also Material, das normalerweise von einer wissenschaftlichen Allgemeinbibliothek nicht gesammelt wird.

Weder dürfen Überschneidungen zwischen den Sammelgebieten überhand nehmen, noch sollen Systemlücken auftreten. Die beteiligten Bibliotheken müssen eine festgelegte Eigenleistung erbringen. Sie melden ihre finanziellen Forderungen nach Selbsteinschätzung unter Zugrundelegung ihrer geleisteten Arbeit in Form einer differenzierten Statistik, die von der DFG zur Überprüfung gefordert wird. Der gesamte *Zeitschriftenbestand* muss prinzipiell dem längerfristigen Bestandsaufbau zugerechnet werden.

9.3 Literaturauswahl

9.3.2 Kriterien und Parameter

Die Qualität des Bestandsaufbaus beruht auf der Qualität der Titelauswahl. Wenn diese sich nicht im Subjektiven erschöpfen soll, müssen Kriterien erarbeitet und definiert werden. Bei der Titelauswahl sind folgende Gewichtungen zu beachten:
- Die Gewichtung nach den *Publikationsformen* Monographien oder Zeitschriften: Die Prioritäten ergeben sich aus der Fächer- und der Benutzerstruktur.
- Die Gewichtung nach den *Materialarten*. Das Verhältnis muss sich aus den Anforderungen der Nutzer ergeben.
- Die Gewichtung nach *aktueller und langfristiger Literaturversorgung*
- Die Gewichtung von *Neuerscheinungen* und *Antiquaria*

Monographien

Um zu einer Kaufentscheidung zu kommen, sind vor allem folgende Parameter zu beachten: (1) Autor, (2) Titel (Inhalt), (3) Verlag, (4) Sprache, (5) Ausstattung (Umfang, Index, Beilagen), (6) Erscheinungsjahr, (7) Preis. – Ein Teilaspekt für sich allein genommen ist noch kein ausreichender Grund, den betreffenden Titel zu kaufen. Es sollten stets mehrere dieser Kategorien die Kaufbedingungen erfüllen. Sie gewinnen ihre Bedeutung erst dann, wenn sie als System, in dem alle Einzelaspekte aufeinander bezogen sind, gesehen werden.

Zum *Autor*: Ist der Autor dem Bibliothekar bekannt, wird dies für ihn natürlich eine entscheidende Hilfe sein. In der Regel ist der Autor allerdings unbekannt. Also müssen weitere Gesichtspunkte hinzugezogen werden. Welche anderen Werke hat der Autor verfasst? Wo liegt der Schwerpunkt seiner Forschungen? An welcher Institution ist der Autor tätig?

Zum *Titel = Inhalt:* Ist der Titel hinsichtlich seines wissenschaftlichen Levels, seiner inhaltlichen Qualität, in seinem Informationsgehalt wichtig? Unterlagen, die über die bibliographischen Angaben hinaus weitere Informationen enthalten (Prospekte), erleichtern die inhaltliche Bewertung des Titels. Library Supplier tragen in ihren Datenbanken und gedruckten Angeboten durch Systemstellen, Schlagwörter und formale Kategorien zur inhaltlichen Präzisierung bei. Bei Kaufunterlagen, die nur die bibliographischen Daten enthalten, muss der Inhalt ausschließlich aus dem Titel erschlossen werden.

Zum *Verlag*: Für jedes Fach kann eine Hierarchie und eine Typologie der Verlage erstellt werden: von Verlagen, die für das Fach die maßgebliche Literatur produzieren, über Verlage, bei denen kontinuierlich für das Fach wichtige Literatur erscheint, bis zu Verlagen, die nur von Fall zu Fall oder gar nicht interessant sind. Daneben gibt es Verlage, die auf das Sachbuch oder das Lehrbuch spezialisiert sind oder die sich mit neuen didaktischen Formen oder elektronischen und audiovisuellen Publikationen präsentieren.

Zur *Sprache:* Ebenso wie der Verlag ist auch die Sprache der zur Auswahl stehenden Titel unter hierarchischen Gesichtspunkten zu sehen. Es ist notwendig, für jedes einzelne Fach eine Rangfolge festzulegen.

Zu *Umfang und Ausstattung*: Die Ausstattung eines Buches wird durch eine Vielzahl von differenzierten Gesichtspunkten bestimmt. Die wichtigsten sind: Seitenzahl, Größe, Index, Illustrationen, Beilagen. Zur Ausstattung eines Buches gehören die Papier-(säurefrei), Druck- und Bindequalität. Zu entscheiden ist, ob grundsätzlich die gebundene oder die ungebundene Ausgabe eines Titels gekauft werden soll. Der Differenzbetrag zwischen gebundener und ungebundener Ausgabe ist häufig erheblich höher als die Bindekosten, die der Bibliothek entstehen und kann bis zu 100 % des Listenpreises und mehr betragen.

Zum *Erscheinungsjahr:* Das Erscheinungsjahr entscheidet über aktualitätsbezogenen oder retrospektiven Kauf.

Zum *Preis*: Dieser letzte Parameter muss in ein Leistungsverhältnis zu den übrigen fünf Kategorien gesetzt werden. Die Frage „teuer" oder „billig" reduziert sich auf „angemessen" bzw. „unangemessen".

Serien und Fortsetzungen

Serien haben traditionell in Bibliotheken eine hohe Priorität. Die Befürworter eines Serienabonnements argumentieren mit der Wissenschaftlichkeit einer Serie, die erst durch die Lückenlosigkeit ihre Qualität gewinnt. Inzwischen gibt es hauptsächlich Reihen, die vom Verlag veranlasst werden. In diesen werden Monographien zusammengefasst, weil sie fachlich in eine bestimmte Serie passen und weil sich die einzelnen Monographien mit dem Serientitel als Klammer unter Marketing-Gesichtspunkten gegenseitig stützen. Die Mittelbindung ist das entscheidende Argument, bei Serienabonnements Zurückhaltung zu üben. Serienstücke sollten also als das betrachtet werden, was sie sind: Monographien. Sie sind deshalb vorzugsweise als Einzelstücke zu bestellen.

Zeitschriften

Der Kaufentscheidung müssen drei Überlegungen vorausgehen. Erstens ist die *Gewichtung* des Zeitschriftenanteils gegenüber dem Monographienanteil und den übrigen Publikationsformen festzulegen. Es gibt für jede Bibliothek eine Schwelle, die beim prozentualen Anteil gegenüber den Monographien nicht überschritten werden sollte. Zweitens ist zu hinterfragen, wie sich das Zeitschriftenpaket nach *Fächern* zusammensetzt und wie sich die Gewichtung der Zeitschriften gegenüber den Monographien in Bezug auf die einzelnen Fachgebiete verhält. Zweifellos gibt es Bereiche, in denen Zeitschriften eine wichtige oder gar ausschließliche Rolle spielen. In vielen geisteswissenschaftlichen Fachgebieten kann aber auf Monographien nicht verzichtet werden. Nutzungsstatistiken helfen, die tatsächlichen Benutzerbedürfnisse und Benutzererwartungen genauer zu analysieren. Mit der Einführung der elektronischen Zeitschriften ist der gravierende Vorteil verbunden, dass die Nutzung messbar geworden ist. Drittens ist die inhaltliche Zusammensetzung des Zeitschriftenpakets zu beurteilen. Die Entscheidungsfindung wird durch folgende Parameter gestützt: werden: (1) Benutzerwünsche, (2) Erwartete Nutzungsfrequenz, (3) Auswertung der Zeitschriftenaufsätze in bibliographischen Datenbanken, (4) kooperative Erwerbung, (5) Preis. – Der bibliographische Nachweis von Zeitschriftenaufsätzen in Datenbanken erhöht die Nachfrage durch den Nutzer, der früher auf konventionellem Wege ein wesentlich engeres Spektrum an Literaturhinweisen fand (oft kannte er auch die bibliographischen Möglichkeiten nicht oder konnte sie nicht ausschöpfen) und nun auf ein immer breiteres Angebot an Literaturhinweisen stößt. Es müssen neue Formen der Kooperation erprobt werden: der Abgleich mit Beständen anderer Bibliotheken im eigenen Bibliothekssystem, in der Region, im Bundesland. Das Preis-Leistungsverhältnis muss besonders bei Zeitschriften wegen der Folgekosten und langfristigen Mittelbindung konsequent analysiert werden.

Drei grundsätzliche Gesichtspunkte sind im Auge zu behalten: Die Attraktivität eines Zeitschriftenbestandes liegt in seiner *Kontinuität*: der Grundbestand sollte über einen langen Zeitraum gepflegt werden. Sie liegt darüber hinaus in seiner *Konsistenz*: der Zeitschriftenbestand muss in sich stimmig sein. Für den Nutzer muss das Quer- und Weiterlesen von einer Zeitschrift zur anderen in einem bestimmten Umfang möglich sein. Eine weitere Messlatte

9.3 Literaturauswahl

ist die *Aktualität*. Eine Bibliothek muss Schritt halten mit der wissenschaftlichen und fachlichen Publizität. Der Kauf neuer Zeitschriften ist notwendig. Da aber der Zeitschriftenbestand nur in den wenigsten Bibliotheken wachsen kann, ist das Abbestellen von Zeitschriften kein Widerspruch zur Kontinuitätsfrage, sondern ein fachlich-bibliothekarisches Problem, bei dem es ebenfalls Parameter zu erstellen gilt. – Wichtige Bewertungskriterien sind:
- Ein sehr wichtiger Qualitätsmaßstab für Zeitschriften sind die *Herausgeber*.
- Auch der *Verleger* einer Zeitschrift, unabhängig davon ob kommerzieller Verlag oder eine Institution, ist für die Beurteilung einer Zeitschrift von großer Bedeutung.
- Der Wert von Zeitschriften drückt sich unter anderem in der Häufigkeit *zitierter Artikel* und den Publikationen, in denen Aufsätze zitiert werden, aus (Impact Faktor).
- Bei der *Sprache* gibt es wie bei Monographien eindeutige Rangfolgen.
- Die *Erscheinungsweise* einer Zeitschrift entscheidet mit über die Aktualität der angebotenen Information. Von der täglichen Erscheinungsweise bis zur Erscheinungsweise in Intervallen über mehrere Jahre hinweg, bietet sich ein breites Spektrum. Erscheinungsweise und inhaltliches Angebot müssen miteinander korrespondieren.
- Die *Reichweite* des Informationsangebotes ist danach zu beurteilen, ob sich die Information auf den nationalen oder einen geographisch begrenzten Raum konzentriert oder international angelegt ist.
- *Verzugszeiten* in der Produktion oder im Vertrieb bedeuten Informationsverzögerungen. Das kann eine erhebliche Einschränkung der Qualität einer Zeitschrift bedeuten.
- *Konkurrierende Publikationen* müssen daraufhin geprüft werden, ob sich die Informationen ergänzen, duplizieren, überschneiden. Es sind gute Marktkenntnisse vonnöten, um beurteilen zu können, ob es vergleichbare Produkte gibt und in welcher Weise sich die zu bestellende Zeitschrift von ähnlichen Titeln unterscheidet.

Zeitschriften können durch eine Mischung aus formalen, qualitativen und inhaltlichen Kriterien klassifiziert werden. Die *Tendenz* des Gesamtinhalts kann sein: theoretisch, angewandt wissenschaftlich oder fachlich-praktisch, populärwissenschaftlich, publikumsorientiert im Sinne von Unterhaltung im weitesten Sinne. Unter dem Gesichtspunkt der Informationsvermittlung können wissenschaftliche Zeitschriften in zwei große Gruppen getrennt werden: Zeitschriften, die Erstinformationen enthalten (Zeitschriften mit wissenschaftlichen Originalbeiträgen, Advances, Progress Reports) und Zeitschriften mit Sekundärinformationen (bibliographische Informationen, Current Contents, Abstracts, Indexierungen, Rezensionen)

Zeitschriften können auch unter dem Gesichtspunkt der *Nutzung* durch definierte Nutzergruppen oder für bestimmte Aufgaben klassifiziert werden. Es gibt:
(1) Zeitschriften, die ein *Fach insgesamt abdecken* und von so *grundsätzlicher Bedeutung* sind, dass sie von jedem Fachwissenschaftler regelmäßig durchgesehen werden müssen.
(2) Zeitschriften, die ein *Fach insgesamt abdecken*, aber von *geringerer Wichtigkeit* sind, also nur gelegentlich benutzt werden. Geringere Wichtigkeit kann beeinflusst werden durch die Faktoren: Sprache, regionaler Bezug, Herausgeber.
(3) Zeitschriften, die nur einen *Teilbereich* eines Faches betreffen, aber für diesen *unentbehrlich* sind.
(4) Zeitschriften, die auf einen *Teilbereich eines Faches* bezogen sind und auch für den Spezialisten von *geringerer Wichtigkeit* sind.
(5) Zeitschriften, die keinen wissenschaftlichen, aber einen *informativen Charakter* für ein Fach oder den Teilbereich eines Faches haben. Hierzu gehört die ungeheure Anzahl

von Verbandsorganen, Informations- und Mitteilungsblättern einzelner Institutionen, Branchen und Industriezweige.

(6) Zeitschriften, die *anwendungsorientiert* im Sinne eines vorherrschenden Praxisbezuges sind. Sie sprechen ein Fachpublikum an, das an der praktischen Umsetzung eines Themas interessiert ist.

(7) Zeitschriften *spezifischer Gruppen* (Vereine, Kirchengemeinden, Bürgerinitiativen usw.), die von diesen herausgegeben werden und spezielle Interessen an die Öffentlichkeit tragen oder die spezielle Gruppe ansprechen wollen.

(8) Zeitschriften *allgemeinen Charakters*, etwa fächerübergreifende Kulturzeitschriften.

(9) Zeitschriften *populärwissenschaftlichen Inhalts*, die sich an ein breites Lesepublikum wenden, und Informationsbedürfnisse zu bestimmten Sachthemen abdecken.

(10) *Hobby-Zeitschriften*, die sich an ein Publikum wenden, das sich in seiner Freizeit in den verschiedensten Bereichen aktiv betätigt.

(11) *Publikumszeitschriften und Nachrichtenmagazine*, die sowohl einen Unterhaltungs- als auch einen Informationswert anstreben.

Die Kategorien 1 bis 4 wenden sich an das wissenschaftlich orientierte Fachpublikum, die Kategorie 5 deckt das Informationsbedürfnis breiter Zielgruppen ab, die Kategorien 6 und 7 richten sich an spezielle Zielgruppen, mit spezifischen Informationsbedürfnissen nichtwissenschaftlicher Art, die Kategorien 8 bis 11 an ein breites Lesepublikum. Insbesondere in der Kategorie 11 finden sich zahlreiche Publikationen, an denen auch eine wissenschaftliche Bibliothek nicht vorbei gehen kann.

Zur Bestandsentwicklung gehören auch Abbestellungen von Zeitschriften. Jede Zeitschrift hat ihre Geschichte. Sie verändert ihre Schwerpunkte, ihre inhaltlichen Zielsetzungen, ihre Qualität, ganz abgesehen von Verlags-, Herausgeber und Autorenwechsel. Die Veränderungen, die eine Zeitschrift erfährt, müssen laufend überprüft werden, um entsprechende Konsequenzen für den Bestandsaufbau zu ziehen. Bei Abbestellungen können dieselben Parameter wie bei der Bestellung genutzt werden, nur unter einem anderen Betrachtungswinkel, der das gegenteilige Ergebnis erreichen soll. Abbestellungen sollten nicht nur auf finanziellen Druck (Stagnation des Etats, Haushaltssperren, Etatkürzungen) reagieren, sondern auch als ständige Evaluierung des Zeitschriftenbestandes betrachtet werden. Bestandsbewertung als Daueraufgabe umfasst:

- Nutzungsbeobachtungen: Untersuchungen der aktiven und passiven Fernleihe, Zählen der Volltext-Downloads elektronischer Versionen und der Ausleihhäufigkeit gedruckter Hefte und Jahrgänge
- Kosten-Nutzen-Betrachtungen
- Zitatanalysen
- Enge Zusammenarbeit mit den Fachwissenschaftlern vor Ort
- Regionale und überregionale Erwerbungsabsprachen
- Berücksichtigung der Entwicklungen im Bereich des elektronischen Publizierens und die Bestandsergänzung durch Nutzung von Dokument-Lieferdiensten

9.3.3 Hilfsmittel für die Selektion

Die Kaufunterlagen sind zu unterteilen in: (1) Nationalbibliographien und nationale Verzeichnisse, (2) Werbematerialien, (3) Materialien, die unter fachlichen Gesichtspunkten er-

9.3 Literaturauswahl

arbeitet werden, (4) Angebote aus Institutionen, (5) Unterlagen aus dem Benutzungsbereich, (6) Antiquariatsangebote.

Nationalbibliographien und nationale Verzeichnisse

Diese Nachweisinstrumente stehen in der traditionellen Einschätzung der Kaufunterlagen an oberster Stelle. Dies beruht auf der Voraussetzung, dass sie die Literatur ihres Landes oder Sprachgebietes möglichst umfassend und mit hohem Qualitätsanspruch dokumentieren. Unter dem Gesichtspunkt der Literaturbeschaffung sind bei den Nationalbibliographien bzw. nationalen Verzeichnissen vier Kriterien bevorzugt zu untersuchen: Herausgeber, Vollständigkeit, Qualität, Erscheinungsweise. Nationalbibliographien werden in der Regel von Nationalbibliotheken oder vergleichbaren Institutionen erstellt. Die Herausgeber oder Verleger nationaler Verzeichnisse lassen darauf schließen, ob streng bibliographische oder mehr kommerzielle Gesichtspunkte bei der Erstellung der Bibliographie maßgebend sind. Die bibliographische Anzeige in Nationalbibliographien beruht in der Regel auf gesetzlichen Grundlagen. Trotz dieser grundsätzlichen Regelungen bestehen unterschiedliche Prinzipien der bibliographischen Verzeichnung und keineswegs kann man von jeder Nationalbibliographie absolute Vollständigkeit erwarten. Häufig werden Neue Medien, Karten, Dissertationen, Zeitschriften und Musikalien entweder in Spezialreihen und Sonderveröffentlichungen nachgewiesen oder es werden bestimmte Fachgebiete, Fachverlage, Publikationen und Publikationsformen nicht gesammelt und damit nicht angezeigt.

So genannte „graue Literatur" und lokalgebundene Publikationen werden in keiner Nationalbibliothek vollständig gesammelt und angezeigt. Die Schnittstelle, was angezeigt wird oder nicht, ist meistens durch interne Definitionen festgelegt und geht im Einzelnen nicht oder unvollständig aus den Pflichtexemplargesetzen hervor. Umgekehrt kann Vollständigkeit auch die Ausweitung der bibliographischen Nachweise bedeuten, indem Publikationen aufgenommen werden, die von Angehörigen der betreffenden Nation verfasst, aber in einem anderen Land publiziert wurden oder Publikationen, die sich thematisch mit Problemen des jeweiligen Landes beschäftigen. Es liegt auf der Hand, dass hinsichtlich der Kategorie Vollständigkeit zwischen den Industrienationen und Ländern der Dritten Welt sehr große Unterschiede bestehen.

Die bibliographische Titelanzeige in einer Nationalbibliographie sollte auf den international vereinbarten Richtlinien der International Standard Bibliographic Description (ISBD) beruhen. Verkürzte bibliographische Aufnahmen bedeuten eine allgemeine Qualitätseinbuße. Die inzwischen in einer Vielzahl von Bibliographien aufgenommenen CIP-Aufnahmen (Cataloguing in Publication) gewährleisten eine schnelle Information, dafür bestehen Unklarheiten ob und wann der Titel erscheint. Recht häufig sind CIP-Aufnahmen unvollständig (Preis, Serienangaben). Sie sind damit nicht in jedem Fall eine geeignete Bestellunterlage und erschweren bei fehlender Preisangabe die Budgetplanung.

Viele Nationalbibliographien und nationale Verzeichnisse leiden unter Verzugszeiten, die auf dreifache Weise entstehen: verschleppte Ablieferung der Pflichtexemplare, Verzugszeiten bei der bibliographischen Verzeichnung, lange Fristen beim Druck und Versand der Bibliographie.

Alle diese Einschränkungen belegen, dass die eingangs geäußerte These, den nationalen Bibliographien die höchste Priorität als Informations- und Kaufunterlage zuzuweisen, relativiert werden muss.

Werbematerialien

Die Werbematerialien in gedruckter Form sind derzeit die überwiegende Übermittlungsart von Werbung zwischen Buchhandel und Bibliothek. Angebote in elektronischer Form beginnen sich zu etablieren. Die Werbemittel sind in ihrer Qualität und der Breite des Informationsangebotes höchst unterschiedlich. Drei Kriterien müssen erfüllt werden: (1) der präzise und vollständige Nachweis der bibliographischen Daten, (2) möglichst genaue Preisangaben und (3) ein in aller Kürze informativer Text.

Verlagswerbung

Die Verlagswerbung spricht drei unterschiedliche Abnehmerkreise an: den verbreitenden Buchhandel, die Bibliothekskunden, den Endverbraucher, d.h. den Leser und Benutzer. Für eine Analyse der Werbematerialien kann die folgende Typologie angewandt werden: Gesamtkataloge und Gesamtprospekte der Verlagsproduktion, Teilprospekte (nach Fachgebieten, nach Sprachen, nach Erscheinungsarten), Neuerscheinungsprospekte (z.B. Anzeige der Frühjahrs- und Herbstproduktion), Einzelprospekte, Sonderprospekte (preisreduzierte Angebote, Mikroformen, CD-ROM, Audiovisuelle Medien), Zeitschriftenprospekte, Fachzeitschriften des Buchhandels.

Gesamtkataloge erscheinen zum Beispiel aus Anlass eines Verlagsjubiläums. Sie geben einen umfassenden Überblick über die Geschichte der gesamten Verlagsproduktion. Es werden vergriffene und lieferbare Titel angezeigt. Gesamtkataloge werden weniger für Kaufentscheidungen, als für Untersuchungen zur Verlags- und Buchgeschichte herangezogen. *Gesamtverzeichnisse* der Verlage dagegen dienen zur Übersicht der lieferbaren Produktion. Recht häufig werden Vorankündigungen von Titeln mit aufgenommen. Gesamtverzeichnisse sind zum Nachschlagen und bei der retrospektiven Durchsicht, um fehlende Titel zu ergänzen, nützlich. Sie stehen zunehmend auch in elektronischer Form zur Verfügung.

Teilprospekte werben zielgerichtet für Ausschnitte aus der Verlagsproduktion. Sie fassen Titel aus einem oder auch mehreren verwandten Fachgebieten zusammen. Teilprospekte zielen auf spezielle Informationen für fachlich orientierte Kunden. Auch für die Teilprospekte gilt, dass sie eine Mischung aus älteren Titeln, Neuerscheinungen und Ankündigungen enthalten.

Neuerscheinungsprospekte werden für die in der Buchbranche traditionellen Schwerpunkte, d.h. für Neuerscheinungen im Frühjahr und Herbst produziert. Der Frühjahrs- und Herbsttermin hängt einerseits mit den Terminen der Buchmessen, andererseits mit saisonalen Schwerpunkten des privaten Kaufverhaltens zusammen. Die Vorteile dieser Prospekte liegen darin, dass die Titel frühzeitig angezeigt werden und meistens ausführliche Kommentare zum Autor und zum Inhalt des Titels enthalten.

Einzelprospekte dienen dem Verlag dazu, gezielt auf bestimmte Titel aufmerksam zu machen und eine breite Streuung zu erreichen. Durch erläuternde Texte und deren werbliche Aufbereitung werden Informationen transportiert, die andere bibliographische Unterlagen nicht enthalten. Auch Erstankündigungen von Subskriptionen werden meist in Form von Einzelprospekten an die potentiellen Kunden verschickt. Im Allgemeinen ist die Aufmachung von Subskriptionsankündigungen in Form und Inhalt auf möglichst hohe Werbewirksamkeit ausgerichtet. Schon durch die äußere Gestaltung soll der Kunde beeindruckt und für den Kauf gewonnen werden. Zu beachten sind die Subskriptionsfrist, eventuelle Vorauszahlungsmodalitäten und in diesem Zusammenhang der geplante Erscheinungstermin.

9.3 Literaturauswahl

Sonderprospekte sind Werbeunterlagen für alle Arten von Sonderangeboten, Mikroformen oder elektronische Publikationen. Da es sich bei diesen Angeboten meist um hochpreisige Produkte und längerfristige Mittelbindung handelt oder um Artikel, die besondere technische Voraussetzungen erfordern, müssen die Prospekte wesentlich mehr Informationen transportieren.

Auf dem hart umkämpften *Zeitschriftenmarkt* werden laufend neue Titel angeboten. Es ist sehr schwierig, die Übersicht über diesen Markt zu behalten und rechtzeitig auf wichtige Neuerscheinungen aufmerksam zu werden. Der Prospekt ist also der wichtigste Informationsträger. Zur Beurteilung der Qualität einer Zeitschrift muss er folgende Angaben enthalten: Aufschluss über das Herausgebergremium, die Erscheinungsweise, Hinweise der bibliographischen Auswertungen, genaue Angaben über den Abonnementspreis und die Versandkosten, Angaben über einen eventuellen Index und in welcher Form dieser erstellt wird. In der Regel wird ein Prospekt nur die erste Stufe bei der Prüfung eines neuen Abonnements sein. In den meisten Fällen muss auf ein Probeheft zurückgegriffen werden, um die Qualität und Wichtigkeit einer Zeitschrift endgültig zu klären.

Fachzeitschriften des Buchhandels, Hauszeitschriften des Buchhandels und der Verlage werden in Bibliotheken sehr oft als Kaufunterlage herangezogen. Technisch gesehen sind diese Informationen nichts anderes als Prospektsammlungen in Heftform, mit denselben Vor- und Nachteilen der Einzelprospekte. Der Vorteil liegt auch hier in der frühzeitigen Information.

Werbung des Sortimentsbuchhandels

Die Kommunikation zwischen Sortimentsbuchhandel und Bibliotheken spielt sich vorrangig in direkten, individuellen Kontakten ab. Traditionell bewirbt der Buchhandel Bibliotheken mit Verlagsprospekten. Da der deutsche Sortimentsbuchhandel bislang in der Regel ortsgebunden oder regional orientiert, die Anzahl der Bibliothekskunden also begrenzt ist, werden nur sehr wenig Angebote in normierter Form (Zetteldienste, elektronische Angebotsformen) eingesetzt. Ein vom Buchhandel immer noch verwendetes Werbemittel sind Angebotslisten. Aus marktstrategischen Gründen wird dabei oft auf die Verlagsangaben verzichtet, um die Bestellung bei einem anderen Lieferanten zu verhindern und damit die Kunden an sich zu binden. Die Unterschlagung des Impressums ist eine bedeutende Informationseinschränkung. Eine übliche Dienstleistung des Buchhandels (teilweise auch des Versandbuchhandels) sind Ansichtssendungen. Die unverlangte oder verlangte Vorlage eines Buches mit Rückgaberecht soll die Kaufentscheidung und den Geschäftsgang in der Bibliothek unterstützen. Bei der unverlangten Ansichtssendung wählt der Fachbuchhändler die Neuerscheinungen nach seiner Überlegung aus. Bei der verlangten Ansichtssendung kann es sich um Einzelbestellungen handeln oder die Bibliothek bestimmt einen Rahmen (Verlag, Fachgebiete, Sprachgruppen), innerhalb dessen der Buchhändler die Neuerscheinungen ohne Aufforderung vorlegt. Funktionieren kann diese Kaufart nur, wenn kurzfristig entschieden wird, die vereinbarte Rückgabequote begrenzt bleibt und die Bücher sorgfältig behandelt werden.

Werbung der Library Supplier

Library Supplier bieten mit Zetteldiensten und Approval Plans Dienstleistungen an, die den Bibliotheken beim Erwerb von Literatur neue Möglichkeiten eröffnen. Neuerscheinungsdienste in Zettel- oder elektronischer Form werden auf der Grundlage von Verlagsmitteilungen, Autopsie oder Mischformen beider Verfahren erstellt. Durch die Aktualität der Angebote kann die Bibliothek einen Zeitgewinn beim Bestellen erzielen. Die bibliographische Aufbereitung des Angebotes ist der vorrangige Qualitätsmaßstab für diesen Service. Hilfestellung für die Kaufentscheidung bieten Schlagworte oder andere inhaltliche Annotationen. Oft geben die Titeldatenbanken der Händler in Abstracts Hinweise auf den Autor und den Inhalt. Standard sollte sein, verschiedene Preise für Parallelausgaben anzugeben. Bei Approval Plans handelt es sich um differenzierte, festgelegte Kaufprofile, die von dem Lieferanten und der Bibliothek auf der Grundlage firmeneigener Thesauri gemeinsam erarbeitet werden. Die Lieferung der Neuerscheinungen erfolgt dann automatisch. Im begrenzten Umfang sind Rückgaben möglich.

Materialien, die unter fachlichen Gesichtspunkten erarbeitet werden. Diese Materialien sind als ergänzende Kaufunterlagen für Spezialbibliotheken und Sondersammelgebietsbibliotheken zu betrachten. Sie beinhalten die Fachbibliographien, die Referateorgane, die Abstracts, die Current Contents und die Rezensionen. Buchbesprechungen sind ergänzend heranzuziehen, wenn sie in einer annehmbaren Verzugszeit in einer für das Fachgebiet renommierten Zeitschrift erscheinen, der Rezensent ein ausgewiesener Fachmann ist, und wenn sie formal und inhaltlich den Qualitätsanforderungen für die Titelauswahl genügen.

Angebote aus Institutionen, wissenschaftlichen Einrichtungen, staatlichen Organisationen und von Selbstverlegern. In jeder Bibliothek nimmt die graue Literatur einen wichtigen Platz ein. Sie kann in Spezialbereichen ein gewisses Übergewicht haben, falls die Bibliothek auf Grund eines Forschungsauftrages oder weil sie ein Sondersammelgebiet zu pflegen hat, auch diese Gattung berücksichtigen muss, die in den Standardkaufunterlagen nicht oder sehr verspätet angezeigt wird. Deshalb spielt der Informationsfluss eine besonders wichtige Rolle. Es darf nicht dem Zufall überlassen bleiben, ob Kaufunterlagen in die Bibliothek kommen oder nicht. Um an die notwendigen Informationen zu gelangen, müssen laufende Kontakte zu den für die Bibliothek besonders wichtigen Einrichtungen gepflegt werden.

Unterlagen aus dem Benutzungsbereich. Benutzerwünsche bieten wertvolle Informationsmöglichkeiten über in der Bibliothek fehlende Literatur. Aus diesem Grund werten Bibliotheken die Bestellungen der Orts- und Fernleihe aus. Online-Recherchen in bibliographischen Datenbanken decken ebenfalls Lücken im Bibliotheksbestand auf. Vorschläge, die aus der Hochschule an die Bibliothek gelangen, müssen grundsätzlich eine sehr hohe Priorität in der Anschaffungspraxis haben. Anschaffungsvorschläge von Benutzern sind auf jeden Fall, auch wenn sie abschlägig beschieden werden, zu beantworten. Es empfiehlt sich, den Nutzern auf der Homepage an prominenter Stelle ein Vorschlags-Formular anzubieten.

Antiquariatsangebote. Der Käufer muss über eine sehr gute Markt- und Firmenübersicht, die marktgerechte Einschätzung der geforderten Preise und die Kenntnisse zum „Lesen" eines Angebotes verfügen. Ein absoluter Grundsatz beim Einkauf antiquarischer Ware ist, die Angebote sofort zu bearbeiten und möglichst rasch zu bestellen. Da es sich in der Regel um Einzelstücke handelt, ist die Konkurrenz von Privatkunden und ausländischen Bibliotheken sehr groß. Sofern allgemeine Antiquariate Kataloge oder Listen ihrer Neueingänge herausbringen, beinhalten diese in der Regel eine Vielzahl von Wissensgebieten, die nach Fächern, Sachgruppen oder Schlagworten geordnet werden. Die Angebote liegen qualitätsmäßig oft erheblich unter dem Standard, den eine wissenschaftliche Bibliothek benötigt. Wissenschaftliche und Spezialantiquariate informieren durch annotierte Kataloge oder Listen über Neuzugänge. In der Regel beziehen sich die Kataloge auf einzelne Wissensgebiete und Themen oder beinhalten eine zeitliche, regionale, sprachliche Bindung. Oft sind diese Kataloge hervorragend aufbereitet, informieren fundiert über Autoren und bieten eine Fundgrube zur

Buch- und Verlagsgeschichte. Die Angebote des bibliophilen Antiquariats müssen bei der Beschreibung besondere Kategorien berücksichtigen, die sich aus der angebotenen Ware ergeben, wie mitwirkende Künstler, Datierungsfragen, Auflagebesonderheiten, Papierqualität, bibliophile Bindung, Hinweise auf nummerierte und signierte Ausgaben, Beschreibung handschriftlicher Zusätze des Autors oder berühmter Vorbesitzer. Die Kataloge enthalten formale und inhaltliche Beschreibungen, die über das übliche bibliographische Maß weit hinausgehen, da für den Kaufentschluss nicht nur der Text, sondern das im Einzelfall angebotene Exemplar von Bedeutung ist.

Zeitschriftenantiquariate bieten ihre Bestände in verschiedenen Formen an: von der einfachen Liste bis zum aufwändig gestalteten Katalog. Bei Angeboten aus dem Zeitschriftenantiquariat kommt es auf präzise Bestandsbeschreibungen an. Es muss abgeprüft werden, ob die angegebenen Jahrgänge vorhanden sind und welche zeitlichen Überschneidungen sich mit dem eigenen Bestand ergeben. Abzuwägen ist, ob die Bibliothek doppelte Jahrgänge in Kauf nimmt, um eine Lücke zu schließen. Der Preis, die Seltenheit und der Erhaltungszustand der angebotenen Zeitschrift sind zu berücksichtigen. Wichtig ist auch, den Erhaltungszustand des eigenen Bestandes dem Erhaltungszustand des Angebots gegenüberzustellen. Bei ungebunden angebotenen Zeitschriften ist zu bedenken, dass der Bindepreis zum Kaufpreis hinzugerechnet werden muss. Andererseits kann die Kaufentscheidung bei bibliophilen Zeitschriften gerade darin begründet sein, dass Bände im Originalzustand erhältlich sind.

Auktionsware wird in Katalogen angezeigt, beschrieben und mit einem Schätzpreis ausgezeichnet. Sehr gut dokumentierte Kataloge sind der Qualitätsnachweis, das Aushängeschild des Auktionshauses. Gute Kataloge bilden auch besonders attraktive Stücke ab. Nicht zuletzt werden Kataloge bekannter Auktionshäuser zu wichtigen Sammelobjekten. Sie dienen dem Spezialisten für Untersuchungen zur Buchkunde, zur Preisentwicklung und zur Auktionsgeschichte

9.4 Grundlagen des Geschäftsverkehrs mit den Handelspartnern

9.4.1 Kauf

Allgemeine Geschäftsgrundlagen. Die Mehrzahl der Produkte, die Bibliotheken ihren Nutzern zur Verfügung stellen, wird gekauft. Der Kauf kommt durch einen Vertrag laut §§ 433 ff des Bürgerlichen Gesetzbuches zustande. Ein Kaufvertrag verpflichtet den Verkäufer, dem Käufer die gewünschte Ware zu übergeben und ihm das Eigentum daran zu verschaffen, und den Käufer, die gekaufte Sache abzunehmen und den Kaufpreis zu bezahlen. Der Kaufvertrag gilt als abgeschlossen, wenn der Lieferant die Bestellung der Bibliothek entgegennimmt, bei unverlangten Ansichtssendungen, wenn die Bibliothek die ausdrückliche Annahme der Lieferung erklärt. Der gravierende Unterschied zu einem permanenten Nutzungsrecht an elektronischen Produkten ist, dass der Käufer das Recht hat, die erworbene Ware nach Belieben zu verbreiten, also zu verkaufen, zu verschenken und im Rahmen des Urheberrechts zu verleihen (§ 23 Abs. 1 UrhG).Versendet der Verkäufer auf Verlangen des Käufers die bestellte Ware an einen anderen als den Erfüllungsort (in der Regel der Firmensitz), so geht die Gefahr auf den Käufer über, sobald der Verkäufer die Sache der Post oder dem Spediteur übergeben hat (§ 447 BGB). Eine besondere Form des Kaufvertrags ist die Subskription, bei der der Käufer eine angekündigte Neuerscheinung innerhalb einer festgelegten Frist bestellen oder sich zur

Abnahme eines Gesamtwerks verpflichten muss. Als Gegenleistung für die Abnahmegarantie legen Verlage ermäßigte Subskriptionspreise fest, die nur bis zu einem bestimmten Termin gültig sind.

Die grundsätzlichen, vertragsrechtlichen Bestimmungen können durch bilateral vereinbarte Allgemeine Geschäftsbedingungen ergänzt oder auch abgeändert werden. Als Rahmen für AGBs kann die „Dritte überarbeitete Empfehlung für den Geschäftsverkehr zwischen Wissenschaftlichen Bibliotheken und Buchhandel, Stand Mai 1994" zugrunde gelegt werden (erschienen im Börsenblatt für den Deutschen Buchhandel 161.1994,49), auch wenn sie in Details inzwischen überholt ist. Sie hat einen ähnlichen Charakter wie die Buchhändler-Verkehrsordnung und ergänzt diese. In zehn Kapiteln werden Vorgaben und Rahmenrichtlinien gegeben für die Abfassung von Kunden- und Lieferantenprofilen, die Form von Titelinformationen, Grundlagen des Bestellverkehrs und der Bestellverwaltung (Reklamationen, Meldungen), die Preisgestaltung, Rechnungsstellung und Zahlungsmodalitäten. – Geschäftsvereinbarungen, die nach diesem Muster zwischen Bibliotheken und ihren Lieferanten abgeschlossen werden, sollten von beiden Partnern unterschrieben werden und mindestens folgende Informationen und Regelungen enthalten:

- Postanschrift, Kontaktadressen (einschließlich der Umsatzsteuer-Identifikationsnummer) und Kontaktpersonen beider Partner
- vereinbarte Konditionen: Rechnungswährung, Rabatte, Besorgungskosten, Versandkostenberechnung, Gutschrift für nicht gelieferte Zeitschriftenhefte (laut § 323 Abs. 1 bis 3 BGB), Art der Umsatzsteuer-Abwicklung (für Dauer-Lieferanten innerhalb der EU gilt als Voraussetzung für die Geschäftsbeziehung, dass sie sich mit einer deutschen Umsatzsteuer-Identifikationsnummer bei einem deutschen Finanzamt registrieren lassen, um den Kunden Erwerbsteuer-Erklärungen zu ersparen)
- Form, Art und Frequenz von Angeboten (Werbematerial der Verlage, Zetteldienste, Angebote per E-Mail, Zugriff auf die firmeneigene Datenbank, Ansichtssendungen)
- Bestellverwaltung: Bestellform, Liefervorbehalte (z.B. Rückfrage, falls die Differenz zwischen dem Bestellpreis und dem vorliegenden Preis einen vereinbarten Prozentsatz überschreitet), Form und Frequenz von Reklamationen und Meldungen, Abwicklung von Abonnementserneuerungen
- Lieferung und Rechnungsstellung: Voraussetzungen und Adresse für Rücksendungen, Festlegung der im Regelfall zu liefernden Ausgabe, Lieferweg, Regelung für Eilbestellungen, Form der Rechnungsstellung, Verfahren bei Rechnungsänderungen
- Gerichtsstand bei im Ausland ansässigen Lieferanten
- Vereinbarung sonstiger Dienstleistungen

Zu den traditionellen Dienstleistungen des Buchhandels gehören:
- Informationen über Neuerscheinungen nach abgesprochenen Kaufprofilen
- Einhaltung der üblichen Lieferfristen je nach Erscheinungsland und gewähltem Transportweg
- Rechnungsstellung nach den Vorgaben der Kunden
- Zustellung und Verpackung nach den Vorgaben der Kunden
- unaufgeforderte, regelmäßige Mahnung von laufenden Serien, mehrbändigen Werken und Zeitschriften, die vom Lieferanten für die Bibliothek verwaltet werden
- Rückfrage, ob die Lieferung erwünscht ist, wenn sich gravierende Abweichungen zu den Angaben auf der Bestellung ergeben

9.4 Grundlagen des Geschäftsverkehrs mit den Handelspartnern

- unaufgeforderte Meldung über Lieferhindernisse
- Kulanz bei unvermeidbaren Rückgaben und beim Zahlungsziel
- Ansichtslieferungen
- Besorgung grauer Literatur einschließlich Ermittlung der Bezugsadressen
- unaufgeforderte Lieferung von kostenlosen Probeheften neuer Zeitschriften nach abgesprochenen Kaufprofilen

Sonstige Dienstleistungen können kostenlos oder kostenpflichtig sein. Als Serviceangebote, die über die traditionellen Dienstleistungen des Buchhandels hinausgehen, können gelten:
- Ermittlung des schnellsten oder billigsten Bezugsweges bei Literatur aus USA und Großbritannien
- Suchdienst für vergriffene Literatur
- Kopierdienst für vergriffene Literatur
- Managementhilfen (Statistikdaten)
- Zugang zur firmeneigenen Datenbank mit der Möglichkeit der Titelrecherche, elektronischen Bestellung, Reklamation und Überprüfung des Bestellstatus
- Software für die Bestellabwicklung
- Anbringen der Inventarnummer im Buch und auf der Rechnung
- Anbringen von Signaturschildern auf dem Buchrücken
- Anbringen von Sicherheitsstreifen im Buch
- Anbringen von Barcodes mit der Bestellnummer oder anderen Identifikationsnummern auf dem Buch und/oder auf der Rechnung
- Eingangskontrolle und Reklamationsübernahme für ausländische Zeitschriften
- Etikettierung von Zeitschriftenheften

Auch im Zeitalter des E-Commerce muss der elektronische Bestellverkehr zwischen Bibliotheken und Buchhandel noch zu den sonstigen Leistungen gezählt werden. Gemeint ist hier nicht die Möglichkeit einer elektronischen Bestellung beim Online-Buchhandel, sondern EDI (Electronic Data Interchange), der elektronische Austausch von strukturierten Geschäftsdaten zwischen zwei Partnersystemen auf der Basis standardisierter Austauschformate (z.B. EANCOM). EDI bedeutet Kommunikation zwischen Maschinen bei einem Minimum an manuellen Eingriffen. Die Daten werden im Absendersystem automatisiert bearbeitet und für den elektronischen Versand so aufbereitet, dass sie im Empfängersystem verstanden und automatisiert weiterbearbeitet werden können. Entscheidend ist, dass einmal erfasste Informationen an keiner Stelle des Geschäftsgangs, weder beim Händler noch in der Bibliothek, neu eingegeben werden müssen. Bislang werden erst von einigen Bibliotheken Bestellungen per EDI versandt. Es existieren zwar standardisierte Formate für die Nachrichtentypen Meldungen, Reklamationen und Rechnungen, aber es konnte sich noch kein Systemhersteller entschließen, diese zu implementieren und für die Anwendung zur Verfügung zu stellen.

Die Dritte Empfehlung wurde 1996 ergänzt durch eine „Empfehlung zum Geschäftsverkehr zwischen Wissenschaftlichen Bibliotheken und dem Antiquariatsbuchhandel" (erschienen im Börsenblatt für den Deutschen Buchhandel und im Bibliotheksdienst 30.1996,4), die auf die besonderen Gegebenheiten des antiquarischen Erwerbs eingeht. Sie enthält unter anderem Ausführungen zur sorgfältigen Entwidmung von Bibliotheksgut beim Verkauf an ein Antiquariat (Tilgen der Eigentumsvermerke) und Vorgaben für die genaue bibliographische und physische Beschreibung antiquarischer Bücher und Zeitschriften.

Die deutsche Verlagsproduktion unterliegt in der Regel der *Preisbindung*. Bis zur Einführung des Europäischen Binnenmarktes im Jahre 1993 und darüber hinaus beruhte die mehr als 100 Jahre alte Buchpreisbindung auf Verträgen zwischen Verlagen und Buchhandlungen, die darauf verpflichtet wurden, die vom Verlag festgesetzten Preise einzuhalten. Die preisbindenden Verlage waren in einem Sammelrevers zusammengefasst. Die Interessen der Verlage wurden von einem Treuhänder, einem Notariatsbüro wahrgenommen. Darüber hinaus gab es Preisabsprachen zwischen den Buchhandelsverbänden in den deutschsprachigen Ländern. Diese Regelung lief dem europäischen Wettbewerbsrecht zuwider. Nach jahrelangem Streit zwischen der zuständigen EU-Kommission und dem Börsenverein des Deutschen Buchhandels trat am 1. Oktober 2002 ein Preisbindungsgesetz in Kraft, das den Sammelrevers ablöst (veröffentlicht im Bundesgesetzblatt, Teil I, 2002, S. 3448). Die deutschen Verlage sind damit verpflichtet, verbindliche Ladenpreise festzusetzen und bekannt zu geben. Der Preisbindung unterliegen:

- Bücher (einschließlich Ergänzungslieferungen und Loseblattausgaben)
- Musiknoten
- Kartographische Produkte
- Buchhandelstypische Produkte, die ein preisbindungsfähiges Erzeugnis reproduzieren oder substituieren, sofern sie vorwiegend lesbare Texte enthalten und über den Buchhandel vertrieben werden, z.b. Nachschlagewerke auf CD-ROM
- Kombinierte Produkte, bei denen das preisbindungsfähige Produkt ausschlaggebend ist (z.B. ein Lehrbuch mit einem Videoband)
- Fremdsprachige Bücher, wenn diese überwiegend für den Absatz in Deutschland bestimmt sind

Der Preisbindung unterliegen *nicht:*
- Publikationen, die nicht von Verlagen hergestellt und in der Regel nicht über den Buchhandel vertrieben werden
- Datenträger und Online-Publikationen, die in nennenswertem Umfang multimediale Elemente enthalten oder sonstige interaktive Nutzungsformen bereitstellen
- Produkte, deren Inhalt überwiegend oder ausschließlich akustisch wahrnehmbar ist: Musik-CDs, Musikvideos, Hörbücher
- Kunstblätter, Kleinschrifttum, Kalender
- Folienmappen, Lernkarteien, Spiele
- Englischsprachige Publikationen deutscher Fachverlage, die für den internationalen Absatz hergestellt sind

Bei Zeitungen und Zeitschriften ist es den Verlegern frei gestellt, die Preise zu binden. Publikumsblätter können über das Pressegrosso gebunden werden, Fachzeitschriften über einen modifizierten Sammelrevers. Gebundene Preise sind feste Ladenpreise, die die Mehrwertsteuer und in der Regel die Besorgungskosten enthalten. Ob ein Bibliothekslieferant die Transportkosten zu seinem Kunden übernimmt, ist eine Frage der beiderseitigen Geschäftsvereinbarungen. Gebundene Ladenpreise können anderthalb Jahre nach dem Druck der Auflage aufgehoben werden. Aus dem Sammelrevers wurde die Regelung übernommen, dass es Lieferanten gestattet ist, Bibliotheken Nachlässe zu gewähren, und zwar öffentlichen Bibliotheken bis zu 10 % und wissenschaftlichen Bibliotheken bis zu 5 %, sofern diese jedermann zugänglich sind. Grenzüberschreitende Lieferungen unterliegen grundsätzlich nicht der Preisbindung, es sei denn, deutsche Bücher würden von einem ausländischen Händler planmäßig nur zu dem Zweck importiert, um sie unter Umgehung der Preisbindung wieder nach Deutschland auszuführen.

9.4.2 Lizenzen

Beim klassischen Bestandsaufbau erwirbt die Bibliothek im Rahmen eines Kaufvertrags Eigentumsrechte an den erworbenen Produkten, die im Einklang mit den geltenden urheberrechtlichen Bestimmungen in den Lesesälen präsent genutzt oder nach Hause ausgeliehen werden können. Elektronische Publikationen, auch wenn sie auf Datenträgern erscheinen, werden nur in Ausnahmefällen zum Kauf angeboten. In der Regel räumen die Hersteller und Anbieter elektronischer Publikationen in einem Lizenzvertrag zeitlich befristete Zugriffsrechte auf die elektronischen Daten ein. Die Daten werden also nicht gekauft, sondern nur lizenziert, sodass sie lediglich für die Dauer des Vertragsverhältnisses zur Verfügung stehen. Die Verfügbarkeit der einmal lizenzierten Daten über das Vertragsende hinaus muss im Allgemeinen speziell vereinbart werden. Da lizenzrechtliche Vereinbarungen im Rahmen des Vertragsrechts verhandelbar sind, empfiehlt es sich, die Vorgaben der Anbieter genau zu prüfen und zunächst lediglich als Verhandlungsangebot zu werten. Zu beachten sind dabei u.a. folgende Gesichtspunkte:

- Lizenzverträge enthalten in der Regel eine Definition der zugelassenen Nutzergruppen („authorised users"). Diese sollten nicht nur die Angehörigen der betreffenden Institution sowie die eingeschriebenen Bibliotheksbenutzer mit Zugriffsmöglichkeit innerhalb der Bibliotheksräume und von ihrem Arbeitsplatz zu Hause aus („remote access") umfassen, sondern auch die sogenannten „walk-in users" mit einbeziehen, die als Nicht-Angehörige der Institution die Bibliothek benutzen. Bei letzteren ist der Zugriffsort in der Regel auf die Bibliotheksräume beschränkt.
- Im Rahmen der geltenden Urheberrechtsbestimmungen sollten autorisierte Benutzer für nicht-kommerzielle Zwecke Rechercheergebnisse am Bildschirm lesen, herunterladen und ausdrucken dürfen.
- Dem Lizenznehmer muss garantiert werden, dass der Lizenzgeber die Eigentumsrechte an dem lizenzierten Material besitzt und somit Fremdforderungen Dritter, wie etwa der Autoren, ausgeschlossen sind.
- Auch wenn die Bibliothek in der Pflicht steht, ihre Benutzer darauf hinzuweisen, dass die elektronischen Daten nur in Übereinstimmung mit den Lizenzbedingungen genutzt werden dürfen, kann sie im Falle eines Missbrauchs, soweit sie ihn nicht zu verantworten oder wissentlich geduldet hat, keine Haftung übernehmen.
- Anzustreben ist die Vereinbarung des am Sitz der Bibliothek oder des Konsortiums geltenden Rechts, das bedeutet: eines Gerichtsstandes im Land bzw. am Ort des Lizenznehmers.
- Die Verwendung zumindest eines Datenbankausdrucks in Papierform muss zu Fernleihzwecken gestattet sein.
- Es sollten geeignete Vereinbarungen über den dauerhaften Zugriff auf die einmal bezahlten Informationen im Falle einer Vertragsbeendigung getroffen werden. Dies kann durch Verfügbarmachung eines geeigneten Archivmediums, wie z.B. einer CD-ROM, geschehen. Damit ist allerdings der Zugriff noch nicht gewährleistet, weil in der Regel zusätzliche Software benötigt wird, um die Daten zu laden und retrievalfähig zu machen. Vorzuziehen ist die Garantie des dauerhaften Fernzugriffs auf einen mit dem Verlag vereinbarten Archivserver. Im Übrigen bleiben alle in der Lizenz enthaltenen Nutzungsbeschränkungen bestehen.

9.4.3 Unberechneter Zugang

Pflichtablieferung

Durch die gesetzlich geregelte Pflicht gewerblicher und nicht gewerblicher Verleger, ihre Erzeugnisse an bestimmte Bibliotheken abzuliefern, soll sichergestellt werden, dass jedes in Deutschland erschienene Druckwerk an mindestens einer Bibliothek vorhanden ist und für die Nachwelt erhalten bleibt. Inzwischen beziehen einige Pflichtexemplarregelungen auch andere Materialien als Drucke in die Ablieferungspflicht ein. Pflichtablieferungen sind auf Bundes- und Landesebene geregelt. In dem Gesetz über die Deutsche Bibliothek vom 31. März 1969 (veröffentlicht im Bundesgesetzblatt, Teil I, 1969, S. 265) ist der grundsätzliche Sammelauftrag der Deutschen Bibliothek rechtlich verankert, der mit dem Gesetz zum Einigungsvertrag vom 23. September 1990 (veröffentlicht im Bundesgesetzblatt, Teil I, 1990, S. 885) ausgedehnt wurde auf die Deutsche Bücherei in Leipzig. Seitdem müssen alle deutschen Verleger zwei Exemplare ihrer Produkte an die Deutsche Bibliothek abliefern. Details zum Verfahren der Ablieferung und Ausnahmen von der Ablieferungspflicht sind in der Verordnung über die Pflichtablieferung von Druckwerken an die Deutsche Bibliothek vom 14. Dezember 1982 (veröffentlicht im Bundesgesetzblatt, Teil I, 1982, S. 1739) festgehalten. Die DDB sammelt umfassend, aber nicht vollständig. Genaue Definitionen des Sammelumfangs enthalten die Sammelrichtlinien (Stand 1. September 1997). Darin sind auch Mikroformen, Tonträger und physisch verbreitete elektronische Publikationen enthalten. Seit dem 1. Juli 1998 werden auch Netzpublikationen gesammelt.

Zusätzlich zur Abgabepflicht an die Deutsche Bibliothek haben die alten Bundesländer entweder eigene Pflichtexemplargesetze oder eine Pflichtexemplarregelung im Pressegesetz verankert, die durch eine Verordnung ergänzt wird. Dabei kann es sich um eine Abgabe- oder eine Anbietungspflicht handeln. Letztere hat den Vorteil, dass die Bibliothek nicht gesetzlich verpflichtet ist, jede Publikation in den Bestand aufzunehmen und zu verwalten. In den Gesetzen oder Verordnungen sind die Empfängerbibliotheken im Einzelnen genannt. In manchen Bundesländern handelt es sich um ein kooperatives Verfahren, an dem mehrere Bibliotheken beteiligt sind. Die Bibliotheken haben eine Archivierungspflicht und müssen daher den physischen Erhaltungszustand sichern. Aus diesem Grunde ist es empfehlenswert, die Materialien nicht außer Haus zu verleihen.

Pflichtexemplare sind unentgeltlich abzuliefern. In der Regel sehen Pflichtverordnungen Kostenerstattungen vor, wenn die kostenlose Ablieferung wegen der Höhe des Preises und/oder sehr niedriger Auflage unzumutbar ist.

Von den gesetzlichen Pflichtexemplarregelungen sind amtliche Druckschriften im Allgemeinen ausgenommen. Dazu gehören alle von öffentlich-rechtlichen Stellen publizierten Erzeugnisse, als Drucke oder in anderer Form. Maßgeblich ist nicht der Inhalt, sondern dass die Produkte von einer Dienststelle herausgebracht werden. Ein Museumsführer ist daher in der Regel eine amtliche Druckschrift. Der Bund und die Länder haben eigene Erlasse über die Abgabe der Druckschriften ihrer Behörden herausgegeben. Im Falle der Produktion der Bundesbehörden sind mit je einem Freiexemplar zu beliefern: die Deutsche Bibliothek in Frankfurt am Main, die Staatsbibliothek zu Berlin – Preußischer Kulturbesitz, die Bibliothek des Deutschen Bundestags und die Bayerische Staatsbibliothek in München.

Tausch

Der Schriftentausch zwischen Bibliotheken beruht in erster Linie auf dem Austausch von Hochschulschriften und anderen Veröffentlichungen der Universitäten und Bibliotheken. Basis des Hochschulschriftentauschs sind die Promotionsordnungen der universitären Fachbereiche, die die Doktoranden verpflichten, ihre Dissertationen in angemessener Weise der wissenschaftlichen Öffentlichkeit durch Vervielfältigung und Verbreitung zugänglich zu machen. Diese Pflicht schließt ein, dass eine bestimmte Anzahl an Exemplaren der örtlichen Universitätsbibliothek für Tauschzwecke zur Verfügung gestellt wird. Höchstgrenzen wurden in der Kultusministerkonferenz vom 23./24. Juni 1988 festgelegt (veröffentlicht im Amtblatt des Hessischen Kultusministeriums 41.1988, S. 715). Dieser KMK-Beschluss legt auch fest, dass Dissertationen, die nicht in den Tauschverkehr gegangen sind, vier Jahre aufbewahrt werden müssen.

Der Tausch mit Dissertationen ist allerdings merklich zurückgegangen. Zunehmend erscheinen die Arbeiten im Buchhandel, sodass keine Exemplare für den Tausch zur Verfügung stehen. Darüber hinaus sind die Bibliotheken aus arbeitsökonomischen und Gründen des Raumbedarfs nur noch in begrenztem Umfang bereit, Dissertationen anderer Hochschulen zu übernehmen. Einzelne Regionen einigten sich auf Schwerpunktbibliotheken nach Fachgebieten, um die Lasten zu verteilen. Mit der Einrichtung von Hochschulschriftenservern und der Online-Verfügbarkeit von Dissertationen wird diese Form des Zugangs zunehmend an Bedeutung verlieren.

Der Wert des Tauschverkehrs liegt darin, dass er die Möglichkeit eröffnet, Publikationen zu erwerben, die über den Buchhandel nicht oder nicht mehr zu beschaffen sind. Außer Dissertationen können dies sein:
- eigene Veröffentlichungen der Bibliothek und der Universität,
- Schriften von Fachgesellschaften, die den Tausch ihrer Veröffentlichungen gegen die Publikationen anderer Fachgesellschaften der örtlichen Bibliothek übertragen,
- Dubletten.

Tauschverkehr ist in jedem Fall ein arbeitsaufwändiges Verfahren, bei dem die Bibliotheken Funktionen wahrnehmen, die sonst dem vertreibenden Buchhandel obliegen. Zu unterscheiden ist nach aktivem und passivem Tausch. Sowohl die eingehenden als auch die versandten Tauschgaben müssen verwaltet werden. Der Wert der erhaltenen Tauschgaben und der versandten Lieferungen sollte sich pro Tauschpartner entsprechen. Für diesen Bereich gibt es bislang kaum EDV-gestützte Verwaltungssysteme. Eine besondere Variante des Tauschs ist der Verrechnungstausch, auch Kauf/Tausch genannt, bei dem bestimmte Tauschgaben von den Partnern angefordert werden, die käuflich erworben werden müssen.

Auch für die Behandlung von Geschenk- und Tauschliteratur hat die Kommission für Erwerbung und Bestandsentwicklung des Deutschen Bibliotheksinstituts Empfehlungen vorgelegt (Bibliotheksdienst 34.2000, H. 6).Sie zielen vor allem dahin, bei der Aufnahme von Tauschgaben in den Bestand strengste Maßstäbe anzulegen und Tauschbeziehungen in regelmäßigen Abständen auf ihren Nutzen für die Bibliothek zu überprüfen. Auf unverlangte Zusendungen sollte verzichtet werden. Stattdessen wird der Versand von Angebotslisten empfohlen.

Geschenke

Rechtlich betrachtet handelt es sich bei einer Schenkung wie beim Kauf um einen Vertrag, der aus Angebot und Annahme besteht und eine unentgeltliche Eigentumsübertragung bewirkt (§ 516 ff BGB). Die Annahme muss nicht ausdrücklich gegenüber dem Anbietenden erklärt werden, sondern kann auch durch eine Erfüllungshandlung, z.B. das Anbringen des Eigentumsstempels der Bibliothek, erfolgen. Es kann durchaus sinnvoll sein, Publikationen, die außerhalb des Buchhandels erschienen sind, zu erbitten. Problematisch sind unverlangte Geschenke. Es sollten nur die Publikationen in den Bestand aufgenommen werden, die gemäß dem Erwerbungsprofil auch als kaufwürdig gelten können. Strenge Auswahlkriterien sind auch bei unverlangt angebotenen Nachlässen, Sammlungen und Bibliotheksauflösungen von Institutionen, Firmen und Privatpersonen anzulegen. Die Angebote erfolgen in der Regel in dem Bewusstsein, der Bibliothek eine Wohltat zukommen zu lassen. Ablehnungen erfordern daher ein hohes Maß an Fingerspitzengefühl und diplomatischem Geschick. Besonders sorgfältig muss über die Annahme von Geschenken nachgedacht werden, die mit einer bestimmten Auflage verbunden sind, z.b. hinsichtlich der Aufstellung. Es besteht keine Rücksendepflicht. Im Prinzip kann die Bibliothek mit unerbetenen Geschenken nach Belieben verfahren. Zu bedenken ist allerdings, dass der Absender Eigentümer der Sache bleibt und gemäß § 985 BGB deren Herausgabe verlangen kann. Die Rechtskommission des Deutschen Bibliotheksinstituts hält eine Aufbewahrungspflicht von maximal drei Jahren für angemessen. Danach kann davon ausgegangen werden, dass der Schenker kein Interesse an der Rücksendung hat. Bei der Menge unaufgeforderter Geschenklieferungen, die Bibliotheken erhalten, ist eine geordnete Lagerhaltung für nicht in den Bestand übernommene Geschenke unrealistisch. Es empfiehlt sich daher, aufgrund des Schenkers und des Wertes der Schenkung abzuwägen, ob die Aufbewahrung für eine gewisse Zeit ratsam erscheint.

Bei umfangreicheren Schenkungen ist es empfehlenswert, eine von beiden Seiten zu unterzeichnende Übernahmeerklärung anzufertigen (Muster siehe Bibliotheksdienst 34.2000, H. 6), in der der Umfang beziffert und festgelegt wird, wie mit nicht in den Bestand übernommenen Titeln verfahren werden soll (Rücknahme, Verkauf, Vernichtung). Wenn sich der Zugang in Grenzen hält, dienen routinemäßige Dankschreiben der Imagebildung. Lassen die Mengen dies nicht zu, sollten sie vom Wert der überlassenen Publikationen und einer eventuellen Erwartungshaltung des Schenkers abhängig gemacht werden. Es ist üblich, dass Spendenquittungen verlangt werden. Diese sind von der zuständigen Dienststelle nach den Erfordernissen der Finanzämter auszustellen. Bei der Wertermittlung können bei noch nicht vergriffenen Werken die Verzeichnisse lieferbarer Bücher zugrunde gelegt werden, ansonsten muss der antiquarische Wert geschätzt werden.

Mitgliedschaften

Vereine und Gesellschaften geben ihre Publikationen häufig nur an Mitglieder ab. Sind diese Veröffentlichungen für die Bibliothek relevant, muss sie die Mitgliedschaft erwerben. Es ist allerdings gegebenenfalls anhand der Satzung zu prüfen, welche Verpflichtungen damit verbunden sind. Die Zahlung des Mitgliedsbeitrags berechtigt entweder zum kostenlosen Erhalt der Mitgliedsgaben (die keine Geschenke sind), oder zum Bezug zu einem ermäßigten Preis.

9.5 Kooperative Erwerbungsformen

9.5.1 Koordinierte Erwerbungsprogramme

Der Sondersammelgebietsplan der Deutschen Forschungsgemeinschaft

Der Sondersammelgebietsplan der Deutschen Forschungsgemeinschaft, der der überregionalen wissenschaftlichen Literaturversorgung in der Bundesrepublik dient, geht auf das Jahr 1949 zurück. Mit seiner Hilfe sollten zunächst die durch den zweiten Weltkrieg entstandenen Lücken im Literaturbestand gefüllt und es sollte eine gesunde Basis für eine geordnete Literaturversorgung in der Zukunft geschaffen werden. Die von der DFG geförderte Erwerbungskooperation wird bis heute kontinuierlich fortgeführt. Sie beruht auf dem Prinzip, dass zur Zeit 24 ausgesuchte Schwerpunktbibliotheken den Auftrag haben, bestimmte Fachgebiete mit finanzieller Unterstützung der Forschungsgemeinschaft so vollständig wie möglich zu sammeln und die in diesem Rahmen erworbene Literatur im Leihverkehr zur Verfügung zu stellen. Das Programm umfasst folgende Bereiche:

- *Ausländische Zeitschriften*
  Gefördert wird die Anschaffung ausländischer Zeitschriften, die nach 1950 erschienen sind. 75 % der Abonnementskosten werden von der DFG getragen, 25 % sind von den jeweils zuständigen Bibliotheken als Eigenleistung aufzubringen. Unter bestimmten Voraussetzungen werden auch Zuschüsse zu den Einbandkosten gewährt.
- *Ausländische Monographien*
  Es gelten die gleichen Regeln wie bei Zeitschriften.
- *Ausländische Literatur in Mikroform*
  Für die Beschaffung ausländischer Literatur in Mikroform kommen in erster Linie Quellenmaterialien, vor allem Erstveröffentlichungen, in Betracht, und Publikationen, die anderweitig nicht oder nicht mehr beschaffbar sind, sowie amerikanische und englische Dissertationen. Ausschlaggebend für die DFG-Förderung ist der Erscheinungsort des Originals. Die Mikroformen müssen nach 1950 erschienen sein. 80 % der Erwerbungskosten werden von der Forschungsgemeinschaft bestritten, 20 % müssen als Eigenleistung erbracht werden.
- *Ausländische CD-ROMs*
  In diesem Bereich wurde das bewährte Prinzip der prozentualen Festlegung von Eigenleistung und Fördersumme aufgegeben. Stattdessen werden nur Produkte finanziert, die ein bestimmtes Preislimit überschreiten und die Finanzierung der einzelnen Werke muss mit Begründung beantragt werden unter Nennung von CD-ROM-Publikationen, die die Bibliothek als Grundbestand aus eigenen Mitteln zu erwerben gedenkt.

Die Fördermittel des folgenden Jahres müssen im Sommer des laufenden Haushaltsjahres, getrennt nach den genannten Einzelprogrammen, für alle Sammelgebiete beantragt werden. Mehrbedarf muss begründet werden. Die Förderung von Netzpublikationen ist zur Zeit noch nicht geregelt. Eine besondere Schwierigkeit stellt die in den üblichen Lizenzverträgen festgelegte lokale Beschränkung des Zugriffs dar, die dem Prinzip der überregionalen Literaturversorgung entgegensteht. Für elektronische Zeitschriften gibt es seit 2002 ein Pilotförderprogramm, mit dessen Hilfe mögliche Szenarien der überregionalen Bereitstellung auf der Grundlage spezieller Lizenzverträge erprobt werden.

Die Sammlung Deutscher Drucke

Die Idee, eine „Sammlung Deutscher Drucke" zu schaffen, geht auf die 1983 erschienene Studie des Anglisten Bernhard Fabian „Buch, Bibliothek und geisteswissenschaftliche Forschung" zurück. 1989 schlossen sich fünf Bibliotheken zu einer Arbeitsgemeinschaft zusammen, um gemeinsam einen Ausgleich für das Fehlen einer historisch gewachsenen Nationalbibliothek zu schaffen. Das Projekt wurde von 1991 bis 1995 von der Volkswagenstiftung gefördert. Für diesen Zeitraum stellte die Stiftung den beteiligten Bibliotheken je 5 Millionen DM für die Bestandsergänzung und Personal zur Verfügung, unter der Bedingung, dass die Unterhaltsträger das Programm nach Ablauf der Förderperiode weiterführen. Das geschieht in unterschiedlichem Umfang. Als Ziel dieses kooperativen, antiquarischen Bestandsaufbaus war vorgesehen, dass die beteiligten Bibliotheken ein verteiltes Nationalarchiv bilden, in dem alle seit Erfindung des Buchdrucks in Deutschland und alle im Ausland in deutscher Sprache erschienenen Drucke vorhanden sind. Für den Erwerb kommen nicht nur die Originale, sondern auch Nachdrucke und Mikroformen in Frage. Auch hier wurden den Bibliotheken Sammelscherpunkte zugeordnet, diesmal nicht nach Fachgebieten, sondern nach historischen Zeiträumen:

1450–1600   Bayerische Staatsbibliothek, München
1601–1700   Herzog-August-Bibliothek, Wolfenbüttel
1701–1800   Niedersächsische Staats- und Universitätsbibliothek, Göttingen
1801–1870   Stadt- und Universitätsbibliothek / Senckenbergische Bibliothek, Frankfurt am Main
1871–1912   Staatsbibliothek zu Berlin – Preußischer Kulturbesitz

Seit Abschluss der fünfjährigen Projektphase beteiligt sich die Deutsche Bibliothek für den Zeitraum ab 1913 an der Arbeitsgemeinschaft „Sammlung Deutscher Drucke".

9.5.2 Konsortien für die Lizenzierung elektronischer Produkte

Erwerbungsabsprachen zwischen Bibliotheken gewinnen gerade in Zeiten knapper Haushaltsmittel und effizienter Dokumentliefersysteme zunehmend an Bedeutung. Mit dem Aufkommen elektronischer Medien, die ortsunabhängig simultane Zugriffe einer definierbaren Zahl von Nutzern zulassen, erhält das Konzept des abgestimmten Bestandsaufbaus eine neue Qualität. Hierfür steht der Begriff des „Konsortiums". Bemüht man das Lexikon, handelt es sich dabei um einen *„vorübergehenden Zusammenschluss von Geschäftsleuten, besonders Banken, zur Durchführung eines größeren Geschäfts"*. Im Geschäftsleben dienen Konsortien der Verringerung des Kapitalrisikos bei geschäftlichen Transaktionen. Bezogen auf den bibliothekarischen Bestandsaufbau versteht man darunter vorrangig den Zusammenschluss von Bibliotheken zum koordinierten Erwerb von Nutzungsrechten an elektronischen Zeitschriften und Datenbanken.

Ziele und Vorteile

Die Bildung von Konsortien hat zunächst zum Ziel, Kaufkraft und Verhandlungskompetenz der beteiligten Institutionen zu bündeln und zu potenzieren. Darüber hinaus reduziert sich der Verwaltungsaufwand und damit der Bedarf an qualifiziertem Personal an den einzelnen Institution erheblich, die Verhandlungen können wesentlich effizienter gestaltet werden. Auf diese Weise können bei Datenbanken je nach Teilnehmerzahl zum Teil hohe Rabatte erzielt werden. Bei Zeitschriftenlizenzen liegt der Mehrwert in einem erheblichen Zugewinn an Inhalten durch die Verfügbarkeit von Titeln, die zuvor an den einzelnen Standorten nicht abonniert waren. Übliche Modelle sind entweder der *Cross Access*, d.h. alle Teilnehmerbibliotheken haben elektronischen Zugriff auf die Gesamtheit aller im Konsortium gehaltenen Abonnements, oder der *Additional Access*, d.h. das gesamte Zeitschriftenpaket des Anbieters steht in elektronischer Form zur Verfügung. Zu diesen grundsätzlichen Angebotsformen gibt es verschiedene Varianten, wobei der Listenpreis für die gedruckten Abonnements in der Regel als Basis der Preiskalkulation für den Online-Zugriff herangezogen wird. Bei längerfristigen Abschlüssen kann die Preissteigerungsrate für die laufenden Abonnements auf einem vereinbarten Niveau festgeschrieben werden.

Organisation

Die Einkaufsgemeinschaften, die Bibliotheken international in den letzten Jahren gegründet haben, um gemeinsam Lizenzen für elektronische Informationen zu erwerben, erfüllen in den wenigsten Fällen die rechtlichen Voraussetzungen eines Konsortiums (d.h. ihnen liegt kein Gesellschaftsvertrag nach §§ 705 ff des Bürgerlichen Gesetzbuches zugrunde). Es handelt sich vielmehr in der Regel um Zweckverbände, die dazu dienen, durch eine größere Kapitalmacht günstigere Konditionen zu erreichen und einen entsprechenden Mehrwert zu erzielen. Das muss nicht auf elektronische Medien beschränkt sein. Auch wenn die Bezeichnung Konsortium für diese Zusammenschlüsse formalrechtlich nicht ganz korrekt ist, hat sie sich durchgesetzt und wird in den Bibliotheken allgemein verwendet. Der Grad der inneren Organisation eines Konsortiums bzw. die Zuweisung der Verhandlungsführung ist sehr unterschiedlich geregelt. In einigen Konsortien wurden zentrale Geschäftsstellen mit hauptamtlichem Personal eingerichtet, welche die Lizenzabschlüsse im Dialog mit Anbietern und Bibliotheken vorbereiten und verwalten. Diese Aufgabe übernimmt in anderen Fällen die zentrale Landesbibliothek, die den kooperativen Abstimmungs- und Entscheidungsprozess im Sinne einer effizienten Verhandlungsführung steuert. Darüber hinaus gibt es das Modell der arbeitsteiligen Verhandlungen durch die teilnehmenden Bibliotheken.

Auch die Finanzierung der Abschlüsse wird unterschiedlich gehandhabt. Entgegen anfänglicher Erwartungen haben die Verfügbarkeit elektronischer Publikationen und die Bildung von Konsortien nicht zu einer generellen Kostensenkung geführt. Mehrkosten sind dann gerechtfertigt, wenn die Informationsversorgung durch Bereitstellung hochwertiger elektronischer Produkte bei gleichzeitiger Reduktion des Printbestandes insgesamt verbessert wird. Aus dieser Erkenntnis heraus werden in manchen Ländern bzw. Konsortien zentrale Mittel zur Verfügung gestellt, mit deren Hilfe Konsortialabschlüsse vollständig oder zumindest teilweise im Sinne einer Mischfinanzierung aus Zentral- und Eigenmitteln bezahlt werden können. In anderen Konsortien obliegt die Finanzierung der Lizenzen allerdings fast ausschließlich den einzelnen Teilnehmerbibliotheken.

Im deutschsprachigen Raum hat sich Anfang 2000 die Arbeitsgemeinschaft GASCO (*German Austrian and Swiss Consortia Organisation*) gebildet, die als wesentliche Ziele den verbesserten Informationsaustausch, die Bündelung von Verhandlungskompetenz und die Entwicklung gemeinsamer Strategien gegenüber den Verlagskonzernen verfolgt.

Lange vor dem Zusammenschluss deutscher Konsortien trat 1997 erstmals die International Coalition of Library Consortia (ICOLC) zusammen, der inzwischen weltweit mehr als 150 Mitgliedsorganisationen angehören. Seit 1999 existiert eine European ICOLC. 1998 veröffentlichte die ICOLC ein Positionspapier, das die grundsätzliche Haltung der Bibliotheken gegenüber den Verlagen im Hinblick auf den elektronischen Markt zusammenfasst: *„Statement of Current Perspective and preferred practices for the selection and purchase of electronic information"* (mit einem Update von 2001. Vgl. auch: http://www.library.yale.edu/consortia bzw. http://www.library.yale.edu/consortia/ 2001currentpractices.htm.).

Finanzielle Aspekte

Preisparameter bei Datenbanklizenzen. Ähnlich wie beim Einzelbezug liegen der Preiskalkulation bei konsortial erworbenen Datenbanken Faktoren wie die Zahl der potentiellen Nutzer, die gewünschten Simultanzugriffe bzw. eine unbegrenzte Pauschallizenz, die Wahl der Plattform, die Bezugsform als Offline-Produkt oder Netzpublikation oder auch die Laufzeit zugrunde. Hinzu kommen bei der gemeinschaftlichen Lizenzierung Parameter wie die Zahl der Teilnehmer im Konsortium bzw. die Möglichkeit des Zugriffspooling, d.h. die gemeinsame Nutzung einer vereinbarten Zahl von Simultanzugriffen. Auch beim konsortialen Erwerb sind Mehrjahresverträge in der Regel günstiger als Einjahresabschlüsse.

Konsortialmodelle bei Zeitschriftenlizenzen. Konsortialmodelle im Zeitschriftenbereich setzen derzeit immer noch in der Regel auf dem Abonnementsbestand auf. Basis der Preiskalkulation für den Online-Zugriff ist dabei das bisherige Umsatzvolumen für die gedruckten Ausgaben im Konsortium in einem Basisjahr, in der Regel das Jahr des Vertragsabschlusses vor Beginn der vereinbarten Laufzeit. Wenn also im August 2002 ein Vertrag mit dem Zeitschriftenverleger XYZ für die Laufzeit 01.01.2003 bis 31.12.2003 verhandelt wird, sind die Abonnementskosten des Jahres 2002 Grundlage für alle weiteren Berechnungen. Voraussetzung hierfür ist oftmals ein Bestandsabgleich im Konsortium. In der Regel erwarten die Verlage, dass die Vertragspartner ihnen einen Nachweis der Bestände im Konsortium vorlegen, da sie selbst häufig die Endabnehmer ihrer Produkte nicht kennen. Die Erfahrung zeigt leider, dass die Verbundkataloge für diese Ermittlungen nur bedingt tauglich sind, weil Abbestellungen und Neubestellungen nicht zeitnah eingetragen werden und weil Geschenke und Privatabonnements von Dozenten verzeichnet sind, die nicht in einen offiziellen Bestandsnachweis gehören. Da die Lizenzkosten vom Umsatz abhängen, führt kein Weg daran vorbei, an jedem Standort zu überprüfen, welche Abonnements laufen.

Für die Errechnung der Lizenzkosten gibt es verschiedene Modelle, die in unterschiedlichen Variationen und Kombinationsmöglichkeiten angeboten werden. Eine Variante besteht darin, als Lizenzgebühr einen gewissen Prozentsatz der Kosten aller im Konsortium abonnierten Exemplare anzusetzen. Damit verbunden sind häufig vertraglich fixierte, geringfügige Abbestellquoten, die einzelnen Teilnehmern oder dem Konsortium insgesamt über die Laufzeit des Vertrages eingeräumt werden. Eine andere Variante legt das elektronische Produkt zugrunde, das in der Regel zu einem niedrigeren Listenpreis als die Druckversion angeboten wird, und stellt gleichzeitig den Weiterbezug der gedruckten Ausgaben komplett zur Disposition bzw. ermöglicht den zusätzlichen Bezug zu einem um 75 bis 90 % reduzierten Preis („flip pricing"). Auf diese Weise sind die Voraussetzungen dafür geschaffen, den Printbestand zugunsten der E-Version sukzessive abzuschmelzen und die effektiven Mehrkosten eines solchen Abkommens zu verringern. Problematisch ist hierbei allerdings, wie auch beim Einzelbezug, der volle Umsatzsteuersatz, der die erzielten Spareffekte teilweise wieder kompensiert.

Viele Lizenzabkommen bieten eine Wahlmöglichkeit zwischen den beiden skizzierten Varianten, wobei sich entweder das Konsortium insgesamt für die eine oder die andere Möglichkeit entscheiden muss oder jeder Teilnehmer innerhalb des Konsortiums die Wahl hat, die sich auf das Gesamtpaket oder sogar auf einzelne Zeitschriftentitel beziehen kann. Entscheidend ist dabei für den Anbieter, dass das auf den ursprünglichen Printabonnements basierende Umsatzvolumen annähernd gehalten wird.

Neben den oben skizzierten Grundmustern gibt es bei einigen Anbietern auch den Ansatz, bei gleichzeitiger Fixierung des Umsatzvolumens für den elektronischen Zugriff Pauschalgebühren zu verlangen, die je nach Teilnehmerzahl gestaffelt sein können. Diese Pauschale kann sich auch von der Zahl der FTEs ableiten. – Anhand einiger Fallbeispiele soll die Komplexität möglicher Modelle verdeutlicht werden:

- Beispiel 1. Ein Anbieter legt das Umsatzvolumen im Konsortium zu Beginn der Verhandlungen zugrunde. Es wird eine Abonnementsgarantie oder eine geringfügige Abbestellquote vereinbart. Jeder Konsortialteilnehmer kann frei wählen, ob er als Lizenzkosten für den Cross Access einen Aufpreis auf das Printvolumen oder eine in der Regel vom Printumsatz abgeleitete E-Only-Gebühr entrichten will. In letzterem Fall können die Printabonnements abbestellt oder zu einem erheblich reduzierten Preis bezogen werden. Der Additional Access ist, soweit nicht in der Lizenzgebühr ohnehin enthalten, pauschal oder gegen eine Gebühr pro Download erhältlich.
- Beispiel 2. Ausgangsbasis ist wiederum das Umsatzvolumen im Konsortium, auf dessen Grundlage ein Preisniveau für e-only festgelegt wird. Die Kosten können nach der Zahl der Teilnehmer gestaffelt sein. Die Gebühr berechtigt zunächst nur zur elektronischen Nutzung der eigenen Abonnements. Ein geringfügiger Prozentsatz der E-Only-Gebühr wird für den cross access zusätzlich in Rechnung gestellt.
- Beispiel 3. Grundlage ist ein E-Only-Modell, bei dem alle Printabonnements abbestellt werden können. Ein reduzierter Preis für den optionalen Bezug von gedruckten Ausgaben wird allerdings nicht angeboten, d.h. ein solches Modell ist nur dann rentabel, wenn die laufenden Druckausgaben konsequent abbestellt werden. Bei dieser vollständigen Entkoppelung von Print- und Online-Versionen stellt der Anbieter gleichwohl über den E-Only-Preis seine Umsatzgarantie sicher. Manche Anbieter verlangen, dass jeweils ein Printabonnement jedes Titels im Konsortium gehalten wird.
- Beispiel 4. Die Lizenzgebühr für cross oder Additional Access wird als Pauschale in Rechnung gestellt, die sich von der Größe der Institution ableitet. Eine Bestandsgarantie des bisherigen Printvolumens ist auch mit diesem Modell verbunden.
- Beispiel 5. Die Lizenzgebühr, sei es als Aufpreis auf das Printvolumen oder als e-only, enthält weder Cross Access noch Additional Access, sondern die Teilnehmer im Konsortium einigen sich auf eine gemeinsame Kernauswahl von Zeitschriften, gegebenenfalls mit der Option, darüber hinaus pro Standort weitere Titel einzeln zu lizenzieren oder Pay-per-View-Kontingente für die übrigen Zeitschriften zu erwerben. Dieses Modell stellt derzeit noch die Ausnahme dar.

Bewertung von Konsortialabschlüssen. Konsortialabschlüsse, speziell bezogen auf Zeitschriftenpakete, sind nicht unumstritten. So lässt sich statistisch nachweisen, dass gerade bei sehr großen Paketen nur eine begrenzte Zahl von Kernzeitschriften intensiv genutzt wird. Gleichzeitig kann aber festgestellt werden, dass je nach Größe und Struktur des jeweiligen Pakets bzw. den speziellen Rahmenbedingungen eines Konsortiums bis zu 50 % der Gesamtnutzung auf Titel entfällt, die zuvor nicht abonniert waren. Auch das große amerikanische Konsortium OhioLINK kam zu dem Schluss, dass der Mehrwert durch zusätzlich verfügbares Material gegenüber der statistisch belegten Erkenntnis, dass etliche Zeitschriften gar nicht oder wenig genutzt werden, überwiegt. Bemängelt wird darüber hinaus, dass Paketlösungen die finanzielle Flexibilität nicht unerheblich einschränken. So führt das Prinzip der Bestandsgarantie, das die Anbieter fast ausnahmslos ihrer Kalkulation zugrunde legen, zu immer engeren Handlungsspielräumen. Die Entkoppelung von Print- und Online-Version hat allenfalls eine vorübergehende Kostenentlastung zur Folge, da auch dieser Ansatz in der Regel auf dem Grundsatz der Umsatzgarantie aufbaut. Es besteht zudem die Gefahr, dass auf diese Weise die Preispolitik der Verlage zementiert wird. Notwendige Bestandsreduktionen gehen schließlich zu Lasten derjenigen Verlage und Fächer, die nicht über Konsortialverträge gebunden sind. Auch bei der Zusammensetzung der Pakete ist größere Flexibilität erforderlich. Lösungsansätze gehen dahin, den pauschalen Zugriff nur für eine Kernauswahl tatsächlich benötigter Zeitschriften zu vereinbaren und für die übrigen Titel Zugriffskontingente auf Artikelebene (Pay-per-view bzw. Pay-per-article) zu erwerben (vgl. oben Beispiel 5). Auch fachlich ausgerichtete Teilpakete sind ein notwendiger Schritt in Richtung Flexibilisierung. Es ist unbestritten, dass Paketlösungen unter bestimmten Rahmenbedingungen durchaus zu einem nicht unerheblichen Mehrwert für die beteiligten Institutionen und deren Nutzer führen können. Gleichzeitig ist eine stärkere Flexibilisierung der bestehenden Modelle im Hinblick auf eine bedarfsgerechte und finanzierbare Informationsversorgung in naher Zukunft unerlässlich.

9.6 Der Geschäftsgang von der Bestellung bis zur Aussonderung

Bis zum Ende des letzten Jahrhunderts war die Verwaltungsarbeit in den Bibliotheken unterteilt in die drei Kernbereiche Erwerbung, Katalogisierung, Benutzung. Bis heute haben sich für die Hauptarbeitsschritte beim Buch- und Zeitschriftenerwerb die aus dem 19. Jahrhundert stammenden Bezeichnungen Vorakzession und Akzession gehalten. Die teilweise Migration von physischen Produkten zu einem Angebot an virtuellen Informationen und die Einführung integrierter Bibliotheksverwaltungssysteme haben die Arbeitsabfolgen nicht grundsätzlich verändert, aber zumindest teilweise neue Organisationsformen mit sich gebracht. Vor dem Erwerb elektronischer Publikationen ist es unumgänglich, sich mit den Nutzungsmodalitäten auseinander zu setzen. Zwangsläufig verschmelzen Funktionen, die im Bereich der Print-Medien nur indirekt Berührungspunkte haben. Integrierte Verwaltungssysteme legen es nahe, alle Arbeitsschritte, die mit der Verwaltung des Zugangs zu tun haben, von der Bestellung bis zur Erfassung im Katalog, zusammenzulegen. Ziel muss es dabei sein, nicht nur Liegestellen zu reduzieren, sondern die Laufzeit insgesamt zu verkürzen.
Radikale Umwälzungen im organisatorischen Bereich haben bislang nicht stattgefunden trotz digitaler Bestandsnachweise, globaler Haushalte, Kosten-Leistungs-Rechnung, Automatisierung der Bibliotheksverwaltung und der Einführung hybrider Bibliotheken, die mehr oder weniger überall Realität sind. Immer wieder wird den Bibliotheken der Vorwurf gemacht, dass die Verwaltungskosten zu hoch seien. Andererseits haben sich im Bereich des Vermittelns von Informationskompetenz an die Nutzer neue Aufgabenfelder ergeben, für die Fachleute gebraucht werden. Es gilt also, eingefahrene Organisationsstrukturen aufzubrechen, Rationalisierungspotentiale zu erkunden und zu nutzen und bibliothekarische Qualifikationen mit betriebswirtschaftlichen Denkweisen zu verbinden. Medienbearbeitung muss sich als Beschaffungsmanagement verstehen. Dazu gehört unter Umständen auch die Entscheidung, Verwaltungsvorgänge als Dienstleistung einzukaufen, wenn es kostengünstiger ist oder der

Beschleunigung des Geschäftsgangs dient. Für diesen Vorgang sind die Begriffe „buy or make" und „outsourcing" geläufig. Häufig ist auch nicht ausreichend Personal vorhanden, oder qualifizierte Mitarbeiter werden für andere, neue Aufgaben benötigt. Voraussetzungen für ein effizientes Beschaffungsmanagement sind:
- differenzierte Marktkenntnis, um den raschen Veränderungen offensiv begegnen zu können,
- Erhebung und Auswertung von Marktanalysen, um die günstigsten Bezugsquellen ausfindig zu machen,
- Wahrnehmen einer Filterfunktion beim Sammeln, Analysieren und Aufbereiten von Informationen für eine abgesicherte Erwerbungsentscheidung,
- Erhebung und Auswertung von Nutzungsstatistiken, um die gezielte Titelauswahl zu stützen,
- Nutzung präziser Erwerbungsprofile, die den Händlern als Vorlage für zielgerichtete Titelinformationen dienen, und ermöglichen, den Selektionsprozess auf den Lieferanten zu verlagern,
- soweit die Art der Literatur, Aufstellungssystematiken oder andere interne Gegebenheiten es zulassen, regalfertige Lieferung,
- Automatisierung der Geschäftsgänge ohne Medienbrüche, einschließlich der Verwaltung elektronischer Publikationen, und Aneignung solider Systemkenntnisse,
- standardisierter, elektronischer Datenaustausch mit den Lieferanten, vom Angebot bis zur Rechnungsstellung,
- Vermeidung von mehrfacher Eingabe identischer Daten, das bedeutet umfassende Nutzung von Fremdkatalogisaten bei der Titelerfassung,
- sicherer Umgang mit den rechtlichen Grundlagen der Beschaffung, einschließlich des Lizenz- und des Steuerrechts,
- in regelmäßigen Abständen Messung der Laufzeiten von einer Arbeitsstation zur anderen, um Schwachstellen aufzudecken und zu beheben,
- Aufbau eines partnerschaftlichen Systems der Lieferantenpflege.

Der Beschaffungsbereich sollte eng mit den anderen Bibliotheksbereichen zusammenarbeiten und eine Know-How-Drehscheibe bilden, zum Vorteil der Nutzer und als Maßstab für die Lieferanten.

9.6.1 Bestellverkehr, Bestellpflege

Zwischen Auswahl und Bestellung

Die Arbeiten, die der Bestellung vorausgehen, hängen stark von der Art der Kaufunterlagen ab. Je normierter diese sind, umso schneller können sie bearbeitet werden. Für das Verteilen der Bestellvorlagen an die Personen, die die Kaufentscheidung treffen, empfiehlt sich ein zentraler Steuerungsmechanismus, um unnötige Mehrfachinformationen zu reduzieren. Gute Dienste leisten die Neuerscheinungsankündigungen der Library Supplier in Zettelform, die, soweit noch mit Karteien gearbeitet wird, auch als Bestellzettel verwandt werden können. Bei elektronisch übermittelten Angeboten muss bislang noch ein Ausdruck für die Weiterbearbeitung angefertigt werden, weil die auf dem Markt befindlichen Systeme noch keinen direkten Import mit automatischer Dublettenprobe zulassen Das gilt auch für Anschaffungsvorschläge der Benutzer, denen ein Formular auf der Homepage angeboten wird. Voraussetzung für die zügige Weiterbearbeitung ist es, dass den Unterlagen eindeutige Willensäußerungen zu entnehmen sind: Soll ein mehrbändiges Werk, eine Serie zur Fortsetzung bestellt werden? Ab welchem Jahrgang soll ein Abonnement bestellt werden? Aufstellungswünsche? Budgetvermerke? Eilvermerke? Namenskürzel (wichtig für Rückfragen)? – Folgende Arbeitsschritte fallen an:

- *Dublettenprobe.* Falls das Werk in einer anderen Auflage, Ausgabe oder Sprache bereits im Bestand ist, dienen diese Informationen einer erneuten Kaufentscheidung. Vor allem muss geprüft werden, ob der zu bestellende Titel in einer gezählten Reihe erschienen ist, die bereits zur Fortsetzung läuft.
- *Ergänzung und Korrektur der Bestelldaten.* Je nachdem, welche Quelle als Kaufunterlage dient, müssen die Angaben durch bibliographische Recherchen ergänzt oder auch korrigiert werden. Ausschlaggebend ist, dass der Buchhandel alle Informationen erhält, die ihn in die Lage versetzen, schnellstmöglich das Gewünschte zu liefern.
- *Festlegen der Erwerbungsart.* In Frage kommen vor allem die fünf Erwerbungsarten Kauf, Lizenz, Pflicht, Tausch, Geschenk. Bei Veröffentlichungen, die außerhalb des Buchhandels erschienen sind, besteht die Möglichkeit, den Titel als Geschenk zu erbitten. Solche Direktbestellungen sind allerdings häufig mit dem Aufwand verknüpft, die Bezugsadresse zu ermitteln. Dissertationen, die nicht im Buchhandel erschienen sind, können auf dem Wege des Tauschs angefordert werden.
- *Wahl des Lieferanten.* In größeren Bibliotheken hängt die Entscheidung nicht nur von grundsätzlichen Voraussetzungen, wie dem Erscheinungsland ab. In der Regel werden die Bestellungen nach zusätzlichen Kriterien auf mehrere Lieferanten verteilt. Diese Zuteilungskriterien müssen transparent sein.
- *Festlegen des Bestelltyps*
  - Einzelbestellung
  - Abonnement (Zeitschriften): Bestellung zur laufenden, unaufgeforderten Lieferung von einem bestimmten Jahrgang an bis auf Widerruf
  - Zur Fortsetzung (Serien und mehrbändige Werke): Bestellung zur laufenden, unaufgeforderten Lieferung aller Bände bis zur Komplettierung eines Werkes oder bis auf Widerruf
  - Zur Ansicht
  - Rückergänzung: Bestellung vergriffener Bücher und Zeitschriften über den Antiquariatsbuchhandel
  - Suchauftrag: Es empfiehlt sich, ein Preislimit festzulegen. In jedem Fall sollte der Händler vor der Lieferung ein Angebot machen.
  - Verfilmungsauftrag: Auftrag zur Verfilmung von eigenen oder fremden Beständen für Archivierungszwecke
  - Kopierauftrag: Das Urheberrecht erlaubt es, dass Bibliotheken nachweisbar vergriffene Monographien oder Zeitschriftenbände kopieren lassen, um sie in den Bestand aufzunehmen.
- *Erfassung der Bestelldaten*

Im Buchhandel ist der elektronische Bestellverkehr die Regel. Für die Bestellung bei den Verlagen oder dem Zwischenbuchhandel verzichten die Händler auf umfangreiche Titelbeschreibungen Hauptkriterien der Produktbeschreibung sind im Normalfall die ISBN oder ISSN und der Preis. Um den Lieferanten eine automatisierte Bestellabwicklung zu ermöglichen, einen reibungslosen Geschäftsverkehr zu erleichtern und die Lieferung zu beschleunigen, sollte auf die Angabe eindeutiger Produktnummern nicht verzichtet werden. Dazu gehören:

9.6 Der Geschäftsgang von der Bestellung bis zur Aussonderung

- ISBN International Standard Book Number
  Struktur der ISBN anhand des Beispiels 3-447-04730-5:
  3 = Gruppennummer für nationale, geographische oder Sprachgruppen, in diesem Fall für eine deutschsprachige Veröffentlichung
  447 = Verlagskennung, in diesem Fall für den Verlag Harrassowitz; je mehr ein Verlag publiziert, um so kürzer ist die Verlagskennung und entsprechend mehr Stellen stehen für die Titelnummer zur Verfügung
  04730 = Titelnummer; stehen einem Verlag z.B. nur drei Stellen für die Titelnummer zur Verfügung, wird ihm bei der tausendsten Veröffentlichung eine neue Verlagskennung zugewiesen
  5 = Prüfziffer
- ISMN International Standard Music Number
- ISSN International Standard Serials Number
  Im Gegensatz zur ISBN ist die ISSN keine sprechende Codierung. Sie besteht aus zwei mal vier Ziffern, die mit einem Bindestrich verbunden sind.
- EAN Bestellcode der International Article Numbering Association
  Der EAN-Code ist dreizehnstellig und häufig als Barcode auf Taschenbüchern zu finden. Er enthält die ISBN. Er ist vor allem für Kaufhäuser wichtig, weil er für alle Warengattungen genutzt wird. Im wissenschaftlichen Verlagswesen hat er bislang kaum Bedeutung. Beispiel für ein DTV-Taschenbuch: EAN-Code: 978423300148, ISBN: 3-423-30014-0

Außer diesen Standardnummern gibt es Bestellnummern, die von den Verlagen und Herstellern selbst oder vom Zwischenbuchhandel für die Produkte vergeben werden.

Unabhängig vom Bestellweg (Post, Fax, elektronische Übertragung) sollte eine Bestellung folgende Daten enthalten:

- *Partnerbezogene Daten:*
  Name und Anschrift der Bibliothek (bei elektronischem Datenaustausch empfiehlt sich als Identifikation eine standardisierte Adressnummer der International Article Numbering Association = EAN Location Number); Kundennummer beim Lieferanten, falls vorhanden; bei Bestellungen in anderen Mitgliedstaaten der Europäischen Gemeinschaft: Umsatzsteuer-Identifikationsnummer der Bibliothek; Name und Anschrift des Lieferanten, bei elektronischem Datenaustausch vorzugsweise eine standardisierte Adressnummer.
- *Auftragsbezogene Daten:*
  Datum der Bestellung; Bestellnummer; Priorität der Bestellung (nur bei Eilaufträgen erforderlich); Bestelltyp (= Auftragsart); vom vereinbarten Lieferweg abweichende Transportart (vor allem bei Eilaufträgen); Anzahl der bestellten Exemplare; Angaben zur Rechnungssteuerung (z.B. die Haushaltsstelle, aus der der Titel bezahlt werden soll); Name des Bestellers (für eventuelle Rückfragen); abweichende Liefer- oder Rechnungsadresse.
- *Produktbezogene Daten:*
  Produktnummer; Verfasser oder Herausgeber; Sachtitel; Angabe des gewünschten Teils (der Teile) einer Publikation (Band, Heft, Lieferung, Jahrgang, usw.); Auflage, Ausgabe; physische Beschreibung bei Nicht-Buch-Materialien; Erscheinungsort(e); Verlag(e); Bezugsadresse bei grauer Literatur (falls der Titel über den Buchhandel bestellt wird und die Adresse vorliegt); Erscheinungsjahr(e); Serienangaben mit Zählung; Einbandart in Übereinstimmung mit der ISBN; Preisart, Währung, Preis.

Die Preisart muss nur angegeben werden, wenn es sich nicht um reguläre, gebundene Ladenpreise oder Listenpreise bei ausländischer Literatur handelt, vor allem bei ermäßigten Preisen, Zirkapreisen bei Vorankündigungen, Mitgliedspreisen, Subskriptionspreisen, Vorauszahlungspreisen. Bei integrierten Bibliotheksverwaltungssystemen ist mit der Bestellerfassung bereits die Verankerung des Titels im Katalog verbunden. An dem Vermerk „bestellt" ist zu erkennen, dass sich das Werk noch nicht im Bestand befindet. Je mehr Fremddaten in der Katalogdatenbank zur Verfügung stehen, um so schneller kann der Bestellvorgang abgewickelt werden. Einige Library Supplier bieten ihren Datenbestand für den Import in Bibliothekskataloge an. Es gilt allerdings zu prüfen, welcher Prozentsatz des Fremddatenbestandes voraussichtlich genutzt wird, da auch der Import, die Datenpflege und Rechnerkapazitäten mit Kosten verbunden sind.

Bei Ansichtslieferungen aufgrund von abgesprochenen Kaufprofilen können einige der aufgelisteten Arbeitsgänge eingespart werden. Das Verfahren ist allerdings nur dann rationell, wenn sich die vereinbarte Rückgabequote in Grenzen hält. Das ist vornehmlich bei den Sondersammelgebieten der Fall. Die Bearbeitung von Ansichtssendungen erfordert ein hohes Maß an Disziplin und Transparenz. Besonders für die Durchsicht müssen enge Termine gesetzt werden, damit die Rückgabefristen eingehalten werden können. Rückgaben sollten auf normierten Laufzetteln begründet werden, damit der Händler das Profil korrigieren kann.

Meldungen

Ein gut funktionierendes Meldesystem gehört zu den entscheidenden Leistungsmerkmalen, an denen Lieferanten zu messen sind. Die Händler sollen unaufgefordert über Lieferhindernisse berichten. Meldungen wegen kurzfristiger Lieferverzögerungen müssen unterdrückt werden können, um unnötigen Verwaltungsaufwand zu vermeiden. Meldungen müssen vor allem das Meldedatum, Bestellnummer und -datum, Titelzitat laut Bestellung, bei Fortsetzungen und Zeitschriften Band, Jahrgang und Heftnummer und einen Meldegrund enthalten. Anzustreben ist die Einbeziehung sowohl von Reklamationen als auch von Meldungen in den elektronischen Geschäftsverkehr im Rahmen von EDI (Electronic Data Interchange). Solange Meldungen noch in Papierform erfolgen, müssen sie als separate Mitteilung versandt und dürfen nicht auf Rechnungen, Lieferscheinen oder Korrespondenz vermerkt werden. Grundsätzlich sind bei Meldungen zwei Stadien zu unterscheiden: (1) die Bestellung ist vorgemerkt (order reported), damit besteht der Kaufvertrag weiter, (2) die Bestellung ist abgelegt (order cancelled), der Kaufvertrag besteht nicht mehr.

Bei *abgelegten* Bestellungen sind folgende Standardmeldetexte üblich: Nicht lieferbar – Vergriffen – Verkauft; erscheint nicht – Noch nicht erschienen – Erscheinen unbestimmt – Titel nicht zu ermitteln – Verlagsadresse nicht zu ermitteln – Verlag erloschen – Im Buchhandel nicht erhältlich – Bereits geliefert am ... mit Rechnung ... – Erscheinen eingestellt mit Band, Jahrgang, Heft..., – Abgeschlossen mit Band ... – Wird nicht einzeln verkauft. Die Standardmeldungen können durch eine Erklärung (z.B. warum ein Titel nicht lieferbar ist) ergänzt werden. Dadurch wird die Entscheidung für einen neuen Bestellversuch bei einer anderen Bezugsquelle erleichtert. Bei *vorgemerkten* Bestellungen ist zu unterscheiden nach *Rückfragen* und *Zwischenmeldungen*, die keine Reaktion seitens des Kunden erfordern. Meldungen, die sich auf vorgemerkte Bestellungen beziehen und eine Antwort der Bibliothek erforderlich machen, sind vordringlich zu bearbeiten. Nachfolgend eine Auswahl möglicher *Rückfragen*: Verlagsadresse unbekannt, bitte ermitteln – Wird nicht einzeln verkauft, dürfen wir komplett liefern? – Der Preis beträgt ..., bitte bestätigen sie die Preisänderung. – Nur gebundene

9.6 Der Geschäftsgang von der Bestellung bis zur Aussonderung

Ausgabe lieferbar, dürfen wir liefern? – Nur als Taschenbuchausgabe lieferbar, dürfen wir liefern? – Nur ... (andere Ausgabe, Auflage, Materialart) lieferbar, dürfen wir liefern? – Vergriffen, Neuauflage in Vorbereitung, dürfen wir liefern?

Die Standardtexte für *Zwischenmeldungen* können mit den Meldungen für abgelegte Bestellungen identisch sein. Entscheidend ist der Vermerk „Bestellung vorgemerkt". Die aufgelisteten Meldetexte folgen normierten und mit dem Buchhandel abgesprochenen Mitteilungen, wie sie für den standardisierten, elektronischen Datenaustausch benötigt werden, bei dem Freitexte auf ein unverzichtbares Maß reduziert werden sollten.

Reklamationen

Das regelmäßige und rechtzeitige Auslösen von Reklamationen ist eine wesentliche Grundlage für die Qualität und Aktualität des Bestandsaufbaus. Bei Zeitschriften stellt es Nachlieferungen sicher. Wenn die Lieferanten laufend, unaufgefordert und zuverlässig über Lieferhindernisse- und -verzögerungen berichten, können sich Reklamationen auf die Fälle beschränken, bei denen weder Lieferung noch Meldung erfolgen. Eine Reklamation sollte folgende Informationen enthalten:

- Reklamationsdatum und im Wiederholungsfall Zählung (1., 2., 3. Reklamation)
- Bestellnummer und -datum (bei Zeitschriften auch die Identifikationsnummer, mit der der Händler das Abonnement in seinem System verankert hat)
- Produktnummer des bestellten Werkes oder der laufenden Zeitschrift
- Titelzitat laut Bestellung
- bei monographischen Neuerscheinungen: Preisart, Währung, Preis
- Anzahl der bestellten oder noch fehlenden Exemplare, falls eine Teillieferung erfolgte
- Reklamationsgrund, bei Fortsetzungen und Zeitschriften mit Angabe von Band, Jahrgang, Heftnummer
- eventuell abweichende Lieferadresse

Bei nicht-automatisierter Erwerbungsorganisation empfiehlt es sich, eine Kopie des Bestellzettels für die Reklamation zu verwenden und diese mit dem deutlichen Vermerk „Reklamation, bitte nicht doppelt liefern", dem Reklamationsdatum und einem eventuell notwendigen Kommentar zu versehen. Bei automatisierter Verwaltung verdient die Abhängigkeit zwischen durchschnittlichen Lieferfristen und Reklamationsterminen besondere Beachtung. Die Fälligkeit von Reklamationen basiert auf dem Bestelldatum, dem Datum der letzten Meldung des Lieferanten, dem erwarteten Liefertermin in Abhängigkeit vom Erscheinungsland und der vereinbarten Transportart (z.B. Luftfracht oder Seeweg bei Lieferungen aus Übersee), dem erwarteten Erscheinungstermin (bei Zeitschriften und Vorankündigungen). Bei deutschen Neuerscheinungen sollte der Eingang spätestens vier Wochen nach der Bestellung oder dem erwarteten Erscheinungstermin erfolgen. Bei ausländischen Titeln empfiehlt es sich, pro Lieferant und Erscheinungsland die durchschnittliche Frist zwischen Bestellung und Lieferung (Datum des Eingangs in der Bibliothek) zu ermitteln und bei Reklamationen auf diesem Wert aufzusetzen. Bei Zeitschriften kann von folgenden Richtwerten für Reklamationen jeweils nach dem erwarteten Liefertermin ausgegangen werden: Jahrbücher, Vierteljahreshefte und zweimonatliche Veröffentlichungen 8 Wochen, monatliche Publikationen 4 Wochen, wöchentliche Zeitschriften 2 Wochen, Tageszeitungen 1 Woche.

9.6.2 Zugangsbearbeitung

Eingangskontrolle

Zur Eingangskontrolle gehören folgende Arbeitsschritte:
- Anschrift auf der Sendung überprüfen, um sicher zu stellen, dass es sich nicht um eine Fehllieferung handelt
- Auspacken: Um den Entsorgungsaufwand in der Bibliothek zu verringern, sollte der ortsansässige Buchhandel Mehrwegverpackungen verwenden. Alle Lieferanten sollten Verkaufsverpackungen, z.b. Folien, vor der Lieferung entfernen.
- Feststellen der physischen Unversehrtheit von Verpackungsmaterial und Lieferung
- Zuordnung der gelieferten Materialien zur Rechnung und Feststellen der Vollständigkeit
- Abhaken der Materialien auf dem Lieferschein oder der Rechnung
- bei nicht-automatisierter Bearbeitung Zuordnen des Bestellzettels und Kontrolle der Übereinstimmung mit der Lieferung
- Falsche oder fehlende Lieferungen sind dem Lieferanten unverzüglich, mindestens aber innerhalb einer vereinbarten Frist zu melden. Laut § 447 BGB trägt der Empfänger das Risiko, wenn Lieferungen auf dem Versandweg verloren gehen oder beschädigt werden. Gegebenenfalls muss daher nicht nur mit dem Lieferanten, sondern auch mit dem zuständigen Transportunternehmen Kontakt aufgenommen werden.

Feststellen der sachlichen Richtigkeit

Vor der Inventarisierung muss die Übereinstimmung von Bestellung, Lieferung und Rechnung festgestellt werden:
- Stimmen die bibliographischen Angaben der Bestellung mit dem gelieferten Titel überein? Falls nicht: sind die Abweichungen so gravierend, dass eine ungewollte Falschlieferung oder eine Dublette entstand? Wenn der Fehler nicht eindeutig von der Bibliothek verursacht wurde, ist zu klären, ob er durch eine Rückfrage des Lieferanten vermeidbar gewesen wäre. Unabhängig von der Schuldfrage ist eine Rückgabe nur zu empfehlen, wenn der Kaufpreis den Verwaltungsaufwand rechtfertigt.
- Hat der Händler die mit ihm vereinbarten Konditionen in Bezug auf Rabattgewährung, Berechnung der Versandkosten, die Toleranzgrenze beim Abweichen des Bestellpreises vom berechneten Preis, die Zusammenstellung der Rechnung nach bestimmten Haushaltsstellen eingehalten?

Erst nach dem Feststellen der sachlichen Richtigkeit kann die Inventarisierung vorgenommen werden.

Inventarisierung

Kernpunkt des Inventarisierungsvorgangs ist die Vergabe einer Inventarnummer. Die Haushaltsordnungen des Bundes, der Länder und der Gemeinden schreiben bislang noch überwiegend vor, dass Vermögensgegenstände in Inventarverzeichnissen (= Zugangs- oder Bestandsverzeichnissen) erfasst werden. Zum Teil gibt es dafür mehr oder weniger detaillierte Richtlinien. In früheren Zeiten gab es fest gebundene Zugangsbücher (Akzessionsjournale). Inzwischen ist es üblich, Zugangsverzeichnisse aus Rechnungs- oder Bestellzettelkopien zusammen zu stellen. Es ist auch möglich, sie aus dem automatisierten Verwaltungssystem zu erzeugen. Wichtig ist die Sortierung nach Zugangsnummern und deren lückenlose Abfolge.

9.6 Der Geschäftsgang von der Bestellung bis zur Aussonderung

Der Inhalt der Inventarverzeichnisse entspricht den Erwerbungen des jeweiligen Haushaltsjahres. Bestandsverzeichnisse haben den Charakter von Urkunden. Eventuell notwendige Korrekturen müssen dokumentiert werden.

Zu einem Inventarisierungsnachweis gehören üblicherweise folgende Eintragungen: (1) Inventarnummer, (2) Inventarisierungsdatum, (3) Lieferant, (4) Rechnungsnummer und -datum, (5) Verfasser, Kurztitel, Auflage, Bandangabe, Erscheinungsjahr, (6) Preis, (7) Anzahl der gelieferten physischen Einheiten, (8) Erwerbungsart, (9) Hinweis auf Verbrauchsmaterialien.

Die Inventarnummer wird im Zugangsverzeichnis, bzw. im Erwerbungsmodul des Verwaltungssystems, auf oder in den erworbenen Produkten und in der Regel auf der Rechnung verankert. Zugangsnummern können identisch sein mit Standortnummern. Als zeitsparend haben sich vorgefertigte, selbstklebende Etiketten erwiesen. Der Inventarisierungsvorgang wird mit dem Eigentumsstempel abgeschlossen, der aber in der Regel erst mit der Beschriftung angebracht wird. Fortsetzungsbände werden zusätzlich in Karteien oder Dateien nachgetragen, um den lückenlosen Eingang der zu einem mehrbändigen Werk oder einer laufenden Serie gehörenden Bände zu dokumentieren. Für elektronische Publikationen, an denen keine Eigentumsrechte erworben werden, empfiehlt es sich, spezielle Etatposten festzulegen und gesonderte Verzeichnisse zu führen.

Der Einsatz integrierter Bibliotheksverwaltungssysteme legt es nahe, nicht nur Inventarisierung und Rechnungsbearbeitung, sondern auch die Formalerschließung im gleichen Zuge zu erledigen. Bereits bei der Bestellung wurde ein Katalogisat erfasst oder ein Fremdkatalogisat genutzt, das jetzt nur ergänzt oder korrigiert und als Bestand kenntlich gemacht werden muss. Bei Ansichtssendungen wird das Verfahren verkürzt, weil Bestellerfassung, Inventarisierung und Erschließung zusammenfallen.

Die Zusammenlegung der Arbeitsschritte Inventarisierung und Titelaufnahme hat den Vorteil, dass eine Liegestation entfällt. Als positiver Effekt ist außerdem zu vermerken, dass die Mitarbeiter über ein breiteres Spektrum an Kenntnissen verfügen und Vertretungen leichter zu regeln sind. Sie müssen die kaufmännischen Anforderungen des Erwerbungsgeschäftsgangs und die bibliothekarischen Anforderungen der Titelerfassung in gleicher Weise beherrschen. Dies kann sowohl Anreiz als auch Überforderung bedeuten. Es wird nicht zu einer Vertiefung von Spezialkenntnissen führen. Als Nachteil ist festzuhalten, dass mehr Arbeitsschritte als bei getrennter Bearbeitung nötig sind, bis die Rechnung zur Anweisung gegeben werden kann. Bei komplexen Katalogisierungsfällen können erhebliche Verzögerungen eintreten. Wenn die Formalerfassung mit der üblichen Sorgfalt durchgeführt werden soll, muss Geduld beim Einhalten der Zahlungsziele verstärkt als Dienstleistungserwartung an die Lieferanten formuliert werden. Als Lösung bietet sich an, schwierige Titelaufnahmefälle zurückzustellen, um den Mittelabfluss zu gewährleisten. Vor der Einführung einer integrierten Medienbearbeitung sollte sorgfältig überlegt werden, für welche Bezugsarten, Publikationsformen und Materialarten diese Organisationsform mit Gewinn eingesetzt werden kann.

In der Regel bilden Inventarisierung und Rechnungsbearbeitung eine gemeinsame Arbeitsstation im Gesamtablauf. Davon wird bei Zeitschriftenabonnements grundsätzlich abgewichen. Der laufende Eingang der einzelnen Hefte wird auf Karteiblättern oder auf dem Abonnementsbildschirm eines automatisierten Zeitschriftensystems vermerkt. Dabei entdeckte Lücken werden reklamiert. Die Hefte werden mit Standort-, Ablage- und/oder Auslagenummern versehen und erhalten einen Eigentumsstempel. Erst mit dem Eintreffen der Abonnementsrechnung schließt sich der Kreis. Die Inventarisierung erfolgt mit dem Eintrag der Inventarnummer, Titel, Berechnungszeitraum und Abonnementspreis, wobei sich die Berechnung in der Regel auf den folgenden Jahrgang bezieht. Vor der Bezahlung von Abonnements ist zu prüfen, ob es gravierende Lieferverzögerungen gegeben hat, die es ratsam erscheinen lassen, die Rechnungsbearbeitung zurückzustellen.

9.6.3 Rechnungsbearbeitung

Es liegt nahe, mit der sachlichen Richtigkeit auch die Rechenergebnisse zu prüfen und die rechnerische Richtigkeit festzustellen. Häufig wird dies mittels eines Stempels auf der Rechnung nachgewiesen. Sollte eine Berichtigung der Rechnung notwendig sein, ist die Korrektur mit Datum, Namenszeichen und Änderungsgrund zu belegen. Der Händler ist mit einer Rechnungskopie zu informieren, um gleichlautend buchen zu können. Dieses Verfahren sollte mit den Lieferanten abgesprochen und in Geschäftsvereinbarungen niedergelegt werden. Bei elektronischen Rechnungen muss statt der manuellen Korrektur eine Gutschrift angefordert werden.

Die Rechnungsprüfung schließt den Produktpreis und zusätzliche oder abzuziehende Kosten ein. Bei preisgebundenen Artikeln sollte der berechnete Preis mit dem Bestellpreis übereinstimmen, es sei denn, die Bestellung wurde aufgrund einer Vorankündigung getätigt. In diesem Falle sind Abweichungen möglich. Das gilt grundsätzlich auch für Lieferungen aus dem Ausland. Die Abweichung muss plausibel sein und darf einen vereinbarten Prozentsatz nicht überschreiten. Folgende Kostenarten sind zu berücksichtigen:

- *Rabatte:* Bei der preisgebundenen deutschen Verlagsproduktion kann ein Bibliotheksnachlass von 5 % erwartet werden. Bei ausländischen Titeln sind Rabatte Verhandlungssache und gewöhnlich von den Besorgungskosten des Lieferanten und dem Umsatz abhängig. Die Höhe des Rabatts sollte in Geschäftsvereinbarungen niedergelegt werden.
- *Aufschläge:* Bei Produkten, die außerhalb des Buchhandels oder in Kleinverlagen erschienen sind, können Aufschläge auf die bei der Bestellung bekannten Preise toleriert werden. Das gleiche gilt für Importe aus Ländern mit hoher Inflationsrate und/oder einem hohen Besorgungsaufwand. Die Höhe der Aufschläge sollte abhängig gemacht werden vom Händlerrabatt, der Höhe des Einzelpreises und dem Gesamtumsatz. Es ist mit dem Lieferanten zu vereinbaren, ob er kalkulierte Endpreise berechnet oder die Aufschläge jeweils offen legt.
- *Versandkosten:* In Abhängigkeit vom Umsatz und dem Firmensitz sollte versucht werden, mit dem Händler versandkostenfreie Lieferung zu vereinbaren. Wenn preisgebundene Literatur nicht am Ort der Bibliothek erworben wird, ist die Berechnung der Versandkosten erlaubt, aber nicht üblich. Versandkosten können über die reinen Portogebühren hinausgehen und Kosten für die Verpackung einschließen. Sie sind mit dem gleichen Umsatzsteuersatz belastet wie die Sachkosten.
- *Besorgungskosten bei Zeitschriftenabonnements:* Die Handling Charges der Agenturen sind Ergebnis fester Absprachen. Sie sind abhängig vom Umfang und der Zusammensetzung des Pakets, dem Schwierigkeitsgrad bei der Beschaffung und der Höhe der Händlerrabatte.
- *Aufgeld bei Auktionen*
- *Berechnung zusätzlicher Dienstleistungen*
  Ein großer Teil des Serviceangebots wird als Wettbewerbsfaktor gewertet und kostenlos angeboten. Zu den kostenpflichtigen Dienstleistungen können gehören: die regalfertige Lieferung, Einbandarbeiten, Konsolidierungsservice (= Übernahme der Eingangsbearbeitung von Zeitschriftenheften).

9.6 Der Geschäftsgang von der Bestellung bis zur Aussonderung 215

- *Umsatzsteuern für Inlandsumsätze*: Alle Inlandsumsätze mit Unternehmen sind mit Mehrwertsteuer belastet. Dazu gehören auch Umsätze mit ausländischen Lieferanten, die unter einer deutschen Umsatzsteuer-Identifikationsnummer bei einem deutschen Finanzamt registriert sind. Sie gelten steuerrechtlich als deutsche Händler. Bücher und Zeitschriften unterliegen zur Zeit einem ermäßigten Steuersatz, während auf Mikroformen, audiovisuelle Medien und elektronische Publikationen der volle Umsatzsteuersatz anzuwenden ist.

Kosten, die nicht auf der Rechnung ausgewiesen sind:
- *Zoll:* Laut Zollbefreiungsverordnung von 1983 sind alle Materialien, die Bibliotheken aus Drittländern einführen, zollfrei. Allerdings können bestimmte Sammlungsstücke und Nicht-Buch-Materialien nur dann zollfrei eingeführt werden, wenn sie nachweislich zur Verwendung durch öffentliche oder gemeinnützige Einrichtungen und Anstalten erzieherischen, wissenschaftlichen oder kulturellen Charakters bestimmt sind.
- *Umsatzsteuern für Drittlandsimporte und innergemeinschaftlichen Erwerb:* Nur größeren Lieferanten ist es möglich, sich bei einem deutschen Finanzamt registrieren zu lassen. Trägt die Rechnung eine Umsatzsteuer-Identifikationsnummer aus einem andern EU-Land, muss Erwerbsteuer an das Finanzamt abgeführt werden. Für alle aus dem Ausland bezogenen Online-Publikationen ist Umsatzsteuer an das Finanzamt, für Importe aus Drittländern ist Einfuhrumsatzsteuer an das Zollamt zu entrichten.
- *Bankgebühren:* Die Kosten für die Überweisung gehen in der Regel zu Lasten der Bibliothek. Die Höhe der Gebühren hängt vom Firmensitz des Geschäftspartners und dem beauftragten Bankinstitut ab, auf dessen Wahl die Bibliothek im Allgemeinen keinen Einfluss hat.

Um die Berechnung des Endpreises nachzuvollziehen, ist die nachfolgende Kalkulationssequenz zu beachten:
- *Preisgebundene Literatur:*
Sachkosten; abzüglich Bibliotheksnachlass; in Ausnahmefällen zuzüglich Versandkosten; gegebenenfalls Berechnung zusätzlicher Dienstleistungen; Summe; davon: Steuerliches Entgelt/Mehrwertsteuer
- *Nicht preisgebundene Literatur:*
Sachkosten; abzüglich Rabatt oder zuzüglich Aufschlag; zuzüglich Versandkosten; zuzüglich Kosten für besondere Dienstleistungen; Zwischensumme; zuzüglich Mehrwertsteuer; Endsumme

Eine ordnungsgemäße Rechnung besteht aus einem Kopfteil, den Rechnungsposten, dem Summenteil und einem Fußteil.
- *Kopfteil:*
Name und Anschrift des Lieferanten; Rechnungsadresse der Bibliothek; eventuell abweichende Lieferanschrift; Umsatzsteuer-Identifikationsnummern des Händlers und des Kunden (wichtig bei innergemeinschaftlichem Erwerb); Kundennummer der Bibliothek; Rechnungsnummer und -datum; Umrechnungskurs; Umsatzsteuersatz; Rabattsatz
- *Posten:*
Bestellnummer (eventuell als Barcode), Bestelldatum; Verfasser, Kurztitel, Auflage, Bandangabe; bei Zeitschriften: Titel mit ISSN, Berechnungszeitraum, Referenznummer Agentur/ Bibliothek, Referenznummer Verlag/Bibliothek, Vermerk über inkludierten Onlinezugriff;

Postenbeträge (=Ausgangspreis, Nettobetrag nach Abzug des Rabatts oder Aufschlag von Besorgungskosten, zuzüglich Mehrwertsteuerbetrag)
- *Summenteil:*
Summen der Postenbeträge
- *Fußteil:*
Bankverbindung

9.6.4 Besonderheiten bei elektronischen Publikationen

Die Lizenzierung elektronischer Publikationen hat Konsequenzen für die Gestaltung der bibliothekarischen Geschäftsgänge. Die üblichen Arbeitsabläufe müssen verändert und erweitert werden. Der Entscheidung für ein bestimmtes Produkt gehen eine Reihe von Arbeiten voraus, die bei traditionellen Beschaffungsvorgängen nicht anfallen. So muss beispielsweise geprüft werden, inwieweit die Systemvoraussetzungen mit den technischen Gegebenheiten vor Ort übereinstimmen. Erforderlich ist unter Umständen die Installation einer zusätzlichen Software oder die Prüfung der Lauffähigkeit einer CD-ROM im Netzwerk der Bibliothek. Es empfiehlt sich, vor der Bestellung eine Testphase mit dem Anbieter zu vereinbaren, in der die Benutzer und Bibliotheksmitarbeiter frei auf das Produkt zugreifen können. Auf diese Weise können sowohl die Inhalte auf Relevanz und Qualität geprüft, als auch technische Voraussetzungen, Recherchefunktionalitäten oder auch Zugriffszeiten getestet werden. Dabei ist vielfach bereits im Vorfeld einer Erwerbungsentscheidung der enge Kontakt zur jeweiligen EDV-Abteilung der Bibliothek notwendig. Schließlich muss darüber entschieden werden, ob eine Einzelplatzlizenz erworben werden soll oder mehrere simultane Netzzugriffe erforderlich sind. Die Analyse von Nutzungsstatistiken zeigt ggf. zu einem späteren Zeitpunkt, dass die Zahl der lizenzierten Simultanzugriffe verringert oder aufgestockt werden sollte.

Darüber hinaus müssen Lizenzverträge geprüft und ggf. im Sinne des Lizenznehmers abgeändert werden. In der Folge sind während der Laufzeit des Vertrages im Rahmen des Lizenzmanagements bestimmte produktspezifische Bedingungen, wie z.B. die Möglichkeit des externen Zugriffs oder das Kopieren auf eine bibliothekseigene Festplatte, zu berücksichtigen und zu überwachen. Die Verzeichnung dieser Informationen stellt neue Anforderungen an bibliothekarische Verwaltungsinstrumente, vor allem an die Erwerbungsmodule automatisierter Bibliotheksverwaltungssysteme.

Schließlich muss bei Online-Produkten die Freischaltung der Zugänge veranlasst werden. Dies kann beispielsweise durch Meldung der IP-Adressen geschehen. Bei Zeitschriften wird in der Regel die Subskriptionsnummer der Druckversion benötigt, die vielfach nur über die Agentur erhältlich ist. Die Freischaltung kann direkt beim Verlag veranlasst werden, aber auch durch eine Agentur vermittelt werden. Nach Freischaltung der Zugriffe werden die elektronischen Produkte in unterschiedlicher Weise erschlossen und für die Benutzung angeboten. Dafür stehen klassische Verzeichnisinstrumente wie der Online-Katalog (OPAC) oder die Elektronische Zeitschriftenbibliothek Regensburg zur Verfügung. Die Verlage bieten aber auch den Zugriff über ihre eigene Datenbank an. Die Agenturen stellen spezielle Plattformen für die E-Journal-Nutzung zur Verfügung. In jedem Fall müssen Erschließung und Nutzungsdienste eng mit dem Bereich Bestandsaufbau kooperieren, da bestimmte lizenzrechtliche Voraussetzungen, wie beispielsweise Netz- oder Einzelplatzangebot bzw. IP-Check oder Zugriff über Passwort und Nutzerkennung bestimmen, in welcher Weise die Medien angeboten werden können bzw. welche Zusatzinformationen an den Benutzer weiterzugeben sind. Insgesamt zeigt sich, dass sich aus der dynamischen Entwicklung des Umfelds ständig neue Erfordernisse für die Geschäftsabläufe bei elektronischen Publikationen ergeben. Die Komplexität der Arbeitsinhalte legt integrierte Organisationsformen nahe.

9.6.5 Statistik

Statistische Erhebungen sind die Grundlage für Etatplanung und Bestandsentwicklung. Statistikprogramme müssen mindestens die Erfordernisse der Deutschen Bibliotheksstatistik und der Deutschen Forschungsgemeinschaft erfüllen. Um Entscheidungsfindungen zu stützen, sollte ein EDV-System in der Lage sein, möglichst viele Daten miteinander zu verknüpfen und in Beziehung zueinander zu setzen.

Die Checkliste für Statistik-Parameter umfasst: (1) Erwerbungsarten, (2) Bestelltypen, (3) Bestellstadien (z.b. bestellt, laufend, abbestellt), (4) Publikationsformen, (5) Materialarten, (6) Fachgebiete, (7) Erscheinungsländer, (8) Lieferanten, (9) Kostenarten, Haushaltsstellen, (10) Anzahl der erworbenen Einheiten, (11) Ausgaben.

Wenn laufende Bestandsevaluierungen der Erwerbungspolitik zugrunde gelegt werden sollen, müssen Erwerbungs- und Ausleihdaten miteinander verknüpft werden können. Je knapper die zur Verfügung stehenden Mittel bemessen sind, umso mehr muss das Benutzerverhalten in die Planungen einbezogen werden. Das Verhältnis der Ausgaben für einzelne Fächer und das Verhältnis der Ausleihen sollten z.b. nicht zu stark voneinander abweichen.

9.6.6 Aussonderung

Unter dem Begriff Bestandsentwicklung sind sowohl der Bestandsaufbau als auch Aussonderungen aus dem Bestand zu verstehen. Für das Ausscheiden aus dem Bestand kommen durch häufige Benutzung unbrauchbar gewordene Werke, Dubletten und nicht benutzte Literatur in Frage. Das konsequente Ermitteln inaktiver Bestände ist jedoch nur mit Hilfe von Ausleihanalysen möglich. Als Verwertungsmöglichkeit kommen Makulatur, kostenlose Abgabe oder Verkauf in Frage. Der Abgang muss dokumentiert werden. Aussonderungen sind sehr arbeitsaufwändig, weshalb zu überlegen ist, in welchen Fällen der Aufwand den Nutzen rechtfertigt. Auszuscheidende Titel müssen aus den Katalogen gelöscht und im Inventarverzeichnis als Abgang vermerkt werden. Der Eigentumsstempel muss vor allem im Falle des Verkaufs deutlich als ungültig gekennzeichnet werden. Die Bibliothek hat dafür Sorge zu tragen, dass diese Kennzeichnung eindeutig ist. Details hierzu sind der Empfehlung zum Geschäftsverkehr zwischen Antiquariatsbuchhandel und Wissenschaftlichen Bibliotheken, Stand 1996, zu entnehmen. Verschiedene Bundesländer haben Richtlinien zur Aussonderung von Bibliotheksgut erlassen. Die Kommission des EDBI für Erwerbung und Bestandsentwicklung hat für diesen Bereich eine Arbeitshilfe veröffentlicht (Bibliotheksdienst 34.2000, 12, S. 1993-1999).

9.7 Einbandstellenverwaltung

Eine Einbandstelle ist zuständig für die Bestandssicherung und Bestandspflege. In Abhängigkeit von den finanziellen Rahmenbedingungen ist zu entscheiden, welche Werke welcher buchbinderischen Behandlung unterzogen werden sollen. In den Finanzplan müssen darüber hinaus Mittel für Reparaturen von Büchern und Zeitschriftenbänden und Restaurierungen von Altbeständen aufgenommen werden. Der Finanzbedarf liegt bei sparsamer Bewirtschaftung der Mittel bei etwa 6 bis 7 % des gesamten Erwerbungshaushalts. Bei Einbandaufträgen handelt es sich um die Vergabe von Leistungen, die der VOL/A (Verdingungsordnung für Leistungen, Teil A, Ausgabe 2000, veröffentlicht im Bundesanzeiger) unterliegen. Die zu beschäftigenden Buchbinder werden gewöhnlich im Rahmen regelmäßig stattfindender Ausschreibungen ausgewählt. Ziel einer Ausschreibung ist die Ermittlung des *wirtschaftlichsten* Preises. Das niedrigste Angebot darf jedoch nicht die *alleinige* Entscheidung für den Zuschlag sein. Es sollte immer durch Probeaufträge abgesichert werden, dass die Qualitätsanforderungen der Bibliothek eingehalten werden. Damit dient dieses Verfahren nicht nur der Ermittlung der günstigsten Preise, sondern auch der für die Bibliothek geeignetesten Buchbinder und Restauratoren. Überschreitet das jährliche Auftragsvolumen den Schwellenwert von EURO 200.000 (ohne Umsatzsteuer) muss eine öffentliche Ausschreibung (EG-weit) veranlasst werden.

Bei der Vergabe von Aufträgen, die nur von einem engen Kreis von Spezialisten ausgeführt werden können, ist eine *beschränkte Ausschreibung* möglich. Soweit nicht generell durch die Ausschreibung festgelegt, müssen bei Einbandaufträgen Art und Güte der Einbandart von Neubindungen, Reparaturen und Restaurierungen sowie alle Zusatzleistungen genau festgelegt werden. Es empfiehlt sich daher, möglichst das gesamte Bindegut in Kategorien bzw. Buchtypen einzuteilen. Durch diese differenzierte Standardisierung von Einbandtypen, bei der Einbandart, zu verwendende Materialien und Aufdrucke genauestens festgelegt werden, gelangt man zu günstigen Pauschalpreisen.

Leistungen, die nicht durch Ausschreibungen abgedeckt sind, die nicht pauschal, sondern nur vom Einzelstück her kalkulierbar sind, erfordern einen *Kostenvoranschlag*, der bewertet und genehmigt werden muss. In diesen Fällen, die besondere Erfahrungen und Fähigkeiten voraussetzen, kann der Auftrag freihändig vergeben werden. Zusätzlich muss bei hochpreisigen Werken die versicherungsrechtliche Seite durch schriftliche und fotografische Dokumentation und spezifizierte Leistungsbeschreibung der ausführenden Firma abgesichert werden.

Im sehr arbeitsteiligen Einbandstellenbereich ist erhöhter Durchsatz durch die weitgehende Automatisierung der Verwaltungsvorgänge zu erreichen. Vorbedingung ist dabei, dass auch auf der Seite der Buchbinderei umfassend Datenverarbeitung eingesetzt wird und damit der Geschäftsverkehr auf elektronischen Datenaustausch umgestellt werden kann. Die Voraussetzungen sind durch das Angebot entsprechender Systeme geschaffen. Der Personaleinsatz in einer Einbandstelle erfordert neben bibliothekarischen einen hohen Grad an handwerklichen Kenntnissen in den Binde- und Restaurierungsverfahren. Nur durch diese Kompetenz in beiden Bereichen kann eine hohe Qualität sowohl beim Bindegut als auch in der Auswahl der Buchbinder erreicht werden.

*

Literatur

Buch und Buchhandel in Zahlen / hrsg. vom Börsenverein des Deutschen Buchhandels. – Frankfurt am Main. – Erscheint jährlich

Bundesvereinigung Deutscher Bibliotheksverbände: Bibliotheken '93 : Strukturen, Aufgaben, Positionen. – Berlin, 1994

DORFMÜLLER, KURT: Bestandsaufbau an wissenschaftlichen Bibliotheken. – Frankfurt am Main, 1989. – (Das Bibliothekswesen in Einzeldarstellungen)

Dritte überarbeitete Empfehlung für den Geschäftsverkehr zwischen Wissenschaftlichen Bibliotheken und Buchhandel, Stand Mai 1994 // In: Börsenblatt für den Deutschen Buchhandel 161 (1994), 49

ECUP – European Copyright User Platform: Licensing Digital Resources: How to avoid the legal pitfalls? : Lizenzierung digitaler Ressourcen: Wie können rechtliche Fallen vermieden werden? Zweisprachige Ausgabe. – Berlin, 1999.- (Arbeitshilfen). – 2nd ed. The Hague: EBLIDA, 2001 <http://www.eblida.org/ecup/docs/licensing/pdf>

Electronic Data Interchange (EDI) : Beiträge zur elektronischen Kommunikation zwischen Buchhandel und Bibliothek / Hrsg. von Margot Wiesner. – Berlin, 1995. – (dbi-materialien ; 144)

Empfehlung zum Geschäftsverkehr zwischen Wissenschaftlichen Bibliotheken und dem Antiquariatsbuchhandel // In: Börsenblatt für den Deutschen Buchhandel 163 (1996)

FABIAN, BERNHARD: Buch, Bibliothek und geisteswissenschaftliche Forschung : Zu Problemen der Literaturversorgung und der Literaturproduktion in der Bundesrepublik Deutschland. - Göttingen, 1983. - (Schriftenreihe der Stiftung Volkswagenwerk ; 24)

Forum Zeitschriften GeSIG: Checkliste für Lizenzverträge. - 2002

Gale Directory of Databases. Detroit. – Erscheint regelmäßig

GÖDAN, JÜRGEN CHRISTOPH: Subskriptionspreis im Zwielicht : Rechtsprobleme im Hinblick auf den Subskriptionspreis von Fortsetzungswerken // In: Bibliotheksdienst 28 (1994), 12, S. 1970 - 1985.

GRIEBEL, ROLF ; ANDREAS WERNER ; SIGRID HORNEI: Bestandsaufbau und Erwerbungspolitik in universitären Bibliothekssystemen. – Berlin, 1994. – (dbi-materialien ; 134)

GRIEBEL, ROLF: Etatbedarf universitärer Bibliothekssysteme : Ein Modell zur Sicherung der Literatur- und Informationsversorgung an den Universitäten. – Frankfurt am Main, 2002. – (Zeitschrift für Bibliothekswesen und Bibliographie ; Sonderh. 83)

GRIEBEL, ROLF, Ulrike Tscharntke: Etatsituation der wissenschaftlichen Bibliotheken in den alten und neuen Bundesländern. – Bis einschl. 1998 jährl. erschienen in: Zeitschrift für Bibliothekswesen und Bibliographie

GRIEBEL, ROLF: Klassischer Bestandsaufbau auf dem Prüfstand // In: Ordnung und System : Festschrift zum 60. Geburtstag von Herrmann Josef Dörpinghaus. - Weinheim u.a., 1997. - S. 114 - 127

GRIEBEL, ROLF: Das Modell des Wissenschaftsrates – Planung und Realisierung. – In: Von Gutenberg zum Internet : 7. Deutscher Bibliothekskongress, 87. Deutscher Bibliothekartag in Dortmund 1997 / Hrsg. von Sabine Wefers. - Frankfurt am Main, 1997. - S. 219 - 235

GRIEBEL, ROLF: Outsourcing in der Erwerbung – neue Zauberformel oder Weg zu effektivem Beschaffungsmanagement? – In: Nur was sich ändert, bleibt : 88. Deutscher Bibliothekartag in Frankfurt am Main. / Hrsg. von Sabine Wefers. – Frankfurt am Main, 1999. - S. 157 - 174

GRIEBEL, ROLF: Die Zeitschriften- und Monographienerwerbung in den Universitätsbibliotheken // In: Zeitschrift für Bibliothekswesen und Bibliographie 46 (1999), 2, S. 107 - 125

HACKER, RUPERT: Bibliothekarisches Grundwissen. - 7., neu bearb. Aufl. - München, 2000.

HOHOFF, ULRICH: Mikroformen in wissenschaftlichen Bibliotheken : eine Studie ... . - Berlin, 1991. - (dbi-materialien ; 111). - (Schriften der Deutschen Forschungsgemeinschaft)

KANTHAK, GERHARD: Regionale Erwerbungskoordinierung in den Ländern der Bundesrepublik Deutschland // In: Zeitschrift für Bibliothekswesen und Bibliographie 42 (1995) 5, S. 491 - 506

KELLER, ALICE: Elektronische Zeitschriften : Eine Einführung. - Wiesbaden, 2001. - (Bibliotheksarbeit ; 9)

KELLER, ALICE: Elektronische Zeitschriften im Wandel : eine Delphi-Studie. - Wiesbaden, 2001. - (Bibliotheksarbeit ; 10)

KELLER, ALICE: Konsortien in Bibliotheken : eine praktische Einführung. - Zürich, 2002. - (Schriftenreihe der ETH-Bibliothek : B, Bibliothekswesen ; 4)

KIRCHNER, HILDEBERT: Grundriss des Bibliotheks- und Dokumentationsrechts. - 2., durchges. Aufl. - Frankfurt am Main, 1993. - (Das Bibliothekswesen in Einzeldarstellungen)

Kommission des Deutschen Bibliotheksinstituts für Erwerbung und Bestandsentwicklung: Erwerbungsprofile in universitären Bibliothekssystemen : eine Auswahl. / hrsg. von der Expertengruppe Bestandsentwicklung in wissenschaftlichen Bibliotheken II. - Berlin, 1999. - (dbi-Materialien, 189)

Kommission des Deutschen Bibliotheksinstituts für Erwerbung und Bestandsentwicklung: Umsatzsteuer : Ein Leitfaden für Erwerbungsbibliothekare / Hrsg. von Margot Wiesner. - Berlin, 1997. - (dbi-materialien ; 160)

Kommission des Deutschen Bibliotheksinstituts für Erwerbung und Bestandsentwicklung. Expertengruppe Zeitschriften-Checkliste: Checkliste für die Wahl und Bewertung von Zeitschriftenlieferanten. - Berlin, 1994. - (Arbeitshilfen)

Kommission des EDBI für Erwerbung und Bestandsentwicklung: Aussonderungen aus dem Bibliotheksbestand ; eine Arbeitshilfe // In: Bibliotheksdienst 34 (2000), 12, S. 1993 - 1999

Kommission des Ehemaligen Deutschen Bibliotheksinstituts für Erwerbung und Bestandsentwicklung: Etatverteilungsmodelle in Universitätsbibliotheken. - Berlin, 2000. - (dbi-materialien ; 195)

LIBER : Grundsätze für den Abschluss von Bibliothekslizenzen für elektronische Zeitschriften : Richtlinien und Checkliste für Bibliotheken // In: Bibliotheksdienst 33 (1999), 11, S. 1925 - 1930

Library Information Statistics Unit (LISU), Department of Information Science, Loughborough University: Average prices of British academic books. – Loughborough. - (LISU British academic book price report). - Erscheint halbjährlich

Library Information Statistics Unit (LISU), Department of Information Science, Loughborough University: Average prices of USA academic books. – Loughborough. - (LISU USA academic book price report). - Erscheint halbjährlich

MEIER, MICHAEL: Returning Science to Scientists : Der Umbruch im STM-Zeitschriftenmarkt unter Einfluss des Electronic Publishing. - München, 2002. - (Buchhandel der Zukunft ; 2)

Mikroformen in Bibliotheken : Beiträge einer Fortbildungsveranstaltung / Hrsg. von Monika Cremer. Berlin, 1994. - (dbi-materialien ; 136)

MÜLLER VON DER HEIDE, KRISTIAN: Recht im Verlag : ein Handbuch für die Praxis. - Frankfurt am Main, 1995

Periodical Price Survey ... - In: Library Journal. – Erscheint jährlich, jeweils im Heft vom 15.04

RASCHE, MONIKA: Verfahren bei unaufgefordert zugesandten Buchgeschenken bzw. -lieferungen // In: BibliotheksInfo 2 (1992), S. 395

Rechtsvorschriften für die Bibliotheksarbeit / Hrsg. von der Rechtskommission des Deutschen Bibliotheksinstituts. - 2., überarb. und erw. Ausg. - Berlin, 1994. - (dbi-materialien ; 137)

REINHARDT, WERNER: Elektronische Dokumente im Bestandsaufbau wissenschaftlicher Bibliotheken // In: Wissenschaft online : Elektronisches Publizieren in Bibliothek und Hochschule. - Frankfurt am Main, 2002. - (Zeitschrift für Bibliothekswesen und Bibliographie ; Sonderh. 80), S. 170 - 178

Richtlinien zur Abgrenzung der Sondersammelgebiete und zur Beschaffung von Literatur. - Bonn, 1997

Sammelrichtlinien für die Deutsche Bibliothek : Stand: 1. September 1997. - 3., überarb. Aufl. - Frankfurt am Main, 1997

SANVILLE, THOMAS J.: A method out of the madness : OhioLINK's collaborative response to the serials crisis three years later : a progress report // In: Serials Librarian 40 (2001), 1/2, S. 129 - 155

Staatsbibliothek zu Berlin – Preußischer Kulturbesitz: Grundzüge des Bestandsaufbaus. - 2., veränd. Aufl. - Berlin, 1998

UMLAUF, KONRAD: Bestandsaufbau an öffentlichen Bibliotheken. - Frankfurt am Main, 1997. - (Das Bibliothekswesen in Einzeldarstellungen)

UMLAUF, KONRAD: Medienkunde / Konrad Umlauf unter Mitarb. von Daniella Sarnowski. – Wiesbaden, 2000. – (Bibliotheksarbeit ; 8)

UMLAUF, KONRAD: Moderne Buchkunde. - Wiesbaden, 1996. - (Bibliotheksarbeit ; 2)

Wer gehört zu wem? : Alphabetische Übersicht buchhandelsaktiver Verlage am deutschen Markt, die Konzernen oder Gruppen angehören. Stand Oktober 2001. - Meerbusch, 2001

WERNER, ANDREAS: Zeitschriftenerwerbung: die Titelauswahl // In: Zeitschriften in deutschen Bibliotheken. - München, 1995. - (Bibliothekspraxis ; 35). - S. 21 - 28

WIESNER, MARGOT: Beschaffungsmanagement in deutschen Bibliotheken // In: Bibliotheksdienst 31(1997), 6, S. 1098 - 1108

WIESNER, MARGOT: Bibliotheken – ungeliebte Kunden? // In: Börsenblatt für den Deutschen Buchhandel 161 (1994), 48, S. 31 - 36

WIESNER, MARGOT: Erwerbung und Buchhandel : Glossar. - Berlin, 1999. - (Arbeitshilfen).

WIESNER, MARGOT: Erwerbung im Kontext // In: Ordnung und System : Festschrift zum 60. Geburtstag von Herrmann Josef Dörpinghaus. - Weinheim u.a., 1997. - S. 165-181

WIESNER, MARGOT: Kommunikation – Basis für die Erwerbungsarbeit // In: Perspektiven für Bibliotheken, Wissenschaft und Kultur : Festschrift zum 60. Geburtstag von Hermann Havekost. - Oldenburg, 1995. - S. 147 - 157

WIESNER, MARGOT: Verknüpfung der Systeme : Buchhandel, Erwerbung und Pica. In: Nur was sich ändert, bleibt : 88. Deutscher Bibliothekartag in Frankfurt am Main. / Hrsg. von Sabine Wefers. - Frankfurt am Main, 1999. - S. 175 - 185

WIESNER, MARGOT ; BERNDT DUGALL: Lizenzierung elektronischer Informationsquellen im Konsortium : Kosten und Nutzen am Beispiel des HeBIS-Konsortiums // In: ABI-Technik 22 (2002), 1, S. 12 - 24

Klaus Haller · Claudia Fabian

10 Bestandserschließung*

10.1 Erschließung als bibliothekarische Aufgabe

Die Erschließung der Dokumente gehört zu den bibliothekarischen Grundaufgaben, weil nur ein erschlossenes Dokument such- und nutzbar ist. Der Erschließung liegt eine bestimmte Ordnung zugrunde. Diese Ordnung bezieht sich sowohl auf die *Aufstellung* des Bestandes als auch auf die Kataloge. Bei der Aufstellung wirkt sich die Ordnung als eine bestimmte Abfolge der Bücher und Nichtbuchmaterialien aus. In *Katalogen* zeigt sich die Ordnung als eine Reihung der Eintragungen, die Gleiches oder Zusammengehöriges an einer Alphabet- oder Systemstelle zusammenführt, in der Art, Form und Anzahl der Suchbegriffe, die den Datensätzen der Dokumente als Attribute zugeordnet werden.

Es können vier allgemeine *Ordnungsprinzipien* unterschieden werden: die materielle, die inhaltliche, die formale und die funktionale Ordnung. Diese Prinzipien wirken sich unterschiedlich aus und beeinflussen teilweise wesentlich die interne Organisation. Für die *materielle Ordnung* ist die physische Form bestimmend. Die verschiedenen Formen wirken sich auf die Aufstellung, die Benutzung, aber auch auf die Katalogrecherche aus. Die Materialbenennung und die physische Beschreibung sind Bestandteile der Katalogdaten. Buchrückenhöhe und physische Form bestimmen die Aufstellung, in manchen Bibliotheken auch die Signaturvergabe. Für besondere Materialien kann es zu Sonderkatalogen mit einer besonderen und vertieften Erschließung kommen. Für die *inhaltliche Ordnung* ist der Inhalt bestimmend, der durch die Zuordnung der Dokumente zu einem vorgegebenen Ordnungssystem kodifiziert wird. Das Ordnungssystem kann eine systematische (Klassifikation) oder eine sachbegriffliche (Schlagwort, Fachthesaurus) Ordnung sein. Für die *formale Ordnung* ist die Form der Ordnungs- und Suchbegriffe bestimmend. Diese Merkmale können alphabetisch, numerisch oder alpha-numerisch sein. Beispielsweise ist die alphabetische Form des Namens „Einstein, Albert" für Einordnung oder Auffindung maßgeblich und nicht der Sachverhalt, dass es sich um einen Physiker handelt. Alle inhaltlichen und formalen Ordnungsmerkmale sind nur nach ihrer Form sortierbar und auffindbar. Die alphabetische Form ist ausschlaggebend bei der Aufstellung nach Verfassernamen und bei der Bildung von Cutter-Nummern als Bestandteil systematischer Signaturen. Die numerische Form wirkt sich primär bei der Aufstellung nach der laufenden Nummer (Numerus currens) und sekundär als Bestandteil von Notationen aus. Da beim Alphabetischen Katalog ausschließlich die Form der Suchbegriffe den Ausschlag gibt und nicht die inhaltliche Bedeutung, wird er auch als Formalkatalog bezeichnet. Für die *funktionale Ordnung* ist die Funktion des Bestandes bestimmend. Der Charakter als Präsenzbibliothek, Archivbibliothek, Ausleihbibliothek, Forschungsbibliothek usw. beeinflusst die Aufstellung, die Katalogisierung und die Benutzung. Beispiele sind in öffentlichen Bibliotheken die Aufstellung nach Belletristik (fiction), Sachbüchern (non-fiction), Kinderbüchern und Nachschlagewerken, sowie in wissenschaftlichen Bibliotheken die Aufstellung in Lesesälen (Präsenzbestand, Freihandaufstellung), Magazinen, Lehrbuchsammlungen oder Semesterapparaten.

---

* Klaus Haller verfasste die Abschnitte 10.1 bis 10.5, Claudia Fabian die Abschnitte 10.6 und 10.7.

Das allgemeine Ziel der Erschließung ist es, in geeigneter Art nachzuweisen, welche Dokumente im Bestand oder Zugriff einer Bibliothek vorhanden sind. Die Erschließung muss es deshalb ermöglichen, (1) Dokumente auf Grund von Literaturzitaten in Katalogen suchen, finden und identifizieren zu können, (2) Dokumente suchen und ermitteln zu können, wenn entweder kein Literaturzitat zur Verfügung steht oder nicht bekannt ist, ob es überhaupt ein Dokument mit einem bestimmten Inhalt gibt.

Nach der Art der Erschließung in Katalogen werden Formal- und Sacherschließung unterschieden. Die Formalerschließung dient vor allem der Suche nach bekannten Dokumenten mit Hilfe von Literaturzitaten (Titelrecherche), die Sacherschließung vor allem der Suche nach Dokumenten ohne Kenntnis von Literaturzitaten (Problemrecherche). Um das Auffinden und Ermitteln zu ermöglichen, werden das Dokument charakterisierende Metadaten verwendet.

Die Bibliothek erwirbt und erschließt Dokumente, die physisch zum eigenen Bestand gehören. Da Bibliotheken nur einen Teil der Informationen, die gesucht werden, selbst vorhalten können, ist es erforderlich, den Zugang zu anderen Informationen zu schaffen. Diesen Zugang eröffnen Kataloge anderer Bibliotheken, die über elektronische Netze erreichbar sind und der Zugriff auf elektronische Dokumente, die nicht zum Bestand der jeweiligen Bibliothek gehören. Verlage bieten auch elektronische Dokumente kostenpflichtig im Netzzugriff (Fernzugriff) an, für die Zugriffsrechte (Lizenzen) erworben werden können. Auf diese Weise entsteht eine virtuelle Bibliothek, die ein möglichst großes Angebot an eigenen und fremden Informationen bereithält.

10.2 Erschließung durch Metadaten

Um Dokumente zu erschließen, werden Metadaten („Daten über Daten") verwendet. Metadaten sind Suchbegriffe, die den Dokumenten vom Produzenten beigegeben werden oder in einem bibliothekarischen Erschließungsvorgang intellektuell oder maschinell erzeugt werden. Traditionell gibt es in Büchern Metadaten in Form von Titelangaben (auf dem Titelblatt oder an einer sonstigen Titelstelle), Inhaltsverzeichnissen, Klappentexten oder Registern. Besondere Formen von Metadaten mit teilweise wertendem Charakter sind Rezensionen, Abstracts oder Bibliographien. Aus Sicht der bibliothekarischen Tradition sind Metadaten das Ergebnis der Formal- und der Sacherschließung; dazu gehören vor allem Personennamen, Körperschaftsnamen, Sachtitel, Erscheinungsorte, Erscheinungsjahre, Namen von Verlegern und Druckern, Schlagwörter, Gattungsbegriffe, Notationen. In elektronischen Katalogen kann das Inhaltsverzeichnis als Image oder als Text, bei alten Drucken auch Titelseiten (key-pages) als Images die üblichen Metadaten ergänzen.

Unter dem Titel versteht man im Allgemeinen die Daten, die der Hersteller der Publikation (Verfasser, Übersetzer, Bearbeiter, Herausgeber oder Verleger) in der Titelei oder an einer spezifischen Stelle des Dokumentes beigibt. Abgesehen von anderen Bedeutungen ist der Titel der „Name" eines Werkes der Literatur, der Musik oder der bildenden Kunst. Er ist die kürzeste Beschreibung eines Buches oder Dokumentes. Der (Sach)titel ist ein fester, gesetzlich geschützter Bestandteil des betreffenden Werkes. Im Allgemeinen und im bibliothekarischen Bereich wird das Wort Titel in unterschiedlichen Bedeutungen verwendet. So werden die Bezeichnungen „Titel" und „Sachtitel" im Deutschen häufig gleichbedeutend verwendet. Mit „Titel" wird auch die Gesamtheit aller bibliographischen Angaben auf dem Titelblatt oder auch das Titelblatt selbst bezeichnet. Als „Untertitel" oder „Zusatz zum Sachtitel" werden weitere den eigentlichen Titel ergänzende Angaben bezeichnet. Bei Nichtbuchmaterialien gibt es in der Regel eine besondere Stelle mit Titelangaben. Entsprechend den Titelangaben in Büchern sind auch den elektronischen Dokumenten Metadaten beigegeben, die maschinell lesbar sind. Der Titel ist einerseits eine Hilfe, eine bestimmte Publikation identifizieren und zitieren zu können, andererseits ein Mittel, zum Lesen oder Kaufen des Buches anzureizen. Die formale Erschließung setzt voraus, dass die Titeldaten erfasst, interpretiert und gegebenenfalls ergänzt werden. Die sachliche Erschließung setzt voraus, dass der Inhalt unabhängig von den Titeldaten analysiert und in geeignete Suchbegriffe (Schlagwörter oder Notationen) umgesetzt wird.

10.2.1 Bibliographische Daten

Bibliographische Beschreibung

Bibliographische Daten bezeichnen Daten, die den Dokumenten beigegeben sind und aus dem Dokument unmittelbar entnommen werden können. Neben dem Titel im engeren Sinn gehören insbesondere Angaben zu Verfassern, anderen beteiligten Personen (Herausgeber, Übersetzer, Kommentatoren, Bearbeiter), zum Produzenten (Verlag, Erscheinungsort, Erscheinungsjahr, ISBN), zum Umfang (Seitenzahl, Abbildungen, Beigaben) und zur physischen Form (bei Nichtbuchmaterialien) dazu. Für das Zitieren der bibliographischen Daten gibt es die *International Standard Bibliographic Description* (ISBD). Sie verfolgt drei Ziele: „The primary purpose of the International Standard Bibliographic Description (ISBD) is to aid international communication of bibliographic information by (i) making records from different sources interchangeable, so that records produced in one country can be accepted easily in library catalogues or other bibliographic lists in any other country; (ii) assisting in the interpretation of records across language barriers, so that records produced for users of one language can be interpreted by users of other languages; and (iii) assisting in the conversion of bibliographic records to machine readable form." Die ISBD wurde zuerst in einer Veranstaltung der IFLA 1969 in Kopenhagen vorgestellt und ist seitdem in mehreren Ausgaben für unterschiedliche Publikationsformen erschienen: ISBD(G): General, ISBD(M): Monographic publications, ISBD(S): Serials, ISBD(CM): Cartographic materials, ISBD(NBM): Non-book materials, ISBD(A): Older monographic publications (Antiquarian), ISBD(PM): Printed music, ISBD(ER): Electronic resources.

Die Charakteristika der ISBD sind (1) die genormte Abfolge der bibliographischen Daten, unabhängig von der Abfolge in der Vorlage, (2) die strikte Trennung von Vorlage- und Ansetzungsformen (die Köpfe für Haupt- und Nebeneintragungen sind nicht Gegenstand der ISBD) und (3) die Trennung der Daten durch bestimmte Trennzeichen, und zwar Deskriptionszeichen zwischen und innerhalb der Gruppen. Die ISBD hat sich mit ihrer analytischen Vorgehensweise, die bibliographischen Daten zu strukturieren, als „EDV-freundlich" erwiesen. Die bibliothekarischen Datenformate haben sich an der ISBD orientiert. Für die maschinenlesbar in Datenfeldern (Kategorien) erfassten Katalogdaten können die Deskriptionszeichen für die Anzeige automatisch erzeugt werden.

Alle neueren Regelwerke für alphabetische Katalogisierung haben die ISBD übernommen. Die ISBD hat weltweit zu einer Vereinheitlichung der alphabetischen Katalogisierung geführt, die Kategorisierung der bibliographischen Daten unterstützt und den Datentausch gefördert. Trotz des internationalen Ansatzes der ISBD kommt es in den Fußnoten und in der Umfangsangabe zu nationalsprachigen Bezeichnungen und Wendungen. Beispiele: „Einheitssacht.: ...", „Parallelt.: ...", „Text dt. und franz.", „Enth. außerdem: ...", „Literaturverz. S. ... - ...", „Zugl.: Leipzig, Diss., 1968", „1. Aufl. u.d.T.: ...", „Suppl. zu: ...", „S." (für Seiten), „zahlr. Ill.", „graph. Darst."

In Onlinekatalogen sind für die Anzeige der Treffer gewöhnlich ein Kurzformat und ein Vollformat vorgesehen. Das Kurzformat wird automatisch erzeugt. Meistens wird es auf den ersten Verfasser- oder Urhebernamen, den Hauptsachtitel, das Erscheinungsjahr sowie die Signatur beschränkt. In manchen Onlinekatalogen wird als Anzeigeformat anstelle der ISBD eine formatierte Aufnahme (mit einleitenden Wendungen wie „Verfasser:" und „Titel:") oder eine kategorisierte Aufnahme (mit Feldnummern des Datenformats) angeboten.

Formale Erschließungsdaten

Das Grundanliegen der Formalerschließung ist es, für jedes nachzuweisende und zu erschließende Dokument eine bibliographische Beschreibung zu erstellen und die Suchbegriffe (access points) festzulegen. Die bibliographische Beschreibung verwendet zunächst Daten, die dem Dokument beigegeben sind, in der Regel in der vorliegenden Form, ergänzt sie aber bei Bedarf (Beispiel: Ermittlung des Originalsachtitels und des Erscheinungsjahres) und bringt sie in eine standardisierte Form (Beispiele: Erscheinungsvermerk, Umfangsangabe, physische Beschreibung). Für die Suchbegriffe sind in der Regel Ansetzungsformen zu bilden. Für Personen- und für Körperschaftsnamen gibt es nationale und regionale Normdateien als Ansetzungshilfe, für ältere Drucke auch Normdateien für Erscheinungsorte und Verleger bzw. Drucker. Manche Daten werden je nach Regelwerk und Datenformat in kodierter Form erfasst, zum Beispiel:

- Sprache des Dokuments (ISO 639)
- Dokumentart (Ausstellungskatalog, Bibliographie, Festschrift, Dissertation, Gesetzesausgabe, Kongress-Schrift, Landkarte, Lehrbuch, Notendruck, Forschungsbericht, Wörterbuch usw.)
- Medientyp (Druckschrift, Handschrift, audiovisuelles Medium, Mikromaterial, digitales Dokument, Video, CD-ROM, DVD usw.)
- Erscheinungsweise (begrenztes ein- oder mehrbändiges Werk, fortlaufendes Sammelwerk wie Zeitschrift, Schriftenreihe oder Zeitung, bibliographisch unselbständiges Werk wie Aufsatz in einer Zeitschrift, Stücktitel als Teil einer Schriftenreihe, Loseblattausgabe usw.)

Als formale Erschließungsdaten gelten auch Identifikationsnummern wie ISBN (International Standard Book Number), ISSN (International Standard Serial Number), ISMN (International Standard Music Number), Reportnummer, Normnummer (DIN, EN, ISO), Fingerprint, DOI (Digital Object Identifier), URL (Uniform Resource Locator) und Nummer einer Normdatei.

Stichwörter

Eine besondere Qualität des Onlinekatalogs gegenüber konventionellen Katalogen ist die Suche unter Stichwörtern. Als Stichwörter bezeichnet man gewöhnlich Wörter aus Titeln. Im Allgemeinen erlaubt die OPAC-Software, die Datenfelder zu bestimmen, aus denen die Stichwörter für die Freitextsuche genommen werden. Letztlich kann jedes Wort einer Titelaufnahme für die Suche als Stichwort gewählt werden. Die in den konventionellen Katalogen ausgeprägte Unterscheidung zwischen Alphabetischem Katalog und Schlagwortkatalog

spielt für die Suche in Onlinekatalogen eine eher untergeordnete Rolle. Die Suche mit Stichwörtern ist je nach Fragestellung und Zielvorstellung eine
- eher einfachere und weniger anspruchsvolle Stufe der Problemrecherche;
- Suche mit nicht normiertem Vokabular (mit allen damit verbundenen Unwägbarkeiten, Zufälligkeiten und Redundanzen);
- Suche, die Ähnliches erwarten lässt wie Stichwortregister in Büchern;
- hoch spezialisierte Suche nach Wörtern (gegebenenfalls in mehreren Sprachen), die für ein bestimmtes Wissenschaftsgebiet oder für Publikationen eines bestimmten Erscheinungszeitraumes charakteristisch sind.

In der Praxis ergänzen sich Stichwort und Schlagwort gegenseitig. Beispiel für unterschiedliche Sucherergebnisse in einem Katalog mit Stichwort- und Schlagwortsuche:

Suchfrage: Stichwörter FARBE + ARCHITEKTUR
Ergebnis: n Treffer mit „Farbe"
n Treffer mit „Architektur"
Schnittmenge = 0 Treffer
Suchfrage: Schlagwortketten mit „Farbe" und Schlagwortketten mit „Architektur"
Ergebnis: Treffer für folgende Titelsätze:
Arquitectura y color
Baugestaltung mit Farbe
Les couleurs de l'Europe
Color in interior design and architecture
Il colore costruito
Die Farben der Architektur
Kleur en architectuur
Les raisons de la couleur dans les espaces de vie et de travail
Putz und Farbigkeit an mittelalterlichen Bauten
Über das Farbliche

Inhaltliche Erschließungsdaten

Das Grundanliegen der Sacherschließung ist es, Dokumente auch ohne Kenntnis der bibliographischen oder formalen Daten auffindbar zu machen. Als inhaltliche Erschließungsdaten, Sacherschließungsdaten oder inhaltliche Suchbegriffe sind zu verstehen Schlagwörter, Gattungsbegriffe und Notationen. Bei der Sach- oder Problemrecherche ist die Suchfrage in die Art und Form der verwendeten Inhaltskennzeichnung umzusetzen. Es sind eine spezielle Erfahrung und Kenntnis notwendig, um unter Schlagwörtern und Notationen erfolgreich suchen zu können.

Bei *Schlagwörtern* steht die punktuelle Suche im Vordergrund, weil die Schlagwortregelwerke im Allgemeinen dem Prinzip des engsten Schlagwortes verpflichtet sind. Verweisungen von nicht gewählten Bezeichnungen (zum Beispiel bei Synonymen) und teilweise auch von Ober- und Unterbegriffen sind wichtige Hilfen. Die zu verwendenden Begriffe können durch eine Normdatei kontrolliert oder durch einen Fachthesaurus mit einem festen Begriffskanon vorgegeben werden. Die Suche mit Schlagwörtern ist (im Gegensatz zu der Suche mit Stichwörtern) eine
- eher anspruchsvolle Suche mit normiertem Vokabular, das ein redundanzfreies und, sofern der gesamte einschlägige Bestand beschlagwortet ist, umfassendes Ergebnis erwarten lässt;

10.2 Erschließung durch Metadaten

- Suche mit einem Vokabular, das die gegenwärtig in deutschsprachigen Nachschlagewerken übliche Terminologie aufgreift;
- Suche mit deutschsprachigen Suchbegriffen auch für fremdsprachige Literatur;
- Suche, die vor allem bei Titeln greift, deren Fassung über den Inhalt keine oder nur sehr ungenaue Auskunft gibt.

Eine besondere Art inhaltlicher Suchbegriffe stellen *Gattungsbegriffe* dar. Für alte Drucke gelten sie als ein angemessenes Verfahren der inhaltlichen Erschließung zur Ergänzung der Suche unter Stichwörtern. Teilweise sind es Formalbegriffe wie im Schlagwortkatalog (beispielsweise Bibliographie, Briefsammlung, Kochbuch), teilweise eher weite Sachbegriffe (beispielsweise Architektur, Physik, Theologie). Für das *Verzeichnis der im deutschen Sprachraum erschienenen Drucke des 17. Jahrhunderts (VD 17)* werden dreierlei Arten von Gattungsbegriffen vergeben: (1) Allgemeine Begriffe (Biographie, Gelegenheitsschrift, Streitschrift, Zeitung und dergleichen), (2) Schul- und Hochschulschriften und (3) Fachspezifische Begriffe (Flugschrift, Messrelation, Emblembuch, Fürstenspiegel, Perioche, Tischzucht, Gebetbuch, Itinerar, Praktik und dergleichen).

Bei *Notationen* steht eine hierarchische Suche im Vordergrund, da durch eine Klassifikation der Wissensgebiete eine Ordnung zur Verfügung steht, die das Umfeld eines bestimmten Fachgebietes im Zusammenhang darstellt. Für die systematische Suche ist ein ausreichender verbaler Zugang anzubieten.

10.2.2 Besitzerspezifische Daten

Bibliographische Daten beziehen sich auf alle Exemplare einer Ausgabe, besitzerspezifische Daten (Lokaldaten) nur auf ein bestimmtes Exemplar. Zu den besitzerspezifischen Daten gehören vor allem Signaturen, Standortangaben, Bemerkungen zum Exemplar (Exlibris, autographe Widmung, Angaben über Vorbesitzer, Besonderheiten des Einbands und dergleichen) und Ausleihdaten. Bei Zeitschriften können auch Bestandsdaten als besitzerspezifische Daten behandelt werden. Sacherschließungsdaten gelten als bibliographische Daten, wenn sie von allen Bibliotheken eines Bibliotheksverbunds nach einheitlichen Grundsätzen erstellt werden.

10.2.3 Strukturierung der Metadaten

Mit der Datenverarbeitung hat es sich als notwendig und nützlich erwiesen, die Katalogdaten analytisch zu erfassen. So ist an den Feldnummern zu erkennen, ob es sich beispielsweise um den Hauptsachtitel, den Zusatz, den Gesamttitel, den Namen des ersten Verfassers, den Erscheinungsort usw. handelt. Für die Verarbeitung der Daten und die gezielte Suche ist dieses Verfahren unerlässlich. Bibliothekarische Datenformate bestehen aus einigen hundert Feldern (Kategorien). Die Datenformate haben sich jeweils an den nationalen Regelwerken und an der ISBD orientiert.

In Deutschland ist für den Datentausch das *Maschinelle Austauschformat für Bibliotheken (MAB)* entstanden. Zunächst war MAB nur für den Austausch bibliographischer Daten gedacht. Inzwischen hat es sich auch zu einem Kommunikationsformat entwickelt, beispielsweise für den Datentransport zwischen dem Verbundsystem und den lokalen Systemen. Für diese Zwecke musste das Format entsprechend erweitert werden. Die Internformate deutscher Verbundkataloge basieren im Wesentlichen auf dem MAB-Format. MAB besteht aus folgenden Teilformaten: MAB-TITEL für bibliographische Titeldaten, MAB-PND für Personennamen, MAB-GKD für Körperschaftsnamen, MAB-SWD für Schlagwörter, MAB-LOKAL für Lokaldaten, MAB-NOTAT für Notationen. Jedem bibliographischen Element, das für die Katalogverarbeitung benötigt wird und identifizierbar sein muss, wird eine Feldnummer (Kategorienummer) zugeordnet. Ein Datenfeld besteht nach MAB aus der dreistelligen Feldnummer, dem einstelligen Indikator (Blank oder Kleinbuchstabe), den variablen Daten (Feldinhalt) und dem Feldendezeichen. In einigen Fällen wird ein Feld (durch definierte Trennzeichen) in Unterfelder aufgeteilt. Ein Charakteristikum von MAB sind die verschiedenen Arten von Datensätzen, die durch Satztypen gekennzeichnet werden, zum Beispiel: Der Hauptsatz enthält die Aufnahme eines einbändigen Werkes oder die Gesamtaufnahme eines mehrbändigen Werkes. Der Untersatz enthält die Aufführung eines Teiles eines mehrbändigen Werkes. Der Exemplarsatz enthält die Lokaldaten für ein Exemplar einer Ausgabe. MAB kann durch Verwendung von Identifikationsnummern sowohl die Beziehungen zwischen Datensätzen einer MAB-Datei (beispielsweise Hauptsätze und Untersätze von mehrbändigen Werken in MAB-TITEL) wie auch Beziehungen zwischen Datensätzen verschiedener MAB-Dateien (beispielsweise Hauptsätze aus MAB-TITEL, Schlagwortsätze aus MAB-SWD und Exemplarsätze aus MAB-LOKAL) darstellen.

Für den internationalen Datentausch wurde das Format *Universal Machine Readable Catalogue (UNIMARC)* entwickelt. Alle nationalen Datenformate sollten eine UNIMARC-Schnittstelle besitzen. MARC 21, eine Harmonisierung der verschiedenen MARC-Formate, verwendet „Subfields" (Teilfelder, die mit einem Dollarzeichen und einem Kleinbuchstaben beginnen). Die Datenstrukturen sind weitgehend an den traditionellen Katalogformen orientiert. Ein MAB- oder ein MARC-Datensatz ist so aufgebaut, dass maschinell auch Haupteintragungen (Einheitsaufnahmen), Nebeneintragungen und Verweisungen für Karten- und Listenkataloge gebildet werden können. Aus der Gliederung nach Datenfeldern kann automatisch die ISBD-gemäße Anzeige erzeugt werden.

Es gibt eine größere Anzahl von Formaten für Metadaten bzw. von Konzepten, wie Metadaten elektronischer Dokumente anzugeben und abzubilden sind. Ein im bibliothekarischen Bereich entstandenes Metadaten-Format ist *Dublin Core (DC)*. Es entstand 1995 als Ergebnis eines Workshops in Dublin/Ohio und legt Elemente für die Beschreibung von Dokumenten oder dokumentartigen Objekten im Fernzugriff fest, um die Identifizierung im Internet und den Zugriff zu erleichtern. Das Ziel ist es, einen überschaubaren und international verständlichen Satz von Metadaten-Elementen zu definieren, der es Autoren und Informationsanbietern erlaubt, ihre Werke selbst zu beschreiben. Folgende Elemente werden für die Dokumentbeschreibung empfohlen: Title (Sachtitel, Zusätze zum Sachtitel), Author or Creator, Subject and Keywords (Schlagwörter, Stichwörter, Notationen), Description (Inhaltsangabe, Abstract), Publisher, Other Contributors (Sonstige beteiligte Personen und Körperschaften), Date, Resource Type, Format (Physische Beschreibung der Datei), Identifier (ISBN, ISSN, DOI, URL), Source (Datenquelle, Herkunftsangaben), Language (Sprache des Dokumentes), Relation (Beziehung zu anderen Dokumenten, Titel von Bezugswerken), Coverage (Räumliche oder zeitliche Maßangaben, auch Angaben zur Erscheinungsweise), Rights (Copyright-Angaben, Benutzungsbedingungen, auch redaktionelle Bemerkungen). Im Jahr 2000 wurde Dublin Core als europäische CEN-Norm verabschiedet. Die Beschränkung auf diese Elemente wird zunächst als ausreichend empfunden, weil das beschriebene elektronische Dokument selbst als Informationsquelle herangezogen werden kann. Die Elemente sind grundsätzlich optional und wiederholbar definiert. Für einige Angaben (Dokumenttyp, Physische Beschreibung, Sprache) sollten verbindliche Standards zur Verfügung stehen. Wissenschaftliche

Fachgesellschaften streben auch eigene Metadatenformate an, um die Besonderheiten ihres Faches besser einbringen zu können.

10.2.4 Zeichensatz

Maschinenlesbar erfasste Zeichen (Buchstaben, Ziffern, Interpunktionszeichen, Symbole und sonstige Zeichen, Kontroll- oder Funktionszeichen) haben einen intern-maschinellen Zahlenwert, der durch eine Binärzahl dargestellt wird. Beispielsweise enthält der in ISO 8859-1 (Latin-1, Extended ASCII) als 7-Bit-Code (2^7 = 128 Zeichen) dargestellte Zeichensatz 34 Kontrollzeichen, 26 Großbuchstaben, 26 Kleinbuchstaben, 10 Zahlzeichen, 9 Interpunktionszeichen und 23 sonstige Zeichen. Auf der Basis von acht Bits können bereits 2^8 = 256 Zeichen kodiert werden. Abgesehen davon, dass die verschiedenen Standards die Zeichen verschieden kodieren, reicht die Anzahl von 256 Zeichen für den internationalen Datentausch nicht aus. Deshalb wurde *Unicode* als internationaler Standard erarbeitet, um alle Schriften eindeutig und einheitlich kodieren zu können. Unicode versucht seit 1988, möglichst alle graphischen Zeicheninventare in einem universellen System auf der Basis von 16 Bits zusammenzufassen. Wegen der besseren Lesbarkeit werden die Unicode-Zeichen in hexadezimaler Schreibweise mit vorangestelltem „U+" dargestellt. Beispiel: Õ = Latin capital letter O with tilde, verschlüsselt als U+00D5. Für die maschinelle Schriftkodierung ist der Zusammenhang von maschineninterner Kodierung und Ausgabe eines Zeichens wichtig. In Unicode sind drei Aspekte relevant:

- „Characters" und „Glyphs". Unicode ist eine Tabelle, die Folgen von 16 Bits den Namen von Zeichen („characters") zuordnet. „Glyphs" sind die Darstellungen der Zeichen auf Ausgabemedien wie Bildschirm oder Drucker; sie werden aus den „characters" durch die „fonts" der jeweiligen Ausgabemedien erzeugt und liegen außerhalb des von Unicode definierten Bereichs. Der „plain text" ist eine reine Folge von Unicode-Zeichen; er ist standardisiert und universell austauschbar. Der „fancy text" enthält demgegenüber auch Informationen über Fonts, Farbe und dergleichen.
- „Spacing" und „Non-spacing". In der maschinen-internen Darstellung gibt es zwar nur Folgen von 16 Bits, einige Zeichen sind aber so definiert, dass sie bei der Ausgabe keinen eigenen Platz benötigen, sondern sich auf das vorhergehende Zeichen beziehen. Beispielsweise wird A als U+0041, Å als U+00C5 und ° (combining ring above) als U+030A verschlüsselt. Im Allgemeinen bietet Unicode die Buchstaben mit Akzenten und diakritischen Zeichen als eigene Buchstaben an; es hält aber diakritische Zeichen (combining diacritical marks) für den Fall bereit, dass es für einen Buchstaben benötigt wird, der in keinem der angebotenen Zeichensätze vorkommt, oder in einer Sprache Umlaute und Buchstaben mit Trema unterschieden werden sollen.
- „Direktionalität". Maschinen-intern gibt es nur eine „Richtung" für die Anordnung der Bits. Unicode enthält aber spezielle Zeichen, die angeben, ab welcher Stelle die Richtung in der Ausgabe wechseln soll. So ist auch unabhängig von Fonts ein Wechsel der Schriftrichtung möglich, etwa bei Texten mit gemischten Schriftzeichen (beispielsweise Lateinisch und Hebräisch).

Das Prinzip von Unicode ist es, gleich aussehende Zeichen einer bestimmten Schriftart auch in der gleichen Weise zu verschlüsseln. Es gibt also keine spezielle Verschlüsselung der deutschen Umlaute und der gleich aussehenden Vokale mit Trema. Das Zeichen ü gilt für den deutschen Umlaut, das u mit Trema wie auch für entsprechend geschriebene Buchstaben in anderen Sprachen. Gleich aussehende Buchstaben verschiedener Schriftarten werden jedoch verschieden verschlüsselt (zum Beispiel das lateinische A und das griechische Alpha). Dieses Verfahren, gleiche Zeichen in der gleichen Schrift gleich zu verschlüsseln, hat Folgen bei der Suche und beim Sortieren. ISO 12199 (Alphabetical ordering of multilingual terminological and lexicographical data represented in the Latin alphabet) sieht vor, alle Buchstaben mit diakritischen Zeichen oder Akzenten nur wie die Grundbuchstaben aufzubereiten und zu sortieren. Dies vereinfacht die Eingabe der Suchbegriffe zwar radikal, hat aber zur Folge, dass beispielsweise im Deutschen viele Wörter bei der Suche nicht mehr unterscheidbar sind (etwa Bar und Bär, Rachen und rächen, Losung und Lösung, fordern und fördern).

10.2.5 Sortierung (Alphabetisierung)

Die Alphabetfolge ist als allgemein bekannte und genormte Reihenfolge eine geeignete Ordnungsmethode. In allen Buchstabenschriften gibt es ein Ordnungsalphabet, das die Buchstaben, unabhängig von deren Schreibweise (Groß- und Kleinschreibung, typographische Besonderheiten, Schriftarten, in einer feststehenden Abfolge enthält. Den Alphabeten in lateinischer Schrift liegt ein Ordnungsalphabet mit 26 Buchstaben zugrunde. Im Deutschen sind für das Alphabetisieren zusätzliche Regelungen für die Umlaute ä, ö, ü sowie das ß zu treffen. Allgemein ist auch zu regeln, wie mit nichtlateinischen Buchstaben, Symbolen, sonstigen Zeichen und Ligaturen zu verfahren ist.

Die Umlaute werden in Bibliothekskatalogen des deutschsprachigen Raumes traditionell als Grundbuchstabe + E behandelt, weil dies auch die alternative Schreibweise ist. Bei der Suche in elektronischen Bibliothekskatalogen des deutschsprachigen Raumes kann auf der Tastatur wahlweise ü oder ue eingegeben werden. In den nichtbibliothekarischen Verzeichnissen mit alphabetischer Sortierung wird im deutschsprachigen Raum teilweise die so genannte lexikalische Methode angewendet, nach der Umlaute wie die betreffenden Grundbuchstaben geordnet werden, also ä = a, ö = o, ü = u. DIN 5007 (Teil 1, 1991) lässt für „Namensverzeichnisse" die Sortierung Grundbuchstaben + E bei den Umlauten zu. Die Regelung, Umlaute wie die Grundbuchstaben zu sortieren, ist nicht unproblematisch, weil die geltende deutsche Rechtschreibung die alternative Schreibweise der Umlaute als Grundbuchstabe + E vorsieht und diese angewendet wird, wo die Umlaute im Zeichensatz nicht vorgehalten werden. Die lexikalische Methode ist in deutschsprachigen Wörterbüchern sowie Nachschlagewerken und Enzyklopädien üblich. Sie ist nur praktikabel, wenn die Rechtschreibung einheitlich ist, also die Alternativschreibung ae anstelle von ä nicht vorkommt. Die deutsche Sprache enthält eine nicht geringe Anzahl von Wörtern, die sich nur durch den Umlaut unterscheiden, beispielsweise: achten / ächten, dampfen / dämpfen, fallen / fällen, Kur / Kür, lahmen / lähmen, nahe / Nahe / Nähe, Sage / Säge, saugen / säugen, Schlager / Schläger, Wahlen / wählen. Besonders gravierend wirkt sich das bei Personennamen aus, deren verschiedene Schreibweisen auch verschiedene Personen bezeichnen, beispielsweise Günther Ücker und Günther Uecker, Birgit Schäfer und Birgit Schaefer.

In Katalogen des nicht deutschsprachigen Raumes werden die deutschen Umlaute im Allgemeinen wie Buchstaben mit Trema behandelt. Das führt bei der Datenübernahme und der Suche zu Problemen. In der Datenbank Hand Press Book des Consortium of European Research Libraries werden – wie in manchen Internet-Suchmaschinen – die Umlaut- bzw. Tremabuchstaben doppelt indexiert. Das erlaubt eine Recherche des Wortes Österreich unter „Österreich",

10.2 Erschließung durch Metadaten

„Osterreich" und „Oesterreich". In Katalogen mit überwiegend deutschen Titeln ergibt sich bei Doppelindexierung allerdings eine erhebliche Anzahl von irrelevanten Treffern.

In nichtdeutschen Ordnungsalphabeten finden sich Abweichungen, wenn in den betreffenden Sprachen Buchstaben mit diakritischen Zeichen verwendet werden, um Laute darzustellen, für die das lateinische Alphabet mit 26 Buchstaben nicht ausreicht. In Wörterbüchern, Bibliographien, Nachschlagewerken und anderen in Listenform alphabetisch angelegten Verzeichnissen werden eigene Ordnungsalphabete verwendet. Beispiele: Im dänischen Ordnungsalphabet werden die Buchstaben Æ (ältere Schreibweise Ä), Ø (ältere Schreibweise Ö) und Å (ältere Schreibweise AA) nach dem Z angefügt: A B C ... X Y (= Ü) Z Æ (= Ä) Ø (= Ö) Å (= Aa). Im spanischen Ordnungsalphabet werden die Sonderbuchstaben Ch, Ll (doppeltes L) und Ñ (N mit Tilde) nach den betreffenden „Grundbuchstaben" eingeschoben. Im türkischen Ordnungsalphabet werden die Sonderbuchstaben mit diakritischen Zeichen nach den betreffenden Grundbuchstaben eingeschoben; entsprechend werden auch das ı (ohne Punkt) und i (mit Punkt) behandelt. Im ungarischen Ordnungsalphabet werden die Sonderbuchstaben Cs, Gy, Ly, Ny, Ö/Ő, Sz, Ty, Ü/Ű und Zs nach den betreffenden Grundbuchstaben eingeschoben. Die Sonderbuchstaben Gy, Ny, Sz, Ty und Zs wirken sich auf die Ordnung aber praktisch nicht aus.

Formale Ordnungsmethoden bedienen sich der beiden allgemein verbreiteten und bekannten Ordnungsmittel, nämlich der Alphabetreihe und der Zahlenfolge. Die alphabetische und die numerische Ordnung haben traditionell ihre Bedeutung für Kartenkataloge und Listenkataloge sowie für Bibliographien und Nachschlagewerke in Buchform; sie werden aber auch benötigt für alphabetisch geordnete Indizes in elektronischen Katalogen und sortierte Trefferlisten in Onlinekatalogen. – In konventionellen Katalogen und Verzeichnissen kommt es darauf an, bei der Suche das Ordnungsalphabet aktiv zu beherrschen. In maschinenlesbaren Katalogen kommt es mehr darauf an, bei der Suche die Suchbegriffe in einer bestimmten Schreibweise selbst einzugeben. Für manche Suchverfahren über Indizes und Wörterverzeichnisse sowie die Durchsicht umfangreicher Trefferlisten ist es jedoch auch in maschinenlesbaren Katalogen hilfreich, das zugrunde liegende Ordnungsalphabet zu kennen.

Texte enthalten auch hybride Elemente. Damit ist die Verwendung von Ziffern, Symbolen oder anderen Zeichen anstelle von Wörtern gemeint. Besonders viele Zeichen und Symbole kommen in mathematischen und naturwissenschaftlichen Formeln vor, die mit den für Bibliothekskataloge üblichen Zeichensätzen teilweise nicht darstellbar sind. Beispiele für nichtalphabetische Elemente: § (Paragraph), % (Prozent), & (und), + (und oder plus), - (bis oder minus), CO_2 (Kohlendioxid), 1 x 1 (Einmaleins oder ein mal eins).

Dieser Sachverhalt ist für Katalogdaten und die Recherche nicht unerheblich, denn:

- Bei der Suche ist nicht immer klar, ob als Suchbegriff das Wort oder das betreffende Zeichen bzw. die betreffende Ziffer zu verwenden ist. Ältere Regelwerke haben Ziffern und Zeichen als Bestandteile des Sachtitels im Allgemeinen in Wörter aufgelöst, also Ansetzungs- bzw. Suchformen gebildet. Neuere Regelwerke tendieren dazu, den Sachtitel möglichst in der vorliegenden Form anzusetzen.
- Für Ordnungszwecke werden traditionell nur Buchstaben (mit ihrem alphabetischen Wert) und Ziffern (mit ihrem numerischen Wert) herangezogen.
- Manche Symbole, insbesondere naturwissenschaftliche Formeln, können nicht oder nur teilweise wiedergegeben werden.
- Über die Tastatur können außer Buchstaben und Ziffern im Allgemeinen nur sehr wenige Zeichen und Symbole eingegeben werden.

Für elektronische Kataloge ist zu klären, wie mit nichtalphabetischen und nichtnumerischen Zeichen zu verfahren ist. Das wirft Fragen auf, die von den Regelwerken und den in Onlinekatalogen eingesetzten Softwareprogrammen weder einheitlich noch in allen Fällen zweckmäßig beantwortet werden.

10.2.6 Rechtschreibung

Die Rechtschreibung (Orthographie) unterliegt einem ständigen Wandel, auch im heutigen Deutsch. Die neue deutsche Rechtschreibung, die nach einer Übergangszeit von 1998 bis 2005 in Kraft treten soll, hat in der Öffentlichkeit ein großes Echo hervorgerufen. Eintragungen in Bibliothekskatalogen, soweit in ihnen Titel aus einem längeren Zeitraum nachgewiesen sind, spiegeln die Geschichte der Rechtschreibung. Beispiele für verschiedene Schreibungen im Deutschen: Attacke/Attaque, Brot/Brod, Dublette/Doublette, Ernte/Erndte, Ergebnis/Ergebniß, Foto/Photo, Getreide/Getraide, Herd/Heerd, Kanal/Canal, Zivil/Civil, deutsch/teutsch, Kaisertum/Kayserthumb, Krönung/Crönung. Die uneinheitliche Rechtschreibung wirkt sich bei der Suche in Katalogen erschwerend aus. Auch die unterschiedlichen Schreibweisen von Wörtern des Englischen und des Amerikanischen bereiten bei der Suche in Onlinekatalogen Schwierigkeiten, weil im Katalog nur die jeweiligen Vorlageformen berücksichtigt werden. Beispiele: archaeology/archeology, colour/color. – In den Katalogen wirken sich nur die Schreibung (Schreibweise) sowie die Zusammen- und Getrenntschreibung aus, nicht jedoch Groß- und Kleinschreibung, Silbentrennung und Interpunktion. Die alternative Schreibung von ß/ss und der Umlaute (Beispiel: München oder Muenchen) spielt keine Rolle, da sie bei der Sortierung bzw. Indexierung berücksichtigt werden kann.

Die neue deutsche Rechtschreibung lässt mehr Alternativschreibungen zu als bisher. Die Benutzung der Kataloge wird dadurch nicht erleichtert. Beispiele für Alternativschreibungen: Alptraum/Albtraum, Bibliographie/Bibliografie, Panther/Panter, Varieté/Varietee. Es wäre ein zu großer Aufwand, alle Schreibungen durch Nebeneintragungen abzudecken. Die Verweisungen dürften sich nur auf eine bestimmte Sprache beziehen. Beispiele: Thee siehe Tee (würde für das Wort „Tee" im Deutschen gelten, nicht jedoch für Homographe in anderen Sprachen, etwa im Niederländischen „Thee" = Tee oder Englischen „thee" = dich); Varieté siehe Varietee (würde für das Deutsche gelten, nicht jedoch für das Französische).

Bei älteren Drucken sind die alternativen Schreibungen u oder v und i oder j ein besonderes Problem. Die RAK versuchen, dies durch einen Ansetzungssachtitel zu lösen. Das bedeutet, dass der Sachtitel in Vorlage- und in Ansetzungsform zu erfassen ist. Beispiele: Pfalltzgrauen / Pfalzgrafen, vnnser / unser, jrer / ihrer, iar / Jahr. Die RAK-Regeln für alte Drucke und das MAB-Format (Feld 670 = Sachtitel in abweichender Orthographie, Feld 675 = Stichwörter in abweichender Orthographie) sehen die Möglichkeit vor, sowohl einzelne Stichwörter als auch den ganzen Sachtitel in heutiger Rechtschreibung zusätzlich zu erfassen.

Bei der Beschlagwortung wirkt sich die Rechtschreibreform anders aus als bei der Formalerschließung. Bei der Formalerschließung wird im Allgemeinen die Schreibung der Vorlage unverändert übernommen, bei der Beschlagwortung die Schlagwörter jedoch nach einer einheitlichen Schreibung angesetzt. Im Alphabetischen Katalog kann ein Wort aufgrund verschiedener Vorlagen in verschiedenen Schreibweisen vorkommen (Beispiel: „Foto" und „Photo", „Existentialismus" und „Existenzialismus"), im Schlagwortkatalog müssen die Schlagwörter stets einheitlich angesetzt werden (Beispiel: nicht „Differential..." und „Differenzial...", nicht „Metallverarbeitende Industrie" und „Metall verarbeitende Industrie"). Die RSWK setzen neue

Schlagwörter in neuester Rechtschreibung an. Soweit die neue Rechtschreibung Alternativschreibungen zulässt, bleibt es jedoch bei der bisherigen Rechtschreibung (also „Bibliographie" und nicht „Bibliografie").

10.2.7 Umschrift (Transliteration und Transkription)

Katalogaufnahmen in nichtlateinischen Schriften werden in maschinenlesbaren Katalogen im Allgemeinen in lateinischer Schrift erstellt. Für die Umschrift oder Wiedergabe nichtlateinischer Schriften gibt es unterschiedliche Verfahren, die als Transliteration und Transkription bezeichnet werden.

Als *Transliteration* wird die Umschrift nach einer Zeichenkonkordanz der beiden Schriften bezeichnet; sie gewährleistet die Retransliteration. In der Regel müssen diakritische Zeichen verwendet werden, wenn die 26 lateinischen Buchstaben nicht ausreichen. Die Methode der Transliteration gilt als international verwendbar und wissenschaftlich vertretbar. Beispiele für die Verwendung eines diakritischen Zeichens: griechisches E/ε → E/e, griechisches H/η → Ē/ē, kyrillisches Ч/ч → Č/č. Manchmal wird ein Buchstabe der nichtlateinischen Schrift durch zwei Buchstaben der lateinischen Schrift wiedergegeben: Beispiele für die Umschrift aus dem Griechischen: ου → u (aus zwei Zeichen wird ein Zeichen), χ → ch (aus einem Zeichen werden zwei Zeichen), der Spiritus asper am Wortanfang als „h" (Ὅμηρος → Homēros); Beispiele für die Umschrift aus dem Kyrillischen: Щ → šč, Я → ja.

Als *Transkription* wird eine von der Aussprache ausgehende Lautumschrift bezeichnet. In der Regel werden diakritische Akzente nicht benötigt. Weil die Transkription von der jeweiligen Sprache, in die transkribiert wird, abhängt, ist sie international nicht anwendbar. Beispiel für Transkriptionen: Чехов = russische Form, Tschechow = deutsche Form, Tchékhov = französische Form, Chekhov = englische Form.

Die Regelwerke wenden bei der Umschrift die Transliteration an. Die Tabellen (DIN, ISO) enthalten jedoch normalerweise keine Anweisungen für Groß- und Kleinschreibung sowie (bei Silben- und Zeichenschriften) keine Regeln für Zusammen- oder Getrenntschreibung. Für die Zeichenschriften (Chinesisch, Japanisch, Koreanisch) ist nur eine Art Transkription möglich, die aber die Originalschrift nicht ganz ersetzen kann. Für das Chinesische hat die Pinyin-Methode die ältere Wade-Giles-Methode verdrängt. Beispiele für die Umschrift aus dem Chinesischen:

Umschrift in Pinyin:	Zhonghua yixue zazhi [= National medical journal of China]
Umschrift in Wade-Giles:	Chung-hua i-hsüeh tsa-chih
Umschrift in Pinyin:	Deng Xiaoping
Umschrift in Wade-Giles:	Teng Hsiao-p'ing

Ein Bibliothekssystem muss sich entscheiden für einen umfassenden Hauptkatalog (mit der Folge, alle nichtlateinischen Schriften umzuschreiben) oder für getrennte Schriftkataloge (mit der Folge, für jede Schrift einen eigenen Katalog zu führen). Im ersten Fall muss die Transliteration dem Benutzer bekannt sein, um im Katalog suchen zu können. In Onlinekatalogen gibt es Entwicklungen, die eine Verwendung von nichtlateinischer Originalschrift und lateinischer Umschrift für Eingabe, Anzeige und Suche vorsehen. Die betreffenden Datenfelder werden jeweils zweifach belegt. Die Doppelung der Daten in Originalschrift und Umschrift ist wünschenswert, um einerseits Daten als Fremdleistungen aus Ländern mit nichtlateinischen Schriften übernehmen und andererseits solche Daten in Kataloge mit lateinischer Schrift integrieren zu können.

10.3 Erschließung in Katalogen

Die Funktionen oder allgemeinen Aufgaben der Bibliothekskataloge sind es, den Bestand im Sinne eines Inventars nachzuweisen, den Bestand zu erschließen, Kenntnisse über Literatur zu vermitteln, das Ausleihsystem zu versorgen und ein wirksames bibliothekarisches Arbeitsinstrument zu sein. Die speziellen Aufgaben der Kataloge werden durch Regelwerke definiert und bestimmt; ergänzend kommen Normdateien hinzu.

10.3.1 Allgemeine Funktionen von Katalogen

Kataloge erschließen den Bestand

Sie sollen möglichst schnell und zuverlässig über den Bestand Auskunft geben. Was Kataloge leisten können, hängt von den zugrunde liegenden Regelwerken und von der physischen Form der Kataloge (Kartenkatalog, Onlinekatalog) ab. Ausgehend von den wichtigsten Fragen, die an Bibliothekskataloge gestellt werden, ist zu unterscheiden die vom Titel ausgehende Formalerschließung (descriptive cataloguing) und die vom Inhalt ausgehende Sacherschließung (subject cataloguing). Eine andere Qualität als die traditionellen formalen und sachlichen Suchbegriffe der konventionellen Kataloge stellt im Onlinekatalog das Stichwort (keyword) dar. Es dient sowohl der formalen als auch der inhaltlichen Erschließung. Anders als das genormte und formalisierte Vokabular der Schlagwörter spiegeln die Stichwörter die Vielfalt sowohl der sprachlichen Ausdrucksmöglichkeiten als auch der Sprachen überhaupt. Je nach Fragestellung und Vorkenntnissen kann sich das bei der Katalogsuche mehr oder weniger vorteilhaft auswirken. Eine andere, die Kataloge ergänzende Methode der Bestandserschließung sind allgemeine Bestandsbeschreibungen (collection level description) mit Angaben zu inhaltlichen Schwerpunkten und Umfang des Bestandes. Solche Bestandsbeschreibungen bieten sich besonders für abgeschlossene Sammlungen an. Beispiele sind das „Handbuch der historischen Buchbestände in Deutschland" (1996 ff) und das „Handbuch der historischen Buchbestände in Österreich" (1994 ff).

Kataloge vermitteln Literatur

Texte sind ein wichtiges Mittel für den Transfer von Fachinformationen. Deshalb ist die Literatursichtung eine der ersten Aufgaben des Wissenschaftlers. Dazu gehören systematische Recherchen in Bibliothekskatalogen, das Auswerten von Referateorganen, Zeitschriften, aber auch Methoden, die eher zufällige Funde ergeben wie das Durchlaufen von Buchreihen, das Blättern in Referenzlisten, Gespräche mit Kollegen und das Durchsehen von Verlagsanzeigen. Kataloge können durch den Nachweis von Büchern über Literatur informieren und Literatur vermitteln. Durch Kataloge wird die Kenntnis von der Existenz bestimmter Bücher verbreitet. In den meisten Fällen werden im Katalog gezielt bestimmte Titel oder Literatur zu bestimmten Themen gesucht. Konventionelle Kataloge und Onlinekataloge unterstützen diese Suche. Aber auch das scheinbar ziellose und unsystematische Suchen oder Schmökern in Katalogen kann sinnvoll sein. In konventionellen Katalogen kann das Umfeld einer bestimmten Alphabet- oder Systemstelle durch Blättern oder Browsen in die Suche einbezogen werden und unverhofft zu relevanten Treffern führen. Im Gegensatz zu Bibliographien und Informationsdatenbanken haben Bibliothekskataloge im Allgemeinen den Vorteil, dass die nachgewiesene Literatur im Bestand der betreffenden Bibliothek bereitsteht, ein Ausleihvorgang angestoßen oder eine Kopie bestellt werden kann.

10.3 Erschließung in Katalogen

Kataloge versorgen das Ausleihsystem

Um die bibliothekarische Erschließungsarbeit optimal zu nutzen, sind integrierte Systeme für Erwerbung, Katalogisierung und Benutzung entstanden. In der Regel wird das Ausleihsystem durch das Katalogsystem mit Datensätzen versorgt. Im konkreten Fall soll bei einem im elektronischen Benutzerkatalog gefundenen Titelnachweis auch der Status des Dokuments ersichtlich sein, also ob es im Präsenzbestand verfügbar, ausleihbar, noch im Geschäftsgang, ausgeliehen oder vormerkbar ist.

Kataloge sind Inventarverzeichnisse

Zweck der Inventarisierung ist es, den Bestand durch den Nachweis zu sichern. Ursprünglich hatte die Verzeichnung des Bibliotheksbestandes primär die Funktion der Inventarisierung. Da dieses Inventarverzeichnis die Form einer Liste hatte, welche die Bücher in der Reihenfolge der Aufstellung enthielt, stellt ein solches Verzeichnis die älteste Katalogart dar. Heute übernehmen die Aufgabe der Inventarisierung der Standortkatalog, die automatisch gespeicherten Erwerbungsdaten oder das Zugangsbuch, letzteres auch mit haushaltstechnischen und statistischen Angaben.

Kataloge sind zentrale bibliothekarische Arbeitsinstrumente

In der bibliothekarischen Arbeit werden die Kataloge vor allem für die Erteilung von Auskünften über den Bestand, den weiteren Aufbau des Bestandes, die Revision des Bestandes sowie für die Katalogisierung selbst benötigt. Der Charakter als bibliothekarisches Arbeitsinstrument zeigt sich vor allem in Onlinekatalogen in einer Reihe von Daten, die in der Regel als interne Daten verwaltet werden. Beispiele dafür sind: Identifikationsnummern, Nummern von Normdateien, Datum der letzten Korrektur, Herkunft des Datensatzes, Erwerbungsdaten, Ausleihdaten. In bestimmten Fällen kann auch auf in Bibliographien angezeigte, jedoch nicht erschienene Bücher hingewiesen werden, wenn dies im Rahmen der Pflichtablieferung von Publikationen sinnvoll erscheint.

10.3.2 Functional Requirements

Die *Functional Requirements for Bibliographic Records* (FRBR) sind seit 1992 im Rahmen der IFLA entstanden. Sie verstehen sich als ein strukturiertes Konzept für die Darstellung bibliographischer Daten und deren Beziehungen zueinander. Sie sind ein Datenmodell, jedoch kein Regelwerk. Die bibliographischen Daten werden bestimmten Entitäten, und den Entitäten bestimmte Attribute zugeordnet. Zwischen den verschiedenen Entitäten werden Beziehungen hergestellt. Es gibt drei Gruppen von *Entitäten*:

Gruppe 1: Work (eine abgeschlossene, selbständige geistige oder künstlerische Schöpfung), Expression (die geistige oder künstlerische Realisierung einer Schöpfung, z.B. Herausgabe, Bearbeitung, Übersetzung eines Werkes), Manifestation (die physische Präsentation eines Werkes), Item (das einzelne Exemplar)
Gruppe 2: Person, Corporate Body
Gruppe 3: Concept, Object, Event, Place

Die Entitäten werden durch *Attribute* beschrieben. Grundsätzlich betreffen die Attribute die Formal- und die Sacherschließung. Der Entität Work sind 12 Attribute zugeordnet, beispielsweise der Titel (einschließlich des Einheitssachtitels), die Form (mit einer inhaltlichen

Bestimmung der Literaturgattung) und der Kontext (mit einer Beschreibung des Umfelds, in dem das Werk entstanden ist). Der Entität Expression sind 25 Attribute zugeordnet, beispielsweise die Form (Text, Film und dergleichen), die Sprache, die Entstehungszeit und die Inhaltsangabe. Der Entität Manifestation sind 38 Attribute zugeordnet, beispielsweise sämtliche Titel, die Ausgabebezeichnung und Verlagsangabe. – Die FRBR sind ein Modell für ein Regelwerk, in dem Formal- und Sacherschließung berücksichtigt und Überschneidungen, Widersprüche und Redundanzen möglichst vermieden und Beziehungen hergestellt werden.

10.3.3 Lokaler Katalog. Lokalsystem. Portal

Ein integriertes Lokalsystem besteht aus Modulen für die Katalogisierung (Eingabe von Katalogdaten auf lokaler Ebene), die Erwerbung, die Ausleihe und den Benutzerkatalog (OPAC). In der Regel werden die bibliographischen Daten im Verbundkatalog erfasst und automatisch an das Lokalsystem weitergegeben. Den bibliographischen Daten werden im Lokalsystem die Erwerbungs- und die Lokaldaten hinzugefügt. Werden Lokaldaten auch im Verbundkatalog erfasst, wird das Katalogmodul nicht benötig. In einem intergrierten Bibliothekssystem werden alle Daten nur einmal erfasst und in den jeweiligen Modulen automatisch zur Verfügung gestellt. Der elektronische Benutzerkatalog (OPAC) muss das Durchgreifen von einem Treffer auf den Text (bei elektronischen und digitalisierten Dokumenten), die Bestellung (mit Anzeige des aktuellen Buchstatus) oder einen Kopierauftrag (Papier, elektronische Post) erlauben.

Um den Zugang zu möglichst vielen (bibliographischen) Informationen und Texten zu öffnen, ist es notwendig, lokale Portale zu erstellen mit einem eleganten Zugang zu elektronischen und digitalisierten Dokumenten, zu Nachweisen in Verbundkatalogen und anderen Bibliothekskatalogen, zu Sonderkatalogen mit einer besonderen Erschließung, zu lizensierten und kostenpflichtigen Angeboten, zu virtuellen Fachbibliotheken (mit allen relevanten Informationen und Dokumenten zu einem Fachgebiet). Portale sollen unter einer einheitlichen Oberfläche eine übergreifende Suche lokal, regional, national und international anbieten.

10.3.4 Verbundkataloge

Die Verbundkataloge im deutschsprachigen Raum sind nach Vorbildern in den USA als Katalogisierungsverbünde entstanden. In Deutschland schlossen sich als erste Bibliotheken die Universitätsbibliotheken in Regensburg und in Augsburg 1970 zu einem Katalogisierungsverbund zusammen. Die Katalogisierung im Verbund steigerte einerseits die Leistungsfähigkeit der Bibliotheken, weil Doppelarbeit vermieden wird, und sie verbesserte andererseits die Dienstleistung, weil die Literatur bibliotheksübergreifend und deshalb umfassender nachgewiesen wird.

Die Deutsche Forschungsgemeinschaft hat 1980 „Empfehlungen zum Ausbau regionaler Verbundsysteme und zur Errichtung regionaler Bibliothekszentren" veröffentlicht und Vorstellungen über Aufgaben und Ausmaße eines regionalen Verbundes entwickelt. In den regionalen Verbundsystemen haben sich Bibliotheken unterschiedlicher Art und Größe, vor allem aber die Hochschulbibliotheken zusammengeschlossen. Im Allgemeinen sind die Bibliotheken mit Einführung der Datenverarbeitung in den jeweiligen Bibliotheksverbund eingetreten. Die kooperative Katalogisierung und die Nutzung von Fremddaten in einem Verbundsystem mit einer zentralen Katalogisierungsdatenbank hat die Arbeitsweise des Katalogisierens erheblich verändert. Außer dem zentralen Literaturnachweis geht es um die Abstimmung bei der

10.3 Erschließung in Katalogen

Erwerbung, Online-Bestellverfahren und die Versorgung der lokalen Bibliothekssysteme. Die Verbundsysteme haben sich zwar eigenständig und unterschiedlich entwickelt, sie arbeiten jedoch seit 1983 in der Arbeitsgemeinschaft der Verbundsysteme zusammen, um die Leistung auf technischem und bibliothekarischem Gebiet zu optimieren. Das Konzept der zentralen Datenbank für die Katalogisierung und der lokalen Systeme für OPAC, Ausleihe und Erwerbung wird von der DFG empfohlen.

Die neue Arbeitsweise und Situation des Katalogisierens im Verbundkatalog werden charakterisiert durch die Einrichtung einer Zentralredaktion, die Übernahme von Fremddaten, die Nutzung von Normdateien, die Auswirkungen einer maschinellen Dublettenprüfung, kooperative und partnerschaftliche Arbeitsmethoden sowie die Verantwortung für die Qualität aller Aufnahmen im Verbundkatalog, auch wenn kein eigener Bestand betroffen ist.

Die Aufgaben einer Zentralredaktion beziehen sich auf die Qualität der Katalogaufnahmen. Das schließt die einheitliche Anwendung der Katalogregeln, die Durchführung von Korrekturen, die Regelung schwieriger Fälle, die Verantwortung für die Nutzung von Fremddaten und die Mitarbeit an Normdateien ein. Die Korrekturberechtigung berührt die Arbeitsweise und Organisation des Bibliotheksverbundes. Es gibt vor allem zwei Modelle, die Korrekturbefugnisse zu regeln:
- Eine Aufnahme kann nur einmal oder nur in einem begrenzten Zeitraum von der einbringenden Bibliothek korrigiert werden, danach nur noch von der Zentralredaktion.
- Die Bibliotheken haben (je nach Ausbildung und Qualifikation des Personals) unterschiedliche Berechtigungsstufen. Wurde eine Aufnahme mit einer höheren Berechtigungsstufe korrigiert, kann sie von einer Person mit einer niedrigeren Berechtigungsstufe nicht mehr verändert werden.

Unter Fremddatenübernahme versteht man die Übernahme von Katalogdaten, die außerhalb des Verbundes entstanden sind und in maschinenlesbarer Form zur Verfügung stehen. Die Recherche im Verbundkatalog nach einer zu übernehmenden Aufnahme eines anderen Verbundteilnehmers und das Anhängen eines Lokalsatzes gehören zum Standardverfahren. Bei der Fremddatenübernahme können folgende Verfahren unterschieden werden:
- Die Fremddaten werden in einer eigenen Datenbank gehalten. Bei der Katalogisierung wird in der „Fremddatenbank" geprüft, ob eine entsprechende Aufnahme vorhanden ist. Im positiven Fall wird die Aufnahme in die Verbunddatenbank kopiert, gegebenenfalls korrigiert und ein Lokalsatz angehängt.
- Die Fremddaten werden in die zentrale Datenbank eingespeichert. Bei der Katalogisierung wird in der Verbunddatenbank geprüft, ab eine entsprechende Aufnahme vorhanden ist. Im positiven Fall wird ein Lokalsatz angehängt. Die nicht genutzten Aufnahmen verbleiben als bibliographische Information im Verbundkatalog, können aber nach einer angemessenen Zeit wieder gelöscht werden.
- Bei der Suche nach zu übernehmenden Aufnahmen wird eine Recherche in einem geeigneten anderen Verbund durchgeführt. Wird eine Aufnahme gefunden, kann sie über eine geeignete Schnittstelle (Beispiel: Z 39.50-Protokoll) konvertiert, in das eigene System kopiert, gegebenenfalls verändert und um die Lokaldaten ergänzt werden.

Die Bewertung der Fremddatenübernahme bemisst sich danach, ob die Fremddaten nach dem eigenen oder einem fremden Regelwerk erstellt wurden. Bei nach dem eigenen Regelwerk erstellten Fremddaten sind Retrieval und Nutzung optimal organisierbar. – In amerikanischen

Bibliotheken gibt es eine Arbeitsteilung nach „Original Cataloging" und „Copy Cataloging", weil der Anteil an zu übernehmenden Aufnahmen sehr hoch ist und die Datenübernahme der Normfall ist. Von den Copy Catalogers werden elementare Kenntnisse des Regelwerks und des Datenformats erwartet, von den hochqualifizierten Original Catalogers jedoch die Beherrschung des Regelwerks, des Datenformats, der Normdaten sowie entsprechende Fremdsprachenkenntnisse. In deutschen Bibliotheken hat sich diese Arbeitsteilung weniger durchgesetzt, weil in vielen Bibliotheken der integrierte Geschäftsgang (für Bestellung, Akzession und Formalkatalogisierung) eingeführt ist, der andere Aufgabenteilungen ermöglicht. Entscheidend ist die Suche nach einem für die Übernahme geeigneten Datensatz bereits bei der Bestellung und die Berücksichtigung der Normdateien. Die Datenübernahme in den Bibliotheken des deutschsprachigen Raums ist derzeit geprägt durch
- die Akzeptanz und den Nutzungsgrad von Daten aus Ländern mit anderen Katalogregeln und in anderen Datenformaten, vor allem aus dem englischsprachigen Raum;
- die technischen Bedingungen, Fremddaten in die Verbunddatenbank einzuspeichern;
- den Aufwand, bei mehrbändigen Werken die hierarchischen Verknüpfungen herzustellen;
- den Aufwand, die regionalen Dateien mit den überregionalen Normdateien abzustimmen;
- den Aufwand für die Sacherschließung, weil in diesem Bereich nur wenig Fremddaten vorhanden bzw. unverändert zu übernehmen sind.

Die maschinelle Dublettenprüfung (duplication check) soll verhindern, mehrere Aufnahmen für gleiche Ausgaben in der Datenbank zu speichern. Da Aufnahmen auf zweierlei Weise in die Datenbank kommen, kann man auch zweierlei Arten von Dublettenprüfung anwenden: Offline-Einspeicherung (Beispiele dafür sind die regelmäßige Einspeicherung von Fremddaten und die einmalige Einspeicherung der Daten einer Bibliothek, die einem bestehenden Online-Verbund beitritt) und Online-Katalogisierung (Beispiel dafür ist die Neuaufnahme im Online-Verfahren als Standardmethode). Bei der Offline-Einspeicherung muss die Dublettenprüfung auf die Besonderheiten der hinzukommenden Daten (angewandte Regeln, lokale Abweichungen, Datenformat) abgestimmt werden. Bei größeren Datenmengen sind identische Aufnahmen nach Möglichkeit maschinell zusammenzuführen. Bei der Online-Erfassung muss die Dublettenprüfung nur auf die in der Datenbank angewandten Regeln Rücksicht nehmen; sie kann einfacher als bei der Offline-Einspeicherung sein. Bei entsprechender Identität wird die Neuaufnahme zunächst nicht akzeptiert. Nach einer intellektuellen Prüfung wird entweder ein Lokalsatz an eine bereits vorhandene Aufnahme angehängt oder die Neuaufnahme bewusst eingespeichert, weil die maschinelle Dublettenprüfung zu grob ist und nicht in allen Fällen zum richtigen Ergebnis führt.

10.3.5 Elektronischer Benutzerkatalog (OPAC)

Maschinenlesbare Katalogdaten können in einem elektronischen Benutzerkatalog (**O**nline **P**ublic **A**ccess **C**atalogue) mit einer speziellen Oberfläche angeboten werden. Da die existierenden Regelwerke keine Standards oder Empfehlungen für den OPAC enthalten, sind die elektronischen Publikumskataloge sehr unterschiedlich. Empfehlungen für *Guidelines for OPAC displays* werden in der IFLA beraten. Die Unterschiede zwischen den OPACs erklären sich durch die jeweils zur Verfügung stehende Software. Sie betreffen vor allem
- den Grad der Aktualisierung (Versorgung aus der Katalogisierungsdatenbank),
- die Anzahl und Art der Suchbegriffe (Indexierungsverfahren),

- die Anzeigeformen der Aufnahmen,
- die Anzahl und Kombinationsmöglichkeiten der Suchbegriffe,
- die feld- oder dokumentbezogene Freitextsuche,
- die Wahl zwischen Standard- und Expertensuche.

Bei der Standardsuche (einfache Suche, simple search) sind die Suchbegriffe im Allgemeinen in formularartig angeordnete Felder oder Masken einzugeben. Bei der Expertensuche (advanced search) stehen meistens mehr Arten von Suchbegriffen zur Verfügung, die durch Codes zu qualifizieren sind; außerdem können Boolesche Operatoren verwendet werden, um die gewünschte Beziehung der Suchbegriffe auszudrücken. Für die Suche im OPAC muss der Benutzer die Suchbegriffe über eine Tastatur eingeben. Dem Blättern im Karten- oder Listenkatalog entspricht das Durchsehen von sortierten Trefferanzeigen und Indizes. – Der OPAC ist als eine wichtige bibliothekarische Dienstleistung über das Internet anzubieten. Damit erfüllt er seine Aufgabe als Benutzerkatalog am wirkungsvollsten, weil der Katalog zeit- und ortsunabhängig in Anspruch genommen werden kann.

Für den Sucherfolg mit Stichwörtern im Onlinekatalog ist die Definition des Stichwortes von ausschlaggebender Bedeutung. Zum einen ist zu klären, welche Zeichen außer Buchstaben und arabischen Ziffern konstitutiv sind, zum anderen, wo das einzelne Stichwort anfängt und aufhört. Hier spielen die erfassten Vorlage- und Ansetzungsformen und die eingesetzte Software zur Aufbereitung der Eingabe- und Indexbegriffe eine wichtige Rolle. Zu den Such- und Anzeigefunktionalitäten sollten gehören:
- Trunkierung des Suchbegriffs (links, Mitte, rechts)
- Stringsuche (exakte Anzahl und Abfolge der Wörter des Sachtitels)
- Phrasensuche (benachbarte Stellung von Suchbegriffen)
- Feldbezogene und dokumentbezogene Suche
- Freitextsuche
- Fehlererkennungsprogramm (Approximative Suche)
- Verfahren bei hohen Treffermengen (Ranking)
- Präsentation der Treffer in Kurz- und Vollformat
- Anzeige gemäß ISBD und in gefelderter Form

Bei der Suche werden vor allem Sachtitel bzw. Stichwort, Verfasser bzw. Personennamen bevorzugt (zwischen 40 und 50 %); Schlagwort (zwischen 15 und 20 %), Erscheinungsort (bis zu 4 %) und Erscheinungsjahr (bis zu 3 %) werden seltener gewählt. Die Suche unter Körperschaftsnamen liegt (auch in amerikanischen Katalogen) meist unter 1 Prozent.

10.4 Erschließung durch Aufstellung der Medien

Aufstellung und Kataloge ergänzen sich gegenseitig, denn die *Aufstellung* ermöglicht
- die Suche nach Büchern im Rahmen der Aufstellungssystematik,
- das direkte Prüfen, ob das ausgesuchte Buch den Vorstellungen des Benutzers entspricht; entliehene Bücher stehen aber nicht am Standort, und ein Buch kann nur unter einem Aspekt aufgestellt werden.

Die *Kataloge* ermöglichen dagegen
- die formale und die sachliche Suche,
- das indirekte Prüfen anhand der bibliographischen Beschreibung, ob das ausgesuchte Buch den Vorstellungen des Benutzers entspricht; auch entliehene Bücher sind nachgewiesen, und das Buch kann unter mehreren Aspekten erschlossen werden;
- den unmittelbaren Zugriff auf den Text, wenn es sich um im Onlinekatalog nachgewiesene elektronische oder digitalisierte Dokumente handelt.

Der Nutzer versteht unter einer Bibliothek im Allgemeinen einen geordneten, zugänglichen, sachlich erschlossenen und recherchierbaren Medienbestand. Die systematische Aufstellung kleinere Bibliotheken (z.b. Institutsbibliotheken, Gemeindebüchereien) ist selbstverständlich. Die systematische Aufstellung großer Freihandbestände ist ein zentrales Anliegen vor allem der öffentlichen Bibliotheken und der Hochschulbibliotheken. Bei den wissenschaftlichen Bibliotheken ist die *Regensburger Verbundklassifikation (RVK)* die im deutschsprachigen Bereich am häufigsten angewendete. In öffentlichen Bibliotheken ist die *Allgemeine Systematik für Öffentliche Bibliotheken (ASB)* verbreitet.

10.5 Regelwerke für die Erschließung

Regelwerke für die Erschließung sind Anweisungen, wie Katalogeintragungen zu erstellen und zu pflegen sind. Geschichtlich betrachtet waren Kataloge zunächst Hilfsinstrumente für den Bibliothekar. Die ersten Publikumskataloge sind Ende des 19. Jahrhunderts entstanden. Erst die Technik des elektronischen Katalogs hat ein geeignetes Instrument für Bibliothekare *und* Benutzer geschaffen. Der Onlinekatalog bietet eine größere Freiheit für Suchstrategien, da er auch über die Möglichkeit der Postkoordination der Suchbegriffe verfügt. Die Suche in konventionellen Katalogen ist dagegen stark durch eine Präkoordination geprägt. Die Häufigkeit der Katalogbenutzung hängt unter anderem davon ab, in welcher Art die Bücher aufgestellt sind, in welchem Umfang sie frei zugänglich sind (Freihandaufstellung), wie groß der Bestand ist, in welcher räumlichen Verbindung sich Kataloge und Bücher befinden, ob und in welcher Weise im elektronischen Benutzerkatalog Titelsuche und Bestellen zusammen angeboten werden können, in welchem Umfang digitalisierte und elektronische Medien über den Katalog erreichbar sind.

10.5.1 Regelwerke für die formale Erschließung

Regelwerke für die Formalerschließung geben vor allem Anweisungen zu Art und Umfang der bibliographischen Beschreibung, zur Wahl der Suchbegriffe (Haupt- und Nebeneintragungen, Verweisungen) und zur Ansetzung der Suchbegriffe, teilweise auch zur alphabetischen Sortierung. Die Aufgaben des Alphabetischen Katalogs versuchen dem bibliographischen und dem literarischen Prinzip gerecht zu werden. Das bibliographische Prinzip verwendet vorwiegend die Daten, wie sie im Dokument vorkommen, das literarische Prinzip verwendet Daten, die das Werk (unabhängig von den vorliegenden Daten) eindeutig bezeichnen. Die RAK-WB (§ 101) übernehmen die Formulierung der Aufgaben aus dem „Statement of Principles" der International Conference on Cataloguing Principles (Paris 1961), geben dem bibliographischen Prinzip den Vorrang und schränken die literarische Einheit ein:

1. Der alphabetische Katalog einer Bibliothek hat zunächst die Aufgabe nachzuweisen, ob eine bestimmte Ausgabe eines Werkes vorhanden ist.
2. Er hat ferner die Aufgabe, in dem durch diese Regeln gegebenen Umfang nachzuweisen,
    a) welche Werke eines bestimmten Verfassers oder Urhebers,
    b) welche Ausgaben eines bestimmten Werkes vorhanden sind.

Im Mittelpunkt der Diskussionen stand und steht immer wieder die Frage nach der Haupteintragung. Die Haupteintragung ist aus der Zitierpraxis entstanden. Literaturzitate haben das Ziel, mit Hilfe des Zitats Aufnahmen der betreffenden Dokumente in Bibliographien, Katalogen, Datenbanken und anderen Nachweisinstrumenten zu finden. Als Minimum für ein Zitat werden im Allgemeinen verwendet: (1) Name des (ersten) Verfassers (ersatzweise des Herausgebers), (2) Sachtitel, (3) Erscheinungsort, (4) Erscheinungsjahr. In konventionellen Katalogen und Verzeichnissen spielt die Haupteintragung eine entscheidende Rolle für die Auffindung, in Onlinekatalogen spielt sie für das Auffinden von bekannten Titeln in der Regel keine Rolle. Die Vorteile des Prinzips der Haupteintragung gegenüber „alternative headings" formulieren die AACR-2 (1988, General Introduction) so: „It will be necessary, however, for all libraries to distinguish the main entry from others when: a) making a single listing, or b) making a single citation for a work (as required for entries for related works and for some subject entries). In addition, the concept of main entry is considered to be useful in assigning uniform titles and in promoting the standardization of bibliographic citation." Die Frage der Haupteintragung wurde auch in der „International Conference on the Principles and Future Development of AACR" (Toronto, 1997) diskutiert. Für die AACR stellt sich die Frage anders als für die RAK, weil es bei der Haupteintragung auch um den Einheitssachtitel (uniform title) geht. Da für die Suche im Onlinckatalog die Unterscheidung von Haupt- und Nebeneintragungen nicht mehr entscheidend ist, wird an eine Art „work authority record" gedacht, das an die Stelle der traditionellen Haupteintragung tritt und aus der Einheit von „Verfasser + (Einheits-)Sachtitel" besteht (main entry work authority record). In diesem Zusammenhang erhält der Begriff „Werk" eine zentrale Bedeutung.

Regeln für die alphabetische Katalogisierung (RAK)

Die Regeln für die alphabetische Katalogisierung (RAK) entstanden auf dem Hintergrund internationaler Aktivitäten der IFLA. 1965 wurden in einem ersten Teilentwurf zum ersten Mal im deutschsprachigen Raum Bestimmungen über Eintragungen unter Körperschaften und die mechanische Wortfolge vorgelegt. Eine erste Ausgabe (Rahmenregelwerk mit Fakultativ- und Alternativbestimmungen) erschien 1976 für die DDR und 1977 für die Bundesrepublik Deutschland. Ab dem Jahr 1983 erschien eine Ausgabe in mehreren Bänden mit teilweise unterschiedlichen Bestimmungen für wissenschaftliche Bibliotheken (RAK-WB 1983) und für öffentliche Bibliotheken (RAK-ÖB 1986) sowie Sonderregeln. Seit 1993 erscheint das Regelwerk RAK-WB in einer zweiten überarbeiteten Ausgabe in Loseblattform.

Charakteristische Bestimmungen der RAK sind:
- Ansetzung von Personennamen
  Moderne Namen werden nach dem Staatsbürgerprinzip angesetzt, das die nationalen Gepflogenheiten berücksichtigt. Diese legen fest, welche Teile des Namens zur Gruppe des Familiennamens und welche zur Gruppe des Vornamens gehören. Namen der Antike und des Mittelalters werden nach dem Sprachenprinzip angesetzt. Traditionell werden altgriechische und byzantinische Namen in latinisierter Form angesetzt. Bei Namen des Mittelalters

ist die Sprache ausschlaggebend, in der die Person überwiegend geschrieben hat, ersatzweise die Sprache des Landes, in dem sie überwiegend gewirkt hat. Beispiele:
Peter von der Mühll [Deutscher] → Mühll, Peter von der
Vera von der Heydt [Amerikanerin] → Von der Heydt, Vera
Antoine-François Prévost d'Exiles [Franzose] → Prévost d'Exiles, Antoine-François
Aischylos [altgriechisch] → Aeschylus
Thomas von Aquin [lateinisch] → Thomas <Aquinas>
Ludwig XI. [französisch] → Louis <France, Roi, XI.>
Anders als nach den AACR, werden gleichnamige moderne Personennamen durch die Ansetzung nicht unterschieden. Allerdings können in der Normdatei für Personennamen unterschiedliche Namenssätze für gleichnamige Personen angelegt werden.

- Urheberbegriff und Ansetzung von Körperschaftsnamen
Im Gegensatz zum „corporate author" der AACR kennen die RAK nur einen gemäßigten Begriff des „körperschaftlichen Verfassers", der mit dem Begriff „Urheber" beschrieben wird. „Als Urheber werden Körperschaften bezeichnet, die – allein oder gemeinschaftlich – ein anonymes Werk oder Teile eines solchen Werkes erarbeitet oder veranlasst und herausgegeben haben" (RAK-WB § 18). Den Zweck von Eintragungen unter Körperschaftsnamen sehen die RAK mehr unter dem Aspekt der Suche nach Titeln, die primär in Verbindung mit Körperschaftsnamen zitiert und gesucht werden, nicht jedoch als Nachweis von im Zusammenhang mit einer Körperschaft entstandenen Veröffentlichungen. Körperschaftsnamen werden in Katalogen jedoch nur sehr selten als Suchbegriffe gewählt.

- Sammlungsvermerk
Als Sammlung wird eine Vereinigung von mindestens zwei Einzelwerken oder Teilen von mindestens zwei Einzelwerken eines Verfassers bezeichnet. Die Verwendung des Wortes „Sammlung", gegebenenfalls mit einer Sprachbezeichnung, hat sich im Onlinekatalog als eine wenig sinnvolle Eintragung erwiesen.

- Einheitssachtitel
Als Einheitssachtitel (uniform title) gilt der Sachtitel, der einheitlich für alle Ausgaben eines Werkes bestimmt wird, um alle Ausgaben eines Werkes mit unterschiedlichen Sachtiteln identifizieren zu können. In der Regel wird der Originalsachtitel als Einheitssachtitel bestimmt. Für biblische Schriften gibt es eine verbindliche Liste (mit lateinischen Einheitssachtiteln). Für klassische Anonyma, liturgische Werke und andere heilige Schriften fehlen solche Listen. Für Ausgaben von Werken der Musik ist die Bestimmung von Einheitssachtiteln ein zentrales Anliegen.

- Formalsachtitel
Für Titel, die häufig nicht genau zitiert werden können und deshalb schwieriger auffindbar sind, werden Formalsachtitel verwendet, und zwar „Vertrag" mit dem Datum des Vertrags für völkerrechtliche Verträge, „Verfassung" einer Gebietskörperschaft mit dem Datum der Verfassung und „Festschrift" für Ausgaben zur Feier oder zum Gedächtnis einer oder mehrerer Personen. Für Werke der Musik werden die Formalsachtitel „Werke" sowie musikalische Form- und Gattungsbegriffe als Einheitssachtitel verwendet.

- Ansetzungssachtitel
Für die Haupteintragung wird im Allgemeinen der Sachtitel in der vorliegenden Form verwendet. Ansetzungssachtitel für Nebeneintragungen beschränken sich auf Fälle, in denen die anzusetzenden Teile am Anfang des Sachtitels (in einer bekannteren Sprache) stehen. Dabei handelt es sich um gewöhnlich in aufgelöster Form gesprochene Abkürzungen,

Zahlen, Symbole und sonstige Zeichen. Die genaue Wiedergabe von fachspezifischen Zeichen mathematischer und naturwissenschaftlicher Formeln ist in maschinenlesbaren Katalogen nicht möglich, wenn die verwendeten Zeichen im Zeichensatz nicht zur Verfügung stehen.

Durch die Möglichkeiten der Fremddatenübernahme wird die Frage nach dem Regelwerk drängender gestellt. Um auch Daten vor allem aus englischsprachigen Ländern ohne größeren Aufwand übernehmen zu können, wird unter anderem eine Angleichung der RAK an die AACR gefordert. Dabei stehen auch Fragen der Wirtschaftlichkeit und des Datentausches im Vordergrund. Für eine rationale Übernahme von Fremddaten ist ein möglichst hoher Grad an Übereinstimmung der Regelwerke und Datenformate notwendig. In dem DFG-Projekt *Umstieg auf internationale Formate und Regelwerke (MARC21, AACR2)* werden die Möglichkeiten und Probleme eines solchen Umstiegs im deutschsprachigen Bereich untersucht.

Anglo-American cataloguing rules (AACR)

Die Wurzeln der anglo-amerikanischen Katalogisierungsregeln reichen zurück bis zu Antonio Panizzis Regeln für die British Library (1841) und Charles C. Jewetts Regelwerk aus dem Jahr 1852. Mit den ALA-Rules (Cataloguing Rules for Author and Title Entries) lag im Jahre 1908 das erste internationale Regelwerk vor. Die Regeln waren entscheidend geprägt durch die 1904 in vierter Auflage erschienenen *Rules for a Dictionary Catalogue* von Charles A. Cutter. Die großen Bibliotheken – vor allem Library of Congress und British Museum – übernahmen diese Regeln nicht. Allerdings näherten sich die ALA-Rules und die Regeln der Library of Congress im Laufe der Zeit immer mehr an. Die Bemühungen um eine Reform der ALA-Rules trafen seit den 1960er Jahren mit den IFLA-Aktivitäten zusammen. Nach der Pariser Konferenz erschienen die Anglo-American Cataloguing Rules in folgenden Ausgaben: 1967 (zitiert als „AACR-1"), 1978 die „Second Edition" (zitiert als „AACR 2"), die „Second Edition, 1988 Revision" (zitiert als „AACR 2r") und 2002 eine Loseblattausgabe (zitiert als „AACR 2-2002") mit allen Ergänzungen und Präzisierungen bis 2002. Im Jahr 1997 fand eine International Conference on the Principles and Future Development of AACR in Toronto statt, die sich mit der Weiterentwicklung des Regelwerkes unter den Anforderungen des Onlinekatalogs beschäftigte, darunter auch die Frage der Haupteintragung, die Beziehungen bibliographischer Datensätze und die Begriffe „Werk" und „Ongoing publication".

Die AACR verstehen sich zwar in erster Linie als ein Regelwerk für den anglo-amerikanischen Sprachbereich und geben deshalb – in der Tradition des Dictionary Catalogue stehend – englischsprachigen Ansetzungsformen den Vorzug, stellen aber Anwendern anheim, anstelle des Englischen auch eine andere Sprache zu bevorzugen: „The rules contain some instances in which a decision is made on the basis of language and in which English is preferred. Users of the rules who do not use English as their working language should replace the specific preference for English by a preference for their working language. Authorized translations will do the same." Englischsprachige Ansetzungsformen werden bevorzugt, wenn sie in englischsprachigen Nachschlagewerken (reference sources) üblich sind. Das trifft vor allem auf Personennamen der Antike und des Mittelalters, Fürstennamen, Papstnamen, Körperschaften, Einheitssachtitel für Werke bis zum Jahr 1501 und geographische Namen zu. Beispiele für Personennamen: Horace; Francis, of Assisi, Saint; Victor Emmanuel II, King of Italy; Frederick I, Holy Roman Emperor.

Ansetzungsregeln für Sachtitel gibt es nicht, weil die Haupteintragung nach Möglichkeit mit dem Uniform title (Einheitssachtitel) gemacht und der Sachtitel in vorliegender Form angegeben wird: „A uniform title provides the means for bringing together all catalogue entries for a work when various manifestations (e.g., editions, translations) of it have appeared under various titles. A uniform title also provides identification for a work when the title by which it is known differs from the title proper of the item being catalogued. The need to use uniform titles varies from one catalogue to another and varies within one catalogue." Die Bestimmung und Ansetzung des Einheitssachtitels nimmt einen breiten Raum im Regelwerk und im Vergleich mit den RAK-WB einen höheren Stellenwert ein.

Der Collective title ist eine besondere Art des Uniform title. Während die RAK nur die Bezeichnung „Sammlung" verwenden, bieten die AACR eine größere Anzahl von Bezeichnungen für Sammlungen an, nämlich Works (für alle Werke) und Selections (für eine Auswahl) sowie für bestimmte Werkgattungen: Correspondence, Essays, Fragments, Novels, Plays, Poems, Prose works, Short stories, Speeches. Diese Begriffe werden gegebenenfalls durch eine Sprachbezeichnung (Beispiel: Works. Spanish) oder den Zusatz „Selections" ergänzt.

Die Haupteintragung unter einer Körperschaft (Corporate body) wird gemacht, wenn es sich um bestimmte Arten von Veröffentlichungen handelt. Darunter fallen unter anderem auch Gesetze, Gerichtsentscheidungen und liturgische Werke. Formale Bedingungen wie bei den RAK spielen keine Rolle. Insgesamt gesehen kommt es zu mehr Haupteintragungen unter Körperschaften als nach den RAK.

10.5.2 Regelwerke für die verbale Sacherschließung

Das Schlagwort ist „ein möglichst kurzer, aber genauer und vollständiger Ausdruck für den Inhalt einer Schrift" (Hermann Fuchs, Bibliotheksverwaltung, 1968). Die RSWK (§ 1) definieren: „Ein Schlagwort ist eine terminologisch kontrollierte Bezeichnung für einen Begriff aus einem Dokumenteninhalt". Die terminologische Kontrolle ist ein zentrales Anliegen der Beschlagwortung. Zum einen wird damit der Unterschied zum Stichwort deutlich, das dem Dokument selbst entnommen wird, zum anderen wird die terminologische Kontrolle als Methode eingefordert. Zur terminologischen Kontrolle gehören vor allem das Konsultieren von verbindlichen Nachschlagewerken, die Differenzierung von Homonymen und Polysemen (durch Homonymenzusätze), die Berücksichtigung von Synonymen und Quasisynonymen (durch Siehe-Verweisungen), die Vermeidung von Pleonasmen sowie die Hierarchisierung von Begriffen. Für die terminologische Kontrolle wurde mit der Schlagwortnormdatei (SWD) ein wirkungsvolles Instrument geschaffen.

Ein Schlagwort kann aus einem Wort, mehreren Wörtern oder einer Verbindung von Wörtern bzw. Buchstaben mit Ziffern sowie Sonderzeichen bestehen und durch einen Homonymenzusatz ergänzt werden. Beispiele: Wärmekraftwerk; Kauf auf Probe; SU-3-Symmetrie; Geschichte 1915–1955; Lippe <Fluß>. Das Schlagwort wird im Allgemeinen im Singular gebildet, ausgenommen sind jedoch Völker (Beispiel: Portugiesen), Personengruppen (Beispiel: Präraffaeliten), Gruppen von historischen Einzelereignissen (Beispiel: Napoleonische Kriege), botanische und zoologische Bezeichnungen oberhalb der Gattung (Beispiele: Fossile Wirbellose; Geißblattgewächse), chemische und biochemische Gruppenbezeichnungen (Beispiel: Ungesättigte Fettsäuren), Pluraliatanta (Beispiel: Schulferien) und Quasipluraliatanta (Beispiel: Betriebliche Sozialleistungen) sowie zusammenfassende Bezeichnungen für Wissenschaftsgebiete (Beispiel: Kulturwissenschaften). Als Schlagwort kann gewählt werden ein einfaches Wort (Beispiel: Ethik), ein Kompositum (Beispiel: Exportpolitik), eine Adjektiv-

10.5 Regelwerke für die Erschließung 245

Substantiv-Verbindung (Beispiel: Ausländischer Arbeitnehmer) oder ein Begriff mit Homonymenzusatz (Beispiel: Schloß <Vorrichtung>) oder eine Ansetzungskette (Beispiele: Medizin / Fachsprache, Trentino / Mundart).
Es gibt fünf Arten von Schlagwortkategorien. Durch diese werden die Verknüpfung einzelner Schlagwörter zu Schlagwortketten und die kategorienspezifische Ansetzung bestimmt: (1) Personenschlagwort, (2) Geographisches und ethnographisches Schlagwort sowie Sprachbezeichnung, (3) Sachschlagwort, (4) Zeitschlagwort, (5) Formschlagwort. Körperschaften und historische Einzelereignisse werden entsprechend der Kategorie der Schlagwörter behandelt, aus denen ihr Name gebildet ist, nämlich wie geographische Schlagwörter oder wie Sachschlagwörter. Anonyme Sachtitel von literarischen und künstlerischen Werken werden wie Sachschlagwörter behandelt, andere Sachtitel wie die Kategorie, in deren Verbindung sie auftreten (Personenschlagwort, geographisches Schlagwort). Sind für einen Sachverhalt mehrere Schlagwörter zu vergeben, so wird eine Schlagwortkette gebildet. Beispiel: Augsburg [= Geographisches Schlagwort]; Geschichte 1900-1920 [= Zeitschlagwort]; Bildband [= Formschlagwort].

10.5.3 Regelwerke für die klassifikatorische Sacherschließung

Bei den Klassifikationen ist grundsätzlich zu unterscheiden zwischen standortfreien und standortgebundenen. Bei den standortgebundenen Klassifikationen wird die Notation durch signaturbildende Elemente erweitert, um Dokumente mit derselben Notation unterscheiden zu können. Beispiel: QP 344 B75(4); hier ist der Notation QP 344 die Cutter-Nummer B75 und die Bezeichnung für die vierte Auflage (4) hinzugefügt. Für die Suche und Anzeige sind Notation und Signatur getrennt anzubieten. Bei der Verwendung einer Klassifikation für die Aufstellung tritt das Problem des Einfachnachweises auf, da jedem Dokument für die Aufstellung nur eine Stelle der Systematik zugewiesen werden kann. An manchen Stellen enthalten die Systematiken alphabetische Positionen; das können zum Beispiel Eigennamen oder sehr spezielle Begriffe (zum Beispiel historische Ereignisse) sein. Für die Nutzung gibt es traditionell ein alphabetisches Register. Für Onlinekataloge sind Such-Interfaces zu entwickeln, die einen verbalen und einen hierarchischen Zugriff auf die Notationen ermöglichen.
Die von Melvil Dewey 1876 erstmals vorgeschlagene und 1878 veröffentlichte Klassifikation erreichte eine breite internationale Anwendung. Die *Dewey Decimal Classification (DDC)* erhebt nach mehreren Umgestaltungen einen Anspruch auf Universalität und wird von den meisten Nationalbibliographien angewendet. Sie liegt in über dreißig Übersetzungen vor. Die Hierarchie wird durch die Verwendung der zehn arabischen Ziffern ausgedrückt; hinzukommen Sonderzeichen, Anhängezahlen (zum Beispiel für Sprache, Form, Ort) und verbale Begriffe. Die Deutsche Bibliothek bereitet seit Anfang 2002 die Einführung der DDC im deutschsprachigen Raum vor, um den internationalen Datenaustausch zu erleichtern. Für einen sinnvollen Einsatz der DDC im Onlinekatalog sind ein Such-Interface und die Datenhaltung als Normdatei zu entwickeln.
Die seit Mitte der 1960er Jahre in der Universitätsbibliothek Regensburg (in Anlehnung an die Library of Congress) entwickelte und weiter gepflegte Aufstellungsklassifikation, die *Regensburger Verbund-Klassifikation (RVK)*, ist die im deutschen Sprachraum am weitesten verbreitete Methode. Die Klassifikation bezeichnet die Ordnungsklassen mit Großbuchstaben und arabischen Zahlen. Eine Untergliederung durch eine besondere Schlüsselung wird nur in sehr speziellen Fällen gewählt (z.B. Untergliederung der Literatur über einen Autor).

10.6 Normdateien

Nutzung, Aufbau und Pflege von Normdateien prägen die DV-gestützte Erschließung. Sie sind an die Verfahren der elektronischen Datenverarbeitung, insbesondere die Möglichkeiten einer Mehrdateienstruktur, die mit Verknüpfungen arbeitet, gebunden. In Normdateien werden Normdatensätze für logisch definierbare, vom Regelwerk her vorgesehene Erschließungseinheiten (Entitäten) verwaltet. Sie entstanden für Entitäten, die in unterschiedlichen Formen vorliegen, in Katalogen jedoch einheitlich anzusetzen sind und bei der Nutzung der Kataloge als Suchbegriffe verwendet werden. Normdateien ergänzen das Regelwerk, indem sie die allgemein formulierten Ansetzungsregeln auf konkrete Fälle anwenden, eindeutige und verbindliche Ansetzungsformen festlegen und alle anderen Formen als Alternativen in einem Datensatz auflisten. Im deutschsprachigen Raum sind überregionale Normdateien für Körperschaftsnamen, Schlagwörter und Personennamen entstanden. Es gibt aber auch an einzelnen Stellen Normdateien z.B. für Verlage/Drucker, Einheitssachtitel und Erscheinungsorte. Auch Titelaufnahmen als Ganzes können – in Weiterung des Begriffs – als Normdaten bezeichnet und benutzt werden, so die Titelaufnahmen der Nationalbibliographie und die der Zeitschriftendatenbank.

Ein *Normdatensatz* besteht aus der Normansetzung (Ansetzungsform) und den von der Ansetzungsform abweichenden Formen (Verweisungsformen). Wenn alle Formen suchbar sind, wird die Bestimmung einer einheitlichen Ansetzungsform vereinfacht und die Auffindung über alle Formen sichergestellt. Um den Normdatensatz jedoch in sich – ohne die mit ihm verknüpften Titel – für Nachnutzung oder redaktionelle Bearbeitung interpretieren zu können, werden weitere Informationen hinzugefügt, z.B. Erläuterungen zur Ansetzungsform, Lebens- oder Wirkungsdaten einer Person, Hinweise auf Nachschlagewerke, Kodierungen, die für Selektionen aus der Normdatei sinnvoll erscheinen. Schließlich ist die Regelwerkskonformität nicht mehr auf ein Regelwerk beschränkt. Alternative Ansetzungen nach verschiedenen Regelwerken können im Normdatensatz angegeben werden.

Die vollständigen Informationen über die inhaltliche Ausprägung der Normdaten sind in den Datenformaten (MAB, UNIMARC) niedergelegt, in den Regelwerken sind nur Vorschriften zur Bildung der Ansetzungs- und Verweisungsformen enthalten. Normdatensätze können auch miteinander logisch und technisch verknüpft werden, z.B. untergeordnete Begriffe mit übergeordneten, frühere Namensformen mit späteren, normierte Personennamen mit normierten Titeln, schließlich Normdatensätze nach unterschiedlichen Regelwerken miteinander.

Die Arbeit an der Normdatei wird in wesentlichen Elementen (Hinzufügen von Informationsquellen, Dublettenbearbeitung) abzutrennen sein von der routinemäßigen Katalogisierung und Fremddatennutzung. Es ist darauf zu achten, dass sich der Normdatensatz nicht zu einem Lexikonartikel verselbstandigt oder redundante Informationen erfasst werden. Eine Normdatei entfaltet ihre volle Effizienz und ihren Rationalisierungseffekt am eindrücklichsten bei schwierig zu standardisierenden und häufig verwendeten Daten. Bei Routineansetzungen besteht die Gefahr des Mehraufwands und der Verselbständigung. Hier einen richtigen Ausgleich zwischen sinnvollem Einsatz einer Normdatei und arbeitserschwerender, funktionsloser Normierung zu finden, stellt die Erschließung vor eine große Herausforderung. Normdateien können für die Katalogisierung als Informationsdatei oder als integrierte Datei genutzt werden. Je mehr Normdaten vorgefunden werden und je mehr diese Daten Schwierigkeiten bei der Ansetzung klären, umso effektiver ist die Normdatei für den Katalogisierungsprozess.

10.6 Normdateien

Bei der *Informationsdatei* wird der Normdatensatz wie in einem Nachschlagewerk ermittelt. Normdateien mit dieser Funktionalität sind entstanden, noch ehe der Begriff aufkam, z.b. die Publikationen der IFLA, *List of uniform titles for liturgical works of the Latin rites of the Catholic church* (1975) und *Anonymous Classics* (1978). In den Bibliotheken der USA werden die Library of Congress Authorities überwiegend als Informationsdatei genutzt. In Deutschland werden Normdateien anderer Länder ebenfalls weitgehend als Informationsdatei verwendet. Die neuen technischen Möglichkeiten der parallelen Suche in mehreren Normdateien und der Integration alternativer Ansetzungen in die eigenen Normdateien fördern diese Art der Nutzung. Als Informationsdatei kann eine Normdatei auch jenseits der Katalogisierung im engeren Sinn, z.B. für die Herstellung von Indizes angewendet werden. Je mehr eine Normdatei als Informationsdatei genutzt wird, desto seltener sollten Änderungen an den Ansetzungsformen sein, denn die Nutzer können diese Änderungen gar nicht oder nur mit hohem Aufwand nachvollziehen.

Bei der *integrierten Datei* wird der Normdatensatz mit der Titelaufnahme, für die er benötigt wird, durch eine Identifikationsnummer (Normsatznummer) maschinell verknüpft. Gerade die relationalen Datenbankmodelle erlauben den Einbau vielfältiger Normdateien Die integrierte Datei erlaubt Ansetzungs- und Verweisungsformen nur einmal – in der Normdatei – zu erfassen bzw. zu korrigieren, das mehrfache Erfassen und Korrigieren in den Titelsätzen entfällt. Das Online-Retrieval kann effektiv organisiert werden. Bei der Suche unter jeder Form (unabhängig ob Ansetzungs- oder Verweisungsform) kann automatisch auf die damit verknüpften Titel zugegriffen werden. Die Kongruenz zwischen überregional verwalteten Normdateien und den an verschiedenen Orten integrierten Dateien wird über die Normnummer maschinell organisiert. Bei einer integrierten Datei ist die Definition der Einheiten („Entitäten") wichtiger als die Stabilität der Ansetzungsformen. Natürlich bedeutet die Verknüpfung von Titelsatz und Normsatz einen zusätzlichen Aufwand bei der Katalogisierung. Vor allem die Fremddatennutzung wird erschwert, wenn die Fremddaten nicht über die verbindliche Normdatei kontrolliert sind. Der Umgang mit nicht in der Normdatei nachgewiesenen, aber für die Katalogisierung benötigten Sätzen ist als eigenes Verfahren zu definieren. Technisch ist das Mehrdateiensystem (Titeldatei und Normdateien) mit erhöhtem Aufwand verbunden, der sich auf allen Ebenen bis hin in die Lokalsysteme fortsetzt. Die Koordination mit überregionalen Normdateien bedeutet einen hohen Aufwand für Datentransport, Datenabgleich und Datenaktualisierung.

Zu beobachten ist, dass sich die verschiedenen Normdateien immer stärker einander nähern. Das wird gefördert durch die regelmäßige Produktion einer Normdaten-CDROM durch die Deutsche Bibliothek, die GKD, SWD und PND enthält, und das amerikanische Vorbild eines umfassenden Authorities file für Schlagwörter, Namen und Titel

Die Normdateien bieten auch neue Ansätze und Chancen für die internationale Zusammenarbeit in der Erschließung. Entstanden aus dem Anliegen, Ansetzungen regelwerkskonform zu normieren, liegt ihr eigentlicher Wert darin, die Bedeutung der Ansetzungsform zu relativieren. Der Normdatensatz für eine regelwerksübergreifend einheitlich definierte Entität kann Ansetzungsformen nach verschiedenen Regelwerken enthalten. Das Verbindende ist nicht *eine* Ansetzungsform, sondern eine Normsatznummer. So gehen die Überlegungen der IFLA seit 1996 auf die Definition einer International Standard Authority Data Number (ISADN). Die gemeinsame Nutzung mehrerer nationaler Normdateien wird einmal durch die Suche in verschiedenen nationalen Normdateien unter einer Suchoberfläche getestet, zum anderen durch die Übernahme fremder Normdatenansetzungen und Normdatensätze in die eigene Normdatei.

Wegweisend für diese Entwicklung waren das EU-Projekt AUTHOR (Transnational application of national authority files) von 1995 bis 1998 und das Nachfolgeprojekt FRANAR (Functional requirements and numbering of authority records) seit 1999. In Kooperation mit Archiven versucht das EU-Projekt LEAF (Linking and exploring authority files) seit 2001 Körperschafts- und Personennormsätze für Nachlässe und Autographen bei verteilter Datenhaltung über eine Suchmaschine nutzbar zu machen. Das Konzept einer virtuellen internationalen Normdatei wird immer stärker zur Realität. In Deutschland steht die Kooperation mit der Library of Congress im Vordergrund. Einen interessanten Ansatz im Bereich der Altbestandserschließung verfolgt das *Consortium of European Research Libraries (CERL)* im Aufbau einer Thesaurusdatei. Hier werden Normdateien oder Normierungen, die für Druckorte, Drucker und Verleger, sowie Personen und Körperschaften bereits vorliegen, maschinell zusammengeführt und redaktionell bearbeitet. Ziel ist nicht, eine verbindliche Ansetzungsform festzulegen, sondern die Suche unter verschiedenen Varianten in einer heterogenen bibliographischen Datei, der Hand Press Book Database, zu unterstützen.

10.6.1 Personennamendatei (PND)

Die Ansetzung von Personennamen ist eines der grundlegenden und ältesten Anliegen der alphabetischen Katalogisierung. Dennoch ist die Personennamendatei als jüngste der drei überregionalen Normdateien entstanden und setzt sich in den Verbünden erst allmählich durch. Bei Personennamen gilt in besonderer Weise, dass die Normdatei ihren Wert dort entfaltet, wo „schwierige" Namen anzusetzen sind. Diese Ansicht wurde bei den dem Aufbau der PND in Deutschland vorangegangenen Grundsatzdiskussionen immer wieder ins Zentrum gerückt.

Die *Personennamendatei für ältere Namen* bis 1850 wurde seit 1989 aus den maschinenlesbaren Titeldaten der Altbestandskonversion in München und Göttingen abgeleitet. Dabei wurden zuerst aus Titelsätzen Namenssätze maschinell erzeugt. Als Identifikationsmerkmale wurden bis zu zehn Sachtitel mit Erscheinungsjahren hinzugefügt. Diese Daten bildeten den Grundstock der überregionalen PND. Vollständig wurden die zunächst nur in Buchform veröffentlichten Normdateien „Personennamen des Mittelalters" und „Personennamen der Antike" Teil der PND und werden seither als Teilbestand der PND bearbeitet. Heute sind die meisten Namen aus dem Erstaufbau der PND Personen zugeordnet, um Lebensdaten und andere individualisierende Merkmale ergänzt. Im Bereich von Personen vor 1850 hat die deutsche PND einen hervorragenden Schwerpunkt, weil alle Namen des DFG-Altbestandsprogramms und des VD 17 in die PND integriert sind. Seit 1995 wird sie als Datenbank in der Deutschen Bibliothek in Frankfurt gehalten. Aus Titeldaten wurden noch Namen des osteuropäischen und islamischen Bereiches sowie Namen von Musikschaffenden aus der Bayerischen Staatsbibliothek (1995) eingebracht, ferner sämtliche Namen der Deutschen Bibliothek (1997). Damit war der Erstaufbau der PND durch Massenimport von aus Titeln abgeleiteten Namensätzen abgeschlossen. Die Namen der Zentralkartei der Autographen und Nachlässe (ZKA) in der Staatsbibliothek zu Berlin (1997) und die Personennamen aus der SWD (1998) wurden als Personennamensätze eingebracht. Neue Namen werden nur online erfasst, am konsequentesten aus den Altbestandsprojekten, von den SWD-Partnern und aus der Novitätenkatalogisierung der Deutschen Bibliothek.

Im Phänomen der Gleichnamigkeit von Personen liegt ein Grundproblem beim Aufbau der PND. Die RAK gehen in ihren Ansetzungsregeln davon aus, dass Namen angesetzt wer-

10.6 Normdateien

den. Die Unterscheidung von Personen ist nur bei bestimmten Gruppen von Personennamen impliziert, wenn Ordnungshilfen mit individualisierenden Angaben vorgeschrieben sind, etwa bei Personen der Antike und des Mittelalters, bei Namen von Fürsten und geistlichen Würdenträgern oder zur Unterscheidung besonders „berühmter" Gleichnamiger. Hinter diesem Grundsatz stand einmal eine Rationalisierungsabsicht, zum anderen die Erkenntnis, dass die Namensgleichheit verschiedener Personen für die Suche in Katalogen in der Regel keine Rolle spielt, weil der Name in Kombination mit dem Titel nur eine Person meint. Untersuchungen haben gezeigt, dass 70 bis 80 Prozent der Namen in Katalogen nur mit einem Titel verknüpft sind, was bereits eine Individualisierung bedeutet. Die Unterscheidung von Name und Person ist nur für die Frage, welche Werke eines Verfassers im Katalog nachgewiesen sind, erheblich; diese Frage jedoch ist eher bibliographisch. Sogar in diesen Fällen macht eine Unterscheidung nur Sinn, wenn es sich um Verfasser von schöner Literatur oder besonders berühmte Autoren handelt, die sich von zufällig den gleichen Namen tragenden Verfassern unterscheiden (z.B. Wilhelm Busch, Richard Wagner, Karl Marx). Hier darf man annehmen, dass der Benutzer des Katalogs eine Unterscheidung nachvollziehen kann. Die Ergänzung jedes Namens durch individualisierende Zusätze ist für die Erschließung aufwändig und für Benutzer nicht nachvollziehbar, da er zumeist die individualisierenden Zusätze (z.B. Lebensdaten) nicht kennt. In einer Personennamendatei jedoch machen eigentlich nur (individualisierte) Ansetzungen für Personen einen Sinn. Nur für eine Person kann eine verbindliche Ansetzung festgelegt werden, können alternative Namensformen ergänzt, Quellen angegeben werden etc. Ansetzungsänderungen sind nur für eine konkrete Person denkbar, nicht für alle Personen dieses Namens. Nach den RSWK werden insofern alle Personennamen individualisiert, indem Personenschlagwörter Homonymenzusätze erhalten, wenn zwei (für die Sacherschließung benötigte) Personen den gleichen Namen haben. Die Individualisierung schlägt sich damit in der Ansetzung nieder. Bei der Sacherschließung liegt – im Gegensatz zur Formalerschließung – ein Dokument vor, das sich inhaltlich mit der Person beschäftigt, also Hinweise enthält, die als individualisierende Angaben verwendbar sind. Die Individualisierung der Namen kann also nur für einen Teil der Personen gelingen.

Die PND ist von diesem Unterschied von „Name" und „Person" geprägt. Sie hat von Anfang an eindeutig zwei Arten von Sätzen unterschieden: Tn-Sätze (T = Thesaurus, n = Name) für Namen, die nicht individualisiert angesetzt sind, und für alle Personen mit derselben Namensansetzung gelten, sowie Tp-Sätze (T = Thesaurus, p = Person) für Personennamen, die individualisiert angesetzt sind. Haben mehrere Personen denselben Namen und dieselbe Ansetzung, werden mehrere Tp-Sätze mit unterscheidenden Merkmalen angelegt. Bei diesen Angaben handelt es sich um Informationen, die sonst bei der Formalkatalogisierung nicht benötigt werden und daher oft der Vorlage nicht zu entnehmen sind. Die Individualisierung aller Personen, die für die Erschließung benötigt werden, zwingt dazu, „einfache" Namen, die keinerlei Ansetzungsprobleme aufwerfen, bei der Formalkatalogisierung aufwändig und auch in Nachschlagewerken zu recherchieren. Oft wird diese Recherche keinen Erfolg haben, und es besteht sogar die Gefahr, dass für die Personennamendatei mehr Personen unterschieden werden, als real-historisch zu unterscheiden sind. Heute steht es den Anwendern der PND frei, individualisierte oder nicht-individualisierte Namenssätze anzulegen und zu nutzen. Die Eigendynamik der PND führt dazu, dass entsprechend der Empfehlung der Deutschen Bibliothek bei der Neukatalogisierung immer dann individualisierte Personensätze angelegt werden, wenn die Vorlage individualisierende Angaben enthält. Die prophylaktische Individualisierung, die im Wesentlichen der anglo-amerikanischen Praxis entspricht, wird natürlich im Laufe der

Zeit genau die Schwierigkeiten aufwerfen, die auch von den AACR her bekannt sind: die Problematik der rechten Zuordnung eines zweiten, identischen Namens, die (notwendige, aber von Aufwand und Informationsmöglichkeiten her nicht leistbare) Pflege der einmal hinzugefügten individualisierten Merkmale (etwa die Ergänzung des Sterbedatums), die Bildung einer „bibliographic identity", die von der realen Identität der Person unterschieden sein kann.

Als moderne Normdatei nutzt die PND seit 1998 das Verfahren der Verwaltung alternativer Ansetzungsformen. Wird die Ansetzung für eine bestimmte Person sowohl in der Formalkatalogisierung als auch in der Sacherschließung benötigt, wird in der PND ein einziger Normsatz angelegt, der unterschiedliche Ansetzungen ausweisen kann. Auch die Kooperation mit den Authority File der Library of Congress ist in die Wege geleitet. Ihre Ansetzungsformen können – gegebenenfalls als alternative Ansetzungsformen – in der PND verwaltet werden.

Die PND ist auf dem Weg von einer Informationsdatei zu einer integrierten Datei zu werden. Seit 1997 werden die nationalbibliographischen Titel der Deutschen Bibliothek mit PND-Sätzen verknüpft geliefert. Die PND wird seit 1999 auch als integrierte Datei in Verbundsystemen genutzt. Zuerst wurde sie vom HBZ übernommen, im Jahr 2001 auch vom Bibliotheksverbund Bayern. Hier wurde durch aufwändige maschinelle Verfahren ein Abgleich der bislang nur in den Titelsätzen verwalteten Namen mit der PND unter maximaler Nutzung der bereits vorhandenen überregionalen PND-Sätze und ihrer regelwerkskonformen Ansetzungen erfolgreich durchgeführt. Die Deutsche Bibliothek bietet ein maschinelles Update-Verfahren für Neuaufnahmen und Korrekturen, sowie ein umfangreiches Informationsverfahren für Bibliotheken und Projekte, die die PND als Informationsdatei nutzen. Geplant ist, die PND in allen Verbundsystemen als integrierte Datei zu implementieren und über eine Normdaten-Online-Schnittstelle mit den Neuansetzungen aller Verbünde zu alimentieren. Gerade hier wird jedoch ein sorgfältiges Abwägen von Aufwand und Nutzen und eine klare Definition der für die PND wünschenswerten Normdaten noch zu leisten sein.

10.6.2 Gemeinsame Körperschaftsdatei (GKD)

Der Nachweis unter Körperschaftsnamen im Alphabetischen Katalog geht auf amerikanische Überlegungen und Vorbilder zurück. Die RAK sind hier dem internationalen Standard gefolgt, haben Eintragungen unter Körperschaften vorgesehen und die Ansetzung nach den Grundsätzen der Pariser Konferenz in Regeln gefasst. Seit 1973 begannen die Staatsbibliothek zu Berlin, die Deutsche Bibliothek Frankfurt und die Bayerische Staatsbibliothek München noch vor Einführung der RAK damit, Körperschaftsnamen für Eintragungen anzusetzen. Sie führten diese Ansetzungen zu einer „Gemeinsamen Körperschaftsdatei" (GKD) zusammen, um der Schwierigkeit der ungewohnten Materie in Kooperation zu begegnen und anderen Bibliotheken eine Ansetzungshilfe geben. Namen von Körperschaften sind primär für eine Normdatei geeignet, denn sie sind schwieriger anzusetzen als Namen einer Person. Der offizielle Name, den die RAK als Ansetzungsform vorsehen, ist in vielen Fällen schwer zu ermitteln. Es ist oft nicht der gebräuchliche Name, so dass nur eine Vielzahl von Alternativen in der Normdatei die Auffindung erleichtern. Für Körperschaften sind zumeist mehrere Namen vorhanden, z.B. Abkürzungen, Namen in anderen Sprachen, mehrere offizielle Namen (vor allem bei internationalen Körperschaften). Namensänderungen sind häufig. Körperschaften können anderen Körperschaften untergeordnet, unterstellt, zugehörig und dergleichen sein, was im Namen unterschiedlich zum Ausdruck kommt. Schließlich kennen die RAK Standar-

10.6 Normdateien

disierungen in der Ansetzung der Namen, die nicht ohne weiteres nachvollziehbar sind. Durch Zusammenlegungen und Teilungen entstehen neue Körperschaften mit neuen Namen, die Normdatei bildet diese Zusammenhänge ab. Da im Zusammenhang mit der Katalogisierung von Zeitschriften verhältnismäßig viele Körperschaften vorkommen, entstand ein enger Konnex zwischen dem ebenfalls seit 1973 unter Federführung der Staatsbibliothek zu Berlin aufgebauten überregionalen Zeitschriftennachweis, der späteren Zeitschriftendatenbank, und der GKD.

Die GKD wurde als Online-Datenbank bis zu seiner Auflösung vom Deutschen Bibliotheksinstitut in Berlin geführt und dann zusammen mit der ZDB in die Obhut der Deutschen Bibliothek in Frankfurt übernommen. Nach wie vor ist sie ein partnerschaftliches Unternehmen. Die Partnerbibliotheken, zu denen seit 1997 auch der Österreichische Verbund gehört, bringen neue Normsätze ein, führen Korrekturen, Löschungen und Umlenkungen aus. Allgemeine redaktionelle Arbeiten übernimmt die Staatsbibliothek zu Berlin. Alle Körperschaften der ZDB und der Deutschen Bibliothek haben GKD-Nummern. Alle Verbünde nutzen die GKD als integrierte Normdatei. Für die maschinelle Nutzung gibt es regelmäßige Lieferungen der Neuansetzungen und Korrekturen an die Verbundkataloge. In den integrierten Körperschaftsdateien der Verbundkataloge gibt es sowohl Normsätze der GKD (erkenntlich an der GKD-Nummer) als auch mit der GKD (noch) nicht abgeglichene Körperschaftssätze (ohne GKD-Nummer). Neue Körperschaftsansetzungen aus den Verbünden werden in der Regel in einem Batchverfahren in die GKD eingebracht. Die Online-Normdaten-Schnittstelle würde hier das Verfahren erleichtern, doch sind die Entitäten durch ihren Namen klar zuzuordnen, was maschinelle Identitätsprüfungen erfolgreich macht, und die Zahl der neu anzusetzenden Namen hält sich in Grenzen.

Die GKD ist aus der deutschen Katalogisierungslandschaft nicht mehr wegzudenken. Der Aufwand für das Neuanlegen und Pflegen eines Datensatzes sowie die Berücksichtigung mitunter kasuistisch wirkender Regeln zahlen sich aus durch das diskussionsfreie Nachnutzen dieser Ansetzungen nicht nur in den die RAK anwendenden Bibliotheken. Wenn es in letzter Zeit still um die GKD geworden ist, dann weil sie ungefochten ihren Dienst tut. Eine Herausforderung ist sicher heute in der Zeit des technisch einfacheren internationalen Datentauschs eine logische Verknüpfung mit den Ansetzungsformen der Library of Congress Authorities. Gewinnen könnte der Wert der Normdatei auch durch eine großzügigere, die Standardisierungen des Regelwerks überwindende Ergänzung von Namensformen, die dem Benutzer geläufig sind. Durch die Möglichkeit, URLs im Normdatensatz anzugeben, kann ein gerade für Körperschaften zeitgemäßer Konnex mit ihrer Selbstdarstellung auf Homepages gesucht werden. Die Zusammenführung mit den Körperschaftsansetzungen der Schlagwortnormdatei wird weiter verfolgt, die weniger durch die Unterschiedlichkeit der Ansetzungsregeln, als durch die unterschiedliche Entitätsdefinition, die der jeweiligen Erschließungsabsicht entspricht, schwierig bleiben wird. Unabhängig davon, ob die Regeln für die Ansetzung von Körperschaften sich ändern oder nicht, wird die GKD ein Instrument sein, dass für die sinnvolle, kooperative, Nachnutzung fördernde Verwaltung dieser „schwierigen" Daten genauso benötigt wird, wie für die Möglichkeit, Körperschaften unter welchen Formen auch immer in Katalogen und OPACs nicht nur zu suchen, sondern auch zu finden. Erst wenn Eintragungen unter Körperschaften aufgegeben werden, kann auf die GKD verzichtet werden.

10.6.3 Schlagwortnormdatei (SWD)

Die Regeln für den Schlagwortkatalog (RSWK) geben nur eine allgemeine Anweisung für die Beschlagwortung der konkreten Dokumente. Die Anwendung der Regeln in mehreren Bibliotheken und Verbünden sowie die Forderung, die Schlagwortdaten auch als Fremddaten übernehmen zu können, machen es notwendig, mit einem terminologisch kontrolliertem Vokabular im Sinne eines Thesaurus zu arbeiten. Deshalb entschieden sich die ersten Anwender der RSWK, die Deutsche Bibliothek und der Bibliotheksverbund Bayern, 1984 noch während der Entstehung des Regelwerkes und zwei Jahre vor Erscheinen der ersten Ausgabe im Rahmen eines Projektes eine „Standardschlagwortliste" zu erstellen. Sie bildete die Grundlage für die spätere Schlagwortnormdatei (SWD). Seit 1995 wird die SWD als Online-Datenbank bei der Deutschen Bibliothek geführt. Am Aufbau beteiligen sich als Partner die Bibliotheksverbünde in Deutschland und Österreich. Seit 1998 werden die Personenschlagwörter in der PND geführt, um eine gemeinsame Nutzung und Pflege mit den Ansetzungen aus Sach- und Formalerschließung sicherzustellen.

Die Schlagwortnormdatei enthält in der Form von Schlagwörtern und Ansetzungsketten gemäß den RSWK einen terminologisch kontrollierten Wortschatz. Das Ziel der SWD ist es, für jeden Begriff eine Bezeichnung (Deskriptor) festzulegen, die den Begriff eindeutig vertritt (Festlegungskontrolle), Synonyme möglichst vollständig zu erfassen (Synonymiekontrolle), Homonyme und Polyseme besonders zu kennzeichnen (Homonymiekontrolle), die erforderlichen hierarchischen Verweisungen zu bestimmen, die begriffsinhaltlichen Überschneidungen und Beziehungen durch assoziative Verweisungen darzustellen sowie die chronologischen Verweisungen festzulegen. Für eine präzise Anwendung enthalten die Normdatensätze die Angabe der Quelle für den Begriff sowie bei Bedarf Definitionen, Benutzungshinweise und redaktionelle Bemerkungen zu den Schlagwortbegriffen. Ergänzend zur Verweisungsstruktur gibt es eine „Systematische Liste der SWD-Notationen" mit 36 Hauptgruppen und rund 300 Untergruppen. Sie dient vor allem der Kontrolle und Durchsicht aller Schlagwörter zu einem bestimmten Fachbereich. Mehr als 200 Ländercodes kennzeichnen die geographischen und ethnographischen Schlagwörter, die Sprachbezeichnungen, die Personenschlagwörter sowie die Sachschlagwörter mit geographischem Bezug und die Körperschaftsschlagwörter. Die Schlagwörter sind entsprechend den Schlagwortkategorien durch Indikatoren gekennzeichnet. Unterschieden wird zwischen Personenschlagwort, Werktitel, Geographikum, Ethnographikum, Sprachbezeichnung, Bauwerk außerhalb eines Ortes, Sachschlagwort, Geographikum als erster Bestandteil einer orts- oder ländergebundenen Körperschaft, Individualnamen einer nicht ortsgebundenen Körperschaft, Zeitschlagwort, Formschlagwort. Auch die SWD kennt alternative Ansetzungsformen für die Anwendung in Öffentlichen Bibliotheken. Im Rahmen des DFG-Projektes TITAN wurden die Einheitssachtitel von Werken der Antike in die SWD eingebracht. Sie gelten in gleicher Weise für die alphabetische Katalogisierung und die Beschlagwortung.

Die SWD bietet den Anwendern das normierte Vokabular, sie kann aber weder die Qualität der Inhaltsanalyse noch die Wahl der zutreffenden Schlagwörter und Schlagwortketten für die zu erschließenden Dokumente bestimmen. Die Deutsche Bibliothek bietet die von ihr erstellten Titelaufnahmen mit SWD-konformen Schlagwortdaten und den entsprechenden SWD-Nummern an. Sie liefert auch die SWD und die zum SWD-Bestand gehörenden PND-Sätze an die Verbünde. Dadurch ist eine maschinelle Kontrolle und Pflege der Schlagwortansetzungen möglich. Die Bibliotheksverbünde führen gewöhnlich eine eigene Schlagwortdatei, die mit der überregionalen Normdatei teilweise manuell, teilweise maschinell abgestimmt wird. Wichtig ist hier vor allem die Verknüpfung der einzelnen Schlagwörter einer Kette mit der SWD.

10.6.4 Die Zeitschriftendatenbank (ZDB)

Die Zeitschriftendatenbank (ZDB) als Normdatei zu bezeichnen, dehnt diesen Begriff über die Ansetzung von Teilen der Erschließung hin auf ganze Titelaufnahmen, schärft aber auch den Blick für die konstitutiven Elemente einer Normdatei. Einmal wird durch den engen Konnex zu der GKD das Verständnis der ZDB als Normdatei nahegelegt. Vor allem aber konnte sich die ZDB durch ihren Inhalt und ihre Verfahren als Normdatei etablieren. Sie leistet überregional den Nachweis sämtlicher Zeitschriften, die in Bibliotheken Deutschlands vorhanden sind, nach einheitlichen Regeln. Alle Bibliotheken können in der ZDB katalogisieren, die Redaktion und die Vereinheitlichung der Daten geschieht durch eine speziell dafür ausgewiesene Zentralredaktion. Die Verbünde erschließen ihre Zeitschriften nicht primär im Verbund, sondern in der ZDB, und von dort werden diese Normdaten zurück in die Verbünde transportiert, über maschinelle Verfahren aktualisiert und gepflegt. Dafür ist die Existenz einer Normnummer, der ZDB-Nummer, vorrangig wichtig. Sie hat sich dank der Vollständigkeit des Nachweises und der Qualität der Erschließung der Zeitschriften inzwischen zu einem Standardisierungselement entwickelt, das in manchem der ISSN überlegen ist. Die ZDB-Nummer erlaubt die rationelle Nutzung der ZDB-Daten zum Beispiel für die Elektronische Zeitschriftenbibliothek (EZB) oder auch für die Anbindung von Fremddatenbanken zur Erschließung unselbständiger Werke. Für Dokumentlieferdienste oder verbundübergreifende Fernleihe ist diese einheitlich vorhandene Normnummer ein hoher Wert. Die ZDB hat durch den überregionalen Nachweis auch weitere standardisierende Wirkung in Deutschland. So führt sie in ihrer Bibliotheksdatei eine Normdatei für Bibliotheken in Deutschland mit Fernleihsigel, Adressen, Namen etc.

10.7 Konversion konventioneller Katalogdaten (Retrokonversion)

Retrokonversion (kurz „Konversion") ist eine Sonderform der Erschließung, die eigens betrachtet werden muss. Sie setzt voraus, dass bereits Erschließungsarbeit geleistet wurde, deren Wert so hoch ist, dass das Ergebnis erhaltungswürdig ist. Diesen Erhalt garantiert die Konversion und fügt je nach Verfahren einen Mehrwert hinzu. Begriff, Konzepte und Verfahren sind auf engste mit der maschinenlesbaren Erschließung und der elektronischen Verwaltung von Katalogdaten verbunden. Retrokonversion heißt das Umsetzen konventioneller Erschließung in elektronische Form.

Die Forderung nach Konversion kam fast zeitgleich mit dem Einsatz der elektronischen Datenverarbeitung für die Erschließung der neu erworbenen Medien auf. Sie wurde umso dringlicher, als elektronische Kataloge sich in ihren Funktionalitäten den konventionellen Katalogen überlegen zeigten. Je mehr Daten über online zugängliche Benutzerkataloge ermittelbar sind, je mehr diese rund um die Uhr von überall her über das Internet zur Verfügung stehen, desto größer ist die Gefahr, dass nicht maschinenlesbar nachgewiesene Bestände in Vergessenheit geraten. Das ist nicht nur ein Frustrationserlebnis für den Benutzer, der eine

Ausgabe, die in seiner Bibliothek vorhanden ist, nicht oder nur mit erhöhtem Aufwand findet, sondern vor allem für die Bibliothek, die für Bestandsaufbau und Erschließung investierte Mittel nicht mehr in zeitgemäßer Form valorisieren kann, und im krassesten Fall für die Wissensgesellschaft als Ganzes, der mit fortschreitendem blinden Vertrauen in die maschinenlesbar vorliegenden Bestände Wissen und Forschungsergebnisse verloren gehen können.

Die Konversion ist auch bibliotheksintern ein Vorteil für die Erschließung. Sie erlaubt, Katalogbrüche zwischen konventionell und maschinenlesbar erschlossenen Materialien zu überwinden, den Bestand einer Bibliothek in einem Nachweisinstrument zu verwalten. Unterschiedliche Verfahren, Geschäftsgänge und im schlimmsten Fall Katalogisierungsregeln für konventionelle und maschinenlesbare Daten können so überwunden werden. Nicht zuletzt ist ein entscheidender Vorteil jeder maschinenlesbaren Erschließung ihre Modularität und Flexibilität. Die maschinenlesbaren Daten dienen in den modernen Systemen nicht nur dem Katalog. Sie werden für Ausleihsysteme, Fernleihsysteme, Dokumentlieferdienste herangezogen. Sie können für fachspezifische Portale verwendet werden und mit weiteren Informationen angereichert werden. Das gilt für genuin maschinenlesbar erschlossene Daten genauso wie für konvertierte. Kurz: Die Konversion rettet erbrachte Erschließungsleistung, indem sie sie einer zeitgemäßen Nutzung zuführt.

Durch den Konnex mit der elektronischen Datenverarbeitung ist bereits deutlich, dass Konversion ein modernes Verfahren ist, das in den achtziger Jahren des 20. Jahrhunderts aufkam. Es wurde in Deutschland durch mehrere Studien vorbereitet, die Art und Umfang der Bestände, ihre Relevanz für die Forschung und die Qualität der Kataloge im Hinblick auf ihre Eignung für die Konversion untersuchten. Historisch vergleichbare Verfahren, nämlich das Abschreiben von (alten) Katalogaufnahmen für ein moderneres Kataloginstrument – etwa beim Übergang von handschriftlichen Katalogen auf maschinenschriftliche Verfahren – wurden mit diesem Begriff nie belegt. In den ersten Jahren praktischer Konversion wurde diese in der Theoriebildung und Methodendiskussion dem Verfahren der Rekatalogisierung gegenübergestellt. Wohingegen die Konversion von bereits geleisteter Erschließungsarbeit ausgeht, d.h. von vorliegenden Katalogen, Titelaufnahmen und Sacherschließung, beginnt Rekatalogisierung wieder bei der Vorlage selbst, der Ausgabe eines Werks, das einer erneuten Erschließung – nach den aktuellen Regeln und mit den neuesten Verfahren, gewöhnlich also maschinenlesbar – ohne Berücksichtigung der bereits vorliegenden Erschließung zugeführt wird. Sehr schnell stellte sich heraus, dass die Rekatalogisierung ganzer Bibliotheksbestände auf absehbare Zeit nicht leistbar und nicht finanzierbar sein würde. Doch ist Rekatalogisierung ein etabliertes Verfahren, das etwa für das Verzeichnis der deutschen Drucke des 16. und 17. Jahrhunderts den Empfehlungen des Wissenschaftsrates folgend kontinuierlich angewandt wird.

Die Verfahren der Konversion hängen aufs Engste mit den Möglichkeiten der Datenverarbeitung zusammen und sind mit diesen einer kontinuierlichen Weiterentwicklung und erheblichen Innovationsschüben unterworfen. Als Methoden der Konversion können (1) die maschinenlesbare Erfassung der Daten durch Abschreiben, (2) der Aufbau eines Imagekatalogs durch Digitalisieren des alten Katalogs und (3) die Anwendung von OCR-Verfahren zur Erzeugung retrievalfähiger Katalogdaten unterschieden werden.

Die einzelnen Projekte kennen unterschiedliche Mischungen der Verfahren. Die durch Konversion entstandenen Aufnahmen können gemischt mit originär maschinenlesbaren Aufnahmen Teil eines (Verbund-)Katalogs sein oder in eigenständigen Katalogen verwaltet werden. Die Imagekataloge können selbständige Kataloge mit eigenen Sucheinstiegen sein oder

10.7 Konversion konventioneller Katalogdaten (Retrokonversion)

mit Erschließungsdaten versehen sein. Die erfassten oder durch OCR-Verfahren gewonnenen Daten können die konventionelle Titelaufnahme vollständig oder nur in Teilen wiedergeben. Sie können im Rahmen eines bestandsumfassenden Katalogs oder über eigene Kataloge retrievalfähig sein.

In Deutschland wurde die Konversion der alten Drucke von 1501 bis 1850 seit 1979 von der Deutschen Forschungsgemeinschaft gefördert und mündete in ein umfassendes und wohl geplantes Projekt (DFG-Altbestandsprogramm), in dem zahlreiche ausgewählte große wissenschaftliche Bibliotheken ihre repräsentativen und einander weitgehend komplementären Altbestände maschinenlesbar erschließen konnten. Mit diesem Projekt sollte nicht zuletzt auch das Fehlen einer deutschen Nationalbibliographie für diese Zeit, die den Katalogen der Library of Congress, der British Library oder der Bibliothèque Nationale de France vergleichbar wäre, ausgeglichen werden. Die Verfahren dieser Konversion sahen vor, dass die Titelaufnahmen aus den Originalkatalogen ohne Autopsie für den Verbundkatalog unter Nutzung der dort gegebenenfalls vorhandenen einschlägigen Titelaufnahmen im üblichen Datenformat erfasst werden. Die Personennamen werden nach den RAK-WB redigiert und den anderen konvertierenden Bibliotheken zur Nachnutzung zur Verfügung gestellt. Aus diesem Konversionsprojekt ist die Personennamendatei hervorgegangen. Die Konversion wurde in den Bibliotheken mit eigens dafür angestelltem Personal durchgeführt.

Der Nutzen dieses Programms kann nicht hoch genug eingeschätzt werden. Die Daten sind durch die Möglichkeiten des Online-Retrievals weit besser zugänglich, was Defizite oder Idiosynkrasien der konventionellen Erschließung erheblich ausgleicht. Sie sind in den modernen Verbundkatalogen mit den üblichen Verfahren pflegbar, d.h. im Bedarfsfall durch Autopsie zu korrigieren und zu ergänzen. Dennoch zeigten sich auch Probleme. Die – unterschiedlich vollständigen und verlässlichen – Informationen der alten Kataloge bleiben erhalten. Die eindeutige Zuordnung eines anders katalogisierten Drucks und damit eine korrekte Datenübernahme war nicht immer gewährleistet.

Seit 1988 wurden – unterstützt durch Initiativen des Wissenschaftsrats – die Bestände der Bibliotheken seit Ende des Zweiten Weltkriegs verstärkt im Hinblick auf eine Konversion geprüft. Manche Bibliotheken erstellten im Ausleihfall neue, maschinenlesbare Titelaufnahmen, andere katalogisierten neu erworbene Antiquaria nur noch maschinenlesbar und brachen so die konventionellen Kataloge ab. Es zeigte sich bald, dass die erprobten Konversionsverfahren unter wirtschaftlichem Aspekt und angesichts der Fülle des Materials nicht auf die modernen Bestände von 1851 bis etwa 1980 übertragen werden konnten. Die Fortschritte der Datenverarbeitung eröffneten neue Wege. 1994 wurde in der Princeton University Library in den USA erstmals das Scannen von Bildern für die Konversion eines Katalogs verwendet. Die Katalogkarten wurden als Bilder in ihrer originalen Ordnung zum Blättern am Bildschirm bereitgestellt. Der Ersteinstieg in die Kartenfolge wurde durch einzelne, den ursprünglichen Leitkarten bzw. Schubladengrenzen entsprechenden, als Text erfassten Begriffen ermöglicht. Dieses Verfahren eines Image Card Catalog erlaubte die rasche und kostengünstige Konversion großer Bestände. In Deutschland wurde es bald in den großen Bibliotheken nachgeahmt und erweitert. Zu unterscheiden sind folgende Stufen der Erschließung über diese Art der Konversion: (1) Reiner Imagekatalog (IPAC) als Abbild des Originalkatalogs, (2) Imagekatalog mit nur zum Teil erfassten Daten (Suchbegriffen), (3) Imagekatalog mit vollständig erfassten Daten. Hier dient der Imagekatalog primär der kostengünstigen Erfassung der Daten und der Archivierung des Originalkatalogs, (4) Imagekatalog mit über OCR-Verfahren gewonnenen, maschinenlesbaren und retrievalfähigen Texten.

Ob der reine Imagekatalog als digitalisiertes Medium auf längere Zeit ausreichend ist, hängt im Wesentlichen an der Qualität des zugrunde liegenden Katalogs. Bei dem Imagekatalog der UB von Princeton führen 64.000 Sucheinstiege in 6,5 Millionen Karten, die ihrerseits nur 1,6 Millionen Titel erschließen. Eine komfortable Blätter- und Springfunktion reicht zu der Benutzung des amerikanischen, schon immer publikumsfreundlichen Kreuzkatalogs aus. In den konventionellen deutschen Katalogen ist die publikumsnahe Erschließung meist nicht gegeben. Ein nicht zu unterschätzendes Problem eines reinen Imagekatalogs ist auch seine Benutzbarkeit über das Internet, je nachdem wie rasch die Kartenanzeige aufgebaut und dargestellt wird.

Um ein Retrieval der Daten und eine Einbindung in ein maschinenlesbar geführtes Katalogsystem zu erlauben, sind möglichst viele Elemente der Titelaufnahme möglichst strukturiert als Text zu erfassen. Die in den verschiedenen Projekten gewählten Methoden reichen von dem Erfassen der Suchbegriffe, über das Erfassen der Signaturen bis zum vollständigen Erfassen der Titelaufnahme in einer wenig differenzierten Struktur. Anders als im Altbestandsprogramm wurde dieses Erfassen nicht mehr in den Bibliotheken durchgeführt, sondern Dienstleistern übertragen, die mit nicht-bibliothekarischem Personal oft in Billiglohnländern erhebliche Datenmengen in kurzen Zeiträumen bearbeiten können. Eine Ansetzung der Personennamen nach den RAK-WB oder ein Abgleich mit dem Verbundkatalog auf Fremddatenübernahme wurden meist nicht versucht, sind aber durchaus machbar. Um die Kosten zu senken bzw. noch größere Mengen von Daten bearbeiten zu können, wird auch erheblich mit OCR-Verfahren experimentiert, die durch Hinterlegen einer breiten „Wissensbasis" und die parallele Anwendung spezieller intelligenter Retrievalfunktionen (unpräzise Suche) mit fortschreitender technischer Entwicklung durchaus vernünftige Ergebnisse zeigen. Wie sehr die so entstandenen Daten langfristig die Bedürfnisse der Nutzung zufrieden stellen bzw. mit welchen Kosten ihre Weiterbearbeitung verbunden sein wird, muss sich zeigen.

Die vielfältigen Verfahren der Konversion sind heute so etabliert und ihr Wert so unumstritten, dass es nur noch gilt, die geeignete Methode zu wählen. Reiche Erfahrungen in von Größenordnung und Verfahren her unterschiedlichen Projekten liegen national und international vor, so dass ein Ende dieser Form der Erschließung absehbar erscheint. Bibliotheken, die Konversion (oder auch Rekatalogisierung anhand des Buchs im Ausleihfall) nicht im Rahmen ihrer laufenden Aktivitäten in absehbarer Zeit realisieren können, können sie erprobten und qualifizierten Dienstleistern übertragen. Dabei ist neben den Kosten vor allem der Zeitfaktor entscheidend. In Jahrzehnten aufgebaute komplexe Kataloge können innerhalb kurzer Zeit in maschinenlesbare Form umgesetzt werden. Dennoch handelt es sich nicht um eine Routinetätigkeit. Genau zu untersuchen ist die Struktur des zu konvertierenden Katalogs und sein eigener Wert. Diese ist in Relation zu setzen mit dem Zielinstrument, dem neuen, maschinenlesbaren Katalog. Die Konversion soll den Katalog mit genau dem Maß an neuer Lebendigkeit erfüllen, der für seine Nutzung wichtig ist und dem Wert des Bestands entspricht. Ein reiner Imagekatalog ist und bleibt statisch, so nicht weitere Arbeiten vorgenommen werden. Strukturiert erfasste Katalogdaten hingegen werden in Pflege und Weiterentwicklung immer näher an den primär maschinenlesbar erfassten Bestand rücken und sich dadurch immer weiter von seiner ursprünglichen Erschließung entfernen. Die Vereinigung von Konversionsdaten und primär maschinenlesbar erfassten Daten in einem Kataloginstrument ist ohne die Akzeptanz einer Heterogenität nicht realistisch konzipierbar. Die Namen sind anders angesetzt, die Struktur der Daten kann der modernen MAB-Struktur allenfalls nahe kommen, nicht entsprechen. Der Abgleich mit Normdaten und die Prüfung auf dublette Aufnahmen können nur sukzessive und intellektuell unterstützt erfolgen. Nicht zuletzt wird die adäquate Verwaltung und Einbindung der Bestandsdaten hohe Anforderungen stellen. Es ist zu prüfen, wie viel Heterogenität der Benutzer bewältigen kann und der Aufwand der Datenpflege ist dem anzugleichen. Die bisherigen Erfahrungen, nicht zuletzt mit der bunten Welt des Internet, können eher positiv stimmen. Der Mehrwert maschinenlesbarer Erschließung in einer differenzierten und breiten Retrievalmöglichkeit gleicht viele Unterschiede in Ansetzung und Strukturierung so aus, dass sie dem Benutzer gar nicht erkennbar sind. Mit der Konversion ist das Bemühen um die Erschließung jedoch keineswegs zu Ende. Vielmehr ist sie auf Verfahren umgestellt, die weitere effiziente Maßnahmen möglich machen.

*

Literatur

Zu 10.1 und 10.2

Application of UNIMARC to multinational databases : feasibility study / coordinated by CLAUDIA FABIAN. Report compiled by Anthony G. Curwen and Chris Kirk. - München, 1999. - (UBCIM publications : New series ; 20)

BOSSMEYER, CHRISTINE: UNIMARC und MAB - Strukturunterschiede und Kompatibilitätsfragen // In: Zeitschrift für Bibliothekswesen und Bibliographie 42 (1995), S. 465 - 489

DALY, LOYD W.: Contributions to a history of alphabetization in Antiquity and the Middle Ages. - Bruxelles, 1967. - (Collection Latomus ; 90)

DIN 5007, April 1991. Ordnen von Schriftzeichenfolgen (ABC-Regeln)

EVERSBERG, BERNHARD: Zur Ordnung und Codierung der Umlautbuchstaben // In: Bibliotheksdienst 32 (1998), S. 724 - 735

GÜNTHER, HARTMUT: Schrift als Zahlen- und Ordnungssystem - alphabetisches Sortieren // In: Schrift und Schriftlichkeit : ein interdisziplinäres Handbuch internationaler Forschung / hrsg. von Hartmann Günther ... - Berlin [u.a.]. - (Handbücher zur Sprach- und Kommunikationswissenschaft ; 10). - Band 2 (1996), Sp. 1568 - 1583

HALLER, KLAUS: Katalogkunde : eine Einführung in die Formal- und Sacherschließung. - 3. erweiterte Aufl. - München, 1998

MAB und die Zukunft von Datenformaten // In: Bibliotheksdienst 29 (1995), S. 1429 - 1446

MAB2 : Maschinelles Austauschformat für Bibliotheken / hrsg. in Zusammenarbeit mit dem MAB-Ausschuß im Auftrag der Deutschen Forschungsgemeinschaft. - Leipzig [u.a.]. - Losebl.- Ausg. - Grundwerk. - 1995

MARC 21 concise formats / prep. by Network Development and MARC Standards Office, Library of Congress. - 2002 ed. - Washington, D.C., 2002

UNIMARC manual : bibliographic format. - München. - 2nd ed. - 1994. - (UBCIM publications : New series ; 14)

WAIBEL, STUART L. ; LAGOZE, CARL: An element set to support resource discovery : the state of Dublin Core January 1997 // In: International journal on digital libraries 1 (1997), S. 176 - 186

WEINGARTEN, RÜDIGER: Das Alphabet in neuen Medien // In: Osnabrücker Beiträge zur Sprachtheorie 50 (1995), S. 61 - 82

The Unicode standard, version 3.0 / The Unicode Consortium. - New York [u.a.], 2000

Zu 10.3 und 10.4

Allgemeine Systematik für Öffentliche Bibliotheken (ASB) / Gesamtred.: Kathrin Lehmann. - Berlin, 1999

Empfehlungen zur Migration der deutschen Bibliotheksverbünde / Deutsche Forschungsgemeinschaft, Bibliotheksausschuß // In: Zeitschrift für Bibliothekswesen und Bibliographie 42 (1995), S. 105 - 136

Functional requirements for bibliographic records : final report / approved by the Standing Committee of the IFLA Section on Cataloguing.- München, 1998. - (UBCIM publications : New series ; 19). - http: www.ifla.org/VII/s13/frbr/frbr.htm

HALLER, KLAUS: Regelwerke und Normdateien in Verbundbibliotheken // In: Bibliotheksforum Bayern 16 (1988), S. 3 - 16

LE BOEUF, PATRICK: FRBR and further // In: Cataloging & classification quarterly 32 (2001), S. 15 - 52

LORENZ, BERND: Systematische Aufstellung in wissenschaftlichen Bibliotheken. - 2., erweiterte und überarbeitete Aufl. - Wiesbaden, 1993. - (Beiträge zum Buch- und Bibliothekswesen ; 21)

MALLMANN-BIEHLER, MARION: Katalogisierung und Verbundnutzung in den USA // In: Bibliotheksdienst 26 (1992), S. 492 - 507

NOHR, HOLGER: Systematische Erschließung in deutschen Öffentlichen Bibliotheken. - Wiesbaden, 1996. - (Beiträge zum Buch- und Bibliothekswesen ; 37)

RÖSCH, HERMANN: Portale in Internet, Betrieb und Wissenschaft // In: B.I.T.online 4 (2001), S. 237 - 246

Sacherschließung in Onlinekatalogen / Kommission des Deutschen Bibliotheksinstituts für Erschließung und Katalogmanagement, Expertengruppe Online-Kataloge / hrsg. von Friedrich Geisselmann. - Berlin, 1994

Seminar FRBR <Roma, 2000>: Proceedings : functional requirements for bibliographic records ; Florence, 27 - 28 January 2000 / ed. by Mauro Guerrini. - Rome, 2000

THOMAS, DAVID H.: The effect of interface design on item selection in an online catalog // In: Library resources & technical services 45 (2001), S. 20 – 46

Vorschläge zur Weiterentwicklung der Verbundsysteme unter Einbeziehung lokaler Netze / Deutsche Forschungsgemeinschaft, Bibliotheksausschuß // In: Zeitschrift für Bibliothekswesen und Bibliographie 33 (1986), S. 205 - 214

Zu 10.5

Anglo-American cataloguing rules / prepared under the direction of the Joint Steering Committee for Revision of AACR ... - 2nd ed., 2002 revision. Ottawa [u.a.], 2002

Anglo-Amerikanische Katalogisierungsregeln : dt. Übers. der Anglo-American Cataloguing Rules, Second Edition, 1998 Revision einschließlich der Änderungen und Ergänzungen bis März 2001 / erarbeitet unter der Leitung des Joint Steering Committee for Revision of AACR ... hrsg. und übers. von Roger Brisson ... - München, 2002

CARLYLE, ALLYSON: Fulfilling the second objective in the online catalog : schemes for organizing author and work records into usable displays // In: Library resources & technical services 41 (1997), S. 79 - 100

Dewey decimal classification and relative index / devised by MELVIL DEWEY. - Ed. 21 / ed. by Joan S. Michell ... - Albany, NY. - 1 (1996) - 4 (1996). - http://oclc.org.dewey

DOMANOVSKY, ÁKOS: Functions and objects of author and title cataloguing : a contribution to cataloguing theory. - München, 1975

FUGMANN, ROBERT: Inhaltserschließung durch Indexieren : Prinzipien und Praxis. - Frankfurt am Main, 1999. - (Reihe Informationswissenschaften der DGD ; 3)

HALLER, KLAUS: The Anglo-American Cataloguing Rules : rules for English-speaking countries or international rules? Considerations regarding the „AACR2 1998 Revision" from a German point of view // In: International cataloguing and bibliographic control 29 (2000), S. 36 - 38

HALLER, KLAUS: Katalogisierung nach den RAK-WB : eine Einführung in die Regeln für die alphabetische Katalogisierung in wissenschaftlichen Bibliotheken / Klaus Haller ; Hans Popst. - 6. überarbeitete Aufl. - München [u.a.], 2003

HEINER-FREILING, MAGDA: Die Deutsche Bibliothek auf dem Weg zur Einführung der Dewey Decimal Classification (DDC) // In: Dialog mit Bibliotheken 13 (2001), S. 21 - 28

Klassifikationen für wissenschaftliche Bibliotheken : Analysen, Empfehlungen, Modelle. - Berlin, 1998. - (dbi-Materialien ; 175)

LEHMANN, KLAUS-DIETER: Die Mühen der Ebenen : Regelwerke, Datenformate, Kommunikationsschnittstellen // In: Zeitschrift für Bibliothekswesen und Bibliographie 44 (1997), S. 229 - 240

LORENZ, BERND: Bibliotheksklassifikation im Verbund : Notizen zur Anwendung der Regensburger Aufstellungssystematiken // In: Bibliothekslandschaft Bayern : Festschrift für Max Pauer zum 65. Geburtstag. - Wiesbaden, 1989. - S. 97 - 127

LORENZ, BERND: Systematische Aufstellung in Vergangenheit und Gegenwart. - Wiesbaden, 2003. - (Beiträge zum Buch- und Bibliothekswesen ; 45)

LORENZ, BERND: Systematische Aufstellung in wissenschaftlichen Bibliotheken. - 2., erweiterte und überarbeitete Aufl. - Wiesbaden, 1993. - (Beiträge zum Buch- und Bibliothekswesen ; 21)

MANNING, RALPH W.: The Anglo-American cataloguing rules and their future // In: Library resources & technical services 44 (2000), S. 127 - 134

MÜNNICH, MONIKA: „Principles and Future of AACRr" : Internationale Konferenz in Toronto // In: Bibliotheksdienst 12 (1997), S. 2284 - 2300

ODDY, PAT: Future libraries, future catalogues. - London, 1996. - Darin: S. 140 - 142 (The vexed question of main entry)

RAK versus AACR : Projekte, Prognosen, Perspektiven / hrsg. von PETRA HAUKE. - Bad Honnef, 2002

Regeln für den Schlagwortkatalog : RSWK / bearbeitet von der Kommission des Bibliotheksinstituts für Sacherschließung. - 3. Aufl. - Berlin, 1998

Regeln für die alphabetische Katalogisierung in wissenschaftlichen Bibliotheken : RAK-WB. - 2., überarbeitete Ausgabe. - Berlin. - Loseblattausgabe
[Grundwerk]. - 1993. - Ergänzungslieferung 1 (1995) - 4 (2002)

Regensburger Verbundklassifikation: http://www.bibliothek.uni-regensburg.de/rvko_neu/

Statement of principles adopted at the International Conference on Cataloguing Principles Paris, October 1961 : annotated edition with commentary and examples by EVA VERONA assisted by Franz Georg Kaltwasser, P. R. Lewis, Roger Pierrot. - London, 1971

STUMPF, GERHARD: Quantitative und qualitative Aspekte der verbalen Sacherschließung in Online-Katalogen // In: Bibliotheksdienst 30 (1996), S. 1210 - 1227

Zu 10.6

FABIAN, CLAUDIA: Entwicklung und Aufbau der Personennamendatei in Deutschland : Bericht über Konzeption und Realisierung seit 1989 // In: Zeitschrift für Bibliothekswesen und Bibliographie 42 (1995). - S. 605 - 615

FABIAN, CLAUDIA: Personennamen des Mittelalters - PMA : Reflexionen zu einem langjährigen Normdateiprojekt der Bayerischen Staatsbibliothek // In: Bibliotheksforum Bayern 28 (2000). - S. 33 - 54

FRANZMEIER, GÜNTHER: Anfänge des Datentauschs in Deutschland : die GKD, und wie es dazu kam // In: Planen und Gestalten : Festgabe für Günter Baron / Hrsg: Staatsbibliothek zu Berlin - Preußischer Kulturbesitz. - Wiesbaden, 2001. - (Beiträge aus der Staatsbibliothek zu Berlin - Preußischer Kulturbesitz ; 13). - S. 101 - 106

FRANZMEIER, GÜNTER [u.a.]: Die ZDB im neuen System : Migration und weitere Entwicklungen in der Zeitschriftendatenbank // In: Zeitschrift für Bibliothekswesen und Bibliographie 47 (2000). - S. 549 - 569

FRANZMEIER, GÜNTER: Die Zeitschriftendatenbank (ZDB) // In: Bibliothek - Forschung und Praxis 25 (2001), S. 72 - 74

Die Zeitschriftendatenbank : eine Einführung / Staatsbibliothek zu Berlin - Preußischer Kulturbesitz. - Berlin, 2002

HALLER, KLAUS: Kommunikation, Normung und Kataloge // In: Zeitschrift für Bibliothekswesen und Bibliographie 37 (1990). - S. 403 - 421

HALLER, KLAUS: Überlegungen zum Aufbau einer Personennamendatei // In: Zeitschrift für Bibliothekswesen und Bibliographie : Sonderheft 50 (1989). - S. 93 - 104

HENGEL-DITTRICH, CHRISTINA: Normdaten als Zugriffspunkte im Onlinekatalog unter besonderer Berücksichtigung von SWD und PND // In: Die Herausforderung der Bibliotheken durch elektronische Medien und neue Organisationsformen / 85. Deutscher Bibliothekartag in Göttingen 1995. - Frankfurt a. M., 1996. - (Zeitschrift für Bibliothekswesen und Bibliographie : Sonderheft ; 63). - S. 208 - 222

KUNZ, MARTIN: Von der nationalen zur internationalen Standardisierung // In: Dialog mit Bibliotheken 13 (2001). - S. 14, 16 - 19

KUNZ, MARTIN: Zur Weiterentwicklung der SWD // In: Bibliotheksmanagement - Kulturmanagement / 24. Österreichischer Bibliothekartag, Congress Innsbruck. - Wien, 1998. - (Biblos-Schriften ; 168). - S. 177 - 197

LORENZ, BERND: Sacherschließung optimiert : Klassifikation und SWD // In: Nur was sich ändert, bleibt / 88. Deutscher Bibliothekartag in Frankfurt am Main 1998. - Frankfurt a. M., 1999. - (Zeitschrift für Bibliothekswesen und Bibliographie : Sonderheft ; 75). - S. 214 - 221

TILLETT, BARBARA: Gemeinsame internationale Ausgangsdaten für Normsätze // In: Ressourcen nutzen für neue Aufgaben / 86. Deutscher Bibliothekartag in Erlangen 1996. - Frankfurt a. M., 1997. - (Zeitschrift für Bibliothekswesen und Bibliographie : Sonderh. ; 66). - S. 273 - 282

MÜCKE, MICHAEL: Die Schlagwortkatalogisierung an der Bayerischen Staatsbibliothek und deren Beitrag zur Schlagwortnormdatei (SWD) : Gegenwart und Zukunftsperspektiven // In: Bibliotheksforum Bayern 24 (1996). - S. 313 - 333

WIECHMANN, BRIGITTE: Individualisierung in Der Deutschen Bibliothek // In: Zeitschrift für Bibliothekswesen und Bibliographie 46 (1999). - S. 228 - 241

Zu 10.7

Altbestandserschließung in wissenschaftlichen Bibliotheken : ein Förderprogramm der Deutschen Forschungsgemeinschaft / hrsg. von Klaus Haller, Ekkehard Henschke und Reinhard Rutz. - Berlin, 1995. - (dbi-Materialien ; 143)

BUSCHEY, DIETMAR ; HALLE, AXEL ; HARMS, REINHARD: Zwanzig Jahre Retrokonversion an der SUB Göttingen // In: Bibliotheksdienst 35 (2001), S. 1089 - 1102

Literatur

DUGALL, BERNDT: Automatisierte Katalogkonversion einer Leihverkehrsregion // In: ABI-Technik 21 (2001), S. 112 - 118, 121 - 124

FABIAN, CLAUDIA ; HALLER, KLAUS: Der Image-Katalog als alternatives Modell der Konversion: die Konversion des Alphabetischen Katalogs 1953 - 1981 der Bayerischen Staatsbibliothek // In: Zeitschrift für Bibliothekswesen und Bibliographie 45 (1998), S. 33 - 54

FABIAN, CLAUDIA: Der Katalog 1501 bis 1840 der Bayerischen Staatsbibliothek : Konversion, Erschließung, Überführung nach UNIMARC, Präsentation auf CD-ROM // In: Bibliotheksforum Bayern 24 (1996), S. 341 -369

IFLA journal : official quarterly journal of the International Federation of Library Associations and Institutions. - München [u.a.]. - Vol. 16 (1990), No. 1: Special issue on retrospective conversion

KALTWASSER, FRANZ GEORG: Erschließung alter Buchbestände in Bibliotheken der Bundesrepublik Deutschland // In: Zeitschrift für Bibliothekswesen und Bibliographie : Sonderheft ; 43 (1986), S. 163 - 185

LAPP, ERDMUTE: Katalogsituation der Altbestände (1501 - 1850) in Bibliotheken der Bundesrepublik Deutschland einschließlich Berlin (West) : eine Studie im Auftrag der Deutschen Forschungsgemeinschaft. - Berlin, 1989. - (dbi-Materialien ; 82)

OBERHAUSER, O. C.: Card-image public access atalogues (CIPACs) : issues concerned with their planning and omplementation // In: Libri 53 (2003), S. 54 - 70

PIETZSCH, EBERHARD: Kostengünstige Digitalisierung eines Zettelkatalogs // In: Zeitschrift für Bibliothekswesen und Bibliographie 45 (1998), S. 479 - 494

Retrokonversion : Konversion von Zettelkatalogen in deutschen Hochschulbibliotheken ; Methoden, Verfahren, Kosten. - Berlin, 1993. - (dbi-Materialien ; 128)

Retrokonversionsprojekte - Planung und Durchführung. - Berlin, 1997. - (dbi-Materialien ; 155)

SYRÉ, LUDGER: Retrospektive Konversion : theoretische und praktische Ansätze zur Überführung konventioneller Kataloge in maschinenlesbare Form in den USA, Großbritannien und der Bundesrepublik Deutschland. - Berlin, 1987. - (dbi-Materialien ; 66)

Günter Heischmann · Uwe Rosemann

11 Bestandsvermittlung. Benutzungsdienste[*]

Bibliotheken sind Dienstleistungsunternehmen. Sie sammeln Medien und Informationen und vermitteln diese an die Benutzer weiter. Die erworbenen Medien werden in Katalogen und Datenbanken erschlossen. Eine Ausleihe nach Hause, die Präsenznutzung in der Bibliothek oder die Übermittlung auf andere Weise wird sichergestellt. Darüber hinaus werden Wege gewiesen, wie man Medien und Informationen findet und erhält, die in der jeweiligen Bibliothek nicht vorhanden sind. Hierbei spielen eine besondere Rolle Nachweisinstrumente in gedruckter oder elektronischer Form.

Die Orientierung an den Benutzerwünschen ist ein wesentliches Kennzeichen einer benutzerfreundlichen Bibliothek. Um dieses von der Bibliothek angestrebte Ziel weitgehend zu erreichen, werden immer wieder erhebliche Anstrengungen unternommen. Dabei bedient man sich seit einigen Jahren zunehmend betriebswirtschaftlicher Managementinstrumente. Marketing, Total Quality Management, Benchmarking, Service Level Agreements, Team- und Personalmanagement, Controlling, Lean Library und speziell Library Performance Measurement sind einige Schlagworte, deren Herkunft aus dem anglo-amerikanischen Raum unschwer zu erkennen ist. Wesentlich erscheint, die Bibliotheken sollten die Probleme und Wünsche ihrer Benutzerkunden genau kennen, auf sie eingehen und sie bei der Erwerbung neuer Medien, ihrer Darbietung und Weitervermittlung möglichst „hautnah" berücksichtigen. Gegenüber der unübersichtlichen Informationsflut des Internet ist dies ein Vorteil, der die Existenz der Bibliotheken auch weiterhin rechtfertigt.

11.1 Benutzerforschung

Um das gewünschte Ziel der Benutzerzufriedenheit zu erreichen, ist eine möglichst exakte Kenntnis der gegenwärtigen und der potentiellen Benutzer notwendig. In den „IFLA Performance Indicators" (für wissenschaftliche Bibliotheken) ist auch der Leistungsindikator Benutzerzufriedenheit mit aufgenommen. Wer besucht die Bibliothek? Welche Benutzerschichten will man erreichen? Welche Anforderungen und Erwartungen stellen die Benutzer, was benötigen sie? In einer Universitätsbibliothek erscheint folgendes Ziel klar: Es gilt die Medien und Informationen angemessen bereitzustellen oder zu vermitteln, die für die Forschung, Lehre und Studium der verschiedenen Fächer, die an der Universität gelehrt werden, erforderlich sind. Eine Stadt- oder Gemeindebücherei hat andere Kunden. Um in allen Fällen genaueren Aufschluss über die jeweiligen Bedürfnisse zu erhalten, muss der jeweilige Markt erkundet werden. Diese Marktforschung wird gegenwärtig hauptsächlich durch die Bibliotheken selbst betreiben. In Kenntnis der fachlichen Materie werden Verfahren angewandt, mit denen die Bibliotheken sich selbst evaluieren und Schlüsse ziehen. Dies kann jedoch auch durch andere, externe Einrichtungen oder Firmen erfolgen. Eine qualitative und quantita-

---

[*] Günter Heischmann verfasste die Abschnitte 11.1 bis 11.7, Uwe Rosemann den Abschnitt 11.8.

11.1 Benutzerforschung

tive Analyse und Auswertung beruht einerseits auf Daten, die im laufenden Betrieb anfallen, andererseits auf Ergebnissen, die durch gezielte Befragungen ermittelt werden. Die auf verschiedene Art gewonnenen Erkenntnisse der Benutzerforschung erlauben im Zusammenspiel mit anderen Parametern wie z.b. Personalausstattung, Ausgaben für Medien, Ausstattung der Bibliotheken und Öffnungszeiten einen Leistungsvergleich zwischen gleichartigen Bibliothekstypen. Für öffentliche Bibliotheken in Deutschland gibt es seit 1999 den „Bibliotheksindex (BIX)". Für wissenschaftliche Bibliotheken ist ein gleichartiges Projekt in Vorbereitung.

11.1.1 Statistiken und gespeicherte Nutzungsdaten

Die meisten Bibliotheken erstellen Jahresberichte, in denen einzelne Arbeitsvorgänge statistisch dargestellt und interpretiert werden. Dies geschieht, um gegenüber den Unterhaltsträgern und der Öffentlichkeit Rechenschaft über die geleistete Arbeit im vergangenen Jahr zu geben, aber auch um sich selbst zu bestätigen. Heutzutage bietet das elektronische Ausleihsystem zur Ermittlung dieser Daten geradezu ideale Bedingungen. Man erhält Protokolle, die alle Benutzereingaben am Eingabegeräte im Detail festhalten, sei es von Geräten in der Bibliothek oder von außerhalb. Die Auswertung dieser Daten wird freilich aufgrund ihrer Masse unübersichtlich und zeitaufwändig, weshalb definierte Makros bzw. spezielle Auswertungsprogramme eingesetzt werden müssen.

Gespeicherte Rechercheprotokolle können sowohl nach inhaltlichen als auch formalen Kriterien ausgewertet werden. Untersucht man die Protokolle im Hinblick auf die örtliche Herkunft der Recherchen, so beobachtet man in den letzten Jahren die rasant steigende Quote der Anfragen, die von außerhalb der Bibliothek aufgegeben werden. Die zunehmende Vernetzung der Hochschulen und die Möglichkeit des Internetzugangs von zu Hause aus haben dies ermöglicht. Die oft angebotenen vielfältigen Recherchefunktionen werden nicht von allen genutzt. So wird die Standardsuche weit mehr verwendet als die Expertensuche. Auch lässt sich erkennen, dass die Suche nach Verfassern und Sachtiteln bzw. Stichwörtern die Suche nach Schlagworten oder Systemstellen bei weitem übertrifft. Des Weiteren kann man sehen, ob die angebotenen Suchmöglichkeiten überhaupt verstanden werden. Gelegentlich stellt man fest, dass sich Benutzer zwar vielfältig bemühten, Treffer zu erzielen, die erforderlichen Recherchefunktionen aber nicht beherrschen. Wenn die Null-Trefferquote sehr hoch liegt, kann dies einerseits am fehlenden Bestand und an fehlerhaften Eingaben liegen, aber auch an mangelnder Kenntnis, wie zu recherchieren ist. Hier eröffnet sich ein Feld für die Benutzerschulung oder auch für eine eingängige Gestaltung des Suchbildschirms.

Selbstverständlich kann auch Protokoll geführt werden über die Zahl der Bestellungen insgesamt und der davon positiv oder negativ erledigten, über die Zahl der Vormerkungen, Mahnungen und Fernleihen, so diese über das Ausleihsystem abgewickelt werden. Eine Recherche in den gespeicherten Daten erlaubt in kürzester Zeit die Ermittlung der am häufigsten oder überhaupt nicht ausgeliehenen Medien. Diese Erkenntnisse können sich auf den Bestandsaufbau allgemein oder speziell den einer Lehrbuchsammlung auswirken. Auch die Zahl der aktiven Benutzer, z.B. die innerhalb eines Jahres ein Medium ausgeliehen haben, lässt sich ermitteln. Werden für einzelne Benutzergruppen (z.B. Studenten, wissenschaftliches Personal, Schüler, selbständige Berufe) auch verschiedene Benutzergruppenkennzeichen erfasst, so ist auch die Benutzerstruktur zu erkennen. Die Veränderungen von Jahr zu Jahr können analysiert werden.

Im Bereich der neuen Medien, vor allem bei den Datenbanken und bei elektronischen Zeitschriften, fallen automatisch erstellte Statistiken ab, die die Häufigkeit und Art der Benutzung zählen und damit auf die Akzeptanz schließen lassen. So werden über bestimmte Zugangs-Server (Proxy-Server) der eigenen Einrichtung, über Server von Verlagen oder auch bei Zeitschriften über die Elektronische Zeitschriftenbibliothek (EZB) Nutzungszahlen bereitgestellt. Dabei wird nicht nur die Häufigkeit der Zugriffe, sondern auch die Tiefe der Nutzung protokolliert (Titelanzeige, Volltext-Anzeige, Ausdruck). Jedenfalls können viele Daten, die die „Deutsche Bibliotheksstatistik" (http://www.bibliotheksstatistik.de) verlangt oder die ansonsten interessieren sozusagen per Knopfdruck erzeugt werden. Um solche Daten einer bestimmten Bibliothek mit denen anderer Bibliotheken vergleichen zu können, muss überprüft werden, ob gleiche Definitionen, z.b. für aktive Benutzer, zu Grunde liegen. Ein besonderes Problem stellen die gespeicherten persönlichen Benutzerdaten dar. Hier sind das „Bundesdatenschutzgesetz" (BDSG) und die Datenschutzgesetze der Länder zu beachten. Andere „Quellen" für die Benutzerforschung ergeben sich etwa durch Besucherzählanlagen und Handstatistiken, z.B. für mündliche und schriftliche Anfragen. Dabei geht es den Benutzern keineswegs immer nur um sachliche Anfragen etwa zum Bibliotheksbestand oder um Orientierungsfragen, sondern auch um Vorschläge, Wünsche, Lob und Beschwerden. Um die Qualität der Bibliothek bzw. die Zufriedenheit der Kunden zu erhalten oder zu vermehren, sind diese Meinungsäußerungen durchaus ernst zu nehmen.

11.1.2 Befragungen

Befragungen sind in den letzten Jahren ein immer häufiger eingesetztes Mittel, um die Bedürfnisse der Benutzer zu erforschen und um damit den Kundenwünschen mehr entsprechen zu können. Der Ausgangspunkt ist: Warum will man eine Befragung durchführen und was will man erforschen. Ziel ist eine mögliche Änderung und Verbesserung des Angebotes. Benutzerbefragungen setzen intensive Planungsphasen voraus, in denen ein stringentes, gut durchdachtes Konzept erarbeitet werden muss. Wiederholte Befragungen in verschiedenen Zeitabständen lassen erkennen, ob die getroffenen Konsequenzen auch wirksam waren.

Benutzergruppen

Zunächst wird festgelegt, welche Benutzergruppen befragt werden sollen. An einer Universitätsbibliothek können dies das wissenschaftliche Personal oder die Studierenden oder beide Gruppen sein; auch Externe, wie z.B. zahlende Privatkunden, können Gegenstand der Untersuchung sein. An einer öffentlichen Bibliothek werden andere Benutzergruppen im Vordergrund stehen wie etwa Kinder, Jugendliche, Schüler, Lehrer, sonstige berufstätige Erwachsene und Rentner, vielleicht auch Urlauber. Eine besondere Gruppe stellen die Mitarbeiter in Bibliotheken dar. Sie können nicht nur für ihre Bedürfnisse, sondern auch zur allgemeinen Bibliotheksbenutzung wichtige Hinweise geben.

Umfang der Befragung. Stichproben

Im Allgemeinen besteht Interesse am Publikum einer bestimmten Bibliothek. Eine Befragung gleichzeitig an mehrere Bibliotheken erlaubt dagegen Vergleichsbetrachtungen zwischen diesen Bibliotheken. Die verlässlichsten Ergebnisse werden bei einer Vollerhebung aller Benutzer einer Bibliothek erreicht, doch scheitert dies häufig wegen des damit verbundenen hohen Aufwands. Eher lässt sich dies bei einer bestimmten Benutzergruppe einer Bibliothek verwirklichen. Meist jedoch begnügt man sich mit Zufallsstichproben, an Universitäten etwa drei Wochen während des Semesters und zwei Wochen in der vorlesungsfreien Zeit.

Untersuchungsgegenstände

Was erhoben werden soll, richtet sich in erster Linie nach dem Bibliothekstyp. An öffentlichen Bibliotheken sind dies in vielen Fällen andersgeartete Fragen als an Universitätsbibliotheken. Allgemein ist man an dem Qualitätsstand des Dienstleistungsangebots aus der Sicht der Benutzer interessiert. Speziellere Fragenbereiche erstrecken sich etwa auf die Nutzungsgewohnheiten, die Benutzerzufriedenheit und auf Fragen bezüglich der zukünftigen Schwerpunkte und Arbeitsweise der Bibliothek. Die Fragen nach der Einschätzung der bibliothekarischen Dienstleistungen können sich erstrecken auf Fachreferate, Auskunft, Verbuchung, Mediothek, elektronische Zeitschriften, CD-ROM-Datenbanken, Volltexte im Internet, Fernleihe, SUBITO, Nachschlagewerke, Buchbestand, Homepage, Schulungsangebot, OPAC, Verbunddatenbanken, Zeitungen, Zeitschriften, audiovisuelle Medien, Sprachlehrmittel, Kopiergeräte, Ausbau des Buchbestands, Hilfsbereitschaft des Personals und natürlich in besonderem Maße auf die Öffnungszeiten. Neben umfassenderen Befragungen zum Dienstleistungsangebot einer Bibliothek sind auch Befragungen zu sehr spezielle Themen sinnvoll. Insbesondere die Nutzung der elektronischen Medien will durch Benutzungszufriedenheit gerechtfertigt sein. Weitere Einzeluntersuchungen können die Nutzung von Internet-Arbeitsplätzen und die Katalogrecherche sein. An öffentlichen Bibliotheken kommen zu den mehr sachbezogenen Fragestellungen häufig noch soziodemographische Erhebungen hinzu, etwa über Alter, Geschlecht, Bildungsstruktur und Erwerbstätigkeit; hier sind die Gründe für den Bibliotheksbesuch teilweise anders als bei wissenschaftlichen Bibliotheken.

Gestaltung des Fragebogens oder eines Interviews

Eine Benutzerbefragung kann durch ein Interview zwischen dem Fragenden und dem Benutzer, durch Ausfüllen eines Fragebogens durch den Benutzer oder auch einer Kombination von beidem erfolgen. Sofern der überwiegende Kreis der zu Befragenden eine E-Mail-Adresse hat und nutzt, kann die Aktion auch in dieser Kommunikationsform durchgeführt werden. Ein anonym auszufüllender Fragebogen, der in der Bibliothek an mehreren Stellen ausliegt, kommt der Mehrheit der Befragten entgegen. Um einen möglichst großen Rücklauferfolg zu erreichen, soll der Fragebogen kurz, leicht auszufüllen, eindeutig und unvoreingenommen sein. Bei den Fragen nach der Zufriedenheit empfiehlt sich eine Antwortskala (von sehr zufrieden bis sehr unzufrieden). Ein Feld „Kenne ich nicht" oder „Nutze ich nicht" sowie ein Feld für freie Bemerkungen sollte ebenfalls vorgegeben werden. Bei der Frage nach den gewünschten Öffnungszeiten kann ein Schema angeboten werden, das durch Ankreuzen die gewünschten erweiterten Öffnungsstunden erlaubt.

Erfassung und Auswertung

Während Unternehmen der Wirtschaft meist Meinungsforschungsinstitute für die Marktforschung beauftragen, nehmen Bibliotheken aus Kostengründen dies meist selbst in die Hand. Die Benutzerbefragung in den nordrhein-westfälischen Universitätsbibliotheken wurde zumindest bei der Planung und Betreuung sowie Datenerfassung und -auswertung von einem Meinungsforschungsinstitut begleitet. Als Hilfe können auch entsprechende wissenschaftliche Einrichtungen einer Universität hinzugezogen werden.

Bekanntgabe der Ergebnisse

Es entspricht der Einstellung zur Kundenorientierung, dass einerseits eine Befragung angekündigt wird, andererseits ihre Ergebnisse öffentlich bekannt gemacht werden. Dies kann in Pressekonferenzen, universitären Mitteilungsblättern oder auch Ausstellungen geschehen. Dabei werden auch Konsequenzen dargestellt. Über die Ergebnisse einer Befragung ist auch das eigene Haus angemessen zu informieren: „Das heißt, dass jeder Mitarbeiter mit Kundenkontakt, und das sollte möglichst vielen Mitarbeitern ermöglicht werden, die Bedürfnisse der Kunden kennen und wahrnehmen sollte" (S. Wilmsmeier, 1999).

11.2 Benutzerschulung

Benutzerschulungen sind Hilfen der Bibliotheken für ihre Kunden. Einerseits soll erreicht werden, dass der Benutzer seine Bibliothek und ihre Gegebenheiten kennt, andererseits werden Mittel und Wege gewiesen, wie er an die für ihn erforderlichen Informationen herankommen kann. Konsequenzen der Benutzerforschung können einzelne spezielle oder ein Bündel verschiedener Benutzerschulungen sein. In den Vereinigten Staaten und in Großbritannien wird der Benutzerschulung (library user education) seit längerem große Aufmerksamkeit gewidmet. In Deutschland geschieht dies zunehmend erst in den letzten Jahren. Dabei steht das Ideal einer Teaching Library im Vordergrund, die nicht nur den Mitarbeitern, sondern auch den Benutzern Informationskompetenz (information literacy) vermittelt. Der Benutzer kann auf vielerlei Art und Weise geschult werden. Mehrere Maßnahmen in dieser Richtung beruhen häufig auf einem abgestimmten Schulungskonzept.

11.2.1 Bibliothekseinführungen

Traditionell sind Führungen durch das Bibliothekspersonal. Meist wird damit die Einführung in die Bibliotheksbenutzung vor Ort bezweckt. Je nach Zielgruppe unterscheidet sich der zu vermittelnde Stoff. Wesentliche Elemente sind die Fragen nach der Zulassung zur Benutzung, den Bestell- und Ausleihmodalitäten sowie der Katalog-Recherche. Hinzukommen können Erläuterungen zu den Aufgaben und Sammelschwerpunkten der Bibliothek, zur Freihandaufstellung, zur Aufstellungssystematik, zur Präsenznutzung, zu Verbundkatalogen, zur Fernleihe, zu Dokumentlieferdiensten, zur Benutzung von Datenbanken und elektronischen Zeitschriften. Auch die Geschichte der Bibliothek kann kurz gestreift werden. An Universitätsbibliotheken werden den Studierenden meist mehrere Einführungen zu Semesteranfang angeboten. Bewährt haben sich auch regelmäßige Führungen an einem bestimmten Tag in der Woche und zu einer bestimmten Uhrzeit. Damit die Last nicht nur auf einer Person ruht, können sich mehrere Mitarbeiter einer Bibliothek in einem Team zusammenfinden, in dem auch geschulte Mitarbeiter aus allen Abteilungen der Bibliothek einbezogen werden.

11.2.2 Informationsmittel für Benutzer

Neben den mündlichen Einführungen vor Ort stellen Bibliotheken ihren Benutzern eine Vielfalt von Informationsmöglichkeiten und -materialien zur Einführung und Schulung bereit. Dabei werden auch die modernen Informations- und Kommunikationstechniken sowie Multimedia-Elemente eingesetzt, etwa wenn über die Homepage der Bibliothek ein virtueller Rundgang durch die Bibliothek angeboten wird, in dem die wesentlichen Benutzungsmodalitäten durch Bild und Ton erläutert werden. Ein großer Vorteil dieses Informationsmittels über das Internet ist die beliebige Wiederholbarkeit durch den Benutzer, die Möglichkeit, einzelne Schritte wieder zurückgehen zu können und die von Zeit- und Raum unabhängige Erreichbarkeit. Vor Ort kann dem Benutzer eine Eingabeerleichterung in Form eines Touch-Screens angeboten werden. Demgegenüber sind Videofilme bei Änderungen weniger flexibel.

Vor der Erstellung von Programmen und der Produktion von Filmen muss stets ein didaktisches Konzept erstellt werden, damit der große personelle, technische und finanzielle Aufwand beim Benutzer auch leicht verständlich ankommt. – Ein wichtiges Informations- und Schulungsportal bildet die über das Internet zu erreichende *Homepage*. Ein benutzerfreundliches, einheitliches Muster für alle Bibliotheken ist aufgrund der verschiedenartigen Ausrichtungen und Absichten nur schwerlich zu erreichen. Überall wird versucht, den Benutzer auf die wichtigsten Dienstleistungen der Bibliothek hinzuweisen und einführende Hinweise zu geben. In fast allen Bibliotheken liegen *Informationsmaterialien* zur Benutzung diverser Dienste in gedruckter Form aus. Ein inhaltlich und formal aufeinander abgestimmtes Konzept sollte zu Grunde liegen. Die gedruckten Materialien sind entweder umfassend, indem sie das gesamte Dienstleistungsspektrum der Bibliothek beschreiben oder speziell auf einzelne Dienstleistungen hin ausgerichtet. Letztere Form ermöglicht bei Änderungen eine rasche Aktualisierung, da hier nur eine oder wenige Seiten neu gedruckt werden müssen. Einzelne Informationsblätter können z.B. folgende Themen behandeln: Einführung in die Benutzung der Bibliothek, Katalog-Recherche, Fernleihe, Dokumentlieferdienste, Suchstrategien in Datenbanken, Elektronische Zeitschriften, Internetarbeitsplätze, Kopieren in der Bibliothek, Sonderbestände, Sonderlesesäle, Neuerwerbungslisten. Bei den einzelnen Ausgaben dieser schriftlichen Informationsblätter sollte jeweils das Bearbeitungs- bzw. das Ausgabedatum vermerkt sein. Die Zusammenarbeit zwischen den Bibliotheken bietet sich vor allem bei der Beschreibung bestimmter, überall gleich angeboter Datenbanken an.

11.2.3 Schulungen

Schulungen erscheinen in besonderem Maße bei den elektronischen Medien und für das Internet notwendig. Suchmaschinen liefern zwar häufig sehr viele Treffer, aber die für den Benutzer relevante Auswahl ist mühsam. Bibliotheken als professionellen Informationsvermittlern eröffnen sich hier wichtige Aufgaben. Nach einer Studie im Auftrag des BMFB erwerben nur etwa 15 % der Mitglieder von Hochschulen Informationskompetenz systematisch im Rahmen von Einführungsveranstaltungen in Bibliotheken. Die Schulungen können Einführungen in die Suchstrategien verschiedener Datenbanken sein. Überdies ist die Einbindung in die Lehrpläne der Schulen und Universitäten angesagt. Bei der Schulung der Benutzer ist besonderes Gewicht auf die Methoden und die Zielrichtung zu legen. Didaktische Gesichtspunkte sind einzubeziehen und es ist Wert darauf zu legen, den Benutzer mit den erforderlichen Grundkenntnissen auszustatten, die es ihm ermöglichen, sich selbst zurechtzufinden. Das Lernen am Objekt steht im Vordergrund. Für die Benutzerschulung sollte ein Schulungsraum mit der notwendigen technischen Ausstattung zur Verfügung stehen. In kleineren Einrichtungen lässt sich die Benutzerschulung an einem oder wenigen dafür geeigneten Plätzen durchführen.

11.3 Auskunftsdienste

Die Benutzer kommen in die Bibliothek, um Informationen und Auskünfte zu ihrem Interessengebiet zu suchen, um Medien einzusehen bzw. auszuleihen. Für beide Bereiche steht geschultes Bibliothekspersonal zur Seite. Die Auskunftsdienste geben Hilfestellungen bei allgemeinen und fachlichen Anfragen und beraten, wie man an die Medien herankommt. In öffentlichen Bibliotheken spielen traditionell auch die Benutzerberatung bei der Lektüreauswahl und allgemeine Sachauskünfte eine wichtige Rolle. Obwohl Bibliotheken in der Regel große Anstrengungen bei der Erstellung von Merkblättern zur Einsicht und Mitnahme nach Hause unternehmen und auch ausführliche Hinweise auf ihrer Homepage geben, gibt es doch viele Benutzer, die diese Informationsquellen nicht oder kaum zur Kenntnis nehmen und sich lieber an eine Auskunftsstelle in der Bibliothek wenden. Diese Tatsache unterstreicht den Wunsch nach persönlicher Beratung. Die Quantität der Auskunftsfragen in einer Bibliothek steigt mit der Zahl der Benutzer. Die Qualität der Fragen reicht von reinen Orientierungsfragen bis zu fachlich so sehr differenzierten Fragestellungen. Umfang und Grenzen der Auskunftstätigkeit muss jede Bibliothek nach ihren Möglichkeiten definieren. Dabei sollte als generelle Richtschnur festgelegt sein, auf welche Fragen eine Antwort gegeben werden muss, kann oder welche abgewiesen werden sollen. Für Benutzergruppen, die besonderer Hilfe bedürfen (z.B. Behinderte, Ausländer) ist gegebenenfalls ein höherer Aufwand zu leisten. Ein PC-Blindenarbeitsplatz sollte zum Standard jeder größeren Bibliothek gehören. Zunehmend wird auch fachliche Beratung gewünscht. Auskünfte sollen schnell, richtig und nach Möglichkeit auch vollständig erteilt werden.

11.3.1 Auskunftsstellen

Im Allgemeinen befindet sich in jeder Bibliothek an einem Platz, der von den Benutzern leicht einsehbar und erreichbar ist, eine zentrale Auskunftsstelle. Ergänzend können in Lesesälen oder größeren Teilbibliotheken weitere Auskunftsplätze hinzukommen. Eine Integration der bibliothekarischen Auskunft in andere zentrale Auskunftszentren (z.B. einer Stadt oder Universität) oder zumindest eine unmittelbare Nachbarschaft zu diesen empfiehlt sich, um die Zahl der Anlaufstellen für die Informationssuchenden zu beschränken. Doch ist dies in hohem Maße von den örtlichen Gegebenheiten abhängig. Schriftliche Anfragen an eine Bibliothek gehen heutzutage zunehmend nicht mehr per Brief, sondern über eine zentrale E-Mail-Adresse ein. Die Beantwortung geht im Allgemeinen in gleicher Form zurück. Meist ist die schriftliche Auskunft organisatorisch der mündlichen angegliedert. Die Suche in den Datenbanken, die online angeboten werden, wird dem Benutzer selbst überlassen. Allenfalls bietet die Bibliothek Einführungskurse zur Nutzung an, wobei auch spezifische Recherchestrategien erläutert werden.

11.3.2 Auskunftspersonal

Einige Bibliotheken setzen festes Stammpersonal ein, andere bilden Info-Teams, die sich aus allen Abteilungen der Bibliothek zusammensetzen. Denn die Teilnahme an der aktuellen Benutzerberatung, und sei es auch nur in beschränktem zeitlichen Umfang, bedeutet auch eine Abwechslung, Bereicherung und zusätzliche Motivation. Die Leitung des Info-Teams erstellt einen Einsatzplan, organisiert regelmäßige Besprechungen, Schulungen und Fortbildungsveranstaltungen und gibt Informationen an die Mitglieder des Teams weiter. Die laufende Fortbildung ist besonders wichtig. Dabei sind auch Seminare über Serviceorientierung, Interviewtechnik und Verhalten in Auskunftsgesprächen und bei besonderen Benutzungssituationen, etwa schwierigen Benutzern, einzubeziehen.

11.3.3 Call-Center

Die Auskunftsstellen sind in der Regel nur während der Öffnungszeiten der Bibliothek erreichbar. Eine Erweiterung und Optimierung der Auskunfts- und Beratungstätigkeit der Bibliotheken auch außerhalb der Öffnungszeiten, aber auch während dieser, kann durch die Einrichtung eines Call-Centers erreicht werden. Derartige Dienste sind im Bereich der Wirtschaft weit verbreitet. Benötigt wird ein Team von Mitarbeitern, das rund um die Uhr an sieben Tagen der Woche für telefonische Auskünfte zur Verfügung steht. Dabei spielt es keine Rolle, wo die Mitarbeiter sitzen. Ankommende Telefonate werden an kompetente Mitarbeiter weitergeleitet. Die Arbeitsplätze der Mitarbeiter eines Call-Centers sind vernetzt und haben Zugriff auf die elektronischen Rechercheinstrumente. Die Bearbeitung elektronisch eingehender Fragen kann an Mitarbeiter, die gerade verfügbar sind, vermittelt werden. Die Beantwortung der Fragen geschieht vom virtuellen Auskunftsplatz aus im Chat-room (http://www.tu-harburg.de/b/fragen.htm). Unter Einsatz moderner Informationstechnologie hat die Library of Congress einen Auskunftsdienst (Collaborative Digital Reference Service – CDRS) eingerichtet, der Benutzern zu beliebiger Zeit die Beantwortung ihrer Fragen ermöglicht. Die elektronisch eingehenden Fragen werden von zentraler Stelle aufgenommen und klassifiziert; ihre Bearbeitung wird entweder anhand der bisher in einer Datenbank (Knowledge Base) gesammelten Fragen und Antworten erledigt oder per E-Mail an Experten zur Beantwortung weitergereicht. Häufig wiederkehrende Fragen, wie benutzungsorientierte Fragen nach Öffnungszeiten und Ausleihmodalitäten, können mit Hilfe der Informationstechnologie automatisiert werden.

11.3.4 Informationsmittel für die Auskunft

In der Vergangenheit konnte eine Auskunftsstelle ohne einen größeren Handapparat aus gedruckten Bibliographien nicht auskommen. Um einzelne Titel, die nicht im Bestand der Bibliothek waren, nachweisen zu können, benötigte man vielerlei bibliographische Hilfsmittel: Bibliographien der Bibliographien, Nationalbibliographien, Verzeichnisse lieferbarer Bücher, Regionalbibliographien, Personalbibliographien, Zeitschriftentitelbibliographien, Zeitschrifteninhaltsbibliographien, Verzeichnisse von Hochschulschriften usw. Heute beherrscht weitgehend die Online-Recherche den Bibliographier- bzw. Signierdienst. Auch Rezensionen über neue Bibliographien und Nachschlagewerke sind über das Internet zugänglich (Informationsmittel für Bibliotheken, Digitales Rezensionsorgan für Bibliothek und Wissenschaft: http://www.bsz-bw.de/ifb). Das hat die Informationsdienste in öffentlichen wie in wissenschaftlichen Bibliotheken nachhaltig verändert. Bibliotheken halten auf PCs oder Servern die auf CD-ROM erscheinenden Bibliographien und Nachschlagewerke vor, soweit nicht der Online-Zugriff auf entsprechende Datenbank besteht. Der Nachweis bestimmter Titel wird über Internetportale mit der Recherche in verschiedenen Bibliothekskatalogen ermöglicht, wesentlich erleichtert und beschleunigt. Link-Sammlungen weisen auf wichtige und häufig benötigte Internet-Adressen hin. Hinzu kommen Internet-Suchdienste. Diese durch Vernetzung erleichterte und vermehrte Zugänglichkeit zu bibliographischen Quellen und Fakten und die

Erweiterung der Suchmöglichkeiten sind der eigentliche Mehrwert der modernen Informationstechnologie. Neben den gedruckten oder online zugänglichen Katalogen, Bibliographien und Nachschlagewerken werden an vielen Auskunftsstellen Informationen und Hinweise für Mitarbeiter gesammelt und gepflegt, die eher lokale Gegebenheiten betreffen und der raschen Beantwortung häufig gestellter Fragen dienen. Für Benutzeranfragen, die sich vor Ort nicht lösen lassen, wurde in Deutschland 1998 nach amerikanischem Vorbild eine Mailingliste eingerichtet (RABE = Recherche und Auskunft in bibliothekarischen Einrichtungen). Erhofft wird, dass sich in anderen Einrichtungen jemand findet, der helfen kann. Spezielle Lehrbücher für den Auskunftsbibliothekar, die über die Frage „Wie finde ich Literatur" hinausgehen und auch auf vielschichtige psychologische Aspekte gegenüber verschiedenem Benutzerverhalten eingehen, finden sich vor allem im anglo-amerikanischen Raum.

11.4 Präsentation der Medien

Die zeitliche und unmittelbare Zugänglichkeit zu den Medien sowie ihre Darbietung sind für Benutzer wesentliche Kriterien für die Einschätzung der Leistung einer Bibliothek. Eine hohe Zufriedenheit kann in der Regel durch lange Öffnungszeiten, die sofortige Einsichtnahme- oder Ausleihmöglichkeit und durch ein angenehmes Ambiente erreicht werden. Bei öffentlichen Bibliotheken spielt eine attraktive Präsentation der Bestände eine größere Rolle als bei den wissenschaftlichen Bibliotheken. Ein Benutzer einer öffentlichen Bibliothek sucht häufig Medien zu einem ihn privat oder beruflich interessierenden Thema. Eine gut sortierte und attraktiv präsentierte öffentliche Bibliothek zieht ihn an. Der Student oder Wissenschaftler dagegen sucht meist bestimmte Werke, die er für seine Arbeit dringend benötigt. Wichtig für ihn ist, dass er genau diese Werke erhält, gleich unter welchen äußeren Umständen. Er wird oder muss sich den örtlichen Gegebenheiten anpassen und seien sie auch noch so widrig. Der äußere Eindruck, den eine Universitätsbibliothek oder ein universitäres Bibliothekssystem beim Benutzer hinterlässt, geht im Übrigen auch häufig ein in die Ranking-Listen von Hochschulen.

11.4.1 Öffnungszeiten

Lange Öffnungszeiten einer Bibliothek kommen den Benutzererwartungen und -wünschen entgegen. Der erforderliche Personal- bzw. Kostenaufwand hierfür lässt sich jedoch nur rechtfertigen, wenn die Zahl der Benutzer entsprechend hoch ist und geeignete Räumlichkeiten vorhanden sind. Öffnungszeiten von 24 Stunden täglich lassen sich an einer Universitätsbibliothek, an der die Bestände durch einen einzigen Ein- und Ausgang frei zugänglich sind, mit wesentlich geringerem Personalaufwand verwirklichen als an einem zweischichtigen Bibliothekssystem mit zahlreichen Fakultäts-, Instituts- oder Lehrstuhlbibliotheken an unterschiedlichen Orten. Hier kann die Zahl der potentiellen Benutzer pro Bibliothek so niedrig sein, dass sich der Einsatz von Aufsichtskräften für lange Öffnungszeiten nicht verantworten lässt. Die Tageszeiten für die Öffnung ist den Möglichkeiten und Wünschen der Benutzer anzupassen. Abendöffnungszeiten kommen Berufstätigen entgegen. Die Samstagsöffnung öffentlicher Bibliotheken sowie größerer wissenschaftlicher Bibliotheken sollte eine Selbstverständlichkeit sein. Wenn genügend Nachfrage erwiesen ist, kann Sonntagsöffnung als weiterer Service hinzukommen. Jedenfalls ist die Orientierung ausschließlich an den allgemeinen Arbeitszeitverordnungen mit Dienstzeiten des Personals im Allgemeinen nicht befriedigend. Hier sollte im Bereich des öffentlichen Dienstes flexibler reagiert werden; gegebenenfalls müssen nichtbibliothekarische Personen für bestimmte Dienste angelernt und eingesetzt werden. Für Ausleihe, Rückgabe, Fernleihe, Lesesäle, Kopierräume usw. sind einheitliche Zeiten anzustreben bzw. organisatorische Maßnahmen zu treffen, dass alle Dienste, wenn auch zu bestimmten Zeiten in eingeschränktem Umfang, aufrecht erhalten werden können.

11.4.2 Ausstattung der Räumlichkeiten

Für die Planung und den Bau wissenschaftlicher Bibliotheken gibt es Empfehlungen, die neben den für die Lagerung des Bestandes und den internen Betrieb notwendigen Flächen und Bedingungen auch die für Benutzer vorgesehenen Räumlichkeiten vor allem im Hinblick auf den Flächenbedarf berücksichtigen. Bei den öffentlichen Bibliotheken steht in besonderem Maße die Funktionalität für eine sehr unterschiedliche Benutzerschaft im Vordergrund. Allgemein kann festgestellt werden, dass Räume und Einrichtung das äußere Erscheinungsbild einer Bibliothek prägen und in hohem Maße Einfluss auf die von den Bibliotheken anzustrebende Benutzerzufriedenheit haben. Dies beginnt bei Eintritt eines Benutzers in die Bibliothek. Ein leicht verstehbares visuelles Leitsystem ist für die verschiedenen Räumlichkeiten und die Aufstellung der Medien notwendig.

Auf die Einrichtung von Arbeits- oder Lesesälen und den hier angebotenen Plätzen ist besonderer Wert zu legen, denn es gilt: „Je attraktiver die Räumlichkeiten einer Bibliothek sind, je mehr sie zum allgemeinen Aufenthalt, zur Kommunikation oder zum Arbeiten einladen und geeignet sind, desto stärker wird die Benutzung *in* der Bibliothek ins Gewicht fallen". Hierbei spielt die Mobiliarausstattung als Hauptinstrument der Angebotspräsentation eine besondere Rolle. Eine ausreichende Beleuchtung der Regale ist ebenso wichtig wie funktionale Arbeitsplätze, die Stromanschlüsse für Leselampen und Laptops und auch Netz-Anschlüsse für den Internetzugang bieten. Letzteres wird auch durch die Einrichtung eines Senders (Access Points) für die drahtlose Verbindung vom Benutzer-Laptop ins Netz (Wireless Local Area Net) einer Hochschule erreicht. Tische mit einer Länge von zwei Metern und einer Tiefe von 60 cm genügen den heutigen Ansprüchen nicht mehr. Die Zahl der Leseplätze in Bibliothekssystemen hängt vor allem ab von der Attraktivität des Angebots, den Fächerschwerpunkten sowie der Zahl und Größe benachbarter Bibliotheken. Eine allgemeine Richtzahl lässt sich daher nicht geben. Damit sich mehrere Benutzer zwischen Regalreihen eines Lesesaals aufhalten können, ist der Abstand zwischen den Regalen entsprechend weit zu halten. Allenfalls ist für seltener benötigte Bestände die Freihand-Aufstellung in Kompaktregalanlagen mit entsprechender Sicherungstechnik denkbar.

11.4.3 Online-Katalog

Eine Bibliothek kommt nicht umhin, ihren Bestand dem Benutzer nicht nur in frei zugänglichen Räumen, sondern auch durch Kataloge zu präsentieren. Dies gilt in besonderem Maße für Bibliotheken, die ihren Bestand überwiegend in Magazinen aufbewahren, die den Benutzern nicht zugänglich sind. Die Gestaltungsmöglichkeit der Bildschirmmasken des OPAC für die Suche und für das Ergebnis ist programmierbar. Eine leicht zu verstehende und zu bedienende

Bildschirmmaske ist wichtig. Hier wird die Meinung vertreten, dass ein Suchbildschirm mit einem einzigen auszufüllenden Feld, in dem ein Autor und/oder Stichwort einzugeben ist, für die meisten Benutzer zu ausreichenden Ergebnissen führt. Die differenzierte Feldsuche am Bildschirm, in der z.b. der Autor, ein Stichwort und ein Jahr einzugeben ist, erscheint vielen Benutzer als zu kompliziert. Eine Suchmaske, in der der Autor mit „AU=", ein Stichwort mit „ST=", ein Erscheinungsjahr mit „EJ=" und dazu noch die Booleschen Operatoren einzugegeben sind, ist als Einstiegssuchbildschirm für den durchschnittlichen Benutzer nicht nötig.

11.4.4 Freihandbibliothek. Magazinbibliothek

Öffentliche Bibliotheken sind in der Regel Freihandbibliotheken, in denen der gesamte Medienbestand für den Benutzer unmittelbar zugänglich aufgestellt ist. Bei wissenschaftlichen Bibliotheken ist zu unterscheiden zwischen Freihandbibliotheken und Magazinbibliotheken. Bei Freihandbibliotheken ist der weit überwiegende Bestand der Bibliothek zum unmittelbaren Zugriff durch den Benutzer aufgestellt und ein wesentlich geringerer Bestand in einem abgeschlossenen Magazin verwahrt. Bei Magazinbibliotheken wird der überwiegende Bestand für den Benutzer unzugänglich in Magazinen gelagert und nur ein kleiner Teil als Freihandbestand in Lesesälen angeboten. Die schnelle Zugriffsmöglichkeit in Freihandbibliotheken findet sich nach amerikanischem Vorbild vor allem in Universitätsbibliotheken Deutschlands, die seit den 1960er Jahren neu entstanden sind. Diese neueren, einschichtigen Bibliothekssysteme bestehen meist aus einer begrenzten Zahl von Teilbibliotheken für verschiedene Fachrichtungen und kooperieren im Bestandsaufbau eng miteinander. Die traditionellen Universitäten in Deutschland haben dagegen meist eine zentrale Magazinbibliothek mit einem großen, teils in Jahrhunderten gewachsenen Bestand und daneben zahlreiche und umfangreiche Fakultäts-, Instituts-, Klinik- oder Lehrstuhlbibliotheken mit Freihandaufstellung. Dieses Nebeneinander von zentraler Universitätsbibliothek und davon unabhängigen dezentralen Bibliotheken wird als zweischichtiges Bibliothekssystem bezeichnet.

11.4.5 Präsenzbestand. Ausleihbestand

In öffentlichen Bibliotheken ist der Gesamtbestand der Medien in der Regel für die Benutzer nach Hause ausleihbar. In wissenschaftlichen Bibliotheken ist diese Möglichkeit im Wesentlichen bei Magazinbeständen oder auch bei besonders eingerichteten Freihandzonen für ausleihbare Medien gegeben (z.B. für die Erwerbungen ab einem bestimmten Jahr). Die in Lesesälen von Magazinbibliotheken und in Freihandbibliotheken der neueren Bibliothekssysteme stehenden Medien sind dagegen in der Regel Präsenzbestände, d.h. sie sind nur in den Räumen der Bibliothek nutzbar. Dies gilt in Sonderheit für allgemeine oder spezielle Nachschlagewerke oder auch Bibliographien, wichtige grundlegende und umfangreiche Darstellungen und Quellensammlungen, Werkausgaben, biographische Sammelwerke, Zeitschriftenbände der letzten Jahre oder auch nur Zeitschriftenhefte des laufenden Jahrgangs und anderes mehr, also für einen Bestand, von dem anzunehmen ist, dass er häufiger oder auch nur kurzzeitig zum Nachschlagen benötigt wird. Allenfalls erlauben Sonderregelungen eine Kurzausleihe nach Hause. Der Präsenznutzung unterliegen meist auch all jene Bücher, die älter als 100 Jahre sind bzw. deren Wert und Ausstattung einer besonderen Schonung und Sicherung bedürfen. Das gleiche gilt für die Nutzung einiger Nichtbuch-Materialien, wie Mikrofiches oder Mikrofilme, für die der Benutzer bereitgestellte Geräte benötigt.

11.4 Präsentation der Medien 273

Sonderlesesäle mit Präsenzbeständen und besonderen Nutzungsbedingungen finden sich bei entsprechend umfangreichen Beständen einer Bibliothek und einer gesicherten Betreuung der Benutzer (z.B. für Zeitschriften und Zeitungen, Handschriften und alte Drucke oder für besondere Bestände wie Karten, Musikalien, Orientalia).

11.4.6 Aufstellungssystematik

Die Bestände in den für Benutzer zugänglichen Bereichen sind in der Regel systematisch aufgestellt. Bei den einzelnen Fachgruppen und deren Untergliederungen wird jeweils freier Platz für Neuanschaffungen vorgesehen. Die systematische Aufstellung ermöglicht dem Benutzer die Orientierung am Regal über Bücher zu einem bestimmten Thema (Browsing-Effekt). Wissenschaftliche Bibliotheken haben hierfür teils eigene Aufstellungssystematiken entwickelt, teilweise in Anlehnung an die Klassifikation der Library of Congress (LCC); öffentliche Bibliotheken orientieren sich an weniger differenzierten Systematiken. Für die Benutzer wäre es natürlich günstig, wenn die Freihandbestände möglichst an allen Orten unter der gleichen einheitlichen Aufstellungssystematik stünden. Dies ist bei vielen amerikanischen Bibliotheken gegeben, wo die Freihandbestände überwiegend nach der Dewey-Dezimalklassifikation aufgestellt werden. Bei Ortswechsel, der im wissenschaftlichen Bereich häufig vorkommt, erübrigt sich für den Benutzer dann das Kennenlernen spezieller Haussystematiken. Doch erscheint dies im deutschen Bereich kaum erreichbar. Zu traditionell und eingefahren sind die verschiedenen örtlichen Systeme, zu unterschiedlich sind die Auffassungen über die Fächereinteilung und ihre Untergliederungen. Immerhin empfiehlt es sich aber bei notwendiger Neuaufstellung einer Bibliothek oder bei der Zusammenführung mehrerer Bibliotheken mit jeweils eigenen, gewachsenen Aufstellungssystematiken zu größeren Einheiten die möglichst automatische Übernahme der neuen Systemstellen oder auch der vollständigen Signaturen für die einzelnen Bücher von anderen Bibliotheken, da auf diese Weise Fremdleistung genutzt werden kann und somit nicht der Gesamtbestand aufwändig neu systematisiert werden muss. An der Universität München wählte man bei der Neuaufstellung der Institutsbibliothek Deutsche Philologie und bei der Zusammenführung mehrerer Institutsbibliotheken zu Fachbereichsbibliotheken (Wirtschaftswissenschaften, Geschichte, Theologie und Philosophie) die Regensburger Aufstellungssystematik, die seit den 1960er Jahren an den neueren bayerischen Universitäten Anwendung findet und im Katalog des Bibliotheksverbunds Bayern dokumentiert ist.

11.4.7 Magazine

An vielen älteren Bibliotheken mit umfangreichem Bestand sind die Räumlichkeiten zur benutzerfreundlichen Freihandaufstellung des ganzen oder überwiegenden Bestandes nicht gegeben. Daher erfolgt die Aufstellung der Bücher in Magazinen. Es wird Platz gespart, indem die Bücher meist nach Erwerbungsjahren oder heute seltener nach groben Sachgruppen und innerhalb dieser nach einer laufenden Nummer (Numerus Currens) in die Regale eingestellt werden; außerdem trennt man sie nach der Größe in Oktav-, Quart- und Folio-Formate. Auf diese Weise entstehen bei Numerus-Currens-Aufstellung Signaturen wie z.B. 8 2002.123 oder bei Gruppenaufstellung z.B. 4 Bavar. 6789. Gegenüber der systematischen Aufstellung in Lesesälen, wo für die zukünftig neu erworbenen Bücher freier Platz vorzusehen ist, stehen die Bücher also unmittelbar nebeneinander in der Reihenfolge, wie sie erworben wurden.

Da sich nicht gleichzeitig mehrere Personen zwischen den Regalreihen aufhalten wie bei öffentlich zugänglicher Aufstellung kann der Achsabstand der einzelnen Regale geringer gehalten werden als in Lesesälen. Dort, wo es die Traglast der Decken zulässt, werden auch Kompaktregalanlagen eingebaut, bei denen die Regale auf Schienen montiert sind und somit eng aneinander geschoben werden können. Zum Herausnehmen eines Buches müssen dann die Regale entweder elektrisch oder per Hand auseinander gezogen werden. Die Platzersparnis von Kompaktregalanlagen gegenüber herkömmlichen Magazinanlagen kann bis zu 100 Prozent betragen.

11.4.8 Internet- und Multimedia-Arbeitsplätze

Das Internet ist in Konkurrenz zu den Bibliotheken getreten. Der Benutzer erhält hier zu seinen Fragestellungen häufig wesentlich mehr Treffer geboten als in jeder herkömmlichen Bibliothek mit ihrem Bestand und bibliographischem Auskunftsapparat. Die Auswahl nach Wichtigkeit und die Überprüfung der Relevanz bleiben freilich dem Benutzer überlassen. Er muss überdies gewärtig sein, dass nicht alle einschlägigen Quellen gefunden wurden. Für das Finden und die Auswahl von Internet- und ergänzenden Quellen eröffnet sich den Bibliotheken ein neues Arbeitsfeld, das neben der Bereitstellung und Wartung entsprechender Arbeitsplätze auch begleitende Unterstützung erfordert.

Verstärkt seit Mitte der 1990er Jahre haben die Bibliotheken das Angebot von Internet-Arbeitsplätzen in ihr Dienstleistungsangebot einbezogen. Dies wird durch verschiedene Empfehlungen, Richtlinien und Förderprogramme des Wissenschaftsrates, der Deutschen Forschungsgemeinschaft, von einzelnen Bundesministerien und Bundesländern so nachhaltig unterstützt, dass Internet-Arbeitsplätze in Bibliotheken inzwischen zum Standard geworden sind. Die eingesetzte Hard- und Software sollte dabei auch in der Lage und so konfiguriert sein, dass das Abspielen von Multimedia-Programmen mit Text, Ton, Einzel- und bewegten Bildern in angemessener Güte und Performance möglich ist. Gerade auf diesen Zweig der Kommunikationstechnologie wird zukünftig bei Lehre und Studium besonderer Wert gelegt. Durch das Angebot von Internetarbeitsplätzen werden die traditionellen bibliothekarischen Dienstleistungen durch den direkten Zugriff auf Daten, Dokumente und Dokumentinhalte im Internet ergänzt, vereinfacht, beschleunigt und verbessert.

Grundsätzlich gilt die Benutzungsordnung einer Bibliothek. Sofern es darüber hinaus für Internet-Arbeitsplätzen einer ergänzenden Regelungen bedarf, sind diese festzulegen. Dabei ist der Haftungsausschluss der Bibliothek gegenüber Internet-Dienstleistern und dem Benutzer, der Gewährleistungsausschluss der Bibliothek gegenüber dem Benutzer, die Beachtung strafrechtlicher Vorschriften, die Benutzerhaftung, technische Benutzereinschränkungen, organisatorische Benutzerregelungen und schließlich die Zustimmung zu vorgegebenen Nutzungsregelungen und Sanktionsmaßnahmen zu beachten. Damit eine Bibliothek durch Rechtsverletzungen oder sonstigen per Internet getätigten Vereinbarungen von Benutzern nicht belastet wird, muss sie sich absichern. Dies kann nur durch die Anerkennung und Unterzeichnung einer entsprechenden Regelung durch die Benutzer geschehen. Bei den Zugangsregularien hat sich der Benutzer daher in der Regel zu authentifizieren.

11.5 Regeln für die Nutzung

Bibliotheken wollen ihre Medien einerseits möglichst vielen interessierten Benutzern zur Verfügung stellen, sie andererseits aber auch gebrauchsfähig beisammen halten. Dieses

Spannungsverhältnis bedingt gewisse Regelungen, die beide Seiten und in besonderem Maße aber die Benutzer einhalten müssen. Die meisten Bibliotheken sind öffentliche Einrichtungen; sie werden von Gemeinden, Städten, Ländern oder vom Bund unterhalten. Der Benutzer einer solchen Einrichtung tritt somit in ein öffentlich-rechtliches Verhältnis zu den Unterhaltsträgern. Entsprechend gelten die allgemeinen staatlichen Rechtsvorschriften wie Haushalts-, Personal- und Verwaltungsrecht. Für die Nutzung von Bibliotheken reichen diese allgemeinen Richtlinien in der Regel nicht aus, weshalb die Unterhaltsträger spezielle „Benutzungsordnungen" erlassen. Hierin werden unter anderem geregelt:
- Geltungsbereich der Benutzungsordnung
- Aufgaben der Bibliothek
- Festlegung der Nutzungsberechtigten
- Form und Art der Zulassung zur Nutzung der Bibliothek
- Kontroll- und Hausrecht der Bibliothek
- Verhalten in der Bibliothek
- Sorgfalts- und Schadenersatzpflicht
- Nutzung außerhalb der Bibliothek
- Nutzung innerhalb der Bibliothek (z.B. Präsenzbestand, Nutzung besonders schutzwürdiger Medien nur in Lesesälen)
- Beschaffung von Medien, die in der Bibliothek nicht vorhanden sind (Leihverkehr)
- Ausschluss von der Nutzung
- Datum des Inkrafttretens der Verordnung

Für die Nutzung von speziellen oder neuen Diensten einer Bibliothek (z.B. Handschriftennutzung, Internetarbeitsplätze) gibt es oftmals ergänzende Regelungen, die nicht oder noch nicht in die allgemeine Benutzungsordnung eingegangen sind. Eine Benutzungsordnung legt Gebühren und Entgelte für einzelne Dienstleistungen fest. Bei den wissenschaftlichen Bibliotheken der Hochschulen ist die Nutzung der Grunddienste (Nutzung der Lesesäle, Ausleihe von Medien) in aller Regel ohne Gebühren möglich. Die meisten öffentlichen Bibliotheken der Kommunen erheben dagegen aus Sparzwängen Benutzungsgebühren. Für spezielle Dienstleistungen und Amtshandlungen der Bibliotheken werden in fast allen Bibliotheken Gebühren erhoben. Dies gilt z.B. für Vormerkungen, das Anfertigen von Vervielfältigungen, die Fernleihe und die Aufforderung zur Rückgabe entliehener Medien bei Überschreitung der Leihfrist. Die Benutzungsordnungen nehmen dabei oft Bezug auf die jeweils gültigen allgemeinen Kostenverordnungen.

11.6 Von der Ausleihe bis zur Rückgabe

Moderne Bibliotheken haben den Gesamtbestand ihrer Medien maschinenlesbar erfasst und bieten ihn ihren Benutzern im Online-Katalog zur Recherche an. Die „Treffer" können entweder sofort aufgesucht und eingesehen oder zur Ausleihe nach Hause bestellt werden. Letztere Option, die Bestellung eines Mediums unmittelbar nach der Recherche am gleichen Gerät, wird ermöglicht durch den Einsatz eines elektronischen Ausleihsystems. Dieses gibt in der Regel nicht nur Bestelldaten weiter, sondern organisiert und verwaltet auch automatisch eine Reihe anderer Vorgänge wie Benutzerdaten- und Benutzerkontoverwaltung, Leihfristeinhaltung, Mahnungen, Verlängerungen, Vormerkungen, Benachrichtigungen, Kostenberechnungen und Rückgabefunktionen. Eine vielfältige Parametrisierbarkeit ist ein wesentliches Kriterium für ein funktionales Ausleihsystem. Bibliotheken haben in den letzten Jahren auf die Optimierung ihrer Ausleihsysteme gedrängt und hohe Investitionen getätigt. Der Wunsch nach Beschleunigung der Dienstleistungen für die Benutzer und gelegentlich das Argument des rationellen Personaleinsatzes standen dabei im Vordergrund.

11.6.1 Magazinbestellung

Will ein Benutzer ein Medium im Online-Katalog bestellen, so hat er sich zunächst zu identifizieren, d.h. seine Benutzernummer und häufig auch ein persönlich gewähltes Passwort einzugeben. Die Bestellung wird danach sogleich oder in bestimmten Zeitabständen an den betreffenden Magazinabschnitt gesendet, dort ausgedruckt und anhand dieses Beleges vom Bibliothekspersonal des einfachen Dienstes herausgesucht. Ein „Magaziner" kann für bis zu weit über einhunderttausend Bände zuständig sein. Die Bestellung kann heutzutage über das Internet meist auch von zu Hause geschehen. Ein zweimaliger Besuch der Bibliothek für Ausfüllen eines Bestellscheines und Abholung an einem der darauf folgenden Tage erübrigt sich. Bei Beständen, die noch nicht im Online-Katalog nachgewiesen sind, ist dies allerdings noch nötig. Sofortbedienung (nach einer gewissen Wartezeit von etwa einer halben Stunde) kann meist nur für bestimmte Magazinabschnitte im Hause und bei ausreichender Personalausstattung angeboten werden. Sind Bestände einer Bibliothek nicht im Hause, sondern aus Platzmangel in einem Außenmagazin oder einer Speicherbibliothek ausgelagert, müssen die Zeiten des Fahrdienstes eingerechnet werden.

Die herausgesuchten Medien werden mit Förderband oder Aufzug an eine zentrale Stelle (Magazinzentrale) weitergeleitet. Danach treiben verschiedene Bibliotheken einen verschieden hohen Aufwand beim „Absignieren". Es wird kontrolliert, ob der Bestellzettel mit dem gelieferten Medium übereinstimmt; dann wird überprüft, ob das Medium bereits mit einem Verbuchungsetikett ausgestattet ist, wenn nicht, ist dies nachzuholen. Weiterhin kann überprüft und bei den einzelnen Datensätzen des Ausleihsystems notiert werden, ob z.B. Anstreichungen in einem Buch sind, Seiten fehlen, ob es sich um eine wertvolle Erstausgabe handelt. Nach dieser Prozedur wird das ausleihbare Medium schließlich an den Ausgabeort gebracht und unter der Benutzernummer, nach dem Alphabet der Benutzernamen oder auf andere Weise bereitgelegt. Medien, die nur zur Einsicht in der Bibliothek zur Verfügung gestellt werden, sind möglicherweise in die Bereitstellungsanlage eines Lesesaals zu transportieren und dort entsprechend einzuordnen.

11.6.2 Ausleihverbuchung

Meist sucht sich der Benutzer seine bestellten Medien aus der offenen Bereitstellung innerhalb eines abgegrenzten Bereiches selbst heraus und bringt sie zu dem Platz, an dem die Ausleihverbuchung durch das Bibliothekspersonal stattfindet. Dies geschieht im Allgemeinen dadurch, dass im Ausleihsystem die Benutzernummer mit der Mediennummer verknüpft wird. Die Benutzernummer kann durch einen Lesestift vom Benutzerausweis abgelesen werden, desgleichen die Mediennummer, die auf einem Etikett in das Medium eingeklebt ist. Benutzer- und Mediennummer sind meist durch Strichcode verschlüsselt, seltener in OCR-B-Schrift wiedergegeben. Kommt der Benutzer zur Abholung seiner bestellten Medien oder Aufsätze nicht selbst in die Bibliothek, sondern lässt er sich diese nach Hause liefern, so handelt es sich um Direktlieferung.

11.6.3 Ausleihfristen

Für verschiedene Medienarten werden verschiedene Ausleihfristen festgelegt. Bei Büchern sind dies meist vier Wochen, bei Zeitschriftenbänden, sofern sie überhaupt ausgeliehen werden, oft nur zwei Wochen und bei Videos etwa nur eine Woche. In manchen Bibliotheken gibt es auch Kurzausleihe z.b. über ein Wochenende oder auch eine Ausleihe über die vorlesungsfreie Zeit hinweg. Im elektronischen Ausleihsystem können diese Ausleihfristen für jeden Medientyp und darüber hinaus für einzelne Benutzergruppen definiert werden.

11.6.4 Mahnungen

Das Überschreiten von Ausleihfristen errechnet das automatische Ausleihsystem. Je nachdem, welche Toleranzgrenzen eingestellt sind, erstellt das Ausleihsystem Erinnerungs- oder kostenpflichtige Mahnschreiben. Wird das Medium trotz erster Mahnung nicht zurückgegeben, folgen nach einer festgelegten Zeit eine zweite und weitere Mahnungen. Die hierfür fälligen Säumnis- und Mahngebühren sind in den Benutzungs- und Kostenverordnungen festgeschrieben. Die entsprechenden Schreiben an die Benutzer gehen meist per Briefpost hinaus, in besonders hartnäckigen Fällen auch per Einschreiben oder gegen Zustellungsurkunde. Im Endstadium muss der Gerichtsvollzieher oder die Justiz bemüht werden.

11.6.5 Ausleihbeschränkungen

Ausleihbeschränkungen gibt es an vielen Bibliotheken im Hinblick auf die Zahl der gleichzeitig ausleihbaren Medien. An Hochschulen ist z.B. der entsprechende Parameter im Ausleihsystem für wissenschaftliche Mitarbeiter gewöhnlich höher eingestellt als für Studierende. Was den Inhalt der vorhandenen Medien angeht, so kann es Einschränkungen bei der Einsichtnahme und Ausleihe geben. So kommen im Rahmen des Pflichtverlags oder durch eine strenge Wahrnehmung der Sondersammelgebietsregelungen oftmals Medien in Bibliotheken (z.B. links- oder rechtsradikales Schrifttum), dessen Verleihung und damit Verbreitung möglicherweise als eine strafbare Handlung der Bibliothek ausgelegt werden könnte. Eine Absicherung der Bibliothek erscheint in diesen Fällen bei der Ausleihe oder Einsichtnahme angebracht. Computerprogramme, bei denen eine besondere Gefahr besteht, dass sie unerlaubt kopiert werden und den Berechtigten dadurch ein nicht unerheblicher Schaden entsteht, sollten nur mit Gestatten des Rechtsinhabers an Benutzer verliehen werden. Bücher, die älter als 100 Jahre alt sind, dürfen in der Regel nicht nach Hause ausgeliehen werden.

11.6.6 Sicherungssysteme

Bestände in Freihandbibliotheken oder auch Bestände in den Lesesälen von Magazinbibliotheken sollen stets präsent sein. Um die unerlaubte Mitnahme zu verhindern, werden Sicherungssysteme eingesetzt. Diese Sicherungsanlagen erfordern einerseits die Ausstattung dieser Medien mit einem meist magnetischen Datenträger (Sicherungsstreifen), andererseits eine Ausgangsvorrichtung, die bei Mitnahme dieser Medien einen Alarm auslöst. Gibt es die Möglichkeit, derartige Bestände dennoch kurzzeitig auszuleihen, so muss bei der Ausleihe der Sicherungsstreifen deaktiviert, und bei der Rückgabe wieder aktiviert werden können.

11.6.7 Verlängerung

Medien werden von den Benutzern häufig länger benötigt als die erste Leihfrist es zulässt. Wird das Medium von keinem anderen Benutzer benötigt, so besteht die Möglichkeit der Verlängerung der Ausleihfrist. Dies kann vor Ort, per Post, häufig auch per E-Mail oder telefonisch beantragt werden; bei einem modernen Ausleihsystem auch über das Internet von einem beliebigen Ort aus. Die Einsichtnahme in das eigene Benutzerkonto, spielt dabei eine wesentliche Rolle. Es besteht die Möglichkeit, entweder einzelne oder alle entliehenen Medien (Gesamtkontoverlängerung) zu verlängern. Meist geschieht dies unter dem Vorbehalt, dass in der Zwischenzeit kein anderer Benutzer die Medien benötigt.

11.6.8 Vormerkung

Der Benutzer kann sich auf ein entliehenes Medium vormerken. Dies hat zur Folge, dass bei der Rückgabe des Mediums das Ausleihsystem sogleich erkennt, dass eine Vormerkung vorliegt. Eine Benachrichtigung an den neuen Benutzer erfolgt oder kann erfolgen. Ein automatisches Ausleihsystem muss auch eine zweite und weitere Vormerkungen verarbeiten können. Für Vormerkungen werden an vielen Bibliotheken besondere Gebühren erhoben. Dies erscheint durch den Portoaufwand für die Benachrichtigung, den Briefausdruck, die Kuvertierung und Botentätigkeiten gerechtfertigt. Eine Benachrichtigung per E-Mail oder SMS ist ebenso möglich. Hier sind die Kosten für diese Dienstleistung, die den Bibliotheken entstehen, schwieriger zu kalkulieren.

11.6.9 Rückgabe

Die Rückgabe eines ausgeliehenen Mediums erfolgt durch den Benutzer meist an einem dafür vorgesehenen Schalter. In Zeiten intensiven Nutzungsverkehrs führt dies häufig zu längeren Wartezeiten für die Benutzer. Der Benutzer erhält dabei gewöhnlich eine Rückgabequittung, die ihm als Beweis für die erfolgte Rückgabe dienen kann. Auf diese Bestätigung verzichten jene Benutzer, die das ausgeliehene Medium verpackungs- und portoaufwändig per Post zurücksenden oder in einen dafür bereitgestellten „Briefkasten" oder Medienrückgabekorb in der Bibliothek einwerfen. Sie vertrauen in diesen Fällen auf die erfolgreiche Rückgabeverbuchung durch die Bibliothek und können dies über die Einsichtnahme in ihr Benutzerkonto überprüfen. Wenn Bibliotheken das für sie rationelle Rückgabeverfahren per „Briefkasten" dennoch nicht allgemein anbieten, so liegt dies nicht nur an dem Sicherheitsbedürfnis der Benutzer, die eine Rückgabebestätigung wünschen, sondern auch an dem Bedürfnis der Bibliothek, den Benutzer bei persönlicher Rückgabe auf erkennbar neue Beschädigungen der Medien hinweisen und haftbar machen zu können. Bei einem modernen elektronischen Ausleihsystem genügt es im Allgemeinen, dass bei der Rückbuchung nicht mehr die Benutzernummer, sondern nur die Mediennummer eingelesen werden muss, um das Benutzerkonto zu entlasten. Das Verfahren führt, wie die Praxis zeigt, zwar selten, aber doch manchmal dazu, dass in drangvoller Eile eine exakte Bestätigung der Rückbuchungen durch das System nicht abgewartet wird und dadurch ein Benutzer weiterhin belastet ist, obwohl er das entliehene Medium zurückgegeben hat. Nach der Rückgabe der Medien durch den Benutzer und der elektronischen Rückbuchung sind die Medien nach ihrem Aufstellungsort zu sortieren, dorthin zu transportieren und einzuordnen. Auch dies erfordert je nach zur Verfügung stehendem Personalstand eine gewisse Zeit, in der das Medium nicht verfügbar ist und zu mancherlei Irritationen führen kann.

11.6.10 Selbstverbuchung

Die Ausgabe- und Rückgabeverbuchung der Medien durch den Benutzer selbst an entsprechend eingerichteten Selbstverbuchungsstationen entlastet das Bibliothekspersonal. Vorauszusetzen ist jedoch ein gewisses Vertrauen gegenüber den Benutzern. Entscheidend ist auch eine praktikable, für den Benutzer leicht erlernbare Handhabung, die soft- und hardwareseitig unterstützt werden muss, was zunächst einmal hohen Investitionsaufwand voraussetzt. Unter anderem muss der mit Sicherheitsstreifen ausgestattete Medienbestand bei der Ausleihe deaktiviert und bei der Rückgabe wieder aktiviert werden können.

11.6.11 Gebühren- und Entgelteinzug

Der Einzug von Gebühren oder Entgelten für Vormerkungen, Säumnis- oder Mahngebühren und sonstige gebühren- oder entgeltpflichtige Dienstleistungen könnte heutzutage auf vielfältige Weise geschehen. Aber Bareinzahlungen an einem Schalter und Überweisungen scheinen in Bibliotheken noch zu überwiegen, während die Begleichung mit den verschiedenen Arten von Scheck- oder Geldkarten oder die Abbuchung von einem Guthabenkonto des Benutzers häufig noch auf verwaltungstechnische Probleme stoßen. Wahrscheinlich kann in Zukunft mit dem vermehrten Einsatz von Geld- bzw. multifunktionalen Chipkarten eine weniger aufwändige Regelung erwartet werden. Konzepte und Lösungsansätze für Dienstleistungen digitaler Bibliotheken gibt es bereits.

11.6.12 Konventionelles Ausleihverfahren

Eine weniger moderne Bibliothek arbeitet heute noch mit Leihscheinen, die vom Benutzer auszufüllen und meist zwei- oder dreigeteilt sind. Ein Abschnitt wird dann nach dem Benutzernamen, der zweite nach der Signatur (evtl. im entsprechenden Magazin einer Bibliothek), ein dritter womöglich nach der Ausleihfrist abgelegt. All diese Abschnitte sind bei der Rückgabe eines Mediums wieder herauszusuchen.

11.7 Leihverkehr

Bibliotheken besitzen nur eine kleine Auswahl aller erschienenen Medien; zu umfangreich und unübersichtlich ist die Produktion, als dass irgend eine Bibliothek in der Lage wäre, eine vollständige Sammlung zu unterhalten. Daher müssen sich Bibliotheken in der Regel auf das spezialisieren, was ihre Benutzer vor Ort – z.B. in einer Stadt, an einer Hochschule oder auch in einem Land – wünschen oder voraussichtlich benötigen werden. Aufgrund begrenzter Ressourcen ist auch dies häufig nicht in dem erforderlichen Maße möglich. Abhilfe schafft hier seit langem die „Fernleihe", das ist der Leihverkehr zwischen den Bibliotheken. Was in einer Bibliothek vor Ort nicht vorhanden ist, stellt eine andere besitzende Bibliothek der nicht besitzenden Bibliothek leihweise für deren Benutzer zur Verfügung. Der Benutzer erhält das Medium dann in seiner Bibliothek. Der „Deutsche Leihverkehr" bezieht Bibliotheken in Deutschland ein, der „Internationale Leihverkehr" Bibliotheken der ganzen Welt.

Der Deutsche Leihverkehr umfasst einerseits den „Regionalen Leihverkehr" in einer bestimmten Region oder in einem Bundesland, andererseits den „Überregionalen Leihverkehr", der Bibliotheken in ganz Deutschland einbezieht. Wie die „Deutsche Bibliotheksstatistik" zeigt, spielen beide Dienste heutzutage noch eine wichtige, tragende Rolle für die Literaturversorgung vor allem an den wissenschaftlichen Bibliotheken, wenn auch in den vergangenen Jahren das Volumen etwas schwankt und in der Tendenz abnehmend ist.

Man unterscheidet zwischen gebender oder aktiver Fernleihe, bei der eine Bibliothek einer anderen ein Medium ausleiht und nehmender oder passiver Fernleihe, bei der eine Bibliothek ein Medium von einer anderen Bibliothek ausgeliehen erhält. Im Gegensatz zum Leihverkehr zwischen den Bibliotheken steht die Direktlieferung, bei der sich der Benutzer an eine in der Regel auswärtige besitzende Bibliothek direkt wendet und von ihr direkt beliefert wird.

11.7.1 Grundprinzipien der Leihverkehrsordnung

Die „Ordnung des Leihverkehrs in der Bundesrepublik Deutschland. Leihverkehrsordnung (LVO)" regelt den Überregionalen Leihverkehr zwischen Bibliotheken der Bundesrepublik Deutschland. Die zuletzt gültige Auflage erschien im Jahr 1993. Sie wurde von der Ständigen Konferenz der Kultusminister der Länder in der Bundesrepublik Deutschland beschlossen und ist durch einzelne ministerielle Verfügungen in den meisten Ländern in Kraft gesetzt worden. Die teilnehmenden, meist staatlichen Bibliotheken haften letztendlich für die Einhaltung der Regelungen.

Für die Zulassung zum Leihverkehr müssen sich die teilnehmenden Bibliotheken verpflichten, ihre Bestände auch den anderen Leihverkehrsbibliotheken zur Verfügung zu stellen *(Prinzip der Gegenseitigkeit)*, außerdem muß eine bestimmte Ausstattung vorhanden sein. Sie werden dann meist von den zuständigen Ministerien in die amtliche Leihverkehrsliste aufgenommen. „Die im Leihverkehr entstehenden *Kosten werden von der Bibliothek getragen, bei der sie entstehen*. Eine gegenseitige Verrechnung zwischen den Bibliotheken findet nicht statt" (LVO § 30). Im Leihverkehr gilt mit gewissen Aufweichungen das *Regionalprinzip*. Dies heißt: Zuerst soll versucht werden, in der eigenen Leihverkehrsregion der Benutzerwunsch zu erfüllen, ehe die Bestellung in eine andere Region, in der Regel in ein anderes Bundesland geht. Durch diese Bestimmung sollen lange Transportwege aus entfernten Regionen vermieden werden. Unter Beachtung des Regionalprinzips sind möglichst *Direktbestellungen* bei den besitzenden Bibliotheken zu tätigen.

Die Bestellung bei einer anderen Bibliothek erfolgt mit einem normierten *roten Leihschein*. Bei Bestellungen ist ein *Leitweg* festzulegen, der die sofortige Weiterleitung einer Bestellung an eine andere Bibliothek ermöglichen soll, wenn die zuerst angegangene nicht liefern kann. Ein Benutzer, der die Fernleihe in Anspruch nehmen will, muss in der Regel eingeschriebener, *zugelassener Benutzer* seiner Heimatbibliothek sein. Hier werden seine Benutzerdaten verwaltet. Die Leihverkehrsordnung verpflichtet die Bibliotheken, die bei ihnen eingehenden Bestellungen *unverzüglich zu bearbeiten* und weiterzuleiten. Für die Organisation des Leihverkehrs und die Beachtung der Bestimmungen übernehmen die eingerichteten *regionalen Leihverkehrszentralen* eine besondere Verantwortung. Bibliotheken, die über die erforderlichen Voraussetzungen nicht verfügen, können über *Leitbibliotheken* am Leihverkehr teilnehmen. Wie die Benutzungsordnungen einzelner Bibliotheken legt die LVO auch verschiedene weitere Regeln fest, die vor allem die nehmende Bibliothek einzuhalten hat (z.B. Versandbestimmungen, unzulässige Bestellungen, auf die Leihverkehrsregion beschränkte Bestellungen, Ausleihbeschränkungen, Kopien im Leihverkehr, Benutzung der entliehenen Werke, Leihfristen, Rücksendung, Schadenersatz, Änderung der Benutzungsmodalitäten).

11.7.2 Zur Praxis des Leihverkehrs

Ein hehres Ziel der Bibliotheken ist es, den Benutzern die gewünschten Medien im Leihverkehr so schnell wie möglich zur Verfügung zu stellen. Dabei sollen auch die Transportkosten möglichst niedrig sein. In den letzten Jahren hat man große Anstrengungen unternommen, um dieses Ziel zu erreichen. So erfolgt nun der Transport der Medien zunehmend nicht mehr über Einzelsendungen, sondern durch Container, wobei private Anbieter – teilweise mit Rahmenverträgen – und neu organisierte regionale staatliche Bücherautodienste mit einzelnen Frachtzentralen aufeinander abgestimmt wurden. Die überregionale Koordinierung erfolgt durch die Logistikzentrale des *Büchertransportdienstes in Deutschland (BTD)* in Göttingen. Kosten konnten reduziert werden, ohne die Laufzeiten wesentlich zu erhöhen. Die elektronische Vermittlung von Zeitschriftenaufsätzen zwischen Bibliotheken in Form von Dateien ist im überregionalen Leihverkehr noch nicht üblich. Hier fehlen noch einheitliche Standards.

Ein besonders unerfreuliches Phänomen stellen die *nicht abgeholten Fernleihbestellungen* dar. Hier werden insgesamt beträchtliche Kosten umsonst investiert. Die Verlustquote kann zwischen zwei Prozent bei Kopien und fünf Prozent bei Büchern schwanken. Überlegungen, in diesen Fällen den Benutzer zur Kasse zu bitten, erscheinen vernünftig, sind aber nicht umsetzbar. Allenfalls wird eine *Schutzgebühr für eine Fernleihbestellung* erhoben, die eine missbräuchliche Inspruchnahme verhindern soll. Die bei der nehmenden und gebenden Bibliothek entstehenden Kosten einer Fernleihbestellung werden auf durchschnittlich ca. 14 Euro veranschlagt. Wenn überhaupt eine Schutzgebühr bei Städten oder bei staatlichen Bibliotheken vom Benutzer verlangt wird, so liegt diese oftmals bei 1,5 Euro oder weniger und beträgt damit nur einen Bruchteil der tatsächlichen betriebswirtschaftlichen Kosten. In den einzelnen Bundesländern ist die Höhe der Schutzgebühr unterschiedlich; eine einheitliche Regelung wäre anzustreben. Die Gebühren verbleiben derzeit bei den nehmenden Bibliotheken und kommen nicht denen zugute, die das Medium zur Verfügung stellen. Die Neueinführung einer Schutzgebühr oder deren Erhöhung führt im Übrigen in aller Regel zu einem Rückgang der Fernleihbestellungen. Dies bestärkt jene Kreise, die sich für eine kostenfreie, jedenfalls wenig prohibitive Gebührenordnung einsetzen und sich dabei auf den Artikel 5 des Grundgesetzes berufen, nachdem jeder das Recht hat „sich aus allgemein zugänglichen Quellen ungehindert zu unterrichten".

Das Aufgeben und die Weiterleitung einer Fernleihbestellung durch den Benutzer erfolgt in der modernen Bibliothek nicht mehr über das Ausfüllen eines roten Fernleihscheines etwa per Hand oder an einer Schreibmaschine in der Bibliothek, sondern durch das Ausfüllen eines entsprechenden Formulars an einem Bildschirmarbeitsplatz. Ob die Bibliothek dann einen roten Leihschein ausdruckt und konventionell bearbeitet und weitergibt oder die Bestellung elektronisch oder auf andere Weise weiterverarbeitet, hängt vom Organisationsgrad der jeweiligen Fernleihstelle ab. In jedem Fall aber muss der Benutzer, der eine Fernleihbestellung aufgibt, eingetragener Benutzer sein und ein Konto haben. Auf diese Weise werden seine Fernleihbestellungen im Prinzip genauso verbucht und gehandhabt wie die Ausleihen aus seiner Heimatbibliothek.

Für die meisten deutschen Bibliotheken gibt es Namensverschlüsselungen in Form von Sigeln aus Zahlen oder auch aus Buchstaben und Zahlen. Bei der Fernleihsteuerung durch die Bibliotheken werden diese Sigeln auf die Leihscheine aufgetragen und vereinfachen damit die Weiterleitung eines Leihscheins an besitzende Bibliotheken. Auch in der automatischen Fernleihe sind diese Sigel Programmsteuerungselemente. Hinter welchem Sigel sich welche Bibliothek verbirgt, ist im zentral geführten „Sigelverzeichnis" (http://www.sigel.spk-berlin.de) zu erfahren.

11.7.3 Defizite des Leihverkehrs

Hauptsächlich ist es die lange *Erledigungsdauer*, die den Leihverkehr seit Jahrzehnten in Misskredit bringt. Da ist oft von Monaten die Rede, bis ein Medium endlich beim Benutzer eintrifft. Tatsächlich wurden durchschnittliche Wartezeiten von 20 und etwas mehr Tagen gemessen. In vielen Fällen kommt es zu erheblich kürzeren oder aber auch erheblich längeren Wartezeiten. Hier schlägt zum einen die Bearbeitungszeit in den Fernleihstellen zu Buche, zum anderen summieren sich die Zeiten, bis das Medium auf dem Transportweg von den gebenden Bibliotheken herangeschafft wird. Die Optimierung der Transportdienste wurde zwar angegangen, aber die Lieferung von einem zum anderen Ort in Deutschland benötigt denn doch seine Zeit, wenn man teuere Express-Versandwege vermeiden will. Im Übrigen erweisen Umfragen, dass ein Großteil der Wissenschaftler mit Lieferfristen von zwei Wochen durchaus auskommen kann. Dies gilt jedoch weniger für Mediziner und Naturwissenschaftler.

Durch die erheblich verbesserten elektronischen Nachweise sind die auch nach der LVO vorgesehenen Direktbestellungen zahlreicher geworden. Daher dürfte die vorgesehene Regelung des Leitwegs, d.h. die Weitergabe eines roten Leihscheines bei nicht erfüllbarer Bestellung an eine andere Bibliothek per Post oder Bücherauto in der Zahl zwar geringer als früher geworden sein, doch führt sie in den Fällen, in denen Medien in der zuerst oder weiteren angegangenen Bibliothek aus welchen Gründen auch immer nicht verfügbar sind, zu Verzögerungen, die von Bibliothek zu Bibliothek oft eine Woche dauern können.

Ein anderes Monitum beim Leihverkehr ist die *mangelnde Transparenz* für den Benutzer und Bibliothekar. Wie in den meisten Online-Katalogen vor Ort, ist der Benutzer inzwischen gewohnt, sofort über den Status eines gewünschten Mediums, ob es ausgeliehen ist und wann es wieder verfügbar ist, Bescheid zu wissen. Wird bei der Abgabe einer Fernleihbestellung die Frage gestellt, wann mit der Erledigung zu rechnen ist, dann kann die Auskunft der Bibliothek nur vage sein. Man hat nur allgemeine Erfahrungen über Lieferzeiten verschiedener Bibliotheken und kann über die Verfügbarkeit des Mediums in der anderen Bibliothek keine definitive Aussage machen. Eine erneute sehr dringliche Nachfrage nach einer gewissen Zeit des Wartens kann allenfalls im Ausnahmefall dazu führen, dass telefonisch nachgespürt wird.

Schwer zu vermitteln ist auch, dass ein Dokument, das ein Benutzer im Online-Katalog einer entfernten Bibliothek gefunden hat, erst in Bibliotheken seiner Region ggf. mit rotem Leihschein bestellt und dieser in Umlauf gegeben werden muss. Die Einschaltung von Leihverkehrszentralen und von Zettel-Zentralkatalogen mit Nachweisen noch nicht maschinenlesbar erfasster regionaler Bestände verzögert die Erledigung der meisten Bestellungen und hat nur einen Sinn, wenn ansonsten kein Online-Nachweis gefunden wurde.

11.7.4 Neuere Entwicklungen

Erneuerung der LVO, Überlegungen zu einem einheitlichen Dokumentlieferdienst

Die Klagen über die Fernleihe mit dem roten Leihschein haben Tradition. Man hat sich immer wieder bemüht, Abhilfe zu schaffen. Folgen waren Neuausgaben der Leihverkehrsordnung

11.7 Leihverkehr

in den Jahren 1966, 1979 und 1993. Einzelne Bundesländer haben diese durch eigene Ausgaben in einigen Punkten ihren regionalen Bedürfnissen angepasst. Die LVO von 1993 bezog die neuen Bundesländer mit ein und legte besonderen Wert auf die Möglichkeiten der Direktbestellung unter Beachtung des Regionalprinzips (LVO § 11). Dabei ging es damals natürlich nur um die konventionelle Fernleihe mit roten Leihscheinen, die Online-Fernleihe war zu dieser Zeit erst angedacht. Stets waren bei den Neuauflagen bibliothekarische Gremien sowie zahlreiche Kolleginnen und Kollegen in den Bibliotheken engagiert mit beteiligt. Man war wohl stets der Überzeugung, dass man mit der neuen Auflage eine Optimierung des Leihverkehrs erreicht sei.

Richtungweisend für die überregionale Literaturversorgung waren seit der letzten Ausgabe der LVO auch Denkschriften der Deutschen Forschungsgemeinschaft. Eine vermehrte Konsultation der elektronischen Bestandsnachweise wurden bei der Erledigung von Fernleihbestellungen nachdrücklich empfohlen. Die rasante Entwicklung der Verbundsysteme und die Möglichkeit, darin auch Fernleihvorgänge tätigen zu können, führten schon bald nach Erscheinen der LVO von 1993 zu der Forderung, in der LVO die neuen technischen Möglichkeiten zu berücksichtigen. Das 1996 anstehende SUBITO-Projekt hat dies zunächst einmal verzögert. Spätere, auf Anpassung an die Situation gerichtete und bereits weitgehend gediehene Ansätze wurden vereitelt. Ziel der Forderungen und Diskussionen in bibliothekarischen Gremien war die strategische Vereinigung der beiden Dokumentlieferdienste, SUBITO (Direktlieferdienst) und Leihverkehr zu einem zumindest nach außen einheitlichen Dokumentlieferdienst. Am Leihverkehr als Basisdienstleistung wird nicht gezweifelt, er soll modernisiert und leichter handhabbar für den Benutzer werden; der rote Leihschein als quasi auslaufendes Organisationsform soll durch die automatisierte Fernleihe ersetzt werden; die Kostenpflichtigkeit beider Dienste wird betont.

Verbundfernleihe. Endnutzerfernleihe

Es zeichnet sich ab, dass das alte Regionalprinzip in der Fernleihe zunächst einmal durch das Verbundprinzip abgelöst wird. Einzelne Verbünde in Deutschland, allen voran der GBV, nachfolgend andere wie der Bibliotheksverbund Bayern (BVB) und der HBZ-Verbund automatisieren die Fernleihe in ihrer Verbundregion. Die Verbundregion muss dabei nicht mit den früheren Leihverkehrsregionen übereinstimmen. Diese regionale Verbundfernleihe wird zunehmend nicht nur wissenschaftlichen, sondern auch öffentlichen Bibliotheken der Verbundregion ermöglicht.

Die Bestellung eines Mediums erfolgt am Verbundkatalog und wird der besitzenden Bibliothek elektronisch übermittelt. Dabei können Leitwege innerhalb des Verbundes für die zuerst und weiterhin anzugehenden Bibliotheken vorgegeben werden. Der Ermittlung des endgültigen Bestellwegs können *Verfügbarkeitskontrollen* in den lokalen Bibliothekssystemen vorausgehen. Wenn festgestellt wird, dass das Medium in einer Bibliothek ausgeliehen oder nicht ausleihbar ist, erfolgt die *automatische Weiterleitung* an eine andere besitzende Bibliothek, die diese Beschränkungen nicht aufweist. Bei positivem Ausgang erfolgt die Bestellung im lokalen Bibliothekssystem auf das Konto der bestellenden Bibliothek und das Medium wird an die anfordernde Bibliothek versandt.

Findet ein Benutzer nach erfolgloser Recherche im Online-Katalog seiner Bibliothek nicht das gewünschte Dokument, so wird er heute in vielen Fällen auf seinen Verbundkatalog hingewiesen, der die Möglichkeit bietet, das gewünschte Medium in einer Verbundbibliothek, in der das Medium vorhanden ist, zu bestellen. Diese *Endnutzerfernleihe* oder „Online-Fernleihe" mit automatischer Verbuchung in seinem Benutzerkonto beschleunigt die Bestellung und erübrigt das zeitaufwändige herkömmliche Bestellverfahren.

Verbundübergreifende Fernleihe (Fernleihe zwischen Verbünden)

Außer Bestellungen innerhalb der Verbundregion können auch Bestellungen aus anderen Regionen erlaubt werden. Dabei ist in der Regel ein Benutzerkonto der bestellenden Bibliothek notwendig. Diese verbundübergreifende, im Sinne der LVO überregionale Fernleihe, eröffnet eine neue Dimension des Leihverkehrs zwischen den Bibliotheken und bedeutet den endgültigen Abschied vom roten Leihschein. Geschehen diese Vorgänge über vernetzte zentrale Schaltstellen (Fernleihserver), so kann sich sowohl der Bibliothekar, als auch der Benutzer jederzeit über den Status einer Bestellung informieren. Verbünde bzw. Bundesländer haben bereits Initiativen gestartet und Investitionen getätigt. Der Leihverkehr wird damit in Zukunft, zumindest was das Bestellwesen und die Verwaltung von Bestellungen anlangt, durch technisch orientierte Lösungen wesentlich vereinfacht und reformiert werden.

Sollte ein Medium in keiner Verbunddatenbank gefunden werden, so bleibt als letzte Möglichkeit immer noch der Ausdruck eines Leihscheins und dessen Übermittlung an eine Bibliothek, in der das Medium mit einiger Sicherheit vermutet werden kann.

11.7.5 Internationaler Leihverkehr

Für den Leihverkehr zwischen Bibliotheken verschiedener Staaten hat die IFLA Grundsätze und Richtlinien zusammengestellt. Der Leihverkehr deutscher Bibliotheken mit anderen Staaten ist im Allgemeinen gering. In der Praxis verkehren die Bibliotheken heute direkt von Bibliothek zu Bibliothek hauptsächlich per Fax-Bestellung. Kann eine Bestellung nicht erledigt werden, so wird diese im Allgemeinen nicht an eine andere Bibliothek weitergeleitet, sondern mit entsprechendem Kommentar per Fax an die bestellende Bibliothek zurückgesandt. Entgelte für positive Lieferungen werden entweder über Einzelrechnungen mit Überweisungsmöglichkeit gestellt oder über Coupons. Für letzteres Verfahren empfiehlt die IFLA den „Voucher", eine Marke im Wert von acht US-Dollar, die der Bestellung, so sie per Brief erfolgt, beigelegt wird. Ein Voucher gilt für ein rückgabepflichtiges Medium oder für 15 Kopien. Überzählige Marken, die eine Bibliothek nicht benötigt, können an einer zentralen Stelle eingelöst werden. Für in Deutschland vorhandene Medien, die in Deutschland erschienen sind und solchen, die im Ausland erschienen sind, wird nicht wie früher in den Entgeltregelungen eine Unterscheidung gemacht. Vereinzelt gibt es auch „zwischenstaatliche" Regelungen, so z.B. beim „German Resources Project (GRP)", das die gegenseitige Lieferung von digitalisierten Zeitschriftenaufsätzen und auch von Büchern zwischen Deutschland und den USA vorsieht.

11.8 Direktlieferdienste

11.8.1 Was ist Dokumentlieferung?

Dokumentlieferung ist die Belieferung eines Benutzers mit Dokumenten durch eine Bibliothek, die sich in der Regel nicht am Ort befindet. Bei den Dokumenten kann es sich um Aufsatzkopien, um Bücher, aber auch um Mikroformen, CDs usw. handeln. Man unterscheidet bei der Dokumentlieferung die Direktlieferung und den Leihverkehr; oft wird aber der Be-

11.8 Direktlieferdienste

griff Dokumentlieferung ausschließlich im Sinne Direktlieferung verwendet. Im *Leihverkehr* wendet sich ein Benutzer an die Bibliothek A, die für ihn ein Dokument bei der Bibliothek B bestellt, welches von B nach A geliefert und dann von A dem Benutzer ausgehändigt wird. Hier gelten die folgenden Merkmale:
- Die Rechtsbeziehung zwischen Benutzer und Bibliothek ist öffentlich-rechtlicher Natur.
- Die Lieferbibliothek bedient eine bestellende Bibliothek.
- Die Lieferbibliothek wird von der bestellenden Bibliothek nach den Regeln der aktuellen Leihverkehrsordnung (LVO) ausgewählt.
- Der Leihverkehr ist nicht kostenpflichtig; in einigen Bundesländern gibt es unterschiedlich hohe Bestellgebühren, die aber nicht mit den betriebswirtschaftlichen Kosten der Dienstleistung zusammenhängen. Es gilt das Prinzip der Gegenseitigkeit.
- Leihverkehr bietet keine garantierten Qualitätsmerkmale (z.b. feste Lieferzeiten).

In der *Direktlieferung* bestellt ein Kunde direkt bei einer liefernden Bibliothek, die das gewünschte Dokument an den Kunden ausliefert. Es können in Abhängigkeit vom Angebot des Lieferanten sowohl Aufsätze als auch rückgabepflichtige Werke bestellt werden. Hierbei gelten folgende Merkmale:
- Das Rechtsverhältnis zwischen Kunde und Bibliothek ist privatrechtlicher Natur.
- Die Auswahl der liefernden Bibliothek erfolgt durch den Kunden.
- Die liefernde Bibliothek bedient den Kunden direkt.
- Der Dienst ist in der Regel kostenpflichtig, die Preise werden durch die liefernde Bibliothek festgelegt.
- Immer mehr Direktlieferdienste bieten feste Qualitätsmerkmale an (z.b. Lieferzeiten, Lieferarten, Benachrichtigungen).

Die *Direktlieferung* in Deutschland ist eng mit der Entstehung der Zentralen Fachbibliotheken, speziell mit dem Aufbau der Technischen Informationsbibliothek in Hannover (TIB), verwoben. Zielgruppe für die damaligen Direktlieferdienste waren die Forschung und die Entwicklung in Industrie und Wirtschaft, die Bedarf für schnelle und effiziente Volltextlieferung hatten. So entstanden neben den Standarddiensten so genannte Eildienste mit Lieferzeiten bis maximal 2 Stunden. Die Preise der Direktlieferung für Kunden aus Industrie und Wirtschaft waren von Anfang an kostenorientiert und folglich recht hoch, so dass in den Anfangsjahren z.B. die TIB nur wenige Kunden aus dem Bereich der Hochschulen hatte. Dies änderte sich auch nicht wesentlich, als man eine preisgünstigere Kategorie für „überwiegend mit öffentlichen Mitteln geförderte Einrichtungen von Forschung und Lehre" einrichtete, da dies nur für die juristische Person, nicht aber z.b. für Studenten galt. Obwohl die Direktlieferdienste in der Regel wesentlich leistungsfähiger als der Leihverkehr waren – vor allem in Hinblick auf die Lieferzeiten – und in den neunziger Jahren sehr viele Bibliotheken eigene Dienstleistungen in diesem Bereich präsentierten, ist der Durchbruch bei der Zielgruppe Hochschulangehörige eindeutig mit dem Entstehen von SUBITO verbunden. Trotz eines Endpreises von 4 € (Stand Juni 2003 für elektronische Lieferung) ist dieser Dienst sehr erfolgreich mit weiterhin zunehmender Akzeptanz. Die Gründe hierfür liegen in den hohen Qualitätsstandards (z.B. garantierte 72-Stunden-Lieferung), dem klaren Dienstleistungsprofil, der komfortablen und einfachen Benutzerschnittstelle und dem überregionalen Marketing.

Die *technischen Verfahren* der Direktlieferung sind ein Spiegelbild der allgemeinen Entwicklung in der Bibliotheksautomatisierung. In den Anfangsjahren wurden Bestellungen mit (vorausbezahlten) Bestellformularen per Post aufgegeben, der Aufsatz in der Lieferbibliothek kopiert, eingetütet und mit Rechnung an den Besteller per Post zurückgeschickt. Die TIB hat das reine Kopierverfahren aus ergonomischen und buchkonservatorischen Gründen bald ersetzt durch ein zweistufiges Verfahren, bei dem in einem ersten Schritt auf einer Buchwippe mit einer Mikrofilmschrittkamera ein Mikrofilm des Aufsatzes erstellt und in einem zweiten Schritt im Tameran-Verfahren DIN-A3-Papierkopien der Vorlage produziert wurden.

Heute wird in vielen Bibliotheken in Deutschland die DoD-Software (Document ordering and delivery) eingesetzt, die in dem BMBF- und DFG-geförderten DBV-OSI-Projekt entstanden ist und ständig optimiert und den aktuellen Erfordernissen angepasst wird. Diese Software kann standardisierte elektronische Bestellungen empfangen, Kunden-, Liefer- und Rechnungsdaten verwalten, die Dateien von gescannten Dokumenten bearbeiten und elektronisch und automatisch per E-Mail, File-Transfer oder Fax verschicken oder einen Ausdruck erzeugen. Dabei können im elektronischen Versand verschiedene Formate erzeugt und bedient werden.

Neben der DoD-Software wird in Deutschland – neben gänzlich proprietären Produkten – in einigen Bibliotheken die in den USA entwickelte ARIEL-Software eingesetzt, die aber eine wesentlich reduzierte Funktionalität gegenüber DoD besitzt. Das Land Nordrhein-Westfalen setzt auf eine Eigenentwicklung JASON, die den gleichnamigen Lieferdienst unterstützt.

11.8.2 Dokumentliefersysteme

Das heute existierende System der überregionalen Literaturversorgung mit Sondersammelgebietsbibliotheken, Zentralen Fachbibliotheken und Spezialbibliotheken geht in seinen Anfängen auf das Jahr 1949 zurück. Von den reinen Sondersammelgebieten unterscheiden sich die Zentralen Fachbibliotheken durch die Beschaffung anwendungsbezogener und nichtkonventioneller (grauer) Literatur. Die Deutsche Forschungsgemeinschaft hat die Aufgabenstellung der zentralen Fachbibliotheken 1975 wie folgt umrissen: „Rasche Informationen sind nicht nur für Wissenschaft und Forschung, sondern ebenfalls für Industrie und Wirtschaft notwendig, die wissenschaftliche Erkenntnisse in neue Technologien und Produkte umsetzen. Der Zugriff auf die erforderliche Literatur muss ohne Verzögerung möglich sein. Einige Zentrale Fachbibliotheken haben einen direkten Bestellverkehr außerhalb des Deutschen Leihverkehrs entwickelt, der es dem Benutzer gegen Erstattung eines Unkostenbeitrags ermöglicht, die benötigte Literatur unmittelbar zu erhalten." Der Wissenschaftsrat schreibt weiter in seiner Stellungnahme von 1988: „Bei der Literaturversorgung durch die zentralen Fachbibliotheken handelt es sich um eine übergeordnete gesellschaftliche Aufgabe, deren Förderung gemeinsame Sache von Bund und Ländern ist."

Zentrale Fachbibliotheken

Die *Technische Informationsbibliothek (TIB)* wurde 1959 als unselbständige Einrichtung des Landes Niedersachsen an der Universität Hannover gegründet. Sie ist als zentrale Fachbibliothek zuständig für die Fachgebiete Technik und Grundlagenwissenschaften, insbesondere Chemie, Informatik, Mathematik und Physik. Seit der Gründung der TIB sind ihre Bestände nicht nur über Ortsleihe oder Leihverkehr zugänglich, sondern auch als Direktlieferungen. Dabei hat die TIB sich bei allen Neuerungen auf dem Gebiet der Telekommunikation stets als eine der ersten Bibliotheken engagiert und akzeptiert seit ihrer Gründung z.B. auch tele-

11.8 Direktlieferdienste

fonische Bestellungen, was seinerzeit als revolutionär galt. Zusammen mit der Zentralbibliothek der Medizin war die TIB immer führend in Deutschland bei der Zahl der erledigten Bestellungen und bei der Weiterentwicklung der Dienstleistung.

Im Jahr 1979 führte die TIB als erste europäische Bibliothek die Möglichkeit der Aufgabe von Online-Bestellungen ein (über DIALOG) und erweiterte dieses Angebot auf 6 Hosts. 1990 ist der Beginn einer Projektreihe mit dem Namen TIBQUICK (I, II, 2000, gefördert vom BMBF), in der alle modernen elektronischen Automatisierungsverfahren (Scannen, elektronischer Versand, Datenverwaltung) realisiert wurden. Am 20. April 1994 geht eine Klage des Börsenvereins gegen das Land Niedersachsen als Träger der TIB ein. Gegenstand der Klage ist die Kopierpraxis der TIB. 1997 hat die TIB erfolgreich die Dokumentlieferung im Rahmen neuer Projekte aufgenommen: GBVdirekt, SUBITO und AUTODOC. Parallel hierzu optimiert die Bibliothek ihr eigenes Dokumentliefersystem TIBORDER: Integration von Metadatenbanken zur besseren Erschließung bibliographisch unselbstständiger Veröffentlichungen, Integration von genuin elektronischen Publikationen, Verbesserung der Nutzerschnittstelle durch erweiterte Funktionalitäten wie Bestellverfolgungssystem, Integration von TIBORDER in externe Dienstleistungsangebote. Als Folge entstehen bei der externen Benutzung der Bibliothek zwei gegenläufige Entwicklungen: Der Leihverkehr nimmt seit dieser Zeit deutlich ab (ca. 10 % pro Jahr), die kostenpflichtigen Direktbestellungen nehmen im gleichen Maße zu. Dabei steigt der Anteil der Online-Bestellungen um 75 %. Als neues Serviceangebot wird für kommerzielle Großkunden der Full-Service eingeführt, der das Prinzip des One Stop Shopping realisiert und die Vermittlungsdienste der Bibliothek auf alle Fachgebiete ausdehnt. Die TIB wird 2003 Landesbetrieb und verfolgt seitdem das strategische Ziel, Dienstleistungen an kommerzielle Kunden möglichst umfangreich und kostendeckend zu betreiben. Sie geht deshalb enge Kooperationen mit den deutschen Fachinformationszentren ein und baut ein internationales Netzwerk auf, um ein vollständiges Informationsangebot präsentieren zu können. Sie ist aber als Einrichtung der Leibniz-Gemeinschaft (Wissenschaftsgemeinschaft Gottfried Wilhelm Leibniz, ehemals Blaue Liste) genauso der Literaturversorgung der akademischen Gemeinschaft verpflichtet: Sie bietet daher für diese Zielgruppe subventionierte Dienste an, die größtenteils aus den Zuwendungen der Geldgeber (Bund, Länder) finanziert werden.

Die Deutsche Forschungsgemeinschaft ernannte im Einverständnis mit der Universität Bonn und dem Kultusministerium des Landes NRW die Abteilungsbibliothek Landwirtschaft zur Zentralbibliothek der Landbauwissenschaft (ZBL). 1987 wird für auswärtige Benutzer eine elektronische Bestellmöglichkeit für Zeitschriftenaufsätze sowie deren Lieferung per Fax oder Kopie als kostenpflichtige Dienstleistung eingerichtet. Ab 1994 liefert die ZBL Zeitschriftenaufsätze beim DIMDI, 1995 erfolgt der Anschluss an JASON, 1997 die Beteiligung an SUBITO. Die ZBL wird Document-Supplier für die STN-Datenbanken beim FIZ Karlsruhe. Nach der negativen Evaluation durch den Wissenschaftsrat wird die Bund-Länder-Förderung der Bibliothek eingestellt; die Fachgebiete Landbau, Ernährung und Umwelt wurden von der Zentralbibliothek der Medizin übernommen und werden über deren Dokumentlieferdienste erschlossen.

Im Jahr 1964 empfahl der Wissenschaftsrat aufgrund des immer größer werdenden Bedarfs an medizinischer Literatur in den Hochschulen, der Industrie und den nichtuniversitären Forschungseinrichtungen, die Medizinische Abteilung der Universitäts- und Stadtbibliothek zur *Zentralbibliothek der Medizin (ZBMed)* auszubauen. Die DFG erstellte 1967 ein Gutachten, das diesen Plan befürwortete und die Finanzierung regelte. 1969 kam es zur Gründung der

Zentralbibliothek der Medizin. Sie stellte sich auf das im selben Jahr ebenfalls in Köln gegründete „Deutsche Institut für Medizinische Dokumentation und Information" (DIMDI) ein und vollzog eine erhebliche Erweiterung ihres Sammelprofils. Die ZBMed hat die Aufgabe, als zentrale medizinische Fachbibliothek für die Bundesrepublik Deutschland die medizinische Literatur so umfassend wie möglich zu erwerben und ist so zu einer der größten Medizinbibliotheken geworden. 1984 wurden in Zusammenarbeit mit dem Deutschen Institut für Medizinische Information und Dokumentation (DIMDI) die Voraussetzungen für Online-Bestellungen bei der ZBMed geschaffen; ab 1985 waren auch Online-Literaturbestellungen über die ZDB möglich. Die Bibliothek arbeitet mit JASON, SUBITO, AUTODOC und weiteren internationalen Direktlieferdiensten zusammen; sie bietet neben allen elektronischen Formen von Lieferverfahren auch Full-Service-Dienstleistungen für die Industrie an. In den letzten Jahren ist die ZBMed die deutsche Bibliothek mit dem höchsten Bestellaufkommen geworden (2002: 420.000 Direktlieferungen).

Die Zentralbibliothek der Wirtschaftswissenschaften (ZBW) in Kiel wurde 1966 gegründet und hat zunächst kaum Direktbestellungen realisiert. Im Gegensatz zu den anderen zentralen Fachbibliotheken lag und liegt ihr Schwerpunkt auf der inhaltlichen Erschließung bibliographisch unselbstständiger Literatur, die vor allem in die Online-Datenbank ECONIS eingeht. In den letzten Jahren beteiligte sich die Bibliothek im zunehmenden Maße erfolgreich an verschiedenen Dokumentliefersystemen wie SUBITO und GBVdirekt.

SUBITO

Dieser Dokumentlieferdienst sendet in festgelegten Bearbeitungszeiten auf verschiedenen Lieferwegen zu bekannten Preisen Dokumente an die vom Kunden gewünschte Adresse. Für Aufsatzkopien gibt es einen Normaldienst (72 Stunden) und einen Eildienst (24 Stunden), geliefert wird per E-mail, FTP, Post und Fax. Es gibt eine Nutzergruppe „Hochschulangehörige" mit Festpreisen für den Normaldienst, eine Nutzergruppe „Industrie", eine Nutzergruppe „Privatpersonen" und den Subito Library Service (www.subito-doc.de). Ein Teil der SUBITO-Lieferbibliotheken leiht auch Monographien aus. SUBITO ist 1994 als eine deutsche Bund-Länder-Initiative vor dem Hintergrund des traditionellen Leihverkehrs entstanden, der sich damals durch relativ geringe Leistungsfähigkeit und Dienstleistungsorientierung auszeichnete. SUBITO sollte eine effektive und effiziente Alternative zum Fernleihschein werden, mit direkter elektronischer Bestell- und Lieferkomponente. Nach der Festlegung der Grundkonzeption und der Zustimmung durch die ständige Konferenz der Kultusminister fand die offizielle Eröffnung des Kopienlieferdienstes von SUBITO am 27. November 1997 statt. Der Versand von Monographien zur Ausleihe an den Kunden begann in einer Testphase am 1. September 1999. Das Projekt Bund-Länder-Initiative SUBITO lief Ende 1999 aus. Für die Weiterführung der Dienste und die Finanzierung einer Geschäftsstelle musste nach Konzepten gesucht werden. Bund und Länder riefen zu einem Ideenwettbewerb auf, bei dem sich folgendes Konzept durchsetzten konnte: Die Lieferbibliotheken bilden ein Konsortium, welches die Dienstleistungen offeriert und über Einnahmen eine Geschäftsstelle finanziert, die zentrale Dienste wie Zugangssystem für Literaturbestellungen, Help-desk-Funktionen, Marketing und zentrale Abrechnung anbietet.

Die Lieferbibliotheken zahlen für erledigte Bestellungen einen Betrag an die Geschäftsstelle und finanzieren so die zentralen Dienstleistungen. Damit existiert seit dem 1. Januar 2000 ein SUBITO-Konsortium von 27 Lieferbibliotheken, davon 24 aus Deutschland, zwei aus Österreich und eine aus der Schweiz. Seit 2003 hat das Konsortium die Rechtsform eines

11.8 Direktlieferdienste

Vereins: SUBITO. Dokumente aus Bibliotheken e.v. Die Entwicklung der SUBITO-Dienste ist sehr erfolgreich, wie die folgende Tabelle der Bestellungen zeigt:

Nutzergruppe	1998	1999	2000	2001	2002
Nicht-kommerzielle Nutzer	78.033	198.809	343.209	533.905	740.289
Kommerzielle Nutzer	23.723	73.055	153.636	201.536	250.359
Summe:	101.756	271.864	496.845	735.441	990.648

Im Jahr 2002 kamen 364.462 (36,8 %) der Bestellungen aus dem Ausland, insgesamt aus 94 Ländern. Der Subito-Library-Service (SLS) bildet teilweise die klassische Organisation der Fernleihe ab, da als Besteller lediglich Bibliotheken auftreten, die dann auch die Lieferung erhalten. Hier wird also von SUBITO kein Endkunde beliefert, so dass nach deutschem Recht auch keine besonderen Tantiemen anfallen. Mittlerweile haben sich hier mehr als 600 Bibliotheken als Nutzer registrieren lassen, davon über 60 % aus dem Ausland. Von den 990.648 Bestellungen in 2002 gehen 132.432 (13,4 %) auf das Konto des Library-Service. Ein wesentlicher Schwerpunkt der Weiterentwicklung ist die Internationalisierung der Dienstleistung. Bis 1999 war SUBITO auf der Basis der Vereinbarung mit dem Börsenverein ein nationales, auf Deutschland beschränktes Dienstleistungsangebot. Diese Regelung gilt nicht mehr; SUBITO kann auf der Basis des deutschen Urheberechts und der internationalen Vereinbarungen über die Gültigkeit nationaler Gesetze bei internationalen Beziehungen weltweit vermarktet werden. Dabei bedeutet Internationalisierung die Erweiterung in zwei Richtungen: Lieferung von Literatur durch deutsche Bibliotheken in das Ausland, aber auch die Gewinnung von ausländischen Bibliotheken als SUBITO-Lieferbibliotheken. Neben bereits etablierten Kooperationen in Österreich und der Schweiz ist SUBITO mit verschiedenen Einrichtungen im Gespräch, um ein internationales Netzwerk von Lieferbibliotheken für den SLS aufzubauen. Interessenten gibt es hierfür vor allem in Skandinavien, Osteuropa und Australien. Ein zweiter wichtiger Schwerpunkt wird die Integration von elektronischen Dokumenten in das Dienstleistungsangebot von SUBITO sein. SUBITO hat beschlossen, keinen eigenen Dienst für elektronische Dokumente aufzubauen und wird stattdessen Kooperationen mit entsprechenden Dienstleistern aufbauen. Eine weitere Geschäftsidee, die allerdings bislang nicht realisiert wurde, ist der „Full Service". Speziell für Großkunden ist dieser Dienst gedacht, der ein vollständiges Angebot für Dokumentlieferung für alle Fachgebiete und jeglicher Art von Literatur beinhaltet. Für den Betrieb des Full Service, aber auch für die allgemeine Optimierung der Geschäftsgänge in SUBITO sind eine Reihe von technischen Entwicklungen und logistischen Verbesserungen erforderlich, die nach und nach umgesetzt werden. 2003 wurde ein zentrales Abrechnungssystem realisiert, das für die Lieferbibliotheken die Rechnungsstellung und das Billing übernimmt. Neben der deutlichen Kostenersparnis für die Lieferbibliotheken hat auch der Kunde einen großen Vorteil: Er erhält nicht mehr von jeder einzelnen Bibliothek eine womöglich unterschiedlich gestaltete Rechnung, sondern eine Sammelrechnung über alle Bestellungen, die er innerhalb eines bestimmten Zeitraums getätigt hat. Der Einsatz von Kreditkarten und elektronischen Abrechnungsverfahren ist geplant. Weitere Optimierungen beziehen sich auf das Bestellsystem, die Bestellverfolgung für die Kunden und die Software, mit der die meisten Lieferbibliotheken ihre Dokumentlieferung betreiben.

JASON

Das Dokumentliefersystem JASON (Journal Articles Sent On Demand) ist seit Februar 1995 im Einsatz. Ausgangspunkt für die Systementwicklung war eine Verbesserung der Nutzung der Zeitschriftenschwerpunktbestände im Land Nordrhein-Westfalen. Dies sollte erreicht werden durch eine transparente und benutzerfreundliche Präsentation der betreffenden Daten und durch die Einführung eines beschleunigten Lieferverfahrens. Die Programmierung des Systems lag bei den Universitätsbibliotheken Bielefeld und Dortmund. Die Software basierte zunächst auf der in den NRW-Bibliotheken vorhandenen EDV-Infrastruktur in Form von lokalen Novell-Netzen. Der Siegeszug der WWW-Technik legte es nahe, die vorhandenen Benutzerdienstleistungen auch in diesem Umfeld anzubieten. Daher wurde im Herbst 1995 an einer WWW-Version von JASON gearbeitet, die den komfortablen Benutzerkomfort der WWW-Benutzeroberfläche mit der uneingeschränkten Nutzung durch alle Nutzer mit Internet-Zugang verbinden sollte. Teilnehmende Bibliotheken waren zu dem Zeitpunkt die an JASON beteiligten Hochschulbibliotheken des Landes Nordrhein-Westfalen, die Deutsche Zentralbibliothek für Medizin in Köln, die Deutsche Zentralbibliothek für Landbauwissenschaften in Bonn, die Rheinische Landesbibliothek Koblenz und die Universitätsbibliothek Trier. Das Dokumentliefersystem JASON ermöglicht die elektronische Bestellung und Lieferung von Aufsätzen aus internationalen Zeitschriften aller Wissensgebiete. Technische Grundlage für eine Bestellung ist die JASON-Datenbank. Sie enthält die Zeitschriftenbestände der oben genannten Bibliotheken. Die Abrechnung einer Bestellung erfolgt über Gebühreneinheiten, die Transaktionsnummern, die in den einzelnen Bibliotheken käuflich erworben werden können. Jason hat als Dokumentlieferdienst keine große nationale oder gar internationale Bedeutung erreicht. Das System wird aber in Nordrhein-Westfalen aktuell erfolgreich zur Beschleunigung des Leihverkehrs eingesetzt.

Sondersammelgebiete-Schnell-Liefersystem (SSG-S)

Die Förderung des Systems der überregionalen Literaturversorgung durch die Deutsche Forschungsgemeinschaft hat das Ziel, Wissenschaftlern und Forschern in der Bundesrepublik eine umfassende Ressource auch spezieller ausländischer Literatur zu sichern. Dieses System muss den Gegebenheiten in Forschung und Wissenschaft laufend angepasst und bedarfsorientiert weiterentwickelt werden. Dabei sind für die Bereitstellung und Nutzung von Sammelschwerpunktbeständen effiziente Dienste zur Bestellung und Lieferung von Dokumenten wesentliche Voraussetzung. Viele Sondersammelgebiets-Bibliotheken bieten Möglichkeiten der Direktbestellung durch den Nutzer und der Direktlieferung an den Nutzer. Die mit DFG-Mitteln geförderten SSG-S-Projekte bieten direkte Bestell- und Liefermöglichkeiten für Sondersammelgebietsliteratur über Post, Fax sowie auf elektronischem Wege, wobei als Frist für die Bearbeitung von Bestellungen ein Zeitraum von maximal 48 Stunden festgelegt ist. Eigene SSG-S-Dienste wurden in den Universitätsbibliotheken Erlangen-Nürnberg, Göttingen, Halle, Hamburg, Heidelberg, Kiel, Tübingen, Saarbrücken und in der Senckenbergischen Bibliothek in Frankfurt eingerichtet. Nachdem das vorrangige Ziel der DFG-Förderung, der Entwicklung von Dokument-Lieferdiensten bei SSG-Bibliotheken, erreicht wurde, wird über eine Verbesserung der Transparenz der Schnittstelle zum Benutzer nachgedacht: Mittlerweile bieten einzelne Bibliotheken das Produkt Dokumentlieferung unter bis zu vier verschiedenen Namen Ihren Benutzern an. Diesen Zustand zu optimieren ist der Grund für eine Empfehlung der mit dieser Thematik befassten Unterausschüsse der DFG: Die Integration von

11.8 Direktlieferdienste

SSG-S und SUBITO, unter Wahrung der spezifischen Dienstleistungsprofile der beteiligten SSG-S-Bibliotheken.

Bayerische Staatsbibliothek München

Die Bayerische Staatsbibliothek (BSB) führt ihren Namen seit 1919. Gegründet wurde sie 1558 von Herzog Albrecht V. als Hofbibliothek der Wittelsbacher. Heute ist sie zentrale Landesbibliothek des Freistaates Bayern, staatliche Fachbehörde für alle Angelegenheiten des bayerischen Bibliothekswesens und eine der größten wissenschaftlichen Bibliotheken im deutschen Sprachraum. Sie besitzt mehr als acht Millionen Bände, verfügt über einen hervorragenden Altbestand mit erlesenen Kostbarkeiten aus der Frühzeit des Buchdrucks, zahlreiche Sonderbestände (Karten, Nachlässe, Autographen, Exlibris, Porträts, Bildarchiv, Malerbücher) und eine der bedeutendsten Handschriftensammlungen der Welt. Gesammelt werden Publikationen aller Länder und Fachrichtungen, ausgenommen Technik und angewandte Agrarwissenschaften. Besondere Schwerpunkte sind Altertumswissenschaften, Geschichte, Musik, der ost- und südosteuropäischen Raum sowie Orient und Ostasien. Mit mehr als 40.000 laufenden Zeitschriften und Zeitungen ist die Bayerische Staatsbibliothek nach der British Library die zweitgrößte Zeitschriftenbibliothek Europas. Von 1982 bis 1997 wurde der Münchener Aufsatzdienst (MA) als kostenpflichtiger Service angeboten, der rechtlich und organisatorisch vom traditionellen Leihverkehr getrennt ablief. Ursprünglich war der MA an der Universitätsbibliothek München eingerichtet worden, um in München die medizinische Literaturversorgung zu optimieren. Seit Februar 1983 lief der MA als ein Verbund der BSB, der Universitätsbibliothek München und der Universitätsbibliothek der Technischen Universität, mit Hauptgeschäftsstelle in der BSB. Ab 1983 wurde der MA auf alle Fachgebiete ausgedehnt und entwickelte sich von einem örtlichen über einen regionalen (Bayern) zu einem überregionalen Direktlieferdienst. Im Oktober 1997 wurde der MA auf die von SUBITO geforderten Grundsätze und Dienstleistungsmerkmale umgestellt.

Niedersächsische Staats- und Universitätsbibliothek Göttingen

Die Niedersächsische Staats- und Universitätsbibliothek (SUB) Göttingen gehört zu den großen Bibliotheken Deutschlands. Die Bestände umfassen etwa vier Millionen Bände. Etwa 16.000 Zeitschriften werden laufend gehalten. Außerdem besitzt die Bibliothek mehr als 12.000 Handschriften, 350 Nachlässe von Wissenschaftlern und ungefähr 3.100 Inkunabeln. Die Bibliothek gehört zu den wichtigsten Stützen der überregionalen Literaturversorgung. Im Rahmen des Sondersammelgebietsprogramms der Deutschen Forschungsgemeinschaft betreut Göttingen mehr als 20 Sondersammelgebiete. Die SUB verfügt über einen umfassenden Schnelllieferdienst: GAUSS, SSG-S, GBVdirekt, SUBITO. Benutzerbestellungen auf Literatur (mit besonderem Schwerpunkt Nordamerika einschließlich Geographie sowie Informations- und Bibliothekswesen) können außerhalb des Leihverkehrs per Post, Fax direkt an die Bibliothek gerichtet werden. Kostenpflichtige Online-Bestellungen können außerdem direkt per E-Mail geschickt werden.

AUTODOC

Dieser Dokumentlieferdienst des Fachinformationszentrums Karlsruhe wird seit 1999 betrieben. Er ist ein Service zur Vermittlung von Volltexten, bei dem der Kunde in ein Bestellformular entweder Suchergebnisse aus der Recherche in STN-Datenbanken übernehmen oder direkt Bestelldaten eingeben kann. Als Volltextlieferanten bedient sich AUTODOC vor allem der TIB, der ZBMed, der ZBL und der Senckenbergischen Bibliothek, Frankfurt. Es werden aber auch die Dienste der British Library und weiterer Supplier angeboten. Seit dem Jahr 2000 vermittelt AUTODOC auch Direktzugriffe auf elektronische Dokumente.

GetInfo

Seit 2000 bauen mit Förderung des BMBF das FIZ Karlsruhe und die TIB Hannover den Informationsverbund GetInfo auf. Schwerpunkt des Projekts ist der Aufbau eines elektronischen Volltextservers für Zeitschriftenartikel und Graue Literatur, die entsprechend der Lizensierung durch die Rechteinhaber kostenpflichtig im Pay-per-view-Nutzungsmodell angeboten werden. Ein weiteres Ziel des Projekts ist die Integration der Dokumentlieferdienste AUTODOC und TIBORDER in ein gemeinsames neues Produkt GetInfo bis Ende 2004 auf der Basis einer erweiterten Partnerschaft durch Teilnahme von FIZ Technik und FIZ Chemie.

11.8.3 Die Zukunft der Dokument- und Direktlieferdienste

Hier sollen die Aspekte des Zusammenwirkens von Dokumentlieferung und Leihverkehr sowie der Auswirkungen der Zunahme von genuinen elektronischen Volltexten kurz beleuchtet werden. Der moderne Online-Leihverkehr gewinnt immer mehr an Qualität und ähnelt in seinen Ausprägungen immer mehr der Direktlieferung. Der Nutzer kann z.B. im Gemeinsamen Bibliotheksverbund (GBV) seine Leihverkehrsbestellung direkt im Internet selbst aufgeben, manche Bibliotheken liefern Aufsatzkopien schon elektronisch und diese können dann auch technisch problemlos direkt an den Arbeitsplatz des Bestellers weitergeleitet werden. Vor diesem Hintergrund ist man in Deutschland bemüht, ein gemeinsames Strategiekonzept für die Weiterentwicklung von Leihverkehr und Dokumentlieferung zu finden. Der aktuelle Stand der Diskussion sieht vor, dass auch in Zukunft sowohl der Leihverkehr als auch die Direktlieferung die Basis für die Literaturversorgung von Wissenschaft, Lehre und Forschung bilden sollen. Beide werden ein gemeinsames Portal bilden, denn eine universell angelegte Dokumentlieferung als nutzerorientierte Dienstleistung muss einen anforderungsgerechten Zugang zu den Informationsressourcen für Wissenschaft, Forschung und Lehre sowie Wirtschaft und Privatpersonen sicherstellen. Ziel ist es, die Fernleihe als Basisdienst für die freie Informationsversorgung zu modernisieren und neben der Direktlieferung als leistungsfähige, transparente und für die Nutzer leicht handhabbare Dienstleistung anzubieten. Diese Dienste umfassen alle Formen der Dokumentlieferung vom Versand gedruckter Literatur bis zur Übermittlung digital vorliegender Informationen und sind in der Regel jedermann zugänglich. Eine Differenzierung ergibt sich aus der Art der Dokumente und den Anforderungen der Nutzer in Bezug auf Recherche, Bestellweg sowie Bearbeitungszeit und Lieferform, Lieferweg und Entgelten. Gleichzeitig wird durch das parallele Angebot verschiedener Dienste auf der Basis definierter und bundesweit akzeptierter Grundlagen gewährleistet, dass unter regionalen und ausgleichenden Gesichtspunkten alle Bibliotheken und Bibliotheksverbünde sich für spezifische Nutzerinteressen als Lieferanten oder Bestellbibliotheken profilieren können. Damit wird dem Nutzer eine Wahlmöglichkeit zwischen der Inanspruchnahme von Direktlieferdiensten einzelner Bibliotheken mit garantierten Leistungsmerkmalen und der Online-Fernleihe angeboten.

Rechtliche Basis für die Dokumentlieferdienste stellen die Ausnahmetatbestände des § 53 UrhG dar, die die Fälle beschreiben, in denen eine Kopie eines in Papierform vorliegenden Zeitschriftenaufsatzes angefertigt werden darf. Das Ergebnis eines Musterprozesses, welchen der Börsenverein des deutschen Buchhandels gegen die TIB seit 1994 führte mit dem Ziel, den direkten Kopienversand zu verbieten, hat diesen Zusammenhang nochmals ausdrücklich geklärt. Dieser Prozess wurde vor dem Bundesgerichtshof im Februar 1999 von der TIB gewonnen. Der BGH hat somit das Recht auf Herstellung von Einzelkopien auf Anfrage und das Recht der Vermarktung entsprechender Dienstleistungen bestätigt, doch erklärte der BGH einen zusätzlichen Vergütungsanspruch über die bereits bestehende und im Urheberrecht geregelte Kopierabgabe hinaus. Daraufhin wurde zwischen dem Bund und den Ländern einerseits und der Verwertungsgesellschaft WORT andererseits ein „Vertrag zur Abgeltung urheberrechtlicher Ansprüche für den Direktversand von Kopien durch der Öffentlichkeit zugängliche Einrichtungen" mit Wirkung vom 1.9.2000 abgeschlossen, der auch explizit die Möglichkeit des elektronischen Versands von gescannten Artikeln vorsah. Die Vertragparteien vereinbarten für jede Bestellung als angemessene Vergütung pro versandtem Artikel einen Tarif in Höhe von: 1,02 € für jede Bestellung von Schülern, Auszubildenden, Studierenden, von Hochschulen, von überwiegend aus öffentlichen Mitteln finanzierten Wissenschafts- und Forschungseinrichtungen und von juristischen Personen des öffentlichen Rechts jeweils einschließlich ihrer Mitglieder, Angehörigen und Mitarbeiter, 2,56 € für jede Bestellung von Privatpersonen, 5,11 € für jede Bestellung von Selbständigen und kommerziellen Bestellern. Die Beträge unterliegen jeweils der Umsatzsteuer. Ausnahmeregelungen gibt es für Bibliotheken mit einem geringen jährlichen Bestellaufkommen. Weiterhin erhält die VG WORT verschiedene statistische Auskünfte. Der vorliegende Vertrag wurde auf Betreiben der Verlage von der VG Wort nach dem 31.12.2002 nicht verlängert, so dass zum Berichtszeitpunkt (Juni 2003) keine klare Rechtsgrundlage für die Tantieme gegeben ist. Es gibt unterschiedliche Auffassungen in mindestens zwei Punkten: (1) Vertreter der Verlage bestreiten die Rechtmäßigkeit der elektronischen Lieferform; (2) vielen Verlagen ist der Einheitstarif auf der Grundlage eines Gesamtvertrags zu wenig differenziert und in der konkreten Höhe zu gering; Ziel vieler Verlage ist eine Lizenzregelung mit individuellen Preisen für einzelne Aufsätze oder einzelne Zeitschriften, die – wie Beispiele aus dem Ausland belegen – ein Vielfaches des bis 2002 gültigen Betrages ausmachen können.

11.8.4 Elektronische Dokumente und internationale Entwicklung

Es ist offenkundig, dass die zunehmende Verbreitung von genuinen elektronischen Volltexten massiven Einfluss auf die klassischen Dokumentlieferdienste haben wird. An dieser Stelle sollen keine Prognosen über die zeitliche Dimension und die Vollständigkeit dieser Entwicklung gewagt werden: Der reale Verlauf der Migration vom Printwesen zur digitalen Welt in den letzten Jahren weist eindeutig nach, dass die zahlreichen Delphistudien und Vorhersagen der frühen neunziger Jahre viel zu optimistisch den Übergang zu „electronic only" herbeireden wollten. Dennoch ist völlig klar, dass die digitale Bibliothek nicht nur Auswirkungen auf die speziellen Dokumentlieferdienste, sondern auf das gesamte Dienstleistungsspektrum der Bibliotheken haben werden. Insbesondere ist zu beobachten, dass Verlage und andere kommerzielle Unternehmen die direkte Vermarktung von elektronischen Volltexten betreiben. Im Folgenden werden internationale Direktlieferanten zusammen mit wichtigen Akteuren im Bereich der elektronischen Literaturversorgung vorgestellt.

British Library

Das British Library Document Supply Center (BLDSC) ist mit täglich mehr als 20.000 Bestellungen der weltweit führende Dokumentlieferant. Der Service besteht in der Zusendung von Kopien und im Ausleihen von Originalmaterial. Zwar besteht die Möglichkeit der Bestellung via E-mail oder World Wide Web, jedoch wird durch das BLDSC kein Volltextservice über das Internet angeboten. Die angeforderten Dokumente werden für Einzelbesteller per Post verschickt, für Industriekunden existieren Sondervereinbarungen hinsichtlich der elektronischen Lieferung. Der Scope ist nicht auf Teilbereiche beschränkt, vielmehr werden Dokumente aus allen Bereichen der Wissenschaft, Kunst und Kultur zur Verfügung gestellt. Als Internetangebot offeriert das BLDSC den Service Blaise (British Library Automated Information Service), der eine bibliographische Datenbank mit über 19 Millionen Einträgen darstellt. Weiterhin wird das Inside-Web über das Internet mit Aufsatzdaten von über 20.000 Zeitschriften angeboten, die im BLDSC vorhanden sind.

Letztlich wird von der British Library das Digital Library Programe verfolgt. Dieses Programm zielt perspektivisch auf die Installation einer Volltextdatenbank ab, auf welche über das World Wide Web zugegriffen werden kann. Außer der Einstellung von Texten sollen auch Bilder und Animationen zur Verfügung stehen.

Elsevier (mit Science Direct, ChemWeb, BioMedNet)

Elsevier Science ist Marktführer als Herausgeber wissenschaftlicher Publikationen. Es werden praktisch alle Wissenschaftsfelder abgedeckt. Im Bereich der web-basierten Zugriffsmöglichkeiten hat sich Elsevier Science für ein Splitting in drei Teilbereiche entschieden: ScienceDirect, BioMedNet und ChemWeb. Science Direct ist eine Volltextdatenbank mit dem Inhalte von über 1000 wissenschaftlichen Zeitschriften, die Elsevier Science herausgibt. Ein (noch) nicht in der Datenbank abgelegter Artikel kann jederzeit direkt geordert werden. ScienceDirect arbeitet mit einer großen Anzahl von Verlagen zusammen. Die Nutzer von ScienceDirect haben Zugriff auf insgesamt 680.000 Volltextartikel und weitere 12,5 Millionen Eintragungen. BioMedNet beinhaltet 170 biologische und medizinische Zeitschriften mit der Möglichkeit der Online-Recherche.

ChemWeb stellt eine Internetbibliothek dar, die Zeitschriften aus dem Bereich der Chemie enthält. Es ermöglicht den Volltextzugriff auf die eingestellten Journale. Es besteht auch die Möglichkeit, auf eine Datenbank zuzugreifen, die Verweisungen auf andere Web-pages, ein Patentverzeichnis u.a. enthält.

OCLC

Das Online Computer Library Center, Inc. (OCLC) ist ein amerikanischer nicht-kommerzieller Bibliotheksservice. Der First Search Electronic Collections Online-Service von OCLC wurde 1997 eingeführt. Die Sammlung von elektronischen Volltexten umfasst über 2.200 Journale von ca. 50 Verlagen, darunter Kluwer, Academic Publishers und Academic Press. Darüber hinaus arbeitet OCLC mit zahlreichen Subskriptionsagenturen zusammen, z.B. mit Swets & Zeitlinger, Blackwell's und EBSCO.

Ovid Technologies

Ovid Technologies Inc. wurde 1988 gegründet und gehört seit 1998 zu Wolters Kluwer. Ovid bietet einen plattformunabhängigen Zugang zu über 90 bibliographischen und Volltext-Datenbanken zur akademischen und wissenschaftlichen Forschung und Recherche. Der Schwerpunkt liegt jedoch im Bereich der medizinischen Fachliteratur. Für den Bereich der Volltextlieferung wird der Zugang zu ca. 330 medizinischen Fachzeitschriften angeboten. Ovid zählt zu seinem Kundenstamm über 30.000 lizenzierte Nutzer.

11.8 Direktlieferdienste

Swets & Zeitlinger

Swets & Zeitlinger ist die größte Subskriptionsagentur Europas und eine der größten weltweit. Sie bietet eine breite Palette elektronischer Produkte und Dienstleistungen an. Es wird nicht nur die reine Subskriptionsverwaltung angeboten, sondern auch Zugang und Navigation für die Volltextsuche. Die Möglichkeit des Internet-Zuganges beinhaltet neben der Datenbank-Recherche bei verschiedenen Verlagen auch den Zugang zu eigenen Servern. Im Bereich der Volltextlieferung besteht das Angebot des Zuganges über SwetsNet zu Volltexten von über 1.800 Zeitschriften aus ca. 40 Verlagen.

EBSCO

Die Subskriptionsagentur EBSCO bietet weltweit integriertes Informationsmanagement durch Subskriptionsservice, Zugang zu Referenzdatenbanken und Online-Journale. EBSCO Online ist das Produkt, mit dem Zugang, Abfrage und Volltextlieferung abgewickelt werden können. EBSCO Online beinhaltet derzeit ca. 35 Lizenzvereinbarungen mit Verlagshäusern aus verschiedenen Fachrichtungen.

RoweCom. Dawson Information Quest

RoweCom ist einer der führenden Anbieter im Bereich des Business-to-business e-commerce und betreibt einen web-basierenden Service zur Bestellung von Magazinen, Zeitungen, Journalen und Büchern. Als Zielgruppe werden insbesondere Firmenkunden angepeilt, es sind jedoch auch Organisationen aus dem akademischen Umfeld im Kundenportfolio von Rowe-Com vertreten. Das enorme Wachstum der Firma in der jüngeren Vergangenheit wurde insbesondere durch mehrere Firmenakquisitionen erreicht. Information Quest (IQ) bietet die Möglichkeit des One-stop-Zuganges zu wissenschaftlicher, technischer und medizinischer Information aus über 20.000 Journalen. Aus dem Stichwortverzeichnis werden die Nutzer entweder zum konventionellen Artikelversand weiterverwiesen oder auf die Volltexte weitergeschaltet. IQ bietet zwei mögliche Formen der Dokumentenlieferung: (1) Pay-per-view, d.h. Online-Zugang für Nicht-Subskribenten und Abrechnung auf Transaktionsbasis, (2) Volltextlieferung durch Weiterschaltung auf die Website des Publishers (Delivery by Publisher).

ISI Web of Science

Das Institut for Scientific Information (ISI) ist ein 1958 gegründeter Datenbankproduzent. ISI ist eine der umfassendsten, interdisziplinären Textdatenbanken der Welt. Es werden 16.000 internationale Zeitschriften und Bücher aus den Natur- und Sozialwissenschaften sowie aus Kunst und Kultur angeboten. Für alle diese Dokumente gibt es einen Volltextservice. Im November 1999 wurde das ISI Web of Science gestartet und zwar in Verbindung mit dem UK Joint Information Systems Committee (JISC) und dem Manchester Information and Associated Services (MIMAS). Im ISI Web of Science werden Verbindungen zu Volltextzeitschriften im Internet und zu anderen Datenbanken inklusive solchen mit Informationen aus der Chemie und mit Patentdatenbanken angeboten. Diese Verbindungen sind die ISI-Links. ISI arbeitet mit 15 Publishern zusammen, auf deren Angebote über das ISI Web of Science zugegriffen werden kann. Die Zusammenarbeit geht dahin, dass die Publisher damit einverstanden sind, dass von den Links im Web of Science direkt auf die elektronische Version der von den jeweiligen Verlagen herausgegebenen Zeitschriften zugegriffen werden kann. Im Web of Science sind momentan 3,2 Millionen Links vorhanden, auf die zugegriffen werden kann. Der Zugriff erfolgt durch den Kunden entweder über das Internet oder beim Kunden eingerichtete Intranets bzw. Kombinationen der beiden Möglichkeiten.

DIALOG

Die Firma DIALOG ist mit ihrer Information Services Division (ISD) der weltweit größte Anbieter von Online-Informationsdiensten. ISD bedient dabei mit ca. 900 verfügbaren Datenbanken über 20.000 Firmenkunden in über 120 Ländern. Die Schwerpunkte liegen auf den Gebieten Wirtschaft, Wissenschaft, Ingenieurwesen, Finanzwesen und Rechtswissenschaften. Aus dem Scope der TIB werden die Bereiche Chemie, Wissenschaft und Technologie angeboten. Der Umsatz liegt bei ca. 165 Millionen britischen Pfund. ISD bietet seine Dienste auf Basis von Subskriptionen, pauschaler Abrechnung oder nach einem Pay-per-view-Schema an. Mit dem Intranet Toolkit bietet sich die Möglichkeit einer individualisierten Suchmöglichkeit, zielgerichtet auf die spezifischen Belange einer Firma oder einer Abteilung, auf dem Kunden-Intranet an. Mit DirectSM bietet DIALOG auch Volltext-Recherche und -lieferung aus den Bereichen Medizin, Pharmazie und Agrochemie an.

CARL Uncover

Die Colorado Alliance of Research Libraries (CARL) wurde 1991 gegründet und ist heute der Dokumentlieferdienst der Firmen Blackwell's und CARL Systems Incorp., Denver. Angeboten werden die Volltexte von über 5 Millionen Zeitschriftenaufsätzen aus 18.000 Zeitschriften ab 1989 (z.T. auch als elektronische Volltexte).

CISTI

Das Canada Institute for Scientific and Technical Information (CISTI) ist Teil des National Research Council of Canada und besteht seit 1974. Es besitzt eine der größten ingenieurwissenschaftlichen Sammlungen der Welt, die auch im Internet angeboten werden.

INIST

Das Institut de l'Information Scientifique et Technique (INIST) ist Teil des französischen Centre National de Recherche Scientifique und der größte Dokumentlieferant in Frankreich. Die Datenbank ARTILE besitzt 5 Millionen Nachweise aus 25.000 Zeitschriften aller Fachgebiete, die online bestellt werden können.

INFOTRIEVE

Die Firma INFOTRIEVE mit Sitz in Los Angeles/California ist einer der großen Direktlieferdienste weltweit. Eine Tochterfirma existiert seit 1994 in Deutschland: Information Retrieval GmbH, Köln. Zielgruppe der Firma sind kommerzielle Großkunden, denen ein Full Service angeboten wird. Seit Februar 2000 hat die Firma eine Kooperation mit Dialog im Bereich der Volltext-Beschaffung.

Die oben aufgeführte Aufzählung ist eine Auswahl der weltweit verfügbaren Direktlieferanten und Volltextanbieter. Sie macht deutlich, dass die Globalisierung durch das Internet vor allem auch die traditionellen Partner der Literatur- und Informationsversorgung betrifft: Es entsteht ein Wettbewerb der Dienstleistungsangebote, das im wahrsten Sinne des Wortes grenzenlos ist. Die wirtschaftliche und organisatorische Entwicklung digitaler Bibliotheken einerseits und die Umsetzung urheberrechtlicher Fragestellungen weltweit andererseits werden entscheidenden Einfluss auf das zukünftige Design von Dokumentliefer-Dienstleistungen haben. Dabei sind Annahmen über die Geschwindigkeit und die Gewichtung von Innovationen und Veränderungen so spekulativ, dass sie hier unterbleiben sollen.

*

Literatur

Zu 11.1 bis 11.3

ALTRICHTER, HELMUT: Allgemeine Zielsetzungen der Bibliotheken // In: Elektronische Bibliotheken in den USA : Bericht über eine USA-Reise von Bibliothekaren und Wissenschaftlern im September 1998. Berlin 1999. - (dbi-materialien ; 188). - S. 21 - 23

BALL, RAFAEL ; KÜSTERS-SCHAH, URSULA: Bibliographieren und bibliographische Instrumente im Spannungsfeld traditioneller und neuer Medien // In: Bibliothek 22 (1998), S. 324 - 331

BUCH, HARALD ; MUNDT, SEBASTIAN: Mitarbeiterbefragungen - Auswertung und Umsetzung // In: ABI-Technik 18 (1998), S. 386-397.

FOLLMER, ROBERT ; GUSCHKER, STEFAN ; MUNDT, SEBASTIAN: Gemeinsame Benutzerbefragung der nordrhein-westfälischen Universitätsbibliotheken : methodisches Vorgehen und Erfahrungen // In: Bibliotheksdienst 36 (2002), S. 20 - 29

HEISCHMANN, GÜNTER: Zum Rechercheverhalten am neuen OPAC : Eine Auswertung der ersten zweihunderttausend Suchanfragen // In: Bayerische Staatsbibliothek. Hausmitteilungen. Nr. 62, München Oktober 1999, S. 6

HOBOHM, HANS-CHRISTOPH: Vom Leser zum Kunden. Randbedingungen der Nutzerorientierung im Bibliotheksbereich // In: Zeitschrift für Bibliothekswesen und Bibliographie 44 (1997) 3, S. 265 - 280

HOFFMANN, RAINER: Mailinglisten für den bibliothekarischen Informationsdienst am Beispiel von RABE. - Köln 2000. - (Kölner Arbeitspapiere zur Bibliotheks- und Informationswissenschaft ; 22). - http://www.hbz-nrw.de/fortbildung/rabe/set_rabe.html.

HOMANN, BENNO: Schulungen als Aufgabe einer benutzerorientierten Bibliothek // In: Zeitschrift für Bibliothekswesen und Bibliographie 43 (1996), S. 595 - 613

MAUTRICH, MICHAELA ; WEISEL, LUZIAN: Kundenkontakt-Management durch Call Center. Chancen und Grenzen des Einsatzes in Bibliotheken und Informationsagenturen // In: Bibliotheksdienst 34 (2000), S. 579 - 589

MÜLLER, UTA: Kritikmanagement als Bestandteil einer Marketingkonzeption für Bibliotheken // In: Bibliothek 25 (2001), S. 214 - 225

SCHOLLE, ULRIKE: Kann ich Ihnen behilflich sein? : Erhebung am zentralen Auskunftsplatz der ULB Münster // In: Bibliotheksdienst 34 (2000), S. 39 - 46

SCHUBERT, HANS-JÜRGEN: BENUTZERSCHULUNG IN DER ELEKTRONISCHEN BIBLIOTHEK : DAS BEISPIEL USA // IN: SCHRITTE ZUR neuen Bibliothek : Rudolf Frankenberger zum Abschied aus dem Dienst. - München, 1998. - S. 243 - 251

SCHULTKA, HOLGER: Benutzerschulung : ein Serviceangebot an Universitätsbibliotheken // In: Bibliotheksdienst 33 (1999), S. 2063 - 2073

STOCK, WOLFGANG G.: Ein allgemeiner Bibliotheksindex // In: Zeitschrift für Bibliothekswesen und Bibliographie 45 (1998), S. 59 - 89

SÜHL-STROHMENGER, WILFRIED: Die „Roadshow" als Mittel des Informationsmarketing der Universitätsbibliothek : Planung, Organisation und praktische Durchführung von Roadshows in der Albert-Ludwigs-Universität Freiburg im Breisgau // In: Bibliotheksdienst 35 (2001). S. 1027 - 1036

ULRICH, PAUL S.: It works. Die Arbeit des Collaborative Digital Reference Service (CDRS) // In: Buch und Bibliothek 54 (2002), S. 238 - 242

WILDEMUTH, BARBARA M.; O'NEIL, ANN L.: Katalogrecherche nach bekannten Vorlagen : empirische Überlegungen zu nutzerorientierten Nachweisinstrumenten // In: Zeitschrift für Bibliothekswesen und Bibliographie 43 (1996), S. 23 - 45

WILMSMEIER, SILKE: „... und was haben die Benutzer davon?" : Kundenorientierung im Bibliotheks- und Informationswesen. - In: Bibliothek 23 (1999) 3, S. 277 - 317. - Mit umfangreichen Literaturangaben

zu 11.4

ABELE, STEPHAN ; SCHOLZ, CHRISTINE: Internet-Nutzung in der Württembergischen Landesbibliothek Stuttgart. Neue Konzeption der Internet-Arbeitsplätze im Informationsbereich // In: Bibliotheksdienst 34 (2000), S. 2006 - 2026

Bau- und Nutzungsplanung von wissenschaftlichen Bibliotheken / Hrsg.: Deutsches Institut für Normung. - 2. Auflage. - (DIN-Fachbericht ; 13). - Berlin [u.a.], 1998

Empfehlungen zur digitalen Informationsversorgung durch Hochschulen. Greifswald, Wissenschaftsrat. - (Drs. 4935/01). - 13. Juli 2001, S. 50

FIEBIG, INGEBORG: Präsentation und Kontrolle von Bibliotheksleistungen durch Indikatoren. In: Bibliothek 16 (1992), S. 162 - 168

KÖNIG, HERBERT: Büroräume, Büroarbeitsplätze in Hochschulen. - Hannover 1997. - (Hochschulplanung; 124)

Zu 11.5 bis 11.7

Beyersdorff, Günter: Was kostet die Fernleihe? : Untersuchung und Empfehlungen zu Kosten, Finanzierung und Abrechnung des Leihverkehrs und von SUBITO-Diensten. - Berlin, 1996

Büchertransportdienst Deutschland (BTD) für einen schnellen und kostengünstigen Leihverkehr : Abschlußbericht und Arbeitsmaterialien eines Projekts. - Berlin. 1999. - (dbi-Materialien ; 187)

Büchertransportsysteme für die Bescheunigung des Leihverkehrs. - Berlin, 1996. - (dbi-Materialien ; 146)

Deutsche Forschungsgemeinschaft: Dokumentlieferung für Wissenschaft und Forschung // In: Zeitschrift für Bibliothekswesen und Bibliographie 41 (1994), S. 375 - 392

Deutsche Forschungsgemeinschaft: Weiterentwicklung der überregionalen Literaturversorgung : Memorandum // In: Zeitschrift für Bibliothekswesen und Bibliographie 45 (1998), S. 135 - 164

Das DFG-Projekt Chablis. Abrechnungs- und Zahlungskonzepte für Dienstleistungen digitaler Bibliotheken / Anne Brüggemann-Klein ... // In: ABI-Technik 18 (1998), S. 398 - 401. - http://chablis.informatik.tu-muenchen.de

Erklärung der Deutschen Bibliotheksverbände zum Verleihrecht für Computersoftware // In: Bibliotheksdienst 29 (1995), S. 1833 - 1835

HOMANN, BENNO; Usemann-Keller, Ulla: Gebühren in Universitätsbibliotheken : Auswertung einer Umfrage // In: Bibliotheksdienst 34 (2000), S. 380 - 407

KILTON, THOMAS: Das German Resources Project : Ein Brückenschlag zwischen Amerika und Deutschland // In: Bibliotheksdienst 35 (2001), S. 1481 - 1487

Online-Leihverkehr jetzt auch für öffentliche Bibliotheken in Bayern // In: Zeitschrift für Bibliothekswesen und Bibliographie 48 (2001), S. 351

Die Ordnung des Leihverkehrs in der Bundesrepublik Deutschland : Text der Leihverkehrsordnung von 1993 ; Kommentar und Arbeitsmaterialien. - Berlin, 1993

ROSSOLL, ERIKA: Situation und Entwicklungstendenzen bei den Gebühren in Öffentlichen Bibliotheken // In: Bibliotheksdienst 31 (1997), S. 15 - 23

Zu 11.8

BEAM, JOAN: Document Delivery via UnCover: Analysis of a Subsidized Service // In: Serials Review, 23 (1997)

BERG, H.-P. ; SCHÄFFLER, H. ; SCHRÖTER, M.: Elektronische Zeitschriften in der überregionalen Literaturversorgung // In: Bibliotheksdienst 33 (1999), S. 608 - 613

BRACSEVITS, MICHAEL: Kommerzielle Dokumentlieferdienst-Nutzung an der Bibliothek der WU Wien : Erfahrungsbericht aus der Wirtschaftsuniversität Wien // In: Bibliotheksdienst 32 (1998) S. 2111 - 2119

BRAUN-GORGON, TRAUTE: SUBITO- der kooperative Dokumentlieferdienst der deutschen Bibliotheken // In: Bibliotheksdienst 32 (1998), S. 33 - 44

Deutsche Forschungsgemeinschaft: DFG-Positionspapier: Dokumentlieferung für Wissenschaft und Forschung // In: Zeitschrift für Bibliothekswesen und Bibliographie 41 (1994), S. 375 - 392

Deutsche Forschungsgemeinschaft: Weiterentwicklung der überregionalen Literaturversorgung : Memorandum. - Bonn-Bad Godesberg, Februar 1988

DUGALL, BERND: Vom Leihverkehr zur Dokumentlieferung: Strukturen und Strategien // In: ABI-Technik, 17 (1997) 2, S. 129 - 142

ECK, REIMER ; SENS, IRINA: Bis in die eigenen vier Wände : SUBITO am Beispiel des Zugangssystems GBV direkt // In: Buch und Bibliothek 22 (1998) S. 18 - 20

Elektronische Fernleihe und Dokumentlieferung : Referate anläßlich eines Symposiums in Bonn vom 29.9. bis 1.10.93 / Hrsg.: Klaus Franken ... - Konstanz : Universität., 1994. - 273 S. - (Bibliothek aktuell : Sonderh. ; 11)

ENDRES, A. ; ROSEMANN, U.: Professionelle Dienste und kreative Konzepte für die Versorgung mit Informatik-Wissen. - Darin Abschnitt 6: Die TIB Hannover als überregionale Informatik-Fachbibliothek // In: Informatik Spektrum 22 (1999), S. 136 - 145

HÜWEL-CRAMER, MARTINA: Von der Fernleihe zum Dokument-Lieferservice : Neue Konzepte der Bestellung, Lieferung und Bereitstellung von Literatur und Medien, dargestellt unter besonderer Berücksichtigung von Endnutzerorientierung und Kundenakzeptanz. - Diplomarbeit, Stuttgart, Hochschule für Bibliotheks- und Informationswesen. - 1999

JONSCHER, SABINE: Das Dokumentliefersystem JASON : Host Retrieval und global Research. 20. Online-Tagung der DGD, Frankfurt am Main, 5. - 7. Mai 1998 ; Proceedings. - Frankfurt am Main, DGD 1998. - S. 281 ff

KRAUSS-LEICHERT, UTE: Simply the best – Dokumentliefersysteme im Vergleich. - Hamburg : Fachhochschule Hamburg, Fachbereich Bibliothek und Information, 1999. - 78 S. - (Hamburger Materialien : Mediendokumentation, Bibliotheks- und Informationsmanagement ; 5)

PETROWITZ, HELMA: Neue Dienstleistungen der UB/TIB Hannover // In: Informationswissenschaft und Praxis 50 (1999), S. 163

QUINT, BARBARA: FIZ Karlsruhe and TIB Hannover to launch GetInfo search engine will open of full-text sci-tech sources to users across the web // In: Information Today 18 (2001), S. 3 - 6

REUTER, PETER: Fernleihbestellungen von Zeitschriftenaufsätzen : Benutzererwartungen an Kosten, Erledigungsdauer und Qualität der kostenpflichtigen Dokumentlieferung ; Bund-Länder-Initiative zur Beschleunigung der Literatur- und Informationsdienste, SUBITO. - Berlin, 1996. - 202 S. - (dbi-Materialien ; 151)

ROSEMANN, UWE: Die Subito-AG – noch nicht am Neuen Markt, aber schon ein richtiges Dienstleistungsprodukt? // In: Buch und Bibliothek 52 (2000), S. 520 - 523

ROSEMANN, UWE: Eine Zentrale Fachbibliothek stellt sich vor: Die TIB in Hannover // In: Mitteilungen / Arbeitsgemeinschaft für medizinisches Bibliothekswesen (1998), S. 75 - 76

ROSEMANN, UWE ; SENS, IRINA: Das Online-Fernleihsystem im GBV auf dem Weg zu einem leistungsfähigen Dokumentliefersytem // In: Bibliotheksdienst 31 (1997), S. 244 - 250

Die TIB in Hannover auf dem Weg zur Elektronischen Technischen Informationsbibliothek - BMBF-Projekt „TIBQUICK 2000" über elektronische Forschungsbereiche // In: Bibliotheksdienst 30 (1996) S. 1482 - 1485

Die UB/TIB Hannover – Das Service- und Kompetenzzentrum für technisch-naturwissenschaftliche Literaturversorgung : Vorträge, gehalten anläßlich einer Fortbildungsveranstaltung in der TIB Hannover am 20., 21. und 22. März 2001. Hannover : UB/TIB, 2001. - 35 S.

WAGNER, JÜRGEN: Alternativen für Endkunden : der Druck auf die Bibliotheken, ihre Bestände selbst finanzieren zu müssen, fördert den Ideenreichtum zur Geldbeschaffung ... // In: Buchmarkt (2000) S. 180 181

Wolfgang Frühauf · Helga Unger · Gerd Brinkhus
12 Bestandserhaltung*

12.1 Zur Genese der Bestandserhaltung

Zu den Tätigkeitsfeldern, die in Bibliotheken in den 1990er Jahren deutlich an Gewicht gewonnen haben, gehört die Bestandserhaltung. Besonders in Bibliotheken mit Bewahrungsfunktion steht sie gleichberechtigt neben Bestandsaufbau und Erschließung. Umsorgendes Behüten begleitet bedeutende Sammlungen immer dann, wenn ihr informativer, kultureller oder finanzieller Wert hoch bewertet wurde und eine Minderung oder gar der Verlust des Sammelguts vermieden werden sollte.

Das gleiche Ziel verfolgt die heutige Bestandserhaltung. Starke Benutzung, unsachgemäße Verwahrung und Katastrophen haben im 20. Jahrhundert den Bibliotheksbeständen zugesetzt und damit die unaufhaltsame natürliche Alterung von Sammelgut beschleunigt. Nicht wenige Bibliotheken erlitten durch Kriege schwere Schäden. Da nicht alle Bibliotheken gleichermaßen betroffen waren, stand bisher die schriftliche Überlieferung als Ganzes nie in Frage. Der heute drohende Papierzerfall indes schafft neue Tatsachen: Er tritt global auf und schädigt erhebliche Teile der zwischen 1840 und 1990 erschienenen Literatur, wenn er sie nicht gar vernichtet. Der Papierzerfall würde in einen Länder übergreifenden Verlust großer Teile des schriftlichen Erbes münden, unternähme die Menschheit nichts dagegen. Da die Bestände von Archiven in gleicher Weise bedroht sind, unternehmen auch sie große Anstrengungen, ihr Sammelgut trotz dieser Bedrohung für alle Zeiten zu bewahren.

Um das Ausmaß der bereits eingetretenen Schäden zu ermitteln, wurde im Jahr 1988 eine Schadenerhebung an den Hochschulbibliotheken der Bundesrepublik durchgeführt. Sie förderte zu Tage, dass bereits die knappe Hälfte der Bibliotheksbestände erheblich geschädigt ist. In einem besonders bedenklichen Zustand zeigte sich das zwischen 1850 und 1950 erschienene Sammelgut, von dem beinahe drei von vier Bänden mittelschwer bis schwer in Mitleidenschaft gezogen sind. Während bei der vor 1840 erschienenen Literatur die Schäden aufgrund stabiler Papierbeschaffenheit eher langsam zunehmen oder gar stagnieren, werden sie am später erschienenen Sammelgut aus industriell gefertigtem Papier fortschreiten und können in den nächsten Jahrzehnten und Jahrhunderten mehr oder weniger im Zerfall enden. Deshalb richten Bibliotheken ihr Augenmerk schwerpunktmäßig auf die Erhaltung der vom Papierzerfall bedrohten jüngeren Bestände.

Am Ende des 20. Jahrhunderts etabliert sich die Bestandserhaltung schließlich als eine Fachaufgabe besonders der wissenschaftlichen Bibliotheken. Die Rettung der bedrohten Originalliteratur wurde so zu einer eigenständigen kulturellen Leistung der Bibliotheken. Nicht zufällig ist in dieser Zeit die Bestandserhaltung (und nicht etwa die Inkunabelkunde oder die Einbandforschung) zum persönlichen Tätigkeitsfeld von Leitern bedeutender Bibliotheken geworden (z.B. in München, Berlin, Leipzig und Wien), wodurch die Theorie und Praxis der Bestandserhaltung im Verbunde mit führenden Archivaren entscheidend befördert wurde.

---

* Wolfgang Frühauf verfasste die Abschnitte 12.1 bis 12.4, Helga Unger den Abschnitt 12.5, Gerd Brinkhus den Teil „Restaurierung" in Abschnitt 12.5.1.

12.2 Bestandserhaltung auf internationaler, nationaler und regionaler Ebene

12.2.1 Internationale Entwicklungen

Der Papierzerfall hat entscheidend dazu beigetragen, dass im letzten Viertel des vergangenen Jahrhunderts die Bestandserhaltung auf die Tagesordnung des internationalen Bibliothekswesens gesetzt wurde. In den Vereinigten Staaten sind entsprechende Anstrengungen bereits in den 1960er Jahren zu erkennen, da sie vom Papierzerfall stärker betroffen waren als europäische Länder. Ihre Bibliotheksbestände wiesen einen größeren Anteil Literatur aus industriell gefertigtem Papier auf, zum anderen hatten die klimatischen Bedingungen und zahlreiche Verschleiß befördernde Benutzungsformen das Sammelgut stärker als anderswo in Mitleidenschaft gezogen.

Unter Beachtung der in Übersee gemachten Erfahrungen verabschiedete die IFLA 1984 das Programm „Preservation and Conservation" mit dem Ziel, nationale Bemühungen der Bestandserhaltung zu fördern, diese auf internationaler Ebene zu koordinieren und die Entwicklung moderner Verfahren zu unterstützen. Auch die im Jahre 1994 gegründete „European Commission on Preservation and Access" beförderte nachdrücklich diese Bemühungen, z.B. mit ihren Schriftenreihen und internationalen Fortbildungskursen. Besonderes Augenmerk legt die Kommission auf der Erarbeitung und Übernahme internationaler Standards und auf den Aufbau und Betrieb des „European Register for Mikroform Masters" (EROMM).

In den europäischen Ländern entwickelte sich die schwerpunktmäßig gegen den Papierzerfall gerichtete Bestandserhaltung recht unterschiedlich. Beispielgebend baute Großbritannien ein nationales Bestandserhaltungsmanagement auf. Fußend auf einer nationalen Strategie richtete es 1984 ein National Preservation Office als Beratungs-, Planungs- und Koordinierungszentrum an der British Library ein. Zur gleichen Zeit konstituierten die Bibliotheksverbände Großbritanniens Unterausschüsse für Bestandserhaltung. Seit den 1990er Jahren verfilmt sie gemeinsam mit anderen englischen Bibliotheken die Bestände der Pflichtexemplarbibliotheken von Wales, Schottland und Irland. Stark benutztes Sammelgut der British Library wird zur Schonung des Originals seitdem auch gescannt. Frankreich stellt in den Mittelpunkt seiner Bestandserhaltung die Sammlungen seiner Nationalbibliothek. 1978 wurde die Planung komplexer Maßnahmen zeitgleich mit der Mikroverfilmung begonnen. Reichlich zehn Jahre später startete die Bibliothèque de France die Entsäuerung ihrer gefährdeten Bestände. Heute wendet sie in ihrer Komplexwerkstatt alle gängigen Verfahren der Bestandserhaltung an. Die Niederlande legten 1997 ein nationales Bestandserhaltungsprogramm mit dem Namen Metamorfoze auf, an dessen Umsetzung u.a. die Universitätsbibliotheken Amsterdam und Utrecht wie auch die koordinierende Königliche Bibliothek maßgeblich beteiligt sind. Kernstück des Programms ist die kooperative Verfilmung alles zwischen 1840 und 1950 in den Niederlanden Geschriebenen und Gedruckten durch Bibliotheken mit entsprechendem Sammelauftrag. Zunehmendes Gewicht erlangen in den Niederlanden auch die Massenentsäuerung und die Digitalisierung.

In der Schweiz arbeiten seit Mitte der 90er Jahre das Bundesarchiv und die Schweizerische Landesbibliothek bei der Großanwendung der Neutralisierung von durch Papierzerfall bedrohten Sammlungen zusammen. Gemeinsam bauten sie eine nun privatwirtschaftlich betriebene Massenentsäuerungsanlage auf der Grundlage des Battelle-Verfahrens auf. Ein zweites Standbein ist die von der Landesbibliothek koordinierte und von vielen Einrichtungen ausgeführte Mikroverfilmung Schweizer Zeitungen.

12.2.2 Tendenzen einer überregional koordinierten Bestandserhaltung in Deutschland

Im Deutschland bildet sich eine überregional definierte Bestandserhaltung nur zögernd aus. Mit den „Empfehlungen zur Erhaltung der vom Papierzerfall bedrohten Bibliotheksbestände" verabschiedete die Kultusministerkonferenz (KMK) im Jahr 1993 eine richtungsweisende Orientierung. Diese trug maßgeblich dazu bei, dass Bundesländer ihre Verantwortung für die Erhaltung von Bibliotheksbeständen verstärkt wahrnehmen und dass die Bestandserhaltung zu einer Gemeinschaftsaufgabe von immer mehr Bibliotheken wurde. Die KMK sieht die Mikroverfilmung als Schwerpunktaufgabe im Kampf gegen den Papierzerfall und empfiehlt daher den Ländern, jährlich ein Prozent des Erwerbungsetats der Bibliotheken zusätzlich für die Mikroverfilmung zur Verfügung zu stellen, verstärkt alterungsbeständiges Papier in der Druckschriften-Produktion einzusetzen, die herkömmliche Individualrestaurierung zu verstärken und den wertvollen Altbestand zu schützen, Massenentsäuerungsverfahren einzusetzen, die Ersatz- und Schutzverfilmung nach einheitlichen Standards zu praktizieren, eine Landeskonzeption für die Bestandserhaltung zu entwickeln.

Obwohl in Deutschland die Bestandserhaltung teils auf institutioneller teils auf regionaler Ebene gut vorangekommen ist, ist kein überregionales Konzept entstanden. Immer mehr Bibliotheken verlangen aber nach ihm, um eine größtmögliche Vollständigkeit und eine weitgehende Überschneidungsfreiheit bei den zu erhaltenden Beständen zu gewährleisten, zugleich auch eine gerechte Lastenverteilung bei angemessener Ausnutzung vorhandener Potentiale zu erzielen. Im März 2001 kam es in München zu einer bemerkenswerten Initiative der Berliner und der Bayerischen Staatsbibliothek zur Schaffung eines überregionalen Koordinierungsgremiums der Bestandserhaltung. Im Vorgriff auf eine von dieser Allianz zu konstituierenden Arbeitsgruppe und aus dem Erfordernis der betreffenden Länder heraus, haben Baden-Württemberg, Bayern und Sachsen im Jahr 2002 eine gemeinsame Arbeitsgruppe gebildet, die die noch ausstehende gesamtstaatliche Koordination und Kooperation in der Bestandserhaltung im Rahmen dieser drei Ländern konzipiert und organisiert.

Die vorliegenden Landesprogramme, die einschlägigen Förderprogramme der Deutschen Forschungsgemeinschaft wie auch das Verfilmungsprogramm der Deutschen Bibliothek können als erste Elemente eines künftigen nationalen Programms der Bestandserhaltung angesehen werden. Zusammen mit weiteren Bausteinen wie EROMM oder Maßnahmen der Bibliotheken des spezialisierten Bedarfs im mehrstufigen System der Literaturversorgung, vermögen sie ein System überregional abgestimmter Bestandserhaltung schrittweise auszubilden.

Zur Förderung der überregionalen Literaturversorgung legte die Deutsche Forschungsgemeinschaft 1978 ein Förderprogramm zur Verfilmung historisch wertvoller aber gefährdeter Zeitungsbestände auf. Eine Weiterentwicklung erfuhr dieses durch das 1993 verabschiedete Programm zur Erhaltung gefährdeter Bibliotheksbestände, das die Mikroverfilmung nun allen gefährdeten wissenschaftlichen Materials und weitere Verfahren der Bestandssicherung fördert. Es initiierte zugleich die Erprobung geeigneter Massenverfahren zur Schutzverfilmung wie auch die Ausbildung einer zweckdienlichen Infrastruktur, zu der auch die von ihr geförderte EROMM-Datenbank zu zählen ist.

Da beinahe die Mehrheit des Bestandes der Deutschen Bibliothek Frankfurt und der Deutschen Bücherei Leipzig durch den Papierzerfall bedroht ist, hat die Deutsche Bibliothek umfängliche Erhaltungsmaßnahmen ergriffen. Sukzessive lässt sie ihre regionalen und überregionalen Zeitungen (ab 1945) verfilmen und ihre geschädigten Monografien (ab 1913) entsäuern oder mittels Papierspalten stabilisieren. Sie trug damit zur Entwicklung einer praktikablen Technologie der Massenentsäuerung bei und leistete Pionierarbeit bei der Wandlung ihres hauseigenen Potentials der Bestandserhaltung in einen privatwirtschaftlichen Großdienstleister, an dem alle Bedarfsträger partizipieren können.

12.2.3 Regionale Entwicklungen im föderalen Deutschland

Die Umsetzung der Empfehlungen der Kultusministerkonferenz erfolgte in den deutschen Ländern sehr unterschiedlich. Das Land Baden-Württemberg organisierte schon früh die Bestandserhaltung als Gemeinschaftsaufgabe seiner Bibliotheken und Archive und wurde darin zu einem Vorreiter in Deutschland. Exponent seiner bereichsübergreifenden Maßnahmen ist das im Jahre 1997 in Ludwigsburg eröffnete, gleichermaßen für Bibliotheken und Archive arbeitende „Institut für Erhaltung von Archiv- und Bibliotheksgut". Dessen Tätigkeit stellt das Kernstück des bereits 1986 verabschiedeten Landesrestaurierungsprogramms dar. Weitere Länder mit Bestandserhaltungsprogrammen sind Nordrhein-Westfalen (1995), Berlin (Vorlage 1996), Bayern (1998) Sachsen (Entwurf 1998) und Sachsen-Anhalt (Entwurf 2000). Da die überregionale Koordinierung noch aussteht, vermeiden Länder wie Niedersachsen, Bayern und Sachsen unnötige Doppelverfilmungen dadurch, dass sie schwerpunktmäßig ihre landeskundliche Literatur bzw. die historischen Zeitungen ihrer Regionen konvertieren. Während Bayern die Erhaltung der Bestände seiner Staatsbibliothek in das Zentrum der Bestandserhaltung stellt, bemühen sich Länder wie Niedersachsen, Baden-Württemberg und Sachsen um eine Bestandserhaltung als Gemeinschaftsaufgabe der darin leistungsfähigen Institutionen. Letztgenanntes Bundesland hat für die dafür erforderliche Organisation eine Landesstelle aufgebaut.

12.3 Bestandserhaltung als Fach- und Führungsaufgabe

Der einsetzende Papierzerfall hat entscheidend dazu beigetragen, dass die Bestandserhaltung als Aufgabe der wissenschaftlichen Bibliotheken und Archive von hoher Dringlichkeit geworden ist. H. Weber (1992) räumt auf mit der Meinung, Bestandserhaltung sei im Wesentlichen eine Instandsetzung von Sammlungsgut, die vor allem in Restaurierungswerkstätten und Buchbindereien stattfindet und überall dort nicht ausgeführt werden kann, wo solche Einrichtungen fehlen. Mit Hinweis darauf, dass aufgrund begrenzter Kapazität ohnehin nur ein kleiner Teil der behandlungsbedürftigen Objekte tatsächlich instand gesetzt werden können, sind solche Einstellungen der Mitarbeiter gefragt und Maßnahmen der Bibliotheken erforderlich, die ein Instandsetzen von Sammelgut möglichst erübrigt. Solche Maßnahmen, die das Bibliotheksgut vor Schaden oder Untergang bewahren, sind vielfältig und können in der Bereitstellung zweckmäßiger Bibliotheks- und Magazinbauten bestehen oder in der Absicherung eines optimales Raumklimas, in der Ausführung der Schutzverfilmung, die Massenentsäuerung wie auch im Durchsetzen buchschonender Benutzungs- und Kopierbestimmungen. Natürlich sind solche Maßnahmen nicht isoliert von einander zu handhaben, sondern müssen Teil eines ineinandergreifenden Bestandserhaltungsregimes sein, das in einer Bibliothek zunächst geschaffen und dann gesteuert werden muss.

12.3.1 Bestandserhaltungsprofil, -konzeption, -programm – arbeitsteilige Kooperation

Die Erhaltung sämtlicher gefährdeter oder geschädigter Werke ist nicht möglich, aber aufgrund des Mehrfachbesitzes und der unterschiedlichen Bedeutung der Werke je nach Bibliotheksfunktion und Region auch nicht notwendig. Daher sollte eine Auswahl der für die Erhaltung vorgesehenen Werke getroffen werden. Die Selektion wird vom Bibliothekstyp und vom jeweiligen Sammelprofil, aber auch von der Dringlichkeit des Schadensbildes bestimmt sein. Bibliotheken mit Archiv- und Erhaltungsfunktion sind insbesondere National- und Landesbibliotheken, weitere Pflichtexemplarbibliotheken wie Regionalbibliotheken, die Bibliotheken nach dem Sondersammelgebietsplan für die Literaturversorgung der Deutschen Forschungsgemeinschaft (SSG-Bibliotheken) sowie andere Spezialbibliotheken.

Damit objektive Erfordernisse die Bestandserhaltung bestimmen, empfiehlt es sich für Bibliotheken mit Erhaltungsfunktion, strategische Papiere für die Bestandserhaltung zu erarbeiten. Das Bestandserhaltungsprofil kann in Anlehnung an das Erwerbungsprofil der Bibliothek erarbeitet werden. Es soll jene Bestandsgruppen ausweisen, die in der jeweiligen Bibliothek als besonders schutzwürdig gelten und somit für immer zu erhalten sind. Sie werden auch auf den Prioritätenlisten aufzuführen sein, die für die Notfall- und Evakuierungsplanung der Bibliothek unverzichtbar sind. So werden Landesbibliotheken zweifelsfrei die regionalkundlichen Schriften und die Pflichtexemplare dazu rechnen, andere Bibliotheken die Literatur ihres DFG-Sondersammelgebietes oder Sondersammlungen. Die Bestandserhaltungsprofile werden Bibliotheken nicht isoliert von einander erstellen, sondern in regionaler und überregionaler Abstimmung entwickeln, um unnötige Dopplungen zu vermeiden und um zusätzliche Aufwendungen in Grenzen zu halten. Kann ein solches Bestandserhaltungsprofil um den Schadensgrad und den Schadensumfang der jeweiligen schutzwürdigen Bestände auf Grund von Schadenanalysen erweitert werden, entsteht die Bestandserhaltungskonzeption. Sie ist u.a. gekennzeichnet durch eine einheitliche Skalierung der Grade, um die Dringlichkeit erforderlicher Maßnahmen sichtbar zu machen. Werden die aufgelisteten geschädigten Beständen um die Darstellung notwendigen Maßnahmen, um die entstehenden Kosten und den Realisierungszeitraum ergänzt, erfüllt dieses strategische Papier die Anforderungen an ein Bestandserhaltungsprogramm, das im Besonderen dann, wenn es vom Unterhaltsträger bestätigt worden ist.

Ungelöst ist das Problem, welche Bestände in welchen Größenordnungen zu erhalten sind. Dafür fehlen nicht nur weitgehend Daten über den Umfang der Schäden in den Bibliotheken, sondern auch Untersuchungen zu den Überschneidungsquoten und Vereinbarungen über den geographischen oder kulturellen Bezugsrahmen. Die Kosten für die Erhaltung differieren ganz erheblich, je nachdem, ob der Bezugsrahmen für die Erhaltung eines bestimmten Titels eine Bibliothek, ein Bundesland oder die Bundesrepublik Deutschland ist. Wenn eine länderübergreifende Einigung durch verteilte Kooperation in der Sicherheitsverfilmung der schwer geschädigten Werke erreicht werden könnte, wäre ein gezielter und effizienter Mitteleinsatz zu gewährleisten.

12.3.2 Schadenerhebung – Optionen für Erhaltungsmaßnahmen

Für eine planvolle Bestandserhaltung ist es notwendig, eine Schadenerhebung durchzuführen, um eine genauere Kenntnis von Art, Grad, Ausmaß und Verteilung der Schäden zu gewinnen, eine Priorisierung der Schadensbehandlung vorzunehmen und den Bedarf an Finanzmitteln zu errechnen. Die Schadenerhebung ist auch ein wichtiges Kriterien für die Auswahl der mit

Vorrang zu erhaltenden Werke. Einheitliche Erfassungskriterien und eine Dokumentation, möglichst als EDV-gestützter Nachweis der Schäden, sind zu empfehlen, um eine gleichartige Erhebung und eine verlässliche Auswertung der Schadensdaten zu gewährleisten. Einen differenzierten Kriterienkatalog hat die Kommission für Bestandserhaltumg des ehemaligen DBI entwickelt. Für die Erhebung der Schäden an Einband und Papier wird meist eine drei- bis vierstufige Schadensskala nach optischen und haptischen bzw. mechanischen Kriterien verwendet. Die Schadensskalierung zielt neben anderen Kriterien vor allem auf die indizierten Maßnahmen der Originalerhaltung oder Konvertierung.

Bei der Frage nach der Priorisierung der Erhaltungsmaßnahmen konkurriert das Prinzip der Nachhaltigkeit mit dem der Dringlichkeit. Soll man Werke mit säurehaltigem Papier, das noch keine sichtbaren Schäden aufweist, bereits präventiv entsäuern oder soll man zuerst die bereits geschädigten Werke sanieren, um deren weiteren Verfall zu stoppen? Soll man Werke, deren Papierzustand nahe an der Brüchigkeit ist, noch entsäuern oder deren Inhalt nicht lieber verfilmen, um so langfristig auf der sicheren Seite zu stehen? Bei ausreichenden Finanzmitteln ist eine Kombination von präventiver und retrospektiver Entsäuerung, jedenfalls bei Werken, deren Papier noch flexibel ist, empfehlenswert. In der Regel ist aus wirtschaftlichen Gründen bei einem Werk auch nur eine einzige Erhaltungsmaßnahme (Originalerhaltung *oder* Konvertierung in eine Sekundärform) angezeigt. Ausnahmen sind Werke von intrinsischem Wert, die einen Mehrwert gegenüber dem Informationsgehalt aufweisen. Hier ist auf jeden Fall die Originalerhaltung, wenn nötig durch Restaurierung angezeigt; bei schwerem Schaden (brüchiges Papier!) oder zum Schutz des Originals vor weiterer Schädigung durch Benutzung ist zusätzlich die Erstellung einer Sekundärform (meist Mikrofilm) angezeigt.

12.3.3 Schadenprävention

Die wirksamste und zugleich kostengünstigste Form der Bestandserhaltung ist die Schadenprävention. Sie verringert, verlangsamt oder verhindert die Schädigung von Sammelgut und kann in hohem Maße durch Umsicht des Personals und der Benutzer gewährleistet werden. Prävention kann gelegentlich auch finanzielle und andere Aufwendungen erfordern, wenn z.B. buchschonende Kopierer aufgestellt oder besonders schutzwürdiges Sammelgut nur unter Aufsicht benutzt werden darf. Schadenprävention bedeutet in erster Linie sorgsamer Umgang mit Sammelgut sowohl im öffentlichen als auch im internen Bibliotheksbereich. Benutzungsabteilungen halten traditionell ihre Benutzer zum schonenden Umgang mit Sammelgut an.

Auch der Bibliotheksbau hat positiven oder negativen Einfluss auf die Erhaltung von Sammelgut. Der Bau von Magazinen an verkehrsreichen und damit schadstoffbelasteten Straßen wird nach Möglichkeit vermieden; bevorzugt werden der Sonne abgewandte Magazinräume und begrünte Außenwände. In Bibliotheken weniger geschätzt sind ein intensiver, das Papier zerstörender Lichteinfall, staubfixierender rauer Fußboden und eine direkte Strahlung von Heizkörpern auf Sammelgut.

Der Einfluss der Raumtemperatur auf die Erhaltung von Sammelgut sollte nicht über- und auch nicht unterschätzt werden, wie auch zu hohe oder zu niedrige Luftfeuchte sowie der Einfluss von Licht und von Luftschadstoffen. Während in den Mitarbeiter- und Benutzungsbereichen Temperaturen um die 20° C bis 22° C angestrebt werden, soll die Magazintemperatur nicht über 18° C steigen. Optimale Bedingungen hinsichtlich der relativen Luftfeuchte herrschen in der Bibliothek zwischen 45 % bis 55 %. Im Archivwesen werden auch 40 % bis 65 % für normativ gehalten. Wichtig bei der Messung von Temperatur und Luftfeuchte ist eine

12.3 Bestandserhaltung als Fach- und Führungsaufgabe

angemessene Periodizität der Messungen wie auch die Verwendung geeichter Messgeräte. Bei besonders schutzwürdigen Beständen ist dringend die Verwendung von Thermohygrographen (mit Messprotokollen) geboten. In Bereichen mit besonders sensiblem Sammelgut ist alles zu vermeiden, was rasche Klimaschwankungen verursachen können. Rascher Wechsel von hoher und niedriger Temperatur strapaziert besonders die kurzen Papierfasern industriell hergestellten Papiers. Solche das Klima rasch verändernde Einflussfaktoren sind der Lichteinfall mit zum Teil starker Wärmeentwicklung, Garderobeständer mit nasser Kleidung und Regenschirmen, große Gruppen von Menschen mit ihrer Körpertemperatur und ihrem feuchtem Atem. Veränderungen sind oft leicht möglich, zum Beispiel durch das Anbringen von Außenrollos an Fenster, um den Einfall von Tageslicht (UV-Strahlung) in Räume mit Sammlungsgut zu verringern. Bei Einsatz von Kunstlicht muss auf einen niedrigen UV-Anteil geachtet werden. Längerfristig ausgestelltes Sammlungsgut bedarf im Besonderen des Schutzes vor schädigenden Einflüssen. Hinzuweisen ist des Weiteren auf eine angemessene Luftzirkulation in Magazinräumen. Überall dort, wo sich ein „stehendes" Mikroklima ausbildet, z.B. in Räumen und Raumnischen ohne Fenster oder in dicht schließenden Schränken, kann ein Schimmelpilz förderndes, vom Mauerwerk oder vom Sammelgut ausgehendes feuchtes Mikroklima entstehen. Auch der Holzwurm und andere Schadinsekten breiten sich im Sammelgut besonders bei höherer Luftfeuchtigkeit und wohliger Temperatur aus.

Zur Schadenprävention ist auch die von der Kultusministerkonferenz an die Verleger und Herausgeber gerichtete Empfehlung zur Verwendung alterungsbeständigen Papiers zu rechnen. Bei neuerer Literatur ist dabei zu beachten, das Mitte der 1980er Jahre schrittweise die Papierproduktion umgestellt worden ist. Seitdem wird bei der Papierherstellung in der Regel nicht mehr der Säurebildner Aluminiumsulfat eingesetzt, sondern das alkalische Calciumcarbonat, was einen längerfristigen alkalischen Charakter des Papiers gewährleistet. Damit ist das Papier zwar noch nicht alterungsbeständig, aber mit einer voraussichtlichen Lebenserwartung von 300 bis 400 Jahren deutlich langlebiger als das „saure Papier" aus dem Produktionszeitraum von 1840 bis 1990. Als alterungsbeständig gelten Papiere aber erst dann, wenn sie keinerlei Bestandteile enthalten, wie Lignin, bestimmte Bleichmittel und Leime, die im Laufe von Jahrhunderten Säure bilden und das Papier allmählich zerstören. Die Verwendung alterungsbeständigen Papiers wird durch einen entsprechenden Eintrag oder ein Unendlichkeitszeichen auf der Rückseite des Titelblatts ausgewiesen. Umweltfreundliches Recycling-Papier zeichnet sich durch die Wiederverwendung von Altpapieren aus, wie auch durch den Einsatz von Massenleimen. Durch seine Beschaffenheit ist das leicht saure Recycling-Papier für Verbrauchsmaterialien bestens geeignet, für eine Verwendung in der Buchproduktion, die die Zeiten überdauern soll, aber unbrauchbar. Bibliotheken müssen ihren Einfluss geltend machen, dass bewahrungswürdige Literatur nicht auf solchem, vom schnellen Zerfall betroffenen Papier gedruckt wird.

12.3.4 Notfallvorsorge

Die Notfallvorsorge ist eine noch wenig verbreitete Form der Schadenprävention. Katastrophen und sonstige unvorhersehbare plötzliche Einwirkungen können zu großen Schäden an Mensch und Gut führen, deren Ausmaß sich erheblich verringern lässt, wenn Vorsorge für die Ernstfälle getroffen ist. Jede Bibliothek ist daher gut beraten, Notfälle nicht für unmöglich zu erklären. Es hat sich gezeigt, dass durch die Veränderung der Umwelt und durch die Weiterentwicklung der Technik wie auch der Lebensgewohnheiten immer neue Ursachen für nicht vorhersehbare und vorhersehbare Notfälle entstehen. Daher müssen zu deren Vermeidung oder zur Minderung eingetretener Schäden Maßnahmen geplant, geübt und im Ernstfall auch praktiziert werden. Die große Flut des Jahres 2002 hat in Sachsen zu einem System der Notfall-Vorsorge geführt, in das auch die territorialen und regionalen Stäbe der Zivilverteidigung einbezogen werden. Teil dieser Vorsorge ist ein Umdenken hinsichtlich der Lage von Bibliotheksräumen. Auch wenn in den vergangenen 100 Jahre an einem Ort kein bedrohliches (Natur-)Ereignis eingetreten ist, werden fortan Bestände in durch Grundwasser gefährdeten Kellerräumen nicht mehr magaziniert, und erdgeschossige Bibliotheken in Gewässernähe werden langfristig umgesetzt. Um Gefährdungen dieser und anderer Art zu erkennen, empfiehlt es sich, Gefahrenanalysen für die Bibliothek mit allen ihren Standorten zu erstellen. Gefahren bestehen in unseren Breiten vor allem in Hochwasser, Sturm, Gebäude- und Inventarbrände sowie Defekten an technischen Ausrüstungen (elektrische, Wasser-, Abwasser- und Heizleitungen). Solche Analysen werden von Dienstleistern erstellt, können aber auch von dem Notfall-Beauftragten auf der Grundlage allgemeiner Vorgaben für Gefahrenanalysen erarbeitet werden. Diese Untersuchungen können wesentlich Einfluss auf die Gestaltung von Notfallplänen haben.

Zu würdigen sind jene Bibliotheken, die Notfallpläne bereits erarbeitet haben und diese den sich verändernden Bedingungen anpassen. Archivdirektionen einiger Länder, auch die Landesstelle für Bestandserhaltung in Dresden und andere Einrichtungen haben solche Pläne erstellt und veröffentlicht. Ihr Vorhandensein und die Begehung der Bibliothek gemeinsam mit den zuständigen Zivilschutzkräften alle fünf Jahre ist eine wesentliche Hilfe bei der Abwehr von leicht zu übersehenden Bedrohungen.

Bestandteile des Notfallplanes sind der Alarmplan und der Nothilfe-Plan, der alle jene Dienstleister aufführt, die im Katastrophenfall für die Bergung und Erhaltung des Sammelguts gebraucht werden. Aufgrund der Komplexität der Gefahren, der Abwehr- und Rettungsmaßnahmen ist es zweckmäßig, dass der Notfallplan und die gesamte Notfall-Vorsorge Aufgabe eines Notfall-Teams ist. Dieses wird zunächst die lokalen Gefahrenquellen analysieren (Gefahrenanalyse). In einer zweiten Planungsphase wird das besonders schutzwürdige Sammelgut und deren Eigenheiten ermittelt und ausgewiesen, um im Notfall das Unverzichtbare vor dem weniger Bedeutsamen retten zu können. Des Weiteren ist es zweckmäßig, zwischen vorbeugenden Maßnahmen und solchen im eingetretenen Schadenfall zu unterscheiden. Zu den erst genannten gehört das Benennen eines Beauftragten für Bestandsschutz bzw. eines Notfall-Beauftragten, der in Gemeinschaft des Notfall-Teams über die Notfallvorsorge wacht und im Ernstfall die erforderlichen Maßnahmen organisiert. Zu den Aufgaben des Beauftragten und des Teams zählen auch: Bilden eines Notfall-Teams, Erarbeiten des Notfallplans (Gefahren-Analyse, Alarmplan, Übersicht aller Nothelfer), Durchführen entsprechender Mitarbeiterschulungen, Beschaffen der Ausstattungen für Vorsorge und Notfall (Notfall-Box). Experten der Notfallvorsorge empfehlen das Vorhalten von Arbeitsmitteln, die im Notfall ohne Verzug den Rettungsvorgang unterstützen. Da die Bezeichnung „Notfall-Box" Erwartungen weckt, die mit der Realität nicht kongruent sind, heißt diese Kollektion von Hilfsmitteln andernorts „Bergungs-Set". Es enthält, vor unberechtigtem Zugriff geschützt, Hygienebedarf wie Handschuhe, Papier-Overalls und Feinstaubmasken, auch Verpackungsmaterial wie Klappboxen für den Abtransport, Folienbeutel sowie Bürobedarf zur Sicherung und Kennzeichnung des Transportgutes.

Ist ein Notfall eingetreten, muss nicht selten nass gewordenes Sammelgut gerettet werden. Ein probates Mittel für solche Bestände – sofern sie nicht länger als 48 Stunden durchnässt sind – ist deren Einfrieren und das anschließende Gefriertrocknen. So billig, wie es den ersten Anschein hat, ist dieser Vorgang einschließlich des Wiederherstellens der Benutzbarkeit der Literatur nur selten, weil nach dem Gefriertrocknen oft auch ein Dekontaminieren, Reinigen oder gar Restaurieren folgen muss. Auch darin empfiehlt es sich eigene Erfahrungen zu sammeln, indem ausgesonderte Literatur probeweise diesen Prozessen unterworfen wird.

12.4 Bestandsschäden und ihre Ursachen

Bibliothekarisches Sammelgut unterliegt wie alle Materie der natürlichen Alterung und ist grundsätzlich vergänglich. Die Kulturüberlieferung der Alten Welt hat gezeigt, dass Schriftgut, wie etwa die mesopotamischen Tontafeln, in Abhängigkeit von den Eigenschaften des Überlieferten und den äußeren Einflussfaktoren Jahrtausende alt werden kann. Diese verlangsamen oder beschleunigen den Alterungsprozess und prägen an den Objekten typische Altersmerkmale oder Schäden aus. Diese führen je nach ihrer Schwere zur Einschränkung oder gar zum Verlust der Gebrauchsfähigkeit des Sammelguts. Mehrheitlich treten *mechanische Schäden* auf. Sie sind verbunden mit Substanzverlust oder Stabilitätsminderung und entstehen, wenn eine von außen auf das Objekt wirkende Kraft größer ist als die jeweilige Materialkonsistenz. Am häufigsten treten mechanische Schäden an den Einbänden auf und in deren Folge schließlich an den zum Buchblock zusammengefassten Blättern, überwiegend verursacht durch die Benutzung, aber auch durch Transport oder Vandalismus.

Chemische Schäden sind irreversible, den Gebrauch beeinträchtigende Veränderungen von Materialien, vorzugsweise von Papier, die im teilweisen oder totalen Substanzverlust des Sammelguts enden können. Sie werden verursacht durch chemisch aktivierte Stoffe, wie z.B. Eisengallus-Tinte, übersäuerte Druckerschwärze und aggressive Farbstoffe, die das Papier allmählich zersetzen. Der am häufigsten auftretende und zugleich folgenschwerste Schaden dieser Art ist der durch Säurebildner im Papier verursachte Papierzerfall. Schwerwiegend wird der nicht ebenso häufig auftretende Tinten- und Farbfraß dadurch, dass er an den originären Handschriften und kolorierten alten Drucken auftritt und einzigartige Kulturdenkmäler zerstören kann. *Biologische Schäden* werden durch lebende Organismen, wie Bakterien, Pilze oder Holzwürmer, hervorgerufen und sind die Folge entweder von chemischen Reaktionen (enzymatischer Abbau der Substanz durch Schimmelpilze) oder von mechanischen Eingriffen in das Substrat (Mäusefraß). Die biologischen Schäden werden grundsätzlich durch äußere Einflüsse verursacht.

Schäden lassen sich somit auch nach der Wirkungsrichtung des Verursachers unterscheiden. Nimmt ein Faktor Einfluss von außen auf ein Objekt, werden die Schäden als exogen bezeichnet. Liegen die Ursachen in der Materie selbst, wie der Säurebildner Lignin im Papier, spricht man von endogenen Schäden. *Exogene Schäden* können durch Umwelteinflüsse ausgelöst werden, z.B. durch Tageslicht und ungefiltertes Kunstlicht (die UV-Strahlung zerstört die Zellulose-Moleküle), Raumtemperaturen weit über 20° C (insbesondere rasche Temperaturschwankungen beschleunigen die Papier-Malaise), relative Luftfeuchte weit über 55 Prozent, mit Stickoxiden, Schwefeldioxid und mit weiteren Schadstoffen belastete Luft. Auch Schimmelpilze sind wie die sie aktivierenden Bedingungen exogene Faktoren. Bibliotheksgut kann für unzählige Arten von Schimmelpilzen Lebensgrundlage sein. Beim Entzug notwendiger

Lebensvoraussetzungen, wie dem Senken der Luftfeuchtigkeit und/oder der Raumtemperatur, stellen Schimmelpilze ihre Vermehrung ein. Diese setzt allerdings wieder ein, sobald die erforderlichen Lebensumstände erneut gegeben sind. Gleiches trifft auch auf Sammelgut zu, das durch Begasen oder Bestrahlen zwar dekontaminiert wurde, sich mit den in der Luft befindlichen Pilzsporen aber erneut infiziert hat. Feuchte Kellerräume oder von Wasserschäden unmittelbar betroffene Objekte sind ideale Biotope für Schimmelpilze. Sie verursachen enzymatisch bedingte Flecken in vielen Farben, Verklebungen und zum Teil erheblichen Substanzverluste am Sammelgut.

Noch immer plagt der Holzwurm die historischen Bestände der Bibliotheken. Dem Wurm selbst ist mit einer 72-stündigen Begasung beizukommen, nicht aber eventuellen Eigelagen. Sollte der Käfer vier bis sechs Wochen vor der Behandlung des befallenen Objektes darauf Eier abgelegt haben, bedarf es entweder einer 42 Tage währenden Begasung, um auch die aus den gasresistenten Eiern geschlüpften Würmer zu vernichten. Möglich ist auch eine Wiederholung der dreitägigen Behandlung, wenn sie nach 42 Tagen erfolgt und wenn das behandelte Gut vor erneutem Käferbefall geschützt war. Die chemischen Schäden sind meist aus dem Substrat heraus verursachte und somit *endogene Schäden*. Papier, aber auch alte Tinten und Druckerschwärze können Substanzen (Säurebildner) enthalten, die über lange Zeiträume zur Schädigung des Papiers bis hin zu seiner völligen Zerstörung führen.

Der *Papierzerfall* ist endogen verursacht und bedroht mehrheitlich die zwischen 1840 und 1990 erschienene Literatur. Bis zu diesem Zeitraum war ein chemisch weitgehend neutrales und daher alterungsbeständiges Papier aus textilen Fasern „geschöpft" worden. Das nachfolgende industriell gefertigte Papier trägt indes den Keim der Selbstzerstörung in sich. Ursache späteren Verbräunens und Zerfallens von Papier ist zum einen das Verwenden von aus Holz gewonnener Zellulose als Grundstoff für die Papierherstellung. Das zur Leimung unverzichtbare Alaun bzw. Aluminiumsulfat und der zur Streckung des Zellstoffs verwendete Holzschliff (mit der Komponente Lignin) bilden im Papier allmählich Schwefelsäure bzw. organische Säuren aus, welche die Zellulosemoleküle im Verlaufe von ein bis zwei Jahrhunderten zerstören können. Hinzu kommt, dass das für die Zellulosegewinnung notwendige chemische Aufspalten des Holzes Fasern hervorbringt, die deutlich kürzer und dadurch weniger robust als die früher verwendeten Textilfasern sind. Durch eine Verfahrensänderung ist das nach 1985/90 hergestellte Papier längerfristig alkalisch. Es wird zwar nicht das Alter hadernhaltiger Papiere erreichen, aber wahrscheinlich doppelt so alt werden wie das leicht sauer produzierte Papier.

Auch der *Tinten- und der Farbfraß* sind endogene Schädigungen, die vor allem in Handschriftensammlungen auftreten. Unter Einwirkung von Luftfeuchtigkeit und Schadstoffen entwickeln die in früheren Jahrhunderten verwendete Eisengallus-Tinte wie auch einige Farbstoffe Schwefelsäure, welche das Papier zunächst verbräunen lassen und schließlich zerstören. Im Stadium der Verbräunung schlägt die Schrift auf die Blattrückseite durch. In der Endphase bricht dort das Papier und muss zum Teil gravierende Substanz- und Informationsverluste hinnehmen. Grundsätzlich ist davon auszugehen, dass Papier wie alle Materie natürlich altert und früher oder später vergeht. Die Bestandserhaltung ist daher darauf gerichtet, alles zu vermeiden, was zu einem vorzeitigen physischen Altern des Sammelguts führt. Deshalb gehört die Schadenprävention wie die Konservierung und Konvertierung von Sammelgut zur Bestandserhaltung. Bei eingetretenen Schäden gilt es die Gebrauchsfähigkeit durch Restaurieren, Reparieren oder Renovieren zu sichern oder wieder herzustellen. Dabei ist so viel wie möglich originale Substanz zu bewahren, denn das schriftlich Überlieferte soll mit möglichst größter Authentizität überliefert und dauerhaft zugänglich gemacht werden. Da künftig mehr denn je dem massenhaften Zugriff auf Literatur Rechnung zu tragen ist, verlangt die Originalerhaltung heute immer mehr die Benutzung von Konversionsformen.

12.5 Bestandserhaltung und Bewahrungsformen

Grundsätzlich ist davon auszugehen, dass Papier wie alle Materie natürlich altert und früher oder später vergeht. Die Bestandserhaltung ist daher darauf gerichtet, alles zu vermeiden, was zu einem vorzeitigen physischen Altern des Sammelguts führt. Deshalb gehört die Schadenprävention wie die Konservierung und Konvertierung von Sammelgut zur Bestandserhaltung. Bei eingetretenen Schäden gilt es die Gebrauchsfähigkeit durch Restaurieren, Reparieren oder Renovieren zu sichern oder wieder herzustellen. Dabei ist so viel wie möglich originale Substanz zu bewahren, denn das schriftlich Überlieferte soll mit möglichst größter Authentizität überliefert und dauerhaft zugänglich gemacht werden. Da künftig mehr denn je dem massenhaften Zugriff auf Literatur Rechnung zu tragen ist, verlangt die Originalerhaltung heute immer mehr die Benutzung von Konversionsformen.

12.5.1 Konservierung von Beständen im Original

Für Bibliotheken mit Erhaltungsfunktion ist die Konservierung eine unabwendbare Aufgabe. Sie umfasst alle Maßnahmen zur Bewahrung des Originals. Eine der wichtigsten Formen der Konservierung ist die *Schadenprävention*, die wegen ihrer Bedeutsamkeit gelegentlich neben die Konservierung und die Konvertierung gestellt wird. Die Buchpflege ist eine Prävention, die wegen des geringer werdenden Personalressourcen immer weniger in den Bibliotheken ausgeführt wird. Das Absaugen des den Büchern aufliegenden Staubs und die gelegentliche Behandlung lederner Einbände muss gegebenenfalls Firmen übertragen werden, die darin eine hohe Rentabilität entwickeln können. Im gleichen Maße wie die Buchpflege ist die elektronische Darreichung von Literatur und deren optimale Kopierbarkeit ein Schutz vor dem Verschleiß massenhaft in Anspruch genommener originaler Literatur, also Schadenprävention.

Auf lange Sicht unverzichtbar bleibt die *Restaurierung*, welche beinahe ein Jahrhundert dem originalen Einzelwerk handwerklich zugewandt war. Während besonders in den Nachkriegsjahren die möglichst vollständige Wiederherstellung geschädigter Zimelien im Mittelpunkt der Restaurierung stand, neigen heute Experten des alten Buches und gelegentlich auch Restauratoren dazu, geschädigtes Sammelgut vor allem vor einem Fortschreiten der Schädigung zu bewahren und die Benutzbarkeit wieder herzustellen. Auf Weitergehendes wird verzichtet, um den Aufwand zu reduzieren zugunsten einer massenhaften Erhaltung geschädigten Sammelguts, aber auch, um so viel wie möglich Authentizität des Originals zu bewahren. In den 1990er Jahren bildete sich eine maschinengestützte Mengenrestaurierung heraus, welche eine Originalerhaltung in größerem Umfang und kostengünstiger als bisher erlaubt. Besondere Bedeutung erlangten folgende Technologien: das maschinelle Papierspalten, das Anfasern, die Nassbehandlung (z.B. Reinigen und Stabilisieren von Papier mit Gelatine) und die Massenentsäuerung. Letztere ist neben der inzwischen weit verbreiteten Mikroverfilmung zu einer weiteren Säule im Kampf gegen den Papierzerfall geworden, wohlwissend, dass die verschiedenen Verfahren unterschiedlich und nicht in jedem Fall voll befriedigend wirksam sind. Angesichts des Ausmaßes der Schäden und der hohen Kosten für deren Beseitigung erlauben sich Bibliotheken in der Regel nur eine Erhaltungsmaßnahme pro Objekt. Lediglich bei immer zu bewahrendem Sammelgut, z.b. bei solchem mit intrinsischem Wert lassen sie mehrere einander ergänzende Bewahrungsformen ausführen.

Restaurierung

Restaurierung ist die zeitaufwändigste und damit teuerste Maßnahme der Bestandserhaltung. Es ist daher auch aus ökonomischen Gründen wichtig, durch grundsätzliche konzeptionelle Überlegungen festzulegen, welchen Stellenwert den zur Instandsetzung anstehenden Bänden im Rahmen des Gesamtbestandes zuzuweisen ist. Zu prüfen ist auch, ob durch konservatorische Maßnahmen in Verbindung mit einer Verfilmung die Benutzungshäufigkeit stark herabgesetzt werden kann und restauratorische Maßnahmen hinausgeschoben werden können. Obgleich die Restaurierung für das Bemühen steht, unter weitestgehender Erhaltung der originalen Substanz die ursprüngliche Festigkeit eines Objektes wieder herzustellen, ist sie bei einem Buch oder einer Handschrift in jedem Fall auch ein Eingriff in die komplexen Zusammenhänge der originalen Substanz. Sie ist unbedingt von der Renovierung zu unterscheiden, bei der ein fiktiver ursprünglicher Zustand unmittelbar nach Entstehen des Objektes wieder hergestellt werden soll und von der Rekonstruktion, die – gelegentlich unter Verwendung von Originalsubstanz – eine Neuschöpfung des Objektes anstrebt.

Restaurieren heißt: einem Objekt die ursprüngliche Festigkeit und Gebrauchsfähigkeit wiederzugeben, wobei die kostbare originale Substanz erhalten werden muss. Das Ergebnis muss nicht in ästhetischem Sinne „schön" sein; bei einer Restaurierung sind die charakteristischen Alterungsspuren zu erhalten und auch die unter Umständen im Laufe der Geschichte eingetretene Veränderungen zu berücksichtigen. Restauratorische Maßnahmen müssen in jedem Fall sorgfältig dokumentiert werden, Ergänzungen von Fehlstellen sollten schwach sichtbar bleiben, damit der Umfang der ursprünglichen Schädigung nachvollzogen werden kann. Eine wesentliche Anforderung an restauratorische Maßnahmen ist, dass diese mit alterungsbeständigen Werkstoffen und Materialien vorgenommen werden, die der Originalsubstanz ähnlich sind. Restauratorische Maßnahmen sollten grundsätzlich mit möglichst wenig Aufwand reversibel sein. So wird in der Buch- und Handschriftenrestaurierung auf die Verwendung von Kunststoffen und Kunstharzklebern sowie weichmacherhaltigen Materialien prinzipiell verzichtet, weil deren Alterungsbeständigkeit und Reversibilität äußerst unsicher ist.

Drucke und Handschriften sind komplexe Produkte künstlerischer und handwerklicher Arbeit, die zudem noch aus einer Vielzahl von unterschiedlichen Werkstoffen und Materialien bestehen. Mittelalterliche Buchmalerei auf Pergament erfordert andere restauratorische Maßnahmen als das Skizzenbuch eines expressionistischen Malers, das auf holzhaltigem säurehaltigen Papier überliefert ist. Bei einem beschädigten mittelalterlichen Kopert sind andere Maßstäbe anzulegen als bei einem Bibliothekseinband des 18. Jahrhunderts. Der Restaurator kann die Möglichkeiten aufzeigen, die für eine Instandsetzung des Objektes zur Verfügung stehen; der Bibliothekar muss auf die Besonderheit des Objektes aufmerksam machen, die es zu erhalten gilt und die Anforderungen aufzeigen, denen das Objekt nach der Restaurierung ausgesetzt sein wird. Das Ergebnis einer Restaurierung wird immer ein Kompromiss sein zwischen den Anforderungen und den restauratorischen Möglichkeiten. Dem auftraggebenden Bibliothekar muss klar sein, dass mit einer „tiefergehenden" Grundrestaurierung auch ein stärkerer Verlust an Authentizität und Originalität des Objektes verbunden ist. Ist es zum Beispiel nötig, die vom Schimmel oder durch Insektenfraß geschädigten Blätter eines Buchblocks in einem noch relativ gut erhaltenen Originaleinband zu behandeln, kann der Einband nur durch eine Rekonstruktion unter Verwendung der originalen Substanz wieder hergestellt werden, da der Band für die Behandlung der Einzelblätter zerlegt werden muss.

Massenentsäuerung

Für die Menge der unzerlegten Bände mit vergilbtem, aber noch nicht brüchigem Papier kommt derzeit als Massenverfahren nur die Entsäuerung in Frage. Will man bei brüchigem Papier das Original retten, so gibt es wirksame, aber aufwändige Verfahren wie z.b. das Übervliesen oder das Papierspalten. Bei diesen muss das Buch ausgebunden und Blatt für Blatt behandelt werden. Dies sind jedoch Methoden der Restaurierung, nicht der Massenkonservierung. Entsäuern bedeutet „die Entfernung oder Neutralisierung von sauren Substanzen, die im Material ihre schädigende Wirkung entfalten. Um den Effekt der Entsäuerung über möglichst lange Zeiträume aufrechterhalten zu können, ist die Anlage einer alkalischen Reserve notwendig. Diese Reserve soll die Neubildung von sauren Produkten oder deren Eindringen von außen abpuffern" (W. Wächter, 1997). Die Entsäuerung wurde seit den fünfziger Jahren des 20. Jahrhunderts als Verfahren zunächst für einzelne Blätter entwickelt, indem man Papier in Wasser tauchte, das künstlich mit Erdalkalikarbonat angereichert wurde (oder dem entsprechenden Hydroxid, das sich im Papier in Karbonat umwandelt).

Einzelblattbehandlung bietet in mechanisierter Form das „Bückeburger Verfahren", das auf einer Anlage der Papiertechnischen Stiftung München zur Massenkonservierung seit 1994 läuft. Hierbei werden die Blätter einzeln in drei Bädern mit einer wässrigen Lösung behandelt. Vorher wird die Tinte fixiert, dann das Papier in Magnesiumhydrogenkarbonat neutralisiert und gepuffert und schließlich mit Methylcellulose geleimt. Dadurch wird das Papier zusätzlich zur Entsäuerung so gefestigt, dass es dauerhaft benutzbar bleibt. Da die Einzelblattentsäuerung das Problem der Behandlung der Büchermassen nicht lösen kann, wurden in den letzten Jahrzehnten Verfahren entwickelt, die für unzerlegte Bücher geeignet sind. Für Bibliotheken ist es wesentlich, dass die Massenbehandlung an ganzen Büchern vollzogen werden kann, ohne dass diese vorher zerlegt werden müssen.

Massenentsäuerungsverfahren in Deutschland

Beim *Lösemitteltränkverfahren* werden metallorganische Verbindungen, z.B. Magnesium, an eine organische Gruppe, meist Alkohol, gebunden. Das in Deutschland und der Schweiz eingesetzte Verfahren wird nach der von der Deutschen Bibliothek Frankfurt am Main und dem damaligen Battelle-Institut entwickelten Technologie Battelle-Verfahren genannt und vom Zentrum für Bestandserhaltung GmbH, Leipzig, angeboten. Beim *Feinststaub-Verfahren* gibt es das Libertec-Verfahren (Anbieter: Firma Libertec Bibliothekentechnik GmbH, Nürnberg), das SOBU-Verfahren (Anbieter: Firma SOBU, Nürnberg) und das Dolomitverfahren (Anbieter: Zentrum für Bestandserhaltung GmbH, Leipzig).

Das *Batelle-Verfahren* wurde auf der Basis des Wei T'o-Verfahrens (Wirkstoff: MMC = Methyl-Magnesium-Karbonat) im Rahmen des vom Bundesministerium für Forschung und Technologie geförderten Forschungsprogramms „Massenkonservierung" 1987 entwickelt und im Herbst 1990 auf einer Versuchsanlage eingesetzt. Um die negativen Nebenwirkungen des ursprünglichen MMC-Verfahrens (mit FCKW als Lösemittel) zu minimieren und die Wirkung zu verbessern, wird ein Magnesium-Alkoholat, nämlich Magnesium-Titan-Ethylat, als Wirkstoff verwendet. Als Lösemittel dient Hexamethyldisiloxan, eine Silicon-Verbindung, die umweltverträglich und träge, aber leicht entflammbar ist. Durch das dünnflüssige Lösemittel wird der Wirkstoff gleichmäßig im Papier verteilt. Die Behandlung erfolgt in drei Schritten: Vortrocknung, Tränkung, Nachtrocknung. Größere Mengen von Büchern werden in einer Behandlungskammer zunächst unter Normaldruck erwärmt, dann unter Vakuum zur Reduzierung der Papierfeuchte vorgetrocknet. Sodann werden sie ebenfalls unter Vakuum mit der Behandlungslösung getränkt, um das Papier vollständig zu durchdringen. Vorhandene Säuren werden dadurch neutralisiert; die künftige Säurebildung wird durch die Erzeugung einer alkalischen Reserve erheblich verlangsamt. Es folgt die Nachtrocknung unter Vakuum und (niedrigerer) Wärmezufuhr bzw. Raumtemperatur. Die abgesaugten Lösemitteldämpfe werden recycelt. Die Bücher werden durch Lagerung in gut belüfteten Räumen rekonditioniert, wobei die löslichen Alkoholate ausgedünstet werden.

Das *Libertec-Verfahren* wurde Anfang der 1990er Jahre in der Firma Libertec, Nürnberg, als Trockenverfahren entwickelt. Jedes einzelne Buch wird in einer speziellen Apparatur behandelt. Als Wirkstoff dient eine Mischung aus Magnesiumoxid und Calciumkarbonat in feinster Pulverisierung (Feinststaubverfahren). Der Wirkstoff wird nicht durch eine Flüssigkeit, sondern, nach Vortrocknung, mittels Luft in das durch einen warmen Luftstrom aufgefächerte Buch eingebracht. Vor der Behandlung werden das Buchgewicht und die Struktur der Oberfläche (Rauigkeit) ermittelt, um die Menge des Wirkstoffs und die Dauer der Behandlung zu errechnen. Nach der Behandlung erfolgen eine Reinigung von überschüssigem Pulver und eine Rekonditionierung des Papiers durch Wiederbefeuchtung. Da beim Libertec-Verfahren der Wirkstoff auf der Oberfläche aufgetragen wird, stellt sich die Frage nach seinem Eindringen in das Papierinnere. Durch die Feuchtigkeit im Buch und in der Umgebung wird Magnesiumoxid in das entsprechenden Hydroxid und Karbonat verwandelt. Diese diffundieren in das Papier. Da dieser Prozess bei MgO-Pulver unter normaler Luftfeuchtigkeit längere Zeit beansprucht, wird zur Erzielung einer rascheren Wirkung neuerdings Calciumkarbonat beigemischt.

Das *Dolomitverfahren* ist eine Variante des Feinststaubverfahrens mit Magnesium- bzw. Calciumoxid. Es wurde im Jahr 2000 von Damir Turkovic im Zentrum für Bestandserhaltung, Leipzig, entwickelt. Die Entsäuerungschemikalie ist entweder Dolomit, ein in der Natur vorkommendes Calcium-Magnesium-Karbonat, oder reines Calcium-Karbonat in winzigster Pulverform (Nanotechnologie). Auch hier erfolgt die Eintragung des Wirkstoffs nach Vortrocknung mittels Luft. Nach der Vortrocknung sorgen wirbelige Luftströme für eine gleichmäßige Eintragung der MgO- bzw. CaO-Partikel in die Blätter. Neu entwickelt wurde von Manfred Anders, Zentrum für Bucherhaltung GmbH, Leipzig, die Aktivierung des Wirkstoffs durch Überdruck mittels Kohlendioxidgas. Dadurch soll eine raschere Löslichkeit der Entsäuerungschemikalie im Papier erreicht werden.

Beim *SOBU-Verfahren* handelt es sich um eine Kombination von Feinststaub- und Aerosol-Verfahren. In einer geschlossenen Kammer wird das Buch unter Vakuum gesetzt; dabei wird die Feuchtigkeit dem Papier weitgehend entzogen. Ein Gemisch von 80 % Magnesiumoxid und 20 % Calciumkarbonat wird mittels Luft-Wasser-Aerosol in das aufgefächerte Buch eingebracht. Durch die Wiederholung des Vorgangs mit 3 Bar Überdruck wird das Eindringen des Wirkstoffs in das Papier gefördert. Nach Wiederherstellung des Normaldrucks wird das Bibliotheksgut in einer Reifekammer bei 22° C und 60 % relativer Luftfeuchte eine Woche gelagert.

Der Anstieg des pH-Werts nach der Behandlung hängt unter anderem vom Papiertyp, dem Alter und dem vorherigen Säuregehalt des Papiers ab. Er sollte deutlich höher als 7, in der Regel zwischen 8,5 und 9,5 liegen. Die alkalische Reserve an Magnesium- bzw. Calciumkarbonat sollte zwischen 1 % und 2 % des Papiergewichts betragen. Eine gleichmäßige Durchdringung des Papiers mit dem Wirkstoff ist für eine optimale Wirkung notwendig. Nachmessungen des pH-Werts behandelter Bücher haben in einigen Fällen ergeben, dass bei stark säurehaltigen Büchern der pH-Wert nicht einmal den neutralen Wert 7 erreicht hatte. Allerdings ist der pH-Wert nur ein Indikator für die Lebensdauer des Papiers. Wichtig ist auch die Dicke des Papiers, da diese meist eine gute Widerstandskraft gegen Destabilisierung bietet. Da eine relevante Wiederverfestigung der Cellulosefasern durch die Entsäuerung nicht erzielt wird, ist die Restlebensdauer des Papiers nach Entsäuerung begrenzt. Künstliche Alterungstests mit stark erhöhter Temperatur und relativer Luftfeuchtigkeit haben – unter Laborbedingungen – eine Vervierfachung der Lebensdauer gegenüber unbehandeltem Papier ergeben. Hierbei sind allerdings Faktoren wie Luftverschmutzung, Lichteinwirkung, mechanische Beanspruchung etc. nicht einbezogen worden.

Folgende Nebenwirkungen können bei dem flüssig arbeitenden Magnesium-Titan-Ethylat-Verfahren auftreten: Versprödungen von Leder und Pergament, Verwerfungen von Kunststofffolien, verzogene Buchdecken und Verfärben des Vorsatzes bei Graupappe-Einbänden, Lösung von Klebungen, Wellungen des Buchblocks, Auslaufen von Farben vor allem bei roten Tinten, Newtonsche Ringe bei Fotos und gestrichenem Papier. Bei den Trockenverfahren bleibt gelegentlich ein Überschuss an Wirkstoff im Buch, der jedoch keine nachhaltige Beeinträchtigung darstellt. Durch zu starken Druck beim Reinigen des Buches mit einem starken Luftstrom können Einrisse von Blättern oder Einkerbungen am Buchschnitt entstehen. Die negativen Nebenwirkungen werden in ihrer Bedeutung unterschiedlich eingeschätzt. Doch überwiegt der Vorteil der positiven Wirkung der Entsäuerung. Man sollte aber die Selektion der Bücher für das jeweilige Verfahren so durchführen, dass negative Nebenwirkungen möglichst vermieden werden. Für die Masse der säuregeschädigten Bücher von nicht intrinsischem Wert, deren Papier noch nicht brüchig ist, sollte aus konservatorischen und ökonomischen Gründen die Entsäuerung durchgeführt werden, wenngleich eine nennenswerte Wiederverfestigung der Papierfasern mit den verfügbaren Massenentsäuerungsverfahren nicht erzielt wird.

Maschinelle Papierspaltung

Wenn ein Buch aufgrund seines intrinsischen Wertes unbedingt im Original erhalten werden soll, auch wenn das Papier schon schwere Schäden aufweist, reicht die Entsäuerung nicht aus. In diesem Falle ist eine Stabilisierung des Papiers erforderlich. Sie kann nur durch restauratorische Maßnahmen wie Nassbehandlung, Anfasern (bei fehlenden Teilen), Übervliesen oder durch Papierspaltung erzielt werden. Die Papierspaltung wurde zunächst als manuelle Technik zur Restaurierung und Wiederverfestigung stark geschädigten Papiers bei wertvollen Werken von Günter Müller in der Universitäts- und Landesbibliothek Jena entwickelt. Von Wolfgang Wächter (Deutsche Bücherei Leipzig) und Ernst Becker (Firma Becker Verfahrenstechnik, Korb) wurde Anfang der 1990er Jahre eine Papierspaltmaschine entwickelt. Dabei mussten Maschinenabläufe gefunden werden, die für unterschiedlichste Papiersorten und Schadensbilder geeignet sind. Zunächst muss das Buch in Einzelblätter zerlegt werden. In der Kaschiermaschine werden die Blätter beidseitig mit Trägermaterial beschichtet und gepresst. Die Materialbahnen in Rollenform werden mittels Leimwerken mit Gelatine bestrichen. In der Spaltmaschine wird der in der Kaschiermaschine hergestellte Verbund aus Original-Blatt und Trägermaterialien in der Mitte auseinander gezogen, d.h. gespalten. Zwischen die beiden Hälften wird ein hauchdünnes, aber stabiles Kernpapier (oft alkalisch gepuffert) eingebracht und mit den Originalpapierhälften mit Hilfe eines Klebstoffs aus Celluloseether (z.B. Methylcellulose, die mit Calciumcarbonat als Entsäuerungsmittel und alkalische Reserve versetzt ist) wieder zusammengefügt. Sodann werden die gespaltenen Blätter zur Ablösung des Trägermaterials mittels Enzym (Protease) der Ablöseeinheit zugeführt, sofern die Objekte auf der vollen Breite (50 cm) liegen oder auf diese Breite hin angefasert worden sind. Nur bei schmaleren Objekten werden die Trägerpapiere derzeit noch manuell abgelöst. Das exakte Format der gespaltenen und angefaserten Blätter wird mittels Programmierung durch den Papierschneideautomaten erzeugt. Eine direkte Verbindung der Papierspaltmaschine mit der Anfaserungsmaschine soll beim Zentrum für Bestandserhaltung, Leipzig, künftig realisiert werden. Dann würden alle Objekte, die schmaler als 50 cm sind, auf die Breite von 50 cm angefasert werden, um so die Trägerpapiere voll automatisch ablösen zu können.

Bindemaßnahmen (Reparatur und Wiederbindung)

Das Herstellen eines festen Einbandes bei der Erwerbung eines (ungebundenen) Druckwerkes ist eine präventive Bestandsschutzmaßnahme. Bei bereits in der Bibliothek vorhandenen Werken, die entweder ungebunden am Magazin stehen oder die aufgrund von Benützung Einbandschäden aufweisen, ist die Neubindung oder Einbandreparatur zum Schutz des Buchblocks notwendig. Bei älteren und wertvollen neueren Werken wird man in der Regel den beschädigten Originaleinband restaurieren oder reparieren. Bei selten benützten Werken, die ungebunden oder mit beschädigtem Einband am Magazin stehen und die verfilmt, aber nicht ausgesondert werden sollen, empfiehlt sich als wirtschaftliche Form des Bestandsschutzes die Herstellung von Schutzhüllen aus säurefreier Pappe für die weitere Aufbewahrung. Schutzhüllen sollen auch für Werke mit schützenswertem Einband oder für nicht mehr benützbare Bücher, die zunächst nicht verfilmt werden können, verwendet werden.

12.5.2 Konvertierung durch Herstellung von Sekundärformen

Wenn der Papierzerfall so weit fortgeschritten ist, dass eine dauerhafte Rettung nur durch Restaurierung möglich wäre, so erscheint als kostengünstigere Alternative die Konversion, d.h. die Übertragung des Informationsgehalts auf ein anderes Medium: Mikrofilm, Mikrofiche, alterungsbeständige Papierkopie oder digitales Medium.

Sicherheitsverfilmung – Schutzverfilmung – Ersatzverfilmung

Die Konversion des Informationsgehalts auf eine Mikroform ist Platz sparend und preisgünstiger als die Herstellung einer Papierkopie oder gar eines digitalen Speichermediums. Mikroformen können allerdings nur mit speziellen Lesegeräten benützt werden. Die Verfilmung kann verschiedenen Zwecken dienen. Als Schutzverfilmung bietet sie einen Ersatz für die Benützung des Originals und dient dadurch dessen Schonung. Dies ist vor allem bei Handschriften und älteren Drucken wichtig, kann aber auch für Werke aus der Zeit des Papierzerfalls gelten. Als Sicherheitsverfilmung dient sie der dauerhaften Sicherung des Informationsgehalts eines Werkes, unabhängig davon, ob das Original erhalten werden soll. Bei Drucken nach 1850 geht es selten um den Schutz des Originals, vielmehr meist um die Sicherung der Information. Geschädigte Bücher mit säurehaltigem Papier werden durch die Verfilmung auch dann nicht wirksam geschützt, wenn sie nicht mehr ausgeliehen werden, da der endogene Papierzerfall weiterhin fortschreitet. Da der Mikrofilm derzeit die haltbarste Form der Informationssicherung ist, ist er hervorragend geeignet, wenn er folgende Anforderungen erfüllt:

(1) die vollständige Wiedergabe des Inhalts, (2) die strikte Einhaltung der technischen Normen zur Erzielung einer optimalen Qualität für die Lesbarkeit und die Reproduzierbarkeit, (3) die Einhaltung der für die Langzeitarchivierung notwendigen Produktions- und Lagerungsbedingungen.

Technischer Standard ist für die Sicherheitsverfilmung die Herstellung eines Aufnahmefilms (Preservation Master) auf 35-mm-Mikrorollfilm (meist in 30,5 m Länge) mit lichtempfindlicher Silberhalogenidschicht auf Polyesterunterlage mit AHU-Lichthof-schutzschicht, schwarz-weiß, in negativer Wiedergabe. Von diesem Film ist im Direct-Duplicating-Verfahren ein Duplizierfilm (Printing Master) auf derselben Materialbasis zu erstellen. Der Duplizierfilm dient als Grundlage für Benützungskopien, z.B. Mikrofilm in positiver Wiedergabe, Diazokopie (nur in gleicher Polarität wie der Aufnahmefilm möglich), Konversion in einen Mikrofiche, in ein digitales Medium oder in eine alterungsbeständige Papierkopie. Der Mikroplanfilm ist auch als Aufnahmefilm möglich, und vor allem dann günstig, wenn die Seitenzahl klein oder das Format besonders groß ist. Für Karten, Pläne und Plakate, bei denen die Vorlage auf eine einzige Aufnahme passt, bietet sich der Makrofiche an. Eine Mikroform, Silberhalogenid auf Polyester-Basis, vorschriftsmäßig hergestellt und gelagert, hat gemäß künstlichen Alterungstests eine Haltbarkeit von über 1000 Jahren. Der Idealfall – ein stark geschädigtes Werk zu verfilmen und zugleich das Original zu sanieren – kommt aus finanziellen Gründen in der Regel nur bei wertvollen Werken in Frage. Bei den meisten nach 1850 erschienenen Werken ist dies auch nicht notwendig, da es lediglich auf den Informationsgehalt ankommt. Daher kann man das Original, wenn es keinen intrinsischen Wert hat, nach der Sicherheitsverfilmung weiterhin in die Benützung geben. Wenn das Original einmal nicht mehr benützbar ist, kann man vom Printing Master eine Benützungskopie anfertigen, die den bis dahin weiter entwickelten technischen Möglichkeiten entspricht.

Besondere Probleme stellen sich bei mehrbändigen Werken, insbesondere bei *Zeitschriften*. Wenn sie über einen längeren Zeitraum erscheinen, weisen die Jahrgänge erhebliche Unterschiede im Erhaltungszustand auf. Nach Schadenserhebungen bei rund 8000 Jahrgängen geschichtswissenschaftlicher Zeitschriften an der Bayerischen Staatsbibliothek im Zusammenhang eines Projekts des Deutschen Bibliotheksinstituts und der Deutschen Forschungsgemeinschaft haben nur rund 30 % der an der Bayerischen Staatsbibliothek untersuchten Jahrgänge brüchiges Papier, bedürfen also einer Verfilmung. Unter dem Bestandserhaltungsaspekt genügt es daher, nur diejenigen Bestandskomplexe, die brüchiges Papier aufweisen, zu verfilmen. Die Bände mit lediglich vergilbtem, aber nicht brüchigem Papier können durch Entsäuerung saniert werden. Auch hierbei können die Originalbände weiter benützt werden, so dass ein Medienbruch vermieden wird. Kopien können vom Printing Master oder vom Original per Bookscanner erstellt werden. Wird freilich die Mikroverfilmung nicht nur als Mittel der Bestandserhaltung, sondern auch zur Lückenergänzung betrieben, so ist die Komplettverfilmung angezeigt.

Organisation von Verfilmungsmaßnahmen

Zunächst sollte durch Recherchen in EROMM (European Register of Microform Masters bei der Staats- und Universitätsbibliothek Göttingen: http://e250-039.gbv.de/eromm/), Guide to Microforms in Print und anderen Nachweisinstrumenten festgestellt werden, ob das Werk bereits als Mikroform oder Nachdruck anderswo verfügbar ist, um Mehrfachverfilmungen des gleichen Titels zu vermeiden. Grundsätzlich sollte von jedem Werk nur ein Preservation Master und ein Printing Master hergestellt werden. Von letzterem könnten dann beliebig Arbeitskopien gezogen werden. Dies setzt allerdings ein inhaltlich vollständiges Exemplar und technisch einwandfreie Masterfilme voraus. Wenn das Original unbenützbar wird, dient der Film als Ersatz. Der Benützer soll am Anfang eines Films darüber informiert werden, ob eine Kollation durchgeführt wurde und ob fehlende Teile ergänzt wurden.

Bibliographische und technische Metadaten sollen im Vor- und Nachspann des Films auf Targets einbelichtet werden. Dazu zählen vor allem die Filmsignatur, die Besitzerangabe, Herstellungsdaten (Filmtyp, Verkleinerungsfaktor, Bildlage, Aufnahmedatum, Verfilmungsfirma, Testbild mit Zeichen verschiedener Größe zur Ermittlung der Schärfe und Lesbarkeit), Zähltargets in der Reihenfolge der aufgenommenen Werke (bei mehreren Druckwerken auf einem Film), Signatur und Titelaufnahme des Originals. Nach der Verfilmung ist eine inhaltliche und technische Qualitätskontrolle der Filme durchzuführen. Die verfilmten Werke sind als Sekundärformen im Katalog nachzuweisen. Zudem sind die verfilmten Titel an die Datenbank EROMM zu melden. Voraussetzung für die Erstellung eines einzigen Preservation Masters wäre die Einhaltung nicht nur optimaler technischer, sondern auch inhaltsbezogener Normen (Kollation und Ergänzung von Fehlstellen der verfilmten Werke) sowie eine Einigung über Art und Umfang der einzubelichtenden Daten. Eine inhaltliche Schwerpunktbildung für die Verfilmung nach regionalen oder fachlichen Kriterien ist dringend notwendig, wobei für die ausländische Literatur auch die in anderen Ländern bereits vorhandenen Mikrofilme einzubeziehen sind, soweit deren Qualität den technischen und inhaltlichen Anforderungen entspricht.

Farbverfilmung

In den letzten Jahren wurden Farbmikrofilme im Farbbleichverfahren („Cibachrome", neuerdings „Ilfochrome Micrographic") entwickelt. Die Farben sind vor allem langzeitbeständig. Beim Ilfochrome-Film werden die Farbstoffe bereits in die Filmschicht eingegossen und bei der Entwicklung selektiv ausgebleicht. Dadurch werden eine getreuere Farbwiedergabe als beim chromogenen Farbfilm und eine höhere Langzeitstabilität erreicht. Die Lebensdauer von Farbfilmen nach dem Farbbleichverfahren wird mit etwa 400 Jahren angegeben. Die Farben werden jedoch nicht ganz originalgetreu wiedergeben. Diese Minderung in der Farbwiedergabe kann bei neueren Druckwerken meist in Kauf genommen werden, da die Farben oft nur Indikatoren für bestimmte Informationen (z.B. geographische, geologische, historische Vergleichsdaten) sind, so dass ein relativer Farbwert genügt. Im Übrigen ist Originaltreue bei Farbwiedergabe meist eine Fiktion, da bereits durch die Reproduktion Abweichungen von den Farbwerten der Originale eintreten. Zudem verändern sich Farben auch im Laufe jahrzehntelanger Lagerung. Aus diesen Gründen, aber auch wegen des hohen Preises, kommt die Farbverfilmung meist nur für ausgewählte Objekte in Frage.

Aufbewahrungsbedingungen von Mikrofilmen

Die Haltbarkeit von analogen Informationsträgern wie Mikrofilmen, Fotoabzügen und Diapositiven ist weithin von Temperatur und relativer Luftfeuchte der Lagerräume und von der Vermeidung von Klimaschwankungen bei der Bereitstellung für die Benützung abhängig. Sicherheitsfilme sollen so kühl wie möglich gelagert werden. Für Mikrofilme Schwarzweiß (Träger Polyester) sind maximal eine Temperatur von unter 21° C und eine relative Luftfeuchte von 30 % bis 40 % einzuhalten. Für Farbfilme (Träger Cellulose-Ester) gilt eine Lagertemperatur von maximal unter 2° C und eine relative Luftfeuchtigkeit zwischen 15 % und 30 %.

Papierkopie

Eine alterungsbeständige Papierkopie oder ein Reprint sind die, wenngleich teurere, Alternative zum Mikrofilm. Papierkopien sind ohne technische Geräte lesbar und werden daher oft bevorzugt. Sie bieten sich vor allem bei häufig benützten Beständen an. Da die Langzeitbeständigkeit der Verbindung von Toner und Papier nicht hinreichend geklärt ist, kann eine Verbindung von Mikrofilm (als Sicherheitsmedium) und Benützungsmedium, entweder als Papierkopie oder als digitales Medium vorteilhaft sein. Es gibt Hybridgeräte, die gleichzeitig einen Mikrofilm und ein digitales Medium herstellen können.

Digitale Medien und Langzeitarchivierung

Als Langzeitspeicher sind digitale Medien derzeit erst in der Erprobung. Da aufgrund der geringen Haltbarkeit digitaler Informationsträger wie CD-ROM, DVD, vor allem aber wegen der sehr kurzen Verfallszeiten der Hard- und Software diese in wenigen Jahren nicht mehr gelesen werden können, müssen Wege zu ihrer Langzeitsicherung gefunden werden. Wird Digitalisierung nicht primär zum Zweck des leichteren Zugangs zur Information, sondern zum Schutz seltener und wertvoller, auch schwer handhabbarer Materialien wie Handschriften, Inkunabeln oder Karten verwendet, sollte sie entsprechend hohen Qualitätsanforderungen genügen, um dem Benützer alle auf dem Original sichtbaren Informationen zu bieten. Soll die Digitalisierung zusätzlich die Funktion der Langzeitsicherung erfüllen, d.h. im Extremfall die Vorlage ersetzen, so müssen besondere technische und organisatorische Maßnahmen getroffen werden.

*

Literatur

BANSA, HELMUT: Massenneutralisierung von Bibliotheks- und Archivgut : Entwicklung und Aussichten // In: Zeitschrift für Bibliothekswesen und Bibliographie 46 (1999), S. 127 - 145

Benutzung und Bestandserhaltung : neue Wege zu einem Interessenausgleich / Hrsg. von der Landesarchivdirektion Baden-Württemberg. - Stuttgart, 2000

Bericht über Ursachen, Ausmaß, Wirkung und Folgen des Papierzerfalls im Bibliotheks-, Archiv- und Verwaltungsbereich sowie Gegenmaßnahmen und Empfehlungen / Bund-Länder-Arbeitsgruppe Papierzerfall. - Berlin: DBI, 1992

Bestandserhaltung in wissenschaftlichen Bibliotheken: Verfahren und Maßnahmen zur Rettung der vom Papierzerfall bedrohten Bibliotheksbestände. - Berlin, 1994. - (dbi-Materialien ; 135)

Bestandserhaltung – Herausforderung und Chancen / hrsg. von Hartmut Weber. - Stuttgart, 1997. - (Veröffentlichungen der Staatlichen Archivverwaltung Baden-Württemberg ; 47)

Bibliographische Datenbank zu Fragen der Bestandserhaltung an der Staats- und Universitätsbibliothek Göttingen: http://www.sub.uni-goettingen.de/bup

BÖHRENZ, HARTMUT: Grundsätze bei der Konservierung von bibliothekarischem Sammelgut. - Berlin : DBI, 1992. - (Arbeitshilfen)

BÖHRENZ, HARTMUT ; HAASE, YORCK ; WEIGEL, HARALD: Kriterienkatalog für bestandssichernde Maßnahmen der Bibliotheken // In: Bibliotheksdienst 31 (1997) 3, S. 404 - 410

BRINKHUS, GERD: Originalerhaltung - um welchen Preis? // In: Bibliotheksdienst 34 (2000) 5, S. 726 - 736

BRÜCKLE, IRENE ; DAMBROGIO, JANA: Papierspaltung // In: Papier-Restaurierung 1 (2000) Suppl., S. 75 - 90

BRINKHUS, GERD: Restaurierung wertvoller Bestände der Archive und Bibliotheken des Landes Baden- Württemberg : ein Programm der Regierung des Landes Baden-Württemberg // In: Bibliotheken, Forschung und Praxis 12 (1988), S. 267 - 270

DÖRR, MARIANNE ; WEBER, HARTMUT: Digitalisierung als Mittel der Bestandserhaltung? // In: Zeitschrift für Bibliothekswesen und Bibliographie 44 (1997), S. 53 - 76

Erhaltung, Archivierung und Aussonderung von Druckschriften: Empfehlungen im Auftrag der Generaldirektion der Bayerischen Staatlichen Bibliotheken / hrsg. von Hermann Leskien. - Berlin, 1998 (dbi-Materialien ; 174)

FELDMANN, REINHARD: Datenbank zu Fragen der Bestandserhaltung: http://www.uni-muenster.de/Forum-Bestandserhaltung

FRÜHAUF, WOLFGANG: Gefährdete Bibliotheksbestände und ihre Erhaltung in Sachsen. - Dresden, 2000

HERKERT, UDO: Feuer, Wasser, Archivare : Notfallvorsorge in den Staatsarchiven Baden-Württembergs // In: Bestandserhaltung : Herausforderung und Chancen / hrsg. von Hartmut Weber. - Stuttgart, 1997. - S.291 - 335

HOHOFF, ULRICH: Mikroformen in wissenschaftlichen Bibliotheken. - Berlin, 1991 (dbi-Materialien ; 111)

JAENECKE, JOACHIM: Sicherheitsverfilmung der Zeitschriften in deutschen Bibliotheken. - Berlin, 1998 (dbi-Materialien ; 173)

KLOTZ-BERENDES, BRUNO: Notfallvorsorge in Bibliotheken. - Berlin: DBI, 2000. - (dbi-Material ; 194)

Konferenz „Massenentsäuerung in der Praxis", veranstaltet von der European Commission on Preservation and Access und dem Niedersächsischen Staatsarchiv, Bückeburg, 18./19.Oktober 2000. - http://www.knaw.nl/ecpa/conferences/abstracts-e.html

LEISCH, NORBERT: Ein neues Trockenverfahren zur Buchentsäuerung // In: ABI-Technik 22 (2002), S.64 - 69

LESKIEN, HERMANN: Bestandserhaltung, Archivierung und Aussonderung als Managementaufgabe // In: Zeitschrift für Bibliothekswesen und Bibliographie : Sonderheft. - 1999. - S. 257 - 268

LESKIEN, HERMANN: Unbequeme Fragen zur Bestandserhaltung // In: Bibliotheken führen und entwickeln : Festschrift für Jürgen Hering zum 65. Geburtstag. - München, 2002. - S. 319 - 327

LIERS, JOACHIM ; BECKER, ERNST ; WÄCHTER, WOLFGANG: Bestandserhaltung in Bibliotheken und Archiven : Überlegungen zur Wirtschaftlichkeit und Finanzierbarkeit in der Zukunft // In: Bestandserhaltung, Werkstoff, Technologie. - Stuttgart : Staatliche Akademie der Bildenden Künste. - 2000. - S. 52 - 54

MANN, MARIA: Bestandserhaltung in wissenschaftlichen Bibliotheken : Verfahren und Maßnahmen zur Rettung der vom Papierzerfall bedrohten Bibliotheksbestände. - Berlin, 1994 (dbi-Materialien ; 135)

Mikroformen in Bibliotheken / hrsg. von Monika Cremer. - Berlin, 1994. - (dbi-Materialien ; 136)

MÜLLER, GÜNTER: Die originalgetreue Restaurierung wertvoller Bibliotheksbestände auf der Grundlage des Jenaer Papierspaltverfahrens // In: Zentralblatt für Bibliothekswesen 84 (1970), S. 641 – 658

MÜLLER, GÜNTER: Papierspalten von zerfallenem Schriftgut - Risiko oder Perfektion? // In: Restauro (1989), S. 56 - 63

SCHMID, WILHELM RICHARD: Mikroverfilmung als Bestandssicherung // In: ABI-Technik 15 (1995), S. 401 - 413

SCHMID, WILHELM RICHARD: Münchner Symposion zur bibliothekarischen Bestandserhaltung - Gründung einer Allianz zur Erhaltung von Kulturgut in Deutschland // In: ABI-Technik 21 (2001), S. 148 - 151

SCHNELLING, HEINER: EROMM: European Register of Microform Masters // In: Probleme der Bestandserhaltung in wissenschaftlichen Bibliotheken des Landes Sachsen-Anhalt. - Halle : Univ.- und Landesbibliothek, 1999. - (Schriften zum Bibliothekswesen ; 78), S. 36 - 42

UNGER, HELGA: Verfilmung musikwissenschaftlicher Zeitschriften der Bayerischen Staatsbibliothek : ein Förderprojekt der Deutschen Forschungsgemeinschaft // In: Bibliotheksdienst 31 (1997), S. 1933 – 1941

UNGER, HELGA: Grundsätze, Methoden und Maßnahmen der Bestandserhaltung an der Bayerischen Staatsbibliothek // In: Bibliotheksforum Bayern 29 (2001), S. 105 - 26

USEMANN-KELLER, ULLA: Bestandsschäden in deutschen Bibliotheken // In: Zeitschrift für Bibliothekswesen und Bibliografie 36(1989), S.108 - 123

WÄCHTER, WOLFGANG ; LIERS, JOACHIM ; BECKER, ERNST: Der Einsatz von Maschinen zur Papierspaltung // In: Restauro (1996) S. 464 - 467

WÄCHTER, WOLFGANG: Bücher erhalten, pflegen und restaurieren. - Stuttgart, 1997

WEBER, HARTMUT: Bestandserhaltung als Fach- und Führungsaufgabe // In: Bestandserhaltung in Archiven und Bibliotheken. - Stuttgart, 1992. - S. 135 - 155

WEBER, HARTMUT: Verfilmen oder Instandsetzen? : Schutz- und Ersatzverfilmung im Dienste der Bestandserhaltung // In: Bestandserhaltung in Archiven und Bibliotheken. - Stuttgart, 1992. - (Werkhefte der Staatlichen Archivverwaltung Baden-Württemberg : Serie A ; 2). - S. 91 - 133

WEBER, HARTMUT: Langzeitsicherung und Langzeitverfügbarkeit digitaler Konversionsformen // In: Digitale Archive und Bibliotheken. - Stuttgart, 2000. - (Werkhefte der Staatlichen Archivverwaltung Baden-Württemberg : Serie A ; 159)

Wettlauf mit der Zeit : Bestandserhaltung in wissenschaftlichen Bibliotheken / Staatsbibliothek zu Berlin, Preußischer Kulturbesitz. - Wiesbaden, 1998. - (Beiträge aus der Staatsbibliothek zu Berlin - Preußischer Kulturbesitz ; 8)

Claudia Lux · Hans Herbert Lembke · Rainer Diederichs · Ulla Wimmer
13 Öffentlichkeitsarbeit[*]

Öffentlichkeitsarbeit ist das bewusste, geplante Bemühen, in der Öffentlichkeit Aufmerksamkeit, Verständnis und Vertrauen aufzubauen und zu pflegen, damit ein wirksames und dauerhaftes positives Bild der Bibliothek in der Öffentlichkeit entsteht (nach: K. Olfert, H. Rahn: Lexikon der Betriebswirtschaftlehre, 1997). Die fünf wichtigsten Funktionen der Öffentlichkeitsarbeit für Bibliotheken sind:
(1) Information über die Bibliothek
(2) Image der Bibliothek (gezielter Aufbau eines bestimmten Bildes von der Bibliothek in der Öffentlichkeit)
(3) Rolle der Bibliothek in Beziehung zu anderen Institutionen
(4) Kommunikation, um mit den relevanten Zielgruppen in Kontakt zu treten
(5) Existenzerhaltung, um die Notwendigkeit der Bibliothek in der Öffentlichkeit darzustellen

Zum Erreichen dieser Ziele unterscheidet man zwischen externer und interner Öffentlichkeitsarbeit. Externe Öffentlichkeitsarbeit bezieht sich auf die Medien, die politischen Entscheidungsträger, die gesellschaftlichen Meinungsführer und die Kunden. Sie soll ein positives und kompetentes Bild der Bibliothek in der externen Öffentlichkeit erzeugen durch Presse- und Medienarbeit, Veranstaltungen, Ausstellungen und Publikationen, Fundraising, Lobby-Arbeit und Kundenorientierung. Die interne Öffentlichkeitsarbeit wendet sich an das Personal der Bibliothek. Sie unterstützt die externe Öffentlichkeitsarbeit und versucht, den äußeren Anspruch und die interne Leistungsbereitschaft in Übereinstimmung zu bringen. Sie ist eng verknüpft mit den allgemeinen Managementaufgaben der Leitung. Die Instrumente der internen Öffentlichkeitsarbeit sind: das schwarze Brett, der Aushang, E-mail-Kommunikation, interne Mailinglisten, Hauszeitschrift oder Mitteilungsblatt für Mitarbeiter, Versammlungen. Ein wichtiges Hilfsmittel ist die Corporate Identity für die unverwechselbare Identität der Bibliothek, die sich im Erscheinungsbild, im Verhalten und in der Kommunikation ausdrückt. Sie umfasst nicht nur das Leitbild der Bibliothek, sondern auch die innere Organisations- und Führungskultur und interne Leitmaximen. Corporate Identity schafft einen einheitlichen Auftritt durch die Vision der Bibliothek und muss sich deshalb von der einheitlichen Gestaltung aller Publikationen und Presseinformationen über die Webseite bis hin zur Präsentation in der Bibliothek durch die Kompetenz und Freundlichkeit der Mitarbeiter und Mitarbeiterinnen ausdrücken.

13.1 Presse- und Medienarbeit

Die Presse- und Medienarbeit ist der Kern der bibliothekarischen Öffentlichkeitsarbeit. Ihr Erfolg basiert auf der genauen Kenntnis der Medienlandschaft, einem aktuellen Presseverteiler mit stabilen Pressekontakten, einer guten Presseinformation und erfolgreichen Pressekonferenzen.

---

[*] Claudia Lux verfasste die Abschnitte 13.1 und 13.6, Hans Herbert Lembke den Abschnitt 13.2, Rainer Diederichs die Abschnitte 13.3 und 13.4, Ulla Wimmer den Abschnitt 13.5.

13.1.1 Die Kenntnis der Medienlandschaft

Die für die Bibliothek relevante Medienlandschaft muss zusammenhängend analysiert werden. Basis ist die lokale Tagespresse, aber auch die regionale oder die überregionale Presse kann je nach Thema interessiert sein. Wichtig geworden sind Wochenblätter und Anzeigenblätter, die breit und kostenlos an Haushalte verteilt werden, und dringend nach interessanten örtlichen Informationen suchen. In der Hierarchie der Presse nicht so ernst genommen, können sie für verschiedene Bibliothekstypen eine positive und regelmäßige Berichterstattung garantieren. Für Meldungen in der überregionalen Presse ist es am leichtesten, wenn eine Presseagentur die Nachricht aufnimmt (z.B. die Deutsche Presse-Agentur), um eine weite Verbreitung zu erreichen. Durch die vielen Lokal- und Regionalsender sind auch Rundfunk und Fernsehen zunehmend an Ereignissen in Bibliotheken interessiert. Auf dem Zeitschriftenmarkt sind in erster Linie die bibliothekarischen Fachzeitschriften und die Fachzeitschriften des Buchhandels zu berücksichtigen. Für andere Einzelprobleme kann man spezielle Fachzeitschriften gewinnen.

13.1.2 Presseverteiler und Pressekontakte

Nach erfolgter Auswahl aus der Medienlandschaft ist ein Presseverteiler einzurichten. Der Presseverteiler ist die wichtigste Adressenquelle der Öffentlichkeitsarbeit und muss ständig gepflegt werden. Die Adresse soll möglichst deutlich die Redaktion bezeichnen oder einen Namen aus der Redaktion. Da man aber oft mit freien Mitarbeitern zusammenarbeitet, sind die Kontakte in die Redaktionen immer wieder neu zu knüpfen. Bei den Redaktionen sollte man nicht nur das Feuilleton oder die Lokalseiten im Auge haben, da Bibliotheken durch ihre Vielseitigkeit auch für Technik, Jugend, Gesundheit oder die Wochenendseite Berichte liefern können. Zu den örtlichen, regionalen und auch überregionalen Medien werden regelmäßige Beziehungen aufgebaut, die auch über telefonischen Kontakt stabilisiert werden müssen. Neben anderen Verzeichnissen sind hier der „Stamm" (Presse- und Medienbuch) und vor allem der „Zimpel" (Die deutschen Vollredaktionen) mit den regelmäßig aktualisierten Adressen auf CD-ROM gut zu nutzen. Die Bundesvereinigung Deutscher Bibliotheksverbände (BDB) hat gemeinsam mit der deutschen Gesellschaft für Informationswissenschaft und Informationspraxis einen Presseinformationsdienst eingerichtet, mit dem eine Vielzahl regionaler und überregionaler Pressekontakte bedient werden. Die Bibliothek kann ihre Presseerklärung als E-mail an den Sprecher der BDB senden, und innerhalb von zwei bis drei Tagen wird die Information an den Presseverteiler weitergereicht. Der Deutsche Bibliotheksverband hält für Mitgliedsbibliotheken Kontakte zu ausgewählten Journalisten, den Preisträgern des Helmut-Sontag-Preises, bereit.

Manche Bibliotheken können sich nicht direkt an die Presse wenden, sondern nur über das Presseamt oder den Presseverantwortlichen. Hier muss neben dem dort vorhandenen Presseverteiler die Bibliothek die für sie relevanten Kontakte unbedingt ergänzen. Sie sollte möglichst diese Kontaktarbeit nicht dem Presseamt allein überlassen.

13.1.3 Die Presseinformation

Bei der Erstellung einer Presseinformation führen die Standardfragen jeder Management- und Marketingarbeit auch hier zum Erfolg: *Was? Warum? Wer? Wo? Wie? Wann?* Mit der Basisfrage *Was?* muss der Inhalt der Presseinformation überlegt werden. Es wird geklärt, ob das, was man mitteilen möchte, eine Ankündigung, ein Bericht, ein Problem oder ein Erfolg ist; keinesfalls darf hier ein Rundumschlag zu allen offenen Problemen formuliert werden. Die Presse stürzt sich gern auf Negativmeldungen (z.b. sinkende Erwerbungsetats, Diebstahl in Bibliotheken), die Bibliotheken brauchen aber für ihr Image positive Erfolgsmeldungen. Deshalb sollte man versuchen, auch bei Negativmeldungen positive Informationen zum Image der Bibliothek an die Presse zu geben. Benutzungszahlen können im Zusammenhang zu neuen Medien und zum Buch gestellt werden, wenn dies gerade auch sonst in der Presse thematisiert wird. Dabei sollte man nicht den Fehler machen, als Bibliothek das Buch und das Lesen im Gegensatz zu modernen Medien zu präsentieren, auch wenn Pressevertreter dies gerne so darstellen wollen. Zu schnell ist das alte Bild einer alten, aussterbenden Bibliothek reproduziert. Das „Was?" muss immer auf der festgelegten Corporate Identity, dem Gesamtbild, das man von der Bibliothek vermitteln will, basieren und sie auf unterschiedliche Art und Weise stützen. Mit Phantasie findet sich bei jeder Veranstaltung ein Bezug zu einem gesellschaftlichen Trend, mit dem die Bibliothek sich als moderne und aktuelle Institution darstellen kann. – Beispiele:

Hohe Ausleihzahlen	Neue Medien, Videos, Hörbücher, Geheimtipp
Sinkende Ausleihzahlen	Elektronische Angebote über die Web-Seiten der Bibliothek, Stärkung der Nutzung im Universitäts-Netz durch Lizenzverträge
Jugendbuchwoche oder Jugendmedienwoche	Medienkompetenz (Internet und Buch vermitteln, Hörbuch einbringen)
Bestandsschädigung	Bestandserhaltung, Papierzerfall, technische Verfahren zur Rettung, Buchpatenschaften, Digitalisierung = Nutzung trotz Schädigung
Fehlender Erwerbungsetat	Positive Aktion von Professoren und Studenten zur Abonnementübernahme (zeigt, dass „alte" Geschenke keine Rettung bedeuten)

Warum gibt die Bibliothek diese Presseinformation heraus? Auf der Basis der eigenen Corporate Identity und den damit verbundenen Zielen kann diese Frage klar beantwortet werden und man bleibt vor Schnellschüssen bewahrt. Es gibt aufregende Dinge oder Dinge, die einen aufregen, in der Bibliothek. Aber nicht alles gehört in die Presse.

Wer schreibt die Presseinformation? Grundprinzip: möglichst nicht die Leitung, auch wenn diese es vor allem bei brisanten Themen absegnen sollte. Fähige Mitarbeiter der Öffentlichkeitsarbeit oder eine freie Mitarbeiterin einer Zeitung könnte sie vielleicht besser für die Bibliothek formulieren und auf das Wesentliche und Interessante reduzieren.

Anschließend muss entschieden werden, *wohin* diese Pressemitteilung gesandt wird und diese Adressen aus dem Presseverteiler entsprechend herausgesucht werden. Wenn man andere Hilfsmittel nicht nutzt, kann in einer Word-Adressdatei oder in einer Exceldatei selektiert werden, wenn zuvor entsprechende Kriterien eindeutig zugeordnet wurden. Eine pauschale Versendung bringt häufig nicht den gewünschten Erfolg und ihr Nutzen ist im Vergleich zu den Kosten gering.

Wie soll die Presseinformation aussehen? Es ist unabdingbar, dass die Presseinformation zwar präzise, aber nicht mit bibliothekarischen Fachausdrücken geschrieben wird. Eine klare anregende und vor allem kurze Darstellung ist notwendig. Wichtig ist, dass 3 bis 4 kurze Sätze gleich am Anfang oder am Schluss in der Presseinformation stehen, mit denen in einfachen Worten zusammengefasst alles gesagt ist. Damit können dann auch die Redaktionen, insbesondere die Presseagenturen, gut arbeiten und diesen Teil wörtlich übernehmen, wenn sie nicht recherchieren wollen. Ein wörtliches Zitat einer wichtigen Persönlichkeit, die das Ereignis kommentiert, hat gute Chancen in der Presse Platz zu finden, da damit die Zeitungsmeldung eine stärkere Authentizität erhält. Der Leser nimmt an, seine Zeitung hätte exklusiv mit der zitierten Person gesprochen.

Keinesfalls dürfen weitere Probleme der Bibliothek in eine Pressemeldung gepackt werden. Nur ein Thema wählen, das ist am wirksamsten. Die ideale Presseinformation ist eine dreiviertel Seite lang und oben immer mit dem gleichen Kopf versehen. Als Anlage kann vertiefendes Material mitgeschickt werden. Dazu gehört ein immer einsetzbares Standardinformationsblatt der Bibliothek, speziell für die Presse erstellt, mit den wichtigsten aktuellen Daten der Bibliothek, genauen Adressen mit Telefon, Fax und E-mail, Namen der Leitung und Ansprechpartnern für die Presse. Weitere Informationen sollten mit dem Inhalt der Pressemitteilung in Beziehung stehen. Bei diesen Unterlagen sind die zweizeilige Schreibweise und ein sehr breiter Rand für Notizen der Redakteure zu beachten. Wird die Pressemeldung über die städtische Pressestelle herausgeschickt, dann sollte man versuchen den Namenszug der Bibliothek oder das Logo in der Pressemitteilung mit unterzubringen, um gegenüber den anderen üblichen Veröffentlichungen aufzufallen.

Wann soll die Pressemitteilung rausgeschickt werden? Rechtzeitig natürlich. Das bedeutet bei aktuellen Ereignissen und Berichten sofort, wenn es bekannt wird, bei Ankündigungen möglichst zwei Wochen vor dem Ereignis; dann sollte man aber ein bis zwei Tage vorher noch einmal telefonisch nachhaken. Wenn man geschickt formuliert, kann man auch ein schon länger vergangenes Ereignis durch eine aktuelle Aussage wieder präsent machen, damit sollte man allerdings äußerst sparsam umgehen, denn die Presse will immer das Aktuellste.

13.1.4 Die Pressekonferenz

In der reinen publizistischen Lehre existiert nur die Alternative: entweder gibt man eine Presseerklärung heraus oder man macht eine Pressekonferenz. In einzelnen Fällen darf man sich heute von dieser sehr schematischen Trennung auch lösen, aber im Prinzip hat es Vorteile, die strikte Trennung beizubehalten und nur bei besonderen Gelegenheiten mit hoher Anschaulichkeit oder politischer Brisanz zur Pressekonferenz zu laden. Die Einladung zur Pressekonferenz umfasst ähnlich wie bei der Presseinformation einen kurzen, einfach gehaltenen Text, der das Interesse über die Berichterstattung wecken soll und mindestens drei Wochen vorher verschickt wird. Es ist wichtig, dass persönlich öfters in den Redaktionen angerufen und die Wichtigkeit der Pressekonferenz angepriesen wird. Gut ist es, wenn man eine erste Information am Tag der Pressekonferenz schon in einer der führenden Zeitungen bringen kann, da dann auch Radio und Fernsehen durch die Konkurrenzsituation eher erscheinen. Telefonische Vorinformationen dürfen aber nicht den vollen Inhalt der Pressekonferenz widerspiegeln; eigentlich darf da nicht mehr gesagt werden, als in der Einladung steht. Daher sollte man auch telefonische Vorkontakte durch Redaktionen und Rundfunksender vorsichtig behandeln. Es ist besser darauf hinwiesen, dass erst auf der Pressekonferenz die heißen Informationen gegeben und alle Pressevertreter gleich behandelt werden.

Für die Pressekonferenz wird ein kleiner bis mittlerer Raum mit Tischen als Schreibgelegenheiten vorbereitet, auf jeden Fall sollten Sitzgelegenheiten vorhanden sein. Will man vor Ort an einem besonderen Platz in der Bibliothek etwas zeigen, kann dies besser vorher oder hinterher geschehen oder man führt über PC etwas vor, was den Inhalt der Pressekonferenz ausmacht. Pressekonferenzen finden in der Regel am späten Vormittag oder zur Mittagszeit statt. Vorher sind die Journalisten mit dem aktuellen Tagesüberblick beschäftigt und so bleibt hinterher noch genügend Zeit, den Bericht bis zum Abend in die Redaktion zu bringen. Getränke und attraktiv aussehende, nicht zu überladene, kleine Schnittchen gehören dazu, wenn Journalisten von Termin zu Termin hetzen. Der Ort der Pressekonferenz ist immer gut ausgeschildert und leicht zu finden. Gleich am Eingang liegen vorbereitete Namenslisten auf einem Tisch mit dem Schild „Presse" aus, in die sich die Pressevertreter eintragen sollen. Die Spalten Name, Vorname, Name der Zeitung oder des Senders, Telefonnummer sowie Faxnummer und E-mail sind vorgegeben und die Pressekonferenz mit Datum und Thema benannt. Die Listen dienen hinterher der Auswertung und Aktualisierung des Presseverteilers. Neben den Listen können attraktiv aussehende Pressemappen vorbereitet liegen. Heute nehmen manche Journalisten die Mappen nicht mehr mit, weil sie zu viele davon erhalten. Es geht daher auch mit einfachen, gehefteten Informationen. In diesen liegt unbedingt ein aktuelles Informationsblatt zur Bibliothek, weitergehende Statistiken, Texte und Funktionen der Personen, die die Pressekonferenz durchführen (vor allen Dingen vollständige Namen, Titel, Adressen mit Telefonnummern für Rückfragen). Auch die, die an dem Ereignis partizipieren, wie z.B. die wichtigen Sponsoren, müssen genannt sein. Alles ist zweizeilig und mit breitem Rand für Notizen vorbereitet. Der Inhalt der Pressemappe muss immer sorgfältig erarbeitet sein, auch wenn später davon in den Presseartikeln vielleicht nichts erwähnt wird. Es werden Namensschilder für diejenigen vorbereitet, die in der Pressekonferenz aktiv auftreten. Visitenkarten kann man am Pressetisch auslegen, um damit für Rückfragen einen direkten Kontakt zu bieten.

Der Ablauf der Pressekonferenz beginnt mit der Begrüßung und der Vorstellung des brisanten Themas, der besonderen Aktivität oder der Person, die im Mittelpunkt steht. Die eigenen Ausführungen sollten nie länger als 20 Minuten bis eine halbe Stunde dauern. Anschließend können für Fragen noch weitere 30 Minuten zur Verfügung stehen. Fotos und Bildmaterial (auf der Rückseite mit der Angabe, was man sieht und der Bibliotheksadresse) sollten bereitliegen. Radiosender, aber auch andere Pressevertreter, nehmen oft die ganze Pressekonferenz auf Tonband auf, daher muss jederzeit auf die Wortwahl geachtet werden oder es werden bewusst und gezielt provokative Sätze formuliert.

Manchmal bitten Radio oder Fernsehen nach der Pressekonferenz noch zu Interviews. Wenn mehrere Personen aus der Bibliothek anwesend sind, sollten einige davon auch genügend vorbereitet sein, ebenfalls Interviews geben zu können. Man kann Gäste (Freundeskreis, Bibliotheken und andere Kulturpartner) zu wichtigen Pressekonferenzen einladen, dadurch wirkt die Konferenz belebt, auch wenn nur sehr wenige Pressevertreter kommen. Vor und nach der Pressekonferenz muss Zeit sein, mit einzelnen Pressevertretern zu reden.

13.1.5 Das Interview

Interviews kommen meist unerwartet und sehr kurzfristig. Egal ob im Fernsehen oder im Radio, Journalisten sind immer für kurze, anschauliche Sätze dankbar. Sie müssen den Bericht schneiden und dies können sie nur bei einem Punkt oder nach dem Verb, daher sind solche

Interview-Partner, die sich kurz fassen, beliebt und die Wahrscheinlichkeit, dass ein kurzer Satz gesendet wird, ist sehr hoch. Andererseits kann man diese Kenntnis auch bewusst nutzen, wenn man sicher ist, dass ein Ausschnitt aus dem Interview gesendet wird und so wesentliche Aussagen und viele Informationen in langen Sätzen unterbringen. Besonders bei Live-Interviews gelingt es leicht, auf eine Frage zunächst eine damit nicht im Zusammenhang stehende Äußerung zu machen, um wichtige Informationen über die Bibliothek zu transportieren, und anschließend die Frage zu beantworten. Life-Interviews im Radio finden heute häufig per Telefon statt, auf ein überraschendes Interview am Schreibtisch sollte man daher eingestellt sein und immer entsprechendes Material und Zahlen über die Bibliothek bereitliegen haben. Solche Interviews kann man natürlich auch ablehnen. Die übliche Interviewtaktik sollte man kennen. Sie beginnt immer mit offenen Fragen und endet mit geschlossenen Fragen, um klare Positionen zu erhalten. Wenn das Fernsehen erwartet wird, sollte man die Farben der Garderobe inklusive der Krawatten, nicht zu kariert und geblümt halten und möglichst wenig, nicht reflektierenden Schmuck tragen. So können weder bunte Farben noch Reflexe der Scheinwerfer den Zuschauer von dem, was gesagt wird, ablenken. Vor welchem Hintergrund Filmaufnahmen stattfinden, sollte man trotz Entscheidung des Kameramannes mit beeinflussen, denn auch dadurch kann das Image der Bibliothek erneut in richtiger Weise bestätigt werden. Je nachdem wählt man einen traditionellen Bücherschatz oder PCs und neue Medien aus. Jetzt wird wichtig, wie attraktiv das Mobiliar ist, um das entsprechende moderne oder historische Image zu bestätigen, das man vermitteln möchte. Was im Radio und beim Fernsehen durch die Live-Übertragung nicht möglich ist, wird bei einem Presse-Interview häufig noch praktiziert: das Autorisieren des Interviews. Das druckfertige Interview wird vorgelegt und man hat die Möglichkeit, Änderungen vorzunehmen. Heute sollte man auf das Autorisieren nur Wert legen, wenn ein schon gestörtes Vertrauensverhältnis zu diesem Blatt vorliegt. Besser ist, man spricht präzise und autorisiert schon während des Interviews: „Das können Sie wörtlich so schreiben."

13.1.6 Dokumentation und Pressespiegel

Zur Nachbereitung jeder Aktion gehört die Sammlung aller Zeitungsartikel und Radiotermine sowie der Fernsehberichte. Die Dokumentation und der Pressespiegel sind notwendig für die Arbeit und Darstellung der Bibliothek vor allem vor ihrem Unterhaltsträger. Mit einem guten Pressespiegel werden auch Sponsoren ansprechbar. Wenn man den Pressespiegel unter diesem Aspekt betrachtet, wird deutlich, dass man Negativmeldungen manchmal mit einem positiven Dreh versetzen muss. Alles muss immer dem Gesamt-Image, der Corporate Identity, untergeordnet sein, wenn man besonders erfolgreich den Pressespiegel für die Lobby-Arbeit und bei Sponsoren einsetzen will.

13.2 Veranstaltungsarbeit

„In kleineren Kommunen ist die Bibliothek nicht selten die einzige kommunale Kultureinrichtung. Ihr fällt dann die zentrale Rolle in der Kulturarbeit der Kommune zu. Aus Sicht des Unterhaltsträgers ist es rationeller, die vorhandene Einrichtung Bibliothek mit ergiebigeren Ressourcen für die Kulturarbeit auszustatten, als eine neue Institution für diese Aufgabe zu schaffen. Die Bibliothek soll dann Kunst-, Musik- und Literaturveranstaltungen organisieren und hierbei mit örtlichen Initiativen zusammenarbeiten. In mittleren und größeren Kommunen ist die Bibliothek durch ihre medialen Dienstleistungen, ihre Veranstaltungen und Ausstellungen in das Kulturleben der Kommune und des Einzugsbereichs verflochten. Sie nimmt im Gefüge der kulturellen Einrichtungen breitenkulturelle und stadtteilorientierte Aktivitäten wahr." (Bibliotheken '93. Strukturen, Aufgaben, Positionen. Hrsg. von der Bundesvereinigung Deutscher Bibliotheksverbände. Berlin, 1994, S. 23)

Programmarbeit mit Veranstaltungen und Ausstellungen ist als eine Form der Informationsvermittlung zu verstehen, welche die Bereiche Weiterbildung und Freizeitgestaltung berührt und sich an Kunden aber auch an einzelne Noch-nicht-Kunden der Bibliothek richtet, ja sie kann – mit Umsicht, Neugier und Geduld aufgebaut – neue Benutzergruppen erschließen. Ziel der Programmarbeit einer Bibliothek ist es, in einer jährlichen Planung ein attraktives und differenziertes Angebot für verschiedene Zielgruppen vorzustellen.

13.2.1 Die Wahl der Veranstaltung

Da die Bibliothek die kulturelle Einrichtung mit der größten Breitenwirkung ist und mit etwas Glück und Weitsicht des Gemeinderates auch mit einer Fachkraft besetzt ist, wird durch ihre Veranstaltungen das Kulturprogramm der Kommune erweitert und ein Beitrag zu nichtkommerzieller Kultur geleistet:
- Veranstaltungen der Bibliothek machen mit literarischen und aktuellen Themen und Fragestellungen bekannt. Sie leisten einen Beitrag zur Bestandsaktivierung.
- Ein gutes Programm hilft, in der ständig steigenden Informationsflut Akzente zu setzen und regt zur Kreativität an.
- Unterhaltende Veranstaltungen bauen Vorurteile gegenüber der Bibliothek (Wissenshort) ab und führen neue Benutzer – zunächst als Veranstaltungsbesucher – in die Bibliothek.
- Ein attraktives Programm bringt die Bibliothek ins Stadt-Gespräch (wie z.B. die Stadtbücherei Stuttgart mit ihren über 1000 Veranstaltungen), es wird auf Angebote und Dienstleistungen effektvoll aufmerksam gemacht.
- Und nicht zuletzt kann Veranstaltungsarbeit Freude bereiten: Bücher und Themen werden lebendig, Veranstaltungen schaffen vielfältige Begegnungen.

Die Bibliotheksleitung wird erkunden müssen, welchen Anteil die Programmarbeit in der gesamten Bibliotheksarbeit (Einsatz von Personal, Räumlichkeiten und Finanzmittel) einnehmen soll, welche Facetten und Nischen durch die Veranstaltungen der Bibliothek am Ort zu besetzen sind. In kleinen Kommunen wird der ständig fortgeschriebene kommunale Veranstaltungskalender eine Hilfe sein, sich einen Überblick über das örtliche Veranstaltungsprogramm (inklusive der Vereinsveranstaltungen) zu verschaffen. In größeren Städten wird ein Programmangebot sinnvoller Weise in Absprache und Kooperation mit einer Vielzahl von Partnern langfristig aufgebaut und weiterentwickelt (z.B. Gedenkstätten, Kunstverein, Kulturkreis, Literaturhaus, Museen, Schulen, Theater, Verlagen, Zeitungsredaktionen). Schädlich sind konkurrierende Ambitionen und Programme. Hinzu kommt in großen Städten, dass auf Kongress-Themen, bedeutende Sonderausstellungen und Events reagiert werden kann.

Da die Bestände der Bibliothek zu einer Vielzahl von Themen Informationen enthalten, gibt es fast kein Thema, das nicht auch für Veranstaltungen geeignet wäre. Die Bibliothek erhält durch Fragen der Benutzer und die Medienausleihe verwertbare Anhaltspunkte für ihre

Programm-Erörterung und -Konzeption. Für wissenschaftliche Bibliotheken und Großstadtsysteme ist es unerlässlich, über längere Zeiträume zu planen und zumindest Jahresplanungen aufzustellen. Das soll spontanes Agieren jedoch nicht ausschließen. Aber auch kleinere Bibliotheken profitieren von einer langfristigeren Planung: bei der Suche nach geeigneten Partnern, durch effektiveren Einsatz der Mittel.

Formen der Veranstaltungen werden sich sowohl am Publikum als auch am Thema orientieren. Kleine Auswahl kostenintensiver Veranstaltungen: Autorenbegegnungen und Buchpremieren, Lesungen, Rezitationen; Vorträge zu aktuellen oder nachgefragten Themen, Konzerte und Konzertlesungen, szenische Lesungen, Einfrau-/Einmann-Theateraufführungen, Hörspiel-Veranstaltungen, Kleinkunstveranstaltungen. Eine Auswahl kostengünstiger: Veranstaltungen mit einem höheren Anteil an Eigenleistungen des Bibliothekspersonals (eigener Vortrag, Anleitung von Werkstätten): Gesprächsrunden (z.b. über Philosophie, über Romane), Vorlesestunden für Kinder und Bilderbuch-Kino, Spiel- und Bastelnachmittage, Schreib-, Bilderbuch und Kassetten-Werkstätten, Film-Abende, Kinderfilm-Nachmittage. – Für die Planung eines Veranstaltungsprogramms kann von öffentlichen Bibliotheken die Beratung der Staatlichen Fachstellen für das öffentliche Bibliothekswesen in Anspruch genommen werden, die in einigen Bundesländern Lesungen und Vorträge vermitteln, Informationen zu Referenten und Interpreten verschiedener Kunstrichtungen sammeln und für Bibliotheken verfügbar machen. Die Fachstellen leisten auch Hilfestellung bei der Vorbereitung von Veranstaltungen, die Bibliotheken selbst gestalten wollen, beispielsweise Verleih von Bilderbuchkino-Serien. Informationen zu Dienstleistungen und aktuellen Angeboten sind auf den Homepages der Staatlichen Fachstellen für das öffentliche Bibliothekswesen, der Landesfachstellen und Beratungsstellen für das Büchereiwesen zu finden.

In manchen Bundesländern bieten Initiativen der Landesregierungen zur Literatur- und Leseförderung einen wirkungsvollen Rahmen für eine Beteiligung der Bibliotheken sowohl der wissenschaftlichen als auch der öffentlichen. Beispiele: „Bayern liest – Orte für Worte", „Literatur Lesen", die „Bibliothekstage" (in Baden-Württemberg). Darüber hinaus gibt es Landesliteraturtage und Heimattage, die jedes Jahr an andere Städte vergeben werden. Ein Engagement der Bibliothek in diesem Rahmen sollte eine Selbstverständlichkeit sein. Der jährlich wiederkehrende von der UNESCO etablierte „Welttag des Buches" (23. April) sollte ein Anlass sein zu Absprachen zwischen Bibliothek und örtlichem Buchhandel für gemeinsame Aktivitäten.

Veranstaltungsarbeit für Kinder und Jugendliche sollte jede Bibliothek als Verpflichtung empfinden, da Kinder nicht die Mobilität von Erwachsenen haben. Außerdem erleben sie durch den Veranstaltungsbesuch die Bibliothek als Ort mit Mehrwert: Texte werden in Vorlesestunden lebendig; Autoren kann man im Gespräch und nicht nur im Buch begegnen; bei Puppentheater und Clowns ist immer ein Blick hinter die Kulissen möglich. Eine Reihe von Veranstaltungen laden Kinder nicht nur zum Zusehen und Zuhören ein, sondern auch zu eigenem Tun (Werkstätten). Nicht selten ergreifen Kinder die Chance, in der Bibliothek selbst aktiv zu werden, wie z.b. die Internet-Reporter der Kinderbücherei KIM in Stuttgart.

13.2.2 Kooperationen

Sicherheit für die Veranstaltungsplanung der Bibliothek bedeutet ein eigener Veranstaltungs-Etat, der durch Kooperationen noch erweitert werden kann. Partnerschaften in diesem Bereich bringen aber nicht nur finanzielle Entlastungen, sondern auch die Möglichkeit, Themen im Gespräch aus unterschiedlicher Sicht zu erkunden und sich Vorarbeiten zu teilen.

Es ist notwendig, diese Partnerschaften auch nach außen darzustellen. Kooperationen mit Institutionen und Unternehmen aus dem Buch- sowie aus dem Bildungsbereich (Buchhandel, Verlage, Schulen) sollten ebenso angestrebt werden wie mit Verbänden, die im ländlichen Raum Bildungsarbeit leisten (Volkshochschulen, Landfrauenverbände). Ein attraktives Veranstaltungs-Programm der Bibliothek ist an vielen Orten auch für größere Unternehmen oder Bankfilialen am Ort, für den Kulturverein oder den Verband der Gewerbetreibenden für eine finanzielle Beteiligung von Interesse.

13.2.3 Die Programmplanung

Der Ablauf für die Programmplanung durchläuft verschiedene Stadien, in denen auch konträre Ideen eine Chance haben sollten. Es gibt Themen, die müssen langfristig über ein, zwei oder mehr Jahre angelegt werden: Das Thema „Lebenslanges Lernen" z.B. ist kein Thema, das nur für ein Jahr von Bedeutung ist. Es sind Fixpunkte zu ermitteln, mit wem (aus der Bibliothek, als Referent, als Partner) wann und in welchem Rahmen ein Thema präsentiert wird. Eine Themenveranstaltung wird Konsequenzen für den Bestandsaufbau haben oder sich bei wissenschaftlichen Bibliotheken aus ihren Beständen ergeben. Nicht zuletzt ist auch eine grobe finanzielle Kalkulation in diesem Stadium angebracht, da die Weichen gestellt werden müssen, ob die Veranstaltung aus eigener Kraft, mit Förderung durch Partner oder in Kooperation geplant werden soll. Um Partner zu gewinnen, ist ein einleuchtendes Konzept (mit Eckdaten zur Finanzierung) notwendig.

Auf diesen Vorarbeiten (etwa ein Jahr vor der Realisation) sind Absprachen mit Autoren, Referenten, Künstlern zu treffen über Themen und Formen der Veranstaltung, zu Terminen, zu Honoraren und zu Wünschen an die Organisation durch die Bibliothek. Hier wird deutlich, für welches Publikum das Angebot von Interesse sein kann. Langfristige Programm-Planungen eignen sich als ideale Beigaben zu den Jahresberichten. Der Blick zurück auf die erbrachten Leistungen wird verknüpft mit der Aussicht auf Zukünftiges.

Etwa drei Monate vor dem Veranstaltungstermin beginnt die Detailarbeit für Werbung, und es muss geklärt werden, wer wofür zuständig ist. Etwa einen Monat vorher sollte mit dem Feinschliff für die Veranstaltung begonnen werden: Details der Anreise werden geklärt, die Werbematerialien kommen in die Verteilung, die Pressearbeit läuft an (Absprache mit der zuständigen Pressestelle).

An Kosten kommen auf die Bibliothek zu: Honorare (seit 1995 gibt es die VS-Empfehlung von 250 € für eine Lesung), Nebenkosten wie Fahrt und Übernachtung, eventuell Miete, Beitrag zur Künstlersozialversicherung, Kosten für Werbematerialien, GEMA (bei Musikveranstaltungen). In diesem Zusammenhang muss auch geklärt werden, ob Eintritt erhoben werden soll.

Mit der Veranstaltung schließt sich der Kreis aller Vorarbeiten: Die Bibliothek hat das Ereignis und das bedeutet, es gibt gastgeberische Pflichten gegenüber den Künstlern, gegenüber dem Publikum (Begrüßung, Gesprächsleitung, eventuell Bewirtung), für die Abendregie ist eine hohe Konzentration erforderlich.

Die Nachbereitung wird in der Bibliothek im Gespräch mit den Mitarbeitern stattfinden. Eine Erfolgskontrolle ist über Feedback aus dem Publikum, von den Vortragenden und über Presseberichte möglich. Letztere sollten in der Bibliothek auch dem Publikum zugänglich sein.

13.2.4 Vermietung

Größere Stadtbibliotheken und auch wissenschaftliche Bibliotheken haben Räume und Bereiche, die nicht nur für eigene Veranstaltungen attraktiv sind und genutzt werden. Deswegen können Anfragen von Einrichtungen und Unternehmen die Bibliotheksleitung erreichen, ob einzelne Räume angemietet werden können. Außer der freudigen Feststellung, dass die Bibliothek als attraktiver Ort wahrgenommen wird, sind in diesem Fall Aspekte der Sicherheit, der Wirtschaftlichkeit und auch der Außenwirkung zu bedenken und in einem Vertragswerk festzuhalten.

13.3 Ausstellungen

13.3.1 Buchausstellungen: hinterfragt ...

Ausstellungen gehören seit jeher zu den Schwerpunkten bibliothekarischer Veranstaltungsprogramme. Dennoch gibt es Stimmen, die Sinn und Zweck von Buchausstellungen in Frage stellen:
- Haben Bibliothekare nicht andere Aufgaben zu erfüllen als unter die Ausstellungsmacher zu gehen?
- Ausstellungen sind zu teuer, wenn sie wissenschaftlich, didaktisch und gestalterisch ansprechend präsentiert und von einem Katalog begleitet sein sollen.
- Buchinhalte lassen sich nicht ausstellen, man muss sie lesen.
- Bibliotheksausstellungen sind in der Regel unbefriedigend, da die Bücher durch Vitrinenglas dem Betrachtenden entzogen sind und man in ihnen nicht blättern kann.
- Wertvolles Sammelgut leidet durch permanente Beleuchtung.
- Ausstellende Bibliothekare neigen dazu, die Vitrinen voll zu stopfen. Externe Ausstellungsmacher dagegen pflegen einen aufwändigen Inszenierungsstil von Literatur, der das Buch zum Beiwerk degradiert.

13.3.2 ... und gepriesen

Eine kontinuierlich betriebene Ausstellungstätigkeit stiftet der Bibliothek vielfachen Nutzen, der sich allerdings kaum berechnen lässt:
- Durch Ausstellungen begegnen die Bibliotheken dem Vorwurf, dass sie ihre Schätze horten und in den Magazinen verschwinden lassen.
- Ausstellungen regen zu Schenkungen an.
- Durch Kooperation mit anderen Institutionen lassen sich Arbeits- und Kostensenkungen erreichen.
- Bibliotheken leisten durch Ausstellungen Bildungsarbeit, indem sie geistige Zusammenhänge verdeutlichen, zu Vergleichen anregen und somit zur Wissenserweiterung beitragen.
- Bibliothekare lernen ihre eigenen Bestände kennen, sie stoßen auf Sammlungsschwerpunkte oder -lücken, die ihnen bisher verborgen waren.
- Ausstellungen sind praktizierte Fortbildung für Bibliothekare.
- Überzeugende Ausstellungstätigkeit verbessert das Image der Bibliothek und der Bibliothekare.

- Ausstellungen überbrücken lästiges Warten in der Bibliothek und bieten Benutzern Abwechslung.
- Ausstellungen machen Nicht-Benutzer verschiedenster Zielgruppen mit der Bibliothek vertraut. Ausstellungsbesucher sorgen für Mund-zu-Mund-Propaganda, die eine nicht zu unterschätzende Wirkung hat.
- Ausstellungen führen zu guter Resonanz in der Presse.
- Auch Begleitveranstaltungen bringen die Bibliothek ins öffentliche Gespräch. Plakate und Drucksachen prägen ihr Erscheinungsbild.
- Bibliothekare leisten mit Ausstellungskatalogen der Wissenschaft einen Dienst und geben der Veranstaltung einen bleibenden Wert.

Alle diese Vorteile können in ihrer kulturellen Auswirkung nicht hoch genug eingeschätzt werden, sie finden auch bei Behörden und Politikern Beachtung. Ausstellungen machen Bestände und Einrichtungen der Bibliothek einer größeren Öffentlichkeit zugänglich und sind somit eine Verpflichtung.

13.3.3 Thematische Vielfalt

Die Veranstaltungskalender der Lokalpresse einer größeren Stadt zeigen eindrücklich, wie reichhaltig das Ausstellungsspektrum einer Region heutzutage ist. Neben Kunstmuseen und Galerien präsentieren sich Sammlungen zu Architektur und Gestaltung, zu Lokalgeschichte und außereuropäischen Kulturen, zu Naturwissenschaft und Technik. Selbst zoologische Gärten und botanische Sammlungen tragen zur Vielfalt des Schauvergnügens bei. Um sich in diesem Umfeld zu behaupten, müssen Bibliotheken ihrem Ausstellungsprogramm ein eigenes Profil geben.

Aktuelle Themen sowie Jubiläen historischer Ereignisse oder Gedenktage großer Persönlichkeiten gehören zu den bevorzugten Ausstellungsgelegenheiten, um öffentliche Aufmerksamkeit ohne großen Aufwand zu erreichen. Ausstellungen können die verschiedenen Informationsträger einer Bibliothek ins Licht rücken, indem sie Kalender, Landkarten, Zeitungen, Exlibris, Neujahrsblätter, Comics etc. selbst zum Thema machen. Ebenso lassen sich Sammelschwerpunkte zu Sachthemen zeigen, sofern die Exponate eine optische Ausstrahlung haben. Einen hohen Wirkungsgrad verzeichnen lokalgeschichtliche Themen. Als Gedächtnis der Region hat die Bibliothek ein leichtes Spiel, ihren Fundus immer wieder neu auszuschöpfen und sich gegenüber anderen Institutionen zu behaupten. Eine bibliothekarische Domäne sind Ausstellungen, die das Exponat Buch nicht nur als Textübermittler, sondern als eine individuell gestaltete Verbindung von Text und Körper darstellen. Buchgestalter, Einbandkünstler oder Illustratoren lassen sich mit ihrem Gesamtwerk zeigen. Buchkünstlerische Verlagsprogramme, Pressendrucke oder die alljährlich ausgezeichneten schönsten Bücher eines Landes sind beliebte Themen für ein fachkundiges Publikum. Die Möglichkeit, die Materialfülle einer Bibliothek unter wechselnden Blickwinkeln verschiedenen Zielgruppen darzubieten, macht die Ausstellungstätigkeit zur bevorzugten Programmarbeit von wissenschaftlichen Bibliotheken.

13.3.4 Partnerschaftliche Zusammenarbeit

Ausstellungen sind kosten- und personalintensiv. Da Bibliotheken in der Regel keinen Ausstellungsreferenten haben, verteilt sich Ausstellungsplanung und -einrichtung auf wechselnde Fachreferenten des Bibliotheksteams unter Einbeziehung technischer Mitarbeiter von Buch-

13.3 Ausstellungen 333

binderei und Reprostelle. Während der Ausstellungsvorbereitung bleiben mancherlei Aufgaben unerledigt, es sei denn, sie lassen sich durch zusätzlichen Einsatz in der Freizeit bewältigen. Eine andere Lösung ist, durch Outsourcing fehlende Personalkapazität zu ergänzen. Bibliotheken sind in einem Umfeld tätig, in dem sich Kontakte zu bibliothekarischen, kulturellen oder universitären Einrichtungen leicht knüpfen lassen. Gelegentlich entstehen daraus Gemeinschaftsausstellungen verwandter Institutionen, was zu willkommener Ergänzung von Exponaten oder auch von Personalkapazität führt. Gemeinsames Auftreten zieht erhöhte Wirkung in der Öffentlichkeit nach sich und bringt neue Interessenten mit der Bibliothek in Berührung.

Um den finanziellen und personellen Aufwand niedrig zu halten und trotzdem eine kontinuierliche Ausstellungstätigkeit zu pflegen, sind Bibliotheken häufig zur Übernahme von Fremdausstellungen bereit. Mitunter stopfen Wanderausstellungen ein Loch im Ausstellungsprogramm. Diese präsentieren sich meistens zweidimensional auf Schautafeln, um an jedem Ort rasch auf- und abgebaut zu werden. Sie mögen informativ sein, doch die Aura einer Buchausstellung geht ihnen verloren. Der finanzielle Aufwand für Fremd- und Wanderausstellungen beschränkt sich meistens auf Transport- und Versicherungskosten. Für den auswärtigen Ausstellungsmacher sind die Reise- und Aufenthaltskosten während des Aufbaus zu zahlen. Der Werbeaufwand bleibt im üblichen Rahmen. Eine Ausstellungsübernahme zahlt sich aber nur bei herausragenden Themen aus, zu denen die ausstellende Bibliothek eine geistige Beziehung hat. Sie verzichtet damit auf eine Gelegenheit der Selbstdarstellung, leistet aber einen öffentlichen Beitrag als kulturelle Institution.

Dank guter Kontaktarbeit bieten sich einer Bibliothek Möglichkeiten, auch außerhalb des Hauses Flagge zu zeigen. Vitrinen- oder Schaufensterauslagen lassen sich bei anderen Partnern einrichten, in Banken, im Opernhaus, im Flughafen etc., um in einer unerwarteten und damit überraschenden Umgebung die Präsenz der Bibliothek zu markieren. Die nach außen dokumentierte Zusammenarbeit kommt beiden Partnern zugute.

13.3.5 Anschaulich und attraktiv präsentiert

Die Typologie der Ausstellungsformen in wissenschaftlichen Bibliotheken reicht von der Auslage der Neuerscheinungen zwecks Leseanimation und Verdeutlichung der Erwerbungspolitik über didaktisch-informativ dargebotenes Schaugut kleinerer Themen oder die groß angelegte, wissenschaftlich fundierte Aufbereitung eines Themas mit Dokumenten aller Art bis hin zur Zimelienschau in Schatzkammern. Jeder Ausstellungstyp verlangt seine angemessene Räumlichkeit und entsprechende Sicherheitsvorkehrungen. Im 20. Jahrhundert entwickelte sich eine rege Tätigkeit von Wechselausstellungen, die anhand exemplarischer Exponate thematische Zusammenhänge verdeutlichen. Begleitende Veranstaltungen mit Eröffnungsreden oder ganzen Vortragsreihen fördern die Reflexion über den Themenbereich, stellen ihn in neue Zusammenhänge und schlagen Brücken zur Gegenwart. Die Verpflichtung fachkundiger oder hochrangiger Redner macht die Bibliothek zu einem Ort der geistigen Auseinandersetzung und Meinungsbildung.

Die Darbietung der Exponate bestimmt die ästhetische Wirkung einer Ausstellung. Bei älterem Ausstellungsgut, vor allem bei Handschriften und lichtempfindlichen graphischen Blättern sind konservatorische Maßnahmen zu berücksichtigen. Die optimale Ausstellungstemperatur beträgt 18°, maximal 20°, die relative Luftfeuchtigkeit um 50 %, mit Optimalwerten für Papier um 55 % und für Pergament um 40 %. Bei hochempfindlichen Exponaten darf die Lichtstärke nicht über 50 Lux liegen, bei allen übrigen Stücken 150 Lux nicht überschreiten. Die Ausstellungsstücke sind von direktem Tageslicht fernzuhalten. Aus konservatorischen Gründen liegen Bücher und Texte geschützt in Vitrinen, während großflächiges Bildmaterial und Schautafeln in Wechselrahmen der Berührung entzogen sind. Die Ausstellungsobjekte werden durch schützendes Glas dem Beschauer zwar entrückt und entziehen sich dem Blättern, doch gewinnt ein Objekt zugleich an ästhetischer Wirkung, indem es in Vitrine oder Rahmen herausgehoben und bedeutungsvoll erscheint. Wegen der Gefährdungen herrscht heute im bibliothekarischen Ausstellungswesen die Tendenz, wertvolle Stücke durch Faksimilia oder Kopien zu ersetzen.

Die Ausstellungsstruktur muss für den Betrachter erkennbar sein, damit er sich nicht im Wust der Exponate verliert. Ebenso sollen die Vitrinen thematisch rasch erfassbar sowie abwechslungsreich gestaltet sein, um Ermüdung vorzubeugen. Oberstes Gebot ist eine strenge Reduktion des Ausstellungsgutes auf exemplarische Stücke. Die gut lesbaren Beschriftungen haben nur erläuternde Funktion, sie sollen nicht vom Exponat ablenken. Provokative und polarisierende Thesen fördern die geistige Auseinandersetzung. Gelegentlich werden Buchausstellungen durch Objekte angereichert, um die sinnliche Wahrnehmung zu erhöhen. Doch ist bei Buchliebhabern auf solcherlei Attraktionen eher zu verzichten. Tonträger und Videoschauen hingegen sind beliebte Begleitmedien zu Buchausstellungen. Sie dürfen jedoch nicht zu einem Störfaktor ihrer Umgebung werden. Ziel der Ausstellungspräsentation soll sein, ein Thema für ein bestimmtes Zielpublikum verständlich und anschaulich aufzubereiten, um zum Nachdenken anzuregen.

13.3.6 Ausstellungskataloge und andere Publikationen

Der personell wie finanziell hohe Aufwand für die Ausstellungsvorbereitung und die aus konservatorischen Gründen nur kurze Ausstellungsdauer legen die Veröffentlichung von Ausstellungskatalogen nahe. Bei kleineren Ausstellungen mag ein Faltblatt genügen. Größerer Aufwand rechtfertigt die Herausgabe eines gedruckten Ausstellungsleitfadens, eines umfangreichen Katalogs oder gar eines Begleitbandes mit ergänzenden Materialien oder thematisch vertiefenden Beiträgen. Die intensive Erschließung des Materials und dessen wissenschaftliche Durchdringung werden auf diese Weise sinnvoll dokumentiert. Die Objektbeschreibungen einer Ausstellung lassen sich bei veröffentlichtem Katalog noch kürzer halten. Dies dient der optischen Wirkung der Exponate sowie dem Absatz des Katalogs. Als allgemeines Vorbild für Literaturausstellungen gelten heute die Kataloge des Deutschen Literaturarchivs in Marbach. Umfang und Ausstattung der Kataloge sind von den finanziellen Möglichkeiten einer Bibliothek abhängig. Hierfür sind in der Regel zusätzliche Mittel einzuwerben.

Ähnlich sieht es bei anderen Publikationsvorhaben von Bibliotheken aus. Bestandskataloge lassen sich heute zwar mit Vorteil über das Internet verbreiten. Bestandsbeschreibungen von Bibliotheksschätzen, Nachdrucke seltener Dokumente, Veröffentlichungen musikalischer Dokumente auf CD bedürfen hingegen der finanziellen Unterstützung von dritter Seite, um einem größeren Publikum diesen Leistungsnachweis einer Bibliothek näher zu bringen.

13.4 Fundraising

13.4.1 Arten des Fundraising

Fundraising als Marketingstrategie ist in Bibliotheken noch ein junger Begriff, der verschiedene Arten der Mittelbeschaffung in sich schließt. Dazu gehört das Mäzenatentum, die private Förderung der Bibliotheken durch Geld- oder Sachmittel, wobei sich der Mäzen diskret im Hintergrund hält. Als wichtige Erwerbungsart gelten Schenkungen. Gelegentlich sind Bibliotheken durch Schenkungen überhaupt erst entstanden, wie Donatorenbücher aus früher Zeit belegen. Als Nonprofit-Organisationen umgeben sich Bibliotheken häufig mit Freundesgesellschaften, die zum Wohle der Institution einen regelmäßigen Beitrag entrichten. Förderung erhalten sie auch durch Stiftungen, die für bestimmte Projekte oder Anschaffungen finanzielle Hilfe leisten.

Diese traditionellen Arten der Mittelbeschaffung werden heute durch Sponsoring ergänzt. Dabei handelt es sich um finanzielle Zuwendungen, eventuell auch um Sachwerte oder Arbeitsleistungen, für die sich der Sponsor einen Werbeeffekt erhofft. Die Gegenleistung der Bibliothek besteht darin, den Sponsor im Bibliotheksumfeld in Erscheinung treten zu lassen. Sponsoring ist also ein Geschäft auf Gegenseitigkeit, das nach dem Prinzip Leistung und Gegenleistung funktioniert. Angesichts stets beschränkter Finanzmittel der öffentlichen Hand und der wachsenden Ansprüche gegenüber Bibliotheken wird Sponsoring heute zu einer wichtigen Strategie der Mittelbeschaffung. Es ist für zeitlich befristete, außerordentliche Vorhaben einzuplanen und darf die reguläre Finanzierung durch den Bibliotheksträger nicht ersetzen.

13.4.2 Fundraising-Projekte

Als Faustregel gilt: Projekte, die nicht über den normalen Etat zu finanzieren sind, eignen sich für Sponsoring oder ein Stiftungs-Engagement. Dazu zählen Bibliotheksjubiläen, Einrichtung neuer Spezialsammlungen, Sonderanschaffungen oder Aufbauhilfe für ein neues Medienangebot, Ausstellungen oder Veranstaltungsreihen, Veröffentlichungen der Bibliothek, Buchpatenschaften. Der Katalog möglicher Maßnahmen lässt sich je nach Bibliothek erweitern. Wichtig ist, dass die Projekte zeitlich und finanziell klar umrissen sind. Größere Projekte wie die Einweihung eines Bibliotheksbaus oder ein Bibliotheksjubiläum lassen sich in einzelne Sponsoring-Elemente aufteilen, für die mehrere Geldgeber gesucht werden. Ein Unterstützungsgesuch, das an potentielle Sponsoren gerichtet wird, sollte neben einem zweckgebundenen Maßnahmenangebot auch die Möglichkeit zweckfreier finanzieller Unterstützung vorsehen.

13.4.3 Partner

Für Fundraising-Aktivitäten kommen Unternehmen, Stiftungen, Lieferanten, Gewerbe der Nachbarschaft, private Spender oder der Förderverein der Bibliothek in Frage. Fundraising baut in der Regel auf einem örtlichen und sachlichen Bezug zur Bibliothek auf. Voraussetzung für eine erfolgreiche Mittelbeschaffung ist die gute Kenntnis des Ansprechpartners sowie seine Affinität zum Fundraising-Projekt. Nachschlagewerke über Stiftungen geben die erwünschten Auskünfte über den Stiftungszweck und die finanziellen Möglichkeiten. In vielen Fällen hängen die Erfolgschancen von persönlichen Beziehungen ab. Deshalb empfiehlt es sich, Politiker, Wirtschaftsleute und allenfalls PR-Berater hinzuzuziehen, um das Beziehungsnetz enger zu knüpfen. Mit persönlichen Briefen oder Gesprächen lässt sich eine Partnerschaft aufbauen, die über einen einmaligen Fundraising-Anlass hinausführt.

13.4.4 Gegenleistungen der Bibliothek

Als Nonprofit-Organisation kann die Bibliothek Schenkenden hauptsächlich immaterielle Gegenwerte bieten, sei es das Gefühl der guten Tat, sei es das Verdienst um das Gemeinwohl. Für jede Spende, ob Geld oder Sachmittel, wird man sich schon deshalb bedanken, um die Spendertreue zu erhalten. Die Bibliothek sollte sich auch um Steuerabzugsfähigkeit von Spenden bemühen, um Geldgebern zusätzlichen Anreiz zu bieten. Bei Buchpatenschaften erhält der Pate des restaurierten Werkes neben der Steuerbescheinigung einen Steckbrief des geretteten Werkes und das Werk selbst ein Hinweisschild auf seinen Paten. Sponsoren erscheinen üblicherweise mit ihrem Logo auf gesponserten Plakaten, Tragtaschen oder Buchzeichen, bzw. auf den Drucksachen des gesponserten Anlasses. Sie werden bei der Veranstaltung sowie im Jahresbericht gebührend erwähnt. Auf einer Stellwand oder Plakatsäule in der Bibliothek kann man ihnen Platz für eine befristete Selbstdarstellung einräumen oder einen Link auf der Homepage einbauen. Der heutige Trend zur Event-Kultur erfasst auch Bibliotheken, die für ihre Sponsoren Räume zur Verfügung stellen, Sonderveranstaltungen durchführen und ihnen somit ein kulturelles Flair verleihen. Die Art und Weise, wie der Sponsor in Erscheinung tritt, wird im Voraus vertraglich geregelt, um unliebsame Überraschungen zu vermeiden.

13.4.5 Wege zum Erfolg

Fundraising baut auf einer guten Positionierung der Bibliothek in der Öffentlichkeit auf. Diese muss sich durch herausragende Dienstleistungen sowie durch Veranstaltungen ins Gespräch bringen. Hinzu kommen regelmässige Medienarbeit und zielgerichtete Beziehungspflege durch persönliche Kontakte. Das Engagement von Bibliothekaren in Vereinen, politischen Gremien, kulturellen Gesellschaften und ihr öffentliches Auftreten ebnen die Wege für erfolgreiches Fundraising. Dies verlangt ausgeprägte Kommunikationsfähigkeiten und einen einfühlsamen Umgang mit Menschen. Mancher Nachlass, manches Legat sind nur aufgrund persönlicher Beziehungen in die Bibliothek gekommen. Eine breit abgestützte Freundesoder Fördergesellschaft bildet ein gutes Fundament für Fundraising-Aktivitäten. Solch eine Gesellschaft ist mehr wert als ihr jährlicher Beitrag, verlangt aber auch einen beträchtlichen Arbeitsaufwand, um die Mitglieder an das Haus zu binden.

Sponsoring-Aktivitäten beruhen auf strategischen Überlegungen. Sponsor wie Gesponserter geben sich Richtlinien, welche die Grundsätze und Grenzen des Sponsoring-Engagements festhalten. Nur so lässt sich eine glaubwürdige Kommunikationspolitik entwickeln, die auch zur Akzeptanz durch die eigenen Mitarbeiter führt. Eine Sponsoring-Vereinbarung wird in der Regel durch ein schriftliches Angebot eingeleitet. Dieses muss sponsorbezogen, d.h. individuell abgefasst sein. Das Angebot enthält eine Sammlung von Argumenten, die auf sachgemäßer Planung und realistischen Erwartungen aufbaut. Daten, Zahlen, Fakten müssen sorgfältig erhoben und überprüfbar sein; sie dienen der späteren Erfolgskontrolle. Die Offerte ist stets frühzeitig einzureichen, da die Entscheidungswege oft lang und nicht immer gradlinig sind. Ähnliches gilt für Unterstützungsgesuche, die an Stiftungen gerichtet werden. Bei fehlendem Know-how im Sponsoring-Geschäft und bei geringem Beziehungspotential ist die Zusammenarbeit mit einer PR- und Sponsoring-Agentur zu empfehlen. Fundraising ist heute als eine bibliothekarische Daueraufgabe anzusehen und deshalb in die Aus- und Weiterbildung einzubeziehen.

13.5 Die Bibliothek im politischen Gefüge

13.5.1 Was haben Bibliotheken mit Politik zu tun?

Jede Bibliothek hat mit Politik zu tun, und zwar mit unterschiedlichen Arten von Politik:
- Mit *Sachpolitik*, d.h. kultur-, bildungs-, informations- oder sozialpolitischen Zielsetzungen und Aufgaben. Ein Träger unterhält eine Bibliothek, um durch sie derartige Zielsetzungen zu erreichen.
- Mit *Machtpolitik*, d.h. mit der Frage, wie gut eine Einrichtung in Konfliktsituationen ihre Interessen durchsetzen kann, wie sie bei ihrem Träger einen sicheren Stand erlangen und sich Anerkennung und notwendige Ressourcen verschaffen kann.

Entscheidungen, die das Bibliothekswesen betreffen, werden auf allen politischen Ebenen gefällt, vom ehrenamtlichen Gemeinderat bis hin zur UNESCO. Auf jeder dieser Ebenen gibt es bibliothekarische Verbände, die im Sinne des Bibliothekswesens tätig werden.

13.5.2 Lobby-Arbeit – Agieren im politischen Raum

Das Vertreten der Bibliothek im politischen Raum kann als Lobby-Arbeit bezeichnet werden. „Lobbying" bedeutet die Interessenvertretung im Umfeld (in der „Lobby", den Fluren und Vorhallen) eines Gesetzgebers. Das Ziel von Lobby-Arbeit ist es, der Bibliothek einen guten Stand beim Träger zu verschaffen und ihr möglichst gute Arbeitsbedingungen zu sichern. Die Lobby-Arbeit selber hat aber nur am Rande etwas mit bibliothekarischen oder sonstigen Fachfragen zu tun. In ihrem Zentrum steht grundsätzlich der Umgang mit bestimmten, für die Bibliothek relevanten Menschen: „Egal, um welche Sache es geht: es geht immer um Personen" lautet ein Satz, der Machiavelli zugeschrieben wird. Das bedeutet: Lobby-Arbeit ist Beziehungsarbeit – zunächst zum Austausch von Informationen. An diesem Punkt überschneidet sich Lobby-Arbeit teilweise mit Öffentlichkeitsarbeit: Die Bibliotheksleitung versucht, bei Entscheidungsträgern und anderen relevanten Personen ein positives Bild der Bibliothek aufzubauen und sie mit Informationen über die Bibliothek zu versorgen. Lobby-Arbeit schließt aber auch das Umgekehrte mit ein: sie bedeutet, immer aktuell und detailliert darüber informiert zu sein, was in politischen Gremien und anderen Verwaltungseinheiten vor sich geht. Je mehr Insiderwissen verfügbar ist, umso besser. Und Vorsicht: viele Vorgänge und Sachverhalte, die zunächst sehr fern und unwichtig erscheinen, können sich auf Umwegen irgendwann doch einmal auf die Bibliothek auswirken. Die Grenzen dessen, wofür man sich interessiert, sollten also nicht zu eng gezogen werden. Umso wichtiger ist es, in der praktischen Arbeit die Augen offen zu halten und auf politische Vorgänge bewusst zu achten, auch um gegebenenfalls Schaden von der Bibliothek abzuwenden.

Ab einem bestimmten Punkt kann dann, über den Austausch von Informationen hinaus, das geknüpfte Netz auch zum Austausch anderer Tauschgüter dienen. Jede beteiligte Person hat bestimmte legitime Bedürfnisse für sich selbst oder die Einrichtung, die sie vertritt. Es geht darum, diese Bedürfnisse zu erkennen und herauszufinden, welche legitimen Tauschgüter die Bibliothek anbieten kann: Die Möglichkeit für eine Kommunalpolitikerin, sich bei einer Veranstaltung der Bibliothek öffentlich zu profilieren? Eine Literaturrecherche für den Professor, der im akademischen Beirat der Hochschule sitzt? Telefonische Hilfe bei einem Textverarbeitungsproblem für die Kollegin in der Beschaffungsstelle? Eine Zuarbeit für den Kulturreferenten über die Entwicklung der Ausleihen in der Bibliothek, mit Graphik und Tabellen auf Diskette? Was immer es sei: Offenheit und Kooperationsbereitschaft seitens der Bibliothek und allen ihren Mitarbeitern ersetzen schon einen wichtigen Teil der Lobby-Arbeit.

Dem Grunde nach besteht Lobby-Arbeit jedoch hauptsächlich aus Kommunikation mit Personen außerhalb der Bibliothek. Diese Kommunikation läuft auf verschiedenen Ebenen ab:

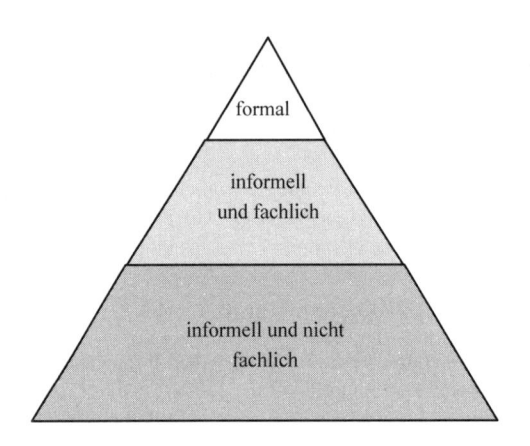

Pyramide	Beschreibung
formal	Formal: z.B. Controlling- und Jahresberichte, Vorlagen, Protokolle, Vermerke, Anträge
informell und fachlich	Informell und fachlich: z.B. Fachgespräche, Zuarbeiten, Presseberichte, Interviews, Öffentlichkeitsarbeit, Lobby-Arbeit
informell und nicht fachlich	Informell und nicht fachlich: z.B. gesellschaftliche Auftritte, persönliche Umgangsformen, soziale Kompetenz, Offenheit

Die offizielle, schriftliche Kommunikation ist dabei nur die Spitze des Eisbergs. In ihr kristallisiert sich heraus, was vorher schon längst in Fachgesprächen, Diskussionen, Pressearbeit und dergleichen über die Bibliothek vermittelt wurde (mittlere Ebene). Ob und wie intensiv diese Art der Kommunikation stattfinden kann, entscheidet sich aber auf der untersten Ebene, dort wo es um die persönliche Kommunikation der Bibliotheksleitung mit Außenstehenden geht, um Offenheit, Freundlichkeit und ganz einfach die Fähigkeit, Konversation zu machen.

Für die Kommunikation mit Außenstehenden ist es besonders wichtig, in ihrer eigenen Sprache mit ihnen zu reden. Erstens wissen viele Verwaltungsangehörige und auch Kommunalpolitiker oder Presseleute nicht viel über bibliothekarische Arbeit und kennen das Fachvokabular nicht (Fachvokabular beginnt z.B. bei „Nahbereich", „OPAC" oder „Stichwort"). Das müssen sie auch gar nicht, denn sie sind keine Spezialisten, sondern Generalisten. Aus diesem Grund gibt es die Lobby-Arbeit, durch die bibliothekarische Themen übersetzt und vermittelt werden. Zweitens haben Personen außerhalb der Bibliothek eine andere Perspektive, es interessieren sie andere Aspekte: für den Kämmereimitarbeiter ist die Bibliothek eine Kostenstelle, für die Personalstelle eine Einrichtung mit besonders vielen Hilfskräften, für das Mitglied des Bauausschusses ein Problemfall wegen des alten Gebäudes usw. Es geht darum, gedanklich in die Rolle des jeweiligen Gesprächspartners zu schlüpfen, und zu versuchen, die Bibliothek mit seinen Augen zu sehen.

13.5.3 Lobby-Arbeit – langfristige Arbeit

Entsprechend der Definition von Lobby-Arbeit als *Personen*arbeit ist es für einen langfristigen Ansatz zunächst Voraussetzung, die Personen zu identifizieren, die in irgendeiner Form für die Bibliothek wichtig sind, weil sie qua Amt oder Gremienarbeit an Entscheidungen beteiligt sind, die die Bibliothek betreffen, die generell gut informiert sind oder als Unterstützer dienen können. Dann geht es darum, diese Menschen kennen zu lernen, und zwar *bevor* man ein konkretes Anliegen an sie hat. Der größte Teil der Lobby-Arbeit besteht also im langfristigen Aufbau von Beziehungen und Netzen. Diese eher unspektakuläre Arbeit geschieht permanent ohne besondere Aktionen. Gute Gelegenheiten sind offizielle und halboffizielle Anlässe, Feiern oder Festlichkeiten – aber vor allem bietet die Mitarbeit bei Kooperationsprojekten, verwaltungsübergreifenden Arbeitsgruppen oder in fachlichen Gremien eine hervorragende Gelegenheit, um Menschen kennen zu lernen. Von der Weihnachtskarte über den Antrittsbesuch gibt es im Jahresverlauf zahlreiche Gelegenheiten zur Kontaktarbeit. Generell sollte man die Kontakte möglichst breit streuen, sich also nicht nur auf wenige Personen bzw. auf eine Partei oder Gruppierung beschränken und als öffentliche Bibliothek auch die Opposition im Stadt- oder Gemeinderat mit einbeziehen.

13.5.4 Lobby-Arbeit – einzelne Aktionen

Wenn Entscheidungen über die Bibliothek bevorstehen, geht es darum, die Personen, die an der Entscheidung beteiligt sind, von den Interessen der Bibliothek zu überzeugen. Die Bibliothek ist in der Regel Teil der Verwaltung und darf deshalb im Sinne der staatlichen Gewaltenteilung nicht direkt auf die Politik einwirken. Ihre Lobby-Arbeit richtet sich auf ihre eigene Trägerorganisation. Die Interessenvertretung bei politischen Entscheidungsträgern, geschieht also eher indirekt über Personen, die der Bibliothek nahe stehen (Freundeskreis, Presse, prominente Bürger). Um auf eine konkrete Entscheidung Einfluss zu nehmen, muss man sich über einige Fragen im Klaren sein:

1. Wie läuft das Entscheidungsverfahren ab? Das heißt: Welches sind die wichtigen Sitzungen, welche Termine sind zu beachten? Welche Fragen werden wann in welchen Gremien diskutiert und wann werden die Entscheidungen getroffen? Wer sitzt in diesen Gremien? Wie läuft die Arbeit zwischen den Sitzungen ab? Wie sind die informellen Abläufe?

2. Welche Personen sind relevant? Zunächst sind es diejenigen Personen, die auf die Entscheidung den meisten Einfluss haben. Aber auch diejenigen, die eine bestimmte Entscheidung vorbereiten, für den Politiker ein Meinungsbild erstellen oder einen Sachverhalt, der die Bibliothek betrifft, prüfen müssen.

3. Verbündete und Gegner? Welche Verbündeten könnte die Bibliothek für ihr Anliegen sonst noch gewinnen, z.B. Kooperationspartner (Buchhandel, Schulen, Kindertagesstätten, Arbeitsamt)? Welche Einzelpersonen oder Einrichtungen arbeiten *gegen* die Interessen der Bibliothek und aus welchen Gründen?

Lobby-Arbeit in einer konkreten Entscheidungssituation kann folgende Formen annehmen:
- Briefe, Telefonate oder wenn möglich persönliche Gespräche mit Entscheidungsträgern. Unterstützung von *außerhalb* der Bibliothek (Freundeskreis, prominente Einzelpersonen) erst aktivieren, wenn die eigenen Mittel erschöpft sind.
- Teilnahme und Wortmeldungen in öffentlichen Gremiensitzungen, Anfragen
- Presse- und Medienarbeit (sofern der Bibliotheksleitung eigenständige Pressearbeit erlaubt ist): Pressemitteilungen, Interviews, Leserbriefe von Unterstützern

- Grassroot-Lobbying (nur, wenn mit großer Teilnahme gerechnet werden kann): Unterschriftensammlung, Postkarten- oder E-mail-Aktionen, Bürgerbegehren, Demonstrationen

13.6 Kundenorientierung

Ein wichtiger Teil der Öffentlichkeitsarbeit der Bibliothek bestimmt sich durch die Art und Weise, wie die Kunden informiert werden und wie man sich um ihre Beschwerden kümmert.

13.6.1 Kundeninformation

Die ausführliche Information des Kunden ist ein wichtiger Teil der bibliothekarischen Öffentlichkeitsarbeit. Falls diese von den einzelnen Bereichen und Abteilungen selbst gemacht wird, muss der Bereich Öffentlichkeitsarbeit die Herstellung überwachen. Alle Informationen müssen eine eindeutig wieder erkennbare Gestaltung der Bibliothek haben, meist mit dem Logo. Aushänge, Auslagen und Plakate müssen aktuell und ordentlich aussehen. Mit Zetteln beklebte Auskunftspulte im Öffentlichen Bereich widersprechen jeder Ästhetik. Alles muss gleichermaßen frisch und neu und professionell wirken. Die gesamte Beschilderung, das Leitsystem einer Bibliothek, dient der leichten Orientierung der Kunden. Am besten ist es, dies zusammen mit einer Firma zu entwickeln und das notwendige Geld dafür wirklich zu investieren. Auf die Möglichkeit einer flexiblen Beschriftung ist besonders zu achten. Tafel und Hinweisschildern dürfen nicht mit Informationen überladen sein. Die Ermittlung der Kundenzufriedenheit ist ein weiteres Aufgabenspektrum der Öffentlichkeitsarbeit. Durch Umfragen kann die Kundenzufriedenheit gemessen werden.

13.6.2 Kundenzeitschrift

Eine weitere in Deutschland wegen des personellen Aufwands noch wenig verbreitete Öffentlichkeitsarbeit in Bibliotheken ist die Kundenzeitschrift. Sie wird kostenlos verteilt und berichtet über Aktivitäten, Veränderungen und Vorgänge hinter den Kulissen. Sie schafft eine Identifikation des Kunden mit seiner Bibliothek. Gleichzeitig gibt sie Freundeskreisen, Förderern, Sponsoren und Politikern die Möglichkeit, sich über die Bibliothek zu äußern und das Geschehen in ihr aus nächster Nähe zu verfolgen.

13.6.3 Beschwerdemanagement

Auch wenn die Arbeit noch so gut ist, Beschwerden wird es immer geben, meist gleich beim betroffenen Personal. Es muss daher gut darin geschult sein, auf Beschwerden im Sinne des Leitbilds und der Corporate Identity der Bibliothek zu reagieren. Spezielle Fortbildungskurse zum Konfliktmanagement oder zum Umgang mit schwierigen Kunden helfen, die Situationen professionell und souverän zu meistern. Zum Beschwerdemanagement gehört ein Briefkasten, mit der Aufschrift „Anregungen, Wünsche", damit Beschwerden auch anonym eingeworfen werden können. Hinterlässt der Kunde seine Anschrift, erhält er auf Beschwerden auch eine Antwort.

Eine Gruppe aus der Bibliothek kann das Beschwerdemanagement durchführen: Beschwerdezettel werden gesichtet und zur Beantwortung verteilt. Diese setzen sich mit den von der

Beschwerde betroffenen Personen der Bibliothek zusammen, klären den Hintergrund und antworten innerhalb von zwei Wochen. Einige freundliche Formulierungen dieser Briefe sollten abgestimmt sein, wiederum damit ein einheitliches positives Bild nach außen vertreten wird. Die Gruppe aus dem Beschwerdemanagement sorgt mit, dass Verbesserungen auf Grund von Beschwerden realisiert werden. Der Beschwerdezettel wird mit einer Kopie der Antwort gesammelt, so dass auch eine Dokumentation der Beschwerden, der Antworten und gegebenenfalls der daraus folgenden organisatorischen Verbesserungen stattfindet.

13.7 Interne Öffentlichkeitsarbeit

Häufig findet im Rahmen der Öffentlichkeitsarbeit die interne Öffentlichkeitsarbeit wenig Raum. Sie spielt eine zunehmend wichtige Rolle und verbessert spürbar die Kundenorientierung und die Mitarbeiterzufriedenheit. Über regelmäßige Besprechungen im Rahmen der Bibliotheksstruktur erfährt das Personal der Bibliothek wichtige Informationen und kann selbst mitgestalten. Ein regelmäßiger oder gelegentlicher Jour-fixe-Termin, zu dem jeder kommen kann, ist eine weitere gute Möglichkeit interner Öffentlichkeitsarbeit. Traditionelle Basis der internen Öffentlichkeitsarbeit ist das Schwarze Brett, das in einigen Bibliotheken heute schon elektronisch existiert. Aushänge sollten anregend und klar informieren und ästhetisch gestaltet sein. Vor allem ist auf Aktualität am Brett zu achten.

Einfach zu handhaben und sehr mitarbeiterfreundlich sind interne Mailinglisten. Voraussetzung ist, dass alle einen Internet- und einen E-mail-Zugang haben und in der Anwendung geschult sind. So können im Haus von der Öffentlichkeitsarbeit die Internet-Seiten der Presse mit den Berichten über die Bibliothek zügig allen bekannt gemacht werden. Selbst Informationen, die nur für einzelne Gruppen relevant sind, geben Kenntnis von anderen Zusammenhängen in der Bibliothek. Gleichzeitig spielt es keine Rolle, ob jemand erst am Nachmittag zum Dienst kommt oder nach einem längeren Urlaub, er hat immer die letzten Informationen aus der Liste zur Verfügung und kann das Informationsdefizit sofort aufholen. Die Mailingliste informiert über Termine und Ereignisse, Besuchergruppen und Festlegungen, Anordnungen und Regelungen. Sie kann sehr gut zur Schulung genutzt werden. Ein Dank der Direktion oder Bilder vom Abschied einer Mitarbeiterin haben ebenfalls dort Platz. Auch direkte Beschwerden (zu kalt, zu warm, es zieht, hier läuft Wasser) und die Antworten darauf, was unternommen wird, sind durch die Mailingliste schnell zu verbreiten und so kann viel Ärger verhindert werden. Das Wissen um Gesamtzusammenhänge befähigt auch die Mitarbeiter besser auf Kunden einzugehen. Die interne Öffentlichkeitsarbeit ist eine wichtige Grundlage einer kundenorientierten und informierten Mitarbeiterschaft und notwendiger Baustein einer guten Öffentlichkeitsarbeit.

Literatur

zu 13.1

BOBINGER, ULRICH: Erfolgreiche Pressearbeit : ein Leitfaden für Pressestellen in Unternehmen, Behörden und Verbänden. - Rostock, 1993. - (Reihe Kommunikation und Verwaltung ; 2)

FÖRSTER, HANS-PETER: Handbuch Pressearbeit : kreative und erfolgreich PR ; Themenfindung und -aufbereitung, Mustertexte und Checklisten, Mediaüberblick. - München, 1991

FÖRSTER, HANS-PETER: Zweitberuf : Pressesprecher; Schnellkurs für erfolgreiche Presse-Arbeit. - Neuwied [u.a.], 1994

HANEMANN, PETER: Kultur in die Öffentlichkeit! : ein Handbuch zur kulturellen Presse- und Öffentlichkeitsarbeit / Hrsg. Sekretariat für gemeinsame Kulturarbeit in Nordrhein-Westfalen. 1992. - (Kulturhandbücher N ; 1)

Kommunikations- und Pressearbeit für Praktiker : Grundlagen, Strategien, Hilfsmittel ; Textkonzepte, Praxisbeispiele / Hans-Peter Förster (Hrsg.). - Loseblattwerk. - Neuwied [u.a.], 1997 -

RICHARZ, WILLI: Zum Umgang mit der Presse: Ein Wegweiser für Vereine, Verbände und Unternehmen. - Stuttgart [u.a.], 1990

SCHMIDT, MARION: Auf dem Weg zu einer bibliotheksspezifischen Öffentlichkeitsarbeit : Bilanz und Perspektiven der organisatorischen Kommunikation von Bibliotheken in Deutschland. - Wiesbaden, 2001

zu 13.2

Autoren lesen vor Schülern - Autoren sprechen mit Schülern : Autorenverzeichnis des Bundesverbandes der Friedrich-Bödecker-Kreise e.V. - Mainz, 2000

Öffentlichkeitsarbeit und Werbung Öffentlicher Bibliotheken : ein Arbeitshandbuch / hrsg. von Martha Höhl. - Berlin, 1982

P.E.N.-Zentrum Bundesrepublik Deutschland : Autorenlexikon / Redaktion: Sven Hanuschek. - Aktualisierte Neuaufl. - Göttingen, 2000

REIFSTECK, PETER: Handbuch Lesungen und Literaturveranstaltungen : Konzeption, Organisation, Öffentlichkeitsarbeit. - 2. vollständig überarb. erweiterte Auflage. - Reutlingen, 2000

SCHULZE, GERHARD: Die Erlebnisgesellschaft: Kultursoziologie der Gegenwart. - 8. Auflage. - Frankfurt, 2000

VS-Handbuch : ein Ratgeber für Autorinnen und Autoren, Übersetzerinnen und Übersetzer / hrsg. von Imre Török. - Göttingen, 1999

zu 13.3

DACHS, KARL: Buchausstellungen in wissenschaftlichen Bibliotheken : Gedanken eines Ausstellungsmachers // In: Imprimatur N.F. 11 (1984), S. 82 - 100

Le livre exposé : enjeux et méthodes d'une muséographie de l'écrit ; Colloquium, Bibliothèque municipale de Lyon, 25. au 27. novembre 1999. - Lyon, 1999

SELBMANN, SIBYLLE: Ausstellungen – Luxus oder Notwendigkeit? Anregungen, Tips und Reflexionen // In: Etatkürzungen und Öffentlichkeitsarbeit. Bibliotheken im Umbruch? - Frankfurt am Main, 1983. - S. 133 - 140

SKOWERA, HELGA-MARTINA: Ausstellungen als Mittel der Öffentlichkeitsarbeit wissenschaftlicher Bibliotheken : ein Vergleich mit anderen kulturellen Einrichtungen // In: Bibliothek 17 (1993), S. 56 - 103

zu 13.4

BORTOLUZZI DUBACH, ELISA ; HANSRUDOLF FREY: Sponsoring : der Leitfaden für die Praxis. 2. Aufl. - Bern, 2000

Fundraising Akademie: Fundraising : Handbuch für Grundlagen, Strategien und Instrumente. - Wiesbaden, 2001

HAIBACH, MARITA: Handbuch Fundraising. Spenden, Sponsoring, Stiftungen in der Praxis. - Frankfurt/Main, 1998

Fundraising für Hochschulbibliotheken und Hochschularchive / Hrsg.: Dagmar Jank. - Wiesbaden, 1999. - (Bibliotheksarbeit ; 7)

LUTHE, DETLEF: Fundraising. Fundraising als beziehungsorientiertes Marketing : Entwicklungsaufgaben für Nonprofit-Organisationen. - Augsburg, 1997

Sponsoring für Bibliotheken / Hrsg.: Rolf Busch. - Berlin, 1997. - (dbi-Materialien ; 164)

URSELMANN, MICHAEL: Fundraising : erfolgreiche Strategien führender Nonprofit-Organisationen. - 2. Aufl. - Bern, 1999

zu 13.5

Handbuch für eine Lobby der Schweizer Bibliotheken : mit einem Geleitwort von Peter Tschopp. - Bern : Verband der Bibliotheken und der Bibliothekarinnen/Bibliothekare der Schweiz, 2000

Lobby-Arbeit für Bibliotheken : Politisch denken, strategisch handeln / hrsg. von Ulla Wimmer. - Berlin, 2000

Politik für Bibliotheken : die Bundesvereinigung Deutscher Bibliotheksverbände im Gespräch ; Birgit Dankert zum Ende ihrer Amtszeit als Sprecherin der BDB / Hrsg.: Georg Ruppelt. - München, 2000

zu 13.6

WINTER, ANDREAS: Das graphische Erscheinungsbild öffentlicher Bibliotheken : Untersuchung ausgewählter Beispiele. - Wiesbaden : Harrassowitz, 1998. - (Buchwissenschaftliche Beiträge aus dem Deutschen Bucharchiv München ; 60)

Engelbert Plassmann
14 Studium und Ausbildung des Bibliothekars

Die bibliothekarische Arbeit wird heute vielfach mit dem Begriff „Wissensmanagement" gekennzeichnet. Früher assoziierten viele Menschen mit der Tätigkeit des Bibliothekars etwa „Heraussuchen, Ausgabe, Rückforderung und Rücknahme der Bücher", also Arbeiten, denen etwas Simples anzuhaften scheint. Die Kunst, die richtigen Bücher für die jeweilige Bibliothek *auszuwählen* und zu beschaffen, die Voraussetzung für das „Heraussuchen" und das „Ausgeben" bleibt dagegen Außenstehenden unsichtbar und deshalb unbekannt. Bei genauerer Betrachtung gibt es aber zwischen der bibliothekarischen Arbeit vor hundert Jahren und dem heutigen Wissensmanagement keinen prinzipiellen Unterschied: Die *Bücher heraussuchen* und sie an die Nutzer *ausgeben* kann nur, wer vorher die richtigen, die vom Nutzer der Bibliothek voraussichtlich gewünschten Bücher für die Bibliothek beschafft und sinnvoll eingeordnet hat und sie sicher wieder zu finden weiß, wer den Bestand kennt, wer die darin enthaltene Menge menschlichen Wissens überblickt, vor allem aber die *Ordnungsprinzipien* versteht und anzuwenden weiß, die man genau dafür braucht, weil sie als zweckmäßige Prinzipien *für diese* Bibliothek und *in dieser* Bibliothek angewandt werden. Nichts anderes tut der Manager des Wissens, gleichgültig, ob er seine Kenntnisse der Ordnungsprinzipien in einer Bibliothek mit gedruckten und handgeschriebenen Büchern oder in den Räumen digital gespeicherter Informationen anwendet.

Die bibliothekarische Profession hat wie viele andere Berufe eine *theoretische* und eine *praktische Seite*. Beide Seiten gehören zusammen, auch wenn nicht jeder, der in einer Bibliothek arbeitet, Theorie und Praxis gleichermaßen beherrschen kann und muss. Ohne gute Theorie lassen sich keine Ordnungsprinzipien bilden, ohne gute Praxis lassen sich die Prinzipien für den Nutzer der Bibliothek kaum wirkungsvoll einsetzen. Ungeachtet dieser Aussagen über das Wesen bibliothekarischer Arbeit bietet der bibliothekarische Beruf im Einzelnen ein sehr facettenreiches Bild.

14.1 Theorie und Praxis, Studium und Ausbildung: Wege zum Beruf des Bibliothekars

Der theoretischen wie der praktischen Seite des bibliothekarischen Berufs entsprechen die Wege, die zu ihm hinführen: Studium und Ausbildung, in der bisherigen Entwicklung allerdings in einer vielfältig gebrochenen, teilweise kaum noch schlüssigen Form. Jedes *Studium,* das für einen Beruf qualifiziert, hat einerseits die praktischen Anforderungen des betreffenden Berufs zu berücksichtigen, andererseits aber müssen im Studium die grundsätzlichen, über die praktischen Erfordernisse des zukünftigen Berufsalltags der Studierenden hinaus gehenden Fragen aufgeworfen, die tieferen Zusammenhänge hergestellt und dargestellt werden, es muss „Theorie" gebildet und vermittelt werden. Wer ein Studium absolviert hat, soll sich auch später in der Tagesarbeit des Berufs jederzeit des größeren Zusammenhangs bewusst sein, in dem er seine Arbeit tut, und auf diese Weise zur Übernahme wechselnder Tätigkeitsfelder und höherer Verantwortungsbereiche in der Lage sein. Die *Ausbildung* hingegen ist praxisorientiert, zielt allein darauf, den Auszubildenden zur sofortigen, unmittelbaren, praktischen Anwendung des Gelernten nach dem Abschluss der Ausbildung zu befähigen; wer den Absolventen eines Ausbildungsgangs einstellt, erwartet, dass er ihn ohne weiteren Aufwand sogleich an die Werkbank stellen oder an den Schreibtisch setzen kann.

Seit jeher werden die Begriffe „Studium" und „Ausbildung" in diesem Sinne auch im bibliothekarischen Berufsfeld gebraucht. Die in den amtlichen Verkündungsblättern publizierten beamtenrechtlichen Vorschriften für den Vorbereitungsdienst allgemein sowie speziell für den Vorbereitungsdienst der Laufbahngruppen des Mittleren, des Gehobenen und des Höheren Bibliotheksdienstes verwenden insoweit ausschließlich den Begriff *Ausbildung,* die Hochschulgesetze der Länder und das Hochschulrahmengesetz des Bundes hingegen den Begriff *Studium.* Bei genauerer Betrachtung der Entwicklung im Lauf des 20. Jahrhunderts zeigt sich deutlich, in welchem Maße der Bibliothekar *zwischen Praxis und Wissenschaft* steht. Wegen der sprachlichen Umständlichkeit wird allerdings vielfach nur von der bibliothekarischen „Ausbildung" gesprochen, wenn beide Wege der Berufsvorbereitung, also Ausbildung *und* Studium gemeint sind. Ein *Studium* spielt sich an einer Hochschule ab, sei es eine Universität oder eine Fachhochschule, und fordert den Studierenden innerhalb der weit gezogenen Grenzen der von den Hochschulen festgesetzten Studien- und Prüfungsordnungen zu selbständiger Leistung und kreativer, eigenverantwortlicher Studiengestaltung heraus; es bietet ihm damit die Chancen, konfrontiert ihn aber auch mit den Problemen, welche die *akademische Freiheit* mit sich bringt; das gilt für den Studierenden der Bibliotheks- oder Informationswissenschaft genauso wie für jeden anderen. In diesem Sinne gebrauchen die Hochschulgesetze der Länder den Begriff „Freiheit des Studiums".

Eine *Ausbildung* hingegen führt auf einem durch Verordnungen in allen Einzelheiten reglementierten Weg zur Laufbahnprüfung, wie sie in unserem Fall bisher durchweg die Voraussetzung für die Anstellung an einer staatlichen Bibliothek ist bzw. war, oder sie führt auf einem durch das Berufsbildungsgesetz festgelegten Weg zu einem anerkannten Ausbildungsberuf, hier dem Ausbildungsberuf „Fachangestellter für Medien- und Informationsdienste" (früher: „Assistent an Bibliotheken"). In diesem Sinne findet sich der Begriff „Ausbildung" in den Beamtengesetzen der Länder und des Bundes für denjenigen Abschnitt der jeweiligen Laufbahn, welcher die Berufsvorbereitung umfasst und auf die Laufbahnprüfung hinführt. Die auf den Beamtengesetzen beruhenden einschlägigen Ausführungsvorschriften nennen sich „Ausbildungs- und Prüfungsordnung".

14.2 Widersprüchliche Entwicklungen

An einer *staatlichen Regelung* lässt sich auch der Beginn der Professionalisierung bibliothekarischer Arbeit in Deutschland fest machen. Durch den preußischen „Erlass betreffend die Befähigung zum wissenschaftlichen Bibliotheksdienst bei der Kgl. Bibliothek zu Berlin und den Kgl. Universitätsbibliotheken" vom 15. Dezember 1893 wurden erstmals in Deutschland Standards für Vorbildung und Ausbildung des Bibliothekars verbindlich festgelegt (vgl. Zentralblatt für Bibliothekswesen 11, 1894, S. 77 - 79); ein entsprechender bayerischer Erlass folgte 1905, diesem wiederum eine Novellierung des preußischen. Die NS-Regierung schließlich regelte 1938 die Ausbildung zum wissenschaftlichen Bibliothekar reichseinheitlich. Während der Erlass von 1893 neben dem praktischen Teil der Ausbildung für den theoretischen

Teil ein (Aufbau-)Studium an der Universität (in Göttingen) vorsah, kennen die späteren Regelungen neben dem umfangreichen praktischen Teil nur noch eine „Unterweisung", und zwar durch Praktiker aus den Bibliotheken. Die Vorbereitung auf den Beruf des Bibliothekars war damit eine reine Ausbildung geworden. Im Übrigen handelte es sich bei diesen Regelungen ausschließlich um die Ausbildung solcher Bewerber für den bibliothekarischen Beruf, die bereits eine hoch qualifizierte Vorbildung mitbrachten, nämlich ein abgeschlossenes Universitätsstudium und die Promotion, also um einen Personenkreis, der für Leitungsaufgaben prädestiniert war.

Diese Vorschriften waren es auch, durch die der berühmte *Professorenbibliothekar* des 19. Jahrhunderts endgültig abgelöst und durch den Berufsbibliothekar ersetzt wurde. Jedenfalls bei den Universitätsbibliotheken gab es fortan immer seltener einen Leiter, der im Hauptamt Professor und im Nebenamt Bibliothekar war. Auch für die übrigen Leitungsaufgaben, die sich mit der zunehmenden Differenzierung bibliothekarischer Arbeit im Laufe des 20. Jahrhunderts stellten, gewann man auf diese Weise den Nachwuchs; die nun in allen größeren Bibliotheken tätigen Abteilungsleiter und Fachreferenten haben sich generell durch ein abgeschlossenes wissenschaftliches Studium (meistens einschließlich der Promotion) und die daran anschließende bibliothekarische Fachausbildung auf ihren Beruf vorbereitet. Mit dem Erlass von 1893 beginnt der „Höhere Bibliotheksdienst" (vgl. Zentralblatt für Bibliothekswesen 26, 1909, S. 456 - 459).

Nicht nur die *Leitungsaufgaben,* auch die weniger verantwortungsvollen Arbeiten waren in den Bibliotheken bis zum Beginn des 20. Jahrhunderts von Personen erfüllt worden, die keine fachliche Vorbildung hatten. Das änderte sich, als in Preußen im Jahre 1909 der „Erlass betreffend die Einführung einer Diplomprüfung für den mittleren Bibliotheksdienst an wissenschaftlichen Bibliotheken sowie für den Dienst an Volksbibliotheken und verwandten Instituten" in Kraft trat. Dieser Erlass ist der Vorläufer der späteren beamtenrechtlichen Regelungen für den Gehobenen Bibliotheksdienst und damit auch für dessen Ausbildung an den in der alten Bundesrepublik seit den siebziger Jahren des 20. Jahrhunderts bestehenden sog. verwaltungsinternen Fachhochschulen.

Wurde der wissenschaftliche („Höhere") Bibliotheksdienst und der damalige „Mittlere" (heutige „Gehobene") Bibliotheksdienst in Preußen wie auch in Bayern zu Beginn des 20. Jahrhunderts eindeutig *beamtenrechtlich* geregelt und der bibliothekarische Beruf damit eng an die übrigen Laufbahnen der staatlichen Verwaltung gebunden, so vollzog sich mit dem Aufblühen der öffentlichen Bibliotheken im wilhelminischen Deutschland in der Buchstadt Leipzig kurz vor dem Ersten Weltkrieg und noch während des Krieges eine andersartige Entwicklung: Der Aufbau einer von unmittelbarer staatlicher Reglementierung freien Schule für Bibliothekarinnen, der „Fachschule für Bibliothektechnik und -verwaltung". Von dieser Schule darf man sagen, dass sie die Keimzelle der späteren Studiengänge für öffentliches Bibliothekswesen an „verwaltungsexternen" Fachhochschulen wurde.

Der Grund für das Nebeneinander von *Ausbildung und Studium,* das sich in der alten Bundesrepublik mit der Gründung der „internen" und der „externen" Fachhochschulen in den 1970er Jahren immer mehr verfestigen sollte, war gelegt; denn von der 1914 gegründeten Leipziger Schule aus, die schon 1921/22 in „Deutsche Volksbüchereischule" umbenannt worden war, wurde 1929 die Westdeutsche Büchereischule in Köln und 1942 die Büchereifachschule in Stuttgart gegründet. Aus der Kölner wie aus der Stuttgarter Schule gingen nach allerlei Umwegen und Namensänderungen die später florierenden Fachhochschulen hervor.

14.2 Widersprüchliche Entwicklungen

In dem Nebeneinander von Ausbildung für den Dienst an wissenschaftlichen Bibliotheken und Studium für eine spätere Tätigkeit an öffentlichen Bibliotheken konnte man zwar von Anfang an die Spartentrennung in WB und ÖB erkennen; eine Zuordnung von „Ausbildung" zum wissenschaftlichen und „Studium" zum öffentlichen Bibliothekswesen hat es gleichwohl nie gegeben. Für den Außenstehenden entstand eine Unschärfe in der Abgrenzung dadurch, dass staatlich geregelte Ausbildungsgänge an die beiden Studienstätten in Köln und Stuttgart angegliedert wurden, an denen zunächst nur Studiengänge ÖB bestanden hatten. Kommunalverwaltungen stellten aber an ihren öffentlichen Bibliotheken auch solche Bibliothekare an, die eine beamtete WB-Ausbildung durchlaufen hatten, staatliche Stellen (Hochschulverwaltungen) solche, die keine Beamtenausbildung aufzuweisen hatten. Diese Praxis erschwerte es, plausible sachliche Gründe für die Spartentrennung zu finden.

In dem vom Verein der Bibliothekare an Öffentlichen Bibliotheken 1986 veröffentlichten „Berufsbild der Diplom-Bibliothekarin, des Diplom-Bibliothekars an Öffentlichen Bibliotheken" findet sich keine Reflexion über die formalen Bedingungen der Berufsvorbereitung. Der Verein Deutscher Bibliothekare (VDB), die Standesvertretung der wissenschaftlichen Bibliothekare, hielt noch 1986 eine reine, auf die Praxis gerichtete *Ausbildung* des Nachwuchses für wünschenswert und selbstverständlich. In den vom VDB in jenem Jahre veröffentlichten „Empfehlungen für die Ausbildung des Höheren Bibliotheksdienstes", die eine Fülle gut begründeter Vorschläge inhaltlicher Art enthalten, wird es als Ziel der die Empfehlungen vorbereitenden Kommission bezeichnet, „die Empfehlungen möglichst praxisnah zu gestalten, damit sie von den Ausbildungsträgern unmittelbar realisiert werden können", eine in mehrerer Hinsicht bemerkenswerte Formulierung.

Der Tatbestand, dass in den VDB-Empfehlungen gleichwohl stets von Praxis *und* Theorie gesprochen wird, ändert nichts daran, dass man eine *Ausbildung,* kein *Studium* wollte. Für die Vermittlung der theoretischen Anteile der Referendarausbildung wurden die Fachhochschulen in Frankfurt am Main und Köln als „Ausbildungsinstitute" vereinnahmt, im Falle der verwaltungsinternen Frankfurter Einrichtung vielleicht noch nachvollziehbar. Auffallend ist auch, dass der VDB keine Schwierigkeiten damit hatte, die postuniversitäre und in vielen Fällen postdoktorale Referendarausbildung an *Fachhochschulen* stattfinden zu lassen, nicht an Universitäten. Entscheidend war für ihn nicht die Hochschulart, sondern der an die Fachhochschulen in Frankfurt am Main und Köln ergangene staatliche Auftrag, die Ausbildung durchzuführen; nur so konnte es eine formalrechtlich einwandfreie Beamtenausbildung geben und darauf kam es dem VDB an. Man wollte auch für den Theorieanteil ohne Zweifel eine gelenkte Vermittlung, vom Berufsverband inhaltlich und sogar didaktisch vorgegeben und von den staatlichen Stellen zu vollziehen; an einen „Theorieanteil", der in den freieren Formen hochschulmäßiger Lehre vermittelt worden wäre, dachte niemand: „Unterricht ist Information. Bei der Ausbildung von Bibliothekaren sind an dieser Information drei Beteiligte auf einander abzustimmen: die Bibliothek als Stätte der praktischen Ausbildung, die Ausbildungsinstitute für den theoretischen Teil und der Auszubildende, der Referendar." So lautet geradezu programmatisch der erste Satz des Vorworts der VDB-Publikation „Die theoretische Ausbildung der Bibliotheksreferendare" aus dem Jahre 1991. Im Übrigen wird „davon ausgegangen, dass die zweijährige postuniversitäre Ausbildung mit Laufbahnbefähigung ‚der Regelfall' für den Zugang zum Höheren Bibliotheksdienst bleiben wird" (Empfehlungen für die Ausbildung des Höheren Bibliotheksdienstes, 1986, S. 5).

Nach der politischen Wende in Deutschland begann man darüber nachzudenken, ob die Spartentrennung und Ausbildungswege in der bisherigen Form aufrecht zu erhalten seien. In der 1991 vom Verein der Diplom-Bibliothekare an wissenschaftlichen Bibliotheken e.V. herausgebrachten Publikation „Der Diplom-Bibliothekar an wissenschaftlichen Bibliotheken. Versuch einer Standortbestimmung" finden sich erste Ansätze in dieser Richtung. Deutlichere Ansätze steckten in den Plänen, an der neuen Fachhochschule in Leipzig ein kombiniertes ÖB/WB-Studium zu installieren (1992); diese Pläne wurden dadurch erleichtert, dass der Freistaat Sachsen und andere östliche Bundesländer es ablehnten, in nicht-hoheitlichen Bereichen der Staatsverwaltung Beamte einzusetzen; damit bestand die Chance, ÖB- und WB-Studierende gleich zu behandeln. Damit war auch die vollständige Verbeamtung der postuniversitären Ausbildung im WB-Bereich in Frage gestellt.

Selbst die Mitarbeiter der Bibliothek ohne „externes" oder „internes" Fachhochschulstudium, die „Assistenten", wurden in der alten Bundesrepublik im Laufe des 20. Jahrhunderts mehr und mehr schon in der Ausbildung in beamtete und nichtbeamtete Mitarbeiter aufgeteilt. Mehrere Bundesländer führten in den 1960er und 1970er Jahren für ihre wissenschaftlichen Bibliotheken eine Laufbahn des Mittleren Bibliotheksdienstes mit beamtetem Vorbereitungsdienst ein, der zum „Bibliotheksassistenten" führt, während auf Bundesebene durch das Berufsbildungsgesetz gleichzeitig eine Berufsausbildung für „Assistenten an Bibliotheken" geschaffen wurde, die ihre Arbeitsplätze in der Regel als Angestellte an kommunalen öffentlichen Bibliotheken fanden.

Auch in der *DDR* gab es die Spartentrennung in der Berufsvorbereitung, allerdings entsprechend dem DDR-Arbeitsrecht ohne die Differenzierung in Studierende und Beamtenanwärter. In Leipzig bereitete die Fachschule für Bibliothekare und Buchhändler auf die Arbeit in öffentlichen Bibliotheken bzw. im Buchhandel vor und die Fachschule für wissenschaftliches Bibliothekswesen auf die Arbeit in dieser Bibliothekssparte. In Ost-Berlin bestand eine weitere Fachschule für wissenschaftliches Bibliothekswesen. An diesen Einrichtungen gab es für Mitarbeiter von Bibliotheken die Möglichkeit, sich durch Teilnahme am Fernstudium höher zu qualifizieren – und zwar wie im Direktstudium unter Wahrung der Spartentrennung. An der Humboldt-Universität zu Berlin bestand freilich ein einheitlicher Studiengang Bibliothekswissenschaft mit dem Abschluss *Diplom-Bibliothekar* und der Möglichkeit zur Promotion. Fernstudiengänge, eine in der DDR generell verbreitete und beliebte Studienform, gaben auch hier Mitarbeitern von Bibliotheken die Chance zu weiterer fachlicher Qualifikation.

14.3 Die Strukturen bis zur Zeit der Vereinigung Deutschlands

Die Vorbereitung auf den Beruf des Bibliothekars hatte zur Zeit der Wende in der damaligen Bundesrepublik einen Grad an Binnendifferenzierung erreicht, einen Grad an Kompliziertheit und Unübersichtlichkeit, der kaum noch zu steigern war und Außenstehenden nicht mehr vermittelt werden konnte. Die in mühevoller Kleinarbeit entwickelte Übersicht „Bibliothek, Dokumentation, Archiv. Ausbildungs- und Studiengänge nach Ausbildungsstätten", im Lauf der Jahre in neun Auflagen erschienen, gibt ein anschauliches Bild der damaligen Situation. Die Einbindung des bibliothekarischen Berufs in die fest gefügte Ordnung des staatlichen Beamtentums und seiner Laufbahnen seit dem Ende des 19. Jahrhunderts hatte die unausweichliche Konsequenz, dass die bibliothekarischen Tätigkeiten nunmehr genauer beschrieben und bewertet, vor allem aber an bestimmte Vorbildungs-Voraussetzungen geknüpft werden mussten; nur so konnte eine Zuordnung der nach Schwierigkeitsgrad und Verantwortlichkeit

14.3 Die Strukturen bis zur Zeit der Vereinigung Deutschlands

unterschiedlichen Tätigkeitsbereiche zu den unterschiedlichen Laufbahngruppen vorgenommen werden. Es entwickelte sich die Überzeugung, die Auswahl der für die Bibliothek anzuschaffenden Titel und ihre sachliche Erschließung, nach heutiger Diktion die Tätigkeit des Fachreferenten, sei die schwierigste und verantwortungsvollste Aufgabe eines Bibliothekars, sie könne nur von Angehörigen des Berufsstandes mit der höchsten akademischen Qualifikation geleistet werden und sei daher beamtenrechtlich dem „Höheren Dienst" zuzuordnen. Der Weg führte über Abitur, Universitätsstudium, Promotion und bibliothekarische Fachausbildung (seit 1893 Volontariat, später Referendariat).

Im Laufe der 1960er und 1970er Jahre fiel allerdings die Promotion als eine der überkommenen Voraussetzungen für die Zulassung zum Höheren Bibliotheksdienst weg. Hieran ist zu erkennen, wie eng die Ausbildung zum Höheren Bibliotheksdienst inzwischen mit dem staatlichen Beamtenrecht verwoben war. Die Erfüllung anderer Aufgaben, die man zwar auch als bibliotheksspezifisch und als wichtig ansah, aber doch nicht als so verantwortungsvoll wie Auswahl und Klassifizierung der anzuschaffenden Literatur, knüpfte man an weniger hohe Voraussetzungen; für die formale Erfassung und Erschließung der Bestände und für die anspruchsvolleren Aufgaben in der Buchbeschaffung und -bearbeitung wie in der Benutzung erschien ein vorgängiges Universitätsstudium nicht notwendig, eine gründliche Fachausbildung hingegen unbedingt erforderlich. Dies hatte schon 1909 zu dem erwähnten preußischen Erlass geführt, später zu den Zulassungs-, Ausbildungs- und Prüfungsordnungen für den Gehobenen Dienst an wissenschaftlichen Bibliotheken und in den 1970er Jahren zur Einbeziehung dieser Ausbildung in die Studiengänge an den verwaltungsinternen Fachhochschulen. Damit war auch auf der Ebene des Gehobenen Dienstes an wissenschaftlichen Bibliotheken die Eingliederung der bibliothekarischen Ausbildung in die Regelungen des allgemeinen Beamtenrechts vollzogen.

In den 1970er Jahren führte sogar der Bund, der relativ wenige wissenschaftliche Bibliotheken unterhält, eine eigene Bibliothekarausbildung ein. Diese wurde 1978 als verbeamtete Ausbildung an der damals neu installierten Fachhochschule des Bundes für öffentliche Verwaltung in Köln aufgenommen. Bibliothekswesen war freilich nur ein kleiner Bereich unter den vielen großen Bereichen der inneren Verwaltung, deren Ausbildungsgänge damals unter dem Dach der neuen verwaltungsinternen Fachhochschule organisatorisch zusammengefasst wurden. Zuvor war die Laufbahn des Gehobenen Bibliotheksdienstes des Bundes eingerichtet und die bibliotheksfachlichen Inhalte waren um viele weitere aus der allgemeinen öffentlichen Verwaltung angereichert worden (mit der notwendigen Folge einer Reduzierung der bibliotheksfachlichen Anteile). Diese Regelung war von Anfang an umstritten; nicht wenige Fachleute fürchteten nämlich, von hier werde eine unnötige, ja schädliche weitere Bürokratisierung der bibliothekarischen Berufsarbeit ausgehen. Während der Bund zur Besetzung von Beamtenstellen früher auf das umfangreiche Reservoir fertig ausgebildeter Landesbeamter zurück gegriffen hatte, bevorzugte er für die Zukunft einen Ausbildungsgang in der eigenen Hand und damit einen ganz speziell für den Bund ausgebildeten und dem Bund verpflichteten Beamtennachwuchs.

Die weitgehende Verbeamtung der bibliothekarisch geschulten Mitarbeiter wissenschaftlicher Bibliotheken einschließlich der Verbeamtung ihrer Ausbildung war allerdings ein Trend, der auf das *öffentliche Bibliothekswesen* so nicht übergegriffen hat. Zwar ernannten und ernennen auch *Kommunen* mitunter Mitarbeiter ihrer öffentlichen Büchereien zu Beamten; doch geschah und geschieht dies viel seltener. Vor allem aber wurde die Berufs*vorbereitung* nicht beamtenrechtlich geregelt; sie erfolgte unter freieren Rahmenbedingungen, zunächst an

"Bibliotheksschulen" (Leipzig, Köln, Stuttgart, Berlin und Hamburg), in der alten Bundesrepublik seit den 1970er Jahren an Fachhochschulen und damit unter den üblichen Bedingungen des Hochschulrechts, im Falle West-Berlins allerdings nicht an einer Fachhochschule, sondern an der Freien Universität, wo der Studiengang aber nur sechs Semester umfasste und somit fachhochschul-, nicht aber universitätskonform war.

Die Organisationen der *kirchlichen Büchereiarbeit* unterhielten lange Zeit hindurch eigene Bibliotheksschulen, die auf eine spätere Arbeit in kirchlichen öffentlichen Bibliotheken vorbereiteten, dank staatlicher Anerkennung ihren Absolventen aber auch in kommunalen öffentlichen Bibliotheken berufliche Chancen eröffneten. Das Evangelische Bibliothekar-Lehrinstitut in Göttingen arbeitet schon lange nicht mehr; es ist im Jahre 1978 geschlossen worden, aus dem weit geringeren Stellenwert, welchen die kirchliche Büchereiarbeit in der evangelischen Kirche – verglichen mit dem in der katholischen – besitzt, eine vielleicht verständliche Entscheidung. Die Bibliotheksschule des Borromäusvereins in Bonn, gegründet im Jahre 1921 (nach Leipzig die älteste Bibliotheksschule Deutschlands mit durchgehender Tradition), wurde hingegen nach entsprechender Umstrukturierung in den 1980er Jahren zur staatlich anerkannten Fachhochschule für das öffentliche Bibliothekswesen. Ihre Absolventen finden in kirchlichen wie in kommunalen öffentlichen Bibliotheken Anstellung und Anerkennung. Leider soll auch diese Einrichtung geschlossen werden.

Einen grundständigen *Universitätsstudiengang Bibliothekswissenschaft,* der mit anderen Fächern kombinierbar war und nach mindestens acht Semestern zur Magisterprüfung führte, gab es nach Gründung des Lehrstuhls für Bibliothekswissenschaft an der Philosophischen Fakultät der Universität zu Köln im Jahre 1974 vom Sommersemester 1975 an. Als dieser Studiengang eingerichtet wurde, stellte er im damaligen Umfeld ein Novum dar. Da der Studiengang jedoch mit der universitären Magisterprüfung abgeschlossen wurde, die nicht in das Schema der Beamtenausbildung mit ihren staatlich festgelegten Ausbildungsinhalten und den darauf abgestimmten Laufbahnprüfungen passte, haben gerade die staatlichen Bibliotheken Absolventen dieses Studiengangs in der Regel nicht eingestellt. Mehrere Promotionen und eine Habilitation haben am Lehrstuhl für Bibliothekswissenschaft der Universität zu Köln stattgefunden. Die Arbeitsergebnisse wichtiger Projekte, die der Lehrstuhl an sich gezogen hatte, sind in umfangreichen Publikationen dokumentiert worden. Schon im Jahre 1977 ist die Fachzeitschrift „Bibliothek – Forschung und Praxis" begründet und lange Zeit hindurch beim Lehrstuhl für Bibliothekswissenschaft redigiert worden. In ihr wurden von Anfang an gleichermaßen Themen des öffentlichen wie des wissenschaftlichen Bibliothekswesens abgehandelt. Viele internationale Fachkontakte sind von hier aus geknüpft und gepflegt worden, nicht zuletzt solche in den damaligen sowjetischen Machtbereich, was von den dortigen Kollegen mit besonderer Dankbarkeit aufgenommen wurde und nach der politischen Wende in Europa die Anknüpfung von Kontakten auf breiterer Grundlage erleichterte. Ausländer, die an einem universitären Bibliotheksstudium in Deutschland interessiert waren, hatten hier erstmals die Möglichkeit, einen international anerkanntem Abschluss zu erreichen und damit eine Chance, die keine Beamtenausbildung bieten kann. Es ist besonders irritierend und zeugt von unschöner nationaler Engherzigkeit, dass die für die Einstellung des Studiengangs verantwortlichen Stellen auch für diesen Gesichtspunkt unzugänglich geblieben sind. So ist der Studiengang Bibliothekswissenschaft an der Universität zu Köln geschlossen worden, ohne dass man die großen in ihm liegenden Chancen genutzt hätte. Schon seit 1984 wurden keine Studienbewerber mehr zugelassen. Nach der Pensionierung des Lehrstuhlinhabers im Jahre 1990 wurde kein Nachfolger berufen. Den skizzierten Entwicklungen entsprechend

14.3 Die Strukturen bis zur Zeit der Vereinigung Deutschlands

boten die bibliothekarischen Studien- und Ausbildungsstätten der alten Bundesrepublik vor der Vereinigung Deutschlands das folgende Bild:

Berlin (West)	*Freie Universität Berlin* FB Kommunikationswissenschaften, Institut für Bibliothekswissenschaft und Bibliothekarausbildung	Studium und Ausbildung ÖB und WB in FH-äquivalenten Studiengängen; universitäres Studium der BW im Nebenfach
Bonn	*FH für das öffentliche Bibliothekswesen Bonn*	FH-Studium ÖB
Frankfurt/M.	*Bibliotheksschule in Frankfurt am Main*	Theoret. Teil der Ausbildung für den Höheren und den Mittleren Dienst
	Bibliotheksschule in Frankfurt am Main FH für Bibliothekswesen	Ausbildung für den Gehobenen Dienst WB: verwaltungsinternes Studium
Hamburg	*FH Hamburg* FB Bibliothekswesen	FH-Studium ÖB und WB (seit 1973 in der Form des Y-Modells miteinander verbunden)
Hannover	*FH Hannover* FB Bibliothekswesen, Information und Dokumentation	FH-Studium WB
Köln	*FH für Bibliotheks- und Dokumentationswesen in Köln*	FH-Studium ÖB; Ausbildung für den Gehobenen Dienst WB und Dok.: verwaltungsinternes Studium; theoret. Teil der Ausbildung für den Höheren und den Mittleren Dienst
	FH des Bundes für öffentliche Verwaltung	Ausbildung für den Gehobenen Dienst WB: verwaltungsinternes Studium
	Universität zu Köln, Philosoph. Fak., Lehrstuhl für Bibliothekswissenschaft	universitäres Studium der BW in Haupt- und Nebenfach
München	*Bayer. Beamten-FH,* Fachbereich Archiv- und Bibliothekswesen	Ausbildung für den Gehobenen Dienst WB: verwaltungsinternes Studium
	Bayer. Bibliotheksschule bei der Generaldirektion der Bayerischen Staatlichen Bibliotheken	theoretischer Teil der Ausbildung für den Höheren und den Mittleren Dienst
Stuttgart	*FH für Bibliothekswesen*	FH-Studium ÖB; Ausbildung für den Gehobenen Dienst WB: verwaltungsinternes Studium

Bedenkt man, dass es noch zahlreiche weitere Studiengänge gab und gibt, die zu anderen Informationsberufen führen, so ist klar, dass nur wenige Fachleute den Bereich noch überschauen konnten und die Beratung interessierter Studienbewerber äußerst schwierig geworden war. So gab es Ende der 1980er Jahre außer den aufgelisteten Studien- und Ausbildungsgängen einen Studiengang *Buch- und Bibliothekskunde* (Hauptfach und Nebenfach) an der Universität Erlangen, einen Studiengang *Buchwesen* (Haupt- und Nebenfach) an der Universität Mainz, Studiengänge *Informationswissenschaft* an der Freien Universität Berlin (Haupt- und Nebenfach), der Universität Düsseldorf (Nebenfach) und der Universität Saarbrücken (Haupt- und Nebenfach sowie Ergänzungsstudium zum Hauptfachdiplom).

14.4 Inhalte

Es ist nicht leicht, präzise Aussagen über die Inhalte zu machen, die in den verschiedenen Studien- und Ausbildungsgängen vermittelt wurden. Infolge der dargestellten Zersplitterung in den strukturellen und organisatorischen Rahmenbedingungen hatte sich die den Vorlesungsverzeichnissen zu entnehmende Fachterminologie im Laufe der Zeit ziemlich uneinheitlich entwickelt; niemand wusste, ob „Bibliotheksmanagement" an der einen Fachhochschule das selbe war wie „Bibliotheksverwaltung" an der anderen, „Informationsdienst" an der einen das selbe wie „Auskunftsdienst" an der anderen, „Benutzungsdienst" an der einen das selbe wie „Bestandsvermittlung" an der anderen oder ob es sich jeweils um differente Inhalte handelte. Die Konferenz der bibliothekarischen Ausbildungsstätten (KBA), der insoweit an einer Klärung und nach Möglichkeit an einer gewissen Vereinheitlichung lag, scheiterte in den 1980er Jahren bei dem Versuch, eine Klärung herbeizuführen. Eine von ihr beauftragte Arbeitsgruppe gab nach Durchsicht der Vorlesungsverzeichnisse der Mitglieder den Auftrag an das Plenum zurück. Man hatte bemerkt, dass das Ziel nur zu erreichen war, wenn alle Fachvertreter an den Studien- und Ausbildungsstätten genau über die Inhalte befragt und dann die Ergebnisse mit einander verglichen worden wären. Dies erschien der KBA begreiflicher Weise als ein nicht zu leistender und kaum vertretbarer Aufwand.

Ungeachtet dieser Entwicklung hat sich unter den deutschen Bibliothekaren doch ein fester Grundbestand einheitlicher Terminologie erhalten, der die fachliche Kommunikation jederzeit und ohne weiteres ermöglichte. Hierzu hat sicherlich das ausgeprägte bibliothekarische Tagungs- und Fortbildungswesen maßgeblich beigetragen, aber auch der relativ kleine Zuschnitt des Berufsstandes, der ohnehin die fachliche Kommunikation begünstigt. Die zahlreichen Fachzeitschriften bzw. ihre sorgfältig und verantwortungsbewusst arbeitenden Redaktionen haben ebenfalls ihren Anteil daran. Auch in den Lehrbüchern wurde durchweg darauf geachtet, die in der Bibliotheks*praxis* üblichen Begriffe zu übernehmen und sie so an den Nachwuchs weiter zu geben, akademische Extravaganzen in der Terminologie jedenfalls zu vermeiden. Vielleicht darf man annehmen, dass sich hinter den jeweils differierenden, mitunter modischen Bezeichnungen in den Vorlesungsverzeichnissen der Hochschulen letztlich eben doch gleiche Inhalte verbergen, jene Inhalte, die jedem angehenden Bibliothekar vermittelt werden müssen und die im Folgenden mit den herkömmlichen Termini skizziert werden:

- Entwicklung und Stand des Bibliotheks- und Informationswesens (Bibliotheksgeschichte und Bibliothekstypologie)
- Organisation und Betrieb von Bibliotheken, Informations- und Dokumentations-Einrichtungen (Bibliotheksmanagement)

- Buch- und Medienkunde
- Formale Erfassung und Erschließung gedruckter und anderer Medien (Katalogisieren nach den maßgeblichen Regelwerken)
- Inhaltliche Erfassung und Erschließung der gedruckten und anderen Medien
- Allgemein- und Fachbibliographie
- Bestandsvermittlung (Präsentation, Benutzung)
- Informationstechnik
- Rechtliche und ökonomische Aspekte bibliothekarischer Arbeit
- Fremdsprachige Fachterminologie

Der seit den 1960er Jahren einsetzende und seit den 1970er Jahren sich rasch beschleunigende Wandel der Bibliothekspraxis wurde von den Studien- und Ausbildungsstätten in unterschiedlichem Maße aufgenommen und in die Studien- und Ausbildungsordnungen umgesetzt, in den verwaltungsinternen Studiengängen wegen der umständlichen Genehmigungswege über mehrere Ministerien im Allgemeinen langsamer als in den externen. Zum Wandel der Bibliothekspraxis seit den 1960er Jahren nur folgende Stichworte: Einsatz der Datenverarbeitung nach und nach in allen Bereichen der bibliothekarischen Arbeit; Entwicklung der regionalen Bibliotheksverbünde; mit der Entwicklung der EDV zusammen hängende Entwicklung der Informationsvermittlung und die Einrichtung von Informationsvermittlungsstellen; viele mehr organisatorische Neuerungen wie die faktische und rechtliche Weiterentwicklung des auswärtigen Leihverkehrs, die erste Einrichtung und das rasche Aufblühen von Lehrbuchsammlungen an den Hochschulbibliotheken, die Einführung einheitlicher Bibliothekssysteme an den neu gegründeten Universitäten und an allen Fachhochschulen, neuartige Dienstleistungen der öffentlichen Bibliotheken wie „Soziale Bibliotheksarbeit" und „Bibliotheksarbeit für fremdsprachige Einwohner".

14.5 Kritische Würdigung

Wenn das Bibliotheks- und Dokumentationswesen der alten Bundesrepublik im internationalen Vergleich zwar ein gutes Mittelfeld erreicht hat, aber nicht den Standard, den man beim hohen Stand der technischen und ökonomischen Entwicklung des Landes erwarten könnte, so mag man das auch auf die skizzierte Zersplitterung der Studien- und Ausbildungsgänge und die gewisse Inkonsistenz der in der Berufsvorbereitung vermittelten Inhalte zurückführen. Nicht nur die Vereinigten Staaten von Amerika, sondern auch andere, z.T. wesentlich kleinere Länder lagen und liegen Deutschland auf dem Felde des Bibliothekswesens voraus; das gilt etwa von den Niederlanden und den skandinavischen Ländern, aber auch von Großbritannien. Die so gesehen mäßige Position Deutschlands im Bibliotheks- und Dokumentationswesen hat selbstverständlich auch andere Gründe, denen im Rahmen dieses Beitrags nicht weiter nachgegangen werden kann. Doch ist die Annahme, die geschilderte disparate Situation der Berufsvorbereitung habe ihren Anteil an der nicht ganz befriedigenden Lage des deutschen Bibliothekswesens, sicherlich nicht von der Hand zu weisen. Das ist besonders im Hinblick auf die fachliche Einengung festzustellen, welche die *Spartentrennung* auf allen Ebenen der Berufsvorbereitung nach sich gezogen hat; wer dezidiert nur auf spätere Arbeit in öffentlichen Bibliotheken oder nur in wissenschaftlichen Bibliotheken vorbereitet worden ist, hat am Ende der Studien- oder Ausbildungszeit im Normalfall eine nur durch den bestimmten Bibliothekstypus geprägte Mentalität. Berufliche Beweglichkeit und leichte Umstellung auf neue Aufgaben, wie man sie heute allenthalben und mit Recht fordert, werden ihm in unnötiger Weise erschwert.

Auch die in der *Beamtenausbildung* vorherrschende territoriale Einengung des fachlichen Blicks dürfte das ihre bewirkt haben; noch in den 1980er Jahren war es z.B. für Beamtenanwärter des Landes Nordrhein-Westfalen nicht möglich, ein Praktikum, ja nur einen Teil des Praktikums außerhalb des Bundeslandes zu machen, schon gar nicht jenseits der deutschen Grenzen.

Dass der *unterschiedliche rechtliche und ökonomische Status* der beiden Gruppen des bibliothekarischen Nachwuchses nicht ohne Auswirkung auf die jeweilige Mentalität bleiben konnte, liegt auf der Hand. Bei rechtlicher Würdigung erscheint die bisherige Struktur von Studium und Ausbildung im deutschen Bibliothekswesen nicht plausibel. Hoheitliche Aufgaben wie etwa Justiz- und Polizeibeamte erfüllen Bibliothekare nicht, so dass sie ohnehin keinesfalls unter die zwingende Verbeamtungsvorschrift von Art. 33, Abs. 4 GG fallen. Wenn man gleichwohl – entsprechend der Ausdehnung der Verbeamtungspraxis der alten Bundesrepublik auf die Aufgaben in der Grundversorgung der Bevölkerung („Daseinsvorsorge") – die Berufsvorbereitung in einer der beiden bibliothekarischen Sparten als Beamtenausbildung führen wollte, dann hätte man eher ÖB als Beamtenausbildung, WB hingegen als freies Studium organisieren müssen; denn die Bibliothekare an den kommunalen öffentlichen Bibliotheken tragen in besonderem Maße zur Sicherung des Grundrechts der Informationsfreiheit und damit zur Ermöglichung aller demokratischen Prozesse in der Gesellschaft bei (Art. 5, Abs. 1, S. 1 GG). Sie erfüllen damit eine öffentliche Aufgabe zur „Grundversorgung" der gesamten Bevölkerung. Sie könnten daher wie Lehrer verbeamtet werden, während die Bibliothekare an wissenschaftlichen Bibliotheken, weil sie eine viel speziellere Aufgabe, jedenfalls keine Aufgabe für die gesamte Bevölkerung erfüllen, ohne weiteres als Angestellte arbeiten und daher in einem „freien" Studium ausgebildet werden könnten. Nur *dieses* Ergebnis entspräche der in Rechtsprechung und Lehre unbestrittenen Regel hinsichtlich der Verbeamtungspraxis in dem Bereich zwischen der hoheitlichen Tätigkeit auf der einen und der rein privatrechtlichen Tätigkeit der öffentlichen Hand auf der anderen Seite.

Wenn die für Deutschland bisher spezifischen formalen Bedingungen der bibliothekarischen Berufsvorbereitung, Verbeamtung von WB und Spartentrennung ÖB/WB, hier kritisch betrachtet worden sind, so soll damit nicht gesagt sein, dass die Vorbereitung auf den Beruf des Bibliothekars in Deutschland generell derjenigen in anderen Ländern erheblich nachstünde. Neben den kritisch zu bewertenden rechtlichen und organisatorischen Rahmenbedingungen stehen bedeutende Leistungen der Studien- und Ausbildungsstätten, an denen die Qualität der Berufsvorbereitung hier zu Lande abgelesen werden kann. Natürlich ist es kaum möglich, diese Leistungen im Einzelnen zu bewerten, weder im Vergleich der deutschen Studien- und Ausbildungsstätten untereinander noch im Vergleich mit ausländischen Einrichtungen. Das von Zeit zu Zeit auch in Deutschland gern veranstaltete Ranking von Hochschulen weist zu viele offensichtliche Schwächen und Fehler auf, als dass es, mit Bezug auf die bibliothekarischen Studien- und Ausbildungsstätten, hier betrieben werden könnte. Anhaltspunkte für die Leistung der Studien- und Ausbildungsstätten geben deren fachliche bzw. fachwissenschaftliche Publikationen wie etwa die Schriftenreihe „Kölner Arbeiten zum Bibliotheks- und Dokumentationswesen" (1981 ff) der Fachhochschule für Bibliotheks- und Dokumentationswesen in Köln (schon die Vorgängereinrichtung „Bibliothekar-Lehrinstitut des Landes Nordrhein-

Westfalen" gab mehrere Periodika heraus) oder die von der Hochschule für Bibliotheks- und Informationswesen in Stuttgart herausgegebene Zeitschrift „HBI aktuell"(1995 ff). Auch auf die lesenswerten Beiträge sei verwiesen, die von einzelnen Fachbereichen in den von dem jeweiligen Rektorat herausgegebenen Zeitschriften platziert werden wie etwa die Beiträge aus dem Fachbereich Buch und Museum in Leipzig in der Zeitschrift „Podium". Die Kölner Fachhochschule hat es vor längerer Zeit unternommen, sämtliche Fachbeiträge der an ihr und ihren Vorgängereinrichtungen hauptamtlich und nebenamtlich tätigen und tätig gewesenen Lehrenden sowie die Veröffentlichungen der Einrichtungen selbst und der Veröffentlichungen über sie bibliographisch zu erfassen und in einer eigenen Publikation bekannt zu machen. Diese eindrucksvolle Bibliographie enthält freilich nur mittelbare Aussage über die an der Studien- und Ausbildungsstätte erteilte Lehre. Das gilt ebenfalls von dem „Verzeichnis der Kölner Hausarbeiten", in welchem die Assessorarbeiten der im theoretischen Teil ihres Referendardienstes in Köln ausgebildeten Referendare für die Zeit von 1949 bis 1986 dokumentiert werden.

Auf die Entwicklung der bibliothekarischen Studien- und Ausbildungsgänge bis zum Ende der 1980er und zum Beginn der 1990er Jahre ist ausführlich und kritisch eingegangen worden, weil die Kenntnis dieser Entwicklung das Verständnis für viele Aspekte des heutigen deutschen Bibliothekswesens erleichtert. Die heute handelnden Bibliothekare haben zum größten Teil die skizzierten Studien- und Ausbildungswege durchlaufen. „Die moderne Bibliothek", um den Titel dieser Publikation zu zitieren, versteht sich nicht nur aus denjenigen glücklichen Umständen ihrer Entwicklung in der alten Bundesrepublik, die aus verschiedenen Beiträgen hervortreten, sondern auch aus den Schwierigkeiten und Umwegen, welche diese Entwicklung im ganzen 20. Jahrhundert geprägt haben.

14.6 Neue Entwicklungen nach der Vereinigung Deutschlands

Die Mehrzahl der Bibliothekare in der DDR wünschte nach der Vereinigung Deutschlands eine nachhaltige Neugestaltung des gesamten Bibliothekswesens und auch der bibliothekarischen Studien. Man diskutierte alle denkbaren Erneuerungen, war allerdings nicht darauf aus, die Verhältnisse der alten Bundesrepublik unverändert zu übernehmen; dafür war deren Unübersichtlichkeit zu groß, ihre innere Widersprüchlichkeit zu offensichtlich. Primäre Anknüpfungspunkte für die Neugestaltung der bibliothekarischen Studien waren die Fachschulen in Leipzig und Berlin, die bereits im Winter 1989/90 Kontakte zu den westdeutschen Fachhochschulen suchten, sowie der Studiengang an der Humboldt-Universität zu Berlin, nach der Gründung der Fachhochschule Potsdam auch diese Studienstätte.

Alle östlichen Bundesländer haben bald nach ihrer Wiederbegründung entschieden, die Fachhochschule als weiteren Hochschultypus einzuführen. Die Landtage schufen in rascher Folge die gesetzlichen Voraussetzungen. Der wieder begründete Freistaat Sachsen hat sich bereits im Frühjahr 1991 dazu entschlossen, die drei erwähnten Leipziger Fachschulen in den Fach*hoch*schulstatus zu überführen: die Fachschule für Bibliothekare und Buchhändler, die Fachschule für wissenschaftliches Bibliothekswesen und die Fachschule für Museologen.

Wenn die in der DDR nicht zum Hochschulbereich gehörenden Fachschulen in Zukunft als Fachbereich einer veritablen Hochschule weiter geführt werden sollten, dann waren Rahmenbedingungen zu schaffen, die es an bisher schulmäßig organisierten Einrichtungen nicht gab. Einige seien genannt: Vor Allem musste die künftige Dozentenschaft in ordnungsmäßigen Berufungsverfahren ausgewählt und zusammen gesetzt werden; es mussten demokratisch gewählte Gremien mit eigenen Entscheidungsbefugnissen gebildet werden; diese hatten neue, am Hochschulstatus orientierte Studien- und Prüfungsordnungen zu beraten und zu verabschieden; die Fachbibliothek musste auf einen Stand gebracht werden, der den neu berufenen Hochschullehrern wissenschaftliches Arbeiten und den Studierenden selbständiges Studieren ermöglichte; die Informationstechnik, deren Stand in der DDR auch unter dem westlichen Embargo schwer gelitten hatte, musste auf den aktuellen Stand gebracht werden. All diese Aufgaben sind in Leipzig innerhalb kurzer Zeit bewältigt worden; der allgemeine Wunsch nach Neugestaltung setzte sich durch, sehr zum Vorteil des Studiengangs Bibliothekswesen, doch ebenso zum Vorteil des Studiengangs Buchhandel/Verlagswirtschaft und des Studiengangs Museologie, die fortan unter dem Dach des Fachbereichs Buch und Museum an der Hochschule für Technik, Wirtschaft und Kultur Leipzig (HTWK) zusammengefasst waren. Im Folgenden wird freilich nur auf den Studiengang Bibliothekswesen eingegangen.

Mit der Schaffung der hochschulrechtlichen und -organisatorischen Rahmenbedingungen ging die inhaltliche Neugestaltung des Studiums einher. Diese vollzog sich umso leichter, als die Hochschule bzw. der Fachbereich hierfür vom Sächsischen Wissenschaftsministerium weitgehend freie Hand bekommen hatte. Nachdem in Sachsen generell keine Verbeamtung der Bibliothekare vorgesehen war, trat der in den westlichen Ländern bei inhaltlichen Änderungen der Beamtenausbildung unumgängliche Zwang, mehrere Ministerien zu beteiligen, gar nicht erst auf. So war der Weg frei, innerhalb einer relativ kurzen Zeit die Studiengänge ÖB und WB den veränderten Verhältnissen der Bibliothekspraxis anzupassen, indem sie von Grund auf neu und durchaus anders als an den meisten Fachhochschulen der westlichen Bundesländer gestaltet wurden. So wurde vor allem die Trennung von ÖB und WB beseitigt und durch ein Y-Modell ersetzt, übrigens gegen den ausdrücklichen Wunsch einzelner Verbandsvertreter aus dem Kreise der beamteten Diplom-Bibliothekare. Kein Studienbewerber war mehr gezwungen, sich vor Beginn des Studiums und ohne Kenntnis der hieraus entstehenden Konsequenzen zu entscheiden, welchen der beiden Wege er einschlagen wollte. Vielmehr konnten die Studierenden von nun an in den ersten drei Semestern die ganze Breite bibliothekarischer Arbeit in Praxis (verbindliche Praktika in öffentlichen *und* in wissenschaftlichen Bibliotheken in den Semesterferien) und Theorie kennen lernen, bis sie im Laufe des dritten Studiensemesters die Entscheidung zu treffen hatten, ob sie vom vierten Semester an mit Schwerpunkt ÖB oder WB weiter studieren wollten. Der Fachbereich Buch und Museum der HTWK hat damit der in der Bibliothekspraxis sich vollziehenden Annäherung der Sparten ÖB und WB in einer Weise Rechnung getragen, wie es vorher allein die Fachhochschule Hamburg getan hatte. Er hat einen nachhaltigen Beitrag dazu geleistet, den früher auch in der DDR bestehenden Graben zwischen den Sparten einzuebnen. Die Absolventen des Studiengangs Bibliothekswesen in Leipzig haben vom Anfang des Studiums an nicht mehr unterschiedliche Mentalitäten aufgenommen und hatten nach seinem Ende und am Beginn der Berufstätigkeit keine Schwierigkeit, das Bibliothekswesen als ein zusammen hängendes Netz zu verstehen, eine seit den Zeiten des Bibliotheksplans ‚73 mit Recht immer wieder erhobene Forderung.

Im Gegensatz zur HTWK in Leipzig konnte die *Fachhochschule Potsdam,* an der ein bibliothekarischer Studiengang eingerichtet wurde, nicht an Studienstätten anknüpfen, die aus früherer Zeit überkommen waren, wenn man von der Ausbildung von Archivaren in Potsdam absieht, die es zu DDR-Zeiten in dieser Stadt gab. Man hatte in Potsdam weder die Chancen

14.6 Neue Entwicklungen nach der Vereinigung Deutschlands

noch die Last einer längeren Tradition. Vor allem hatte man weit mehr freie Hand zur Neugestaltung von Lehre und Studium als in Leipzig. Während in Leipzig nur eine lose hochschulorganisatorische Verbindung mit den verwandten Studiengängen Buchhandel/Verlagswirtschaft und Museologie geschaffen worden war, knüpfte man in Potsdam eine enge Verbindung zwischen den Bereichen Archiv-, Bibliotheks- und Dokumentationswesen; so auch der Name des 1991 gegründeten Fachbereichs. Im Zweig Bibliothekswesen wurde gar nicht mehr zwischen ÖB und WB unterschieden. Es gab vielmehr ein gemeinsames Grundstudium für die drei Gebiete Archivwesen, Bibliothekswesen und Dokumentation und im Hauptstudium die Wahl je eines der beiden anderen Gebiete im Nebenfach. Eine Ausbildung künftiger Diplom-Bibliothekare im Beamtenverhältnis kam auch in Potsdam nicht in Frage und stand auch hier nicht zur Debatte. Die Potsdamer Studiengänge haben wie die Leipziger bei Studienbewerbern aus Ost und West rasch Anklang gefunden, der Potsdamer Fachbereich hat wie der Leipziger längst seinen anerkannten Platz im gesamtdeutschen Bibliothekswesen gefunden.

Die *Fachschule für Wissenschaftliches Bibliothekswesen in Berlin,* die sich schon bald nach der Wende mit viel Einsatz das notwendige neue Profil zu geben suchte, wurde allerdings nicht in den FH-Status überführt, sondern schon relativ bald geschlossen, „abgewickelt", wie man sagte, eine von den Beteiligten als schmerzlich empfundene Maßnahme.

An der *Humboldt-Universität zu Berlin* dauerte es wohl auch wegen verschiedener hausinterner Widerstände vergleichsweise lange, bis die Neuordnung oder wenigstens die Anpassung an die nach der Wende veränderten Verhältnisse realisiert werden konnte. Statt des nach DDR-Recht laufenden bibliothekswissenschaftlichen Studiengangs gab es nun den Magisterstudiengang Bibliothekswissenschaft mit einem von der Spartentrennung ÖB und WB unabhängigen Studienverlauf, und zwar einem einheitlichen Grundstudium und einer Verzweigung in die Schwerpunkte Bibliothek bzw. Dokumentation im Hauptstudium (Y-Modell). Die Studierenden können das Fach Bibliothekswissenschaft als Haupt- oder Nebenfach mit allen Fächern, die den Magisterabschluss vorsehen, frei kombinieren und machen von dieser Freiheit ausgiebig Gebrauch. Statt des in der DDR bestehenden Fernstudiums gab es nun ein zweijähriges *postgraduales Fernstudium Bibliothekswissenschaft* mit dem Abschluss Wissenschaftlicher Bibliothekar/Wissenschaftliche Bibliothekarin, ein Studium, das man in einem gewissen Sinne als Parallele zur Referendarausbildung ansehen kann, freilich mit dem Unterschied, dass für das postgraduale Studium an der Humboldt-Universität zu zahlen ist, während Referendare einen Unterhaltszuschuss erhalten. Dieser postgraduale Fernstudiengang sieht einmal im Monat einen zweitägigen Kontakttermin in Berlin vor und schließt umfangreiche Praktika ein. Der Studiengang erfreut sich großer Nachfrage, und zwar vor allem von Bibliothekaren, die schon im Beruf stehen und sich weiter qualifizieren wollen.

Ein weiterer *Fernstudiengang Bibliotheks- und Informationswissenschaft* ist in Zusammenarbeit mit der Universität Koblenz-Landau hingegen als grundständiger Magister-Studiengang konzipiert worden; er ermöglicht Studierenden der Universität Koblenz-Landau, die dort ein Präsenzstudium absolvieren, das gleichzeitige Studium der Bibliotheks- und Informationswissenschaft an der Humboldt-Universität im zweiten Hauptfach. Dieser Studiengang sieht keine Kontakttermine in Berlin vor, er beruht vielmehr auf dem Unterricht durch das neue technische Medium der Videokonferenz. Elf Studienfächer am Hochschulort Koblenz und zwölf Studienfächer am Hochschulort Landau können mit dem Berliner Studiengang kombiniert werden. Das Studium dauert, wie bei Magisterstudiengängen üblich, mindestens neun Semester; es gliedert sich in ein Basisstudium von vier Semestern, ein Hauptstudium von vier Semestern und ein Semester für die Anfertigung der Magisterarbeit.

Die Übernahme des Instituts für Bibliothekswissenschaft und Bibliothekarausbildung von der Freien Universität Berlin an die Humboldt-Universität im Jahre 1995 hatte zusätzliche und nicht geringe Probleme hervorgerufen. Die an dem FU-Institut bis dahin angesiedelten fachhochschul-äquivalenten Studiengänge wurden nach dem Übergang des Instituts an die Humboldt-Universität geschlossen. Immerhin war es gelungen, nach der Schließung des Studiengangs Bibliothekswissenschaft an der Universität zu Köln das Fach als selbständige Universitätsdisziplin in Berlin zu erhalten und es damit wenigstens an einer deutschen Universität auch weiterzuführen.

Die Studien im östlichen Teile Deutschlands präsentieren sich nach der Phase der Neugestaltung wie folgt:

- *Berlin*, Humboldt-Universität, Philosophische Fakultät I, Institut für Bibliothekswissenschaft:
  Grundständiger Studiengang Bibliothekswissenschaft als Hauptfach oder Nebenfach; im Hauptstudium Trennung nach den Schwerpunkten Bibliothek bzw. Dokumentation (Y-Modell); Mindestdauer: neun Semester (einschließlich Praktika); Abschluss: Magister Artium; Möglichkeit der Promotion und der Habilitation; Postgraduales Fernstudium der Bibliothekswissenschaft; Dauer vier Semester (einschließlich Praktika); Abschluss: Wissenschaftlicher Bibliothekar
  Grundständiges Fernstudium der Bibliotheks- und Informationswissenschaft als Kombinationsstudium: grundständiges Präsenzstudium in Koblenz-Landau (erstes Hauptfach) und grundständiges Fernstudium im Berliner Studiengang (zweites Hauptfach); Mindestdauer: neun Semester (einschließlich Praktika); Abschluss: Magister Artium
- *Leipzig*, Hochschule für Technik, Wirtschaft und Kultur Leipzig (FH), Fachbereich Buch und Museum:
  Grundständige Studiengänge Bibliothekswesen, Buchhandel/Verlagswirtschaft, Museologie; im Studiengang Bibliothekswesen im Hauptstudium Trennung nach den Schwerpunkten Öffentliches Bibliothekswesen bzw. Wissenschaftliches Bibliothekswesen (Y-Modell); Dauer: acht Semester (einschließlich Praktika); Abschluss: Dipl.-Bibl. (FH)
- *Potsdam*, Fachhochschule, Fachbereich Archiv-, Bibliotheks- und Dokumentationswesen:
  Grundständige Studiengänge Bibliothek, Archiv, Dokumentation mit z.T. gemeinsamem Grundstudium und Wahl eines Nebenfaches im Hauptstudium (für den Studiengang Bibliothek als Nebenfächer möglich: Archiv oder Dokumentation); Dauer: acht Semester (einschließlich Praktika); Abschluss: Dipl.-Bibl. (FH)

Insgesamt wurden die Chancen der Vereinigung Deutschlands genutzt und die bibliothekarischen Studien in Deutschland nachhaltig bereichert. Die Schließung der an der Freien Universität Berlin in der Vergangenheit bestehenden FH-äquivalenten Diplom-Studiengänge ÖB und WB wie auch die Schließung der aus der DDR überkommenen Fachschule für Wissenschaftliches Bibliothekswesen sind allerdings auch beklagt worden, stellten diese Schließungen doch objektiv eine Verarmung der breiten Palette bibliothekarischer Studien- und Ausbildungsangebote dar. Dabei darf jedoch nicht übersehen werden, dass die eigenartige Konstruktion der Diplom-Studiengänge an der Freien Universität nach dem Scheitern der die Gesamthochschule anstrebenden Tendenzen der frühen 1970er Jahre auf die Dauer ohnehin nicht zu halten war; ihre personelle und sachliche Ausstattung war im Vergleich zu derjenigen an den meisten Fachhochschulen bescheiden. Im Hinblick auf die Sicherung des Nachwuchses für die Region Berlin-Brandenburg stellen die neuen Studiengänge an der FH Potsdam einen

Ausgleich dar. Die niedrigeren Absolventenzahlen der FH Potsdam entsprechen eher der Aufnahmefähigkeit des Berliner und Brandenburger Arbeitsmarktes als es die beiden geschlossenen Einrichtungen mit ihren unrealistisch hohen Zahlen taten.

Die Bereicherung der bibliothekarischen Studien in Deutschland durch die Neuerungen im Osten bestand zunächst in der erfolgreichen Realisierung neuer Ansätze zu ihrer inhaltlichen Gestaltung: in Leipzig ÖB- und WB-Inhalte für alle Studierenden im Grundstudium, Differenzierung im Hauptstudium; in Potsdam und an der Humboldt-Universität zu Berlin keine Differenzierung nach diesem Gesichtspunkt, wohl aber nach dem Bibliothek und Dokumentation/Information; an allen drei Studienstätten eine konsequente Ausrichtung an den modernen Erfordernissen durch nachhaltige Berücksichtigung der Informationstechnologie; keine soziale Ungerechtigkeit durch Verbeamtung und Alimentierung. Alle drei Studienstätten im Osten nutzten nach der Vereinigung Deutschlands die bisher unbekannten Möglichkeiten, internationale Kontakte zu knüpfen und zu pflegen. Gerade in diesem Punkt unterschieden sie sich sogleich von den Ausbildungsstätten der alten Bundesrepublik, die diese Chance für ihre Beamtenanwärter nie genutzt haben, wohl auch nur schwer nutzen konnten. Die Studienstätten mit ÖB-Studiengängen, allen voran die HBI Stuttgart, hatte freilich schon länger intensive und erfolgreiche Kontakte geknüpft.

14.7 Der Umsturz zur Jahrtausendwende

Waren die Studien- und Ausbildungsgänge in der ersten Hälfte der 1990er Jahre im Gefolge der Vereinigung Deutschlands vermehrt und bereichert worden, aber im Gebiet der alten Bundesrepublik doch in ihren bisherigen Strukturen erhalten geblieben, so hat sich seit den späteren 1990er Jahren ein Wechsel vollzogen, wie es ihn in der Geschichte der bibliothekarischen Studien wohl noch nie gegeben hat, schon gar nicht mit einer derartigen Plötzlichkeit und einem solchen Tempo. Betrachtet man die Entwicklung, vergleicht man insbesondere die Angaben über die bibliothekarischen Fachhochschulen (einschließlich der verwaltungsinternen Fachhochschulen) und über die dort bestehenden Studiengänge im „Jahrbuch der Deutschen Bibliotheken" bzw. mit den aktuellen Angaben, die im Internet über die einzelnen Einrichtungen zu finden sind, so stellt man fest, dass beinahe kein Stein auf dem anderen geblieben ist:
- *Bonn*. Die Fachhochschule für das öffentliche Bibliothekswesen Bonn (Träger: Borromäusverein) soll demnächst geschlossen werden (Stand 2003).
- *Frankfurt am Main*. Die Bibliotheksschule in Frankfurt am Main – Fachhochschule für Bibliothekswesen (verwaltungsinterne Ausbildung) wird geschlossen. Dafür ist 2001 an der Fachhochschule Darmstadt der Fachbereich Informations- und Wissensmanagement mit gleichnamigem Studiengang eingerichtet worden, der sich im Hauptstudium in die Studienrichtungen Chemie-Information, Medieninformation, Wirtschaftsinformation und Bibliothek gabelt. Hier werden zum größten Teil andere Inhalte vermittelt als an der nur auf das wissenschaftliche Bibliothekswesen bezogenen Beamtenausbildung für den Gehobenen Dienst an der Frankfurter Einrichtung. Die Absolventen sind nicht mehr Diplom-Bibliothekare, sondern Diplom-Informationswirte.
- *Hamburg*. Die frühere Fachhochschule Hamburg, jetzt Hochschule für angewandte Wissenschaften, hat an ihrem Fachbereich „Bibliothek und Information", der vormals Fachbereich

„Bibliothekswesen" hieß, den damaligen gleichnamigen Studiengang in den neuen Studiengang „Bibliotheks- und Informationsmanagement" überführt, dessen Absolventen weiterhin die Bezeichnung Diplom-Bibliothekar(in) führen. An diesem Fachbereich besteht seit 1993 der Studiengang „Mediendokumentation".

- *Hannover.* Die Fachhochschule Hannover hat an ihrem Fachbereich „Informations- und Kommunikationswesen", der bis 1994 Fachbereich „Bibliothekswesen, Information und Dokumentation" hieß, den neuen Studiengang „Informationsmanagement" geschaffen, in dem die früher getrennten Studiengänge „Bibliothekswesen" und „Allgemeine Dokumentation" aufgegangen sind. Außerdem gibt es die Studiengänge Biowissenschaftliche Dokumentation, Technische Redaktion (seit 1991/92), Journalistik und PR/Öffentlichkeitsarbeit (WS 2000/01). In Hannover verlassen die Studierenden ihre Hochschule als Diplom-Informationswirte.

- *Köln.* Die frühere Fachhochschule für Bibliotheks- und Dokumentationswesen ist 1995 als Fachbereich 22 in die Fachhochschule Köln eingegliedert und in Fachbereich „Informationswissenschaft" umbenannt worden. Seit 2002 bildet dieser Fachbereich zusammen mit dem bisherigen Fachbereich Sprachen (Dolmetscher- und Übersetzerstudium) die Fakultät Informations- und Kommunikationswissenschaft. Es bestehen die Studiengänge Bibliothekswesen und Informationswirtschaft sowie der dreisemestrige (postgraduale) Zusatzstudiengang Bibliotheks- und Informationswissenschaft, der mit dem Grad Master of Information Science abgeschlossen wird; die frühere Beamtenausbildung für den Gehobenen Bibliotheksdienst und die postgraduale Beamtenausbildung für den Höheren Bibliotheksdienst (Bibliotheksreferendare, Assessorexamen) gibt es in Nordrhein-Westfalen nicht mehr.

- *Leipzig.* Die Hochschule für Technik, Wirtschaft und Kultur Leipzig (FH) führt den an ihrem Fachbereich „Buch und Museum" bisher unter dem Namen „Bibliothekswesen" bestehenden Studiengang nach etlichen inhaltlichen Änderungen als Studiengang „Bibliotheks- und Informationswissenschaft" weiter; im Hauptstudium gibt es sechs verschiedene Studienschwerpunkte, die individuelle Wahlmöglichkeiten für den einzelnen Studierenden bieten. Praktika können nicht nur an Bibliotheken, sondern auch an anderen Einrichtungen des Informationswesens absolviert werden.

- *Potsdam.* An der Fachhochschule Potsdam ist der frühere Fachbereich „Archiv, Bibliothek, Dokumentation" in Fachbereich „Informationswissenschaften" umbenannt worden. Die Vollendung seines ersten Dezenniums wurde mit einer Tagung unter der Überschrift „Baumeister der E-Society – 10 Jahre Information Professionals in Potsdam" gefeiert.

- *Stuttgart.* In Stuttgart ist die frühere „Hochschule für Bibliotheks- und Informationswesen" (HBI) mit der „Hochschule für Druck und Medien" zur „Fachhochschule Stuttgart – Hochschule der Medien" fusioniert worden. Mit der Fusion ging eine grundlegende Neugestaltung der bisherigen grundständigen FH-Studiengänge einher. Im Gegensatz zu früher kann man außerdem postgraduale Qualifikationen erwerben und zwar in den Masterstudiengängen Bibliotheks- und Medienmanagement und Informationswirtschaft.

- *München.* Am Fachbereich Archiv- und Bibliothekswesen der Bayerischen Beamtenfachhochschule wurden keine grundlegenden strukturellen Änderungen vorgenommen. Für den Gehobenen Dienst verbleibt es bei der nur drei Jahre umfassenden beamtenrechtlich geregelten Ausbildung. An der Bayerischen Bibliotheksschule werden Bibliotheksassistenten für den staatlichen und kommunalen Bereich ausgebildet; die theoretische Ausbildung für den Höheren Bibliotheksdienst wurde reformiert und steht im Rahmen von Verwaltungsabkommen auch Referendaren anderer Bundesländer offen.

14.7 Der Umsturz zur Jahrtausendwende

Die Einrichtung postgradualer Studiengänge an einigen Hochschulen zeigt, dass auch der Zugang zu Führungspositionen in Zukunft wohl nicht mehr exklusiv über die Beamtenausbildung für den Höheren Bibliotheksdienst gehen wird. Das zeigt sich auch daran, dass es in Frankfurt am Main und in Köln keinen theoretischen Ausbildungsteil für diese Beamtenlaufbahn mehr gibt. Nordrhein-Westfalen hat die Laufbahn sogar generell abgeschafft, eine Entscheidung, die aus Fachkreisen nachdrücklichen und wohl begründeten Widerspruch erfahren hat. Diejenigen Länder, die ihre Referendare zum theoretischen Teil der Ausbildung früher nach Frankfurt am Main oder nach Köln geschickt haben und bis heute an der beamteten Ausbildung festhalten, schicken ihre Referendare nach München, da es nur noch dort, und zwar an der Bayerischen Bibliotheksschule, eine entsprechende Möglichkeit gibt. An der Humboldt-Universität zu Berlin gibt es schon etwas länger ein postgraduales Zusatzstudium als Fernstudium eingerichtet, das der Referendarausbildung ähnlich auf Führungspositionen im Bibliotheks- und Informationswesen vorbereitet.

Zusammenfassend kann festgehalten werden, dass die frühere Ausrichtung von Studium und Ausbildung auf Tätigkeiten in bestimmten Institutionen kaum noch eine Rolle spielt, ebenso die vormals getrennte Vorbereitung auf eine Tätigkeit in öffentlichen bzw. wissenschaftlichen Bibliotheken. Vielmehr bestimmen verschiedene, großräumig bemessene *Tätigkeitsfelder* des gesamten Informationswesens die Lehrinhalte. Das kommt schon in den programmatisch geänderten Namen der Hochschulen bzw. Fachbereiche und der Studiengänge zum Ausdruck. Eine Durchsicht der im Internet zugänglichen Angaben zu den neuen Lehrinhalten kommt zu dem gleichen Ergebnis. Wenn man zudem in Betracht zieht, dass die Lehrenden der Fachhochschulen heute anders als früher aus den unterschiedlichen Bereichen des Informationswesens kommen und nicht mehr vorwiegend aus den Bibliotheken der öffentlichen Hand, dann kann man ermessen, welchen fundamentalen Wandel die bibliothekarischen Studien in den letzten Jahren durchgemacht haben.

Von *bibliothekarischen* Studien kann man eigentlich nicht mehr sprechen, wenn man bedenkt, in welchem Maße die Informationstechnologie in den Studiengängen in den Vordergrund gerückt und die klassische Bibliothekslehre in den Hintergrund gedrängt worden ist. Es wäre wohl zutreffender, vom Studium des Bibliotheks- und Informationswesens und von Bibliotheks- und Informationswissenschaft zu sprechen. In den Vereinigten Staaten ist die Bezeichnung *Library and Information Science* schon lange gebräuchlich. Auch die weit gehende Abschaffung der beamteten Ausbildungsgänge, deren Ziel ja in der Regel die Vorbereitung auf eine spätere Tätigkeit in Bibliotheken eines ganz spezifischen Typus war, weist in die angedeutete Richtung.

Der Umsturz zur Jahrtausendwende hat seine tieferen Gründe ohne Zweifel in den rapiden Fortschritten der Informationstechnologie. Er hat seine Gründe aber auch in dem Trend der Politik zur Privatisierung ganzer Zweige der öffentlichen Verwaltung, einem Trend, bei dem die verwaltungsinterne Ausbildung im Bereich der nicht-hoheitlichen Verwaltung entbehrlich scheint. Auf die Dauer wird es auf die Inhalte der Lehre und die Qualität ihrer Vermittlung ankommen. Nach der hier vertretenen Auffassung waren viele Neuerungen notwendig. Ob sie allerdings mit einer solchen Hast durchgeführt werden mussten, wie es tatsächlich geschehen ist, das ist eine andere Frage. Ob man außerdem bei den Neuerungen zu sehr auf die „Digitale Bibliothek" gesetzt und die nach wie vor in der Praxis wichtige „Print-Bibliothek" vernachlässigt hat, ob man vielleicht das Kind mit dem Bade ausgeschüttet hat, ist ebenfalls die Frage. Offene Fragen, auf die erst die Bewährung der Absolventen unserer reformierten Studiengänge in der „modernen Bibliothek" eine Antwort geben wird.

Literatur

Berufsbild der Diplom-Bibliothekarin, des Diplom-Bibliothekars an Öffentlichen Bibliotheken / Verein der Bibliothekare an Öffentlichen Bibliotheken e.V. - 3., veränd. Aufl. - Reutlingen : VBB, 1993. - 30 S.

Berufsbild 2000 = Career profile : Bibliotheken und Bibliothekare im Wandel = the Changing Roles of Libraries and Librarians / Bundesvereinigung Deutscher Bibliotheksverbände. - 2., unveränd. Nachdr. der dt. Fassung, erg. um die engl. Version. - Wiesbaden : BDB, 2000. - 125 S.

Bibliothek – Information und Dokumentation – Archiv : Ausbildungs- und Studiengänge nach Ausbildungsstätten / Hrsg.: Arbeitsgemeinschaft der Aus- und Fortbildungseinrichtungen im IuD-Bereich (AG-AFE) und Konferenz der bibliothekarischen Ausbildungsstätten (KBA). Red.: Herbert Buck // In: Nachrichten für Dokumentation 39 (1988), S. 103 - 109

Der Bibliothekar zwischen Praxis und Wissenschaft : Bernhard Sinogowitz zum 65. Geburtstag / hrsg. von Dieter Schug. - Wiesbaden : Harrassowitz, 1986. - VI, 243 S. - (Beiträge zum Buch- und Bibliothekswesen ; 24)

Buch und Bibliothekswissenschaft im Informationszeitalter : internationale Festschrift für Paul Kaegbein zum 65. Geb. / hrsg. von Engelbert Plassmann ... - München [u.a.] : Saur, 1990. - 485 S.

BUHRFEIND, ANNE: Menschen, Bücher und Computer : Berufsfeld Bibliothek / Bundesvereinigung Deutscher Bibliotheksverbände. - Berlin [u.a.] : BDB, 1994. - 54 S. : Ill.

Der Diplom-Bibliothekar an wissenschaftlichen Bibliotheken : Versuch e. Standortbestimmung / Verein der Diplom-Bibliothekare an wissenschaftlichen Bibliotheken e.V. - Göttingen : VdDB, 1991. - 47 S.

FRANKENBERGER, RUDOLF: Bibliothekar, Bibliothekarin (höherer Dienst an wissenschaftlichen Bibliotheken) / hrsg. von d. Bundesanstalt für Arbeit. - 6. Aufl. - Bielefeld : Bertelsmann, 1994. - 43 S. : graph. Darst. - (Blätter zur Berufskunde ; 3)

GAUS, WILHELM: Berufe im Archiv-, Bibliotheks-, Informations- und Dokumentationswesen : ein Wegweiser zur Ausbildung. - 4., überarb. Aufl. - Berlin [u.a.] : Springer, 1998

JOCHUM, UWE: Kleine Bibliotheksgeschichte. - 2., durchges. und bibliograph. erg. Aufl. - Stuttgart : Reclam, 1999. - 232 S.

KONZE, INGEBORG: Verzeichnis der Kölner Hausarbeiten für die Laufbahnprüfung des höheren Bibliotheksdienstes am Bibliothekar-Lehrinstitut des Landes Nordrhein-Westfalen / Fachhochschule für Bibliotheks- und Dokumentationswesen in Köln 1949-1986. - Köln : Greven, 1988. - XV, 131 S. - (Kölner Arbeiten zum Bibliotheks- und Dokumentationswesen ; 10)

LEISS, JOHANN: Die künftige Ausbildung des höheren Bibliotheksdienstes an der Bayerischen Bibliotheksschule in München // In: Bibliotheksforum Bayern 29 (2001), S. 30 - 34

NIKOLAIZIG, ANDREA: Diplombibliothekare made in Sachsen // In: Bibliotheken führen und entwickeln : Festschrift für Jürgen Hering zum 65. Geburtstag / hrsg. von Thomas Bürger ... - München : Saur, 2002. - 355 S.

PLASSMANN, ENGELBERT: Der Fachbereich Buch und Museum an der Hochschule für Technik, Wirtschaft und Kultur Leipzig (FH) : Bibliothekswesen, Buchhandel/Verlagswirtschaft, Museologie // In: Bibliotheken, Service für die Zukunft / 5. Deutscher Bibliothekskongress, 83. Deutscher Bibliothekartag in Leipzig 1993. Hrsg. von Hartwig Lohse. - Frankfurt a.M. : Klostermann, 1994. - VII, 289 S. - (Zeitschrift für Bibliothekswesen und Bibliographie : Sonderh. ; 58)

PLASSMANN, ENGELBERT: Entwicklungen in der bibliothekarischen Ausbildung : Gedanken in einer Zeit des Wandels // In: Bibliothek als Lebenselixier : Festschrift für Gottfried Rost zum 65. Geburtstag / hrsg. von Johannes Jacobi ... - Leipzig [u.a.] : Die Deutsche Bibliothek, 1996. - 256 S.

Sechzig Jahre bibliothekarische Ausbildung in Köln : eine Bibliographie / bearb. von Rudolf Jung und Ingeborg Konze. - Köln : Greven, 1989. - XII, 375 S. - (Kölner Arbeiten zum Bibliotheks- und Dokumentationswesen ; 13)

STÄGLICH, DIETER: Die Beendigung der verwaltungsinternen Ausbildung für den höheren Bibliotheksdienst in Nordrhein-Westfalen : die Folgen für die Hochschulbibliotheken // In: Bibliotheken führen und entwickeln : Festschrift für Jürgen Hering zum 65. Geb. / hrsg. von Thomas Bürger ... - München : Saur, 2002. - 355 S.

Die theoretische Ausbildung der Bibliotheksreferendare : die Umsetzung der Empfehlungen für die Ausbildung des Höheren Bibliotheksdienstes an den Ausbildungseinrichtungen ; Referate und Diskussionsergebnisse einer Fortbildungsveranstaltung des Vereins Deutscher Bibliothekare und des Deutschen Bibliotheksinstituts am 22. und 23. Novembers 1990 in Frankfurt/M. / hrsg. von Jobst Tehnzen. - Berlin : DBI, 1991. - 118 S. - (dbi-materialien ; 107)

TRETTNER, ERIKA: Fernstudium an der Fachschule // In: Bibliothekarisches Studium in Vergangenheit und Gegenwart : Festschrift aus Anlaß des 80jährigen Bestehens der bibliothekarischen Ausbildung in Leipzig im Oktober 1994 / hrsg. von Engelbert Plassmann ... - Frankfurt a.M. : Klostermann, 1995. - (Zeitschrift für Bibliothekswesen und Bibliographie : Sonderh. ; 62). - 292 S.

WERNER, ROSEMARIE ; ENGELBERT PLASSMANN: Studium und Ausbildung des Bibliothekars : Rückblick und Ausblick // In: Geschichte, Gegenwart und Zukunft der Bibliothek : Festschrift für Konrad Marwinski zum 65. Geb. / hrsg. von Dorothee Reißmann. - München : Saur, 2000. - VIII, 197 S.

Zur Geschichte der einzelnen Studien- und Ausbildungsstätten:

Bibliothek – Kultur – Information : Beiträge eines internat. Kongresses anlässl. des 50jährigen Bestehens der Fachhochschule für Bibliothekswesen Stuttgart vom 20. bis 22. Oktober 1992 / hrsg. von Peter Vodosek ... - München [u.a.] : Saur, 1993. - 362 S. - (Beiträge zur Bibliothekstheorie und Bibliotheksgeschichte ; 8)

Bibliothekarische Ausbildung in Bayern // In: Bibliotheksforum Bayern 23 (1995) S. 119 - 298

Bibliothekarisches Studium in Vergangenheit und Gegenwart : Festschrift aus Anlaß des 80jährigen Bestehens der bibliothekar. Ausbildung in Leipzig im Oktober 1994. - Frankfurt a.M., 1995. - 292 S. - (Zeitschrift für Bibliothekswesen und Bibliographie : Sonderh. ; 62)

Biblionota : 50 Jahre bibliothekar. Ausbildung in Hamburg, 25 Jahre Fachbereich Bibliothek und Information / hrsg. vom Fachbereich Bibliothek und Information der Fachhochschule Hamburg. Mit Beitr. von Gudrun Bischoff-Kümmel ... - Münster [u.a.] : Waxmann, 1995. - 293 S.

HACKER, RUPERT: Die bibliothekarische Ausbildung in Bayern 1946 - 1988 // In: Bibliothekslandschaft Bayern : Festschrift für Max Pauer zum 65. Geburtstag / unter Mitw. von Gerhard Hanusch hrsg. von Paul Niewalda. Wiesbaden : Harrassowitz, 1989. – XIII, 491 S.

JUNG, RUDOLF: Die Westdeutsche Volksbüchereischule in Köln 1928-1944 // In: Bibliothekarisches Studium in Vergangenheit und Gegenwart : Festschrift aus Anlaß des 80jährigen Bestehens der bibliothekar. Ausbildung in Leipzig im Oktober 1994. - Frankfurt a.M., 1995. - 292 S. - (Zeitschrift für Bibliothekswesen und Bibliographie : Sonderh. ; 62)

JUNG, RUDOLF ; INGEBORG KONZE: Sechzig Jahre bibliothekarische Ausbildung in Köln : eine Bibliographie. - Köln : Greven, 1989. - XII, 375 S. - (Kölner Arbeiten zum Bibliotheks- und Dokumentationswesen ; 13)

KLOMPEN, WILMA: Das Bibliothekar-Lehrinstitut des Landes Nordrhein-Westfalen von 1949 bis 1974 // In: Bibliothekarische Ausbildung in Theorie und Praxis : Beiträge zum 25jährigen Bestehen des Bibliothekar-Lehrinstituts am 4. Februar 1974 / hrsg. von Rudolf Jung und Ludwig Sickmann. - Köln : Greven, 1975. - 311 S.

KLOMPEN, WILMA: Das Bibliothekar-Lehrinstitut des Landes Nordrhein-Westfalen in Köln von 1974 bis 1981 // In: Buch und Bibliothekswissenschaft im Informationszeitalter : internat. Festschrift für Paul Kaegbein zum 65. Gebutrtstag / hrsg. von Engelbert Plassmann ... - München [u.a.] : Saur, 1990. - 485 S.

SCHMIDT, SIEGFRIED: 75 Jahre bibliothekarische Ausbildung in Bonn. - // In: KÖB : Die katholische öffentliche Bücherei (1996) 2, S. 1 - 13 und (1996) 3, S. 1 - 14

VODOSEK, PETER: „Anfänge" – Beziehungen zwischen Stuttgart und Leipzig in den letzten 50 Jahren // In: Bibliothekarisches Studium in Vergangenheit und Gegenwart : Festschrift aus Anlaß des 80jährigen Bestehens der bibliothekar. Ausbildung in Leipzig im Oktober 1994. - Frankfurt a.M., 1995. - 292 S. - (Zeitschrift für Bibliothekswesen und Bibliographie : Sonderh. ; 62)

VODOSEK, PETER: Chronik der Fachhochschule für Bibliothekswesen Stuttgart // In: Bibliothek – Kultur – Information : Beiträge eines internat. Kongresses anlässl. des 50jährigen Bestehens der Fachhochschule für Bibliothekswesen Stuttgart vom 20. bis 22. Oktober 1992 / hrsg. von Peter Vodosek ... - München [u.a.] : Saur, 1993. - 362 S. - (Beiträge zur Bibliothekstheorie und Bibliotheksgeschichte ; 8)

Gabriele Beger

15 Bibliotheksrecht

15.1 Haushaltsrecht

Das anzuwendende Haushaltsrecht richtet sich für Bibliotheken, die sich in der Trägerschaft des Bundes befinden, einschließlich der meisten vom Bund und den Ländern finanzierten Einrichtungen nach der Bundeshaushaltsordnung und für Bibliothekseinrichtungen der Länder und Gemeinden nach den jeweils geltenden Landes- oder Gemeindehaushaltsordnungen. Weitere zu beachtende Rechtsvorschriften sind die Abgabenordnungen, das Haushaltsgrundsätzegesetz[1] und gegebenenfalls das Umsatzsteuergesetz (UStG)[2]. Bibliotheken in der Rechtsform des Eigenbetriebes finden in vielen Bundesländern eine separate Regelung in den Landeshaushaltsordnungen sowie in Eigenbetriebsgesetzen. Bibliotheken mit eigener Rechtsperson (z.B. Stiftung und Anstalt des öffentlichen Rechts) werden in der Bundes- und den Landeshaushaltsordnungen von der Anwendung einzelner Vorschriften freigestellt. Sie können in der Regel, wie budgetierte Einrichtungen auch, auf eine relativ hohe Deckungsfähigkeit zwischen den einzelnen Titeln des Haushaltes zurückgreifen. Auch Haushaltssperren sind nach Bewilligung des Zuschusses in der Regel für Zuschussempfänger nicht mehr wirksam.

15.1.1 Einnahmen und Ausgaben

Die kameralistische Haushaltsführung trennt streng die Haushaltspositionen Ein- und Ausgaben. Grundsätzlich besteht keine Deckungsfähigkeit zwischen diesen Titeln. Auf der Einnahmenseite wird der jeweilige Zuschuss oder die Zuwendung sowie alle eigenen Einnahmen verbucht. Die Ausgabenseite weist alle Titel auf, aus denen Ausgaben zur Unterhaltung der Bibliothek zu entrichten sind. Durch Zweckbindungsvermerke kann sichergestellt werden, dass Einnahmen in bestimmten Titeln bzw. Mehreinnahmen zur Verwendung in bestimmten Ausgabetiteln berechtigen. Spenden und Einnahmen aus Sponsoring sind an die Zweckbindung, die der Spender bzw. Sponsor ausspricht, gebunden. Diese Einnahmen sind auch übertragbar auf das Folgejahr. Unterhält die Bibliothek einen Zweckbetrieb (satzungskonforme Herausgabe und Verkauf eigener Publikationen) oder einen wirtschaftlichen Geschäftsbetrieb (Bibliotheksshop), so kann sie die dort erzielten Einnahmen, trotz kameralistischer Haushaltsführung, zur Unterhaltung des Betriebes (Ausgaben) uneingeschränkt verwenden.

---

[1] Gesetz über die Grundsätze des Haushaltsrechts des Bundes und der Länder (Haushaltsgrundsätzegesetz – HGrG) vom 19. August 1969 (Bundesgesetzblatt I 1273) zuletzt geändert durch Gesetz vom 22. Dezember 1997 (Bundesgesetzblatt I 3251)

[2] Umsatzsteuergesetz 1993 (UStG) in der Fassung der Bekanntmachung vom 27. April 1993, geändert durch Gesetz vom 18. August 1997 (Bundesgesetzblatt I 2070), zuletzt geändert Umsatzsteuerrichtlinie 2000. – Die Umsatzsteuerrichtlinie widmet sich in Abschnitt 22 der Unternehmereigenschaften bei Vereinen, Forschungseinrichtungen und ähnlichen Einrichtungen, wie Stiftungen.

15.1.2 Gebühren und Entgelte

Für eine Reihe von Bibliotheksdienstleistungen werden von jeher Gebühren oder Entgelte erhoben. Die Begriffe sind identisch, wobei der Begriff Gebühr auf eine öffentlich-rechtliche Einrichtung und der Begriff Entgelt auf privatrechtlich organisierte Einrichtungen oder ein entsprechendes Benutzungsverhältnis hinweist. Sie sind in einer separaten Gebühren- bzw. Entgeltordnung auszuweisen, wenn sie nicht bereits Bestandteil der Benutzungsordnung, Satzung oder den Benutzungsbedingungen sind. Allerdings empfiehlt es sich davon abzusehen, Gebühren und Entgelte in eine Benutzungsordnung aufzunehmen, da diese bedeutend schwieriger zu novellieren ist als eine Gebühren- oder Entgeltordnung. Besonders empfehlenswert sind dagegen Optionen in der Benutzungsordnung, die der Bibliotheksleitung erlauben, für bestimmte Dienstleistungen Gebühren und Entgelte zu erheben, die dann durch Aushang bekannt zu geben sind.

Aufgrund der leeren kommunalen Kassen werden immer mehr Gebühren- und Entgelttatbestände verlangt. Auch die Höhe der Gebühren und Entgelte soll kontinuierlich steigen. Öffentlich-rechtliche Einrichtungen sind nicht frei in der Bestimmung der Gebührentatbestände und deren Höhe. Zum einen sind sie an die jeweils geltende Abgabenordnung gebunden. Nur wenn dort ein Tatbestand erwähnt ist, dann kann in der Gebührenordnung einer Bibliothek diese Leistung unter Gebühr gestellt werden. Zum anderen muss bei der Festsetzung der Gebührenhöhe das Haushaltsgrundsätzegesetz herangezogen werden, wonach die Prinzipien der Kostendeckung, der Äquivalenz und der Verhältnismäßigkeit zu beachten sind.

Eine Gebühr ist stets eine Gegenleistung (Bezahlung) für eine geforderte Verwaltungsleistung. Deshalb kennt das öffentliche Recht nur Benutzungs- und Verwaltungsgebühren. Gebühren für die Überziehung einer Leihfrist sind im engeren Sinne kein Gebührentatbestand, sondern eher als erzieherisches Mittel rechtlich anzusehen. Die Erhebung von Versäumnis- und Mahngebühren ist dennoch rechtmäßig, wie eine Vielzahl von Gerichtsentscheidungen anerkannt hat, soweit sie die Haushaltsgrundsätze nicht missachten. Das heißt, alle Gebührentatbestände dürfen die Kostendeckungsgrenze, die die einzelne Dienstleistung verursacht, nicht überschreiten. Eine Ausleihgebühr sollte rund 3,70 € nicht überschreiten, da diese Summe durchschnittlich je Ausleihvorgang benötigt wird. Nach dem Prinzip der Verhältnismäßigkeit dürfen Versäumnis- und Mahngebühren nicht unbeschränkt anwachsen. Eine Kappungsgrenze ist einzuführen, denn die Bibliothek ist auch verpflichtet, gegen den säumigen Benutzer vorzugehen.

Öffentlich-rechtliche Einrichtungen haben das Wahlrecht zwischen einer öffentlich-rechtlichen oder privatrechtlichen Ausgestaltung ihres Benutzungsverhältnisses. Privatrechtlich organisierte Bibliotheken (wie Stiftung des bürgerlichen Rechts, GmbH oder Verein) sind an das Privatrecht gebunden. Gebühren einer privatrechtlichen Organisation sind Entgelte. Bei der Entgeltgestaltung greift das öffentliche Recht grundsätzlich nicht. Danach sind die Bibliotheken mit privatrechtlich ausgestaltetem Benutzungsverhältnis frei in der Gestaltung der Entgelttatbestände. Lediglich die Haushaltsgrundsätze sind zu beachten. Dies hat einige Vorteile, wie das jüngst gegen eine niedersächsische Stadtbibliothek ergangene Urteil zeigte[3]. Hier wurden Versäumnisgebühren erhoben, die keine Grundlage in der kommunalen Abgabenordnung fanden. So musste das Gericht erkennen, dass die Erhebung der Versäumnisgebühr

---

[3] Verwaltungsgericht Braunschweig Az.: 1 A 217/88 vom 7. Februar 2000. Vgl. auch Niedersächsischer Städtetag in seinem Info-Beitrag Nr. 4,11/2000 vom 15.3.2000 (Az.: 104601/00 und 4210/00)

unrechtmäßig war. Diese Entscheidung wäre bei einer privatrechtlichen Organisation nicht erfolgt. Hier sind die Versäumnisentgelte Vertragsstrafen nach dem Bürgerlichen Gesetzbuch. Dennoch empfinden viele Bibliothekare die Entscheidung zu einem privatrechtlich ausgestalteten Benutzungsverhältnis als Nachteil, da kürzere Verjährungsfristen nach dem BGB zu beachten sind und die Ansprüche nicht durch Verwaltungsakt, sondern auf dem ordentlichen Gerichtsweg (Mahnbescheid, Klage auf Herausgabe und/oder Schadenersatz) durchgesetzt werden müssen.

Zunehmend bieten Bibliotheken aber auch Dienstleistungen an, die über die herkömmlichen Bibliotheksangebote hinausgehen, wie Vermietung und Verpachtung von Räumen, Flächen, Ausstattung und Wänden, Kurierdienste und Verkauf im Bibliotheksshop. Auch wenn diese Dienste in einer Gebühren- oder Entgeltordnung geregelt sind, so stellen sie Einnahmen aus Vermögensverwaltung, Zweckbetrieb und wirtschaftlichem Geschäftsbetrieb dar. Hier ist regelmäßig die steuerrechtliche Seite zu prüfen[4].

15.1.3 Steuern

Der Prüfung unterliegt die wirtschaftliche Betätigung gemeinnütziger Einrichtungen in Bezug auf die Körperschafts- (Einkommens-) und die Umsatzsteuerpflicht. Bibliotheken sind anerkannt gemeinnützige Einrichtungen im Sinne der steuerbegünstigten Tatbestände nach der Abgabenordnung (AO)[5]. Sie sind demnach körperschaftsteuerbefreit. Soweit eine Bibliothek satzungsgemäß Einnahmen aus wirtschaftlicher Tätigkeit erzielt und diese Tätigkeiten nicht überwiegen, handelt es sich um Einnahmen aus Vermögensverwaltung oder Zweckbetrieb, die nicht der Körperschaftssteuer unterliegen, gegebenenfalls jedoch der Umsatzsteuer. Vermögensverwaltung umfasst die Vermietung und Verpachtung von Räumen, Wänden und Werbeflächen, z.B. auch auf Pkw. Zweckbetrieb ist die satzungskonforme wirtschaftliche Betätigung, z.B. die Herausgabe von Druckerzeugnissen.

Werden dagegen Erlöse aus einer nicht satzungsgemäßen wirtschaftlichen Tätigkeit erzielt, wie z.B. der Verkauf in einem Bibliotheksshop oder das Betreiben eines Cafes, so handelt es sich um einen steuerpflichtigen wirtschaftlichen Geschäftsbetrieb, der der Einkommenssteuer unterliegt (§ 14 AO). Für das Vorliegen eines wirtschaftlichen Geschäftsbetriebes gelten folgende Prüfkriterien: Selbständige, d.h. von der Bibliothek abzugrenzende Tätigkeit, nachhaltige Tätigkeit, d.h. die Tätigkeit wird wiederholt und wird nicht nur einmalig ausgeübt sowie das Erzielen von Einnahmen und sonstigen wirtschaftlichen Vorteilen. Solange die wirtschaftliche Tätigkeit nicht im Vordergrund des Wirkens der Bibliothek steht, also nur ein Hilfsgeschäft und nicht das Hauptgeschäft darstellt, ist die wirtschaftliche Tätigkeit für die Steuerbefreiung der Körperschaft unschädlich, unabhängig davon wie hoch der erzielte Gewinn ist (§ 55 Abs. 1 Satz 1 AO). Allein der wirtschaftliche Geschäftsbetrieb wird steuerpflichtig.

Die Mittel der Körperschaft dürfen nicht mit den Ein- und Ausgaben des Geschäftsbetriebes vermischt werden. Es wird deshalb dringend empfohlen für den wirtschaftlichen Geschäftsbetrieb einen getrennten Haushalt aufzustellen. Der Haushalt der Bibliothek sollte danach in zwei Teilen „Ideeller Bereich" und „wirtschaftlicher Geschäftsbetrieb" geführt werden. So dürfen auch Verluste des Geschäftsbetriebes nicht mit den gemeinnützigkeitsrechtlich ge-

---

[4] Vgl.: Vereine & Steuern : Arbeitshilfe für Vereinsvorstände und Mitglieder / Finanzminister des Landes Nordrhein-Westfalen. - 2001. - www.fm.nrw.de
[5] Abgabenordnung in der Fassung vom 14. Juli 2000 (Bundesgesetzblatt I 1034; BStBl 2000 I 1192)

bundenen Mitteln ausgeglichen werden. Gewinne des Geschäftsbetriebes können jedoch der gemeinnützigen Verwendung im ideellen Bereich zugeführt werden.
Nach § 1 Abs. 1 Nr. 1 UStG unterliegen der Umsatzsteuer die Lieferungen und sonstigen Leistungen, die ein Unternehmen im Inland gegen Entgelt im Rahmen seines Unternehmens ausführt. Die Besteuerung einer Lieferung oder Leistung setzt also einen Leistungsaustausch voraus. Die Lieferung und Leistung muss auf die Erlangung der Gegenleistung gerichtet sein. Danach sind originäre Bibliotheksangebote, auch wenn sie nur gegen Entrichtung einer Gebühr oder eines Entgeltes dem Benutzer zur Verfügung stehen, nicht umsatzsteuerpflichtig. Darüber hinaus werden in § 4 UStG die Tätigkeiten von Bibliotheken ausdrücklich von der Umsatzsteuer befreit. § 4 UStG regelt abschließend alle Befreiungstatbestände. Auch wenn die Bibliothekstätigkeit umsatzsteuerbefreit ist, so sind es nicht zwangsläufig auch Vermögensverwaltung, Zweckbetrieb und wirtschaftlicher Geschäftsbetrieb. Hier muss im Einzelfall die Umsatzsteuerpflicht von derzeit 7 % oder 16 % geprüft werden, die natürlich nicht auf die gesamten Einnahmen der Bibliothek anzuwenden sind, sondern nur auf den ursächlichen Teil.

15.2 Personalrecht

Die Beschäftigten im Bibliothekswesen können Beamte, Angestellte und Arbeiter sein. Aufgrund der historischen Entwicklung besteht im deutschen Bibliothekswesen ein Nebeneinander von Beamten, Angestellten und Arbeitern, die sogar gleiche Aufgaben wahrnehmen können. Traditionell sind in wissenschaftlichen Bibliotheken meist die Hälfte des Stellenplanes Beamtenstellen und im öffentlichen Bibliothekswesen überwiegen die Angestellten und Arbeiter. Das Beamtenverhältnis beruht auf Art 33 Abs. 4 und 5 Grundgesetz, wonach ständige hoheitliche Aufgaben nur durch Beamte erfüllt werden sollen. Soweit hoheitliche Aufgaben erfüllt werden und das öffentliche Leben zu sichern ist, sollen nach dem Grundgesetz diese Aufgaben nicht ausschließlich durch Angestellte und Arbeiter in einem privatrechtlichen Arbeitsverhältnis ausgeübt werden. Streng genommen gibt es im Bibliothekswesen zwei hoheitliche Aufgaben, das Widmen der Medien zur öffentlichen Sache durch Setzen des Eigentumsstempels und die Entwidmung im Falle einer Makulierung bzw. Aussonderung aus dem Bestand. Diese Tätigkeiten werden allerdings in der Bibliothekspraxis sowohl durch Angestellte, wie durch Beamte vollzogen. Eine Reform des Dienstrechts wird seit Jahren eingefordert.
Das Dienstverhältnis von Beamten regelt sich nach öffentlichem Recht. Das Beamtenrechtsrahmengesetz[6] gibt den Rahmen für die Beamtengesetze des Bundes und der Länder vor. Besonders hervorzuheben ist das öffentlich-rechtliche Dienst- und Treueverhältnis, welches sowohl den Beamten als auch den Dienstherren verbindlich auf Lebenszeit des Beamten aneinander bindet, aber auch das Streikverbot für Beamte.
Das Arbeitsverhältnis von Angestellten und Arbeitern unterliegt dem Privatrecht (§ 611 ff BGB). Für die Angestellten gilt darüber hinaus der Bundesangestelltentarifvertrag, den die

---

[6] Rahmengesetz zur Vereinheitlichung des Beamtenrechts (Beamtenrahmengesetz – BRG) in der Fassung der Bekanntmachung vom 27. Februar 1985 (Bundesgesetzblatt I 462) zuletzt geändert durch Gesetz vom 9. September 1997 (Bundesgesetzblatt I 2294)

15.2 Personalrecht

Arbeitgebervereinigung der öffentlichen Hand und die berufenen Gewerkschaften vereinbart haben. Für die Angestellten in den neuen Bundesländern wurde der BAT bis auf wenige Ausnahmen als identischer Tarifvertrag BAT/O nach Maßgabe des Einigungsvertrages in Kraft gesetzt. Manteltarifverträge für Arbeiter des Bundes (MTB II), der Länder (MTL II) und der Gemeinden (BMT-G II) gestalten die Beschäftigungsverhältnisse der Arbeiter aus. Des Weiteren gilt ein Manteltarifvertrag für die Auszubildenden und in einzelnen Bundesländern findet ein separater Tarifvertrag für studentische Hilfskräfte Anwendung. Die Tarifverträge haben gesetzliche Wirkung[7]. Die wesentlichen Unterscheidungen im Tarifkreis Ost betreffen, dass nach 15 Jahren Dienstzugehörigkeit keine Unkündbarkeit greift, die Entlohnung nicht 100 % betragen muss, die regelmäßige wöchentliche Arbeitszeit 40 Stunden beträgt und unterschiedliche Sätze in die Versicherungen gezahlt werden. Bei einem Tarifkreiswechsel gilt vom Tarifkreis West in Ost der Besitzstand und vom Tarifkreis Ost nach West das Prinzip des überwiegenden Arbeitsortes. Wechselt dagegen ein Beschäftigter zu einem anderen Arbeitgeber, auch wenn dieser der öffentlichen Hand angehört, so begründet er ein neues Arbeitsverhältnis und seine Anwartschaften (wie Dienstzugehörigkeit und Kündigungsfristen) sind erneut zu erwerben, wenn nicht ausdrücklich etwas anderes vereinbart wird. Diese Aussage hat auch eine besondere Relevanz bei der Überführung einer Bibliothek in eine neue Betriebs- bzw. Rechtsform.

Die Begründung einer neuen Betriebs- bzw. Rechtsform und die Ausgliederung eines Teilbereichs sind als Betriebsübergang im Sinne des § 613 a BGB zu qualifizieren. Nach § 613 a Abs. 1 BGB gehen bestehende Arbeitsverhältnisse von Angestellten und Arbeitern inhaltsgleich für die Dauer eines Jahres auf den neuen Arbeitgeber über. Dessen ungeachtet kann aufgrund des Wegfalls der Geschäftsgrundlage bereits vorher eine Änderung erfolgen. Bei der Anwendung des Tarifvertrages, soweit es sich um eine privatrechtliche Betriebsform handelt, sind im Zweifel die Tarifvorschriften anzuwenden, die den Besonderheiten der Branche besonders entsprechen. Dies wird bei einem Bibliotheksbetrieb stets der BAT und BMT-G sein. Die Kündigung von Beschäftigten aufgrund des Betriebsübergangs ist von Seiten des alten und neuen Arbeitgebers gemäß § 613 a Abs. 2 BGB vor Ablauf eines Jahres ausgeschlossen. Die Beschäftigten können innerhalb einer Ausschlussfrist von einem Monat dem Betriebsübergang widersprechen; ihr Arbeitsverhältnis mit dem alten Arbeitgeber bleibt dann bestehen. Ein Anspruch auf die bislang vereinbarte Arbeitsaufgabe gibt es beim alten Arbeitgeber jedoch nicht. Bei der Überführung einer Bibliothek in eine neue Rechtsform ist der Personalrat zu beteiligen. Dabei steht ihm ein Mitwirkungsrecht bei der Auflösung (§ 78 Abs. 1 Ziffer 2 BPersVG) und ein Mitbestimmungsrecht bei den damit verbundenen personellen Maßnahmen (§ 75 BPersBG) zu. Sollte eine privatrechtliche Betriebsform (Stiftung des bürgerlichen Rechts, Verein, GmbH) gewählt werden, so können Beamte in dieser nur mittels Leihverhältnis tätig werden. Sie bleiben unmittelbare Beamte des Bundes, der Länder oder der Gemeinde und werden an den Betrieb verliehen. Auch bei einer öffentlich-rechtlichen Betriebsform (Anstalt und Stiftung des öffentlichen Rechts) muss die Dienstherreneigenschaft dieser Bibliothek ausdrücklich übertragen werden, damit die Beamten unmittelbare Beamte der nunmehr juristisch selbständigen Bibliothek werden können.

Durch Mitgliedschaft der neuen Betriebsform mit eigener Rechtsfähigkeit (Arbeitgeber) im kommunalen Arbeitgeberverband – Tarifgemeinschaft öffentliche Dienste, kann unabhängig

---

[7] Alle zitierten Tarifverträge sind abgedruckt in: Rechtsvorschriften für die Bibliotheksarbeit. - 3. Ausg. - Berlin 1998

von einer öffentlichen oder privatrechtlichen Betriebsform die Anwendung des BAT sichergestellt werden. Eine hohe Akzeptanz des Übergangs in eine neue, meist eigenständige Rechtsform ist unter den Beschäftigten zu erreichen, wenn für das zum Zeitpunkt des Übergangs beschäftigte Personal der Besitzstand und ein Rückkehrrecht bei Auflösung vereinbart werden. Abschließend sei darauf hingewiesen, dass jede neue Betriebsform einen neuen Personalrat bzw. bei einem privatrechtlichen Betrieb einen Betriebsrat wählen muss, soweit die erforderliche Anzahl von Beschäftigten erreicht wird.

15.3 Urheberrecht

Es gibt kaum eine Branche, in der nicht urheberrechtlich geschützte Werke geschaffen und genutzt werden. Die Branche der Bibliotheks- und Informationseinrichtungen ist primär eine der größten Vermittler und Bewahrer von geistigem Schaffen und sekundär selbst Produzent urheberrechtlicher Werke. Eine genaue Kenntnis des Urheberrechts ist deshalb in Bibliotheken und Informationseinrichtungen besonders wichtig.

Das Urheberrecht schützt die Urheber von Werken der Literatur, Kunst und Wissenschaft. Das Recht des Urhebers an seiner persönlichen geistigen Schöpfung wird als ein eigentumsähnliches Recht behandelt. Daraus begründen sich Persönlichkeitsrechte und vermögensrechtliche Ansprüche, die im Gesetz über Urheberrecht und verwandte Schutzrechte[8] ihre Regelung finden. Danach stehen allein dem Urheber die exklusiven Rechte zu, sein Werk zu veröffentlichen, zu verbreiten, zu vervielfältigen, auszustellen und in unkörperlicher Form öffentlich wiederzugeben sowie anderen Personen Nutzungsrechte einzuräumen. Die vermögensrechtlichen Ansprüche sollen sicherstellen, dass der Urheber an jeder Verwertung seines Werkes materiell zu beteiligen ist. Er soll den wirtschaftlichen Vorteil aus seinem geistigen Eigentum ziehen. Neben dem Urheber werden im digitalen Umfeld auch den Herstellern von elektronischen Produkten zunehmend exklusive Rechte eingeräumt, die weit über den bisherigen Leistungsschutz hinausgehen. Mit Inkrafttreten der EU-Richtlinie zum Schutz von Datenbanken erhielt der Datenbankhersteller neben und unabhängig vom Urheber des Datenbankwerkes Schutz nach dem Recht sui generis[9]. Die exklusiven Rechte der Hersteller werden gravierend erweitert durch die EU-Richtlinie zur Harmonisierung bestimmter Aspekte des Urheberrechts und der verwandten Schutzrechte. Hier steht der Hersteller gleichberechtigt neben dem Urheber, wenn es um die exklusiven Rechte der Vervielfältigung und der öffentlichen Wiedergabe einschließlich der Zugänglichmachung geht.

Wie jedes Eigentum, so unterliegt auch das geistige Eigentum einer Sozialbindung. Soziale Bindung des Urheberrechts bedeutet, dass die ausschließlichen vermögensrechtlichen Ansprüche des Urhebers durch überwiegende Bedürfnisse der Allgemeinheit begrenzt werden. Die Persönlichkeitsrechte bleiben in der Regel unangetastet. Die Sozialpflichtigkeit gibt das Grundgesetz vor. Dort heißt es: „Eigentum verpflichtet. Sein Gebrauch soll zugleich dem Wohle der Allgemeinheit dienen" (Art. 14 Abs. 2 GG). So „sollte das Urheberrecht so aus-

---

[8] Gesetz über Urheberrecht und verwandte Schutzrechte (Urheberrechtsgesetz – UrhG) vom 9. September 1965 (Bundesgesetzblatt I 1273, zuletzt geändert durch Gesetz vom 8. Mai 1998, Bundesgesetzblatt I 902)

[9] Vgl. § 87 a - e UrhG (Investitionsschutz des Herstellers)

gestaltet werden, dass es optimal zum geistigen, kulturellen und kulturwirtschaftlichen Fortschritt beiträgt."[10] Ein überwiegendes Bedürfnis der Allgemeinheit besteht in dem ungehinderten Zugang zu Informationen[11], für den privaten und beruflichen Gebrauch sowie für Bildung und Wissenschaft. Dem hat der Gesetzgeber durch eine Reihe von Ausnahmeregelungen entsprochen. Diese gestatten bei Vorliegen eines gesetzlich eingeräumten privilegierten Zwecks die Nutzung ohne Genehmigung des Urhebers oder Berechtigten. Das sind die Schranken, die Ausnahmen.

Bei den Schrankenregelungen wird zwischen einem besonders privilegierten Zweck und dem überwiegenden Allgemeininteresse unterschieden. Diese führen zu zustimmungs- und vergütungsfreien Tatbeständen, gesetzlichen Lizenzen oder Zwangslizenzen. Bei den zustimmungs- und vergütungsfreien Verwertungen wird das exklusive Verwertungsrecht ersatzlos aufgehoben (§§ 45, 47, 48, 50, 51, 52 Abs. 1 Satz 3, 53, 55, 56, 57, 58, 59, 69d und e, 80, 87c UrhG). Gesetzliche Lizenzen beschränken dagegen das Verwertungsrecht zu einem Vergütungsanspruch (§§ 46, 47, 49, 52 Abs. 1 Satz 2 und Abs. 2, 53 i.V.m. § 54 UrhG) und bei der Zwangslizenz darf die Verwertung gegen eine angemessene Vergütung aber nicht ohne Zustimmung ausgeübt werden, die jedoch kann der Berechtigte nicht untersagen (§ 61 UrhG). Das deutsche Urheberrecht hat in den meisten Schrankenregelungen mit Vergütungsansprüchen die Verwertungsgesellschaftspflicht eingeführt. Danach kann der Vergütungsanspruch nicht individuell durch den Urheber geltend gemacht werden, sondern dazu sind allein die Verwertungsgesellschaften berufen[12]. „Diese Art und Weise der Wahrnehmung des Anspruchs sichert die Werknutzung zu angemessenen Bedingungen, weil eine Verwertungsgesellschaft verpflichtet ist, Tarife aufzustellen (§ 13 WahrnG, vgl. dazu auch §§ 18 ff WahrnG), über deren Anwendbarkeit und Angemessenheit im Streitfall die Schiedsstelle und die Gerichte entscheiden (§§ 14 ff WahrnG)."[13]

Bibliotheken und Informationseinrichtungen stützen sich in ihrer täglichen Arbeit auf eine Vielzahl von Ausnahmetatbeständen, ohne dass dies den Beschäftigten und den Benutzern immer bewusst ist.

15.3.1 Ausleihe

Urheberrechtlich ist die Leihe von Medien eine Verbreitungshandlung nach § 17 Abs. 1 UrhG. Das Verbreiten zählt zu den ausschließlichen Verwertungsrechten des Urhebers. (§ 15 Abs. 1

---

[10] Urheberrecht : Kommentar / hrsg. von Gerhard Schricker. Verf. von Adolf Dietz ... - München, 1987. - S. 7, Einl. Rdnr. 13
[11] Vgl. Art. 5 Grundgesetz der Bundesrepublik Deutschland (Informations- und Meinungsbildungsfreiheit). In dem BGH-Urteil vom 25. Februar 1999 in Sachen Kopienversand wird in der Begründung ausgeführt: „Das Interesse der Allgemeinheit an dem ungehinderten Zugang zu Informationen (ist) ein Sonderfall im Sinne des Art. 9 Abs. 2 RBÜ". Vgl. auch: MAUS, JOACHIM: Die digitale Kopie von Audio- und Videoprodukten. - 1. Aufl. - Baden-Baden, 1991. - S. 134 ff, Beronikians, ZUM 1999, 126, 131
[12] Die Tätigkeit der Verwertungsgesellschaften ist durch Gesetz geregelt. Vgl. Gesetz über die Wahrnehmung von Urheberrechten und verwandten Schutzrechten (Urheberrechtswahrnehmungsgesetz) vom 9. September 1965 (Bundesgesetzblatt I S. 1294, zuletzt geändert durch Gesetz vom 8. Mai 1998, Bundesgesetzblatt I S. 902)
[13] BGH-Urteil in Sachen Kopienversand (Börsenverein gegen die Technische Informationsbibliothek Hannover) vom 25. Februar 1999. I ZR 118/96, S. 35

UrhG). Demzufolge ist das Verleihen dem Grundsatz nach nur mit Zustimmung des Urhebers/ Berechtigten statthaft. Als Begünstigte werden alle Rechteinhaber bezeichnet, die neben dem Urheber Rechtsschutz genießen (z.B. Erben, Verleger, Hersteller). Gemäß § 17 Abs. 2 und § 69 c UrhG erschöpft sich das Verbreitungsrecht, wenn das Original oder Vervielfältigungsstück mit Zustimmung des Urhebers oder eines anderen Berechtigten in den Verkehr gebracht wird. Danach können mittels Kauf erworbene Medien ohne Zustimmung des Berechtigten weiterverbreitet werden. Da aber jede weitere Verbreitung einen Eingriff in die materiellen Rechte des Berechtigten darstellt, regelt § 27 UrhG den Interessenausgleich, indem der Gesetzgeber für das Verleihen durch öffentlich zugängliche Einrichtungen, wie Bibliotheken, eine Entschädigung (sog. Bibliothekstantieme) einführte. Diese wird durch Bund und Länder an die Verwertungsgesellschaften auf der Grundlage eines Gesamtvertrages entrichtet[14].

Als goldene Regel gilt: Das Verleihen käuflich zu erwerbender Medien, auch elektronischer (Disketten, CD, CD-ROM, DVD) ist nach dem Erschöpfungsgrundsatz ohne Zustimmung zulässig. Medien, die nicht mit Zustimmung der Berechtigten in den Verkehr gebracht wurden, wie z.B. Briefe und andere Handschriften, sowie Medien, an denen kein Eigentum erworben wird (Lizenz- bzw. Nutzungsverträge), dürfen nicht zustimmungsfrei verliehen werden, da keine Erschöpfung eingetreten ist.

Nach der Selbstverpflichtungserklärung[15] haben sich die Bibliotheken verpflichtet, Systemsteuerungsprogramme (z.B. Windows), Kommunikationssoftware (z.B. Novell), Textverarbeitungsprogramme (z.B. Word), Tabellenkalkulationsprogramme (z.B. Excel), Grafik- und CAD-Programme (z.B. Autocad) und Allgemeine Datenhaltungsprogramme (z.B. dBase) nicht zu entleihen, sondern nur zur Nutzung in der Bibliothek zur Verfügung zu stellen und dabei Vorsorge zu tragen, dass ein Kopieren in der Bibliothek nicht möglich ist. Dies gilt auch, wenn eine Diskette, die ein Computerprogramm enthält, zusammen mit einem Handbuch angeboten wird. Das Handbuch kann entliehen werden, die Diskette darf nach der Verpflichtungserklärung nur in den Räumen der Bibliothek genutzt werden. Ein Kopieren durch den Nutzer ist auszuschließen. Alle anderen Computerprogramme (inkl. Lernsoftware und Spiele) dürfen entliehen werden.

Eine weitere Ausnahme vom Verleihrecht tritt ein, wenn die Ausleihe in Lizenzverträgen ausgeschlossen wird. Der Lizenzvertrag ist ein Nutzungsvertrag, der kein Eigentum beim Nutzungsberechtigten begründet, sondern einen rechtmäßigen Besitz, der mit Auflagen durch den Eigentümer verbunden werden kann. Akzeptiert die Bibliothek durch Unterzeichnung oder durch konkludentes Handeln den Vertrag, so ist sie auch an die darin enthaltenen Auflagen gebunden. Sehr häufig befinden sich auf CD, CD-ROM und Disketten Aufdrucke „das Verleihen ist nicht gestattet", obwohl das Medium zum Kauf angeboten wird. Dieser Aufdruck hat keine Rechtswirkung für Bibliotheken, sondern zielt auf das gewerbsmäßige Vermieten ab.

Das Überspielen von Texten und Daten auf ein E-Book stellt eine Vervielfältigungshandlung dar. Diese muss entweder durch Lizenzvertrag eingeräumt sein, oder sie kann auf der

---

[14] Vertrag über die Abgeltung urheberrechtlicher Ansprüche nach § 27 UrhG vom 18. Juni 1975 mit Anschlussverträgen // In: Rechtsvorschriften für die Bibliotheksarbeit. - 3. Ausgabe. - Berlin 1998, S. 592
[15] Verpflichtungserklärung der Deutschen Bibliotheksverbände im Rahmen der Umsetzung der (EU)EG-Richtlinie zum Verleihrecht für Computerprogramme in das Urheberrechtsgesetz der Bundesrepublik vom 5. Mai 1994 // In: Rechtsvorschriften für die Bibliotheksarbeit. 3. Ausgabe. - Berlin, 1998, S. 581

Grundlage des § 53 UrhG aus Bibliotheksbeständen, die auf dem Wege des Kaufs erworben wurden, nach konkretem Auftrag eines Bibliotheksbenutzers durch die Bibliothek vorgenommen werden. Bei der Anwendung des § 53 UrhG ist bei elektronischen Datenbanken darauf zu achten, dass es nur gestattet ist, wesentliche Teile zum wissenschaftlichen Gebrauch ohne Zustimmung des Berechtigten zu kopieren (§ 53 Abs.5 UrhG) und in allen anderen Fällen des privaten oder sonstigen Gebrauchs nur unwesentliche Teile entnommen werden dürfen.

Bei der Rocket-Book-Ausleihe sind dagegen die Tatbestände der Leihe erfüllt, wenn das Rocket-Book mit elektronischen Texten mittels Kaufvertrag von der Bibliothek erworben wurde. Die Ausleihe des Rocket-Book ist damit rechtlich der CD-ROM-Ausleihe gleichgestellt.

15.3.2 Kopieren

Das Vervielfältigungsrecht zählt zu den exklusiven Rechten des Urhebers. In den §§ 53, 69 d Abs. 2, 87 c UrhG werden die Ausnahmen im Allgemeininteresse bezeichnet. Diese erlauben das Kopieren ohne Zustimmung des Rechteinhabers. Die am meisten angewandte Norm ist § 53 UrhG, das Kopieren zum privaten und sonstigen eigenen Gebrauch. Durch § 54 UrhG wird die Tantiemepflicht (Geräte- und Betreiberabgabe) geregelt. So enthält jeder Kaufpreis für ein Vervielfältigungsgerät (z.b. Kopierer, Videorecorder, Fax) die Geräteabgabe, die der Hersteller an die VG Wort abführt. Jeder Betreiber eines Kopiergerätes, soweit es sich nicht um interne Behörden- und Firmengeräte sowie in privaten Haushalten befindliche Geräte handelt, zahlt je kopierter Seite 0,02 Cent ebenfalls an die VG Wort. Für öffentlichrechtliche Einrichtungen, wie Bibliotheken und Informationseinrichtungen, wird die Betreibergebühr von Bund und Ländern auf der Grundlage eines Gesamtvertrages entrichtet[16]. Eine Zahlung durch die Einrichtungen selber entfällt. Das Kopieren zum privaten und sonstigen eigenen Gebrauch erlaubt einzelne Vervielfältigungsstücke (maximal 7 identische) durch jedes beliebige Vervielfältigungsverfahren herzustellen bzw. herstellen zu lassen,

- zum privaten Gebrauch. Die Kopie von Bild- und Tonträgern sowie künftig von elektronischen Werken darf nur erfolgen, wenn es unentgeltlich geschieht. Unentgeltlichkeit ist auch dann in Bibliotheken und Informationseinrichtungen gegeben, wenn dafür Gebühren oder Entgelte erhoben werden, die die Kostendeckungsgrenze nicht überschreiten.
- zum wissenschaftlichen Gebrauch.
- zu Zwecken des Aufbaus eines eigenen Archivs, wenn dazu eine eigene Vorlage verwandt wird. Ein elektronisches Archiv darf künftig bei wirtschaftlichem Zweck nur hergestellt werden, wenn zusätzlich eine analoge Vervielfältigung oder nur eine ausschließliche analoge Nutzung erfolgt.
- zur Unterrichtung über Tagesereignisse, wenn es sich um Funk- und Fernsehsendungen handelt.
- zum sonstigen eigenen Gebrauch, wenn es sich um kleine Teile eines erschienenen Werkes oder Beiträgen aus Zeitungen und Zeitschriften handelt. Künftig ist eine digitale Kopie nur gestattet, wenn zusätzlich eine analoge Kopie oder eine analoge Nutzung erfolgt.
- zum sonstigen eigenen Gebrauch, wenn das Werk seit mindestens zwei Jahren vergriffen ist. Künftig ist eine digitale Kopie nur gestattet, wenn zusätzlich eine analoge Kopie oder eine analoge Nutzung erfolgt.

---

[16] Rahmenvertrag zwischen den Bundesländern und der Verwertungsgesellschaft Wort vom 15. Dezember 1988 // In: Bibliotheksdienst 1989, S. 134 - 137

- zur Verwendung im Schulunterricht und für staatliche Prüfungen.
- aus elektronischen Datenbanken, wenn es sich um wissenschaftlichen Gebrauch handelt oder lediglich unwesentliche Teile entnommen werden. Unwesentlich ist ein Teil, wenn er keinen Rückschluss auf Auswahl und Systematik der Datenbank zulässt.
- zu Zwecken des Kopiendirektversandes, wenn der Besteller sich auf einen Gebrauch aus § 53 UrhG beruft.
- wenn Bibliotheken beschädigte Teile ersetzen. Diese Kopien dürfen ausgeliehen werden.

Die rechtmäßig hergestellten Kopien dürfen – mit Ausnahme von Zeitungen, vergriffenen Werken und Beseitigung von Beschädigungen – nicht weiterverbreitet oder öffentlich wiedergegeben werden (§ 53 Abs. 6 UrhG).

Das Kopieren von Computerprogrammen jeglicher Art, auch unwesentlicher Teile, ist nach § 69c Nr. 1 UrhG untersagt. Davon gibt es eine Ausnahme: „Die Erstellung einer Sicherungskopie durch eine Person, die zur Benutzung des Programms berechtigt ist, wenn sie für die Sicherung künftiger Benutzung erforderlich ist" (§ 69d Abs. 2 UrhG). Davon ist bei einem Computerprogramm, welches zur Bibliotheksbenutzung vorgesehen ist, regelmäßig auszugehen. Dies gilt auch für Disketten, die Büchern oder anderen Medienpaketen beiliegen, unabhängig davon, ob sie als Beilage oder Hauptwerk zu verstehen sind. Die Sicherungskopie dient der Sicherung künftiger Benutzung, so dass sie nicht als Mehrexemplar der Benutzung zugeführt werden darf.

Das Kopieren aus elektronischen Datenbanken ist neben den Vorschriften nach § 53 Abs. 5 UrhG auch noch nach § 87 c UrhG (Schutz des Datenbankherstellers unabhängig von einem Urheberschutz) ohne Zustimmung gestattet, wenn es sich um wesentliche Teile zum privaten und wissenschaftlichen Gebrauch sowie zu Unterrichtszwecken handelt. Die Entnahme unwesentlicher Teile ist jedermann zum privaten und sonstigen eigenen Gebrauch gestattet.

15.3.3 Kopienversand an Direktbesteller

Zahlreiche Bibliotheken bieten ihren Nutzern den Service an, die bei ihnen bestellten Kopien direkt an den Arbeitsplatz oder nach Hause zuzusenden. Der Versand kann mittels Post, Fax oder elektronisch erfolgen. Durch das Urteil des Bundesgerichtshofes vom 25. Februar 1999 in Sachen Kopienversand[17] ist die Zulässigkeit in der 3. Instanz höchstrichterlich festgestellt. Der BGH hat anerkannt, dass das Versenden von Kopien durch Bibliotheken auf konkrete Anforderung eines Bestellers, soweit dieser sich auf § 53 UrhG berufen kann, nicht dem geltenden Recht widerspricht. Der Kopienversand durch Bibliotheken bedarf keiner Zustimmung des Berechtigten (Verlegers), ist jedoch durch eine angemessene Vergütung – analog der Bibliothekstantieme und der Kopierabgabe – über die Verwertungsgesellschaft zu entschädigen. Die Vergütungspflicht wurde damit begründet, dass „der Kopienversand (ist) durch eine der Öffentlichkeit zugängliche Einrichtung eine selbständige Werkvermittlungsart" darstellt und „der Funktion nach ... unter den Verhältnissen, die sich aufgrund der technischen und wirtschaftlichen Entwicklung ergeben haben, geeignet, als wichtiger Weg zur Werkvermittlung neben den Verlagsvertrieb zu treten". Im Ergebnis beschloss am 14. September 2000 die Amtschefkonferenz der Kultusministerkonferenz (KMK) den durch die Kommission Bibliothekstantieme der KMK und die Verwertungsgesellschaften WORT und Bild/Kunst

---

[17] Urteil des BGH vom 25. Februar 1999 in Sachen Kopienversand. Aktenzeichen I ZR 118/96

15.3 Urheberrecht

ausgehandelten Gesamtvertrag „Kopiendirektversand"[18]. Danach sind alle der Öffentlichkeit zugänglichen Einrichtungen, deren Finanzierung überwiegend durch die öffentliche Hand getragen wird, wie Bibliotheken, seit dem 1. September 2000 verpflichtet, eine Urheberrechtsgebühr auf jeden versandten Aufsatz an die VG WORT zu entrichten, wobei erst ein Versandaufkommen von mehr als 250 Aufsätzen jährlich zur Gebührenpflicht führt. Ausgenommen vom Gesamtvertrag ist explizit der Kopienversand im Rahmen des Leihverkehrs, auch wenn er sich moderner elektronischer Mittel, wie im GBV oder JASON, bedient, sowie innerhalb einer Einrichtung und eines Campus, auch wenn die Kopien an einen Fernstudenten an einen Ort außerhalb des Campus gesandt werden. Des Weiteren sind der Kopienversand im Rahmen der Amtshilfe, soweit nach § 4 Verwaltungsverfahrensgesetz eine Pflicht zur Amtshilfe besteht, und alle Leistungen, die bereits durch Lizenzvertrag als eingeräumt gelten, vom Gesamtvertrag ausgenommen.

Die Urheberrechtsgebühr staffelt sich nach drei Tarifgruppen, denen Nutzergruppen zuzuordnen sind. Gemäß § 13 Abs. 3 WahrnG sind die Verwertungsgesellschaften gehalten, „bei der Einziehung der tariflichen Vergütung auf religiöse, kulturelle und soziale Belange der zur Zahlung der Vergütung Verpflichteten angemessen Rücksicht" zu nehmen. In Würdigung von zwei Rechtsgutachten[19], die jeweils beide Verhandlungsparteien zur Darstellung ihres Standpunktes in Auftrag gegeben haben, wurde als angemessene Vergütung für Studenten, Schüler, Auszubildende, Angehörige des Hochschulbereichs und öffentlicher Einrichtungen € 1,02, für Privatpersonen € 2,56 und für Unternehmen, Firmen und Selbständige € 5.11 je versandtem Aufsatz vereinbart. Für private Anbieter von Kopiendirektlieferdiensten, wie z.B. Infotrive, gilt ein um 25 % höherer Normaltarif[20]. Nach dem Gleichbehandlungsgebot (§ 11 WahrnG) gelten jedoch alle im Gesamtvertrag ausgehandelten Vertragsbedingungen, unbeschadet der höheren Tarifsätze, auch für private Anbieter.

Da viele kommerzielle Recherche- und Dokumentenlieferdienste sich des Kopienversands von Bibliotheken bedienen, bedarf die Behandlung nach Normaltarif und ermäßigtem Tarif gemäß Gesamtvertrag einer Erläuterung. Danach stellt sich die Rechtslage folgendermaßen dar: Wenn ein als selbständig tätiger Informationsvermittler sich von einer Bibliothek Kopien zur Erfüllung seines Auftrages zusenden lässt und diese dann an seinen Auftraggeber weiterleitet, so fordert er von seinem Auftraggeber € 6,39 Urheberrechtsgebühr, wenn der Auftraggeber der Tarifgruppe 3 zuzuordnen ist. Der Informationsvermittler entrichtet als Selbständiger € 5,11 an die Bibliothek. Er selbst führt nach dem Normaltarif für den Versand von Kopien € 6,39 an die VG WORT ab. Nach dem Prinzip, dass für eine Leistung nicht eine doppelte Vergütungspflicht bestehen kann, entrichtet der Informationsvermittler nur noch € 1,28 an die VG WORT, soweit er einen Beleg über die bereits erfolgte Zahlung von € 5,11 an die Bibliothek vorlegen kann.

---

[18] Vertrag über die Abgeltung urheberrechtlicher Vergütung für den Kopienversand durch der Öffentlichkeit zugängliche Einrichtungen, veröffentlicht unter: www.bibliotheksverband.de. - Rechtsgrundlagen in der Beschlussfassung vom 14.09.2000 der Amtschefkonferenz der KMK

[19] HOEREN, Thomas: Gutachten zur Frage der angemessenen Vergütung nach Maßgabe der BGH-Entscheidung „Kopienversand öffentlicher Bibliotheken" : Erstellt im Auftrag der Kommission Bibliothekstantieme der Kultusministerkonferenz. - Münster 2000

LEHMANN, M.: Urheber- und wirtschaftsrechtliches Gutachten zur Frage der „angemessenen Vergütung" im Zusammenhang mit Kopienversanddiensten : Erstellt im Auftrag von VG WORT. - München, 2000

[20] Nomal-Tarif zum Kopienversand // In: Bundesanzeiger Nr. 206, S. 21293

Erstmalig entschied die Kultusministerkonferenz (KMK), dass die Pflicht zur Zahlung einer Tantieme aufgrund eines Ausnahmetatbestands, den Bibliotheken für ihre Benutzer anwenden, nicht durch Bund und Länder getragen wird, sondern vom Besteller einzuziehen ist. Damit entschied sie auch, dass die Zusendung einer Kopie durch eine Bibliothek direkt an den vom Besteller bestimmten Ort seiner Wahl mehr dem Servicecharakter als der Grundversorgung Rechnung trägt.

Das künftige Recht soll nach dem Regierungsentwurf zur Änderung des Urheberrechts[21] die Online-Lieferung von Dokumenten im Rahmen des § 53 UrhG (siehe Begründung zu § 53 Abs. 1 UrhG) weiterhin anerkennen.

15.3.4 Elektronische Pressespiegel und Pressearchive

Nach jüngster Rechtssprechung des BGH wurde anerkannt, dass die Herstellung und Verbreitung von elektronischen Pressespiegeln gemäß § 49 UrhG gestattet ist. Auch privilegiert die EU-Urheberrechtsrichtlinie diesen Tatbestand. Die Herstellung von elektronischen Archiven (§ 53 Abs. 2 Ziff. 2 UrhG) wurde bislang durch mehrere Gerichtsurteile als nicht mit § 53 UrhG vereinbar erklärt. Dagegen wird in der EU-Urheberrechtsrichtlinie in Art. 5 Abs. 1 die Herstellung eines elektronischen Archivs insbesondere durch Bibliotheken besonders empfohlen. Dem entspricht der Regierungsentwurf zur Änderung des Urheberrechts, indem er die Zulässigkeit in § 53 UrhG einführt und sogar unter den Schutz des Gesetzes stellt (§ 95 b UrhG), soweit kein wirtschaftlicher Zweck damit verfolgt wird. Mit dem Recht der Vervielfältigung ist jedoch nicht das Recht zur Zugänglichmachung und öffentlichen Wiedergabe verbunden.

15.3.5 Die öffentliche Wiedergabe und Zugänglichmachung

Bislang war der Tatbestand der öffentlichen Wiedergabe in Bibliotheken stets mit der Veranstaltungstätigkeit verbunden. Nach § 52 UrhG ist es gestattet, ohne Zustimmung des Urhebers oder Berechtigten urheberrechtlich geschützte Werke an einen unbestimmten Kreis von Angehörigen der Öffentlichkeit wiederzugeben, wenn die Veranstaltung keinem Erwerbszweck des Veranstalters dient und die Mitwirkenden kein wesentliches Honorar erhalten und die Teilnehmer ohne Eintrittsgeld zugelassen werden. Der Vergütungspflicht an die Verwertungsgesellschaft (hier meist GEMA) wird durch einen Gesamtvertrag, dem jede Bibliothek beitreten kann, Rechnung getragen[22]. Künftig allerdings wird der Öffentlichkeitsbegriff nach dem WIPO-Urheberrechtsvertrag[23] und der EU-Urheberrechtsrichtlinie[24] neu definiert, wenn

---

[21] Entwurf eines Gesetzes zur Regelung des Urheberrechts in der Informationsgesellschaft. August 2002. www.bmj-bund.de

[22] Gesamtvertrag für öffentliche Musikwiedergaben in Bibliotheken. Abgeschlossen 1989 zwischen der Bundesvereinigung der kommunalen Spitzenverbände und der GEMA // In: Bibliotheksdienst 23 (1989), S. 1058 - 1061

[23] WIPO-Urheberrechtsvertrag (WCT) Unterzeichnet in Genf am 20. Dezember 1996 (ABl Nr. C 165 vom 30.5.1998, S. 8. - Vgl. auch LEWINSKI, SILKE VON ; JORG REINBOTHE: WIPO Treaties 1996. - London, 2002

[24] Richtlinie 2001/29/EG des Europäischen Parlaments und des Rates vom 22. Mai 2001 zur Harmonisierung bestimmter Aspekte des Urheberrechts und der verwandten Schutzrechte in der Informationsgesellschaft // In:. Amtsblatt der Europäischen Gemeinschaft L 167/10

es um elektronische Werke und deren Wiedergabe in Netzen geht. Das neue Recht der Zugänglichmachung (§ 19a UrhG Regierungsentwurf zur Änderung des Urheberrechts) regelt, dass jede Zugänglichmachung an Mitglieder der Öffentlichkeit von einem Ort und einem Zeitpunkt seiner Wahl eine zustimmungsbedürftige Handlung wird. Damit bedarf jeder Abruf aus einem Bibliotheksnetz (auch CD-ROM-Manager) der Zustimmung des Rechteinhabers. Als Ausnahmen werden in einem neuen § 52 a UrhG die Zugänglichmachung im Rahmen des Unterrichts und zu Zwecken der wissenschaftlichen Forschung, soweit es sich um einen bestimmt abgegrenzten Kreis handelt, vorgesehen.

15.4 Pflichtexemplarrecht

Die Ablieferung von Pflichtexemplaren ist seit dem 16. Jahrhundert bekannt und in Deutschland seit dem 17. Jahrhundert üblich. Allerdings dienten die Pflichtexemplare zunächst als Entgelt für gewährte Druckprivilegien, für Zensurzwecke oder als Grundlage für einen Urheberschutz. Seit Beginn des 19. Jahrhunderts ist Hauptzweck der Ablieferung, eine möglichst lückenlose Sammlung des in Deutschland produzierten geistigen Schaffens zu sichern. Stand zuerst das Schrifttum im Mittelpunkt des Sammelauftrags, so wurde mit jeder technischen Entwicklung eines neuen Medienträgers auch dieser Bestandteil des Auftrages. Gleichzeitig wurde besonderes Augenmerk dem so genannten grauen Schrifttum gewidmet. Eine derartige lückenlose Sammlung kann nur mittels einer gesetzlich geregelten Ablieferungspflicht gewährleistet werden.

Nicht nur in Deutschland hat sich das Pflichtexemplarrecht entwickelt, vielmehr ist es heute in allen Kulturstaaten vorhanden. Im europäischen Raum, ausgenommen der Schweiz und der Niederlande, in denen eine Vereinbarung die freiwillige Ablieferung der Verleger gewährleistet – sind Pflichtexemplargesetze mit einer unentgeltlichen Ablieferungspflicht geregelt. Auch das regionale Pflichtexemplarrecht ist keine deutsche Besonderheit. Geschuldet der föderalistischen Struktur trat die zentrale Sammeltätigkeit zwecks Archivierung und Verzeichnung des nationalen geistigen Eigentums Anfang dieses Jahrhunderts mit der Gründung der Deutschen Bücherei durch den Deutschen Buchhandel hinzu. Das duale System hat sich bewährt. Das regionale und das zentrale Pflichtexemplar ergänzen sich. Das regionale dient der Archivierung und der Benutzung, das zentrale der Bibliographie und der Archivierung, der Benutzung nur subsidiär.

Zunehmend wird die Ablieferungs- oder Anbietungspflicht von Pflichtexemplaren mittels eines Pflichtexemplargesetzes geregelt. Nach wie vor aber findet die Ablieferung von Pflichtexemplaren in den meisten Bundesländern seine rechtliche Grundlage in den Pressegesetzen. Die zahlreichen Novellierungen insbesondere in den 1990er Jahren führten vor allem zu einer grundsätzlichen kostenlosen Ablieferungspflicht und lösten damit die Anbietungspflicht oder grundsätzliche Entschädigungspflicht (ausgenommen im Land Baden-Württemberg) ab. Damit ist sichergestellt, dass Kraft Rechtsvorschrift den Verleger oder den Hersteller mit Erscheinen die Pflicht zur Abgabe trifft, ohne dass es eines Tätigwerdens der empfangsberechtigten Bibliothek bedarf. Darüber hinaus handelt der Ablieferungspflichtige ordnungswidrig, wenn er seiner Pflicht nicht nachkommt. Des Weiteren sind Entschädigungspflichten in Härtefällen geregelt, die dann greifen, wenn die Abgabe den Verleger oder Hersteller unzumutbar trifft, weil er „mit großem Aufwand eine geringe Auflage" herstellt, so wie es das Bundesverfassungsgericht in seinem Beschluss im Jahre 1981 vorgegeben hat[25].

Wenn der Sinn und die Funktion der Pflichtexemplarregelungen in der möglichst vollständigen Sammlung, Verzeichnung und Überlieferung des kulturellen und wissenschaftlichen Schaffens einer Nation liegt, dann muss dieser Sammelauftrag völlig unberührt von dem Träger, auf dem sich das Produkt geistigen Schaffens befindet, wahrgenommen werden[26]. Einseitige wirtschaftliche Interessen, sowohl der Urheber, Verleger bzw. Produzenten, wie auch teilweise bei den Bibliotheken, die den Sammelauftrag unabhängig von einer Auswahlmöglichkeit gewährleisten müssen, dürfen diesen kulturpolitischen Auftrag nicht behindern[27]. Nach Auffassung des Bundesverfassungsgerichts „entwickelt vom Zeitpunkt seiner Publikation an jedes Druckwerk ein Eigenleben. Es bleibt nicht nur ein vermögensrechtliches Ergebnis verlegerischer Bemühungen, sondern wirkt in das Gesellschaftsleben hinein. Damit wird es zu einem eigenständigen, das kulturelle und geistige Geschehen seiner Zeit mitbestimmenden Faktor. Es ist, losgelöst von privatrechtlicher Verfügbarkeit, geistiges und kulturelles Allgemeingut. Im Blick auf diese soziale Bedeutung stellt es ein legitimes Anliegen dar, die literarischen Erzeugnisse dem wissenschaftlich und kulturell Interessierten möglichst geschlossen zugänglich zu machen und künftigen Generationen einen umfassenden Eindruck vom geistigen Schaffen früherer Epochen zu vermitteln."[28] Nicht das Medium selbst, sondern der Inhalt steht im Mittelpunkt des Sammelauftrages. Dementsprechend wurde die Ablieferungspflicht von elektronischen Medien bereits durch einschlägige Novellierungen des Berliner Pflichtexemplargesetzes zugunsten der Zentral- und Landesbibliothek Berlin geregelt[29]. Die Deutsche Bibliothek hat mit dem Börsenverein eine Vereinbarung über die freiwillige Ablieferung von Netzpublikationen geschlossen, verbunden mit der Auflage, dass diese nur zur Inhouse-Nutzung zur Verfügung gestellt werden dürfen[30].

Bislang konnten Pflichtstücke bis auf wenige Ausnahmen als Eigentum der Pflichtexemplarbibliothek uneingeschränkt durch Ausleihe außer Haus weiterverbreitet werden. Aufgrund der zunehmend über Lizenzvertrag überlassenen elektronischen Medien muss geprüft werden, inwieweit auch für diese Eigentum bei der Pflichtexemplarbibliothek begründet wird und in welchem Verhältnis dieses zum urheberrechtlichen Verbreitungsrecht zu sehen ist.

Das BVerfG hat in seinem Beschluss vom 14. 07.1981 festgestellt, dass die grundsätzlich kostenlose Ablieferungspflicht von Pflichtstücken nicht den Tatbestand der Enteignung (Art. 14 Abs. 3 GG) erfüllt, vielmehr der Eigentumsgarantie (Art. 14 Abs. 1 Satz 1 GG) durch Gesetz (hier: Gesetze über die Pflichtabgabe) eine Schranke nach Art. 14 Abs. 1 Satz 2 GG gesetzt

---

[25] Beschluss des Bundesverfassungsgerichts vom 14.07.1981 // In: Entscheidungen des Bundesverfassungsgerichts. – Tübingen. – Bd. 58 (1982), S. 126-152

[26] MÜLLER, HARALD: Elektronisches Pflichtexemplarrecht oder das Recht des Bürgers auf ungehinderten Zugriff zu elektronisch gespeicherten Informationen // Zeitschrift für Bibliothekswesen und Bibliographie : Sonderh. ; 68 (1997), S. 199-212

[27] LEHMANN, KLAUS-DIETER: Langzeitsicherung digitaler Medien durch die Deutsche Bibliothek // In: Zeitschrift für Bibliothekswesen und Bibliographie 42 (1995), S. 214 - 219

[28] BVerGE vom 14. Juli 1981,

[29] Berlin. Gesetz über die Ablieferung von Pflichtexemplaren vom 29. November 1995 // In: LANSKY, RALPH: Bibliotheksrechtliche Vorschriften. – Frankfurt/Main. – Loseblattausg. Nr. 540

[30] Rahmenvereinbarung zur freiwilligen Ablieferung von Netzpublikationen zum Zwecke der Verzeichnung und Archivierung zwischen der Deutsche Bibliothek und dem Börsenverein des Deutschen Buchhandels e.V. - http://deposit.ddb.de/netzpub/web_rahmenvereinbarung.htm

15.4 Pflichtexemplarrecht

wird. Diese entspricht dem Inhalt nach der Sozialbindung des Eigentums (Art. 14 Abs. 2 GG). Die Ablieferungspflicht liegt im überwiegenden Interesse der Allgemeinheit, da somit das Bedürfnis nach einer möglichst vollständigen Sammlung des Geistesschaffens und ihrer Überlieferung an künftige Generationen sichergestellt werden kann.

Gleichzeitig wurde entschieden, dass eine unverhältnismäßige Einschränkung der Eigentumsgarantie zu einem Entschädigungsanspruch führen muss, um nicht den Tatbestand der Verfassungswidrigkeit zu erfüllen. Eine unverhältnismäßige Einschränkung liegt vor, wenn die unentgeltliche Ablieferungspflicht auch Verleger und sonstige Hersteller trifft, die mit großem Aufwand Werke in geringer Auflage produzierten. Somit sind für entsprechende Härtefälle Entschädigungen in den Pflichtexemplarvorschriften vorzusehen und vorgesehen worden. Das Pflichtstück geht kraft Gesetzes – unabhängig vom Träger, auf dem es sich befindet – in das Eigentum der Pflichtexemplarbibliothek über.

Da sich die Deutsche Bibliothek und die Landes- bzw. Regionalbibliotheken der Länder ausnahmslos in öffentlich-rechtlichen Trägerschaften befinden oder selbst juristische Personen des öffentlichen Rechts sind, wird das Pflichtstück durch Setzen des Eigentumsstempels zur öffentlichen Sache gewidmet. Als „öffentliche Sache" werden alle Sachen bezeichnet, die der öffentlichen Verwaltung unmittelbar und mittelbar zur Erfüllung ihrer Aufgaben dienen. Der Begriff öffentliche Sache deckt sich nicht mit dem privatrechtlichen Sachenbegriff (§§ 90 ff BGB), da es der öffentlichen Sache auch an der Körperlichkeit fehlen kann (Lufthoheit). Durch Setzen eines öffentlichen Siegels wird die Sache zur öffentlichen Sache gewidmet. Das Setzen eines Eigentumsstempels in ein Bibliotheksexemplar entspricht rechtlich der Widmung zur öffentlichen Sache.

Von der eigentumsrechtlichen Würdigung ist die urheberrechtliche zu unterscheiden. Der unstrittige Übergang des Eigentums am Pflichtstück auf die Pflichtexemplarbibliothek greift nicht in die urheberrechtlichen Verwertungsrechte ein. Dem Urheber obliegt unberührt der Eigentumsübertragung am einzelnen Pflichtstück zu bestimmen, ob und in welcher Weise sein Werk veröffentlicht bzw. in anderer Weise verbreitet wird. Soweit ein Exemplar im Geschäftsverkehr durch Veräußerung (Kauf) in Verkehr gebracht wird, erschöpft sich das ausschließliche Verbreitungsrecht des Urhebers. Er kann die Weiterverbreitung nicht mehr untersagen. Damit steht der Weiterverbreitung im Sinne der Ausleihe und bei Netzpublikationen im Sinne der Übertragung nach geltendem Recht (§ 17 Abs. 2 UrhG) nichts im Wege. Verfügt der Urheber und/oder Verleger jedoch die Verbreitung ausschließlich mittels Lizenz, ist das Werk nicht durch Veräußerung in Verkehr gebracht, so dass auch keine Erschöpfung des Verbreitungsrechts eintritt. Damit dürfen über Lizenz verbreitete Werke auch als Pflichtstücke nicht zustimmungsfrei weiterverbreitet werden.

Die Pflichtexemplarbibliothek erwirbt zwar Eigentum am körperlich vorhandenen Träger des elektronischen Mediums, die Nutzung aber unterliegt den vom Lizenzgeber aufgetragenen Nutzungsbedingungen. Die mit dem Pflichtstück übergebenen Lizenz- bzw. Nutzungsbedingungen sind Auflagen bzw. Zustimmung zur Ausübung konkret benannter Nutzungsrechte. Da Lizenzverträge Verträge auf Gegenseitigkeit darstellen und eine grundsätzliche Vertragsfreiheit besteht, können sie verhandelt werden. Damit kann die Pflichtexemplarbibliothek ihre Vorstellungen, die in der Regel in einer Erweiterung der Nutzungsrechte bestehen werden, dem Verleger zur Verhandlung übermitteln. Diese müssen nicht zwangsläufig zum Erfolg führen und können im Ergebnis auch für hinzutretende Nutzungsrechte Lizenzgebühren erforderlich machen. Pflichtexemplarbibliotheken haben nicht die Möglichkeit, wie andere Bibliotheken, auf die Erwerbung ggf. zu verzichten, denn sie sind zur Sammlung der ihnen übergebenen Exemplare gesetzlich verpflichtet. Umso wichtiger ist es, dass der Gesetzgeber den Auftrag der Pflichtexemplarbibliotheken unterstützend auch im digitalen Umfeld regelt. Um den Charakter des Pflichtexemplars auch im Falle eines Lizenzvertrages zu gewährleisten, ist darauf zu achten, dass

- in den Verträgen die Überlassung als Pflichtexemplar explizit erwähnt wird, die Nutzungsrechte kostenlos, entsprechend der kostenlosen Ablieferungspflicht, eingeräumt werden,
- der Zugang, der Abruf, der lesende Zugriff unentgeltlich an mehreren Bildschirmen (Mehrplatzlizenz) der Pflichtexemplarbibliothek gleichzeitig geschehen kann, soweit es sich um elektronische Datenbanken handelt, das Kopieren unwesentlicher Teile nicht ausgeschlossen wird,
- das Kopieren aus Bestandserhaltungsgründen uneingeschränkt gewährleistet ist,
- die Rückgabe bei Lieferung eines Updates nicht erforderlich ist.

Die Einhaltung von Nutzungsbedingungen kann es erforderlich machen, dass in der Bibliothekspraxis Vorkehrungen insbesondere technischer Art getroffen werden, die sicherstellen, dass nur eine Nutzung im Bibliotheksintranet erfolgen kann. Sinn der Pflichtexemplarablieferung ist die Sicherung und Überlieferung kulturellen und wissenschaftlichen Schaffens. Somit ist die Archivierung einer der primären Pflichten der National- und Landesbibliotheken. Die damit verbundene Bestandserhaltung erfüllen die betreffenden Bibliotheken bei Papierausgaben mittels aufwändiger Verfahren, wie Verfilmung, Papierentsäuerung, Restaurierung, Digitalisierung und eingeschränkter Nutzung. Durch die „Flüchtigkeit" elektronischer Medien werden sie vor neue Probleme gestellt. Die Pflichtexemplarregelungen würden aber ihre Bedeutung und Funktion verlieren, wenn sie nicht sämtliches geistiges Schaffen berücksichtigen würden. So ist die Einbeziehung der neuen elektronischen bzw. digitalen Medien in den Sammelauftrag und die damit verbundene Archivierung unverzichtbar.

*

Literatur

Bibliotheksrechtliche Vorschriften : Loseblattsammlung / zsgest. von Ralph Lansky. - 2. Aufl. - Frankfurt am Main, 1969 -

Entscheidungssammlung zum Bibliotheksrecht / hrsg. von Jürgen C. Gödan. - 2. Aufl. - Wiesbaden, 2003. - (Bibliotheksrecht ; 2)

Gutachtensammlung zum Bibliotheksrecht / erarb. von Gabriele Beger ... / Red.: Helmut Rösner. - Wiesbaden. - 2002. - (Bibliotheksrecht ; 1)

Rechtsvorschriften für die Bibliotheksarbeit / erarb. von Gabriele Beger ... - 3. Aufl. - Berlin, 1998. - (dbi-Materialien ; 172). - 4. Aufl. in Vorbereitung

Marianne Dörr · Wilfried Enderle · Heinz Hauffe

16 Elektronische Publikationen und Informationsdienstleistungen

Elektronische oder digitale Publikationen und Medien stellen in der Informationslandschaft eine wachsende Größe dar. Für wissenschaftliche Bibliotheken sind die Publikationen relevant, die sich im weitesten Sinn als elektronische Fachinformation bezeichnen lassen. Entgegen pauschalen Ankündigungen zur Zeit des Aufkommens der neuen Medien wird nach heutiger Einschätzung elektronische Fachinformation in absehbarer Zeit nicht zu einer Substitution konventioneller bzw. gedruckter Medien führen: Auch der Markt der Print-Publikationen wächst, jedoch verschieben sich fach- und gattungsspezifisch die Akzente. Parallel zum grundsätzlichen Wandel des wissenschaftlichen Publikationswesens insgesamt schreitet in den Bibliotheken die Entwicklung zur „hybriden Bibliothek" fort, die ihren Benutzern unterschiedliche, analoge und digitale Medien gleichermaßen anbietet. Elektronische Medien und Ressourcen können jedoch nicht einfach in traditionelle Geschäftsgänge und Arbeitsverfahren eingepasst werden. Durch ihre Integration hat sich nicht nur das Aufgabenspektrum, sondern auch die Arbeit von Bibliotheken im Vergleich zu früher entscheidend verändert. Im Folgenden soll ein Überblick über die wichtigsten bibliotheksrelevanten Aspekte von elektronischen Publikationen und Informationsdienstleistungen gegeben werden. Schwerpunkte bilden dabei:
- die Arten elektronischer Publikationen und Informationsmittel
- elektronisches Publizieren und retrospektive Digitalisierung
- der Nachweis und die Erschließung elektronischer Fachinformation
- die Archivierung elektronischer Publikationen

16.1 Arten elektronischer Publikationen nach Zugriffsart und Trägermedium

Nach der Art des Zugriffs und damit nach Art des Trägermediums unterscheidet man Online-Publikationen, auf die ein Nutzer direkt über das Netz zugreifen kann, und Offline-Publikationen, die auf Datenträgern vorliegen. Im bibliothekarischen Angebot herrschen datenbankbasierte Publikationen vor, deshalb werden sie im Vordergrund der Darstellung stehen.

16.1.1 Online-Datenbanken

Klassische Online-Datenbanken

Elektronische Publikationen und Informationsmittel ermöglichen dem Benutzer, mit Hilfe elektronischer Geräte die gewünschten Informationen aufzufinden. Diese Aufgabe wurde zu Zeiten, da Computer noch nicht oder noch nicht flächendeckend eingesetzt wurden, von einer besonderen Spezies gedruckter Nachschlagewerke wahrgenommen, nämlich den *Referateorganen* oder *Index- und Abstractwerken*, also Publikationen, in denen die Primärliteratur zitiert und referiert wird. Ihre Inhalte bestehen im Wesentlichen aus einer Sammlung von Nachweisen unselbständiger Literatur, also von Aufsätzen in wissenschaftlichen Zeitschriften, Sammelwerken und Konferenzberichten. Beispiele sind etwa die *Chemical Abstracts* (1907 ff), die *Excerpta Medica* (1947 ff), der *Index Medicus* (1879 ff) oder der *Science Citation Index* (1961ff). Sie nehmen in den Regalen der Bibliotheken oft mehrere Laufmeter pro Jahr in Anspruch.

Mit dem Aufkommen der elektronischen Datenverarbeitung Mitte der 1960er Jahre begannen die Hersteller gedruckter Nachschlagewerke deren Produktion zu automatisieren: Die Inhalte monatlich erscheinender Referateorgane wurden computerunterstützt zu Viertel-, Halbjahres- und Jahresausgaben zusammengemischt, Register automatisch erstellt. Als Nebenprodukt fielen maschinenlesbare Datensammlungen an, die auch alsbald für computerunterstützte Literatursuchen genutzt wurden: Mit Hilfe eines als *Selected Dissemination of Information (SDI)* bezeichneten Verfahrens (heute *Alerting* genannt) wurden diese zunächst auf Magnetband vorliegenden Datensammlungen linear durchsucht und mit Suchprofilen verglichen. Dieses Verfahren gestattete nur die Suche in aktuellen Datenbeständen, in denen die neu erschienene Literatur nachgewiesen wurde. Retrospektive Recherchen waren damit nicht möglich. Erst die Umspeicherung der Daten auf ein Medium mit Direktzugriff (Magnetplatte) im Verein mit einer neuen Datenbankstruktur erlaubte es, mehrere Jahrgänge für Abfragen zur Verfügung zu stellen. Diese Entwicklung führte Anfang der 1970er Jahre zur Entstehung der klassischen Online-Datenbanken und damit eines völlig neuen Marktes.

In Abgrenzung zu den erwähnten Referateorganen, aus denen sie hervorgegangen sind, wurden die neuen Online-Produkte oftmals umbenannt: Die Datenbankversion des *Index Medicus* heißt *Medline*, des *Science Citation* heißt *Index Scisearch*, der *Excerpta Medica* nun *Embase*. Vielen dieser Datenbanken sieht man noch ihre gedruckte Herkunft an, etwa an den Thesauri oder den Klassifikationscodes.

Weltweit sind nur einige wenige Dutzend Anbieter etabliert, z.B. *DataStar* (Bern), *Dialog* (Palo Alto, Kalifornien), *DIMDI* (Köln), *FIZ Technik* (Frankfurt am Main), *STN International* (Karlsruhe, Columbus, Ohio und Tokio). Diese Firmen bieten als Hosts die Produkte verschiedener Datenbankhersteller an. Mit ihnen müssen Verträge abgeschlossen werden, in deren Rahmen dem Vertragspartner Benutzernummern (UserIds) und Passwörter zugeteilt werden, die bei jedem Aufruf einzugeben sind. Lokal zu installierende Softwarepakete ermöglichen deren Abspeicherung und damit die Abwicklung der Zugangsprozedur via Wähl- oder Standleitung per Knopfdruck oder Mausklick. Die von diesen Hosts angebotenen Grundprodukte sind bibliographische Datenbanken, in denen die wissenschaftliche Literatur referiert wird. Die Kosten werden vielfach nach Anschlusszeit und nach Anzahl der erzielten Treffer verrechnet (Grundgebühren sind meist eher vernachlässigbar). Dieses Kostenmodell in Verbindung mit komplexen Abfragesprachen für das Datenbankretrieval machte in der Regel eine vermittelte Recherche erforderlich, was zur Einrichtung eigener Informationsvermittlungsstellen an Bibliotheken führte.

Beispiel eines Datensatzes aus einer bibliographischen Datenbank:

Record 7 of 11 - PSYNDEXplus - Lit.& AV 1977-2000/09
TI: Bibliotheksfunktionen im Wandel Bibliotheksnutzung und Medienverhalten in Ost und West Functions of libraries in transition. Library use and media preferences in eastern and western Germany
AU: Stachnik,-Ingeborg

IN: Deutsches Bibliotheksinstitut, Berlin, Germany
CY: Germany (D)
SO: Media Perspektiven, 1993, 10, 465-470
JN: Media-Perspektiven
PY: 1993
IS: 0170-1754
DT: Journal-Article 10)
LA: German
AB: Vorgestellt werden die Ergebnisse einer Studie an insgesamt 2738 Personen aus Ost- und Westdeutschland, die erstmals repraesentative Aussagen ueber die Nutzung von Bibliotheken im Zusammenhang mit der Mediennutzung ermoeglichen ... (Zeitschrift/Jutta Rohlmann - ZPID)
KP: use & functions of libraries in eastern vs western Germany; preferred media; relevance of age & educational background; representative sample of 2,738 subjects; empirical study
PT: empirical-study
DE: *Libraries-; *Communications-Media; *Preferences-; Books-; Reading-; Television-Viewing; Age-Differences; Educational-Background; Leisure-Time; Germany-
DG: *Bibliotheken-; *Kommunikationsmedien-; *Praeferenzen-; Buecher-; Lesen-; Fernsehverhalten-; Altersunterschiede-; Bildungshintergrund-; Freizeit-; Deutschland-
SC: 28317; 10580; 39995; 06600; 43080; 51940; 01360; 16040; 28150; 20995
CX: Mass-Media-Communications; Recreation-and-Leisure
CG: Massenmedien-; Freizeit-und-Erholung
CC: 2750; 3740; 27; 37
AN: 0083422
UD: 199408

Internetbasierte Online-Datenbanken

Mit dem Aufkommen des Internet, speziell des *WWW* (*World Wide Web)*, bot sich dieses Medium als neue Plattform für Datenbanken und elektronische Publikationen an, hier selbstverständlich von vornherein nur mit endnutzerorientierten Oberflächen. Aber erst seit den 1990er Jahren waren die Leitungen stabil und schnell genug, um andere Zugriffswege und Trägermedien zu ersetzen. In puncto Funktionalität und Eleganz kommt bei diesen Datenbanken eine neue Qualität zum Tragen: *Hypertext*, bei anderen Medien oft nur vereinzelt aufgepfropft, ist hier implizit vorhanden, d.h. Links zu anderen Einträgen, aber auch Links zu den Volltexten der nachgewiesenen Literatur sind systemimmanent. Im WWW sind auch einige der oben genannten Produkte, teilweise wiederum unter anderem Namen, präsent, wie z.B. „Medline", die „Chemical Abstracts" (unter dem Titel „SciFinder") oder der „Science Citation Index" (als Teil des „Web of Science").

Angeboten werden diese Datenbanken über Hosts oder auch direkt durch den Datenbankproduzenten, der damit unter Umständen in Konkurrenz zu seinem Zwischenhändler tritt. Der Zugang erfolgt in der Regel über das Abprüfen der IP-Adressen der jeweiligen Einrichtung. Auch werden anstelle der Berechnung von Anschlusszeiten und abgerufenen Treffern im Allgemeinen pauschale Nutzungsverträge geschlossen, da die Endnutzer aufgrund der benutzerfreundlichen Oberflächen und der vereinfachten Retrievalmöglichkeiten selbst recherchieren können. Informationsvermittlungsstellen in Bibliotheken verlieren damit zugunsten einer gezielten Benutzerschulung zunehmend an Bedeutung und wurden an zahlreichen Einrichtungen bereits aufgelöst.

16.1.2 Offline-Datenbanken

CD-ROM

Gegen Mitte der 1980er Jahre kam ein neues Medium auf den Markt, die *CD-ROM* (Compact Disk – Read Only Memory), auf der Platz für bis zu 660 Megabyte ist und die damit oft ganze Jahrgänge bibliographischer Datenbanken aufnehmen kann (bei umfangreicheren Produkten ist dies nicht mehr möglich; so etwa benötigt ein Jahrgang der „Chemical Abstracts" fünf Scheiben). Auf CD-ROM sind auch die für die geisteswissenschaftliche Forschung wichtigen Volltextausgaben zentraler Quellenwerke (z.b. Patrologia Latina) bzw. Klassikereditionen (z.b. Goethe-Ausgabe, Early English Texts) erschienen. Mit den Daten wird auch eine benutzerfreundliche Software mitgeliefert, die wie die webbasierten Online-Datenbanken dem Endnutzer in der Regel ohne intensive Schulung selbständige Recherchen ermöglicht. Die Bibliotheken begannen, von den klassischen Online-Datenbanken auf deren CD-ROM-Versionen umzusteigen und diese zunächst auf Einzelplätzen anzubieten.

Bald jedoch überstieg die Nachfrage deren Kapazität, sodass man dazu überging, sie auf zentralen Servern der betreffenden Institution aufzulegen und sie über ein LAN (Local Area Network) zur Verfügung zu stellen. Hierzu gibt es drei technische Lösungen:
- Jeder Scheibe wird ein fixes Laufwerk zugeordnet mit dem Effekt, dass jede CD sofort verfügbar ist.
- Man hält die CDs in einer Jukebox vor und lädt sie bei Bedarf in ein freies Laufwerk. Diese Variante hat sich von Ausnahmefällen abgesehen als unzweckmäßig erwiesen, da die Antwortzeiten oft jenseits einer Akzeptanzgrenze liegen, wenn alle Laufwerke besetzt sind, die restlichen CDs nicht mehr geladen werden können.
- Der Inhalt einer CD-ROM wird auf Magnetplatte umgespeichert (ab 5 Gigabyte Speicherkapazität und 10- bis 20-mal schnellerer Zugriff). Dieses Verfahren hat sich heute allgemein durchgesetzt.

Der nächste Schritt war die Bereitstellung dieser Produkte auf einem zentralen Server einer Region mit Zugriff über ein WAN (Wide Area Network), eine Konfiguration, die in gewisser Weise der „alten" Online-Landschaft ähnelt. Genau genommen kann man also dann, wenn Datenbanken auf CD-ROM im Netz angeboten werden, nicht mehr von Offline-Datenbanken sprechen, da zu ihrer Verwendung Leitungen erforderlich sind. Offline sind CD-ROMs heute vielfach nur mehr als Liefermedium, da ihre Inhalte nach dem Eintreffen der Scheibe auf ein Trägermedium mit größerer Kapazität und schnellerem Zugriff umkopiert werden. Damit und mit dem Aufkommen des WWW ist die CD-ROM-Technologie ein Auslaufmodell. Die Kosten für die Nutzung von CD-ROMs hängen nicht mehr wie bei den klassischen Online-Datenbanken von der Anschlusszeit und der Anzahl der erzielten Treffer ab, vielmehr sind sie wie bei den webbasierten Online-Datenbanken pauschal zu entrichten.

Sonstige Offline-Medien

Die *DVD* (Digital Versatile Disc oder Digital Video Disc), ein äußerlich der CD-ROM ähnelndes Medium mit jedoch bis zu 17 Gigabyte Speicherkapazität, hat sich seit 1996 in der Unterhaltungsbranche als Bild- und Tonträger etabliert. Obwohl Anwendungen auf dem Gebiet der wissenschaftlichen Information und Dokumentation technisch denkbar sind, kann man solche auf dem Markt erst vereinzelt finden.

Ein kleines Marktsegment nimmt die *MiniDisk* (63,5 mm Durchmesser und 64 MB Speicherkapazität) ein. Sie dient als Speichermedium für kommerzielle Produkte wie Wörterbücher, Lexika etc. und ist eher für den privaten Konsum, weniger für Bibliotheken gedacht.

Der Vollständigkeit halber sei noch ein weiterer Typ von Offline-Datenbanken erwähnt: *Datenbanken auf Magnetband*. Diese werden postalisch angeliefert, um dann auf einem Server geladen zu werden, auf den via LAN oder WAN online zugegriffen werden kann. Elektronische Informationsmittel kleineren Umfangs sind auch auf *Disketten* erhältlich.

16.1.3 Datenbankstrukturen und Recherchefunktionen

Datenbankstrukturen

Die Datensätze, aus denen die oben genannten Datenbanken und Informationsmittel bestehen, sind in Kategorien unterteilt, die durch (meist mnemotechnische) Abkürzungen oder Etiketten bezeichnet werden, z.B. AU (Autor/in), IN (Institution) bzw. CS (Corporate Source), CY (Land), TI (Titel), SO (Quelle), JN (Journal), PY (Erscheinungsjahr), LA (Sprache), DT (Dokumententyp), AB (Abstract), DE (Deskriptoren), CC (Klassifikationscodes), AN (Akzessionsnummer) etc. Die lineare Abfolge der so strukturierten Datensätze, meist in invers chronologischer Reihenfolge (also von neu bis alt) angeordnet, heißt „lineare Datei". Entnimmt man dieser linearen Datei (meist unter Übergehung von Artikeln und Präpositionen) Stichwörter oder Wortketten und sortiert sie separat alphabetisch oder gegebenenfalls numerisch, so entstehen eine oder mehrere „invertierte Dateien", die so wie die lineare Datei in einem Medium mit Direktzugriff abgelegt werden. Dabei werden die Datensatznummern mitgenommen, die Etiketten jener Kategorien, in denen die Stichwörter vorkommen sowie eine Zahl, die angibt, das wievielte Wort das Stichwort in der betreffenden Kategorie ist.

In diesen invertierten Dateien spielt sich nun die Recherche ab: Ein eingegebener Suchbegriff wird dort aufgesucht, die dazugehörigen Datensatznummern werden in einer Arbeitsdatei abgespeichert. Die Kombination verschiedener Suchbegriffe mit Hilfe der Boole'schen Operatoren AND, OR und NOT bewirkt, dass Durchschnitts-, Vereinigungs- oder Komplementärmengen der Datensatznummern gebildet werden. Volltextoperatoren wie ADJ und SAME ermöglichen Vorgaben der Wortfolge oder des Zusammen-Vorkommens zweier Begriffe in derselben Kategorie.

Die Hersteller oder Anbieter von Datenbanken haben bei deren Aufbereitung verschiedene Philosophien verfolgt: Entweder kommen alle in den Datensätzen vorkommenden Begriffe in eine einheitliche invertierte Datei; dabei werden die Kategorienetiketten als Suffixe angehängt (z.B. Meier, Franz/AU), sodass im Nachhinein die Qualifikation eines Suchbegriffs auf eine bestimmte Kategorie möglich ist („postqualifying") – oder die invertierten Dateien werden aufgeteilt: Begriffe, die aus inhaltlich sinntragenden Kategorien stammen (TI, DE, AB) werden in einem „Basic Index" abgelegt; Begriffe aus den übrigen Kategorien werden mit dem Kategorienetikett als Präfix versehen (z.B. AU=Meier, Franz) und bilden die zusätzlichen Indices. Letztere Variante hat sich bei den meisten Systemen durchgesetzt, d.h. wenn ein Suchbegriff nicht auf eine bestimmte Kategorie qualifiziert wird, sucht man nur in den inhaltlich sinntragenden Kategorien.

Recherchefunktionen

Die Abfrage in klassischen Online-Datenbanken erfolgt zum Teil mit Hilfe komplexer Retrievalsprachen, deren Beherrschung eine Einschulung und einige Praxis erfordert, sodass gelegentliche Benutzer bei solchen Recherchen auf Informationsvermittler angewiesen sind. Beispielsweise lautet beim Host STN das Kommando für die Anzeige der Titel der ersten drei Dokumente von Suchschritt 6 „DISPLAY L6 TI 1-3", beim Host DIALOG dagegen „TYPE S6/6/1-3". Viele Systeme, insbesondere CD-ROM-Datenbanken und webbasierte Online-Datenbanken haben mittlerweile benutzerfreundliche Oberflächen entwickelt, die dem Endbenutzer selbständige Recherchen ermöglichen. Dabei stehen häufig einfache Standardsuchmasken wie auch die Funktion einer Expertensuche zur Verfügung. Letztere ermöglicht differenziertere Suchstrategien durch den Einsatz Boole'scher Operatoren.

Die Vorgehensweise beim Aufsetzen eines Suchprofils folgt stets einem bestimmten Muster: Man gliedere das Thema in Aspekte, suche Begriffe mit ihren Synonymen oder etwaigen Unterbegriffen auf und verknüpfe sie mit OR. Aspekte, die zusammen vorkommen sollen, verknüpfe man mit AND. Dann prüfe man die so erzielten Ergebnisse auf ihre Relevanz und modifiziere notfalls das Suchprofil. Irrelevante Treffer sind gar nicht so selten, sei es, dass die eingegebenen Suchbegriffe in einer anderen Bedeutung vorkommen, sei es, dass sie nicht im gewünschten Zusammenhang stehen.

Beim Bemühen, ihre Produkte möglichst endbenutzergerecht zu gestalten, vergessen die Systemdesigner leider manchmal jene Flexibilität, die professionelle Informationsvermittler gewohnt sind. Wenn man gehalten ist, eine Anfrage als Phrase einzugeben, erliegt man gerne der Illusion, dass am anderen Ende der Leitung ein mitdenkendes intelligentes Wesen sitzt. Dabei wird eine als Freitext abgesetzte Suche in eine Boole'sche Formulierung übersetzt, indem nach Entfernung von Stopwörtern wie Artikel, Präpositionen etc. die verbleibenden Begriffe in ihrer Stammform mit AND verknüpft werden. Es gäbe zwar Ansätze aus der Künstlichen Intelligenz zur automatischen Einbeziehung semantisch verwandter Begriffe, diese werden jedoch von der Datenbankindustrie nicht angewandt.

16.2 Arten elektronischer Informationsmittel nach Typ

Nach Art des Inhalts lassen sich Datenbanken und elektronische Informationsmittel unterteilen in solche, die Sekundär- und solche, die Primärinformationen enthalten.

16.2.1 Elektronische Informationsmittel mit Sekundärinformationen

Referenzdatenbanken enthalten Sekundärinformationen (etwa Quellenhinweise), aus denen hervorgeht, wo die letztlich gewünschte Primärinformation, etwa ein Zeitschriftenartikel, zu finden ist (bibliographische Datenbanken). Zu deren Beschaffung ist dann ein weiterer Schritt notwendig: Wenn sie vor Ort nicht vorhanden sind, kann ein Dokumentlieferdienst oder die Fernleihe benutzt werden. Seit Mitte bis Ende der neunziger Jahre sind aber technische Werkzeuge im Einsatz, durch welche die Beschaffung der Sekundärinformation mit dem Durchgriff auf die Primärinformationen integriert wird: Nicht nur von Datenbanken im WWW kann auf Volltexte durchgeschaltet werden, sondern auch von solchen auf CD-ROM (bei Datenbanken der Firma *SilverPlatter* beispielsweise mit Hilfe des Softwarepakets *SilverLinker*).

16.2.2 Elektronische Informationsmittel mit Primärinformationen

Text- und Faktendatenbanken dagegen enthalten die gesuchte Primärinformation selbst. Man unterscheidet:
- *Volltextdatenbanken* (Zeitschriftenartikel, Artikel aus Zeitungen und Magazinen, Preprints, literarische Quelleneditionen, Hochschulschriften, retrodigitalisierte Materialien, Gesetzestexte, Gerichtsentscheidungen, Patente, Agenturmeldungen, etc.)
- *Eigenschaftsdatenbanken* (Verzeichnisse von chemischen Substanzen, Arzneimitteln, Gensequenzen, Werkstoffen mit Angabe der spezifischen Eigenschaften etc.)
- *Firmendatenbanken* (von bloßen Adressverzeichnissen wie die gelben Seiten der Telefonbücher bis hin zu kompletten Geschäftsberichten)
- *Numerische Datenbanken* (Zeitreihen, z.B. Import-Export-Daten)

Elektronische Zeitschriften

Eine besondere Bedeutung kommt im Rahmen der Volltextdatenbanken den elektronischen Zeitschriften zu. Viele Verlage oder Fachgesellschaften, die wissenschaftliche Zeitschriften verlegen, sind im letzten Jahrzehnt des 20. Jahrhunderts dazu übergegangen, ihre Produkte parallel zur gedruckten Version entweder selbst in elektronischer Form aufzulegen (z.B. *Elsevier*, *Springer*, *Wiley*, *Kluwer*, *Academic Press*) oder dies bei Aggregatoren (wie *CatchWord / Ingenta* oder *HighWire*), die das Angebot verschiedener Verlage bündeln, in Auftrag zu geben.

Diese elektronischen Parallelversionen stellen dabei nicht zwingend eine exakte Wiedergabe der Printausgabe dar. In manchen Fällen sind in der elektronischen Version nur Teile der gedruckten Ausgabe, wie etwa wissenschaftliche Aufsätze, nicht aber Rezensionen oder Nachrichten enthalten, in anderen Fällen liegen elektronische Supplemente oder interaktive bzw. multimediale Anreicherungen vor.

Die hierbei verwendeten Datenformate sind derzeit hauptsächlich PDF (Portable Document Format) und HTML (Hypertext Markup Language); beide sind aus anderen Formaten über entsprechende Software generierbar. PDF gestattet die Wiedergabe eines Artikels als Faksimile, entspricht also dem gedruckten Pendant und ist somit exakt zitierbar. Zum Aufruf eines PDF-Dokuments ist die Software „Acrobat Reader" erforderlich, die kostenlos aus dem Internet heruntergeladen werden kann. HTML-Dokumente können mit jedem Internet-Browser (wie *Netscape* oder *MicroSoft Internet Explorer*) angesehen werden. In HTML können Links definiert werden, etwa von den Fußnoten zu den Literaturangaben und in weiterer Folge zu den Abstracts und den Volltexten der zitierten Literatur. In einem Gemeinschaftsunternehmen namens *CrossRef* (http://www.crossref.org) sind mehrere Dutzend Herausgeber von Fachzeitschriften übereingekommen, die darin enthaltenen Volltexte untereinander zu verlinken. Voraussetzung hierfür war die Definition einer genormten und persistenten Kennung einzelner Artikel, des DOI (*Document Object Identifier*, http://www.doi.org). Ein Vorteil der digitalen Verfügbarkeit von Zeitschriften ist die Möglichkeit der Suche auf der Zeitschrifteninhaltsebene. Darüber hinaus gibt es Alerting-Dienste, über die der Benutzer meist kostenlos die Inhaltsverzeichnisse der neu erschienenen Ausgaben per E-Mail anfordern kann. Oft erscheinen die elektronischen Versionen der Zeitschriftenhefte oder von Teilen daraus Wochen bis Monate vor den gedruckten Versionen, was einen erheblichen Aktualitätsvorsprung bedeutet.

Entscheidet sich eine Institution, auf Print-Abonnements völlig zu verzichten, drängt sich die Frage der Archivierung elektronischer Zeitschriften auf. Entweder muss auch der langfristige Zugriff auf ältere Jahrgänge, die auf einem Server des Systembetreibers liegen, vertraglich gesichert werden, oder die Bibliothek muss sich des Problems selbst annehmen bzw. es auslagern. Für diese Aufgabe kommen Nationalbibliotheken und kommerzielle Unternehmen (wie beispielsweise OCLC: http://www.oclc.org/home/) in Frage. Eine Besonderheit stellt das Konzept von JSTOR (http://www.jstor.org) dar. Bei diesem nicht-kommerziell ausgerichteten Unternehmen werden Zeitschriften ab dem jeweils ersten Jahrgang digitalisiert, die jeweils jüngsten drei bis fünf Jahrgänge jedoch ausgespart, um die Vermarktungschancen der Verlage nicht zu beeinträchtigen. Die elektronisch verfügbaren Jahrgänge können auf Volltextebene recherchiert werden und stellen gleichzeitig ein digitales Archiv dar.

Der amerikanische Mathematiker Odlyzko hat 1995 prophezeit, dass es in zehn Jahren keine gedruckten Fachzeitschriften mehr geben wird. Seine Prognose ist zwar nicht eingetreten, aber der Trend geht eindeutig weg vom Papier und hin zu elektronischen Versionen. Noch orientieren sich elektronische Zeitschriften weitgehend an den gedruckten Ausgaben; wenn aber Autoren und Verlage die Möglichkeiten des neuen Mediums konsequent nutzen, entstehen Produkte, die nicht mehr ausgedruckt werden können: Videos, drehbare Strukturen, Zoom, Programme, die ad hoc ausgeführt werden, Schichtaufnahmen etc. ermöglichen eine völlig neue Art wissenschaftlicher Publikationen. Noch ist die Situation vergleichbar mit den Frühdrucken, welche die Handschriften möglichst getreu nachzubilden versuchten, oder mit dem frühen Film, der ohne Schwenk, Zoom oder Schauplatzwechsel versuchte, das Theater zu simulieren. Auch in der Informationslandschaft sind die Möglichkeiten, die das neue Medium bietet, bei weitem noch nicht ausgeschöpft.

Preprint-Dienste

Eine eigene Art elektronischer Publikationen sind *Preprint-Dienste*. Berühmtestes Beispiel ist der Preprint-Server für Hochenergie- und Elementarteilchenphysik in Los Alamos (http://xxx.lanl.gov oder http://ArXiv.org). Auf diesem können die Autoren selbst ihre Artikel ablegen, die damit sofort nach ihrer Fertigstellung verfügbar sind. Im Gegensatz dazu vergehen von der Einreichung eines Manuskripts bis zu dessen Veröffentlichung in einer Zeitschrift in der Regel mindestens mehrere Monate. Der Grundanspruch der Preprint-Dienste, das wissenschaftliche Publikationswesen völlig zu revolutionieren, kam aber nicht zum Tragen: Wegen der fehlenden Qualitätskontrolle haben Preprints nicht das Gewicht, das der Karriere eines Wissenschaftlers dienlich wäre. Sie müssen sich nach wie vor den „Peer Reviews" unterziehen, durch die eingereichte Manuskripte auf ihre Qualität hin überprüft werden. Hinzu kommt, dass in manchen Fachgebieten Wissenschaftler im Verlauf ihrer Karriere nachweisen müssen, wie oft ihre Arbeiten zitiert wurden oder wie hoch die durchschnittliche Zitierhäufigkeit der Zeitschriften („Impact-Faktor") ist, in denen sie publiziert haben. Zitierhäufigkeiten können mit Hilfe der Datenbanken des *Institute for Scientific Information* (Philadelphia), z.B. im *Science Citation Index*, ermittelt werden, und von dieser Datenbank werden nur hochkarätige Zeitschriften aus renommierten Verlagen ausgewertet. Das komplexe Gefüge des wissenschaftlichen Publikationswesens kam also durch die Preprint-Server nicht ins Wanken.

E-books

Während bibliographische Datenbanken und Zeitschriftenartikel in elektronischer Form mittlerweile eine bedeutende Position auf dem Literaturmarkt einnehmen, spielt monographische Forschungs- und Studienliteratur in elektronischer Form (E-books), sieht man von Nachschlagewerken und Retrodigitalisierungsprojekten ab, bisher noch eine eher untergeordnete Rolle. Häufig werden neben den elektronisch verfügbaren Inhalten auch E-book-Lesegeräte (z.B. Bookman, Palm, Rocket E-Book) als E-books bezeichnet. Man kann sich die für die E-book-Lesegeräte verfügbaren Texte im HTML-Format gegen Gebühr aus dem Internet herunterladen. Es ist allerdings sehr umstritten, ob diese Geräte auf dem Markt eine Zukunft haben werden bzw. welche Rolle sie künftig im Bibliotheksalltag spielen werden. Allerdings nimmt die Zahl der Verlage zu, die, wie z.b. der Springer-Verlag oder John Wiley & Sons Inc., wissenschaftliche Bücher in digitaler Form anbieten. Zu nennen ist auch beispielsweise das Unternehmen netLibrary (OCLC), das mit zahlreichen Verlagen, darunter viele amerikanische Universitätsverlage, Verträge über die Vermarktung digitaler Monographien geschlossen hat.

Während eine Verdrängung der gedruckten Monographie mittelfristig eher unwahrscheinlich erscheint, gilt das Augenmerk der Bibliotheken insbesondere der elektronischen Verfügbarkeit von Lehr- und Handbüchern. Diese bieten im Unterschied zur konventionellen Form die Möglichkeit der Integration interaktiver Elemente, die gezielte Suche nach ausgewählten Themen im Volltext und den simultanen Zugriff mehrerer Nutzer. Allerdings folgt daraus keinesfalls eine automatische Reduktion der Beschaffungskosten durch den Verzicht auf den Erwerb von Mehrfachexemplaren für die Lehrbuchsammlung. Vielmehr werden für digitale Bücher variable Zugriffs- und Lizenzmodelle entwickelt, deren Kosten sich nach Parametern wie Dauer der Recherche bzw. Zahl der simultanen oder auch potentiellen Nutzer errechnen. Auf diese Weise erhoffen sich die Anbieter eine Kompensation des möglichen Absatzverlustes im Printbereich.

16.3 Elektronisches Publizieren am Beispiel der Hochschulschriften

Bibliotheken stehen nicht nur vor der Aufgabe, erworbene elektronische Medien in ihr Informationsangebot zu integrieren. Sie haben umgekehrt auch die Chance, sich aktiv am elektronischen Publizieren („E-Publishing") zu beteiligen und somit selbst zum Anbieter digitaler Information zu werden. Dies gilt insbesondere für Hochschulbibliotheken, die auf einem speziellen Volltextserver in der Universität erarbeitete Online-Publikationen verfügbar machen. Dazu zählen vor allem Dissertationen, Habilitationen und andere Hochschulschriften, Forschungs- und Tagungsberichte oder auch Preprints. Wesentliche Aufgaben der Bibliothek sind dabei die Beratung und Unterstützung der Autoren bei der Aufbereitung der Volltexte und bei der Erstellung von Metadaten, die Bereitstellung und Pflege der technischen Plattform, die Veröffentlichung im WWW mit entsprechendem Rechercheangebot bis hin zum Volltext und die Archivierung der Daten.

Erfahrungen mit elektronischem Publizieren haben Bibliotheken bislang insbesondere im Bereich der Dissertationen gesammelt. Voraussetzung hierfür ist, dass die jeweilig gültigen Promotionsordnungen es dem Doktoranden ermöglichen, seiner Veröffentlichungspflicht durch Ablieferung in elektronischer Form nachzukommen. Da es sich um einen Teil einer Prüfungsleistung handelt, benötigt die Bibliothek im Allgemeinen eine schriftliche Erklärung des Promovenden bzw. eine Bestätigung des Hauptgutachters, dass die elektronische Version der Arbeit mit der zur Veröffentlichung freigegebenen, in der Regel noch gedruckten Fassung übereinstimmt. Das eigentliche Dokument wird in einem vereinbarten Format – die Konvertierung übernimmt gegebenenfalls die Bibliothek – auf einem Volltextserver abgelegt und über das WWW zugänglich gemacht. Mit Hilfe digitaler Signaturen kann die Integrität und Authentizität des Dokuments gesichert werden. Gleichzeitig wird der Autor gebeten, die entsprechenden Metadaten mitzuliefern. Zu diesem Zweck kann die Bibliothek ein HTML-Formular mit standardisierten Kategorien, die sich beispielsweise an dem Metadatenformat Dublin Core (http://purl.oclc.org/dc/) orientieren, zur Verfügung stellen. Das an der Universität Stuttgart entwickelte Volltextinformationssystem OPUS (http://elib.uni-stuttgart.de/opus/doku/) stellt darüber hinaus eine Verbindung zum Katalog des Südwestdeutschen Bibliotheksverbundes her. Die vom Autor gelieferten Metadaten werden dabei in das Katalogformat konvertiert. Die in der Verbunddatenbank manuell überarbeiteten Daten stehen auch in den abgeleiteten lokalen Katalogen zur Verfügung. Die OPAC-Recherche führt zunächst zu einer Indexseite mit ausführlichen Informationen zum Dokument, von der aus der Nutzer wiederum zum Volltext weitergeleitet wird.

Seit 1998 sammelt und archiviert auch die Deutsche Bibliothek elektronisch publizierte Dissertationen und Habilitationen auf einem eigenen Dokumentenserver. Universitätsbibliotheken haben dabei die Möglichkeit, über eine Metadatenschnittstelle mit dem Metadaten-Elemente-Set METADISS die entsprechenden Dissertationen zu melden. Die Deutsche Bibliothek holt das Dokument vom Server der Hochschule bzw. Bibliothek und legt es mit Authentizitätsschutz auf dem Dokumentenserver ab. Bei der Erschließung werden sowohl die ursprüngliche URL des lokalen Servers als auch die Serveradresse der Deutschen Bibliothek angegeben. In einem von der Deutschen Forschungsgemeinschaft geförderten und Ende 2000 abgeschlossenen Projekt „Dissertationen Online" (http://www.educat.hu-berlin.de/diss_online/index.html), an dem die deutschen Fachgesellschaften für Erziehungswissenschaften, Mathematik, Informatik, Physik und Chemie, die Niedersächsische Staats- und Universitätsbibliothek Göttingen, die Deutsche Bibliothek sowie das Rechenzentrum der Humboldt-Universität zu Berlin beteiligt waren, wurde versucht, ein bundesweit einheitliches Konzept zu den oben beschriebenen Aspekten zu erarbeiten.

16.4 Universitätsverlage

Über die Hochschulschriftenserver hinausgehend haben einige Universitäten begonnen, die Möglichkeiten des elektronischen Publizierens zur Gründung eigener Hochschulverlage zu nutzen. Im anglophonen Sprachraum haben Universitätsverlage teilweise lange Tradition. Die Eigenpublikation von wissenschaftlichen Ergebnissen der universitären Forschung in eigenen Zeitschriften und Monographien soll auch dazu beitragen, der Kostenspirale im Bereich der Verwertung wissenschaftlicher Information Einhalt zu gebieten. Die Universitäten als öffentlich geförderte Orte wissenschaftlicher Forschung sollen auch die Verbreitung und Verwertung der Forschungsergebnisse selbst in die Hand nehmen. Die deutschen Hochschulverlage, die sich in der Initiative *German Academic Publishers* (http://www.gap-c.de) zusammengeschlossen haben, versuchen durch die Verwendung von standardisierten Metadaten, Dokumentenmodellen und neutralen Auszeichnungssprachen, Interoperabilität zwischen unterschiedlichen Verlagsservern zu erreichen und gleichzeitig die Langzeitarchivierung der Publikationen zu erleichtern. Eine Ausweitung der Kooperation der so entstehenden „E-Verlage" mit internationalen Initiativen ist intendiert.

16.5 Retrospektive Digitalisierung

Neben der Publikation aktueller Hochschulmaterialien ist die retrospektive Digitalisierung eine weitere Möglichkeit beim Aufbau eigener elektronischer Angebote. Amerikanische Bibliotheken begannen schon Ende der 1980er bzw. Anfang der 1990er Jahre mit Projekten zur Digitalisierung und elektronischen Publikation von gedruckten Beständen. Einen Einblick in die Geschichte und die aktuellen amerikanischen Aktivitäten vermittelt die Homepage der Digital Library Federation (DLF), eines Zusammenschlusses von amerikanischen Universitäts- und Forschungsbibliotheken, die unter dem Dach des Council on Library and Information Resources (CLIR) agiert (http://www.clir.org/diglib/dlfhomepage.htm).

Dabei spielte zunächst der Kontext der Bestandserhaltung eine Rolle. Die Erzeugung „digitaler Sekundärformen" für säuregefährdete Bestände sollte zum einen der Bestandssicherung (Preservation) dienen, zum anderen aber einen komfortableren Zugang (Access) zu den Dokumenten gestatten als es die traditionell als Sekundärformen eingesetzten Mikroformen erlaubten. Auf dem Hintergrund der wachsenden Sensibilisierung für die noch weitgehend ungeklärte Frage der Bestandserhaltung digitaler Medien wird Digitalisierung heute jedoch primär als eine Form des elektronischen Publizierens betrachtet, die eine verbesserte Literaturversorgung mit anderen Nutzungs- und Zugriffsmöglichkeiten anstrebt. Dieser Gesichtspunkt war auch für die Deutsche Forschungsgemeinschaft vorherrschend, die 1997 ein neues Förderprogramm für die retrospektive Digitalisierung ausgewählter Bibliotheksbestände auflegte (http://www.dfg.de/foerder/formulare/index_1.html). Digitalisierung hat zum Ziel, aus bisher nur gedruckt vorliegenden Büchern, Bibliotheksmaterialien oder Sammlungen ein elektronisches Angebot zu schaffen, das im Regelfall über das WWW zur Nutzung zur Verfügung steht. Dabei wird eine Präsentation angestrebt, die im Gegensatz zur zugrundeliegenden Vorlage einen „Mehrwert" im Zugriff impliziert. Das bedeutet, dass das Ziel der Digitalisierung eine elektronische Publikation, die über gezielte (vielleicht übergreifende) Such- oder Ansteuerungsmechanismen den Nutzer schneller zur Information führt oder durch ein übergreifendes Angebot mehr Information bietet. Die Deutsche Forschungsgemeinschaft hat im Rahmen ihres Förderprogramms die Gründung von zwei Digitalisierungszentren initiiert und unterstützt, die wiederum anderen Institutionen Hilfestellung und Beratung offerieren und Kontakte zwischen der Vielzahl der entstehenden Projekte fördern sollen: das Digitalisierungszentrum an der Staats- und Universitätsbibliothek Göttingen und das Münchener Digitalisierungszentrum an der Bayerischen Staatsbibliothek. Ein weiteres Zentrum zur Unterstützung digitaler Editionsvorhaben entstand mit dem Kompetenzzentrum für elektronische Erschließungs- und Publikationsverfahren in den Geisteswissenschaften (http://www.Kompetenzzentrum.uni-trier.de/index.html) an der Universität Trier.

16.5.1 Auswahl für die Digitalisierung

Die DFG hat für ihr Förderkonzept zur retrospektiven Digitalisierung folgende Ziele priorisiert, die durch eine Digitalisierung erreicht werden sollen (vgl. Retrospektive Digitalisierung von Bibliotheksbeständen, 1997):
- Direktzugriff auf für die Forschung und Lehre wichtige Bestände
- Mehrfachzugriff auf vielgenutzte Literatur
- digitale Bereitstellung schwer zugänglicher Bestände
- erweiterte Nutzung bisher nur wenig genutzter Materialien

Amerikanische Bibliotheken haben inzwischen zunehmend begonnen, ihre Selektionskriterien für die Digitalisierung schriftlich zu formulieren und als eine Art Digitalisierungsprogramm offenzulegen (vgl. die Kriterien der Columbia-University: http://www.columbia.edu/cu/libraries/digital/criteria.html). Die Entscheidung, was für die Forschung und Lehre wichtige Bestände sind, muss der Bibliothekar zwar auch bei der traditionellen Titelauswahl oder bei der Bestückung des Lesesaals treffen. Da Digitalisierung jedoch ein sehr kostspieliges Unternehmen ist, bergen falsche Entscheidungen hier besonders die Gefahr beträchtlicher Fehlinvestitionen in sich. Sinnvoll ist es deshalb in jedem Fall, von Anfang an Kooperationen zu suchen und somit Auswahl-Entscheidungen zusammen mit den intendierten Nutzergruppen zu treffen. Benutzungsstatistiken, die eine entsprechende Nachfrage belegen, können und sollen natürlich ebenfalls eine Rolle spielen. Im zitierten Papier der Deutschen Forschungsgemeinschaft werden explizit einige Gattungen genannt, für die sich eine digitale Bereitstellung aus Sicht der Fachwissenschaft besonders lohnt: Es handelt sich um Enzyklopädien und Nachschlagewerke (z.B. biographische Nachschlagewerke, Sprachwörterbücher von historischem Wert), Handbücher, Bibliographien, Kataloge, Verzeichnisse (also Nachweisinstrumente), Kultur-, Literatur- und Fachzeitschriften. Die Digitalisierung von Quellenmaterial spielt für die historischen Wissenschaften ebenfalls eine Rolle. Allerdings ist es in diesem Bereich wesentlich schwieriger, eine Auswahl zu treffen, die nicht nur den Bedarf einzelner Forschungsunternehmen trifft. Materialien, die beispielsweise in Einführungen und Proseminaren genutzt und für den Oberstufenunterricht verwendet werden können, werden mit Sicherheit mehr nachgefragt als Quellen zu spezialisierten Einzelfragen. Der Einbezug moderner wissenschaftlicher Forschungs- und Lehr-Materialien, die Nachfrage und Nutzung im bibliothekarischen Alltag natürlich dominieren, in retrospektive Digitalisierungsunternehmen, kann selbstverständlich nur nach entsprechenden Verhandlungen und Verträgen mit den Rechte-Inhabern erfolgen.

16.5.2 Technische und organisatorische Aspekte der Durchführung

Jedes Digitalisierungsprojekt muss mit der Materialsichtung und -analyse beginnen und auf dieser Grundlage eine Entscheidung über die adäquate Digitalisierungstechnik und über das zu realisierende Such- und Zugriffskonzept treffen.

Scanner und Geräteauswahl

Wegen des schnellen technologischen Wandels sollen nur Grundtypen erläutert werden. Der Markt an Scannern kann nach unterschiedlichen Kriterien geordnet werden. Für die Auswahl spielen sowohl Qualitätsfragen, wie die erreichte optische Auflösung und die Farbtiefe, eine Rolle als auch die Eignung für das jeweilig zu digitalisierende Material. Bei der retrospektiven Digitalisierung von Bibliotheksbeständen können nur selten Flachbettscanner eingesetzt werden, da es sich meist um gebundenes Material handelt. In der Regel kommen nur Buch- oder Aufsichtsscanner bzw. digitale Kameras mit buchschonenden Vorlagehalterungen (Buchwippe, Buchschwinge) für den Einsatz in Frage. Bei Farbdigitalisierungen ist gegenwärtig noch eine im Vergleich mit der Mikroverfilmung höhere Lichtintensität bzw. längere Belichtungszeit notwendig. Auch hier ist jedoch eine technische Entwicklung im Gange, die dem Bestandsschutz zugute kommt. In jedem Fall muss auch bei der Digitalisierung darauf geachtet werden, dass über Filter Ultraviolett- bzw. Infrarot-Wellen der Lichtquellen eliminiert werden, um damit Gefährdungen älterer und wertvoller Bestände auszuschließen.

16.5 Retrospektive Digitalisierung

Eine andere Möglichkeit, die besonders bei wertvollen Beständen wie Handschriften in Betracht gezogen werden sollte, besteht in der Digitalisierung vom Mikrofilm. Hierfür sind Filmscanner mit Durchlichtvorrichtungen notwendig. Wenn bereits entsprechende Sekundärformen vorliegen, müssen sie auf ihre Eignung für eine Digitalisierung überprüft werden – bei Neuverfilmungen können von Anfang an Maßgaben beachtet werden, die eine spätere Digitalisierung erleichtern. Andererseits können digitale Daten, die aus Direktdigitalisierungen stammen, für eine Langzeitarchivierung nach dem Verfahren Computer Output on Microfilm auch auf Mikrofilm ausgegeben werden. Schließlich bieten einige Hersteller Hybridgeräte an, mit denen in einem Arbeitsgang ein Digitalisat und eine Mikrofilmaufnahme erzeugt werden kann. Die Wahl des adäquaten Verfahrens und des adäquaten Geräts sind sowohl von den Vorlagen als auch vom Ziel des Digitalisierungsunternehmens abhängig.

Auflösung und Farbtiefe

Scanner unterscheiden sich in ihrem optischen Auflösungsvermögen. Eine Buchseite oder ein Bild wird bei der Digitalisierung vom Scanner mit einer bestimmten Zahl von Bildpunkten (Pixel) pro räumlicher Einheit (in der Regel Inch = 2,54 cm) erfasst. Eine Auflösung von 600 ppi (pixel per inch) bedeutet, dass für die Erfassung von einem Inch der Vorlage 600 Bildpunkte zur Verfügung stehen.

Bei Flachbettscannern tastet die Scanzeile die Vorlagefläche sukzessive ab. Das Auflösungsvermögen ist durch die Leistungsfähigkeit der Scanzeile bestimmt und damit für die gesamte abgetastete Fläche identisch. Bei digitalen Kameras bzw. Aufsichts- oder Kamerascannern nimmt dagegen die Auflösung bei wachsender Entfernung des Kamerakopfes mit seinem eingebauten digitalen Rückteil von der Vorlage ab. Die von Scannerherstellern oft angeführten pauschalen Angaben über das Auflösungsvermögen, müssen in Bezug zur Aufnahmefläche gesetzt werden, um aussagekräftig zu sein. Bei digitalen Kameras spielt allerdings für die Qualität der Aufnahme neben der erreichbaren optischen Auflösung die Qualität der analogen Kameratechnik (z.B. Tiefenschärfe) eine wesentliche Rolle.

Der einzelne Bildpunkt (das Pixel) ist durch seine Farbtiefe charakterisiert. Sie liegt zwischen 1 Bit bei bitonalem (schwarz-weiss) Scannen und 24, 36 oder 48 Bit bei Farbscannen. Bei bitonalem Scannen ist nur 1 Bit notwendig, um die Information zu codieren, ob der Bildpunkt schwarz oder weiss ist. Bei der Erfassung von Grauschattierungen wird zwischen Farbtiefen von 4 und 8 Bit, d.h. 16 (= 2^4) oder 256 (= 2^8) Graustufen unterschieden. Beim Farbscannen im R(ot)G(rün)B(lau)-Modus wird der einzelne Bildpunkt meist mit 12 Bit pro Farbkanal codiert, d.h. mit insgesamt 36 Bit für die Information über den roten, grünen bzw. blauen Farbanteil. Mit einer Farbtiefe von 36 Bit sind 16,7 Millionen Farben codierbar.

Ein besondere Möglichkeit, aber auch Herausforderung der Farbdigitalisierung stellt die Erzeugung einer der Vorlage entsprechenden farbgetreuen Aufnahme dar. In der digitalen Welt haben sich software-gestützte Methoden des Color-Managements entwickelt: Ein- und Ausgabegeräte (Scanner, Monitor, Drucker) werden kalibriert bzw. es werden Farbprofile (ICC-Profile) erzeugt, die zusammen mit dem Bild abgespeichert werden. Farbmanagement ist eine sehr komplexe Aufgabe, die aber Voraussetzung dafür ist, das digitale Bild als Vorlage für hochwertige Reproduktionen verwenden zu können.

Aus den dokumentierten Erfahrungen bisheriger Projekte hat sich ein Qualitätsstandard herausgeschält, der für textbasierte Digitalisierungen Auflösungen zwischen 400 und 600 ppi im bitonalen Modus empfiehlt. Mit 600 ppi werden auch kleine Drucktypengrößen, die unter einem Millimeter liegen sowie – im Falle von Frakturschriften – feine Serifen noch zuverlässig erfasst und wiedergegeben. Bei Altbeständen, Stichen oder kolorierten Abbildungen wird mit niedrigeren Auflösungen – oft 300 dpi – aber zwischen 8- und 36-bit Farbtiefe gearbeitet. Die Dateigröße eines digitalen Bildes ist von diesen Vorgaben abhängig. Unkomprimierte Graustufen oder gar Farbbilder können leicht zu riesigen Dateigrößen führen. Zur Errechnung von Dateigrößen dient die folgende Formel: Dateigröße in Bit = Höhe x Länge der Vorlage (in Inch) x Farbtiefe x Auflösung^2 (Dateigröße in Byte: das Ergebnis durch 8 dividieren). Deshalb ist es wichtig, Dateiformate und ihre Kompressionsmöglichkeiten zu kennen.

Graphikformate

Als wichtigste Dateiformate für Digitalisierungsvorhaben sind zu nennen: das TIFF-Format (Tagged Image File Format), das in den 1980er Jahren von Aldus Corporation entwickelt und nun von Adobe betreut wird (http://partners.adobe.com/asn/developer/PDFS/TN/TIFF6.pdf), das Graphics Interchange Format (GIF) der Firma Compuserve und JPEG, ein Format der Joint Picture Expert Group (http://www.jpeg.org) und das PNG-Format (Portable Network Graphics: http://www.png.org). Die Formate unterscheiden sich vor allem in der Unterstützung von Farbtiefen und Kompressionsverfahren. TIFF ist für Bilder mit Farbtiefen bis zu 24 Bit verwendbar. Bei bitonalen Bildern unterstützt TIFF die verlustfreie Kompression nach dem Faxstandard der International Telecommunication Union (ITU G4), die zu erfreulich kleinen Dateigrößen führt. Deshalb werden beispielsweise auch in der Dokumentenlieferung die Bilder der gescannten Aufsätze meist als TIFF-Dateien versandt. Für Graustufen oder Farbbilder unterstützt TIFF jedoch keine günstigen Kompressionsalgorithmen. Da TIFF gut dokumentiert ist, wird es bei Digitalisierungsprojekten als Format für den digitalen Master empfohlen.

Im WWW ist die Frage der Dateigröße für eine schnelle Datenübertragung von Bedeutung. Lange Ladezeiten bis zur Anzeige eines Bildes werden von den meisten Nutzern nicht akzeptiert und können deshalb der Akzeptanz eines digitalen Angebots eher schaden als nutzen. Außerdem dominieren im WWW Bildformate, die von den gängigen Browsern unterstützt, d.h. ohne zusätzliche Plug-Ins angezeigt werden. Zu den am weitesten verbreiteten Web-Formaten gehören deshalb GIF und JPEG. GIF ist für Farbtiefen bis zu 8 Bit geeignet und unterstützt die Lempel-Ziv-Welch-Kompression. Da diese jedoch von der Firma Unisys patentiert wurde, dürfen GIF-Dateien nur mit Software erzeugt werden, deren Hersteller entsprechende Lizenzen erworben haben. Prognosen, dass sich wegen dieser Einschränkung das freie Format Portable Network Graphic (PNG) gegen GIF durchsetzen würde, haben sich allerdings nicht bewahrheitet. JPEG hat eigene Kompressionsalgorithmen, die bei der Erzeugung bzw. Bearbeitung von JPEGs mit der entsprechenden Software individuell skaliert werden können und sich besonders bei Farbbildern sehr positiv auf eine Dateigrößenreduktion auswirken. Bei hohen Kompressionsfaktoren ergeben sich allerdings unschöne Artefakte. Die JPEG-Kompression ist verlustbehaftet. Erst die neue JPEG-Version 2000 arbeitet mit verlustfreien Kompressionsverfahren.

Es gibt inzwischen auch Multiresolutionformate, die ein Zoomen ins Bild erlauben und sich deshalb besonders für die Digitalisierung von detailreichen oder großformatigen Vorlagen, wie z.B. Karten eignen. Beispiele hierfür sind Flashpix (http://www.digitalimaging.org), MrSid, Djvu (http://www.lizardtech.com/index.html) und LuraDocument (http://www.luratech.com/). Allerdings werden diese Formate von den gängigen Webbrowsern nicht unterstützt, so dass für eine Nutzung entweder Server-Implementierungen auf Anbieterseite oder die lokale Installation von Plugins erforderlich ist.

Zu unterscheiden von den genannten Beipielen für Raster-Graphikformate sind Vektor-graphikformate, die beispielsweise in Geographischen Informationssystemen (GIS) verwendet werden. Die Orientierung an Standardformaten, die bewusste Wahl des Formats für Archivierung und für das Web-Angebot sind wesentlich für das erfolgreiche Management von Digitalisierungsprojekten. Allerdings unterliegen auch Bildformate dem technologischen Wandel, so dass auch bei der Wahl eines Formats, das zum Zeitpunkt des Projekts als Standard gilt, die Notwendigkeit späterer Migrationen wahrscheinlich ist. Es ist jedoch davon auszugehen, dass es für weit verbreitete Formate mit offen gelegten Spezifikationen Konvertierungsmöglichkeiten bzw. entsprechende Software geben wird.

Verfahren der Erzeugung von codierten Texten

Bei textbasierten Materialien dient die Digitalisierung meist dazu, den Text nicht nur als Image einer Buch- oder Dokumentenseite verfügbar zu machen, sondern ihn codiert, d.h. als suchbaren Text anzubieten. Dazu gibt es zwei Verfahren: die Anwendung von automatischer Zeichenerkennung (Optical Character Recognition – OCR) oder die manuelle Texterfassung. Bei Antiqua-Schriften sind OCR-Programme heute schon sehr erfolgreich und erzielen eine hohe Erkennungsgenauigkeit. Viele Programme sind trainierbar, d.h. sie können vom Anwender in einem Testlauf mit den Besonderheiten einer Drucktype konfrontiert und auf sie eingestellt werden, was sich ebenfalls positiv auf die Endqualität auswirkt. Da die Nachbearbeitung zur Erzeugung eines Texts mit einer Erkennungsgenauigkeit von 99,95 bis 99,98 % (dies wird heute als Standard für eine sichere Suche angesehen) teuer ist, bieten auch diverse Digitalisierungsprojekte einen „schmutzigen" im Sinne von nicht nachkorrigierten oder fehlerbereinigten OCR-erzeugten Text als Suchhilfe im Hintergrund an. Der Nutzer hat die Möglichkeit zur Volltextsuche, allerdings ohne Garantie auf die Vollständigkeit des Suchergebnisses. Als Treffer wird ihm dann nicht der codierte Text, sondern das Graphikimage der Buchseite angeboten. Einige Programme bieten ein Highlighting im Image an.

Für deutsche retrospektive Digitalisierungsprojekte ist die ältere Frakturschrift ein Problem. Die hier anzutreffende Typenvielfalt, die Ähnlichkeit der Drucktypen von s und f, von l und t, die Verwendung von Ligaturen führen bei der automatischen Zeichenerkennung zu hohen Fehlerraten. Auch bei der Anwendung von Software, die auf die spezielle Frakturtype trainiert werden kann, konnten bisher nur mit erheblichem Nachbearbeitungsaufwand nutzbare Ergebnisse erzielt werden.

Text-Auszeichnung

Auch bei der Codierung von Text sind unterschiedliche Formate zu unterscheiden. Am weitesten verbreitet sind natürlich die proprietären Formate, die von gängiger Textverarbeitungssoftware erzeugt werden. Das WWW wird von Texten in der HyperTextMarkupLanguage (HTML) dominiert, die von allen Browsern interpretiert und angezeigt werden kann. HTML ist – von der Genese her – eine besondere Ausprägung der Standardized General Markup Language SGML, die schon 1986 als ISO-Standard verabschiedet wurde. SGML sieht eine Trennung zwischen Struktur- und Layout-Informationen vor. Das Prinzip von SGML beruht darauf, dass für bestimmte Text- oder Dokumententypen zunächst abstrakte Beschreibungen der gültigen Grammatik- bzw. Syntaxregeln erzeugt werden. Das sind die Dokument-Typ-Definitionen (DTD). Diese legen fest, wie der Dokumenttyp heißt und welche Strukturkomponenten (Elemente) in welcher Reihenfolge und wie oft vorkommen dürfen. So würde – in grober Vereinfachung – die DTD für den Dokumenttyp wissenschaftliches Buch festlegen, dass ein Buch aus einer Titelseite (die wiederum bibliographische Angaben enthält) und einer unbestimmten Zahl von Kapiteln (ihrerseits definiert durch Kapitelüberschrift, Textabschnitte und/oder Graphiken, Bilder, Tabellen, evtl. Unterkapitel), einem Register und einem Literaturverzeichnis besteht.

Mit Hilfe der abstrakt formulierten Grammatik kann dann ein Prüfprogramm (Parser) automatisch prüfen, ob ein Text (die Dokumenteninstanz), in dem die Elemente mit bestimmten Zeichenfolgen „ausgezeichnet" oder „markiert" sind, konform (valid) zu diesen Anweisungen ist oder nicht. Über eine oder mehrere separate Formatieranweisungen (StyleSheets) kann dann wiederum das Aussehen des Textes festgelegt werden, in dem den Elementen konkrete Layouts (Fonts, Schriftgrößen etc.) zugeordnet werden. Diese Trennung von logischer Struktur und Layout-Informationen macht SGML geeignet für die immer häufigere parallele Publikationsweise von Dokumenten, z.B. als Print und als elektronische Publikation: Die Textgrundlage bleibt die gleiche, aber die Layout-Informationen können separat auf die unterschiedlichen Publikationsmedien abgestimmt werden. Die Prinzipien der Markierung logischer Strukturierung durch in ASCII abgelegte Zeichenfolgen und der Trennung von Struktur und ephemerer Layoutinformation machen SGML zu einem Format, das sich sehr gut für die Langzeitarchivierung eignet. Die komplexen Möglichkeiten von SGML verhinderten lange seine breite Durchsetzung. Mit dem vom World Wide Web Consortium (W3C) verabschiedeten Standard für eine eXtended Markup Language (XML; http://www.xml.org), die zwar weniger Freiheit lässt als SGML, aber am Prinzip der Trennung von Struktur und Layout festhält und mit DTD (dann spricht man von valid) oder ohne (well-formed) verwendet werden kann, zeichnet sich ein Durchbruch ab, der nur als positiv gewertet werden kann. Während die XML-Spezifikation 1.0 explizit das Konzept der Dokument-Typ-Definition nennt, sind inzwischen unterschiedliche Konzepte (z.B. XML-Schema) in der Diskussion, die nicht wie das DTD-Konzept primär auf die Publikation von Dokumenten ausgerichtet sind, sondern Datentausch zwischen Applikationen und Interoperabilität unterstützen sollen. Hier ist aber noch keine definitive Standardisierungsentscheidung getroffen. Moderne Browsergenerationen unterstützen bereits XML. Auch für Datenbanken zeichnet sich ab, dass zunehmend zumindest XML-Schnittstellen angeboten werden.

Bibliographische Metadaten und Strukturdaten

Die Verwendung standardisierter Metadatenformate für die bibliographische Beschreibung und für die Organisation des Zugriffs und die Binnenstrukturierung von Dokumenten mit SGML oder XML sind wichtige Voraussetzungen für ein komfortables und archivierungsgeeignetes Angebot digitalisierter Dokumente. Natürlich sollen auch retrodigitalisierte Materialien in Online-Katalogen und in den sich herausbildenden Datenbanken für elektronische Dokumente verzeichnet werden. Da retrodigitalisierte Dokumente als Sekundärformen zu Printpublikationen gelten, werden sie auch wie diese mit einer eigenen Aufnahme in Bibliothekskatalogen erfasst. Die Erfassung und Erzeugung von Metadaten auf dieser Ebene der bibliographischen Titelbeschreibung ist relativ unproblematisch, obwohl die Frage, ob es sich bei einem digitalen Dokument mit unterschiedlichen Zugriffsmöglichkeiten tatsächlich noch um eine Sekundärform der Printausgabe handelt, nicht überall gleich beurteilt wird. Die (Tiefen-)Codierung bzw. Binnen-Strukturierung von Dokumenten sind als Arbeitsfaktoren bei einer Retrodigitalisierung anzusehen, die kostenmäßig erheblich ins Gewicht fallen. Andererseits ist aber auch hier der Mehrwert der digitalen Form anzusetzen: Nur die Binnenstrukturierung erlaubt den gezielten Zugriff auf Teile des Dokuments, wie einzelne Kapitel und Aufsätze bei zeitschriftenartigen Veröffentlichungen oder auch auf digitale Register. Die Orientierung an Standards (z.b. den Dokumenttyp-Definitionen, die von der Text Encoding Initiative (vgl. Burnard, 1995) entwickelt wurden und noch weiter gepflegt werden) ermöglicht auch hier, Datentausch bzw. übergreifende Suche. Allerdings muss der Grad dieser Aufbereitung vom jeweiligen Zweck abhängig gemacht bzw. eine Kosten-Nutzen-Abschätzung vorgenommen werden. Jede tiefergehende Auszeichnung einzelner Elemente einer Publikation kostet Zeit – und damit auch Geld.

Pflichtenheft, Workflow, Qualitätskontrolle

Digitalisierungsprojekte erfordern von der Auswahl der Materialien bis zur Fertigstellung des Online-Angebots eine Vielzahl von aufeinander abgestimmten Arbeitsschritten. Vor der Angebotseinholung ist die Erarbeitung eines Pflichtenhefts notwendig. Auf dieser Basis sollten von den Dienstleistern Testerfassungen erfolgen, denn nur so ist ein realistischer Vergleich der Preis-Leistungsverhältnisse für die Auftragsvergabe möglich. Weiterhin muss ein projektorientierter Workflow erarbeitet und mit dem gewählten Dienstleister abgestimmt sein, um eine effiziente Arbeitsweise zu ermöglichen. Ein wesentlicher Faktor stellt dabei die Qualitätskontrolle dar. Sowohl die Ergebnisse des Scannens oder der Konvertierung in unterschiedliche Bildformate als auch die Erfassung und Codierung von Texten müssen regelmäßig an festgelegten Stichproben überprüft werden. Für Reklamationen sind mit Dienstleistern Zeiträume festzulegen – bei Nichterfüllung festgelegter Qualitätsmargen müssen Sanktionen vereinbart werden.

Bereitstellung und Präsentationssysteme

Es gibt unterschiedliche Systeme für die Bereitstellung digitalisierter Daten. Die Spanne reicht von HTML-Lösungen und/oder JAVA-Applikationen für kleine Projekte bis zu datenbankgestützten Präsentationssystemen oder auf SGML-/XML-basierenden Publikationstools für umfangreichere digitale Sammlungen. Jede Bibliothek wird hier aufgrund der verfügbaren Ressourcen entscheiden, welche Lösung möglich ist. Die Publikationsserver, die viele Universitäten bzw. Bibliotheken für Hochschulschriften einsetzen, sind meist auf Volltextverwaltung ausgerichtet und bieten oft nicht die Funktionalität der komfortablen Navigation in digitalen Büchern mit strukturierten Folgen von Buchseiten in Graphikformaten, so dass für retrodigitalisierte Dokumente meist andere Systeme eingesetzt werden. Die Zugriffsarten der gezielten Suche und der Navigation bzw. des Blätterns müssen hier komplementär möglich sein. Wichtig ist, dass die Systeme standardisierte Import- und Exportschnittstellen anbieten: Zum einen muss ein effizienter Import von Daten, die beispielsweise von externen Dienstleistern nach entsprechenden Vorgaben digitalisiert bzw. strukturiert erfasst wurden, möglich sein; zum anderen müssen die Daten natürlich auch wieder für andere Verwendungen exportiert werden können.

16.5.3 Retrodigitalisierung in Beispielen

Im Folgenden sollen exemplarisch nur zwei Beispiele internationaler Projekte vorgestellt werden, die von der Ausrichtung und dem Umfang her besondere Aufmerksamkeit verdienen.

American Memory

Eines der größten Digitalisierungsvorhaben wurde von der Library of Congress unternommen (http://memory.loc.gov/ammem/amhome.html). In einer für die USA typischen Form der public-private Partnership wurden von 1996 bis 2000 über $ 60 Millionen für die Digitalisierung historischer Quellenmaterialien zur amerikanischen Geschichte investiert. Der nationale, identitätsstiftende Gedanke des Aufbaus einer „National Digital Library" ist bei dem Unternehmen dominant. Die Library of Congress eroberte sich mit den bisher rund 90 digitalen Sammlungen, die unter dem Namen *American Memory* vereinigt sind, ein ganz neues Publikum: Neben dem universitären Bereich wurden Schulen und Lehrer mit gezielten Angeboten ausgesprochen erfolgreich als Nutzer geworben. Sie trägt mit diesem Programm also aktiv dazu bei, neue Generationen an die Bibliothek und ihre Bestände heranzuführen. Die *American Historical Collections* setzen sich aus teilweise multimedialen Sammlungen (z.B. Tonaufzeichnungen) zusammen, an denen die Bibliothek mehrheitlich das Copyright besitzt bzw. die im Rahmen des fair use für Lehrzwecke benutzt werden können. Ein detailliertes Copyright-Statement steht für jede Sammlung zur Verfügung. Die Sammlungen umfassen gerade nicht in erster Linie gedruckte Bücher als vielmehr Bestände mit Archivcharakter wie Nachlässe und handschriftliche Materialien. Hier werden also in großem Maßstab Quellen frei für die Lehre und Forschung verfügbar gemacht und damit die oft geforderte „kritische Masse" erzielt.

Bibliothèque Nationale de France

Das ambitiöse Digitalisierungsprojekt der Bibliothèque Nationale de France entstand im Kontext des Neubaus und der damit verbundenen Neuausrichtung der Bibliothek (vgl. Renoult, 1999). Zwischen 1992 und 1998 wurden 86.000 Werke und 125.000 Bilder digitalisiert. Für die Fortsetzung des Programms hat sich die BNF Zielvorgaben gesetzt, die bei etwa 10.000 Werken und 30.000 Bildern in Dreijahres-Projektzyklen liegen. Aufgrund urheberrechtlicher Beschränkungen ist nur ein Teil dieser digitalen Sammlungen auch frei über das Internet verfügbar. Der Aufbau der digitalen Sammlung der BNF wurde ausschließlich mit öffentlichen Mitteln in Höhe von rund 70 Millionen FF gefördert. Auch die Fortsetzung des Programms wird rein staatlich finanziert. Die Zielvorstellung, die die Auswahl der Materialien prägte, bestand darin, eine Art virtuelle Bibliothek der bedeutendsten Werke von der Antike bis zur Gegenwart aufzubauen. Dazu wurde für jedes Fach durch Auswertung von Handbüchern u.ä. eine Art Kanon der wichtigsten Werke etabliert. Von der Fächerverteilung her dominieren Geschichte (30 %) und Literatur (29 %). Chronologisch ist das 19. Jahrhundert vorherrschend. Die Internet-Präsentation der BNF „Gallica" (http://gallica.bnf.fr/) ist ganz auf das 19. Jahrhundert fokussiert. Auch für das französische Programm gilt, dass neben der universitären Lehre besonders die Schulen, darüber hinaus aber auch ein allgemein interessiertes Publikum angesprochen wird. Im Gegensatz zum amerikanischen Vorgehen wurde in Frankreich der Schwerpunkt auf bereits gedruckte, veröffentlichte Materialien gelegt. Die Publikation von Quellen und Archivalien spielt, abgesehen von den Bildsammlungen, im Angebot keine Rolle.

16.6 Nachweis und Erschließung elektronischer Publikationen

Auch schon bevor das Internet allgemeine Verbreitung fand, wurden elektronische Publikationen bzw. elektronische Fachinformationen erstellt und auch bibliothekarisch erschlossen. Die Erschließung gründete allerdings darauf, dass es sich bei diesen Dokumenten in der Regel um einzelne, physisch separate Objekte (Dateien oder Datenbanken) handelt. Eines der bekanntesten und umfassendsten Beispiele für die Erschließung „älterer" elektronischer Texte ist das Rutgers Inventory of Machine Readable Texts, das als Teil des Research Libraries Information Network, der Verbunddatenbank der Research Libraries Group, zur Nutzung angeboten wird. Alle digitalen Medien stellen Anforderungen an die bibliographische Beschreibung, die von den Regeln für Print-Publikationen nicht ausreichend abgedeckt werden. So müssen dem Benutzer beispielsweise Informationen über Systemvoraussetzungen gegeben werden, die ihn erkennen lassen, ob er das Medium mit seiner Ausstattung nutzen kann. Das angloamerikanische Regelwerk AACR wurde deshalb schon Anfang der 1990er Jahre entsprechend erweitert, in Deutschland wurden die um Zusatzregeln für die Erschließung von Computerdateien auf Datenträgern und im Fernzugriff erweiterten Katalogisierungsregeln für Nicht-Buch-Materialien (RAK-NBM) 1996 verabschiedet. Parallel dazu war das MAB-Format (Maschinelles Austausch Format für Bibliotheken), das die Grundlage für Lieferungen und den Austausch bibliographischer Daten zwischen der Deutschen Bibliothek und den deutschen Verbundsystemen darstellt, ebenfalls in Anlehnung an das amerikanische MARC-Format (Machine Readable Cataloguing), um ein Kategoriensegment erweitert worden, das die differenzierte Beschreibung elektronischer Publikationen erlaubt. In MARC wurde im Wesentlichen das Feld 856 hierfür bereits 1993 neu definiert, in MAB die Kategorien 651 bis 659. Mit der *International Standard Bibliographic Description for Electronic Resources, ISBD-ER* schließlich wurde 1997 versucht, eine Grundlage für die bibliographische Beschreibung elektronischer Ressourcen generell zu legen.

Mit der Entwicklung und Verbreitung des World Wide Web auf der Basis des Internet seit 1991 wurde die Produktion elektronischer Fachinformationen und ihre Publikation im WWW eine weithin genutzte, wenn auch vor allem in den Geistes- und Kulturwissenschaften noch nicht gängige und voll akzeptierte Informations- und Publikationsform für Wissenschaftler. Für die Erschließung und den Nachweis der generell als Web-Ressourcen bezeichneten elektronischen Fachinformation im Internet gibt es im Gegensatz zu den oben genannten digitalen Medien derzeit noch keine allgemein etablierten bibliothekarischen Praktiken oder gar ein international akzeptiertes Modell. Das hängt vordergründig natürlich damit zusammen, dass die im Internet entstandenen thematischen Sites eine neue Medienform darstellen, welche erst in den letzten Jahren dabei ist, sich zu etablieren. Zugleich aber werfen sie als technisch neue Form der Publikation neue Probleme der Erschließung auf, die nicht allein durch die Erweiterung bekannter bibliothekarischer Konzepte und Regelwerke abgedeckt werden können. Neue, dem Medium adäquate Erschließungsformen müssen daher entwickelt werden. Bibliothekare und Fachwissenschaftler sind dabei, dies in verschiedenen Projekten zu erproben. Daher kann im Folgenden auch nur der Forschungs- und Entwicklungsstand im Jahr 2002 umrissen werden, wobei die wichtigsten konzeptionellen Ansätze in systematischer Form dargestellt und durch einige zentrale, beispielhafte Projekte dokumentiert werden sollen.

16.6.1 Spezifische Anforderungen und Probleme bei der Erschließung elektronischer Fachinformation im Internet

Die spezifische Problematik bei der Erschließung elektronischer Fachinformation im Internet hängt unmittelbar mit den besonderen technischen Merkmalen des Mediums zusammen. Aus der Sicht der Erschließung dieser Informationen sind insbesondere folgende Aspekte zu berücksichtigen.

Direkter Zugriff und dynamische Veränderbarkeit

Internetressourcen sind online verfügbar, ohne dass ein lokaler, physischer Besitz eines Objektes durch eine Bibliothek vorausgesetzt wird. Die Objekte sind zudem leicht veränderbar, ohne dass eine Bibliothek wiederum diese Veränderungen selbst kontrollieren könnte. Viele Informationsressourcen sind sogar bewusst dynamisch und auf laufende Aktualisierung und Veränderung angelegt. Daraus resultieren verschiedene Probleme, wie die Gewähr eines dauerhaften Zugriffs, die Sicherung der Authentizität einer Information usw.

Netzentität

Bei Internetressourcen gibt es nicht immer einfach abgrenzbare, physisch und inhaltlich kongruente Einheiten. Die einfache Objektorientheit bisheriger Medienformen (Buch, CD-ROM, Film, Computerdatei) ist bei diesen Ressourcen, die auf verteilten Servern aufliegen und aus vielen über Hyperlinks verbundenen Einzelobjekten bestehen können, welche wiederum in unterschiedlichen inhaltlichen Kontexten verortet sein können, nicht mehr durchgehend gegeben. Nicht das oder die einzelnen physisch definierbaren Objekte bilden die technische Voraussetzung einer Informationseinheit, sondern die Existenz eines globalen und komplexen technischen Netzwerkes, innerhalb dessen Informationseinheiten selbst wiederum aus komplexen, miteinander vernetzten Einheiten bestehen können. Thematische Websites sind mithin neue Medienformen, für die es kein direktes Pendant im Bereich gedruckter Informationen gibt. Dazu gehört auch, dass elektronische Fachinformation im Internet zunehmend datenbankbasiert ist und nicht nur auf einzelnen Dateien beruht. Die Erschließung, insbesondere die automatisierte Erschließung dieser Informationen, des „deep web", stellt ebenfalls eine neue, noch ungelöste Aufgabe dar.

Automatisierte Erschließung

Internetressourcen können automatisiert über Programme erschlossen werden. Damit sind neue Erschließungstechniken möglich (Suchmaschinen, wissensbasierte Systeme), die es traditionell nicht gab.

Erschließung über Hyperlink

Die Technik des Hyperlink erlaubt und fördert nicht-hierarchische Erschließungsformen, also die direkte, wechselseitige Erschließung auf Dokumentebene (citation oder reference linking), die bislang bei der Erschließung wissenschaftlicher Fachinformation nur eine sekundäre Rolle gespielt haben.

Informationsinfrastruktur

Im Internet gibt es oft keine klar definierbare Grenze zwischen allgemeiner Information, wissenschaftlicher Kommunikation und wissenschaftlicher Fachinformation (Publikation). Damit entstehen neue Probleme bei der Auswahl und Evaluierung wissenschaftlicher Fachinformation durch Bibliotheken, zumal es (noch) keine dem Printmedium vergleichbare Informationsinfrastruktur gibt, welche die jeweilige Zuordnung unmittelbar erlaubt. Im Printbereich hat sich seit der zweiten Hälfte des 19. Jahrhunderts eine feste Arbeitsteilung eingespielt zwischen Autoren und Produzenten wissenschaftlicher Fachinformation, Nationalbibliotheken, welche im nationalen Bereich vollständig und laufend sammeln und erschließen, sowie Fachinformationseinrichtungen und wissenschaftlichen Bibliotheken, welche nach fachlichen Gesichtspunkten erschließen, sammeln und die Literatur zur Nutzung zur Verfügung stellen. Dieses Modell kann nicht einfach auf Internetressourcen übertragen werden, nicht zuletzt weil die Veröffentlichung von Information im WWW weitaus einfacher ist und anderen Bedingungen unterliegt. Es ist jedoch erkennbar, dass auch das Internet für eine Nutzung als wissenschaftliches Publikationsmedium einer gewissen Organisation bedarf.

16.6.2 Modelle zur Erschließung elektronischer Fachinformation

Diese wenigen Gesichtspunkte deuten bereits an, wie komplex eine Erschließung elektronischer Fachinformation im Internet ist. Dazu müssen auch die spezifischen, teilweise von Fach zu Fach sich unterscheidenden Anforderungen berücksichtigt werden, welchen eine wissenschaftlichen Bedürfnissen ausreichende Erschließung fachlicher Informationen genügen muss. Unabhängig von ihrem Fach können Wissenschaftler bei der fachlichen Erschließung des Internet als Mindestanforderung erwarten:

(1) Nachweis ausschließlich fachwissenschaftlich relevanter Ressourcen
(2) Informationen über Umfang und Tiefe der Erschließung. Nur so kann man einschätzen, ob ein bestimmtes Nachweisinstrument für eine bestimmte Recherche ausreicht oder ob man noch andere Datenbanken konsultieren muss.
(3) differenzierte Suchmöglichkeiten und die Verwendung fachlicher Erschließungsmethoden (Fachklassifikationen, Fachthesauri)

Diese Anforderungen müssen jedoch vor dem Hintergrund der immer noch fortschreitenden Entwicklung des Internet selbst gesehen werden, das kein abgeschlossenes Produkt ist, sondern im Gegenteil sich noch laufend verändert. Dies führt zu einem laufenden Anpassungsdruck bei den Konzepten zu dessen fachlicher Erschließung. Auch deshalb konnte es bislang noch nicht gelingen, ein umfassendes und allgemein akzeptiertes Modell für die Erschließung elektronischer Fachinformation zu erstellen, das eine Lösung für alle genannten spezifischen Probleme böte. Es existieren aber bereits unterschiedliche Konzepte, welche jeweils Teillösungen einschließen. Prinzipiell kann man derzeit zwei unterschiedliche Ansätze unterscheiden: die intellektuelle Erschließung einzelner Informationsressourcen und die automatisierte Indexierung der Ressourcen.

Die intellektuelle Erschließung steht in der Tradition bibliothekarischer und fachdokumentarischer Katalogisierung, die automatisierte Erschließung ist hingegen eine technisch völlig neue Form, die erstmals mit dem Web auf breiterer Basis von Informatikern entwickelt wurde. Mitte der 1990er Jahre entstand unter Bibliothekaren eine intensive, noch bis in die unmittelbare Gegenwart nachwirkende Diskussion darüber, welcher der beiden Ansätze der bessere und zukunftsweisendere sei. Die Diskussion wurde dabei meist auf die die Komplexität des Sujets extrem vereinfachende Schlüsselfrage zugespitzt: Ob es überhaupt möglich sei, das Internet zu katalogisieren, oder ob nicht allein die Technologie der Suchmaschinen eine dem neuen Medium angemessene und aufgrund der quantitativen Entwicklung allein realistische Erschließungsform darstelle? Die Kritiker einer Internetkatalogisierung argumentieren meist mit der unübersehbaren Fülle der Internetressourcen, wobei sie in der Regel zum einen die Trennung zwischen einfacher Information und wissenschaftlicher Publikation nicht thematisieren, zum anderen auch nicht diskutieren, dass die Fülle zu einem nicht geringen Teil durch die fehlende Konzentration bzw. die Aufsplitterung wissenschaftlicher Information im Internet entsteht. Mittlerweile zeichnet sich indes ab, dass dieses einfache Entweder-Oder-

Schema aufgegeben wird und beide Konzepte in ihrer jeweiligen Bedeutung und spezifischen Funktionalität mit ihren unterschiedlichen Vor- und Nachteilen gesehen werden.

16.6.3 Nachweismodelle auf der Basis intellektueller Erschließung

Für die intellektuelle Erschließung lassen sich mehrere Modelle unterscheiden: die einfache Nutzung der flachen Erschließung über Hypertextlinks, der Nachweis und die Erschließung in Bibliothekskatalogen auf der Grundlage der einschlägigen bibliothekarischen Regelwerke und Formatstandards sowie die Erfassung in eigenen Subject Gateways oder Fachinformationskatalogen auf der Basis der Herausbildung spezieller, standardisierter Metadatenformate.

Erschließung über Hypertextlinks: Linklisten, Virtual Libraries, Webrings

Mit der zunehmenden Verbreitung von Informationen über Websites entstanden auch erste, einfache Nachweisverfahren, welche die Technik des Hypertextlinks nutzen. Das waren zunächst einfache Linklisten basierend auf HTML-Dateien. Mit zunehmender Fülle der Informationen wurden Virtual Libraries aufgebaut, deren Ur-Modell die W3-Virtual Library (http://vlib.org/Overview.html) ist. Der Begriff der Virtual Library ist nicht eindeutig definiert und wird unterschiedlich gebraucht. Oft wird er für umfassender organisierte Linklisten verwendet, welche thematische Websites im Internet erschließen. Dabei handelt es sich letztlich nur um eine organisatorisch weiterentwickelte Form der Linklistentechnik. Das technisch einfache Konzept der flachen Erschließung über Hypertextlinks wurde beibehalten, aber durch eine organisatorische Aufteilung sowie eine hierarchische Gliederung auf der obersten Ebene optimiert. Ein vergleichbares Konzept bilden so genannte Webrings. Diese werden vor allem von populären Sites genutzt (vgl. Yahoo webring: http://dir.webring.yahoo. com/rw). Da es sich bei all diesen Verfahren um aus bibliothekarischer Sicht wenig standardisierte und professionalisierte Verfahren handelt, welche einen Datenaustausch oder eine Recherche über verteilte Systeme nicht erlauben, sollen sie hier nicht weiter behandelt werden. Zukunftsweisender, wenn auch außerhalb der bibliothekarischen Erschließung im engeren Sinne liegend, dürfte die wechselseitige, automatische Verlinkung der Nachweise in Dokumenten sein, das citation oder reference linking, welches eine direkte, flache Vernetzung inhaltlich zusammengehörender Dokumente erlaubt. Hierbei handelt es sich freilich um einen Sonderfall, der zum einen schon zu den Ansätzen automatisierter Erschließung gehört und zudem auch nicht den Anspruch erheben kann, für ein Fach umfassend und systematisch alle Informationsressourcen zu erschließen, auch wenn er in der Praxis durchaus Bedeutung gewinnen kann, wie die großen Citations Indexes des *Institute for Scientific Information*, die traditionellen Vorbilder dieser Technik, dokumentieren.

Erschließung über Bibliothekskataloge

In Bibliothekskatalogen werden, wie oben angeführt, elektronische Medien zusammen mit anderen Non-book-Materialien erschlossen. Daher liegt es nahe, die Erschließung thematischer Websites ebenfalls in Bibliothekskataloge zu integrieren und dem URI (Uniform Resource Identifier) die Funktion der Signatur zu geben, da er, analog zur Signatur bei Büchern oder anderen Medienträgern, den Zugriff auf das Informationsobjekt erlaubt. Internetressourcen können damit in herkömmlicher Weise katalogisiert werden.

Die Katalogisierung fachlicher Internetressourcen in bibliothekarischen Datenbanken nahm ihren Ausgang in den USA, wo dieses Konzept auch immer noch einen großen Stellen-

16.6 Nachweis und Erschließung elektronischer Publikationen

wert hat. Einzelne Bibliotheken erstellten entsprechende Datensätze in ihren lokalen Katalogen; OCLC als Betreiber der größten bibliothekarischen Verbunddatenbank begann bereits 1991 ein Projekt („NetFirst"), bei dem die Technik und das Regelwerk einer Verbunddatenbank zugrunde gelegt wurde. Mit CORC (Cooperative Online Resource Catalog: http://www.oclc.org/oclc/corc/documentation/index.htm), dem darauf aufbauenden Nachfolgeprojekt von OCLC, wurde dieses Konzept technisch verfeinert, indem die halbautomatische Katalogisierung über eine Web-Oberfläche eine automatisierte Vergabe von DDC-Notationen angeboten wurde; dazu kamen Tools, z.B. zur Kontrolle der Gültigkeit von URLs, sowie Pathfinder, d.h. automatisch generierte, fachlich zusammengehörende Linklisten. Unabhängig von der technischen Optimierung ist indes der Datenpool bei CORC sehr heterogen, so dass das Projekt weniger eine fachliche Erschließung von Internetressourcen bietet als ein großes Katalogdatensatzreservoir zu solchen Ressourcen. Diese amerikanischen Initiativen gaben wichtige Anstöße, um die einschlägigen Regelwerke und Standards den neuen Anforderungen anzupassen, d.h. auch sie trugen zu der genannten Spezifikation einer ISBD-ER sowie zu den Erweiterungen von Regelwerken (AACR bzw. RAK-NBM) und Datenformaten (MARC, MAB) bei. 1997 legte zudem Nancy Olson einen Guide für die Katalogisierung von Internetressourcen für die Datenbank von OCLC vor; Richtlinien zur Katalogisierung von Internetressourcen auf der Grundlage der AACR wurden auch bei der Library of Congress erstellt. Ein Vorteil der bibliothekarischen Katalogisierung war und ist, dass einschlägige bibliothekarische Regelwerke auch für die Sacherschließung mitgenutzt werden können und auf diesem Wege die Erschließungsdaten in vorhandene Nachweisinstrumente wissenschaftlicher Informationsressourcen integriert werden. So logisch und konsequent es mithin war und ist, die klassischen bibliothekarischen Regelwerke zu erweitern, um Internetressourcen in bibliothekarische Kataloge integrieren zu können, so bleibt als ein grundlegendes Problem bestehen, dass auch die erweiterten Regelwerke letztlich immer noch von der Idee einer objektorientierten Informationseinheit ausgehen, damit aber nur partiell der technischen Realität thematischer Websites gerecht werden. Alle genannten Regelwerke orientieren sich noch weitgehend am Modell der Datei, den computer files, deren spezifische Ausprägungen sie zu definieren und standardisiert zu beschreiben versuchen. Auch wenn sie darunter explizit auch Dateien subsumieren, die im Fernzugriff (remote access), zugreifbar sind, so werden sie damit doch nicht der spezifischen Form thematischer Websites gerecht.

Entwicklung spezieller Metadaten-Formate für die Erschließung

Parallel zu den Versuchen der Bibliothekare, mit ihren Regelwerken und Katalogen Internetressourcen zu erschließen, entstanden Initiativen und Konzepte, welche zunächst stärker von Fachwissenschaftlern und Informatikern entwickelt wurden, auch wenn schon früh Bibliothekare bei der Entwicklung dieser Konzepte mitwirkten. Ein Anlass für diese Konzepte waren die unzureichenden Suchergebnisse von Suchmaschinen der ersten Generation für wissenschaftliche Informations- und Recherchebedürfnisse. Da diese Informationsbedürfnisse von allgemeinen Suchmaschinen nicht erfüllt werden konnten, wurde ein Erschließungskonzept entworfen, das einerseits von der Idee der Suchmaschine, einem automatisiert erstellten Erschließungsinstrument, ausging, sich im konzeptionellen Kern aber andererseits nicht grundsätzlich von dem der bibliothekarischen Erschließung unterschied: denn die Datenbasis dieser Suchmaschinen sollten intellektuell erstellte, standardisierte Metadaten einzelner thematischer Websites sein.

Der Begriff der Metadaten entstand bereits in den 1970er Jahren (vgl. Borgmann, 2000). Für den Kontext der Erschließung elektronischer Texte war die Entwicklung der Standardized General Markup Language (SGML), auf der die Herausbildung von HTML beruht, von entscheidender Bedeutung. SGML erlaubte es erstmals, als integralen Teil des Textes strukturierte Informationen in einen Header aufzunehmen, welche den Text selbst erschlossen. Die Text Encoding Initiative (TEI) definierte auf der Basis von SGML ein Metadatenformat, das für die Konversion gedruckter Texte in digitale Textcorpora entwickelt wurde. Die erste draft version der Text Encoding-Initiative-Guidelines war schon 1990 fertiggestellt, die offizielle Version erst 1994 (http://www.uic.edu/orgs/tei/p3/ und die Homepage der Text Encoding Initiative http://www.tei-c.org/). Für den Bereich archivalischer Ressourcen entstand die Encoded Archival Description (http://lcweb.loc.gov/ead/). Die Entwicklung der EAD begann 1993 im Rahmen eines Projektes an der University Library of Berkeley, California. Dazu kamen weitere spezifische Formate, auch außerhalb der Wissenschaftswelt.

Die Bibliothekswelt begann das Metadatenkonzept erstmals in breiterem Umfang zu rezipieren, als 1995 auf einem Workshop in Dublin/Ohio der danach benannte Dublin Core Metadata Element Set vorgelegt wurde. An dem Dublin-Core-Konzept waren im Vergleich zu klassischen bibliothekarischen Katalog- oder Metadaten zwei Aspekte neu: Metadaten sollten eine einfache Struktur aufweisen, so dass die Autoren thematischer Sites diese selbst erstellen konnten, weshalb Dublin Core aus nur 15 Elementen (Kategorien) besteht; und sie sollten Teil der Informationsressource selbst sein. Das heißt, es sollten die neuen Möglichkeiten standardisierter Textformate, wie eben von HTML, dem Textformat des Web, zur Integration strukturierter Metadaten genutzt werden. Die technische Integration der Metadaten in das Dokument selbst, d.h. in den Header einer HTML-Datei, sollte die qualifizierte Erschließung über entsprechend programmierte Suchmaschinen erlauben, um auch für elektronische Online-Ressourcen gezielte Recherchen nach unterschiedlichen bibliographischen Kategorien wie Autor, Titel, Schlagwort oder Notation eines Klassifikationssystems zu ermöglichen.

Das Dublin-Core-Konzept entwickelte sich rasch in mehrere Richtungen weiter: Zunächst wurde das Format selbst durch Qualifier (Element Refinements und Encoding Schemes) erweitert, so dass weitere Differenzierungen einzelner Kategorien möglich waren; zugleich entfernte man sich von der Grundidee, wonach Metadaten Teil des Headers eines Dokuments sein sollen, indem auch vom Dokument unabhängige, in Datenbanken administrierte Metadaten mit Verweis auf Websites oder Webdokumente über URLs als Teil der Metadatenwelt akzeptiert wurden. Eine der wichtigsten Erkenntnisse bei dieser Entwicklung war die Einsicht, dass Metadaten digitaler Dokumente mehr Funktionen enthalten mussten als klassische bibliographisch-bibliothekarische Metadaten: Daten zu Rechten, zur technischen Administration, zur Archivierung usw. Selbst die Authentizität intellektuell erstellter Metadaten wurde in diesem Kontext zu einem Thema. Auch wenn aus bibliothekarischer Sicht Metadaten scheinbar dieselbe Funktion wie klassische Katalogdaten haben, nämlich Erschließung und Nachweis von Dokumenten, so ergeben sich aus informationstechnischer Sicht noch weitergehende Funktionen. Denn für die Informatik können Metadaten zu einem Schlüsselkonzept für die Verarbeitung digitaler Objekte in weitestem Sinne werden. Aus der engeren Perspektive der bibliothekarischen Informationserschließung wurde die Entwicklung im Rahmen jährlicher DC-Workshops wesentlich vorangetrieben, die sich immer stärker in einzelne Arbeitsgruppen aufgliederten und institutionalisierten, mit einem ersten offiziellen Ergebnis im Jahr 2000, wonach DC als internationaler Standard anerkannt wurde. RFC 2413 (http://www.ietf.org/rfc/rfc2413.txt) beschreibt 15 Elemente, die seit 1996 stabil sind. Neben der inhaltlichen Definition eines Metadatenformats wurde zugleich ein Konzept entwickelt, welches eine neutrale Syntax für deren Nutzung formuliert. Während zunächst Metadaten Teil des Headers von HTML-Dateien waren, wurde mit dem auf XML basierenden Resource Description Framework (RDF) eine von der konkreten Syntax eines bestimmten Dateiformates unabhängige Metasyntax definiert (http://www.w3.org/RDF/).

Bei der Entwicklung des Metadatenkonzeptes wurde zunehmend deutlich, dass zur Kompatibilität der Metadaten es nicht allein ausreicht, ein standardisiertes Kategorienschema zu schaffen, sondern dass man auch Regeln und Richtlinien benötigt, welche vorgeben, wie diese Kategorien zu füllen sind. Damit wird erkennbar, dass das Metadatenkonzept sich in gewisser Weise dem klassischen bibliothekarischen Modell der Erschließung von Internetressourcen annähert, das von einem vorhandenen Regelwerk und einem darauf basierenden standardisierten Datenformat ausging. Die Entwicklung ist hierbei indes noch im Fluss. Derzeit wird versucht, auf der Ebene des Formats fachbezogene Anwendungen zu entwickeln, so genannte Application Profiles, die weitere, fachspezifische Elemente für DC definieren.

Entwicklung von Subject Gateways

Diese fachlichen Konzepte wurden und werden zumeist von Fach-Portalen oder Subject Gateways, entwickelt. Ein Subject Gateway selbst zeichnet sich im Wesentlichen durch folgende Kriterien aus: Es gibt definierte Kriterien zur thematischen Einschränkung und fachlichen Auswahl thematischer Websites. Die Websites werden über standardisierte Metadaten erschlossen, wobei fachwissenschaftliche sowie universale bibliothekarische Klassifikationen und Thesauri zur Sacherschließung eingesetzt werden. Im Unterschied zur bibliothekarischen Katalogisierung elektronischer Internetressourcen sind bei der Entwicklung konkreter Subject Gateways europäische Projekte stärker richtungsweisend gewesen. Im Rahmen des europäischen Projekts Development of a European Service for Information on Research and Education (DESIRE) wurde eine theoretische Grundlegung von Subject Gateways erarbeitet. Insgesamt für die Entwicklung wichtige Impulse wurden durch drei große Projektbereiche gegeben: Das Nordic-Metadata-Projekt, die elib-Projekte mit den darauf aufsetzenden Projekten des Resource Discovery Networks in Großbritannien sowie in Deutschland durch das von der Deutschen Forschungsgemeinschaft geförderte SSG-FI-Projekt (Sondersammelgebiets-Fachinformationsprojekt) und die daran anknüpfenden DFG-Projekte zum Aufbau virtueller Fachbibliotheken in Deutschland. Für die USA wäre der Scout-Report an der University von Madison-Wisconsin zu nennen sowie für Australien das von der National Library organisierte Australian Subject Gateway. Auf europäischer Ebene stellt das Renardus-Projekt (http://www.renardus.org/) einen Versuch dar, eine organisatorische und fachliche Infrastruktur für eine kooperative Erschließung fachlicher Internetressourcen unter Einbeziehung von Nationalbibliotheken zu erarbeiten.

16.6.4 Zusammenfassende Bewertung der verschiedenen Konzepte

Die Entwicklung zeigt, dass das Metadatenkonzept, das sich zunächst als die bessere bzw. einfachere Alternative zur bibliothekarischen Erschließung von Internetressourcen verstand, in gewisser Weise Professionalisierungsstadien nachholt, welche das auf einem bibliothekarischen Regelwerk und Datenformat beruhende Modell bereits seit Jahrzehnten durchlaufen hatte. Beide Konzepte haben freilich noch ein gemeinsames Defizit: Es fehlt eine adäquate bibliographische, oder vielleicht müsste man besser sagen, „webliographische" Beschreibung elektronischer Fachinformation im Internet, welche angemessene Kategorien zur spezifischen Beschreibung thematischer Sites bietet, die dann wiederum als Basis für entsprechende Erfassungsregeln und -richtlinien dienen könnten. Auch wenn sich beide Konzepte in gewisser Weise annähern, so bedeutet das indes nicht, dass sie in Zukunft miteinander verschmelzen werden, denn im Detail haben sie durchaus eigene, unterschiedliche Ziele: Das Metadatenkonzept ist im Kern ein fachwissenschaftliches Erschließungskonzept, das auf die Schaffung kontrollierter fachlicher Informationsräume im Internet abzielt. Die bibliothekarische Katalogisierung von Internetressourcen geht von einer universalen Ausrichtung aus. Unter diesem Blickwinkel wird auch deutlich, dass die beiden Konzepte sich durchaus sinnvoll ergänzen. Denn schließlich gab es immer schon eigene fachliche Erschließungsformen mit zum Teil eigenen Regeln (fachbibliographische Datenbanken), die neben einer allgemeinen bibliothekarischen Erschließung (Bibliothekskataloge, Verbundkataloge) stand. Die Übergänge zwischen beiden Konzepten sind allerdings heute viel durchlässiger als sie es im Bezug auf gedruckte Publikationen waren und sind. In gewisser Weise gilt dies sogar auch für die neue Technik der Suchmaschinen: Metadaten waren und sind vom Ansatz her als Datenbasis für qualifizierte Suchmaschinen gedacht gewesen, so dass in gewisser Weise das darauf gründende Subject Gateway-Modell am Übergang zur fachlichen Suchmaschine steht.

16.6.5 Automatisierte Erschließungsverfahren

Im Unterschied zu Büchern, für die es keine andere Form der Erschließung gibt als die intellektuelle Erschließung in gedruckten oder datenbankbasierten Fachbibliographien und bibliothekarischen Katalogen, gibt es für Websites eine Alternative: Suchmaschinen, oder genauer Robotprogramme, welche die Daten der Dateien einzelner Websites einsammeln und nach bestimmten Algorithmen indexieren und über ein Suchprogramm erschließen; oder auch, als einen Spezialfall, automatisch erstellte Citation Links.

Die großen Suchmaschinen der ersten Generation, wie Lycos, Alta Vista oder WebCrawler (alle 1994), boten für eine systematische und qualifizierte Erschließung wissenschaftlicher Informationsressourcen keine ausreichende Grundlage. Und auch weiterentwickelte Konzepte allgemeiner Suchmaschinen, wie Clever oder Google, so effizient sie mittlerweile sein mögen, bieten im Grunde keine den Informationsbedürfnissen von Wissenschaftlern angemessene Erschließung, da sie weitgehend undifferenziert Daten einsammeln, also keinen abgegrenzten fachlichen Informationsraum bilden, und so auch keine Gewähr geben können, für ein Fachgebiet alle relevanten Ressourcen erfasst zu haben. Ob das in Zukunft so bleiben wird, muss offen bleiben. „Scirus. Searching for Science" versucht aufbauend auf einem universalen Suchmaschinenkonzept eine wissenschaftliche Suchmaschine anzubieten (http://www.scirus.com). Scirus wird von Elsevier Science aufgebaut unter Nutzung der Suchtechnologie von Fast Search & Transfer ASA (http://www.alltheweb.com). Daher sollen sie hier nicht thematisiert werden, auch wenn sie das Vorbild für den Aufbau fachlicher Suchmaschinen waren.

Die automatisierte Erschließung wissenschaftlich relevanter Websites geht zunächst von der Definition eines fachlichen Informationsraumes aus, der dann automatisch indexiert und über ein Retrievalsystem, also über eine Suchmaschine, erschlossen wird. Ein derartiger Informationsraum kann nach formalen Kriterien definiert werden, zum Beispiel den IP-Domains ausgewählter wissenschaftlicher Einrichtungen eines Landes; oder aber aufgrund einer intellektuell recherchierten Liste relevanter Sites. Eine dritte Möglichkeit, welche versucht, diese

16.6 Nachweis und Erschließung elektronischer Publikationen

intellektuelle Vorarbeit so gering wie möglich zu halten, fußt auf dem Einsatz so genannter „focused crawler", welche die Linkbeziehungen weniger wichtiger Sites verfolgen und analysieren und nach bestimmten Algorithmen automatisch einen Informationsraum definieren. Gerade die beiden letzten Verfahren können natürlich auch kombiniert werden. Die Daten eines so definierten fachlichen Informationsraums können dann analog zu den großen Suchmaschinen durch Robots eingesammelt und indexiert werden. Das Ergebnis sind Limited Area Search Engines (LASE). Beispiele für Suchmaschinen dieser Art sind „Argos" für alte und mittelalterliche Geschichte (http://argos.evansville.edu/), die Suchmaschine „ChemGuide" des Fachinformationszentrums Chemie in Berlin (http://www.fiz-chemie.de/de/datenbanken/chemguide/), aber auch „PhysDoc, eine harvestbasierte Suchmaschine zu Dokumenten der Physik (http://physnet.uni-oldenburg.de/PhysNet/physdoc.html). Diese Verfahren bieten gegenüber einem Subject Gateway den Vorteil, dass die einzelnen Sites tiefer erschlossen werden ohne kostenintensive Erstellung weiterer Metadaten für thematische Subbereiche einzelner Sites. Die Qualität der LASEs hängt im Wesentlichen von zwei Prämissen ab: von der Qualität des fachlichen Informationsraums, die in der Regel nur bei entsprechender intellektueller Auswahl gewährleistet ist, und von den Algorithmen, welche die Indexierung der einzelnen Dateien steuern. Hier liegen auch die Schwachstellen der existierenden fachlichen Suchmaschinen. Ein derzeit noch deutlicher Nachteil besteht darin, dass die durch Suchmaschinen erschlossenen Dokumente meist nicht qualifizierend oder metadatenbasiert indexiert werden, was das Verhältnis von precision und recall verschlechtert je größer die so erschlossenen Informationsräume sind. Versuche, die Qualität fachlicher Suchmaschinen zu verbessern, gibt es in zwei Richtungen: durch Algorithmen, welche ein Ranking der indexierten Seiten erstellen und durch den Einsatz automatisierter Klassifikations- und Indexierungsverfahren. Vor allem die automatisierte Klassifizierung verspricht, einen weiteren Nachteil der fachlichen Suchmaschinen aufzuheben: die fehlende Recherche über das Browsing in einer Klassifikation, einem der Hauptmerkmale des Subject-Gateway-Konzepts. Ein Beispiel dafür ist das Projekt „GERHARD" des BIS Oldenburg (http://www.gerhard.de).

Beim derzeitigen technischen Stand der Entwicklung können Suchmaschinen keine mit der Qualität intellektueller Verfahren vergleichbare Erschließung bieten. Freilich muss man davon ausgehen, dass die Algorithmen und die Wissensbasen solcher Systeme immer besser werden. Dazu kommt, dass der Vorteil einer von personellen Ressourcen freien und damit billigen Lösung immer eine große Anziehungskraft haben wird. Keine intellektuelle Erschließung wird andererseits jemals die spezifischen Vorzüge von Suchmaschinen, welche bis zu einer Volltextindizierung gesamter Sites reichen können, besitzen. Damit wird deutlich, dass beide Ansätze ihre Berechtigung haben, da sie unterschiedlichen Funktionen dienen. Die intellektuelle Erschließung bietet im Prinzip eine für eine wissenschaftliche Recherche wichtige Gewähr: dass nämlich ein so erschlossener Informationsraum nur relevante Sites für eine bestimmte Fragestellung enthält. Suchmaschinen hingegen bieten neue Erschließungsmöglichkeiten, welche klassische bibliographische Datenbankkonzepte, was Subject Gateways letztlich sind, nicht haben können, und die für bestimmte Fragestellungen effiziente Ergebnisse erzielen können. Beide Ansätze dürften sich auch aufeinander zu entwickeln.

Die herkömmliche intellektuelle Produktion von Metadaten dürfte in Zukunft durch Tools stärker automatisiert werden. Dazu kommt, dass durch Citation Linking-Verfahren der weitere Ausbau fachlicher Informationsräume automatisiert erfolgen kann. Auf diesem Wege kann zugleich der Informationsraum von Suchmaschinen verbessert werden.

16.6.6 Stand der Entwicklung, offene Fragen und Probleme

Bibliothekskataloge, Subject Gateways, durch automatisiert erstellte Linkstrukturen erschlossene fachliche Informationsräume und fachliche Suchmaschinen werden voraussichtlich alle zur Erschließung und zum Nachweis elektronischer Information im Internet beitragen und sich im Idealfall ergänzen bzw. für unterschiedliche Nutzerbedürfnisse zur Verfügung stehen. Wie sich diese Instrumente im Einzelnen entwickeln und etablieren werden, ist derzeit schwer vorherzusagen. Es zeichnet sich ab, dass die Trennung zwischen fachlicher Erschließung und Nachweis der Verfügbarkeit in Zukunft keine Rolle mehr spielen dürfte. Erschließung und Zugriff sind bei frei verfügbaren Ressourcen im Internet prinzipiell identisch; die Verfügbarkeit wird allein eine Frage der dauerhaften Archivierung und damit auf eine andere Ebene verlagert. Wenn die Trennung zwischen Erschließung und Nachweis wegfällt, dürfte dies auch Auswirkungen auf die organisatorische Infrastruktur des Bibliotheks- und Dokumentationswesens haben. Denn damit wird deutlich, dass die Erschließung elektronischer Informationsressourcen die Trennung zwischen Fachdokumentation und wissenschaftlichem Bibliothekswesen in Frage stellen wird.

Unabhängig davon, welche infrastrukturellen Folgen diese Entwicklung zeitigen wird, so ist deutlich, dass für eine professionalisierte Erschließung elektronischer Fachinformation die internationalen Standards und Regelwerke weiter entwickelt werden müssen. Während für das Datenformat (Dublin Core) und eine neutrale Syntax zur Beschreibung von Metadaten (RDF) Vorgaben existieren, gibt es noch Desiderate im Bereich der „webliographischen" Beschreibung und der darauf basierenden notwendigen Regelwerke zur professionalisierten und standardisierten Erschließung.

Als ein noch junger fachübergreifender Ansatz, der für die Erschließung von Web-Ressourcen relevant werden könnte, ist die im Herbst 1999 entstandene Open Archives Initiative (http://www.openarchives.org) zu nennen, die mit der Santa Fe Convention im Februar 2000 an die Öffentlichkeit trat. Der Open Archives Initiative geht es darum, durch eine Kombination von organisatorischen Vereinbarungen und technischen Spezifikationen, die Interoperabilität zwischen Publikationsservern zu verbessern. Mitglieder der Open Archives Initiative verpflichten sich zum einen zu einem gemeinsamen Metadatenset, das auf Dublin Core beruht. Sie implementieren zum anderen das OAI Metadaten Harvesting Protokoll, das den einfachen Transfer von Metadaten von einem Anbieter bzw. Erzeuger von Daten zu einem Service Provider erlaubt. Damit verbindet der Ansatz standardisierte Metadatenproduktion auf der Seite der Inhaltsproduzenten oder Server-Betreiber und automatisierte Erschließung. Wenn die Open Archives Initiative Erfolg hat, könnte damit eine wichtige Voraussetzung für eine effizientere Erschließung auch der Informationsressourcen einzelner Fachgebiete gegeben sein. Auch das sehr weit gefaßte Konzept des Semantic Web, das vom World-Wide-Web-Consortium als Modell für die zukünftige Erschließung des Web konzipiert wird, könnte in Zukunft eine zentrale Rolle bei der Erschließung digitaler Informationsräume spielen.

16.7 Integrierte Zugangssysteme für verteilte Informationsquellen

Wie sich aus der obigen Darstellung ergibt, vermittelt die moderne „hybride" Bibliothek Zugang zu einer ganzen Reihe von heterogenen Informationsquellen. Neben digitalen Bibliothekskatalogen auf lokaler, regionaler und überregionaler Ebene, die vornehmlich den Zugang

16.7 Integrierte Zugangssysteme für verteilte Informationsquellen

zu gedruckter Literatur vermitteln, stehen elektronische Fachbibliographien, Volltext- und Aufsatzdatenbanken, Bereitstellungssysteme für retrodigitalisierte Dokumente und Subject Gateways für wissenschaftlich relevante Webressourcen. Verteilte Server mit unterschiedlichen Zugriffsrechten bestimmen das Bild. Es ist Aufgabe der Bibliotheken, diese Vielfalt an Informationsquellen dem Benutzer in möglichst einheitlicher und übersichtlicher Form anzubieten.

Anbieterseitig tragen Initiativen wie z.B. das CrossRef bei elektronischen Zeitschriften zum integrierten Zugang zur Information bei, da der Benutzer etwa nach der Recherche in einer bibliographischen Datenbank direkt vom Aufsatzzitat zum Volltext gelangt, vorausgesetzt, dass die Bibliothek auch die entsprechenden Zugriffsrechte zu denjenigen Datenbanken erworben hat, auf die verlinkt wird. Ein anderer bereits genannter Ansatz der Integration besteht darin, partiell auch elektronische Medien und Publikationen sowie Webressourcen in den Bibliothekskatalogen zu verzeichnen. So kann aus dem Katalog heraus für frei zugängliche elektronische Publikationen auch schon der Zugriff auf die Publikation oder die Webressource selbst erfolgen.

Der Realität heterogener verteilter Server und Nachweisdatenbanken angemessener sind Portalsysteme, wie – als ein relativ früh eingeführtes Beispiel – die Digitale Bibliothek Nordrhein-Westfalen (http://www2.digibib-nrw.de/), die Informationsretrieval in verteilten vernetzten Datensammlungen, d.h. eine plattformübergreifende Recherche in Bibliothekskatalogen, Fach- und Volltextdatenbanken mit einem einheitlichen Zugangssystem anbieten. Auf diese Weise kann der Benutzer mit einer einzigen Sucheingabe parallel in allen Informationssystemen suchen, auf die er Zugriffsrechte besitzt. Da jedoch die durchsuchten Datenbanken mit unterschiedlichen Datenformaten und Abfragekonventionen arbeiten, müssen die Sucheingaben der Benutzer mit den dahinter liegenden Datenbankstrukturen abgestimmt werden, um Informationsverluste zu minimieren. Die vollständige Abbildung der Retrieval-Möglichkeiten der Ursprungsanwendungen ist in solchen übergreifenden Systemen allerdings nicht möglich. Und aufgrund der in der Regel differierenden Sacherschließungsmodelle von Katalogen und Fachdatenbanken kann eine sachliche Suche nur mit großen Einschränkungen angeboten werden.

Mit der zunehmenden Vielfalt der zur Auswahl stehenden Ressourcen und Datenbanken wird außerdem zusätzlich der Aufbau von Information-Broker-Funktionen oder von Wissensbasen notwendig werden, die dem Benutzer Entscheidungshilfe bieten, in welchen der zahlreichen angebotenen Datenbanken tatsächlich Informationen zu seiner Fragestellung enthalten sind.

Als weiteres wesentliches Modul integrierter Zugangssysteme ist die Steuerung von Zugriffsberechtigungen anzusehen. Bei einem bibliotheksübergreifenden Einsatz müssen nämlich Authentifizierungsmechanismen greifen, welche die Recherche jeweils auf nutzergruppenspezifische Sichten einschränken. Dabei kann beispielsweise auf lokale Benutzerverwaltungen zurückgegriffen werden. Die Bildung von bestimmten Sichten ist aber nicht nur von lizenzrechtlichen Voraussetzungen abhängig, sondern kann fachlich oder nutzerspezifisch gesteuert sein. An die Recherche in einem solchen übergreifenden System schließt sich der Wunsch nach dem Zugriff auf das Primärdokument an. In einem zweiten Schritt muss der Nutzer daher entweder zur Bestellmöglichkeit im lokalen Bibliothekskatalog, zu Dokumentlieferdiensten, wie z.B. Subito, oder auch zum elektronischen Volltext weitergeleitet werden. Außerdem muss eine Verknüpfung zu Abrechnungssystemen für kostenpflichtige Dienste realisiert werden. Noch bieten die existierenden Systeme keine volle Integration der genannten Module und Dienstleistungen. Aber die Entwicklung auf diesem Gebiet geht schnell vonstatten. So können beispielsweise über kontextbezogene dynamische Linking-Systeme einem Benutzer nach einer Recherche in einer Datenbank auf Knopfdruck unterschiedliche Möglichkeiten angeboten werden, den Volltext zur gefundenen Referenz zu erhalten. Diese Verfahren beruhen für die Weitergabe der Suche und für das Linking auf dem Einsatz von OpenURL für die Metadaten in Ausgangs- und Zielsystemen. Zum aktuellen Stand des Standardisierungsverfahrens vgl. die OpenURL-Homepage http://library.caltech.edu/openurl/). Die weiterführenden Auswahloptionen für den Weg von der Recherche zum Volltext sind von der Bibliothek oder anderen anbietenden Institution konfigurierbar. Die in mehreren Bundesländern betriebene Einrichtung von virtuellen Hochschulen kann sich verstärkend auf die Entwicklung von Authentifizierungsverfahren und auf den Einsatz von Linking-Services auswirken, da gerade im Kontext der Zunahme von Telelearning und Teleteaching die Bedeutung des weitgehend ortsunabhängigen integrierten Zugangs zu wissenschaftlicher Information wächst. In jedem Fall tragen die beschriebenen Ansätze zur Schaffung integrierter Zugangsmöglichkeiten dazu bei, den Medienbruch zwischen gedruckten und elektronischen Publikationen zu überwinden bzw. für den Benutzer der hybriden Bibliothek transparente und akzeptable Übergänge zu schaffen.

16.8 Speicherung und Archivierung elektronischer Publikationen

Elektronische Publikationen stellen Bibliotheken, die traditionell Garanten für die langfristige Verfügbarkeit von Publikationen sind, vor bisher unbekannte Probleme und Aufgaben. Bücher erforderten zur langfristigen Archivierung Stellplatz und geeignete klimatische Umgebungsbedingungen. Auch ein hundert Jahre nicht nachgefragtes Buch blieb zugänglich und konnte im Bestellfall sofort zur Benutzung ausgehändigt werden. Bei säuregefährdeten Beständen schreitet der Verfall zwar fort, aber in der Regel ist es auch bei einem schon stark geschädigten Werk noch möglich, es zum Zwecke der Informationssicherung zu verfilmen oder zu kopieren. Digitale Publikationen tragen aufgrund des schnellen und permanenten technologischen Wandels aber die Gefahr in sich, dass die in ihnen gespeicherte Information schon nach wenigen Jahren gar nicht mehr „lesbar" oder nicht mehr zugreifbar ist. Während beim Aufkommen digitaler Medien primär die Frage der Haltbarkeit des physikalischen Trägers diskutiert wurde, zeigte sich bald deutlich, dass die eigentlichen Gefahren anders gelagert sind. Zum einen sind die rasanten Hard- und Software-Zyklen zu nennen. Auch wenn ein Trägermedium physikalisch noch völlig intakt ist, sind die darauf gespeicherten Daten verloren, wenn es entweder keine entsprechenden Laufwerke mehr gibt oder wenn die aktuelle Betriebssystemversion ihre Installation verhindert oder wenn die auf dem Medium gespeicherten Datenformate inzwischen mit gängiger Software nicht mehr gelesen bzw. interpretiert werden können. Zum anderen ist, was die Internet-Publikationen angeht, die Flüchtigkeit der Information ein Problem. Häufig führen die Adressen wissenschaftsrelevanter Ressourcen durch Umzug oder Umstrukturierung von Servern schon nach kurzer Zeit beim Versuch des Zugriffs ins Leere. Digitale Langzeitarchivierung sieht sich deshalb vor einer komplexen Vielfalt technischer, aber auch organisatorischer und schließlich rechtlicher Probleme.

16.8.1 Technische Verfahren für eine digitale Archivierung

International werden aktuell vorwiegend zwei technische Verfahren für eine Erhaltung digitaler Publikationen diskutiert: Es handelt sich um Migration und Emulation. Mit Migration ist nicht das einfache Umkopieren der Daten gemeint (dies wird häufig als „refreshing" bezeichnet), sondern die periodisch, nämlich immer in dem „Zeitfenster", in dem alte und neue Technik noch parallel existieren, durchzuführende Übertragung von digitalen Publikationen oder digitalen Objekten in neue Systemumgebungen. Das Migrationsverfahren impliziert dabei mehrere Probleme: Zum einen darf für einen sicheren Transfer in der Regel keine Entwicklungsstufe übersprungen werden, d.h. in einem Zeitraum von zwanzig Jahren sind unter Umständen bereits drei oder vier Migrationen notwendig. Das führt zu einem noch gar nicht abschätzbaren Zeit- und damit Kostenaufwand. Zum anderen bieten neue Systeme in der Regel auch neue Funktionalitäten bzw. neue Zugriffs- und Präsentations-Features. Hier stellt sich die Frage der Originalität der Publikation bzw. des Autoren- und Urheberrechtsschutzes.

Das zweite Verfahrensmodell, die Software- oder Hardware-Emulation, geht von einem anderen Ansatzpunkt aus. Der aktivste Vertreter der Hardware-Emulation Jeff Rothenberg (1999) plädiert auf Basis der mit der Migration verbundenen Unwägbarkeiten dafür, Programme zu entwickeln, die auf neuen Maschinen alte Hardware- bzw. Rechnerarchitekturen simulieren. Mit Hilfe dieser Emulatoren könnten dann alte Programme oder Publikationen auch auf neuen Rechnern abgespielt bzw. gelesen werden. Das Verfahren erscheint Rothenberg besser für die Langzeitarchivierung geeignet, weil es zum einen die ursprüngliche Gestalt der Publikation („look and feel") bewahrt, zum anderen aber ökonomischer sei: Statt alle Dokumente, die für eine Systemplattform entwickelt wurden, einzeln zu migrieren, würde die Entwicklung eines Emulators für diese Plattform dazu führen, dass automatisch alle entsprechenden Dokumente wieder rezipierbar wären. Allerdings impliziert auch die Emulation eine ganze Reihe an ungelösten Fragen. Beispiele für Emulatoren existieren zwar, z.B. im Bereich der Computerspiele, wo begeisterte Fans Programme entwickelt haben, um Spiele aus der Amiga- oder Commodore-Zeit auch auf PCs abspielbar zu machen. Andererseits ist es nicht klar, ob bzw. mit welchem Aufwand der Bau von Emulatoren für immer komplexer werdende Hardware-Umgebungen möglich ist. Es ist auch nicht geklärt, wo die Grenze der Emulation liegt, um eine Benutzbarkeit zu garantieren: Vermutlich müssen Viewer, Graphik- und Soundkarten, Gerätetreiber etc. mitemuliert werden. Emulatoren müssen außerdem für jede neue Computergeneration wieder neu erstellt werden. Welche Spezifikationen die Hardware-Hersteller geben müssen, um die Entwicklung von Emulatoren zu erlauben, und wie wiederum diese Spezifikationen erhalten werden können, steht ebenfalls noch nicht fest.

Es ist davon auszugehen, dass ein Teil der elektronischen Publikationen auf physikalischen Datenträgern, die derzeit schon in Bibliotheksmagazinen lagern, schon in einigen Jahren technisch obsolet geworden sind, weil noch keines der oben genannten Verfahren einsatzfähig ist. Interimsweise kann der Versuch, alte Rechner für diese Zwecke aufzubewahren, ein Rettungsanker sein. Die Einschätzung der meisten Fachleute beruht heute darauf, dass für unterschiedliche Publikationen bzw. Anwendungen auch unterschiedliche Methoden angewendet werden müssen. Die eine umfassende bzw. universell anwendbare Lösung für das Problem der Langzeitarchivierung wird es wohl nicht geben.

16.8.2 Organisatorische Verfahren

Eine zentrale organisatorische Voraussetzung für die Langzeitarchivierung elektronischer Online-Publikationen und Internet-Sites ist, dass die Publikationen jederzeit zugreifbar sind, also valide Internetadressen besitzen. Aktuell ist dies noch nicht gesichert. Jeder, der häufiger im Web recherchiert, kennt das Problem, dass Links nicht mehr funktionieren. Im besten Fall kann die veränderte Adresse der Information über gezielte Suchen neu ermittelt werden, häufig aber bleibt dies erfolglos. Die Einführung von „Persistent Identifiers", aus denen dauerhaft gültige Zugriffsadressen resultieren, ist deshalb ein ganz zentraler Faktor für die Sicherung der Langzeitverfügbarkeit von elektronischer Information. Es können drei Ansätze genannt werden, die mit jeweils etwas unterschiedlicher Zielsetzung versuchen, Systeme dauerhafter Adressen einzurichten:
(1) Digital Object Identifier (DOI)
(2) Uniform Resource Name (URN) und
(3) Persistent Uniform Resource Locator (PURL).

Das Digital Object Identifier System (http://www.doi.org/) geht auf eine Initiative des amerikanischen Verlegerverbands, Association of American Publishers, zurück, für digitale Dokumente – dies können auch einzelne Informationseinheiten (wie Abbildungen u.ä.) innerhalb einer digitalen Publikation sein – eine eindeutige Kennzeichnung zu vergeben. Eine wesentliche Zielsetzung liegt in diesem Fall im Schutz und der Verwaltung von Rechten und damit auch in der kommerziellen Nutzbarkeit des Systems: Dokumenten mit eindeutigen Identifiern bzw. Adressen können auch Nutzungs- und Lizenzrechte zugeordnet und so über Abrechnungssysteme Einnahmen erzielt werden. Für den Erhalt eines DOI ist die kostenpflichtige Registrierung bei der DOI-Trägerorganisation, der International DOI-Foundation, notwendig. Technisch bedient sich DOI des Systems der Corporation for National Research Initiative (CNRI). Derzeit ist DOI das einzige im Produktiveinsatz befindliche System dauerhafter Identifikatoren.

Beim Modell der Uniform Resource Name (URN, http://www.ietf.org/html.charters/urn-charter.html) handelt es sich um eine Entwicklung der Internet Engineering Task Force (IETF). Hier geht es primär um eine orts- und rechnertransparente Adressierung. Das URN-System sieht eine der ISBN vergleichbare Struktur aus unterschiedlichen Einzelelementen (Auflösungsroutine, Namespace Identifier, Country Code oder anderes Sub-Prefix, und Namespace-spezifische Zeichenkette) vor. Ebenfalls ähnlich wie beim ISBN-Konzept sollen Agenturen eindeutige Nummern verwalten, die dann als Pointer zu konkreten Objekten im Netz fungieren, so dass beim Wechsel einer konkreten physischen Location im Netz nur auf dem lokalen Server die Konkordanz zu den URNs korrigiert werden muss. Als eine Initiative der Conference of Directors of National Libraries wird die Einrichtung länderbezogener Agenturen bei den jeweiligen Nationalbibliotheken diskutiert.

Ein von der Zielsetzung dem URN analoges Modell liegt dem von OCLC entwickelten Konzept Persistent Uniform Resource Locator zugrunde (http://purl.oclc.org/). Hier soll durch die Einschaltung einer Verwaltungsinstanz, analog zu den Nameservern des Internet, der PURL aufgelöst bzw. eine Anfrage zu der jeweils gerade korrekten und gültigen URL-Adresse weitergeleitet werden.

Welche Modelle sich für dauerhafte Identifikatoren durchsetzen, ist noch nicht absehbar. Ihre Existenz und die Schaffung der für sie notwendigen Gremien und Verwaltungsstrukturen

16.8 Speicherung und Archivierung elektronischer Publikationen

ist jedoch eine Grundvoraussetzung dafür, dass auch die im Internet publizierte Fachinformation dauerhaft erhalten bleibt.

16.8.3 Verantwortungsstrukturen für die digitale Langzeitarchivierung

Um elektronische Medien langfristig erhalten zu können, müssen sich neben den genannten technischen und organisatorischen Verfahren auch rechtlich abgesicherte Verantwortungsstrukturen herausbilden. Während elektronische Publikationen auf Datenträgern bereits von den Gesetzen zur Pflichtablieferung auf Bundes- bzw. Landesebene erfasst werden, gestaltet sich die Frage der Archivierung bei den Netzpublikationen noch offen. Elektronische Zeitschriften als die dominierenden elektronischen Verlagsprodukte, erst recht aber Internet-Sites bzw. thematische Web-Ressourcen gelangen nicht mehr physikalisch in den Besitz der Bibliothek, sondern liegen auf fremden Verlags- oder beispielsweise Institutsservern. Hier müssen also neue rechtliche und organisatorische Modi gefunden werden, um wesentliche Information auch der Nachwelt zu erhalten. Grundsätzliche Themen und Aufgabenstellungen wurden im Nedlib-Projekt europäischer Nationalbibliotheken angegangen (http://www.kb.nl/coop/nedlib/homeflash.html). In der Koninklijke Bibliotheek in Den Haag wurde, als Konsequenz des Nedlib-Projekts, mit der Implementierung eines Depotsystems für elektronische Publikationen begonnen, das auf dem Modell des Open Archival Information System (http://www.ccsds.org/documents/pdf/CCSDS-650.0-R-1.pdf) beruht. OAIS dient als Referenz-Modell für die Funktionalitäten, die Archivierungssysteme allgemein abdecken sollen. Im Rahmen des Nedlib-Projekts wurde die Erweiterung um den wesentlichen Funktionsbereich des Preservation Planning in das Modell eingebracht. In Deutschland hat die Deutsche Bibliothek als Projektteilnehmerin in einer Arbeitsgemeinschaft zusammen mit verschiedenen Verleger versucht, die Fragen aus technischer und juristischer Sicht zu beleuchten und Lösungsansätze sowie praktische Ablaufszenarien zu entwerfen. Eine Novellierung des *Gesetzes über die Deutsche Bibliothek* unter Einbezug der Online-Publikationen ist in Vorbereitung, aus der sich entsprechende Richtlinien auch für die Pflichtstückegesetzgebung der Länder ableiten lassen werden, um den gesetzlichen Rahmen für die Sicherung des kulturellen Erbes zu geben. Der aktuelle Stand und relevante Entwicklungen sind über die Website der Deutschen Bibliothek abrufbar.

Die Langzeitverfügbarkeit digitaler Dokumente ist jedoch eine Aufgabe, die neben den für die Publikationen und Dokumente eines Landes gesetzlich zuständigen Bibliotheken und Archiven auch das Netz der Fachinformationseinrichtungen und Universitäten betrifft. Kooperation und die gemeinsame Entwicklung entsprechender Modelle und Verfahren ist notwendig (vgl. dazu den Themenbereich Langzeitverfügbarkeit digitaler Dokumente auf dem vom BMBF unterhaltenen Server: http://www.dl-forum.de/Foren/Langzeitverfuegbarkeit/index.asp). Die Archivierung thematischer Sites im Internet bildet aufgrund der oben ausführlich dargelegten Besonderheit (Menge, Heterogenität und Flüchtigkeit) dieser Publikationsform einen besonderen Problemkomplex innerhalb der Aufgabe. Grundsätzlich ist die Notwendigkeit, auch diese Form der elektronischen Publikation in die Überlegungen einzubeziehen schon länger erkannt. Mit dem Internet Archive in San Francisco (http://www.archive.org/) entstand eine Stelle, die sich zum Ziel gesetzt hat, die technische Machbarkeit einer Archivierung des Internet zu demonstrieren. Aber auch in verschiedenen Nationalbibliotheken haben Projekte zum Aufbau von Web-Archiven bestimmter Domainbereiche begonnen, die auf selektiven oder automatisierten (Harvest-)Verfahren beruhen (vgl. Nordic Web Archives der Nationalbibliotheken Dänemarks, Finnlands, Islands, Norwegens und Schwedens: http://nwa.nb.no/). Die Langzeitarchivierung elektronischer Publikationen impliziert ein fundamentales Problem: Selbst wenn die angesprochenen technischen, organisatorischen und juristischen Fragen, die der Anspruch der Langzeitarchivierung elektronischer Publikationen beinhaltet, einmal gelöst sein sollten, so muss damit gerechnet werden, dass die Kosten für die Archivierung elektronischer Medien wesentlich höher liegen werden als bei Büchern, weil hier ein permanenter bzw. periodisch zu wiederholender Aufwand für Bestandserhaltungsmaßnahmen entsteht. Trotz aller Probleme und offenen Fragen, müssen alle Beteiligten – und besonders Bibliotheken als traditionelle Garanten der Archivierung – hier aktiv werden: Das Verständnis von Wissenschaftlichkeit beruht auf der Garantie, dass die Ergebnisse wissenschaftlicher Arbeit dokumentiert, veröffentlicht und damit nachprüfbar gehalten werden. Dieses Paradigma käme ins Wanken, wenn Bibliotheken der Archivierungsaufgabe nicht mehr nachkommen könnten. Darüber hinausgehend verstehen sich Bibliotheken insgesamt als kulturelles Gedächtnis der Menschheit – die Ausbreitung elektronischer Medien und elektronischer Publikationsformen darf nicht dazu führen, dass diese Funktion entfällt, ein „geschichtsloses" Zeitalter beginnt.

Für die Erfüllung dieser zentralen Aufgabe werden sicherlich Fragen der Selektion, der Aufgabenteilung und Kooperation sowie die Nutzung externer Archivierungsdienstleistungen eine größere Rolle spielen als im analogen Bereich.

*

Literatur

BEAGRIE, NEIL ; JONES, MAGGIE: Preservation management of digital materials: a handbook , London, 2001. - Online-Version: http://www.dpconline.org/graphics/handbook/index.html

Bicentennial Conference on Bibliographic Control for the New Millennium : confronting the challenges of networked resources and the web, Nov. 15-17, 2000. - [Washington], [2000]. - Online-Version: http://lcweb.loc.gov/catdir/bibcontrol/

BORGMAN, CHRISTINE L.: From Gutenberg to the global information infrastructure : access to information in the networked world. - (Digital libraries and electronic publishing). - Cambridge/Mass. [u.a.], 2000

BURNARD, LOU: Text encoding for information interchange : an introduction. - 1995. - Online-Version: http://www.uic.edu/orgs/tei/info/teij31/index.html

CAPLAN, PRISCILLA: International metadata initiatives : lessons in bibliographic control // In: Conference on Bibliographic Control in the New Millenium. - [Washington], [2000]

CASEY, CAROL: TUTORIALS - creating and managing webrings : a step-by-step-guide // In: Information technology and libraries, 18 (1999), S. 214 - 224

CHAKRABARTI, SOUMEN ; VAN DEN BERG, MARTIN ; DOM, BYRON: Focused crawling: a new approach to topic-specific web resource discovery ; 29 Mar 1999. - Online-Version: http://www8.org/w8-papers/5a-search-query/crawling/index.html

CHAPMAN, STEPHEN ; CONWAY, PAUL ; KENNEY, ANNE: Digital imaging and preservation microfilm : the future of the hybrid approach for the preservation of brittle books. - Washington DC, 1998. - Online-Version: http://www.clir.org/pubs/archives/hybridintro.html#full

CIMI. Consortium for the Computer Interchange of Museum Information : guide to best practice: Dublin Core, Version 1.1, 21. April 2000

Das DFG-Projekt Dissertationen Online stellt sich vor / in vier Teilberichten hrsg. von Susanne Dobratz // In: B.I.T. online 2 (1999) S. 423 - 434, (2000) S. 29 - 40, (2000) S. 179 - 198, (2000) S. 421 - 428

DCMES, Version 1.1: http://purl.org/dc/documents/rec-dces-19990702.htm

DESIRE: Development of a European Service for Information on Research and Education. - Online-Version: http://www.desire.org

Digital Library Federation. - Online-Version: http://www.clir.org/diglib/dlfhomepage.htm

Digitale Archive und Bibliotheken / hrsg. von Hartmut Weber und Gerald Maier.- Stuttgart, 2000

Digitalimaging Group. - Online-Version: http://www.digitalimaging.org

DÖRR, MARIANNE: Planung und Durchführung von Digitalisierungsprojekten // In: Digitale Archive und Bibliotheken / hrsg. von Hartmut Weber und Gerald Maier - Stuttgart, 2000. S. 103 - 113

DÖRR, MARIANNE ; WEBER, HARTMUT: Digitalisierung als Mittel der Bestandserhaltung? // In: Zeitschrift für Bibliothekswesen und Bibliographie 44 (1997), S. 53 - 76

Dublin Core, RFC 2413 (= DC 1.0): http://www.ietf.org/rfc/rfc2413.txt

Duke University Libraries: Research Databases: http://www.lib.duke.edu/databases/a.html

Encoded Archival Description (EAD). Official Web Site: http://lcweb.loc.gov/ead/

ENDERLE, WILFRIED: Quo vadis SSG? : die deutsche Sondersammelgebietsbibliothek auf dem Weg zur virtuellen Fachbibliothek // In: Die Rolle der Archive in Online-Informationssystemen / hrsg. von Frank M. Bischoff und Wilfried Reininghaus. - Münster 1999. - S. 101 - 134. - (Veröffentlichungen der staatlichen Archive des Landes Nordrhein-Westfalen : Reihe E, Beiträge zur Archivpraxis ; 6)

ENDERLE, WILFRIED: Sondersammelgebietsbibliotheken und das Internet // In: Das Sondersammelgebiets-Fachinformationsprojekt (SSG-FI) der Niedersächsischen Staats- und Universitätsbibliothek Göttingen. - (dbi-materialien ; 185). - Berlin, 1999

Extensible Markup Language (XML): http://www.w3.org/XML/

Gale Directory of Databases. - Detroit. - Erscheint halbjährlich; online bei DataStar

GILL, TONY: Metadata and the World Wide Web // In: Introduction to Metadata. Pathways to Digital Information / hrsg. von Murtha Baca. - [Los Angeles], [1998]. - Aktualisierte Online-Version: http://www.getty.edu/gri/standard/intrometadata/2_articles/gill/index.htm

GREENBERG, JANE: A comparison of web resource access experiments : planning for the new millenium // In: Conference on Bibliographic Control in the New Millenium. - [Washington], [2000]

HAKALA, JUHA [u.a.]: The nordic metadata project : final report July 1998, Helsinki University Library. - Online-Version: http://webdoc.sub.gwdg.de/ebook/aw/1999/linnea/nmfinal.htm

HEERY, RACHEL ; PATCH, MANULA: Application Profiles: Mixing and Matching Metadata Schemes // In: Ariadne, 25 (2000): http://www.ariadne.ac.uk/issue25/app-profiles/

HOFFMANN, LUISE: Metadaten von Internetressourcen und ihre Integrierung in Bibliothekskataloge // In: Buch und Bibliothek, 50 (1998), S. 341 - 345

JPEG: http://www.jpeg.org

JUL, ERIK: Cataloging internet resources: an assessment and prospectus // In: The serials librarian, 34 (1998), S. 91 - 104

KENNEY, ANNE R.; RIEGER, OYA Y.: Moving theory into practice : digital imaging for libraries and archives. - Mountain View, CA, 2000. - Online-Version: http://www.library.cornell.edu/preservation/tutorial/

KOCH, TRAUGOTT: Dublin Core Metadata Initiative in transition : DC 8, Ottawa, 3 - 6 October 2000. - Online-Version: http://www.lub.lu.se/metadata/dc8-report.htm

KOCH, TRAUGOTT: Nutzung von Klassifikationssystemen zur verbesserten Beschreibung, Organisation und Suche von Internetressourcen // In: Buch und Bibliothek, 50 (1998), S. 326 - 335

LAM, VIN-THE: Cataloging internet resources : why, what, how // In: Cataloging & classification quarterly 29 (2000), S. 49 - 62

LC21 : a digital strategy for the Library of Congress / Committee on an Information Technology Strategy for the Library of Congress, Computer Science and Telecommunications Board, Commission on Physical Sciences, Mathematics, and Applications, National Research Council. - Washington DC, 2000

LEPSKY, KLAUS: Im Heuhaufen suchen und finden : automatische Erschließung von Internetquellen ; Möglichkeiten und Grenzen // In: Buch und Bibliothek, 50 (1998), S. 336 - 340

Lizardtech: http://www.lizardtech.com/index.html

LURATECH: http://www.luratech.com/

MEYENBURG, SVEN: Der Aufbau Virtueller Fachbibliotheken in der Bundesrepublik Deutschland // In: Bibliotheksdienst, 34 (2000), S. 1229 - 1235

MILLER, ERIC: An introduction to the resource description framework // In: D-Lib Magazine, May 1998. Online-Version: http://www.dlib.org/dlib/may98/miller/05miller.html

Networked European Deposit Library (NEDLIB): http://www.kb.nl/coop/nedlib/homeflash.html

OAIS : http://www.ccsds.org/documents/pdf/CCSDS-650.0-R-1.pdf. - Ergänzungsvorschläge durch die Teilnehmer des NEDLIB-Projekts unter: http://www.kb.nl/coop/nedlib/results/OAISreviewbyNEDLIB.html

OCLC CORC Documentation : http://www.oclc.org/oclc/corc/documentation/index.htm

ODER, NORMAN: Cataloging the Net: Can we do it? // In: Library journal 123 (1998), S. 47 - 51

ODLYZKO, ANDREW M.: Tragic loss or good riddance? : The impending demise of traditional scholarly journals // In: International journal of human computer studies 42 (1995), S. 71 -122

Persistent Uniform Resource Locator: http://purl.oclc.org/

PNG: http://www.png.org

RDF Metadata. W3C Note 1997-11-12: http://www.w3.org/TR/NOTE-rdf-simple-intro-971113.html

Renardus: The clever route to information: http://www.renardus.org/

RENOULT, DANIEL: Das Digitalisierungsprogramm der Bibliothèque nationale de France // In: Bibliothek, Forschung und Praxis 23 (1999), S. 69 - 75

Resource Description Framework (RDF): http://www.w3.org/RDF/

Retrospektive Digitalisierung von Bibliotheksbeständen : Berichte der von der Deutschen Forschungsgemeinschaft einberufenen Facharbeitsgruppen „Inhalt" und „Technik". - Berlin, 1997. - (dbi-Materialien ; 166)

ROTHENBERG, JEFF: Avoiding technological quicksand : finding a viable technical Foundation for digital preservation. - Washington DC, 1999

RUSHBRIDGE, CHRIS: Towards the hybrid library // In: D-Lib Magazine July/August (1998). - Online-Version: http://www.dlib.org/dlib/july98/rusbridge/07rusbridge.html

Scirus: http://www.scirus.com

Text Encoding Initiative (TEI): http://www.tei-c.org/>

TEI Guidelines: http://www.uic.edu/orgs/tei/p3/

The Digital Object Identifier System (DOI): http://www.doi.org/

The Internet Archive. Building an Internet Library: http://www.archive.org/

The WWW Virtual Library: http://vlib.org/Overview.html

TIFF-Version 6.0: http://partners.adobe.com/asn/developer/PDFS/TN/TIFF6.pdf

UKOLUG Quick Guide to Online Commands / hrsg. von Sheila Webber. - 4. Aufl. - London, 1994

Uniform Resource Names (URN): http://www.ietf.org/html.charters/urn-charter.html

VAN DE SOMPEL, HERBERT ; HOCKSTENBACH, PATRICK: Reference linking in a hybrid library environement. Part 1 and 2 // In: D-Lib Magazine 5 (1999) http://www.dlib.org/dlib/april99/van_de_sompel/04/van_de_sompel_pt1.html

VAN DE SOMPEL, HERBERT ; LAGOZE, CARL: The Santa Fe Convention of the Open Archives Initiative // In: D-Lib Magazine 6 (2000) 2

http://www.dlib.org/dlib/february00/vandesompel-oai/02vandesompel-oai.html

WEIBEL, STUART: Metadata : The foundation of resource description // In: D-Lib Magazine July (1995). Online-Version: http://www.dlib.org/dlib/July95/07weibel.html

WEIBEL, STUART: The State of the Dublin Core Metadata Initiative April 1999 // In: D-Lib Magazine, 5 (1999), 4. Online-Version: http://www.dlib.org/dlib/april99/weibel.htm

Wissenschaft online: elektronisches Publizieren in Bibliothek und Hochschule / hrsg. von Beate Tröger. - Frankfurt am Main, 2000. - (Zeitschrift für Bibliothekswesen und Bibliographie : Sonderheft ; 80)

Heinz-Werner Hoffmann · Reiner Diedrichs
17 Elektronische Datenverarbeitung[*]

Elektronische Datenverarbeitungsverfahren bieten die Möglichkeit zur Rationalisierung und zur Verbesserung von Arbeitsabläufen. Die ersten Anwendungen von EDV-Verfahren findet man in deutschen Bibliotheken in den 1960er Jahren vorwiegend in den Bereichen Ausleihverbuchung und Katalogisierung, also in den Bereichen, in denen große Mengen an gleichartigen Daten in leicht beschreibbaren Abfolgen zu verarbeiten sind. Am Beginn des 21. Jahrhunderts ist der Einsatz von Datenverarbeitungsverfahren in Bibliotheken ab einer bestimmten Größenordnung selbstverständlich. Viele Dienstleistungen der Bibliotheken sind ohne den Einsatz von DV-Verfahren heute gar nicht mehr denkbar. Es gibt aber auch Arbeitsabläufe, wie die Erwerbung, insbesondere die Zeitschriftenerwerbung, die selbst in großen Bibliotheken noch ohne den Einsatz der Datenverarbeitung abgewickelt werden. War es früher vielfach der hohe Preis für Datenverarbeitungsgeräte, der Bibliotheken von der Automatisierung abhielt, so ist es heute oftmals die immer noch unzureichende Leistungsfähigkeit von Programmen, die teilweise für Abstinenz von EDV-Verfahren sorgt. Wer ein neues Datenverarbeitungsprogramm entwickeln will, muss zuvor die Arbeitsabläufe und die Strukturen der zu verarbeitenden Daten analysieren und beschreiben. Ein Datenverarbeitungsverfahren kann nur die Abläufe durchführen, die zuvor programmiert worden sind, und nur solche Daten verwalten, deren Struktur den Programmvorgaben entspricht.

Betrachtet man die in einer Bibliothek zu automatisierenden Arbeitsabläufe und die dabei zu verarbeitenden Daten, kann man von Abteilung zu Abteilung gravierende Unterschiede feststellen. So sind es bei der Ausleihe beispielsweise nur wenige Daten, die bei einem einzelnen Vorgang zu erfassen, zu speichern und zu verarbeiten sind. Diese Daten sind relativ kurz und in aller Regel gut strukturiert, zum Beispiel Benutzernummern, Buchungsnummern, Kalenderdaten, Anzahl von Vormerkungen oder Fristverlängerungen. Im Gegensatz dazu sind Erwerbungs- oder Katalogisierungsdaten sehr umfangreich. Sie sind unterschiedlich strukturiert und können sehr lang sein. Ausleihdaten werden in der Regel nur für eine bestimmte Zeit gespeichert, für einige Tage oder Wochen. Katalogdaten werden in der Regel für viele Jahre aufbewahrt. Dadurch steigt das Volumen einer Katalogdatenbank bei den Bibliotheken, die keine Aussonderungen vornehmen, kontinuierlich an.

Bis Ende der 1980er Jahre, teilweise aber auch noch darüber hinaus, sind Programme zur Automatisierung bibliothekarischer Arbeitsverfahren isoliert für einzelne Abteilungen entwickelt worden. Gründe lagen in den unterschiedlichen Datenstrukturen, aber auch in der zunächst noch unzureichenden Leistungsfähigkeit der Datenverarbeitungsgeräte. Ein Beispiel dafür ist ein automatisierter Katalog, aus dem man die Signatur oder Bestellnummer auf einen Merkzettel notieren oder auswendig lernen muss, um diese Information dann anschließend für die Bestellung aus dem Magazin wieder in ein Ausleihverbuchungssystem einzutippen. Solange Kataloge mit Hilfe von Datenverarbeitungsverfahren nur offline auf Papier oder Mikrofiches ausgegeben werden konnten, war eine technische Integration mit der Ausleihverbuchung nicht möglich. Erst die Verbreitung von relativ preisgünstigen Datenverarbeitungs-

---

[*] Heinz-Werner Hoffmann verfasste die Abschnitte 17.1 bis 17.5, Reiner Diedrichs die Abschnitte 17.6 bis 17.9.

geräten in Form von Personal-Computern und die technische Vernetzung dieser Geräte hat es ermöglicht, auch auf der Software-Seite mit einer Integration der verschiedenen Bibliotheksanwendungen zu beginnen.

Auf die Anforderung nach „Integrierten Bibliothekssystemen" haben die Produzenten auf unterschiedliche Weise reagiert. Einige wenige hatten die Zeit und das Geld, ein vollständig neues System zu entwickeln. Andere haben versucht, bisher vorhandene Systemkomponenten miteinander zu vernetzen oder zu vorhandenen Bausteinen die fehlenden Komponenten zu ergänzen. Das Ergebnis dieser Entwicklung kann man heute in den Bibliotheken betrachten: eine Vielzahl von Systemen, die im Prinzip alles können, was man von einem integrierten Geschäftsgang erwartet. Erwerbungsdaten können für die Katalogisierung genutzt werden und nach einer Recherche im Online-Katalog kann man den gewünschten Titel ohne erneute Dateneingabe bestellen oder vormerken. Selbst die Kopplung mit heterogen Systemen für eine automatisierte Fremddatennutzung oder für die Fernleihe gehört heute zum Funktionsumfang vieler Systeme.

Bezogen auf den Funktionsumfang und die Abläufe gibt es zum Teil jedoch große Unterschiede zwischen den Systemen. Das eine System verfügt über eine hervorragende Ausleihkomponente, gilt aber in der Katalogisierung als weniger leistungsfähig. Mit einem anderen System kann man hervorragend katalogisieren, aber nur unzureichend erwerben. Bei einem dritten System ist die Kopplung zwischen dem Online-Benutzerkatalog und der Ausleihe hervorragend, aber die Datenerfassung für die Katalogisierung sehr umständlich. Diese Unterschiede sind zum Teil historisch bedingt, zum Teil haben sie ihre Ursache in den zugrunde liegenden Datenmodellen oder schlicht in dem Aufwand, den der Hersteller für einen bestimmten Kaufpreis leisten kann

17.1 Benutzung

Im Bereich der Benutzung können folgende Arbeitsschritte durch den Einsatz von Datenverarbeitungsverfahren automatisiert werden: Verwaltung der Benutzerdaten, Bestellung aus dem Magazin, Ausleihe, Rückgabe, Überwachung der Leihfrist, Fristverlängerung, Mahnung, Gebührenverwaltung, Benachrichtigungen an Benutzerinnen und Benutzer, Statistik. Eine wichtige Rolle spielen im Benutzungsbereich natürlich auch die Kataloge. Da sie in aller Regel jedoch nicht vom Personal der Benutzungsabteilung betreut werden, sondern von einer eigenen Katalogabteilung, wird auf die Automatisierung der Kataloge später eingegangen. Im Bereich der Benutzung müssen folgende Daten erfasst, gespeichert und verarbeitet werden: Namen, Adressen, Benutzernummern, Benutzungsberechtigungen, Buchungsnummern oder Signaturen, Kalenderdaten, Fristdaten, Mahndaten, Vorgangszählungen (z.B. Anzahl der Fristverlängerungen, Mahnungen), Gebühren.

17.1.1 Nummern

Benutzernummern dienen der eindeutigen Identifizierung der Nutzer. Sie sind eng mit den Namen und Adressen verknüpft. Jedem Namen entspricht eine Nummer, jeder Nummer entspricht ein Name. Einem Namen bzw. einer Nummer können jedoch mehrere Anschriften zugeordnet sein, zum Beispiel eine Privat- und eine Dienstadresse, eine Heimat- und eine Semesteradresse. Benutzernummern müssen eindeutig sein und sollen – je nach den spezifischen Anforderungen der Bibliothek – Aussagen über Benutzungsberechtigungen oder statistische Aufgliederungen ermöglichen, zum Beispiel die Unterscheidung zwischen Studierenden und Hochschullehrern in einer Universitätsbibliothek oder die Unterscheidung zwischen Jugendlichen und Erwachsenen in einer Stadtbibliothek. Aus technischer Sicht müssen sich Benutzernummern für eine maschinelle Erfassung eignen.

Buchungsnummern dienen der eindeutigen Identifizierung der ausleihbaren Medien. Sie sind eng mit Titelaufnahmen verknüpft. Jeder Buchungsnummer muss konkret ein Band oder ein Exemplar einer Ausgabe zugeordnet sein. Umgekehrt muss jedes einzeln ausleihbare Medium eine Buchungsnummer tragen. Je nach den spezifischen Anforderungen einer Bibliothek sollen Buchungsnummern auch Aussagen über Benutzungsbedingungen ermöglichen, zum Beispiel Rückschlüsse auf unterschiedliche Leihfristen für Bücher und elektronische Medien. Aus technischer Sicht müssen sich Buchungsnummern für eine maschinelle Erfassung eignen. Dies hat vielen großen, insbesondere alten Bibliotheken bei der Einführung von Datenverarbeitungsverfahren Probleme bereitet. Wenn man eine Bibliothek unter Nutzung von Datenverarbeitungsverfahren vollständig neu aufbaut, kann man Buchungsnummern so konzipieren, dass sie sowohl die individuellen bibliothekarischen als auch die technischen Anforderungen erfüllen. Wenn eine Bibliothek zum Zeitpunkt der DV-Einführung schon über große Bestände verfügt, ist es wegen des dadurch entstehenden großen Aufwands praktisch unmöglich, für alle ausleihbaren Medien neue Buchungsnummern zu vergeben und diese neuen Nummern den Katalogaufnahmen eindeutig zuzuordnen. Die meisten Bibliotheken haben die beschriebene Problematik in der Vergangenheit dadurch gelöst, dass sie vorhandene Signaturen als Buchungsnummern für die Ausleihe verwendet haben. Das setzt allerdings voraus, dass die vergebenen Signaturen eindeutig sind und sich für eine maschinelle Erfassung eignen. Wo diese Voraussetzungen nur teilweise gegeben waren, mussten die Bibliotheken für Teilbestände neue Signaturen oder Buchungsnummern vergeben. Als Alternative zu Signaturen kann man auch Akzessions- oder andere vorhandene Nummern als Buchungsnummern verwenden. Voraussetzung ist in jedem Fall die Eindeutigkeit und die Zuordnung zu Titeln. Die Einführung von gesonderten Buchungsnummern ist nur dann erforderlich, wenn andere vorhandene Nummern sich für die eindeutige Identifizierung oder für eine maschinelle Erfassung nicht eignen.

17.1.2 Maschinelle Erfassung

Für die maschinelle Erfassung von Benutzer- und Buchungsnummern gibt es zur Zeit zwei Haupt-Alternativen: die Benutzung von Strichcodes oder von maschinenlesbaren Schriften. Beide Verfahren sind von der Industrie entwickelt worden für die Datenerfassung in Geschäften, bei der Post und an anderen Stellen, bei denen Informationen maschinell erfasst werden sollen, ohne dass der Datenträger ganz oder teilweise in ein spezielles Lesegerät eingeführt werden muss.

Bei Strichcodes werden die Zeichen durch eine Abfolge von unterschiedlich breiten Strichen und Zwischenräumen verschlüsselt. Dabei wird jedem Zeichen ein bestimmtes „Muster" zugeordnet, das von entsprechenden Lesegeräten entschlüsselt werden kann. Diese Art der Zeichenverschlüsselung wird von sehr vielen Geschäften bei der Warenerfassung an Kassen genutzt. Dadurch ergibt sich ein hoher Verbreitungsgrad von Strichcodes mit der Folge technischer Weiterentwicklungen insbesondere bei der Erfassungstechnik. Ein gewisser Nachteil von Strichcodes besteht in seinem eingeschränkten Zeichenvorrat. Für Handel und

17.1 Benutzung

Industrie genügt in weiten Bereichen die Codierung von Ziffern. Artikelnummern, die an Supermarktkassen erfasst werden, sind zum Beispiel rein numerisch. Es gibt auch spezielle Strichcodes für Buchstaben. Sie sind aber nicht so weit verbreitet, zum Teil unterschiedlich kodiert und bilden wegen der höheren Zahl von unterschiedlichen Mustern bei der Erfassung ein höheres Fehlerrisiko.

Maschinenlesbare Schriften sehen auf den ersten Blick aus wie ganz normale Schreibmaschinen- oder Druckertypen. Erst bei genauerem Hinsehen erkennt man gewisse Unterschiede an den Stellen, bei denen zwei Zeichen sich sehr ähnlich sind. Schrifttypen sind nur dann maschinell lesbar, wenn sich die einzelnen Typen deutlich voneinander unterscheiden. Lesegeräte für maschinenlesbare Schriften nehmen die einzelnen Zeichen auf und vergleichen sie mit abgespeicherten Mustern für Ziffern und Buchstaben. Dafür ist es dann unbedingt erforderlich, dass sich die einzelnen Muster signifikant unterscheiden, dass beispielsweise die Ziffer „Null" (0) anders aussieht als der Großbuchstabe „O".

Etiketten mit Strichcodes oder maschinenlesbaren Schriften können relativ problemlos innen oder außen an Büchern oder anderen Medien befestigt werden. Für die Datenerfassung ist es ausreichend, dass ein mobiles oder stationäres Lesegerät (Scanner) Sichtkontakt mit den Etiketten bekommt. Bei anderen weit verbreiteten technischen Verfahren für die maschinelle Datenerfassung, wie zum Beispiel Magnetstreifen oder Speicherchips, ist es dagegen erforderlich, den Datenträger für die Erfassung in ein spezielles Lesegerät einzuführen. Magnetstreifen und Speicherchips kommen unter anderem bei Bank-Karten, Telefonkarten oder elektronischen Geldbörsen zum Einsatz. Sollen Plastikkarten mit Magnetstreifen oder Speicherchips für die maschinelle Erfassung von Buchungsnummern verwenden werden, kann man diese Datenträger nicht fest mit den Büchern oder anderen Medien verbinden, weil sie ganz oder teilweise in Lesegeräte eingeführt werden müssen. Die Verwendung von Datenträgern, die nicht fest mit den auszuleihenden Medium verbunden sind, ist problematisch, weil die Gefahr des Verlustes oder des Vertauschens besteht. Als Benutzerausweis können solche Plastikkarten dagegen gut Verwendung finden. Allerdings erfordert der Einsatz unterschiedlicher Techniken für die Erfassung von Benutzer- und Mediendaten die Beschaffung zusätzlicher Lesegeräte. Daher geben viele Bibliotheken einer einheitlichen Erfassungstechnik für Benutzernummern und Buchungsnummern den Vorzug.

Wenn man über Alternativen zu Strichcodes und maschinenlesbaren Schriften nachdenkt, liegt die Zukunft bei solchen Speichertechniken, die zum einen eine feste Verbindung mit dem auszuleihenden Medium zulassen, zum anderen eine berührungslose Datenerfassung ermöglichen. Entsprechende Systeme sind bereits auf dem Markt und kommen beispielsweise bei automatischen Schranken, Zugangskontroll- oder Zeiterfassungssystemen zum Einsatz. Das technische Prinzip dieser Systeme besteht darin, dass die auf einem Chip gespeicherte Information über Funkkontakt abgerufen wird. Mit einer solchen Technik wäre es auch leicht möglich, die Automatisierung des Ausleihvorgangs mit einem Buchsicherungsverfahren zu verbinden.

Automatisierte Verfahren zur Datenerfassung können im Rahmen der automatisierten Ausleihverbuchung selbstverständlich nur dann zum Einsatz kommen, wenn die mit Datenträgern versehenen Medien beim Erfassungsvorgang vorliegen. Das ist unter anderem bei Vormerkungen oder Bestellungen aus einem Magazin nicht der Fall und stellte in der Vergangenheit viele Bibliotheken, bei denen es keine automatische Datenübernahme aus einem Online-Katalog in das Ausleihsystem gab, vor große Probleme. Wenn Benutzerinnen oder Benutzer Buchungsnummern oder Signaturen für vorzumerkende oder zu bestellende Literatur aus einem Katalog abschreiben müssen, dann ist das nicht nur lästig und umständlich, sondern es stellt auch eine gewisse Gefahr für Schreibfehler oder Verwechselungen dar.

17.1.3 Kalenderdaten

Zur Dokumentation von Ausleihen und Rückgaben, insbesondere aber für die maschinelle Überwachung von Leihfristen, spielen Kalenderdaten eine große Rolle. Die Erfassung, Speicherung und Verarbeitung solcher Daten wäre keiner besonderen Erwähnung wert, wenn es nicht unterschiedliche Formen für ihre Darstellung gäbe. Die in Deutschland allgemein gebräuchliche Abfolge Tag, Monat und Jahr ist ungünstig für das maschinelle Vergleichen von Kalenderdaten, wie es insbesondere bei der Fristüberwachung im Rahmen einer automatisierten Ausleihverbuchung erforderlich ist. Wenn Kalenderdaten in der Reihenfolge Jahr, Monat und Tag abspeichert werden, dann entspricht einem früheren Datum ein kleinerer, einem späteren Datum ein größerer Zahlenwert. Durch den Vergleich der beiden Zahlenwerte 20010430 und 20010503 kann man beispielsweise am 3. Mai 2001 leicht feststellen, dass ein Buch, dessen Leihfrist am 30. April 2001 zu Ende ging, nicht fristgerecht zurückgegeben wurde. Wenn man nicht nur die Frage beantworten möchte, ob ein bestimmtes Kalenderdatum größer oder kleiner ist als ein anderes Datum, wenn man auch noch wissen möchte, wie groß die Differenz zwischen zwei Kalenderdaten ist, weil zum Beispiel die Höhe einer Fristüberschreitungsgebühr davon abhängt, dann empfiehlt sich eine Datumsspeicherung in der Form „Jahr und laufende Tagesnummer". Dabei kann man dann zumindest innerhalb eines Kalenderjahres sehr leicht Differenzen bilden. Bei dieser Speichermethode entspricht dem 30. April 2001, dem 120. Tag des Jahres 2001, der Wert 2001120 und dem 3. Mai 2001 der Wert 2001123. Bildet man die Differenz zwischen diesen beiden Werten, kommt man auf drei Tage.

17.1.4 Zentrale Funktionen der Ausleihverbuchung

Hauptaufgabe jedes Ausleihverbuchungssystems ist es, festzuhalten, wer wann welches Medium entliehen hat. Zur Speicherung dieser Information reicht ein Datensatz mit den drei Datenfeldern Buchungsnummer, Benutzernummer und Kalenderdatum theoretisch aus. In der Praxis kommen jedoch noch die am Anfang des Kapitels genannten weiteren Funktionen und weiteren Datenfelder hinzu. Aus Sicht der Nutzer besteht die wichtigste Funktionalität eines Ausleihverbuchungssystems darin, alle zugänglichen Daten jederzeit, nach Möglichkeit „rund um die Uhr" abfragen, Medien bestellen und sich für ausgeliehene Medien vormerken lassen zu können. Damit kommen einem automatisierten Ausleihverbuchungssystem zwei Grundaufgaben zu: die Abwicklung bibliotheksinterner administrativer Aufgaben und die Information der Nutzer über die Verfügbarkeit von Medien. Die zuletzt genannte Aufgabe kann wirkungsvoll allerdings nur im Zusammenspiel mit einem Online-Benutzerkatalog wahrgenommen werden.

Die Doppelfunktion von Ausleihverbuchungssystemen als bibliotheksinternes Arbeitsinstrument und als Informationsquelle für die Nutzer erfordert aus Gründen des Datenschutzes und der Datensicherheit technische Vorkehrungen, damit personenbezogene Daten nur von Berechtigten eingesehen und Verwaltungsdaten nur von Berechtigten erfasst, verändert oder gelöscht werden können. Das hat zur Folge, dass Hersteller von Ausleihverbuchungssystemen solche Funktionen entwickeln und Bibliotheken solche Berechtigungen definieren müssen.

Neben dem Nachweis von bestellten, ausgeliehenen und vorgemerkten Werken sind die wichtigsten verwaltungsinternen Funktionen einer automatisierten Ausleihverbuchung die Fristüberwachung und die Gebührenverwaltung. Die Fristüberwachung, die auch bei der Buchbearbeitung eine große Rolle spielt, und die Gebührenverwaltung werden in späteren Abschnitten behandelt.

17.1.5 Daten- und Dateiorganisation

Die ersten Ausleihverbuchungssysteme, die in den 1960er Jahren zum Einsatz kamen, waren Offline-Systeme, bei denen Ausleih-, Rückgabe- und Vormerkdaten in der Regel über einen Tag gesammelt und dann am Ende des Tages bzw. in der Nacht verarbeitet wurden. Die Information über ausgeliehene Medien, Fristen, Vormerkungen und Mahnungen erfolgte an Hand von Listen, die allerdings niemals aktuell sein konnten. Wegen der damals relativ hohen Hardware-Preise war der sparsame Umgang mit Speicherplatz ein wichtiges Kriterium bei der Daten- und Dateiorganisation. Im Prinzip reichten zwei Dateien mit jeweils sehr einfachen Datenstrukturen aus: eine Benutzerdatei und eine Ausleihdatei. In einigen Systemen gab es darüber hinaus noch eine Textdatei, in der unterschiedliche Texte für Benachrichtigungsschreiben hinterlegt waren.

Moderne Ausleihverbuchungssysteme sind als Online-System konzipiert und verfügen über eine Reihe von miteinander verknüpften Dateien, um die vielfältigen Anforderungen der Bibliotheken und ihrer Benutzer abdecken zu können. Kern ist nach wie vor die Ausleihdatei, deren Sätze über eine Buchungsnummer eindeutig identifiziert werden. Verknüpft ist die Ausleihdatei mit der Benutzerdatei, deren Sätze über eine Benutzernummer eindeutig identifiziert werden. Weiterhin sollte die Ausleihdatei über die Buchungsnummer mit einer Katalogdatei verknüpft sein, damit man eine bestimmte Buchungsnummer einem Titel zuordnen kann und umgekehrt im Anschluss an eine Suche im Katalog eine Bestellung oder Vormerkung durchführen kann. Zu Zeiten teuren und knappen Speicherplatzes hat man sich darauf beschränkt, in der Ausleihdatei nur Informationen zu den Medien zu speichern, die ausgeliehen waren. Nach der Rückgabe und der Bezahlung von eventuell angefallenen Mahngebühren wurden die Datensätze gelöscht. Diese Art von Ausleihdateien bezeichnet man auch als „Negativ-Datei". Im Gegensatz dazu sind in einer „Positiv-Datei" alle Medien verzeichnet, in der Regel auch diejenigen, die prinzipiell nicht ausleihbar sind. Dem Nachteil des größeren Speicherbedarfs steht als Vorteil gegenüber, dass man in einer Positiv-Datei Informationen auf Dauer speichern kann, die unabhängig von einem konkreten Ausleihvorgang sind, zum Beispiel Angaben zu individuellen Leihfristen oder Hinweise auf grundsätzliche Nicht-Ausleihbarkeit. Die wichtigste Information ist allerdings die Verknüpfung zur Katalogdatei, die auch über das Ende eines konkreten Ausleihvorgangs erhalten bleiben sollte.

Gebühren kann man im Prinzip in der Ausleihdatei oder in der Benutzerdatei verwalten. In vielen Systemen sind die Funktionen der Gebührenverwaltung in den letzten Jahren so stark angewachsen, dass es sich als zweckmäßig herausgestellt hat, dafür eigene Dateien einzurichten, die mit den Ausleih- und Benutzerdateien verknüpft sind. Insbesondere zu Zeiten der Offline-Verarbeitung hatte man sich damit begnügt, Gebühren in der Ausleihdatei bei dem Medium zu verwalten, für das Gebühren zu bezahlen waren. Das führte immer dann zu Problemen, wenn ein solches Medium erneut ausgeliehen wurde, ohne dass die Gebühren für den vorhergehenden Ausleihfall beglichen waren. Eine Gebührenverwaltung in der Benutzerdatei ist unabhängig vom konkreten Ausleihstatus einzelner Medien. Sie ermöglicht die Verwaltung von benutzer- und medienbezogenen Gebühren, bläht aber die Benutzerdatei stark auf, wenn man Säumnisgebühren für viele Medien verwalten muss. Dafür reicht es in der Regel nicht aus, nur Geldbeträge zu verwalten. Man muss auch eine Fülle von Kalenderdaten speichern, zum Beispiel das Ende der Leihfrist, Mahndaten, Rückgabedatum, Datum von Teilzahlungen. Moderne Gebührenverwaltungssysteme können sowohl benutzer- als auch medienbezogene Gebühren verwalten. Sie ermöglichen Teilzahlungen und Vorauszahlungen sowie die Verrechnung eines bestimmten Betrages mit einzeln definierbaren Vorgängen. Durch Verknüpfung mit anderen Funktionen eines Ausleihverbuchungssystems können sie auch den Ausschluss oder die Beschränkung von bestimmten Funktionen veranlassen, wenn eine bestimmte Summe an Schulden aufgelaufen ist.

17.2 Erster technischer Exkurs

17.2.1 Bildung von Suchbegriffen

Am Beispiel einer Benutzerdatei soll gezeigt werden, welche technischen Abläufe sich im Hintergrund von Online-Systemen abspielen. Eine fingierte Benutzerdatei besteht aus folgenden Datenfeldern: Benutzernummer, Name, Geburtsdatum, Straße, Hausnummer, Postleitzahl, Ort, Telefonnummer. Die Benutzernummer dient als eindeutiges Identifizierungsmerkmal und als technischer Adress-Schlüssel für die Speicherung eines Benutzer-Datensatzes. Wenn man nun einen bestimmten Datensatz sucht, ohne die Benutzernummer zu kennen, muss man in der Regel mehrere andere Datenelemente kennen, um zu einem eindeutigen Ergebnis zu kommen. Technisch gibt es dafür zwei Lösungsmöglichkeiten: man durchsucht alle Datensätze nacheinander, bis man den gewünschten Satz gefunden hat, oder man richtet neben der Benutzer-Stammdatei noch zusätzliche Suchbegriffsdateien ein. Die Datensätze solcher Suchbegriffs- oder Indexdateien bestehen aus dem eigentlichen Suchbegriff und einer Liste von Identifikationsnummern der Benutzerdatensätze, in denen der Suchbegriff vorkommt. Sinnvoll im Rahmen eines Ausleihverbuchungssystems ist die Einrichtung einer Suchbegriffsdatei für Namen. Eine solche Datei könnte wie folgt aussehen:

Becker, Gertrud: 3265
Meyer, Klaus: 1354, 1782
Müller, Ute: 2513, 2817, 4361
Müller, Uwe: 2891
Schmitz, Holger: 1725, 4891

In diesem Beispiel gibt es eine Benutzerin mit dem Namen „Becker, Gertrud", aber zwei Benutzer mit dem Namen „Schmitz, Holger". Der Name „Müller, Ute" kommt sogar in drei Benutzerdatensätzen vor und zwar in den Sätzen mit den Benutzernummern 2513, 2817 und 4361. Eine Suche nach den Namen „Müller, Ute" oder „Schmitz, Holger" liefert also keine eindeutigen Ergebnisse.

17.2.2 Logische Verknüpfungen

Führt man nun noch weitere Suchbegriffsdateien ein, zum Beispiel für Wohnort und Straße, kann man auf der einen Seite weitere Fragestellungen „online" beantworten, kann aber insbesondere durch eine Kombination von Suchbegriffen eindeutigere Ergebnisse erzielen. Eine Suchbegriffsdatei für Wohnorte könnte wie folgt aussehen:

Berlin: 619, 1725, 2791, 3751, 5624
Frankfurt: 1341, 4361
Hamburg: 2391, 2513, 6428
Köln: 829, 2817, 4711, 4812
München: 3265, 4913, 5198

Bei diesem Beispiel ist in fünf Benutzerdatensätzen der Wohnort „Berlin" gespeichert, in vier Sätzen der Ort „Köln", in jeweils drei Sätzen die Orte „Hamburg" und „München" und in zwei Sätzen der Ort „Frankfurt". Wenn nun nach allen Datensätzen gesucht wird, in denen der Name „Müller, Ute" und der Ort „Köln" vorkommt, wird bei einem Vergleich der Nummernlisten „2513, 2817, 4361" (Müller, Ute) und „829, 2817, 4711, 4812" (Köln) festgestellt, dass die Nummer „2817" in beiden Listen vorkommt, dass es also genau einen Benutzerdatensatz gibt, in dem als Name „Müller, Ute" und als Wohnort „Köln" gespeichert ist.

Für die Suche nach Inhalten von Dateien oder Datenbanken unter Nutzung von Suchbegriffsdateien werden in der Regel von den Software-Systemen zwei Verfahrensmöglichkeiten angeboten: die Anzeige der Suchbegriffslisten ab einem bestimmten Einstiegspunkt, zum Beispiel ab einem bestimmten Buchstaben des Alphabets oder die direkte Eingabe einer Suchfrage. Der Sucheinstieg über eine Suchbegriffsliste ist sinnvoll, wenn man die genaue Schreibweise eines Namens oder Begriffs nicht kennt. Da in diesen Listen in der Regel zusammen mit den Suchbegriffen gleich auch die Anzahl der „Treffer" angezeigt wird, kann man auch diese Information bei der Auswahl eines geeigneten Sucheinstiegs mit einbeziehen. Die direkte Eingabe einer Suchfrage hat gegenüber der Nutzung einer Suchbegriffsliste zwei Vorteile: Man kommt schneller zum Ziel, weil ein Dialogschritt wegfällt. Man kann in der Regel gleich mehrere Suchbegriffe eingeben und miteinander verknüpfen. Für diese logische Verknüpfung von Suchbegriffen gibt es nach den Gesetzen der mathematischen Mengenlehre drei Möglichkeiten: (1) Bilden einer Schnittmenge (logisches „Und"), (2) Bilden einer Vereinigungsmenge (logisches „Oder"), (3) Bilden einer Komplementmenge (logisches „Und nicht"). Die Mengen, mit denen dabei gearbeitet wird, sind die den einzelnen Suchbegriffen zugeordneten Identifikationsnummern. In dem obigen Beispiel einer Suche nach „Müller, Ute" und „Köln" handelt es sich um eine logische „Und-Verknpüfung". Der Datensatz mit der Nummer „2817" ist die Schnittmenge der beiden miteinander verglichenen Nummernlisten. Sucht man nach den Namen „Müller, Ute" oder „Müller, Uwe" erhält man als Ergebnis alle Nummern, die in einem der beiden Datensätze oder in beiden Datensätzen vorkommen, also die Nummern „2513, 2817, 2891, 4361". Sucht man alle Benutzerinnen, die „Ute Müller" heißen, aber nicht in „Köln" wohnen, streicht man aus der dem Namen „Müller, Ute" zugeordneten Liste alle die Nummern, die dem Ortsnamen „Köln" zugeordnet sind und erhält in dem obigen Beispiel als Ergebnis die Nummern „2513" und „4361".

Einige Systeme bieten auch beim Sucheinstieg über Suchbegriffslisten die Möglichkeit zu logischen Verknüpfungen, dadurch dass sie Nummernlisten von gefundenen Treffern zwischenspeichern und die Möglichkeit zur nachträglichen Verknüpfung dieser Nummernlisten durch logische Operatoren anbieten. Nicht nur Menschen, sondern auch Maschinen können zwei oder mehr Nummernlisten dann am schnellsten miteinander vergleichen, wenn diese Listen aufsteigend oder absteigend sortiert sind. Daher ist die Sortierung der Nummern in den angeführten Beispielen kein Zufall, sondern entspricht der Praxis der DV-Systeme. Auch die Reihenfolge eines Vergleichs hat Einfluss auf den Zeitbedarf. Man ist schneller am

Ziel, wenn man die Nummern der kürzeren Liste daraufhin überprüft, ob diese auch in der längeren Liste vorkommen.

Einige Online-Retrieval-Systeme führen Nummernvergleiche in der Reihenfolge durch, in der Suchbegriffe eingegeben werden. Das führt bei der Suche mit „unspezifischen" Begriffen, zu denen es viele Treffer gibt, gelegentlich dazu, dass man keine oder unzureichende Ergebnisse erhält, weil die vom System vorgesehene Maximalzahl von Nummernvergleichen überschritten wird. Tauscht man dann die Eingabe-Reihenfolge der Suchbegriffe, erhält man häufig ein genaues Ergebnis, weil nur noch die kleinere Anzahl von Vergleichen durchzuführen ist. Besser ist es natürlich, wenn ein Retrievalsystem vom Hersteller so konzipiert wird, dass es von sich aus Vergleichsoperationen optimiert. Wenn Datenbanksysteme aus technischen Gründen nicht in der Lage sind, beliebig lange Nummernlisten zu einzelnen Suchbegriffen zu verarbeiten, ist die Einrichtung von Stoppwort-Listen ein übliches Verfahren, um die Anzahl langer Nummernlisten zu reduzieren. Häufig vorkommende Wörter, zum Beispiel Artikel, Konjunktionen und Präpositionen, werden als Stoppwörter definiert und bei der Suchbegriffsbildung übergangen. Nur dann, wenn ein Titel ausschließlich aus Stoppwörtern besteht, werden diese Wörter zu Suchbegriffen, weil man sonst den entsprechenden Titel über einzelne Bestandteile nicht mehr finden könnte.

17.2.3 Trunkierungen

Vereinigungsmengen von Suchbegriffen, die mit gleichen Zeichenfolgen beginnen, können in der Regel auch dadurch gebildet werden, dass man Suchbegriffe in abgekürzter (trunkierter) Form eingibt und durch ein spezielles Kürzungszeichen (zum Beispiel „?") dem System signalisiert, dass man Treffer zu allen Suchbegriffen bekommen möchte, die mit einer bestimmten Zeichenfolge beginnen. In dem obigen Beispiel würde die Suche nach dem Namen „Müller?" oder Müller, U?" die gleiche Ergebnismenge liefern wie die Suche nach „Müller, Ute" oder „Müller, Uwe", nämlich die Ergebnisliste mit den Nummern „2513, 2817, 2891, 4361".

Während die Abkürzung am Ende eines Suchbegriffs (Rechts-Trunkierung) technisch leicht zu realisieren ist, erfordert die Suche nach allen Begriffen, die mit einer bestimmten Zeichenfolge enden (Links-Trunkierung), besonderen technischen Aufwand. Für eine Suche nach allen Benutzerinnen mit dem Vornamen „Ute" (Sucheingabe beispielsweise „?Ute") müssten in dem obigen Beispiel alle Sätze der Suchbegriffsdatei für Namen gelesen und daraufhin überprüft werden, ob die Namen mit der Zeichenfolge „Ute" enden. Wenn die Datei nur aus fünf Datensätzen bestehen würde, wäre das kein großer Aufwand. In der Bibliothekspraxis bestehen Suchbegriffsdateien häufig aus mehreren Tausend, in einigen Fällen, insbesondere bei Katalogdateien, auch aus mehreren Millionen Datensätzen. Will man die Möglichkeit zur Links-Trunkierung mit guten Antwortzeiten beim Online-Retrieval realisieren, bietet sich als Standard-Verfahren die Bildung einer zusätzlichen Datei an, bei der die einzelnen Zeichen der Suchbegriffe in umgekehrter Reihenfolge gespeichert werden. Aus „Müller, Ute" wird dann der Suchbegriff „etU ,rellüM". Auf diese Weise wird die Links-Trunkierung technisch durch eine Rechts-Trunkierung in dieser zusätzlichen Datei realisiert.

Technisch noch aufwändiger ist die Anforderung nach Trunkierungsmöglichkeiten an beliebiger Stelle zu realisieren. Eine einfache Trunkierung in der „Mitte" eines Suchbegriffs kann man technisch auf eine Rechts- und eine Links-Trunkierung zurückführen. So kann man zum Beispiel die Suche nach „Beck?trud", also die Suche nach allen Namen, die mit

„Beck" beginnen und mit „trud" enden, technisch durch eine Und-Verknüpfung der Suchfragen „Beck?" und „?trud" realisieren. Wird an zwei oder mehr Stellen gleichzeitig trunkiert, zum Beispiel durch die Sucheingabe „?Ger?" zur Ermittlung aller Vornamen, die mit „Ger" beginnen, muss man entweder aus allen Wortbestandteilen einzelne Suchbegriffe bilden oder durch Zeichenvergleich die in Frage kommenden Treffer ermitteln.

Die hier kurz skizzierten Probleme und Lösungsansätze im Zusammenhang von Online-Retrieval-Systemen weisen auf ein generelles Problem beim Einsatz von Datenverarbeitungsverfahren hin: Standard-Fälle kann man mit Standard-Aufwand lösen, zur Lösung von speziellen Problemen steigt der Aufwand oftmals unverhältnismäßig stark an. Ferner wird deutlich: Man muss sich oftmals entscheiden, an welcher Stelle man den stark steigenden Aufwand leisten kann oder will. Will man für zusätzlichen Suchkomfort zusätzliche Suchbegriffsdateien anlegen und pflegen, was bei Online-Veränderungen zu Antwortzeit-Problemen führen kann, oder will man den Aufwand erst bei der Beantwortung von Suchfragen leisten, was zu entsprechend langen Antwortzeiten führen kann, bis eine spezielle Frage durch zeichenweisen Vergleich von Datensätzen beantwortet wird.

Man kann die Frage bei knappen Ressourcen auch noch anders stellen und beantworten: Sollen Lasten für aufwändige oder seltene Suchanforderungen auf alle Benutzerinnen und Benutzer verteilt werden, oder soll unter einer langen Antwortzeit nur derjenige leiden, der eine aufwändig zu beantwortende Frage stellt. Zur Lösung der hier geschilderten Probleme arbeiten Hersteller von Datenbanksystemen an ständigen Verbesserungen. Ein Ansatzpunkt für Optimierungen besteht darin, zu durchsuchende Dateien nicht numerisch oder alphabetisch sortiert abzuspeichern, sondern nach Zugriffshäufigkeit. Bei einem solchen Verfahren werden zuletzt benutzte Sätze am Anfang einer Datei gespeichert; wenig oder gar nicht benutzte Sätze stehen weiter hinten oder am Ende. Auf diese Weise erreicht man einen schnellen Zugriff auf häufig gesuchte Daten und verlangsamt den Zugriff auf die Daten, die über einen längeren Zeitraum nicht benutzt worden sind.

17.3 Buchbearbeitung

Im Bereich der Buchbearbeitung können folgende Arbeitsschritte durch den Einsatz von Datenverarbeitungsverfahren automatisiert werden: Bestellung, Bestellnachweis, Lieferüberwachung, Mahnung, Rechnungsbearbeitung, Inventarisierung, Haushaltsüberwachung, Katalogisierung, Information über Neuzugänge, Einbandbearbeitung, Statistik. Im Bereich der Buchbearbeitung müssen u.a. folgende Daten erfasst, gespeichert und verarbeitet werden: Namen von Personen (Autoren, Herausgeber, Übersetzer usw.) und Körperschaften, Titel, Erscheinungsort, Verlag, Jahr; Zahl der Seiten, Zahl der Bände, Informationen zum Inhalt (z.B. Notation, Schlagwort, Abstract), Preis, Besteller, Haushaltsstelle, Name und Adresse des Lieferanten, Datum der Bestellung und Lieferung, Art und Datum von Mahnungen, Rechnungsdaten, Datum einzelner Bearbeitungsschritte, Signatur, Akzessionsnummer, Statistikdaten. Der „leichtere" Teil der Automatisierung des gesamten Vorgangs der Buchbearbeitung von der Auswahl über die Beschaffung, Inventarisierung bis zum Nachweis ist zweifelsohne die Schaffung eines Nachweises, also die Katalogisierung. Hier geht es vereinfacht dargestellt „nur" darum, die Daten einmal zu erfassen, zu speichern und anschließend beliebig oft zugänglich zu machen. Das ist eine Standard-Aufgabe für ein Standard-Datenbanksystem, mit dem man beliebige Daten erfassen, speichern und wieder zugänglich machen kann. Bibliotheksspezifisch ist die Definition des Datenformats und der Datenelemente, unter denen man in der Datenbank suchen kann. Bei den anderen Bereichen der Buchbearbeitung kommen zu den Grundfunktionen des Erfassens, Speicherns und Wiederfindens noch spezielle Verarbeitungsfunktionen hinzu, die zum Teil ein hohes Maß an Varianten erfordern.

17.3.1 Strukturierung bibliographischer Daten

Titel

Wenn man bibliographische Daten für Erfassung und Speicherung in einer Datenbank strukturieren will, stößt man in vielen Fällen sofort auf das Problem fester bzw. variabler Längen. Es gibt Datenbanken, bei denen man für jedes Datenfeld eine feste oder maximale Länge definieren muss. Das ist wie bei einem Formular, bei dem für die Erfassung bestimmter Informationen nur ein begrenzter Raum oder eine bestimmte Anzahl von „Kästchen" zur Verfügung steht. Längere Informationen sind gegebenenfalls zu kürzen. Zu dem Problem variabler Längen kommt bei bibliographischen Daten hinzu, dass einige Datenelemente mehrfach oder gar nicht auftreten können. So gibt es zum Beispiel Titel mit einem, mehreren oder gar keinem Verfasser. Will man alle denkbaren Konstellationen in einer Datenbank mit festen Feldern und festen Feldlängen abbilden, bekommt man ein sehr großes und unübersichtliches „Formular", bei dem fast alle Felder leer bleiben, weil die Maximalzahl der Felder in den jeweiligen Maximallängen in Wirklichkeit nie belegt wird. Es sind immer nur Einzelfälle, in denen Maximalwerte erreicht werden. Daher ist es für die Verarbeitung bibliographischer Daten sinnvoller, solche Systeme einzusetzen, bei denen die Erfassung und Speicherung variabel langer Datenfelder möglich ist.

Das Beispiel der Universitätsbibliothek Bochum aus den Jahren 1963 bis 1977 zeigt, dass man auch mit einer sehr einfachen Datenstruktur katalogisieren kann. Es bestand aus folgenden zehn Kategorien:
1. Identifikationsnummer der Titelaufnahme
2. Signaturen, Akzessionsnummern
3. Ansetzungsformen für Personen
4. Ansetzungsformen für Körperschaften
5. Ansetzungsformen für Sachtitel
6. Titelbeschreibung
7. Bandaufführung bei mehrbändigen Werken
8. Identifikationsnummer der Serie und Bandzählung
9. Schlagwörter
10. Statistik

Dieses Format orientierte sich im Aufbau an einer konventionellen Katalogkarte. Es unterschied zwischen dem „Kopf" (Kategorien 2 bis 5, die Sacherschließung in Kategorie 9 kam erst später hinzu) und dem „Block" der Titelaufnahme (Kategorien 6 und 7). Das Bochumer Format war im Vorgriff auf ein neu entstehendes Regelwerk konzipiert für eine maschinelle Sortierung der „Alphabetischen Kataloge" nach der mechanischen Wortfolge. Es hätte Sachtitel aber auch nach der grammatikalischen Wortfolge der „Preußischen Instruktionen" sortieren können, weil es für die Ansetzungsform des Sachtitels und für die Deskriptivform zwei unterschiedliche Felder gab. Dieses Bochumer Format ist vom Hochschulbibliothekszentrum des Landes Nordrhein-Westfalen im Jahre 1978 in leicht modifizierter Form übernommen worden und hat bis zum Ende des Jahre 1985 als Format für das Offline-System des HBZ-Verbundsystems gedient. In diesem Format sind mehr als zwei Millionen Titelaufnahmen erfasst und gespeichert worden.

Dem Vorteil einer großen Einfachheit des Formats standen zwei gravierende Nachteile gegenüber: die doppelte Erfassung von Personen, Körperschaften und Sachtiteln in Ansetzungs- und Deskriptivform sowie die Zusammenfassung der Titelbeschreibung einschließlich Impressum in einem „Block". Alle später entstandenen bibliographischen Datenformate haben diese Nachteile vermieden, mussten dafür aber eine weitaus größere Anzahl von Datenfeldern in Kauf nehmen. Ihr Ziel war es, Doppelerfassungen zu vermeiden und weitere Elemente der Titelaufnahmen einzeln zugreifbar zu machen, zum Beispiel das Erscheinungsjahr.

Personen und Körperschaften

Insbesondere im deutschsprachigen Bereich hat sich im Laufe der Jahre eine weitere Praxis zur Vermeidung von Doppelerfassungen herausgebildet, nämlich die Auslagerung von Ansetzungs- und Verweisungsformen zu Personen und Körperschaften aus den eigentlichen Titelaufnahmen heraus in spezielle Datensätze für Personen und Körperschaften. In den Titel-Datensätzen sind dann nur die Identifikationsnummern der entsprechenden Personen- oder Körperschaftssätze gespeichert. Umgekehrt sind die Datensätze für Personen- und Körperschaften mit den entsprechenden Titeldatensätzen verknüpft. Bei einer solchen Datenorganisation erreicht man Einsparungen nicht nur bei der erstmaligen Datenerfassung, sondern auch bei späteren Veränderungen. Wenn man beispielsweise zu einem Personennamensatz eine weitere Verweisungsform hinzufügt, können über diese zusätzliche Suchmöglichkeit alle mit dem Personennamensatz verknüpften Titel gefunden werden, ohne dass in diesen Titeln Veränderungen durchgeführt werden. – Die Zusammensetzung einer Titelaufnahme aus mehreren verschiedenen Datensätzen erfordert technischen Aufwand bei der Anzeige am Bildschirm oder beim Drucken von Katalogen, insbesondere aber bei den Online-Retrievalfunktionen, wenn Suchbegriffe über verschiedene Dateien miteinander verknüpft werden sollen. Ein Beispiel mit einer Titeldatei und einer Personennamendatei veranschaulicht die Retrieval-Problematik:

- In einer Personennamendatei sind die folgenden Datensätze gespeichert:
  P1: Meyer, Klaus, verknüpft mit den Titelsätzen T1, T89, T3489
  P2: Müller, Ute, Verweisungsform: Schmidt, Ute, verknüpft mit dem Titelsatz T2
  P3: Müller, Uwe, ohne Verknüpfung zu einem Titelsatz
  P4: Schmidt, Ute, verknüpft mit den Titelsätzen T44, T487
- Zu dieser Personennamendatei wird folgende Suchbegriffsdatei für Namen gebildet:
  Meyer, Klaus: P1
  Müller, Ute: P2
  Müller, Uwe: P3
  Schmidt, Ute: P2, P4
- In einer Titeldatei sind die folgenden Datensätze gespeichert:
  T1: Handbuch der Bibliotheksautomatisierung, verfasst von P1
  T2: Bibliotheksautomatisierung und ihre Folgen, verfasst von P2
  T3: Handbuch der Geschichte, ohne Verfasser

- Zu dieser Titeldatei wird folgende Suchbegriffsliste für Titel-Stichwörter gebildet:
Bibliotheksautomatisierung: T1, T2
der: T1, T3
Folgen: T2
Geschichte: T3
Handbuch: T1, T3
ihre: T2
und: T2

Wenn man nun nach dem Verfasser „Klaus Meyer" und dem Titelstichwort „Bibliotheksautomatisierung" suchen will, kann man nicht einfach die Schnittmenge der Identifikationsnummern „P1" und „T1, T2" bilden, die den Suchbegriffen zugeordnet sind, weil diese Nummern sich auf unterschiedliche Dateien beziehen und daher gar keine Schnittmenge haben. Will man das gewünschte Ergebnis trotzdem erreichen, muss man einen Zwischenschritt einlegen und der Nummer P1 die Titelnummern zuordnen, die mit dem Personennamensatz P1 verknüpft sind: „T1, T89, T3489". Bildet man jetzt die Schnittmenge aus den Titelnummern „T1, T89, T3489" und „T1, T2", erhält man als Ergebnis den Titelsatz T1 mit dem Stichwort „Bibliotheksautomatisierung" und dem Verfasser „Klaus Meyer".

Mehrbändige Werke und Zeitschriften

Eine weitere Form der Zerlegung von Titelaufnahmen in mehrere einzelne Datensätze hat sich im deutschsprachigen Raum bei mehrbändigen Werken herausgebildet. Bei dem vorgestellten Datenformat der Universitätsbibliothek Bochum wurden die einzelnen Bände fortlaufend im Datenfeld mit der Nummer „7" aufgeführt. Das hatte in der Praxis zwei Nachteile: Die Datensätze wurden bei umfangreichen Werken sehr lang und für die Benutzer unübersichtlich. Gerade die letzten Bände, für die in der Regel das größte Benutzerinteresse besteht, waren am Ende aufgeführt und oft nur nach mehrmaligem Blättern zu finden. Der andere Nachteil war weniger beim Katalognachweis zu spüren, sondern im Geschäftsgang der Buchbearbeitung, nämlich dann, wenn es darum ging, zu den einzelnen Bänden erwerbungsspezifische Daten zu erfassen und zu speichern.

Die ersten Bibliotheken, die Datenverarbeitungsverfahren für die Erwerbung einsetzen wollten, haben zunächst versucht, die Probleme der Daten- und Dateiorganisation dadurch zu lösen, dass sie den für die Katalogisierung definierten Datenfeldern einfach weitere Felder für die Buchbearbeitung hinzugefügt haben: Datum der Bestellung, Rechnungsdatum, Preis usw. Diese Formaterweiterungen erwiesen sich für einbändige Monographien als ausreichend, wenn nur ein Exemplar bestellt wurde oder Mehrfachexemplare vom Lieferanten an einem Tag mit einer Rechnung geliefert wurden. Probleme treten bei einer solchen einfachen Datenstruktur stets dann auf, wenn zu einer Bestellung unterschiedliche Liefer-, Rechnungs- oder Bearbeitungsdaten anfallen. Bei der Bearbeitung mehrbändiger Werke ist das der Regelfall. Ein Datenmodell für die Buchbearbeitung sollte daher die Möglichkeit vorsehen, zu jedem Medium, das einzeln bearbeitet werden kann, individuelle Daten zu erfassen und zu speichern. Das legt eine hierarchische Struktur nahe, bei der ein übergeordneter Datensatz (Hauptsatz) gebildet wird für die Informationen, die für alle Exemplare oder für alle Bände eines mehrbändigen Werkes gelten. Damit auch Mehrfachexemplare mehrbändiger Werke gut verwaltet werden können, müssen unter dem Hauptsatz mindestens zwei Hierarchie-Ebenen gebildet werden, eine für die Bände, eine für die Exemplare.

17.3 Buchbearbeitung

Will man auch die Erwerbung von laufenden Zeitschriften „perfekt" verwalten, braucht man noch drei weitere Hierarchie-Ebenen, eine für die Verwaltung der einzelnen Hefte, eine für die Verwaltung von „Buchbinder-Bänden" für den Fall, dass eine bibliographische Einheit in mehreren Bänden gebunden wird, und eine für die Verwaltung von Rechnungen oder Zahlungen, die weder der Ebene von Heften, Buchbinder-Bänden oder bibliographischen Einheiten entsprechen, zum Beispiel für die Verwaltung von Halbjahresrechnungen für wöchentlich erscheinende Hefte, die innerhalb eines Jahrgangs in drei Bände gebunden werden. In der Praxis wird die „reine Lehre" der hierarchischen Strukturierung von Daten für die Buchbearbeitung selten realisiert. Darin liegt einer der Gründe für die in der Einleitung erwähnte immer noch unzureichende Funktionsfähigkeit einzelner Systeme. So kann man beispielsweise auf die Einrichtung und Verwaltung einer besonderen Hierarchie-Ebene für Mehrfachexemplare verzichten und stattdessen für regelmäßig vorkommende Daten entsprechende Felder mehrfach spezifizieren. Beispiel:

Signatur des ersten Exemplars
Signatur des zweiten Exemplars
Signatur des dritten Exemplars
usw.
Akzessionsnummer des ersten Exemplars
Akzessionsnummer des zweiten Exemplars
usw.

Eine solche Technik wird jedoch immer dann Schwierigkeiten bereiten, wenn nicht genügend viele Felder definiert sind. Wenn man jedoch für alle theoretisch denkbaren Fälle entsprechende Felder definiert, wird das Datenformat insgesamt unübersichtlich und schwerfällig. Keine gute Lösung für die Verwaltung von Mehrfachexemplaren erreicht man dadurch, wenn in einzelnen Feldern mehrere Daten desselben Typs gespeichert werden, zum Beispiel fünf Akzessionsnummern in dem für Akzessionsnummern vorgesehenen Feld und zwei Rechnungsdaten in dem für das Rechnungsdatum vorgesehenen Feld. Wenn eine solche Mehrfachbesetzung nicht paritätisch erfolgt, kann man die einzelnen Feldinhalte nicht mehr bestimmten Exemplaren zuordnen. In diesem Beispielfall wären die fünf Akzessionsnummern den zwei Rechnungen nicht eindeutig zuzuordnen.

17.3.2 Austauschformate

Solange es kein einheitliches Datenmodell für die Erfassung und Speicherung bibliothekarischer Daten gibt, müssen beim Datenaustausch zwischen einzelnen Systemen oder Systemkomponenten Daten konvertieren. Eine solche Konversion besteht in einfachen Fällen darin, dass der Inhalt des Datenfeldes „x" der Anwendung A in das Datenfeld „y" der Anwendung B überführt wird. Relativ einfach ist auch noch das Zusammenfassen von zwei oder mehr Datenfeldern der Anwendung A in ein einziges Feld der Anwendung B, zum Beispiel das Zusammenführen der Datenfelder „Ort", „Verlag" und „Jahr" in ein Feld für das „Impressum". Umgekehrt ist es nicht in allen Fällen möglich, den Inhalt eines zusammenfassenden Feldes automatisiert in zwei oder mehr Felder aufzuteilen.

Um den Datenaustausch zwischen verschiedenen Katalogisierungssystemen in Deutschland zu erleichtern, hat eine von der Deutschen Forschungsgemeinschaft (DFG) gebildete Arbeitsgruppe ein „Maschinelles Austauschformat für Bibliotheken" unter dem Namen MAB1 entwickelt und im Jahre 1973 veröffentlicht. Dieses Format, das ursprünglich nur für den Datenaustausch zwischen verschiedenen Systemen konzipiert war, ist im Laufe der Zeit von einigen Systemen auch als internes Datenformat eingeführt worden. Dadurch und durch geänderte technische Rahmenbedingungen, insbesondere in Folge des Übergangs von der Offline-Datenverarbeitung zur Online-Verarbeitung, waren immer wieder Erweiterungen und Veränderungen des MAB-Formats erforderlich. Eine größere Modifikation hat dann im Jahre 1995 zu einer neuen Formatbezeichnung geführt: MAB2.

In MAB2 sind insgesamt sieben Datenformate definiert:
- MAB-Format für Titeldaten (MAB-TITEL)
- MAB-Format für Personennamen (MAB-PND)
- MAB-Format für Körperschaftsnamen (MAB-GKD)
- MAB-Format für Schlagwortansetzungen (MAB-SWD)
- MAB-Format für Klassifikations- und Notationsdaten (MAB-NOTAT)
- MAB-Format für Lokaldaten (MAB-LOKAL)
- MAB-Format für Adressdaten (MAB-ADRESS)

Innerhalb von MAB können Beziehungen (Verknüpfungen) dargestellt werden zwischen Datensätzen in einer MAB-Datei sowie zwischen Datensätzen verschiedener MAB-Dateien. Beziehungen zwischen Datensätzen in einer MAB-Datei kommen beispielsweise zur Anwendung bei der Abbildung bibliographischer Hierarchiestrukturen für mehrbändige begrenzte Werke mit Bandaufführung, fortlaufende Sammelwerke mit Bandaufführung sowie mehrbändige begrenzte Werke mit Aufführung von Abteilungen.

Beziehungen zwischen Datensätzen verschiedener Austauschdateien kommen beispielsweise zur Anwendung zwischen MAB-TITEL und MAB-PND, MAB-TITEL und MAB-GKD, MAB-TITEL und MAB-SWD, MAB-LOKAL und MAB-TITEL. Die Verknüpfungstechnik von Datensätzen und die dadurch gegebene Möglichkeit zur Abbildung von hierarchischen Strukturen stellt einen der Hauptunterschiede zwischen MAB und dem anglo-amerikanischen Austauschformat MARC dar. MARC kennt keine hierarchischen, sondern nur „flache" Strukturen. Ansetzungsformen für Personen- oder Körperschaftsnamen stehen bei MARC in den Titel-Datensätzen ohne eine Verknüpfung zu den entsprechenden Normdatensätzen. Beziehungen zwischen über- und untergeordneten Datensätzen für mehrbändige begrenzte Werke oder fortlaufende Sammelwerke können in MARC nicht dargestellt werden. Die strukturellen Unterschiede zwischen MAB und MARC haben ihre Ursache in den unterschiedlichen Katalogisierungspraktiken. Am Beispiel eines fiktiven dreibändigen Handbuchs der Geschichte soll dieser Sachverhalt in Bezug auf die hierarchischen Strukturen näher erläutert werden. Es gibt drei Möglichkeiten, ein solches mehrbändiges Werk bei der Katalogisierung zu strukturieren:
- Methode 1: Man katalogisiert jeden einzelnen Band und erhält drei Titelaufnahmen.
 Titel 1: Handbuch der Geschichte. Band 1. Das Altertum. Köln 1997
 Titel 2: Handbuch der Geschichte. Band 2. Das Mittelalter. Köln 1998
 Titel 3: Handbuch der Geschichte. Band 3. Die Neuzeit. Köln 1999
- Methode 2: Man katalogisiert das Handbuch als eine Einheit und erhält eine einzige Titelaufnahme.
 Handbuch der Geschichte in drei Bänden. Köln 1997 - 1999
 Band 1. Das Altertum
 Band 2. Das Mittelalter
 Band 3. Die Neuzeit

17.3 Buchbearbeitung

- Methode 3: Man erstellt eine Titelaufnahme mit den Angaben, die alle Bände des Handbuchs betreffen und drei weitere Titelaufnahmen, die jeweils die Spezifika der einzelnen Bände beschreiben.
  Titel 1: Handbuch der Geschichte in drei Bänden. Köln.
  Titel 2: Band 1. Das Altertum. 1997.
  Titel 3: Band 2. Das Mittelalter. 1998.
  Titel 4: Band 3. Die Neuzeit. 1999.

Bei der Methode 3 ergeben die Titelaufnahmen 2 bis 4 nur zusammen mit der Aufnahme 1 eine sinnvolle Information. Die Methoden 1 und 2 entsprechen dem anglo-amerikanischen Katalogisierungsstandard im Rahmen von MARC, Methode 3 dem deutschen Standard im Rahmen von MAB. Hierarchisch strukturierte Titelaufnahmen nach der Methode 3 kann man mit MARC nicht abbilden, dagegen könnte man MAB theoretisch auch zur Speicherung von Aufnahmen nach den Methoden 1 oder 2 einsetzen.

Die Katalogisierungspraxis der Einzelbandaufführung, die zur Ausbildung hierarchischer Strukturen bei MAB geführt hat, beruht unter anderem auf der Notwendigkeit, bei geschlossenen Magazinen die vorhanden Bände mit ihren individuellen Bestellmerkmalen in Katalogen nachweisen zu müssen. In Freihandbibliotheken oder bei frei zugänglichen Magazinen besteht eine solche Notwendigkeit nicht. Damit haben letztlich Benutzungsbedingungen indirekten oder direkten Einfluss auf Datenstrukturen und Datenformate. Sowohl Ausleihverbuchungssysteme als auch Katalogisierungssysteme können sehr viel einfacher konzipiert werden, wenn alle Medien für Benutzerinnen und Benutzer frei zugänglich sind. Probleme bekommen solche einfachen Systeme allerdings dann, wenn man sie auch für Erwerbungszwecke nutzen will, weil dann die Einzelbandaufführung doch wieder von Vorteil ist.

Als Konsequenz der in MARC fehlenden Verknüpfungsmöglichkeiten zwischen Datensätzen für Personen- und Körperschaftsnamen erfolgt in anglo-amerikanischen Bibliothekssystemen eine Überprüfung der korrekten Ansetzung in der Regel durch einen maschinellen Vergleich der in Titelsätzen gespeicherten Ansetzungsformen mit den Daten der entsprechenden Normdateien.

Neben den strukturellen Unterschieden in Bezug auf die Behandlung von hierarchischen Strukturen gibt es noch weitere grundlegende Unterschiede zwischen MAB und MARC. Wenn man die Liste der Feldnummern der beiden Formate miteinander vergleicht, dann findet man bei MAB deutlich mehr Nummern als bei MARC. Dafür gibt es im wesentlichen zwei Ursachen: Wo MARC mit Feldwiederholungen arbeitet, vergibt MAB in der Regel mehrere Feldnummern, wo MARC mit Unterfeldern arbeitet, verwendet MAB in der Regel einzelne Felder. Am besten kann man das an einem Beispiel verdeutlichen:
- Bei MAB gibt es für das Impressum folgende Felder:
  410 Ort(e) des 1. Verlegers, Druckers usw.
  411 Adresse des 1. Verlegers, Druckers usw.
  412 Name des 1. Verlegers, Druckers usw.
  415 Ort(e) des 2. Verlegers, Druckers usw.
  416 Adresse des 2. Verlegers, Druckers usw.
  417 Name des 2. Verlegers, Druckers usw.
  425 Erscheinungsjahr(e)
- Ein fiktives Werk, das im Jahre 2001 sowohl im HBZ-Verlag Köln als auch im Saur-Verlag München erschienen ist, würde in MAB wie folgt erfasst:

410 Köln
412 HBZ
415 München
417 Saur
425 2001
- In MARC gibt es für das Impressum ein einziges Feld mit Unterfeldern für Ort, Verlag und Jahr. Das obige Beispiel sähe in MARC wie folgt aus:
260 $aKöln:$bHBZ;$aMünchen:$bSaur,$c2001

Aus diesem Beispiel kann man als weiteren Unterschied ableiten, dass sich MAB auf die Erfassung und Speicherung von „Rohdaten" beschränkt, und dass die MARC-Struktur in bestimmten Fällen auch die Erfassung von Deskriptionszeichen verlangt.

So wie die verschiedenen Datenformate von Einzelbibliotheken zur Schaffung eines normierten Austauschformats geführt haben, war die Existenz unterschiedlicher nationaler Austauschformate für die IFLA Anlass zur Entwicklung eines internationalen Austauschformats. Dieses Format trägt den Namen UNIMARC und ist in einer ersten Version 1977 unter dem Titel „UNIMARC Universal MARC Format" veröffentlicht worden. Es ist wie alle anderen Formate in der Zwischenzeit mehrfach überarbeitet und an veränderte Rahmenbedingungen angepasst worden. Dabei ist die Zielrichtung unverändert: UNIMARC soll auf der einen Seite den internationalen Datenaustausch fördern und auf der anderen Seite Modell für die Entwicklung neuer bibliographischer Datenformate sein. Vereinfachend kann man sagen, dass UNIMARC es auf der Basis der MARC-Technik ermöglicht, auch hierarchische Beziehungen darzustellen. Das Format hat allerdings nicht die Verbreitung und die Vielfalt von Anwendungen erfahren, die man bei der Schaffung des Formats erhofft hatte. Auf eine Reihe von potentiellen Anwendern wirkt die „Mächtigkeit" des Formats abschreckend, andere scheuen einfach den Aufwand, auf der Basis eines neuen Formats neue Systeme zu entwickeln.

17.3.3 Bestellung und Inventarisierung

Durch den Einsatz automatisierter Datenverarbeitungsverfahren bei der Bestellung und Inventarisierung kann innerhalb einer Bibliothek auf das konventionelle Führen von Katalogen und Karteien verzichtet werden, wenn alle erfassten und gespeicherten Daten jederzeit online recherchierbar sind. Problematisch wird der Verzicht auf das Bedrucken von Papier allerdings dann, wenn es um die Übermittlung von Bestellungen an Lieferanten geht. Auch das kann man elektronisch erledigen, wenn der Lieferant in der Lage ist, die von einer Bibliothek erzeugten Bestelldaten seinerseits elektronisch weiterzuverarbeiten. In der Praxis gibt es aber nur sehr wenige Beispiele für einen gut funktionierenden Datenaustausch zwischen Bibliotheken und Buchhändlern. Letztlich müssen bei einem Datenaustausch zwischen Bibliotheken und Buchhändlern die gleichen Probleme gelöst werden wie bei einem Datenaustausch zwischen Bibliotheken. Konkret geht es um eine Kompatibilität der technischen Systeme und der verwendeten Datenformate. In mehreren Projekten sind in den 1990er Jahren Formate und Strukturen für den elektronischen Austausch von Daten zwischen Bibliotheken und Lieferanten definiert worden. Was in vielen Bibliotheken und bei vielen Lieferanten fehlt, ist die konkrete Umsetzung in die technischen Systeme.

Anstelle eines normierten Austauschformats können Bibliotheken für die elektronische Übermittlung von Bestellungen an Lieferanten natürlich auch die normale elektronische Post

17.3 Buchbearbeitung

(E-Mail), verwenden. Über E-Mail können Lieferanten auch Rückmeldungen, wie „vergriffen" oder „wird in fünf Wochen geliefert", elektronisch an die Bibliothek melden. In aller Regel ist es jedoch nicht möglich, Inhalte solcher Mails automatisiert in Datenverarbeitungssystemen weiterzuverarbeiten: Der Inhalt muss zunächst von Menschen gelesen und in ein DV-System eingegeben werden. Mit anderen Worten: Die technische Inkompatibilität von Systemen wird durch eine Mensch-Maschine-Schnittstelle ersetzt.

Eine andere Lösung für die fehlende Kompatibilität besteht darin, dass Bibliotheken ihre Bestelldaten gleich in das Datenverarbeitungssystem des Lieferanten eingeben. Wenn eine Bibliothek alle Bestellungen bei einem einzigen Lieferanten tätigt, kann man auf diese Weise ein hohes Maß an Rationalisierung erreichen. Wenn man es aber mit verschiedenen Lieferanten und mit verschiedenen Systemen zu tun hat, gibt es auf diese Weise keinen elektronischen Gesamtnachweis der Bestellungen.

Bei der Automatisierung des Inventarisierungsvorgangs kann das konventionelle Akzessionsjournal durch eine Datei ersetzt werden, die alle Daten enthält, die zum ordnungsgemäßen Nachweis der verausgabten Gelder erforderlich sind. In vielen Fällen verzichten Bibliotheken auf das Anlegen einer speziellen Akzessionsdatei und begnügen sich damit, inventarisierungsrelevante Daten neben anderen Daten, die im Rahmen der Buchbearbeitung anfallen, zu erfassen und retrievalfähig zu machen. Sie behandeln Erwerbungsdaten wie Katalogdaten, die man über Akzessionsnummern suchen und finden kann.

17.3.4 Fristüberwachung

Ein konventioneller „Geschäftsgang" von der Auswahl über die Erwerbung und Inventarisierung bis zur Katalogisierung unterscheidet sich von einem automatisierten Geschäftsgang zum einen dadurch, dass das Ausfüllen, Ordnen und Wiederfinden von Zetteln, Listen und anderen Vordrucken ersetzt wird durch das Erfassen, Speichern und Wiederfinden der benötigten Daten in einem Datenverarbeitungssystem, und zum anderen dadurch, dass bestimmte Aktionen nicht mehr von Menschen angestoßen oder überwacht werden, sondern von dem eingesetzten Datenverarbeitungssystem. Ein Hauptanwendungsbereich für automatisierte Überwachungsverfahren und das automatisierte Anstoßen von Aktionen sind Fristüberwachungsverfahren. Dabei spielt es im Prinzip keine Rolle, ob die Einhaltung von Leihfristen bei der Ausleihe zu überwachen ist oder die Einhaltung von Lieferterminen bei der Medien-Beschaffung. Unterschiede gibt es nur bei den Aktionen, die nach einer Frist-Überschreitung maschinell eingeleitet werden sollen. Für die technische Realisierung von Fristüberwachungsverfahren gibt es im Prinzip zwei Möglichkeiten: Man durchsucht in bestimmten zeitlichen Abständen die gespeicherten Datensätze daraufhin, ob ein bestimmtes Fristdatum überschritten ist, oder man bildet für die zu überwachenden Fristdaten entsprechende Suchbegriffsdateien.

Die zuletzt genannte Methode bietet ein höheres Maß an Komfort, weil sie jederzeit eine Informationsmöglichkeit über alle Vorgänge bietet, die zu einem bestimmten Datum fällig sind. Ihr Nachteil liegt darin, dass Suchbegriffe online gebildet, aktualisiert und gelöscht werden müssen, was zu einer entsprechenden Rechnerbelastung im laufenden Geschäft führt. Der Vorteil der zuerst genannten Methode liegt darin, dass entsprechende Suchläufe zu Zeiten durchgeführt werden können, in denen die Rechnerbelastung gering ist. Wenn man solche Suchen technisch zum Beispiel mit nächtlichen Datensicherungsverfahren verbindet, bei denen ohnehin jeder Datensatz gelesen wird, ist der Aufwand insgesamt sehr gering. Unabhängig von dem gewählten technischen Verfahren liegt das Hauptproblem der Fristüberwachung bei der Buchbearbeitung darin, die zu überwachenden Fristen sinnvoll zu definieren. Im Bereich der Ausleihverbuchung werden Fristen in aller Regel durch Benutzungsordnungen festgelegt. Selbst bei unterschiedlichen Leih- oder Mahnfristen für bestimmte Medien oder Benutzergruppen ist eine maschinelle Fristberechnung möglich. Im Bereich der Erwerbung, insbesondere bei fortlaufenden Bestellungen, ist eine maschinelle Fristberechnung in vielen Fällen gar nicht möglich. Daraus folgt, dass Bibliothekarinnen und Bibliothekare die Möglichkeit haben müssen, Fristen in automatisierten Buchbearbeitungssystemen individuell einzugeben und bei Bedarf zu verändern.

Unterschiede zwischen der Ausleihe und der Buchbearbeitung gibt es aber nicht nur bei der Fristsetzung, sondern auch bei den Folgen, die sich aus einer Fristüberschreitung ergeben. In Benutzungs- oder Gebührenordnungen ist in der Regel genau festgelegt, welche Mahnungen zu versenden und welche Gebühren nach einer Fristüberschreitung fällig sind. Fristüberschreitungsgebühren fallen bei der Buchbearbeitung in der Regel nicht an. Dafür gibt es jedoch Bedarf an einer größeren Vielfalt von Mahnungen. Ein Buchbearbeitungssystem sollte neben Mahnungen, die direkt an säumige Lieferanten versandt werden, zunächst auch „interne" Mahnungen an das Bibliothekspersonal ausgeben können, die dann ihrerseits entscheiden, ob der Lieferant wirklich gemahnt werden soll. Bei Texten von Mahnschreiben für nicht erledigte Bestellungen sollten verschiedene Sprachen wählbar sein und verschiedene Formulierungen. Wenn man ein Werk als Geschenk erbeten hat, wird man das aus guten Gründen anders „anmahnen" als wenn es um eine normale Erwerbung geht. Bei einem Werk, von dem man weiß, dass es längst erschienen ist, kann man anders vorgehen als bei einer Veröffentlichung, von der man das Erscheinungsdatum nicht kennt. Lieferüberwachungsverfahren für Zeitschriften setzen voraus, dass man den voraussichtlichen Erscheinungsverlauf und die Termine abschätzen und die entsprechenden Daten erfassen kann. Je größer der manuelle Eingabe- und Betreuungsaufwand für ein Datenverarbeitungssystem ist, desto geringer wird der Rationalisierungseffekt. Das ist ein weiterer Grund dafür, dass automatisierte Erwerbungsverfahren noch nicht in allen Bibliotheken anzutreffen sind.

Automatisierte Fristüberwachungsverfahren kann man im Rahmen der Buchbearbeitung nicht nur für die Überwachung von Bestellungen einsetzen, sondern generell für die Überwachung von Bearbeitungszeiten innerhalb und außerhalb einer Bibliothek. So könnte beispielsweise eine „interne" Mahnung erstellt werden, wenn ein Medium länger als eine definierte Frist in einer bestimmten Abteilung unbearbeitet bleibt. Die Überwachung von internen Bearbeitungszeiten ist in der Regel nicht erwünscht. Als zusätzlicher konkreter Einsatzbereich für eine automatisierte Fristüberwachung bietet sich daher nur noch die Überwachung von Bearbeitungszeiten bei Buchbindern an.

17.3.5 Statistik und Haushaltsüberwachung

So wie bei der Fristüberwachung gibt es auch bei der Statistik im Prinzip zwei technische Möglichkeiten zur Realisierung: Man durchsucht in bestimmten zeitlichen Abständen die gespeicherten Datensätze nach relevanten Daten und bildet Summen über die Zahlen, die man zusammenfassen möchte, oder man aktualisiert spezielle Statistik-Dateien online bei jeder Veränderung der auszuwertenden Dateien. Auch hier bietet die Online-Version natürlich ein höheres Maß an Komfort, führt aber zu einer höheren Rechnerbelastung im laufenden Geschäft. Das ist der Grund dafür, dass in der Praxis häufig beide Verfahren zum Einsatz kommen. Für

17.3 Buchbearbeitung

die Zahlenwerte, die man regelmäßig mit aktuellem Stand benötigt, wird man eine Online-Fortschreibung wählen, für andere Daten kann man sich mit gelegentlichen Auswertungen zu Zeiten geringer Rechnerbelastung begnügen. Voraussetzung für eine retrospektive statistische Auswertung sind entsprechende Verfahren zur Datensicherung, die dafür sorgen, dass die gewünschten Daten zum Auswertungszeitpunkt auch noch zur Verfügung stehen. Dabei ist es im Bereich personenbezogener Daten gegebenenfalls erforderlich, einzelne Elemente zu löschen oder zu anonymisieren.

Über statistische Zählfunktionen hinaus müssen automatisierte Haushaltsüberwachungssysteme Beziehungen zwischen einzelnen Daten bilden und Werte von einem Konto auf ein anderes umbuchen können. Dafür ist wiederum eine enge Koppelung mit den Datensätzen erforderlich, die im Rahmen des Geschäftsgangs angelegt oder verändert werden. Die Zuverlässigkeit eines automatisierten Haushaltsüberwachungssystems steht und fällt mit der Präzision der bei der Erwerbung und Inventarisierung erfassten Daten. Damit Datenbestände nicht inkonsistent werden, muss es umgekehrt möglich sein, Veränderungen, die im Rahmen der Haushaltsüberwachung durchgeführt werden, maschinell bei den Erwerbungsdatensätzen nachzuvollziehen. Ein Beispiel dafür sind Veränderungen bei Titelzuordnungen, die zum Jahresende vorgenommen werden, um Ausgleich für überzogene Haushaltstitel zu schaffen.

17.3.6 Kataloge

Am Ende eines jeden Geschäftsgangs steht der Nachweis neu erworbener Medien in einem oder mehreren Katalogen. In einer Reihe von Bibliotheken werden auch heute noch am Ende eines automatisierten Geschäftsgangs Katalogkarten gedruckt, die anschließend von bibliothekarischem Fachpersonal eingeordnet werden. Hauptgrund für das Fortführen von Zettelkatalogen beim Einsatz von Datenverarbeitungsverfahren ist der Wunsch, den gesamten Bibliotheksbestand in einem Katalog nachzuweisen und einen Katalogabbruch zu vermeiden. Wenn nicht der gesamte Bibliotheksbestand maschinenlesbar erfasst ist, kann auch ein maschinell sortierter Katalog in Listenform oder auf Mikrofiches einen Katalogbruch nicht vermeiden. Viele Bibliotheken haben sich in der Vergangenheit jedoch für den Abbruch konventioneller Kataloge und für die Einführung von Katalogen auf Mikrofiches entschieden wegen der dadurch erzielbaren Rationalisierungseffekte und wegen der Möglichkeit, Kataloge auf Mikrofiches beliebig oft vervielfältigen und entsprechend verbreiten zu können.

Am Beginn des 21. Jahrhunderts sollte als Ergebnis einer automatisierten Buchbearbeitung nicht ein Katalog in Zettel- oder Listenform produziert werden. Stattdessen sollte man auf alle im Rahmen der Buchbearbeitung erfassten und gespeicherten Daten online zugreifen können. Technisch ist ein solcher Zugriff weltweit über das Internet realisierbar. Über einen online recherchierbaren Katalog können Bibliotheken nicht nur ihre Bestände weltweit präsentieren, sondern auch viele ihrer Dienstleistungen. Daher kann ein Online-Katalog oder OPAC (Online Public Access Catalogue) sein volles Funktionalitätsspektrum erst dann entfalten, wenn er mit anderen Bereichen der Bibliotheksautomatisierung, insbesondere mit der Ausleihverbuchung, eng verknüpft ist.

17.3.7 Einbandbearbeitung

So wie bei der Erwerbung der gesamte Geschäftsverkehr zwischen Bibliothek und Buchhandel durch die Mehrfachnutzung einmal erfasster Daten und durch eine automatisierte Terminüberwachung unterstützt werden kann, können auch bei der Vergabe von Arbeitsaufträgen an externe oder interne Buchbinderstellen eine Reihe von Abläufen mit Hilfe von Datenverarbeitungsverfahren automatisiert werden. Für die Erteilung von Arbeitsaufträgen in gedruckter oder elektronischer Form können im Prinzip dieselben Verfahren angewandt werden wie bei der Beauftragung von Buchhändlern. Spezielle Datenfelder werden benötigt für die Erfassung und Speicherung von Arbeitsanweisungen in Bezug auf Einbandart, Farbe, Prägung usw. Diese Angaben sollten bei periodisch wiederkehrenden Aufträgen für Zeitschriften und mehrbändige Werke nur einmal erfasst werden und wiederholte Verwendung bei Folgeaufträgen finden. Zur Fristüberwachung von Bindearbeiten kann man neben dem Fristüberwachungsmodul der Erwerbung auch die entsprechenden Funktionalitäten der Ausleihverbuchung einsetzen. Das wird gelegentlich von solchen Bibliotheken praktiziert, die zwar ihre Ausleihe automatisiert haben, aber noch nicht die Erwerbung. In solch einem Fall wird ein Buch – technisch betrachtet – an einen Buchbinder „ausgeliehen".

17.4 Zweiter Technischer Exkurs

17.4.1 Sortierung

Bibliothekare und Datenverarbeitungsfachleute haben in der Vergangenheit große Anstrengungen unternommen, um technische Probleme für die regelgerechte maschinelle Sortierung von Katalogen zu lösen. Einige dieser Probleme bestehen auch noch im Zeitalter der Online-Kataloge. So wie Listenkataloge für einen gezielten Sucheinstieg nach bestimmten Regeln sortiert werden müssen, ist es erforderlich, online abfragbare Suchbegriffsdateien nach festen Regeln anzuordnen, d.h. zu sortieren. Die Sortier-Reihenfolge von Zeichen wird innerhalb einer Datenverarbeitungsanlage durch die interne Zeichenverschlüsselung festgelegt. Jedem Zeichen entspricht eine bestimmte Folge nach Nullen und Einsen. Ein „Bit" ist die kleinste technische Speichereinheit. Ein Bit kann den Wert „0" oder „1" haben. Die Zusammenfassung von mehreren Bits zur Speicherung eines Zeichens nennt man „Byte". Weite Verbreitung haben 7-Bit- und 8-Bit-Verschlüsselungen in der Praxis gefunden. Wenn man zur Speicherung eines Zeichens 8 Stellen verwendet, kann man insgesamt „zwei hoch acht", also 256 verschiedene Zeichen, verschlüsseln. Ein 7-Bit-Code kann nur die Hälfte, also 128 verschiedene Zeichen, unterscheiden. Bis zum Ende der 1960er Jahre haben Datenverarbeitungsanlagen überwiegend mit 6-Bit-Codes gearbeitet, konnten also nur 64 verschiedene Zeichen darstellen. Bibliographische Daten, die damals erfasst worden sind, erkennt man heute in vielen Bibliothekskatalogen noch daran, dass sie nur aus großen Buchstaben bestehen. Seit etwa 1970 sind 8-Bit-Codes Standard bei der Speicherung bibliographischer Daten. Damit kann man große und kleine Buchstaben, sowie die hauptsächlich vorkommenden diakritischen Zeichen darstellen.

Wegen der Begrenzung auf maximal 256 unterschiedliche Zeichen werden diakritische Zeichen in der Regel getrennt von den zugehörigen Grundbuchstaben dargestellt und nicht als feste Kombination. Lediglich häufig vorkommende Verbindungen können als Festkombination gespeichert werden, im Deutschen zum Beispiel die Umlaute ä, ö und ü. Im französischen Sprachraum werden dagegen Kombinationen von Grundbuchstaben mit Akzenten als ein Code gespeichert, zum Beispiel à oder é. Aus diesen sprachspezifischen Anforderungen resultieren unterschiedliche Code-Tabellen in den verschiedenen Ländern, die insbesondere bei internationalem Datenaustausch zu Problemen führen können.

17.4 Zweiter Technischer Exkurs

Einen Lösungsansatz für diese Probleme liefert der Unicode, der mit einer Verschlüsselung von 16 Bit arbeitet und damit insgesamt 256 x 256 = 65536 verschiedene Zeichen speichern kann. Damit scheinen die meisten Verschlüsselungsprobleme gelöst zu sein. Man kann nicht nur alle denkbaren diakritischen Zeichen verschlüsseln, sondern „nebeneinander" auch lateinische, griechische, kyrillische, arabische, hebräische, chinesische und sonstige Zeichen speichern. Mehr als die Hälfte der möglichen Bit-Kombinationen ist im Rahmen einer internationalen Normierung schon vergeben. Dennoch sind beispielsweise die Wünsche der deutschen Bibliothekarinnen und Bibliothekare noch nicht vollständig erfüllt, weil es bisher keine speziellen Codierungen für die deutschen Umlaute gibt. Die deutschen Umlaute können in Unicode zwar als Zeichen dargestellt werden, unterscheiden sich allerdings nicht von der Darstellung gleich aussehender Buchstaben mit einem Trema. Solange es nur um die Darstellung am Bildschirm oder einen Ausdruck auf Papier geht, spielt die Unterscheidung zwischen einem deutschen Umlaut oder einem Buchstaben mit Trema keine Rolle. Wichtig wird dieser Unterschied allerdings dann, wenn gleich aussehende Zeichen zum Beispiel bei der Sortierung differenziert behandelt werden, wenn zum Beispiel der Umlaut „ö" wie „oe" sortiert und ein „o" mit Trema (ö) wie „o". In der Zeichentabelle zum Austauschformat MAB gibt es den deutschen Gewohnheiten entsprechend selbstverständlich zwei unterschiedliche Codierungen für die äußerlich gleich aussehenden Zeichen „Umlaut" und „Trema".

Hersteller von Datenverarbeitungsanlagen sorgen dafür, dass die 26 kleinen und großen Buchstaben in alphabetischer Reihenfolge verschlüsselt werden. Für alle anderen Zeichen sind solche Vorkehrungen allerdings in der Regel nötig. Das hat seinen Grund darin, dass Sonderzeichen, wie zum Beispiel die deutschen Umlaute, keinen bestimmten Platz in der Reihenfolge des Alphabets haben. In Abhängigkeit von der verwendeten Sortierregel werden Umlaute wie Grundbuchstaben sortiert oder wie eine Kombination aus einem Grundbuchstaben und einem „e". Ähnliches gilt für diakritische Zeichen: In vielen Fällen bleiben diese Zeichen bei der Sortierung unberücksichtigt, in einigen Fällen sorgen sie dafür, dass der Grundbuchstabe bei der Sortierung um einen weiteren Buchstaben ergänzt wird. Bei der maschinellen Sortierung kommt als weiteres Problem hinzu, dass die gängigen Sortier-Regeln nicht zwischen großen und kleinen Buchstaben unterscheiden. „A" und „a" sind verschiedene Zeichen, haben unterschiedliche interne Verschlüsselungen, sollen bei der Bildung von Sortier-Reihenfolgen aber als identische Zeichen behandelt werden. Alle genannten Probleme kann man auf einmal lösen, wenn man Daten nicht in der erfassten und gespeicherten Original-Form sortiert, sondern in einer speziellen Sortierform, die nur aus solchen Zeichen besteht, die bei der Sortierung zu berücksichtigen sind. In Bezug auf die Groß-Klein-Schreibung ist es im Prinzip gleichgültig, ob man sich für große oder kleine Buchstaben bei der Sortierung entscheidet. Da in normalen Texten die kleinen Buchstaben überwiegen, spricht einiges für die Verwendung von kleinen Buchstaben bei der Sortierung. Vor diesem Hintergrund sind die im Abschnitt 17.2.1 aufgeführten Beispiele nicht korrekt. In einer Suchbegriffsdatei für Personennamen wird man anstelle des Begriffs „Müller, Uwe" den Begriff „mueller, uwe" finden. Der Verzicht auf Groß-Klein-Schreibung in Suchbegriffsdateien hat natürlich auch den Effekt, dass man bei der Eingabe von Suchfragen nicht zwischen großen und kleinen Buchstaben unterscheiden muss, hat auf der anderen Seite zur Konsequenz, dass man möglicherweise auch Titel findet, die mit der Suchfrage nichts zu tun haben. So findet man bei einer Suche nach dem Fluss „Oder" auch alle Titel, in denen die Konjunktion „oder" vorkommt. Unterschiedliche nationale Sortierregeln stehen einer weltweiten Nutzbarkeit von Online-Katalogen über das Internet entgegen. Wer es gewohnt ist, Umlaute wie Grundbuchstaben zu behandeln, wird bei der Suche nach dem Namen „Müller" als Suchfrage „Muller" oder „muller" eingeben. Auf keinen Fall wird er ein „ü" eingeben, da es auf seiner nationalen Tastatur gar nicht vorkommt. Mit der Eingabe „muller" wird ein Suchbegriff „mueller" aber nicht gefunden. Solange es keine weltweiten Konventionen für die Behandlung von diakritischen Zeichen und Umlauten bei der Sortierung gibt, kann man eine Internationalität nur dadurch schaffen, dass man in solchen Fällen mehrere Suchbegriffe bildet, in dem obigen Beispiel also zusätzlich „muller, uwe".

Auch die Suche nach Doppelnamen und ähnlich geschriebenen Wörtern und Wortverbindungen (mit und ohne Bindestrich geschriebene Komposita) kann man dadurch erleichtern, dass man mehrere mögliche Formen in die Suchbegriffsdatei einträgt, den Namen „Nordrhein-Westfalen" zum Beispiel unter „nordrheinwestfalen", „nordrhein" und „westfalen" suchbar macht. Solche Mehrfacheintragungen erhöhen natürlich den Aufwand und haben gegebenenfalls ungewollte Treffer zur Folge. Die Zerlegung von Doppelnamen führt auf ein allgemeines Problem bei der Bildung von Suchbegriffen in bibliographischen Datenbanken: Soll der Feldinhalt in seiner Gesamtheit und unverändert als Suchbegriff verwendet werden oder sollen einzelne Bestandteile suchbar sein. Diese Frage stellt sich insbesondere bei der Suche nach Titeln und Körperschaften. In aller Regel hat man sich in der Vergangenheit dafür entschieden, einzelne Wörter von Titeln oder Körperschaften suchbar zu machen, mit dem Vorteil, dass man bei der Suche nicht die genaue Titelfassung oder Bezeichnung der Körperschaft kennen muss. Ein solches Vorgehen ist sicher benutzerfreundlich, führt aber immer dann zu Problemen, wenn man in großen Datenbanken nach Titeln oder Körperschaften sucht, die nur aus einem Wort bestehen, das häufig vorkommt. Sucht man zum Beispiel nach dem Titel „Natur", findet man alle Titel, in denen „natur" in irgendeiner Form vorkommt, darunter auch den Titel, der nur aus dem Wort „Natur" besteht. Oftmals muss man danach in einer umfangreichen Trefferliste über mehrere Bildschirmseiten suchen. Ähnliches gilt beispielsweise für den Ort „Berlin", den man mühsam aus all den Körperschaftssätzen herausfinden muss, in denen „berlin" vorkommt. Diese Problematik kann man auf zwei unterschiedliche Weisen lösen: Dadurch, dass ein System alle gefundenen Treffer daraufhin überprüft, ob der gesuchte Begriff alleine vorkommt, oder dadurch, dass man Titel doppelt indexiert: einmal in der gespeicherten Vollform und einmal zerlegt in einzelne Wörter. Sucht man „Natur" in der Suchbegriffsdatei der vollen Titelformen, findet man nur die Titel, die einzig aus dem Begriff „natur" bestehen. Auf analoge Weise findet man die Stadt Berlin in einer Suchbegriffsdatei, die aus den vollen Ansetzungs- und Verweisungsformen von Körperschaften gebildet wird.

Betrachtet man den technischen Aufwand für die beiden Alternativen, ergeben sich wieder die schon mehrfach erwähnten Grundmuster: entweder leistet man den Aufwand der Bildung zusätzlicher Suchbegriffe zum Zeitpunkt der Datenerfassung oder man überprüft zum Zeitpunkt der Suche viele Titel daraufhin, ob der Suchbegriff als einziger vorkommt. Entweder investiert man in Speicherplatz für die zusätzlichen Suchbegriffe oder in Rechenzeit für den Zeichenvergleich.

17.4.2 Datensicherung

Unter funktionalen Gesichtspunkten hat die Definition von Daten- und Retrievalstrukturen die größte Bedeutung für die Bibliotheksautomatisierung. Unter technischen Gesichtspunkten kommt daneben der Datensicherung eine sehr große Bedeutung zu. Im Gegensatz zu den

17.4 Zweiter Technischer Exkurs

funktionalen Aspekten eines Systems bleiben die einmaligen und laufenden Aufwendungen für die Datensicherheit Außenstehenden eher verborgen. Das gilt zumindest, so lange ein System ordnungsgemäß läuft.

Maßnahmen der Datensicherung dienen in erster Linie der Vorbeugung für den Fall, dass Datenbestände auf Datenträgern zerstört werden oder aus irgendwelchen Gründen nicht mehr lesbar sind. Dabei wird der für eine vorbeugende Datensicherung zu betreibende Aufwand mehr oder weniger bestimmt durch die Anforderungen, die man an eine Wiederherstellung des Systems im Falle einer Störung stellt. Wenn ein System völlig unterbrechungsfrei rund um die Uhr laufen soll, kann man diese Anforderung technisch nur dadurch realisieren, dass man alle Systemkomponenten doppelt oder sogar verdreifacht. Auch ein gedoppeltes System, man nennt es auch Spiegelsystem, kann nur dann einen unterbrechungsfreien Betrieb gewährleisten, wenn zumindest eines der beiden Systeme funktioniert. Um das Risiko einer Zerstörung von mehreren Systemen an einem bestimmten Ort zu vermeiden, kann man das zweite oder dritte System an einem anderen Ort aufstellen. Bibliothekssysteme sind aus Kostengründen in der Regel nicht als Doppel- oder Dreifachsysteme ausgelegt. Sie müssen sich daher mit einfacheren Formen der Datensicherung begnügen, allerdings mit dem Risiko, dass Unterbrechungen in den Dienstleistungen nicht ausgeschlossen werden können.

Ein Standard-Verfahren der Datensicherung besteht darin, dass der komplette Datenbestand in bestimmten zeitlichen Abständen kopiert wird und alle in der Zwischenzeit neu erfassten, korrigierten oder gelöschten Datensätze protokolliert werden. Im Falle einer Störung müssen dann die Veränderungen an der letzten vollständigen Kopie nachvollzogen werden mit der Konsequenz, dass für eine solche Wiederherstellung der Daten eine gewisse Zeit benötigt wird.

Unterschiede zwischen den am Markt angebotenen Systemen gibt es bei der Frage, ob eine Kopie der Datenbestände im laufenden Betrieb hergestellt werden kann oder ob dafür eine Betriebsunterbrechung erforderlich ist. Genau genommen geht es um die Frage, ob und wie man gewährleisten kann, dass die Datenbank während der Zeit, die für das Anfertigen einer Kopie benötigt wird, konsistent gehalten werden kann. Wenn keine Veränderungen erfolgen, kann man die Daten einfach auf einen anderen Datenträger kopieren. Wenn während der Kopie Veränderungen erfolgen, muss man diese an dem bereits kopierten Teil nachvollziehen. An einem Beispiel soll das Problem erläutert werden: Der Titel „Lehrbuch der Datenverarbeitung" ist fehlerhaft als „Handbuch der Datenverarbeitung" katalogisiert worden. Er wird während einer Datensicherung korrigiert in „Lehrbuch der Datenverarbeitung". Zum Zeitpunkt des Abspeicherns der Änderung ist die Titeldatei schon kopiert, die Suchbegriffsdatei für Titelstichwörter noch nicht. Sie wird erst kopiert, wenn „Handbuch" durch „Lehrbuch" ersetzt ist. Wenn nun keine weiteren Vorkehrungen für die Konsistenz der Kopie getroffen werden, würde man nach dem Einspielen der Kopie bei der Suche nach „Lehrbuch" und „Datenverarbeitung" den fehlerhaften Titel „Handbuch der Datenverarbeitung" finden.

Probleme der Datensicherheit gilt es aber nicht nur für den Fall einer technischen Störung zu lösen, sondern auch zur Verhinderung von Datenmissbrauch im Routinebetrieb. Durch entsprechende technische Vorkehrungen muss sichergestellt werden, dass nur berechtigte Nutzer Daten lesen, schreiben oder verändern können. Dabei gibt es bestimmte Daten, insbesondere im Bereich der Inventarisierung, die auf Grund von haushaltsrechtlichen Vorschriften nie mehr verändert werden dürfen oder deren Veränderung nur dann zulässig ist, wenn gleichzeitig der ursprüngliche Zustand erhalten bleibt. Programme, die öffentliche Gelder verwalten, müssen häufig vor ihrem Einsatz bestimmte Sicherheitskontrollen durchlaufen.

Dadurch soll ein Missbrauch weitestgehend verhindert werden. So wie bei konventionellen Verfahren kann es eine totale Sicherheit auch beim Einsatz von Datenverarbeitungsverfahren nicht geben, weil alle Sicherheitsmaßnahmen zunächst von Menschen erdacht und anschließend in Soft- oder Hardware umgesetzt werden müssen. Was ein Mensch sich zur Sicherheit ausgedacht hat, kann im Prinzip ein anderer herausfinden, auch wenn dafür viel Mühe und Aufwand zu leisten ist.

17.5 Wirtschaftlichkeitsfragen

Es gibt zwei Hauptziele, die man mit der Ablösung von konventionellen Arbeitsverfahren durch elektronische Datenverarbeitungsverfahren erreichen kann: eine wirtschaftlichere Gestaltung von Arbeitsabläufen oder die Verbesserung von Dienstleistungen. Unterhaltsträger von Bibliotheken sind häufig nur an den wirtschaftlichen Aspekten interessiert. Die Bibliotheken verfolgen mit der Einführung von DV-Verfahren aber nicht nur eine Rationalisierung, sondern auch eine Verbesserung ihrer Dienstleistungen. Dabei haben Sie häufig das Problem, dass viele Service-Verbesserungen monetär nicht quantifizierbar sind; d.h. der Nutzen kann nicht in einem Geldbetrag beziffert werden.

Als der Einsatz von Datenverarbeitungsverfahren in Bibliotheken noch nicht selbstverständlich war, wurde bei der Beantragung von Haushaltsmitteln für die Einführung von Datenverarbeitungsverfahren häufig mit fiktiven Personaleinsparungen argumentiert. Dabei hat man insbesondere die Bereiche herangezogen, bei denen solche Einsparungen rechnerisch leicht darstellbar waren: die Ausleihe und die Katalogisierung. Wenn bei konventionellen Arbeitsverfahren beispielsweise vier Kräfte für das Führen von Ausleihregistern in Zettelform benötigt wurden, dann waren diese vier Kräfte nach Einführung von DV-Verfahren entbehrlich. Analog galt das für die Bibliothekarinnen und Bibliothekare, die Katalogkarten in konventionelle Kataloge eingelegt haben. Die Personalkosten für Sortierarbeiten, die nach Einführung von DV-Verfahren wegfallen, sind relativ leicht zu berechnen.

Viel schwieriger war und ist es dagegen, den Nutzen zu berechnen, den beispielsweise ein über das Internet zugänglicher Katalog gegenüber einem Zettelkatalog hat. Verbal kann man einen solchen Nutzen gut beschreiben: die zahlreicheren Suchmöglichkeiten, insbesondere dann, wenn man einen Titel oder Verfasser nicht genau kennt, die Zugriffsmöglichkeit am Arbeitsplatz usw. Man kann auch eine Kalkulation darüber anstellen, welche Kosten den Bürgerinnen und Bürgern einer Großstadt erspart werden, wenn Tausend von ihnen ein unnötiger Weg in die Stadtbibliothek erspart wird, weil sie schon in ihrer Wohnung per Internet feststellen konnten, dass der von ihnen gewünschte Titel in der Bibliothek gerade ausgeliehen ist. Schwierig ist es häufig allerdings auch, die wirklichen Kosten zu ermitteln, die mit der Einführung von Datenverarbeitungsverfahren verbunden sind. Im Vergleich mit den eingesparten Kosten werden häufig nur die Kosten in Ansatz gebracht, die einmalig oder laufend an Hersteller bzw. Lieferanten von Hard- und Software zu zahlen sind. Vergessen werden dabei oftmals neu entstehende Personalkosten für die Betreuung der DV-Systeme, aber auch Personal- oder Sachkosten, die in Folge von Fehlern oder Ausfällen von Datenverarbeitungsanlagen entstehen können.

Neben dem Wegfall von Vervielfältigungs- und Sortierarbeiten gibt es noch eine zweite Quelle für Rationalisierungseffekte in Bibliotheken: die mehrfache Nutzung einmal erfasster

Daten. Diese Mehrfachnutzung ist möglich innerhalb einer Bibliothek, indem man zum Beispiel Daten, die für eine Bestellung erfasst worden sind, bei der Inventarisierung und bei der Katalogisierung wieder verwendet, oder dadurch, dass eine einmal erfasste Adresse eines Lieferanten bei vielen Bestellungen zum Einsatz kommt. Eine Mehrfachnutzung von Daten ist aber auch über die Grenzen einer Bibliothek hinaus möglich und sinnvoll, wenn der Aufwand für das eigene Erfassen der Daten relativ hoch ist.

Hauptanwendungsgebiet für die Nutzung von Fremddaten, also von Daten, die von anderen Stellen erfasst worden sind, ist der Bereich der Erwerbung und Katalogisierung. Dabei lassen sich zwei Grundformen wie folgt beschreiben: Die Bibliothek kauft Fremddaten ihrem voraussichtlichen Bedarf entsprechend auf Vorrat, speichert sie in ihrem eigenen DV-System getrennt von oder zusammen mit den eigenen Titelaufnahmen. Bei jedem Erwerbungs- oder Katalogisierungsfall wird geprüft, ob der benötigte Datensatz als Fremdaufnahme schon vorliegt. Liegt der gewünschte Datensatz vor, wird er um die lokalen Verwaltungsdaten ergänzt und gegebenenfalls im bibliographischen Bereich modifiziert. Für solche Modifikationen kann es verschiedene Gründe geben: Korrektur von offensichtlichen Erfassungsfehlern, Anpassung an veränderte Auflagen oder Ausgaben, vor allem aber die Anwendung unterschiedlicher Regelwerke oder Datenformate beim Lieferanten und Nutzer. Korrekturen von Fremddaten sind solange sinnvoll, wie dadurch insgesamt noch ein Rationalisierungseffekt erzielt werden kann. Eine Fremddatenübernahme wird allerdings dann ad absurdum geführt, wenn der Umarbeitungsaufwand höher ausfällt als das Erstellen einer neuen Titelaufnahme.

Im Zeitalter der Just-in-time-Produktion ist es für Bibliotheken auch möglich, auf die Vorratsbeschaffung von Fremddaten zu verzichten und mit Hilfe von Online-Datenübernahmen Fremddaten erst dann zu beschaffen, wenn dafür ein tatsächlicher Bedarf vorliegt. Als Datenlieferanten für bibliographische Fremddaten kommen Nationalbibliotheken, Bibliotheksverbünde, größere Einzelbibliotheken und Firmen in Frage, die sich auf Dienstleistungen für Bibliotheken spezialisiert haben. Probleme gibt es häufig mit der Aktualität. In vielen Fällen benötigt man Fremddaten für die Erwerbung zu einem Zeitpunkt, zu dem die Datenlieferanten die Titel noch nicht erfasst haben. Optimale Voraussetzungen für eine Fremddatennutzung bieten Bibliotheksverbünde, bei denen die Daten aller teilnehmenden Partner in einer gemeinsamen, online aktualisierten Datenbank gespeichert werden. – Eine andere Form der Fremddatenübernahme gibt es im Benutzungsbereich, wenn Anschriftendaten, die an anderen Stellen erfasst worden sind, in Ausleihverbuchungssysteme eingefügt werden. Häufig wird diese Art der Fremddatennutzung in Hochschulbibliotheken praktiziert, indem man Adressendaten der Studentenverwaltungen übernimmt.

17.6 Verbundsysteme

17.6.1 Entwicklung der Verbundsysteme

Es waren in erster Linie wirtschaftliche Überlegungen, die weltweit zum Entstehen von Bibliotheksverbundsystemen geführt haben. Im Vordergrund stand dabei die Nutzung von bibliographischen Daten, die eine Bibliothek in eine zentrale Verbunddatenbank eingegeben hat, durch andere Bibliotheken. Im Laufe der Zeit haben die so entstandenen Datensammlungen aber auch noch eine andere Funktion übernommen, nämlich die eines zentralen Nachweises von Bibliotheksbeständen. Technisch unterscheiden sich Verbunddatenbanken von Katalogdatenbanken einzelner Bibliotheken im Wesentlichen dadurch, dass zu einem Titel die Bestände mehrerer Bibliotheken verwaltet werden müssen. Darüber hinaus unterscheiden sie sich natürlich in Bezug auf die zu speichernden Datenmengen und auf die Anzahl der gleichzeitig mit einem solchen System arbeitenden Nutzerinnen und Nutzer.

Neugründungen von Universitätsbibliotheken haben in Bayern und Nordrhein-Westfalen in den 1970er Jahren zum Entstehen der ersten deutschen Bibliotheksverbundsysteme geführt. Sie sind aus Katalogisierungssystemen hervorgegangen, die ursprünglich nur für die Verarbeitung von Daten einer einzelnen Bibliothek konzipiert waren. In Bayern ist das Katalogisierungssystem der Universitätsbibliothek Regensburg und in Nordrhein-Westfalen das System der Universitätsbibliothek Bochum jeweils zu einem Verbundsystem erweitert worden. Entsprechend dem damaligen Stand der Technik handelte es sich in beiden Fällen um Offline-Systeme. Die Datenerfassung erfolgte abgetrennt in den einzelnen Bibliotheken, die Verarbeitung und Ausgabe jedoch an zentraler Stelle. Katalogausgaben im Verbund erfolgten zunächst auf Papier, später aus Kosten- und Zeitgründen auf Mikrofiches. Dabei führte die Einführung der Mikrofiche-Technologie zu einer fast beliebigen Vervielfältigbarkeit der Kataloge und gab den Gesamtkatalogen eine neue Funktion als Nachweisinstrument für die Fernleihe.

Von der Technik und der Konzeption her ist die Entwicklung des weltweit wohl größten Verbundsystems OCLC in den Vereinigten Staaten von Amerika zwar ganz anders verlaufen als in Deutschland, aber auch dort haben letztlich Überlegungen zu Kosteneinsparungen in den einzelnen Bibliotheken zum Entstehen und Wachsen dieses Systems geführt. Auf Grund der anderen Finanzierung gibt es in amerikanischen Bibliotheken in der Regel keine Trennung zwischen Personal- und Sachmitteln. Auf dieser Basis hat sich eine lange Tradition zum Bezug von Titelkarten der Library of Congress herausbilden können. Bei der Katalogisierung eines neu beschafften Werkes gab und gibt es in amerikanischen Bibliotheken in der Regel die freie Wahl zwischen einer Eigenkatalogisierung für x Dollar und dem Bezug von Titelkarten der Kongress-Bibliothek für y Dollar. Wenn y kleiner als x ist, und sonst keine Gründe für eine Eigenkatalogisierung sprechen, wird man die Katalogkarten bei der Kongress-Bibliothek bestellen und lediglich lokale Besonderheiten wie zum Beispiel die eigene Signatur noch hinzufügen.

Die „Geschäftsidee" von OCLC bestand nun vereinfachend gesagt darin, den Bibliotheken Titelkarten zu verkaufen, die insgesamt preisgünstiger waren als die Karten, die man von der Kongress-Bibliothek beziehen konnte. Dazu wurde noch eine Komfortverbesserung angeboten. Das Prinzip war sehr einfach: Die Bibliothek, die für ein neu beschafftes Werk eine Titelkarte benötigt, recherchiert in dem Verbunddatenbestand. Wenn sie dort den gesuchten Titel findet, fügt sie ihre lokalen Angaben hinzu, gibt an, wie viele Karten sie benötigt, und erhält einige Tage später für die Einordnung in die bestehenden Kataloge fertig aufbereitete Karten. Ist der benötigte Titel noch nicht in der Datenbank, muss er neu erfasst werden. Auf diese Weise wächst die Datenbank und macht sie insgesamt attraktiver. Ein entsprechendes Gebührenmodell sorgt dafür, dass sowohl das Eingeben neuer Daten als auch das Nutzen bereits vorhandener Daten sich für die Kunden unter wirtschaftlichen Gesichtspunkten lohnt. Inzwischen hat OCLC sein Dienstleistungsangebot den veränderten technischen Möglichkeiten angepasst und bedient zahlreiche Kunden auch außerhalb von Amerika. Ein wesentlicher Unterschied zwischen diesem amerikanischen System und vielen anderen Verbundsystemen, insbesondere den deutschen Systemen ist jedoch bestehen geblieben: OCLC ist in erster Linie ein Datenlieferant und kein Datenverwalter für die angeschlossenen Bibliotheken. Die primäre

17.6 Verbundsysteme

Datenspeicherung und damit die Verantwortung für die Daten liegt bei den Kunden von OCLC. Die Titeldaten werden in die eigene Datenbank kopiert und dort gegebenenfalls nach lokalen Bedürfnissen modifiziert (copy cataloguing). Eine Rückführung dieser Änderungen in die Zentrale Datenbank erfolgt normalerweise nicht. Im Gegensatz dazu erfolgen bei den deutschen Verbundsystemen alle Änderungen an der bibliographischen Beschreibung in der Verbunddatenbank und werden von dort in die lokalen Kataloge und Bibliothekssysteme übermittelt (shared cataloguing). Der Vorteil ist, dass von einer Korrektur nicht nur eine Bibliothek, sondern alle angeschlossenen Bibliotheken profitieren.

Der offensichtliche Erfolg der Verbundsysteme in Bayern und Nordrhein-Westfalen, aber in erster Linie der immer stärker werdende Bedarf nach aktuellen Nachweisen über Standorte von benötigter Literatur, haben im Jahre 1979 zu den Empfehlungen der Deutschen Forschungsgemeinschaft zum Aufbau regionaler Verbundsysteme und zur Einrichtung Regionaler Bibliothekszentren (Verbundzentralen) geführt. Diese Empfehlungen verfolgten das Ziel einer kooperativen Katalogisierung mit einer zentralen Datenhaltung in den Regionalen Bibliothekszentren, um so einen möglichst aktuellen und umfassenden regionalen Literaturnachweis zu erhalten. In der Tat sind in allen sieben Leihverkehrsregionen der damaligen Bundesrepublik regionale Verbundsysteme mit einer zentralen Nachweisfunktion entstanden. Im Zuge der Wiedervereinigung entwickelten sich aus den zunächst auf einzelne Bundesländer beschränkten Verbundsystemen länderübergreifende Bibliotheksverbünde. Zu Beginn des 21. Jahrhunderts arbeiten im deutschsprachigen Raum folgende regionalen Verbundsysteme:

- Bibliotheksverbund Bayern (BVB)
- Gemeinsamer Bibliotheksverbund der Länder Bremen, Hamburg, Mecklenburg-Vorpommern, Niedersachsen, Sachsen-Anhalt, Schleswig-Holstein und Thüringen (GBV)
- Hessisches Bibliotheksinformationssystem (HeBIS)
- Kooperativer Bibliotheksverbund Berlin-Brandenburg (KOBV)
- Nordrhein-westfälischer Bibliotheksverbund
- Südwestdeutscher Bibliotheksverbund (SWB)
- Österreichischer Bibliothekenverbund (ÖBV)

17.6.2 Verbundzentralen

Die Bibliotheksverbünde werden durch ihre Verbundzentralen repräsentiert:
- Verbundzentrale des Bibliotheksverbundes Bayern, Bayerische Staatsbibliothek, München
- Verbundzentrale des GBV (VZG), Göttingen
- Hessisches Bibliotheksinformationssystem (HeBIS), Stadt- und Universitätsbibliothek Frankfurt
- Kooperativer Bibliotheksverbund Berlin-Brandenburg (KOBV), Konrad-Zuse-Institut für Informationstechnik Berlin
- Hochschulbibliothekszentrum des Landes Nordrhein-Westfalen (HBZ), Köln
- Bibliotheksservice-Zentrum Baden-Württemberg (BSZ), Konstanz
- Österreichischer Bibliothekenverbund & Service GmbH, Wien
-

Organisatorisch sind die Verbundzentralen teilweise an bestehende Einrichtungen angebunden (BVB, HeBIS, KOBV) oder als Landeseinrichtungen (HBZ, BSZ) organisiert. Weitgehend selbständig sind die Verbundzentrale des GBV als Landesbetrieb und die Verbundzentrale des Österreichischen Bibliothekenverbundes als GmbH. Kernaufgabe aller Verbundzentralen ist der Betrieb einer Verbunddatenbank und die Bereitstellung von Fremd- und Normdaten für die kooperative Katalogisierung sowie der Nachweis der Bestände für die regionale und überregionale Literaturversorgung. Eine Ausnahme ist hier der KOBV, der einen dezentralen Ansatz verfolgt. Aus dieser Aufgabenstellung ergibt sich für die Verbundzentralen die Notwendigkeit zur Mitarbeit in den entsprechenden Gremien, wie dem Standardisierungsausschuss und den Facharbeitsgruppen zur Regelwerksentwicklung.

Aus dem Prinzip der Verbundkatalogisierung resultiert eine weitere zentrale Aufgabe der Verbundzentralen, nämlich die Versorgung der lokalen Bibliothekssysteme mit den Daten aus der Verbunddatenbank. In der Vergangenheit erfolgte die Übermittlung der Katalogisate im Wesentlichen mit Offline-Verfahren. Mit zunehmender Integration von Erwerbung und Katalogisierung (Erwerbungskatalogisierung) sind hier aber Online-Verfahren erforderlich, da für die weitere Bearbeitung einer Bestellung der Titel sofort auch in der lokalen Datenbank verfügbar sein muss. Neben der Unterstützung der Katalogisierung hat sich im Laufe der Zeit ein breites Aufgaben- und Dienstleistungsspektrum für die Verbundzentralen entwickelt, denn Verbundzentralen sind heute moderne Dienstleistungszentren, deren Angebote weit über das der ursprünglichen Katalogisierungszentralen hinausgehen.:

- Entwicklung, Organisation und Steuerung der Online-Fernleihe und Dokumentlieferdienste
- Bereitstellung ergänzender Informationsdatenbanken (Zeitschrifteninhaltsdaten und Bibliographien)
- Entwicklung ergänzender bibliothekarischer Dienstleistungen, wie Profildienste für Fachreferenten und „Current Awareness Services" für Benutzer
- Unterstützung der Bibliotheken bei der Einrichtung und dem Betrieb lokaler Bibliothekssysteme

Ein weiterer Wandel in den Aufgaben und in der Stellung von Verbundzentralen im Verhältnis zu den Bibliotheken ergibt sich aus dem vermehrten Aufkommen von elektronischen Publikationen. Die über viele Jahre praktizierte Arbeitsteilung zwischen den Verbundzentralen und den angeschlossenen Bibliotheken kann man vereinfachend so beschreiben, dass die Bibliotheken die Informationen beschaffen, erschließen und für die Benutzung bereitstellen, während die Verbundzentralen Informationen über diese Informationen speichern und für die Benutzung zur Verfügung stellen. In der klassischen Arbeitsteilung sind also die Informationen (in Büchern, Zeitschriften und anderen Medien) von den Informationen über die Informationen (Titelaufnahmen gegenüber Metadaten) getrennt.

Bei elektronischen Publikationen im Netz gibt es keine Notwendigkeit zur Trennung zwischen den eigentlichen Informationen und Informationen darüber. Selbst wenn man Titelaufnahmen für elektronische Publikationen aus technischen Gründen getrennt von den Inhalten der Publikationen speichert, können Titelaufnahme und Publikation so miteinander verknüpft werden, dass sie für die Benutzung als eine Einheit erscheinen oder zumindest durch Anklicken miteinander verknüpft werden können. Bereitstellung und Archivierung elektronischer Publikationen verursachen enormen technischen und organisatorischen Aufwand, der nur von wenigen großen Einrichtungen auf Dauer geleistet werden kann. Die Verbundzentralen und Bibliotheken sind hier gefordert, in enger Zusammenarbeit entsprechend Angebote bereitzustellen.

17.6.3 Arbeitsgemeinschaft der Verbundsysteme

Die Arbeitsgemeinschaft der Verbundsysteme wurde im Jahre 1983 auf der Grundlage der DFG-Empfehlungen zum Aufbau regionaler Verbundsysteme und zur Errichtung regionaler Bibliothekszentren durch den Unterausschuss für Datenverarbeitung des Bibliotheksausschusses der Deutschen Forschungsgemeinschaft (DFG) gegründet. Ihre Aufgaben sind vor allem die Einführung und der Betrieb innovativer und abgestimmter Dienstleistungen, die Koordinierung von Hard- und Softwarekonzepten, die Vereinbarung gemeinsamer Standards für die Datenkommunikation, gemeinsame Interessenvertretung gegenüber anderen Gremien und Institutionen sowie die Koordinierung der Anwendung bibliothekarischer Regeln und Standards für kooperative Katalogisierung, Bestandsnachweis, Leihverkehr und Datentausch. Ein aktuelles Vorhaben ist die Weiterentwicklung der verbundübergreifenden Fernleihe. Das Sekretariat der Arbeitsgemeinschaft der Verbundsysteme wurde zunächst vom Deutschen Bibliotheksinstitut betreut und ist seit dem Jahre 2001 bei der Deutschen Bibliothek in Frankfurt angesiedelt. Neben den regionalen Verbundsystemen nehmen noch folgende Mitglieder an der AG der Verbundsysteme teil: die Zeitschriftendatenbank (ZDB), die Deutsche Bibliothek (DDB), die Deutsche Forschungsgemeinschaft (DFG), die Kultusministerkonferenz (KMK) und die Deutsche Gesellschaft für Informationswissenschaft und Informationspraxis.

17.6.4 Vernetzung der Verbundsysteme

Es hat viele Jahre gedauert, bis die von der DFG bereits 1979 geforderte Vernetzung der Verbundsysteme Wirklichkeit geworden ist. Die Ursachen dafür liegen in den unterschiedlichen Systemkonzepten, die sich in erster Linie an den Bedürfnissen der kooperativen Katalogisierung unter Nutzung der damaligen technischen Möglichkeiten von Online-Systemen orientierten. Die zu Beginn der achtziger Jahre für den Einsatz in Verbundsystemen verfügbaren Software-Lösungen hatten zwei wesentliche Nachteile der ersten Systeme in Bayern und Nordrhein-Westfalen überwunden, nämlich die Offline-Verarbeitung und die damit verbundene redundante Datenspeicherung. Sie umfassten jedoch noch keine Komponenten für einen Online-Datenaustausch mit anderen Bibliothekssystemen. Die Entwickler von Verbundsystemen, aber auch die regionalen Bibliothekszentren richteten ihr Entwicklungskonzept zunächst nach einer möglichst guten Unterstützung der Katalogisierungsfunktionen und der dafür notwendigen Recherchetechniken aus. Die Rahmenbedingungen haben sich erst Ende der 1980er Jahre verändert. Drastische Rückgänge bei den Hardware-Preisen, steigende Leistungsfähigkeit von Personal-Computern, die damit verbundene Ausbreitung von lokalen Bibliothekssystemen mit Komponenten für die Ausleihe, Erwerbung und den Online-Publikumskatalog, aber auch die verbesserte Infrastruktur für die Datenfernübertragung haben den Ruf nach einer Öffnung und Vernetzung der Verbundsysteme lauter werden lassen.

Um das Ziel einer Vernetzung der Verbundsysteme zu erreichen, hat es in den 1990er Jahren zwei unterschiedliche Ansätze gegeben: Suchmaschinen wie den Karlsruher Virtuellen Katalog (KVK), die Suchfragen entgegennehmen, in die Suchtechnik der einzelnen Verbundsysteme umsetzen, an die Verbundsysteme weiterleiten, von dort Ergebnisse zurücknehmen und an die Anfragenden weiterleiten. Der andere Ansatz geht davon aus, dass Suchfragen zunächst an eine Verbundzentrale gestellt werden und dass eine Weiterleitung an andere Verbünde nur dann erfolgt, wenn die Suche in dem zuerst befragten System ohne Ergebnis bleibt. Unter dem Gesichtspunkt des Ressourcen-Verbrauchs ist die zweite Methode sicherlich viel wirtschaftlicher; sie ist jedoch technisch aufwändiger zu realisieren. Das hat seinen Grund darin, dass sowohl die Suchfragen als auch die Ergebnisse in einem Format und in einer Struktur ausgetauscht werden müssen, die unabhängig ist von einer bestimmten Bildschirm-Oberfläche. Die Suchergebnisse müssen in die Struktur des zuerst befragten Systems umgewandelt werden.

Die Syntax für einen Austausch von Suchfragen zwischen bibliographischen Datenbanksystemen ist weltweit unter dem Standard Z39.50 festgelegt. Für den Austausch von gefundenen Titeln lässt der Standard alle gängigen bibliographischen Datenformate zu, unter anderem MAB, MARC und UNIMARC. Das führt dazu, dass nicht alle Z39.50-fähigen Systeme wirklich miteinander kommunizieren können, sondern nur dann, wenn sie auch die übermittelten Datenformate interpretieren können, das kann insbesondere beim internationalen Datenaustausch zu einigen Hindernissen führen. Weil Suchergebnisse im Standard Z39.50 nicht in einem Bildschirmformat übermittelt werden, sondern strukturiert in einem bibliographischen Datenformat, können sie auch als Fremddaten für die Katalogisierung in dem suchenden System weiterverwendet werden. Damit hat eine Vernetzung von Systemen über Z39.50 Vorteile sowohl bei der Literatursuche als auch bei der Erwerbung und Katalogisierung.

Notwendig ist eine Vernetzung aber nicht nur zwischen den regionalen Verbundsystemen, sondern auch zwischen den Verbünden und den Normdateien für Personen, Körperschaften und Schlagwörtern, sowie mit der Zeitschriftendatenbank (ZDB). Eine solche Koppelung ist nicht nur unter dem Gesichtspunkt der verbesserten Fremddatennutzung in den Verbundsystemen sinnvoll, sondern auch unter dem Gesichtspunkt der kooperativen Katalogisierung von Normdaten. So wie aus der Sicht der regionalen Verbundsysteme die Zeitschriftendatenbank und die Normdateien übergeordnete Dateien darstellen, deren Inhalt man für die eigen Arbeit nutzen und gegebenenfalls ergänzen möchte, sind die regionalen Verbundsysteme für die lokalen Systeme übergeordnete Systeme. Um ein durchgängiges Arbeiten zwischen der lokalen, der regionalen und der überregionalen Ebene zu ermöglichen, müssen daher regionalen Systeme auch nach „unten" zu den lokalen Systemen vernetzt werden. Mittlerweile haben alle Verbundsysteme Verbundportale eingereicht, die eine parallele Suche über die Verbunddatenbanken ermöglichen. Diese Verbundportale dienen auch als Basis für die verbundübergreifende Fernleihe und Dokumentlieferdienste.

17.7 Normdateien

Normdateien sollen die Qualität bibliographischer Informationen verbessern, indem sie zusammengehörende Informationen in einem Normsatz zusammenfassen. Darüber hinaus sollen sie die Formal- und Sachkatalogisierung erleichtern. Normdateien gibt es auf technischer und inhaltlicher Ebene. Es gibt Bibliothekssysteme, die z.B. in Verfasserkategorien durchgehend nur Einträge in Textform oder Verknüpfungen auf Normsätze zulassen. Wird die Variante für Verknüpfungen gewählt, legt das System gegebenenfalls automatisch einen „Normsatz" mit dem Namen des Verfassers an. Hier handelt es sich im bibliographischen Sinne aber nicht um eine Normdatei. Der Begriff Norm impliziert auch eine intellektuelle Überprüfung und Pflege von Normsätzen, wie es beispielsweise bei der kooperativen Pflege der Personennamendatei (PND) gegeben ist. Im Folgenden wird daher unter dem Begriff Normdatei immer eine auch intellektuell gepflegte Datenbank verstanden. Normsätze dieses Typs enthalten

17.7 Normdateien

neben der eigentlichen Objektbezeichnung, z.B. der Ansetzung des Namens, in der Regel weitere Informationen. Dies können Lebensdaten, Berufsbezeichnungen, weitere Namensformen, allgemeine Kommentare, Benutzungshinweise, übergeordnete oder Synonyme Begriffe usw. sein. Synonyme Begriffe stellen beispielsweise bei der Suche sicher, dass im Gegensatz zur reinen Stichwortsuche der korrekte Begriff und die damit zusammenhängenden Titel auch über parallel gebräuchliche Bezeichnungen gefunden werden. Eine Suche nach dem Begriff „Auto" liefert dann auch alle Titel zum Begriff „Automobil", „Personenauto", „Personenwagen", „PKW" usw.

Der entsprechende Satz aus der Schlagwortnormdatei sieht im MAB2-Format wie folgt aus:
001 4076001-7
800sPersonenkraftwagen = Hauptschlagwort
808aM
830sAuto = äquivalente Begriffe
830sAutomobil
830sPersonenauto
830sPersonenkraftfahrzeug
830sPersonenwagen
830sPKW
850sKraftwagen = übergeordneter Begriff
860sOldtimer = assoziativer Begriff

Ein typischer Personennormsatz aus der PND enthält neben der Ansetzung des Namens (800) weitere Informationen wie Lebensdaten (814a), Berufsbezeichnungen (814i) und andere Namensformen (830):
001 133368432
800 Schiller, Friedrich
814a1759-1805
814iDt. Dichter
830 Schiller, Johann Christoph Friedrich ¬von¬
...

In Deutschland werden zur Zeit folgende bibliographische Normdateien allgemein verwendet: PND (Personennamendatei), GKD (Gemeinsame Körperschaftsdatei), SWD (Schlagwortnormdatei) und ZDB (Zeitschriftendatenbank). Den technischen Betrieb hat die Deutsche Bibliothek übernommen.

PND

In der PND werden alle für Formal- und Sachserschließung sowie nationale Katalogisierungsunternehmungen wesentlichen Namen zusammengeführt. Ihre Verwendung soll Mehrfacharbeit bei der Ansetzung von Personennamen vermeiden und zur Vereinheitlichung der Ansetzungsformen beitragen. Die PND umfasst mehr als 2 Millionen Namen, davon 600.000 Personen mit individualisierten Normsätzen. Redaktionell betreut wird die PND durch die Deutsche Bibliothek, die Bayerische Staatsbibliothek München, das Hochschulbibliothekszentrum des Landes Nordrhein-Westfalen, die Zentralkartei der Autographen der Staatsbibliothek zu Berlin, das Bibliotheksservice-Zentrum Baden-Württemberg, den Verbund der wissenschaftlichen Bibliotheken Österreichs und die SWD-Kooperationspartner.

GKD

Die GKD enthält Ansetzungs- und Verweisungsformen von Körperschaftsnamen, die nach den „Regeln für die alphabetische Katalogisierung" (RAK-WB) erstellt worden sind. Für die Redaktion sind die Staatsbibliothek zu Berlin – Preußischer Kulturbesitz, die Deutsche Bibliothek und die Bayerische Staatsbibliothek verantwortlich. Eine Zulieferung von GKD-Sätzen erfolgt durch die Bibliotheksverbünde und durch einzelne Bibliotheken.

SWD

Die SWD bietet einen normierten, terminologisch kontrollierten Wortschatz an. Sie enthält Ansetzungs- und Verweisungsformen von Schlagwörtern, die nach den „Regeln für den Schlagwortkatalog (RSWK)" und den „Praxisregeln zu den RSWK und der SWD" festgelegt werden. Die Schlagwörter umfassen alle Fachgebiete und Schlagwortkategorien. Die SWD wird von der Deutschen Bibliothek in Kooperation mit den deutschen Bibliotheksverbünden, dem Österreichischen Bibliothekenverbund, der Schweizerischen Landesbibliothek und dem Kunstbibliotheken-Fachverbund Florenz-München-Rom erstellt und durch die verbale Inhaltserschließung der beteiligten Bibliotheken täglich aktualisiert.

ZDB

Die Zeitschriftendatenbank ist die umfassendste und weltweit führende Datenbank der in deutschen Bibliotheken vorhandenen Zeitschriften und Zeitungen. Sie umfasst über 1 Million Titel und mehr als 5,5 Millionen dazugehörige Bestandsnachweise von rund 4.500 Bibliotheken. Die bibliographische Betreuung und Weiterentwicklung der Zeitschriftendatenbank (ZDB) liegt bei der Staatsbibliothek zu Berlin – Preußischer Kulturbesitz.

Als Ergänzung zur SWD ist der Einsatz der Dewey Decimal Classification (DDC) in Deutschland geplant. Regional oder fachspezifisch begrenzt werden weitere Normdateien eingesetzt: BK (Basisklassifikation), EST (Einheitssachtiteldatei des Deutschen Musikarchivs), RVK (Regensburger Verbundklassifikation), STW (Standardthesaurus Wirtschaft). Auch auf Bibliotheksebene werden Normdateien für bibliotheksspezifische Klassifikationen und Thesauri verwendet. – Zu einer Normdatei gehören auch geeignete Navigationsinstrumente. Diese müssen Funktionen, wie Suche in der Normdatei, die Verknüpfung mit unter- oder übergeordneten Sätzen und verknüpften Titelsätzen ermöglichen. Für die Benutzer von Bibliothekskatalogen ist es vor allem bei Normdateien für Klassifikationssysteme wichtig, dass verbale Einstiegspunkte über die Klassenbeschreibungen angeboten werden, von denen er dann in der eigentlichen Klassifikation navigieren und die gewünschten Titel erreichen kann. Im Gegensatz zu Fachreferenten können bei Benutzern keine tiefgehenden Kenntnisse des Aufbaus der Klassifikation vorausgesetzt werden.

17.8 Fernleihe und Dokumentlieferdienste

Die Fernleihe dient der überregionalen Literaturversorgung für wissenschaftliche Zwecke, für den Fall, dass sich das gewünschte Medium nicht in der eigenen Bibliothek bzw. nicht in einer Bibliothek vor Ort befindet. Grundlage für die Fernleihe ist die „Ordnung des Leihverkehrs für die Bundesrepublik Deutschland (Leihverkehrsordnung, LVO)" von 1993. Am Leih-

17.8 Fernleihe und Dokumentlieferdienste

verkehr nehmen alle großen wissenschaftlichen Bibliotheken Deutschlands teil. Die Zulassung zum Leihverkehr erfolgt über den jeweiligen zuständigen Zentralkatalog, sofern die Voraussetzungen gemäß LVO erfüllt sind. Ein grundlegendes Prinzip der Fernleihe ist die Gegenseitigkeit, d.h. jede Bibliothek, die Literatur bestellen will, muss im Gegenzug auch ihre Bestände für die Fernleihe zur Verfügung stellen. Man geht davon aus, dass sich im Mittel Geben und Nehmen ausgleichen und man damit auf die Berechnung von Kosten verzichten kann. Üblich ist in vielen Bibliotheken lediglich die Erhebung einer geringfügigen Bearbeitungsgebühr. Um einen Missbrauch der Fernleihe zu verhindern, wurde eine Reihe von Regelungen vereinbart, darunter das Regionalprinzip. Charakteristisch für die Fernleihe ist ebenfalls, dass Bestellung und Lieferung grundsätzlich zwischen Bibliotheken abgewickelt werden. Der Benutzer muss die bestellte Literatur in seiner Bibliothek abholen und auch dort gegebenenfalls wieder zurückgeben. Diese schickt das Buch dann an die gebende Bibliothek zurück. Die konventionelle Fernleihe wird über den „Roten Leihschein" abgewickelt. Dieses aufwändige Verfahren sorgt dafür, dass die Bearbeitungszeiten häufig länger als 4 Wochen sein können.

Die Beschleunigung der Fernleihe ist eine der grundlegenden Aufgaben der Verbundsysteme. Bereits 1983 hat der damalige Bibliotheksverbund Niedersachsen ein Online-Bestellsystem eingeführt, das den direkten Ausdruck eines in der Verbunddatenbank nachgewiesenen Titels als Bestellgrundlage in der besitzenden Bibliothek ermöglichte. Dadurch konnte die Zeit für die Übermittlung der Bestellung erheblich reduziert werden. Seit 1996 können die Bibliotheksbenutzer ihre Bestellungen selbst online aufgeben, was zusätzlich den Bearbeitungsschritt durch das Bibliothekspersonal einspart. Durch den kontinuierlichen Ausbau dieses Systems konnte der Anteil konventioneller Bestellungen auf unter 10 % in den zum GBV gehörenden Leihverkehrsregionen gesenkt werden. Ein weiterer Vorteil der Online-Fernleihe gegenüber dem konventionellen Leihverkehr ist die Transparenz der Vorgänge. Der Benutzer kann sich jederzeit über den Bearbeitungsstand seiner Bestellungen informieren und er wird automatisch über E-Mail benachrichtigt. Mittlerweile sind in allen Verbundregionen Online-Fernleihsysteme in Betrieb oder stehen kurz vor ihrer Einführung. Ein weiterer wichtiger Schritt auf dem Weg zu einer effizienten und schnellen Literaturversorgung ist die Einführung der verbundübergreifenden Fernleihe, die Verzögerungen durch konventionelle Weiterleitung der Bestellungen über die Zentralkataloge vermeiden soll.

Ein weiterer wichtiger Faktor für den Erfolg der Online-Fernleihe ist der Umfang der in den Verbunddatenbanken nachgewiesenen Bestände. Anfangs waren hier nur die neuesten Bestände katalogisiert. Damit war das aufwändige Signieren der Bestellungen an den konventionellen Zettelkatalogen unumgänglich. Mittlerweile hat die Retrokatalogisierung oder Digitalisierung der Zettelkataloge erhebliche Fortschritte gemacht, so dass die Benutzung der konventionellen Zentralkataloge nur noch in Ausnahmefällen notwendig ist. Der hessische Zentralkatalog hat deshalb seine Tätigkeit mit vollständiger Digitalisierung des Zettelkataloges Mitte 2002 vollständig eingestellt.

Neben der Weiterentwicklung der Bestellsysteme konnte auch die Organisation der notwendigen Transporte optimiert werden. Kopien werden zunehmend elektronisch an die nehmende Bibliothek geschickt und erst dort für den Benutzer ausgedruckt. Die direkte Weiterleitung der elektronischen Form an den Benutzer ist bei Fernleihen aus Urheberrechtsgründen derzeit nicht zulässig.

Ende der 1990er Jahre war die flächendeckende Einführung der Online-Fernleihe nicht absehbar. Auf Initiative des Bundesministeriums für Bildung, Wissenschaft, Forschung und

Technologie (BMFT) und der Länder wurde daher der Direkt-Lieferdienst Subito zur Beschleunigung der Literaturversorgung gegründet. Zielgruppe sind hauptsächlich wissenschaftliche Einrichtungen, Wissenschaftler und Studenten aus dem In- und Ausland, für die die Fernleihe nicht effizient genug ist, oder die keinen Zugang zur Fernleihe haben. Im Gegensatz zur Fernleihe ist Subito kostenpflichtig, wobei die Lieferung und Rechnungsstellung direkt an den Benutzer erfolgt. Lieferbibliotheken sind die großen Universitäts-, Hochschul- und Staatsbibliotheken Deutschlands. Im Preis für die Lieferung ist eine Bibliothekantieme, die an die Verwertungsgesellschaft „Wort" abzuführen ist, enthalten. Die Preise sind abhängig von der Lieferform (E-Mail, Post, Fax usw.), Dringlichkeit (24 oder 72 Stunden) und Nutzergruppe (Wissenschaftlicher Bereich, Privatperson oder kommerzieller Bereich). Am preiswertesten ist die elektronische Zustellung. Anfangs war die Lieferung auf Kopien von Aufsätzen beschränkt. Im Jahre 2000 wurde dieser Dienst auch auf rückgabepflichtiges Material wie Bücher und Dissertationen ausgedehnt. Neben der Direktlieferung an Benutzerinnen und Benutzer bietet Subito unter dem Namen „Library Service" einen Direktlieferdienst für Bibliotheken an. Rechnungsstellung und Dokumentlieferung erfolgen an die bestellende Bibliothek zu den Bedingungen des Subito-Dienstes. Diese gibt die Lieferung analog zur Fernleihe an den Benutzer weiter.

17.9 Elektronische Publikationen und Portale

17.9.1 Metadaten und Dublin Core

Das Erscheinen von Publikationen in elektronischer Form verändert nicht nur zahlreiche Arbeitsabläufe in Bibliotheken, sondern auch die über viele Jahre praktizierte Arbeitsteilung zwischen den Verbundzentralen und den angeschlossenen Bibliotheken, die man vereinfachend so beschreiben kann, dass Bibliotheken Informationen beschaffen, erschließen und für die Benutzung bereitstellen, während Verbundzentralen Informationen über diese Informationen sammeln, speichern und in elektronischen Katalogen zur Nutzung anbieten. In der klassischen Arbeitsteilung sind also die Informationen in Büchern, Zeitschriften und anderen Medien von den Informationen über die Informationen (modern Metadaten, klassisch Titelaufnahmen genannt) getrennt. Bei elektronischen Publikationen im Netz gibt es keine Notwendigkeit zur Trennung zwischen den eigentlichen Informationen und Informationen darüber. Selbst wenn man Titelaufnahmen für elektronische Publikationen aus technischen Gründen getrennt von den Inhalten der Publikationen speichert, können Titelaufnahme und Publikation so miteinander verknüpft werden, dass sie für die Benutzung als eine Einheit erscheinen oder zumindest durch „Anklicken" miteinander verknüpft werden können.

Da Bibliotheksbenutzer nicht immer wissen können, ob die von ihnen gesuchten Informationen in gedruckter oder in elektronischer Form vorliegen, ist es nicht sinnvoll, die Nachweise für unterschiedliche Publikationsformen voneinander zu trennen. Nahe liegend war daher zunächst die Idee, auch elektronische Publikationen wie gedruckte Materialien zu katalogisieren und in den Bibliothekskatalogen nachzuweisen. Fortschrittliche Online-Kataloge bieten bei elektronischen Publikationen die Möglichkeit, per Mausklick gleich auf den Volltext zugreifen zu können. Die Menge der täglich im Internet neu erscheinenden Quellen und deren zum Teil begrenzte Lebensdauer machen es den Bibliotheken allerdings unmöglich, das „gesamte" Internet zu katalogisieren. In vielen Fällen schaffen es Bibliotheken wegen unzureichen-

17.9 Elektronische Publikationen und Portale

der Personalkapazität nicht einmal, von ihnen selbst erworbene größere Mengen elektronischer Publikationen im klassischen Sinn zu katalogisieren. Daraus resultiert die Notwendigkeit, elektronische Publikationen nicht nur durch die Mittel der klassischen Katalogisierung zu erschließen, sondern über andere Techniken. Dabei bieten sich grundsätzlich zwei Möglichkeiten an, zum einen die Verwendung von „Metadaten", die den elektronischen Publikationen von den Herstellern oder Anbietern beigefügt werden, zum anderen die inhaltliche Erschließung elektronischer Texte durch maschinelle Verfahren. Selbstverständlich kann man auch beide Möglichkeiten miteinander kombinieren.

Als „Standard" für die Beifügung bibliographischer Daten zu elektronischen Publikationen hat sich seit Mitte der 1990er Jahre unter dem Namen „Dublin Core" ein Set von 15 Datenfeldern herausgebildet. Die Liste dieser Felder sieht auf den ersten Blick sehr einfach aus und erinnert an die zehn Kategorien der Universitätsbibliothek Bochum. Die scheinbare Einfachheit von Dublin Core täuscht jedoch, denn in der Praxis gibt es große Unterschiede in der Anwendung. Ein Blick in die Kommentare zu den einzelnen Feldern zeigt, dass es oftmals viele verschiedene Möglichkeiten gibt, die Felder zu füllen (Dublin-Core-Metadata-Initiative: http://dublincore.org):

- Element Name: Title
  Definition: A name given to the resource.
  Comment: Typically, Title will be a name by which the resource is formally known.
- Element Name: Creator
  Definition: An entity primarily responsible for making the content of the resource.
  Comment: Examples of Creator include a person, an organization, or a service. Typically, the name of a Creator should be used to indicate the entity.
- Element Name: Subject
  Definition: A topic of the content of the resource.
  Comment: Typically, Subject will be expressed as keywords, key phrases or classification codes that describe a topic of the resource. Recommended best practice is to select a value from a controlled vocabulary or formal classification scheme.
- Element Name: Description
  Definition: An account of the content of the resource.
  Comment: Examples of Description include, but is not limited to: an abstract, table of contents, reference to a graphical representation of content or a free-text account of the content.
- Element Name: Publisher
  Definition: An entity responsible for making the resource available.
  Comment: Examples of Publisher include a person, an organization, or a service. Typically, the name of a Publisher should be used to indicate the entity.
- Element Name: Contributor
  Definition: An entity responsible for making contributions to the content of the resource.
  Comment: Examples of Contributor include a person, an organization, or a service. Typically, the name of a Contributor should be used to indicate the entity.
- Element Name: Date
  Definition: A date of an event in the lifecycle of the resource.
  Comment: Typically, Date will be associated with the creation or availability of the resource. Recommended best practice for encoding the date value is defined in a profile of ISO 8601 [W3CDTF] and includes (among others) dates of the form YYYY-MM-DD.

- Element Name: Type
  Definition: The nature or genre of the content of the resource.
  Comment: Type includes terms describing general categories, functions, genres, or aggregation levels for content. Recommended best practice is to select a value from a controlled vocabulary (for example, the DCMI Type Vocabulary [DCT1]). To describe the physical or digital manifestation of the resource, use the FORMAT element.
- Element Name: Format
  Definition: The physical or digital manifestation of the resource.
  Comment: Typically, Format may include the media-type or dimensions of the resource. Format may be used to identify the software, hardware, or other equipment needed to display or operate the resource. Examples of dimensions include size and duration. Recommended best practice is to select a value from a controlled vocabulary (for example, the list of Internet Media Types [MIME] defining computer media formats).
- Element Name: Identifier
  Definition: An unambiguous reference to the resource within a given context.
  Comment: Recommended best practice is to identify the resource by means of a string or number conforming to a formal identification system. Formal identification systems include but are not limited to the Uniform Resource Identifier (URI) (including the Uniform Resource Locator (URL)), the Digital Object Identifier (DOI) and the International Standard Book Number (ISBN).
- Element Name: Source
  Definition: A Reference to a resource from which the present resource is derived.
  Comment: The present resource may be derived from the Source resource in whole or in part. Recommended best practice is to identify the referenced resource by means of a string or number conforming to a formal identification system.
- Element Name: Language
  Definition: A language of the intellectual content of the resource.
  Comment: Recommended best practice is to use RFC 3066 [RFC3066] which, in conjunction with ISO639 [ISO639]), defines two- and three primary language tags with optional subtags. Examples include „en" or „eng" for English, „akk" for Akkadian, and „en-GB" for English used in the United Kingdom.
- Element Name: Relation
  Definition: A reference to a related resource.
  Comment: Recommended best practice is to identify the referenced resource by means of a string or number conforming to a formal identification system.
- Element Name: Coverage
  Definition: The extent or scope of the content of the resource.
  Comment: Typically, coverage will include spatial location (a place name or geographic coordinates), temporal period (a period label, date, or date range) or jurisdiction (such as a named administrative entity). Recommended best practice is to select a value from a controlled vocabulary (for example, the Thesaurus of Geographic Names [TGN]) and to use, where appropriate, named places or time periods in preference to numeric identifiers such as sets of coordinates or date ranges.
- Element Name: Rights
  Definition: Information about rights held in and over the resource.
  Comment: Typically, rights will contain a rights management statement for the resource,

or reference a service providing such information. Rights information often encompasses Intellectual Property Rights (IPR), copyright, and various property rights. If the rights element is absent, no assumptions may be made about any rights held in or over the resource.

17.9.2 Portale

In der Praxis ist es kaum möglich, elektronische Bibliothekskataloge klassischer Art, Metadaten, maschinelle Erschließungsverfahren und schließlich Volltexte elektronischer Publikationen in einem einheitlichen System anzubieten. Die technischen Anforderungen an die einzelnen Systemkomponenten sind zu verschieden, als dass man sie ohne weiteres mit einer „integrierten" Technik bearbeiten könnten. Die Lösung besteht in der Praxis nicht darin, ein System für alles zu schaffen, sondern darin, vorhandene bzw. neu entstehende unterschiedliche technische Systeme aus der Benutzersicht zu integrieren. Dazu werden Portal-Lösungen geschaffen, die auf der Benutzerseite eine einheitliche Oberfläche anbieten und für die Verbindung zu den dahinter liegenden Systemen entsprechende technische Schnittstellen. Der Vorteil von Portalen liegt auf den ersten Blick darin, dass unterschiedliche elektronische Dienstleistungen an einer Stelle zusammengefasst werden, dass man beispielsweise mit einer Suchanfrage in verschiedenen Katalogen und Datenbanken gleichzeitig suchen kann, dass man sich nicht mit unterschiedlichen Oberflächen und Eingabemasken vertraut machen und für die Nutzung lizenz- oder kostenpflichtiger Dienstleistungen nicht mehrfach registrieren oder anmelden muss. Nachteile bei der Nutzung einzelner Dienste auf dem Weg über Portale können dann auftreten, wenn spezifische Eigenschaften dieser Dienste über die Portale nicht genutzt werden können.

Portale bieten aber nicht nur die Möglichkeit, elektronische Dienstleistungen miteinander zu verknüpfen, sondern darüber hinaus auch die Chance, das gesamte Dienstleistungsangebot einer Bibliothek zu integrieren, aus der Benutzersicht sind das insbesondere die Funktionen Recherche, Bestandsermittlung und Bestellung, und zwar lokal oder über die Fernleihe bzw. Dokumentlieferung. In diesem Sinne können unter funktionalen Gesichtspunkten integrierte Bibliothekssysteme, wie sie in der Einleitung erwähnt wurden, nicht nur durch eine einheitliche Technik erreicht werden, sondern auch durch nachträgliche Zusammenfassung unterschiedlicher technischer Komponenten.

In der bibliothekarischen Praxis findet man unterschiedliche Formen von Portalen, lokale Portale, die sich in erster Linie an die Nutzer einer bestimmten Bibliothek wenden, regionale Portale, die von Verbundzentralen angeboten werden und schließlich Fachportale, bei denen die Dienste in erster Linie unter fachlichen Gesichtspunkten ausgewählt und integriert werden. Zwischen den einzelnen Portal-Lösungen gibt es keine festen Grenzen. Lokale Portale können regionale oder fachliche Portale integrieren; regionale Portale können auf lokale oder fachliche Portale zugreifen; und schließlich können Fachportale mit lokalen oder regionalen Portalen vernetzt werden.

Literatur

Empfehlungen zum Aufbau regionaler Verbundsysteme und zur Einrichtung Regionaler Bibliothekszentren / Deutsche Forschungsgemeinschaft. Bibliotheksausschuß, Unterausschuß für Datenverarbeitung // In: Zeitschrift für Bibliothekswesen und Bibliographie 27 (1980), S. 189 - 204

Functional Requirements for Bibliographic Records: final Report / IFLA Study Group on the Functional Requirements for Bibliographic Records. - München, 1998. - (UBCIM publications : N.S. ; 19). - www.ifla.org/VII/s13/frbr/frbr.htm

KOHL, ERNST: EDV-Austauschformat für bibliographische Daten in der Bundesrepublik: MAB1 // In: Zeitschrift für Bibliothekswesen und Bibliographie 21 (1974), S. 97 - 113

MAB2: Maschinelles Austauschformat für Bibliotheken / Die Deutsche Bibliothek. Hrsg. in Zusammenarbeit mit dem MAB-Ausschuß im Auftr. der Deutschen Forschungsgemeinschaft. - Leipzig [u.a.]. - Grundwerk - 2. Aufl. - 1999

MITTLER, ELMAR: Büchertransportsysteme für die Beschleunigung des Leihverkehrs : [Abschlußbericht des vom Bundesministerium für Bildung, Wissenschaft, Forschung und Technologie geförderten Projekts Nr. 1156 „Entwicklung von Parametern für vernetzte Transportsysteme für eine optimale und kostengünstige überregionale Literaturversorgung"] / Elmar Mittler. – Berlin : Dt. Bibliotheksinst., 1996

UNIMARC Manual : bibliographic format / International Federation of Library Associations and Institutions, IFLA Universal Bibliographic Control and International MARC Programme. - München [u.a.]. - Grundwerk - 2. ed. - 1994 (UBCIM publications : N.S. ; vol. 14)

Verbundkatalogisierung – Verbundkatalog : das Online-Verbundsystem des Hochschulbibliothekszentrums Nordrhein-Westfalen / hrsg. von Heinz-Werner Hoffmann. - Frankfurt am Main, 1987. - (Zeitschrift für Bibliothekswesen und Bibliographie : Sonderh. ; 45). - S. 7 - 8

Verzeichnis der Autoren und Herausgeber

Beger, Gabriele
Dr. phil, Dipl.Jur., Direktorin Zentral- und Landesbibliothek Berlin, geb. 1952. Fernstudium Rechtswissenschaft. 1. Staatsexamen und Diplom 1990. Fernstudium Bibliothekswesen. Diplom Berlin 1976, Promotion 2002

Brinkhus, Gerd
Dr. phil., Oberbibliotheksrat, Leiter Abt. Bestandserhaltung, Restaurierungswerkstatt, Abt. Handschriften, Alte Drucke, Rara, Universitätsbibliothek Tübingen, geb. 1943. Studium Germanistik, Geschichte. Staatsexamen 1970, Promotion 1972. Bibl.Ref. 1972, Fachprüfung Köln 1973

Diederichs, Rainer
Dr. phil., Leiter Informations- und Pressestelle Zentralbibliothek Zürich, geb. 1941. Studium Germanistik, Anglistik, Altisländisch. Lic. phil. I 1970, Promotion 1970

Diedrichs, Reiner
Dipl.Kfm., Direktor Verbundzentrale des Gemeinsamen Bibliotheksverbundes, Göttingen, geb. 1957. Studium Betriebswirtschaft. Examen 1984

Dörr, Marianne
Dr. phil., Ltd. Bibliotheksdirektorin Hessische Landesbibliothek Wiesbaden, geb. 1960. Studium Romanistik, Germanistik. Staatsexamen 1986, M.A. 1987, Promotion 1990, Bibl.Ref. 1991, Fachprüfung München 1993

Enderle, Wilfried
Dr. phil., Bibliotheksoberrat, Fachreferent für Geschichte, Leiter Technische Abt., Staats- und Universitätsbibliothek Göttingen, geb. 1960. Studium Geschichte, Philosophie. Staatsexamen 1985, Promotion 1988, Bibl.Ref. 1989, Fachprüfung Köln 1991

Fabian, Claudia
Dr. phil., Ltd. Bibliotheksdirektorin, Leiterin Abt. Benutzungsdienste, Bayerische Staatsbibliothek München, geb. 1958. Studium Latein, Französisch. Staatsexamen 1981. Stud.Ref. 1982, 2. Staatsexamen 1984, Promotion 1987, Bibl.Ref. 1984, Fachprüfung München 1986

Frankenberger, Rudolf
Dr. rer. nat., Ltd. Bibliotheksdirektor a. D., ehem. Leiter Universitätsbibliothek Augsburg, geb. 1932. Studium Chemie, Biologie, Geographie. Staatsexamen 1956, Promotion 1959, Bibl.Ref. 1959, Fachprüfung München 1961

Frühauf, Wolfgang
Dr. phil. habil., Landesbeauftragter für Bestandserhaltung, Sächsische Landesbibliothek – Staats- und Universitätsbibliothek Dresden, geb. 1945. Studium Germanistik, Kunstwissenschaft, Erziehungswissenschaft. Staatsexamen 1968, Promotion 1982, Habilitation 1990

Haller, Klaus
Dr. phil., Ltd. Bibliotheksdirektor, Leiter Abt. Bestandsaufbau und Erschließung, Bayerische Staatsbibliothek München, geb. 1939. Studium Musikwissenschaft, Kunstgeschichte, Religionspädagogik. Promotion 1968, Bibl.Ref. 1970, Fachprüfung München 1972. Leiter der Bayerischen Bibliotheksschule 1975–1980

Hauffe, Heinz
Dr. phil., Stellvertr. Bibliotheksdirektor, Leiter Abt. Datenbanken und Neue Medien, Universitätsbibliothek Innsbruck, geb. 1941. Studium Philosophie, Physik. Promotion 1976, Prüfung für den höheren Bibliotheksdienst 1977

Heischmann, Günter
Dr. phil., Ltd. Bibliotheksdirektor Universitätsbibliothek München, geb. 1943. Studium Historische Hilfswissenschaften, Geschichte, Germanistik, Sozialkunde, Philosophie. Promotion 1973, Bibl.Ref. 1973, Fachprüfung München 1975

Hoffmann, Heinz-Werner
Dipl.Math., Direktor Hochschulbibliothekszentrum Köln, geb. 1946. Studium Mathematik, Elektrotechnik. Diplom 1972, Bibl.Ref. 1973, Fachprüfung Köln 1975

Kolasa, Ingo
Dr. phil., Bibliotheksdirektor, Leiter Die Deutsche Bibliothek - Deutsches Musikarchiv Berlin, geb. 1954. Studium Kriminalistik. Staatsexamen und Diplom 1979, Promotion 1988. Fernstudium Bibliothekswissenschaft 1983

Lemke, Hans Herbert
Dipl.Bibl., Gemeinsames Lektorat. Staatliche Fachstellen für das öffentliche Bibliothekswesen Stuttgart, geb. 1949. Studium Germanistik, Theaterwissenschaften. Dramaturgie. Bibliothekswissenschaft. Diplom Stuttgart 1978

Lux, Claudia
Dr. phil., Generaldirektorin Zentral- und Landesbibliothek Berlin, geb. 1950. Studium Sinologie, Sozialwissenschaften, Wirtschaftswissenschaften, Publizistik, Politikwissenschaften, Philosophie. Diplom 1973, Promotion 1984, Bibl.Ref. 1984, Fachprüfung Köln 1986

Nagelsmeier-Linke, Marlene
Ltd. Bibliotheksdirektorin Universitätsbibliothek Dortmund, geb. 1952. Studium Chemie, Mathematik, Pädagogik, Philosophie. Staatsexamen 1976, Bibl.Ref. 1977, Fachprüfung Köln 1979

Neubauer, Wolfram
Dr. rer. nat., Direktor Bibliothek der Eidgenössischen Technischen Hochschule Zürich, geb. 1950. Studium Mineralogie, Chemie, Geologie. Diplom 1979, Promotion 1982, Bibl.Ref. 1981, Fachprüfung München 1983

Plassmann, Engelbert
Prof. Dr. jur., Hochschullehrer i. R. Institut für Bibliothekswissenschaft Humboldt-Universität Berlin, geb. 1935. Studium Philosophie, Theologie, Rechtswissenschaft. 2. Theologische Abschlussprüfung 1958, 1. Juristisches Staatsexamen 1964, Promotion 1968. Bibl.Ref. 1969, Fachprüfung Köln 1971

Poll, Roswitha
Dr. phil., Ltd. Bibliotheksdirektorin Universitäts- und Landesbibliothek Münster, geb. 1939. Studium Geschichte, Romanistik, Philosophie. Staatsexamen 1964, Promotion 1972, Bibl.Ref. 1970, Fachprüfung München 1972

Rosemann, Uwe
Dipl.Math., Direktor Universitätsbibliothek und Technische Informationsbibliothek Hannover, geb. 1953. Studium Mathematik. Diplom 1977, Bibl.Ref. 1978, Fachprüfung Köln 1980

Schäffler, Hildegard
Dr. phil, Bibliotheksoberrätin Abt. Bestandsaufbau, Referat Zeitschriften und Elektronische Medien Bayerische Staatsbibliothek München, geb. 1968. Studium Anglistik, Geschichte. Staatsexamen 1993, Promotion 1997, Bibl.Ref. 1996, Fachprüfung München 1998

Syré, Ludger
Dr. phil., Oberbibliotheksrat, Leiter der Technischen Abt. und der Mediothek, Fachreferent für Geschichte, Baden-Württembergica Landesbibliothek Karlsruhe, geb. 1953. Studium Geschichte, Germanistik. Staatsexamen 1978, Promotion 1983, Bibl.Ref. 1983, Fachprüfung Köln 1985

Unger, Helga
Dr. phil., Ltd. Bibliotheksdirektorin, ehem. Leiterin Abt. Bestandserhaltung Bayerische Staatsbibliothek München, geb. 1939. Studium Germanistik, Französisch. Staatsexamen 1963, Promotion 1966, Bibl.Ref. 1968, Fachprüfung München 1970

Werner, Andreas J.
Dr. phil., Bibliotheksdirektor a. D., ehem. Leiter Medienabteilung Stadt- und Universitätsbibliothek Frankfurt am Main, geb. 1936. Studium Wirtschaftswissenschaft, Politikwissenschaft, Soziologie. Promotion. 1964, Bibl.Ref. 1965, Fachprüfung Hamburg 1967

Wiesner, Margot
Geschäftsführerin HeBIS-Konsortium, ehem. stellvertretende Leiterin Medienabteilung Stadt- und Universitätsbibliothek Frankfurt am Main, geb. 1942. Bibliotheksschule Frankfurt am Main 1962–1965

Wimmer, Ulla
M.A., Dipl.Bibl., Stadtbibliothek Berlin-Neukölln, geb. 1966. Studium Kulturwissenschaft, Betriebswirtschaftlehre, Magister 2003, Bibliothekarsausbildung (öB) Berlin 1990

Hacker, Rupert

Bibliothekarisches Grundwissen

7., neu bearbeitete Auflage 2000. 366 Seiten. Broschur
€ 29,80 / sFr 51,–. ISBN 3-598-11394-3

Die Einführung in das Bibliotheks- und Buchwesen legt das Schwergewicht auf die Darstellung der Aufgaben und Arbeitsmethoden bei der Literaturversorgung und Literaturinformation durch Öffentliche und Wissenschaftliche Bibliotheken. Die neue Auflage behandelt neben dem Bereich der elektronischen Datenverarbeitung auch die Informationssuche im Internet.

Das Buch gibt zunächst einen Überblick über die verschiedenen Bibliothekstypen und ihre Besonderheiten sowie über die in Bibliotheken angebotenen Informationsquellen von den Printmedien über Bild- und Tonträger bis zu Internetdokumenten. Eingehend geschildert werden die Bereiche Bestandsaufbau (Erwerbung), Bestandserschließung (Katalogisierung), Bestandsaufbewahrung und -erhaltung sowie Bestandsvermittlung (Benutzungsdienste).

Das Buch ist in erster Linie als Lehrbuch für die Studien- und Berufsanfänger in der bibliothekarischen Ausbildung oder Praxis gedacht, deshalb wurde auf eine klare und verständliche Darstellung besonderer Wert gelegt. Das **Bibliothekarische Grundwissen** stellt aber auch für jeden an Literatur und am Bibliothekswesen interessierten Laien ein wichtiges und nützliches Nachschlagewerk dar.

K·G·Saur Verlag
A Thomson Learning Company
Postfach 70 16 20 · D-81316 München · Tel. (089) 7 69 02-300
Fax (089) 7 69 02-150/250 · e-mail: info@saur.de · http://www.saur.de

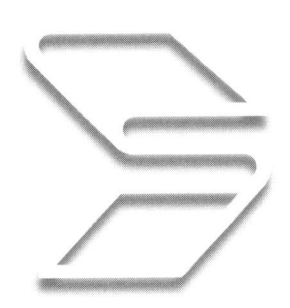

Anglo-Amerikanische Katalogisierungsregeln

Deutsche Übersetzung der Anglo-American Cataloguing Rules, Second Edition, 1998 Revision, einschließlich der Änderungen und Ergänzungen bis März 2001
Herausgegeben und übersetzt von Roger Brisson, Charles R. Croissant, Heidi Hutchinson, Monika Münnich, Hans Popst und Hans-Jürgen Schubert
2002. 736 Seiten. Gebunden. € 68,– / sFr 117,–. ISBN 3-598-11432-X

Mit den **Anglo-Amerikanischen Katalogisierungsregeln** liegt nun die erste deutsche Übersetzung der *Anglo-American Cataloguing Rules (AACR)* vor. Diese sind das in der Welt am weitesten verbreitete Regelwerk für die Formalerschließung in Bibliotheken und wurden bereits in viele andere Sprachen übersetzt. Die Übersetzung ins Deutsche dient einer breiten deutschsprachigen bibliothekarischen Öffentlichkeit als Hilfsmittel für den internationalen Austausch bibliographischer Daten. Die Volltextübersetzung wurde von einem zweisprachigen Team von Bibliothekaren mit Hilfe von Spezialisten vieler Fachgebiete erstellt. Die vorliegende Fassung bietet eine reine Übersetzung des Textes, d.h. die englischsprachigen Ansetzungsbeispiele des Originals wurden in der deutschsprachigen Version beibehalten.

Unabhängig davon, ob in Deutschland die AACR eingeführt oder die *RAK* fortgeschrieben werden sollen: eine genaue Kenntnis der AACR ist zukünftig in jedem Fall unerlässlich. Die Übersetzung der Anglo-Amerikanischen Katalogisierungsregeln macht den schwierigen Regeltext der Fachöffentlichkeit erstmals in deutscher Sprache leicht zugänglich.

K·G·Saur Verlag
A Thomson Learning Company
Postfach 70 16 20 · D-81316 München · Tel. (089) 7 69 02-300
Fax (089) 7 69 02-150/250 · e-mail: info@saur.de · http://www.saur.de

Klaus Haller und Hans Popst

Katalogisierung nach den RAK-WB

6., erweiterte und aktualisierte Ausgabe 2003
331 Seiten. Zahlreiche Abbildungen. Broschur
€ 36,– / sFr 62,–. ISBN 3-598-11626-8

Diese Einführung vermittelt alle wichtigen Kenntnisse über die Regeln für die alphabetische Katalogisierung in wissenschaftlichen Bibliotheken (RAK-WB), das maßgebliche deutsche Regelwerk für die alphabetische Katalogisierung. Nach dem einleitenden Kapitel über die Funktion, die äußeren Formen und die grundlegenden Begriffe des alphabetischen Katalogs werden die verschiedenen Eintragungsarten und ihre formale Gestaltung beschrieben. Das Hauptgewicht der Darstellung liegt bei den Bestimmungen über Haupt- und Nebeneintragungen unter Personennamen, Sachtiteln und Körperschaftsnamen sowie deren Ansetzung.

Neben den Grundregeln für die Katalogisierung ein- und mehrbändiger Einzelwerke, Sammlungen und Sammelwerke werden auch die Sonderregeln für Kongressberichte, Bildbände, Bilderbücher, Kunstbände, Ausstellungskataloge, Hochschulschriften, Gesetze, Kommentare, Loseblattausgaben, Schulbücher, Reports und Normen behandelt. Die Bestimmungen für Vorlagen mit Einheitssachtiteln, Neben- und Paralleltiteln werden ebenso ausführlich dargestellt wie die schwierigen Fälle fortlaufender Sammelwerke mit Unterreihen.

Das Lehrbuch **Katalogisierung nach RAK-WB** ist eine unverzichtbare Grundlage für Studierende der bibliothekarischen Lehrinstitute, für angehende Bibliothekare in der praktischen Ausbildung und für die Weiterbildung bereits im Beruf stehender Bibliothekare.

K·G·Saur Verlag
A Thomson Learning Company
Postfach 70 16 20 · D-81316 München · Tel. (089) 7 69 02-300
Fax (089) 7 69 02-150/250 · e-mail: info@saur.de · http://www.saur.de